儿童美术与创意开发

Art and Creative Development for Young Children

[美] 罗伯特·施尔玛赫
Robert Schirrmacher

[美] 吉尔·恩格尔布莱特·福克斯
Jill Englebright Fox

著

佟蒙　房斐　郭家麟　译

湖南美术出版社
全国百佳图书出版单位

图书在版编目（CIP）数据

儿童美术与创意开发/（美）罗伯特·施尔玛赫，（美）吉尔·恩格尔布莱特·福克斯著；佟蒙，房斐，郭家麟译.—长沙：湖南美术出版社，2019.1
（儿童美术教育译丛）
书名原文：Art and Creative Development for Young Children
ISBN 978-7-5356-8512-4

Ⅰ.①儿… Ⅱ.①罗… ②吉… ③佟… ④房… ⑤郭… Ⅲ.①美术课—教学研究—学前教育 Ⅳ.①G613.6

中国版本图书馆 CIP 数据核字（2018）第 287172 号

Art and Creative Development for Young Children
Robert Schirrmacher, Jill Englebright Fox
Copyright ©2009 Delmar, Cengage Learning.

Original edition published by Cengage Learning. All Rights reserved. Hunan Fine Arts Publishing House is authorized by Cengage Learning to publish and distribute exclusively this simplified Chinese edition. This edition is authorized for sale in Mainland of the People's Republic of China only (excluding Hong Kong, Macao SAR and Taiwan). Unauthorized export of this edition is a violation of the Copyright Act. No part of this publication may be reproduced or distributed by any means, or stored in a database or retrieval system, without the prior written permission of the publisher.

Cengage Learning Asia Pte. Ltd.
151 Lorong Chuan, #02–08 New Tech Park, Singapore 556741

本书中文简体字翻译版由圣智学习出版公司授权湖南美术出版社独家出版发行。此版本仅限在中华人民共和国大陆地区（不包括中国香港、澳门特别行政区及中国台湾）销售。本书未经授权的出口将被视为违反版权法的行为。未经出版者预先书面许可，不得以任何方式复制或发行本书的任何部分。本书封面贴有 Cengage Learning 防伪标签，无标签者不得销售。

湖南省版权局著作权合同登记号 图字 18-2014-158 号

ERTONG MEISHU YU CHUANGYI KAIFA

儿童美术与创意开发

出 版 人：黄　啸
著　 者：[美]罗伯特·施尔玛赫（Robert Schirrmacher）
　　　　　[美]吉尔·恩格尔布莱特·福克斯（Jill Englebright Fox）
译　 者：佟　蒙　房　斐　郭家麟
责任编辑：曾　瑜
责任校对：王玉蓉
出版发行：湖南美术出版社
　　　　　（长沙市东二环一段 622 号）
经　 销：湖南省新华书店
装帧设计：文　波　王管坤
封面插图：王之行
版式制作：胡智慧
印　 刷：长沙超峰印刷有限公司
开　 本：787×1092　1/16
印　 张：20.5
版　 次：2019 年 1 月第 1 版
印　 次：2019 年 1 月第 1 次印刷
书　 号：ISBN 978-7-5356-8512-4
定　 价：98.00 元

【版权所有，请勿翻印、转载】
邮购联系：0731-84787105　　邮编：410016
网　　址：http://www.arts-press.com/
电子邮箱：market@arts-press.com
如有倒装、破损、少页等印装质量问题，请与印刷厂联系调换。
联系电话：0731-87878870

总序

"译"然自得 分享智慧

有了经验、感受、思想和情感，就会有表达。表达的方式除了图像、声音、形体之外，还有口语、文字。不同语言的人需要相互沟通、相互了解、相互学习、相互借鉴，就需要翻译。有了翻译，我们就知道那些不同于我们的老外是怎么想的、怎么做的。

人类社会的发展不可能是孤立的，需要互相照应、互相提携、互相取长补短。有的东西，你长我短；有的东西，你短我长。拿你的长补我的短，拿我的长补你的短，如此，整体上大家都成长了，社会和文化也就发展了。无论是拿别人的长，还是补自己的短，不同语言、文字的国家和民族都需要翻译之"舟"摆渡迎送。

上个世纪80年代末，我入行美术教育，感于"己短"，慕于"人长"，遂动起了翻译的念头。高龄学老外的语言，阅读尚可，但要逐字逐句地翻译，而且要遵照严复老前辈所确立的"信、达、雅"之要求，实在勉为其难。念头已定，则不可后悔、后退，终于将一本 Art, Another Language for Learning 变成了《美术，另一种学习的语言》。后来由湖南美术出版社组合其他几本同样变成了方块字的书，构成了《美术教育译丛》整体推出，一个新的历史由此而开创——中华人民共和国第一套美术教育译著出版。至今，很多美术教育工作者见到我，常常动情地说这套书对他们产生了如此这般的影响，如何让他们的眼界洞开，知道了美术教育还有如此之多的思想取向、内容含纳和方法选择，这于我自然是感动之中也泛起一种自豪。

以后，社会越来越开放，译介过来的美术教育著作也越来越多，其中以滕守尧先生主编的《美学设计艺术教育丛书》和陈卫和女士主编的《美术教育学系列译丛》规模较大，影响力也较大。值得注意的是，三套译丛中竟有两套是湖南美术出版社出版的，足见湖南美术出版社对美术教育情有独钟，而且此情不渝，各位现在手中的《儿童美术教育译丛》的出版单位依然为湖南美术出版社。

浏览书名并翻看简介，可以发现这套书的主题大多集中在"创意"和"创造力"上。儿童美术教育存在很多的功能和取向，但"创意"和"创造力"依然是一个值得持续关注的功能和取向。因为它具有鲜明的时代性，并显示着强劲的进步意义。这种时代性和进步意义不仅体现为儿童的个体性，也体现为整体的社会性。美术被公认为是对一个人的创造力发展具有巨大推进作用的学科，所以世界上很多学校和社会教育工作者都积极探索如何通过美术发展儿童的创造力。培养儿童的创意和创造力是我们的共识，通过美术培养儿童的创意和创造力也是我们的共识，但"如何"通过美术培养儿童的创意和创造力未必存在共识。我们自己是"如何"做的当然是我们的独特经验，我们也需要知道别人是"如何"做的，甚至需要知道老外是"如何"做的。整套书告诉我们的正是老外是"如何"做的。

"译"然自得，其中之"自"是相对于老外而言的。翻译推介这套书，最大最终的受益者是我们中国的广大少儿美术教育工作者，相信从中我们分享的是温暖和智慧，当然希望随之而来的是我们自己的思考和行动。

尹少淳
2018 年 9 月 10 日于北京

目录

前言 　　　　　　　　　　　　　　　　1
　概念性方法　　　　　　　　　　　　1
　结构　　　　　　　　　　　　　　　1
　特别功能　　　　　　　　　　　　　1
　补编　　　　　　　　　　　　　　　2
　关于作者　　　　　　　　　　　　　2
　鸣谢　　　　　　　　　　　　　　　2

第一部分　创造力

第一章　理解创造力　　　　　　　2
　目标　　　　　　　　　　　　　　　2
　引言　　　　　　　　　　　　　　　4
　创造力的开始　　　　　　　　　　　4
　创造力　　　　　　　　　　　　　　4
　创造力：过程还是结果？　　　　　　5
　解释创造力　　　　　　　　　　　　6
　创造力的障碍　　　　　　　　　　　9
　孩子需要鼓励创造性表达的成人　　10
　比较和对比创造力　　　　　　　　11
　创造力与儿童成长　　　　　　　　16
　总结　　　　　　　　　　　　　　17
　关键词　　　　　　　　　　　　　17
　活动建议　　　　　　　　　　　　18

　回顾　　　　　　　　　　　　　　18

第二章　创造性思维　　　　　　19
　目标　　　　　　　　　　　　　　20
　引言　　　　　　　　　　　　　　20
　创造性思维活动　　　　　　　　　25
　促进儿童的创造性思维　　　　　　27
　创造力与幼教课程　　　　　　　　28
　促进创造性思维的策略　　　　　　28
　总结　　　　　　　　　　　　　　31
　关键词　　　　　　　　　　　　　31
　活动建议　　　　　　　　　　　　31
　回顾　　　　　　　　　　　　　　31

第三章　创造性体验　　　　　　32
　目标　　　　　　　　　　　　　　33
　引言　　　　　　　　　　　　　　33
　创造力可以促进儿童成长　　　　　33
　创造性表达的模式　　　　　　　　33
　儿童通过游戏表达创造力　　　　　34
　儿童通过语言表达创造力　　　　　46
　儿童通过音乐和运动表达创造力　　49
　鼓励儿童进行创造性表达　　　　　58
　涂鸦　　　　　　　　　　　　　　58
　总结　　　　　　　　　　　　　　66
　关键词　　　　　　　　　　　　　67
　活动建议　　　　　　　　　　　　67
　回顾　　　　　　　　　　　　　　67

第二部分 用发展的眼光看待"幼儿艺术家"

第四章 艺术与成长中的儿童 70
- 目标 71
- 引言 71
- 发展模型 71
- 成长图谱 72
- 背景：环境对儿童发展的影响 88
- 艺术加工媒材 89
- 总结 93
- 关键词 91
- 活动建议 91
- 回顾 91

第五章 儿童艺术方面的成长 95
- 目标 96
- 引言 96
- 分析儿童的艺术 96
- 艺术发展理论 96
- 绘画 109
- 总结 119
- 关键词 120
- 活动建议 120
- 回顾 120

第三部分 艺术和美学

第六章 艺术的元素 123
- 目标 124
- 引言 124
- 审美标准 124
- 艺术活动：拓印图片 133
- 模板、泼洒和丝网印刷 139
- 总结 140
- 关键词 140
- 活动建议 140
- 回顾 141

第七章 审美观 142
- 目标 143
- 引言 143
- 审美观 143
- 基本原理 143
- 教师在审美观的培养中扮演的角色 148
- 水彩画和油墨画 155
- 总结 158
- 关键词 158
- 活动建议 158
- 回顾 158

第八章 感官体验 159
- 目标 160
- 引言 160
- 从感知到理解 160
- 五官之外的感官 160
- 儿童的学习模式 160
- 巧用材料 175
- 总结 176
- 关键词 176
- 活动建议 177
- 回顾 177

第九章 构建完整的婴幼儿艺术项目 178
- 目标 179
- 引言 179
- 艺术教育的重要性 179

艺术的标准	180
儿童早期艺术的艺术主张：工作室制或以学科为基础？	180
婴幼儿早期艺术项目中包含的内容	182
艺术风格	186
拼贴画	191
总结	194
关键词	195
活动建议	195
回顾	196

第四部分 提供艺术教学经验

第十章 以儿童为中心的艺术课程和以教师指导为中心的课程　198

目标	199
引言	199
教授美术的方法	199
怎样选择艺术活动	202
幼儿艺术课程应该是什么样子	204
形式上的创造性艺术活动	207
纸的艺术	211
儿童艺术教学：不同的观点	212
总结	216
关键词	216
活动建议	216
回顾	217

第十一章 艺术课程的规划、实施、评价　218

目标	219
引言	219
教师作为课程规划者和开发者	219

目标	220
价值理念与信仰	221
小目标	221
含有艺术的幼儿课程策略	222
艺术教学要有特定的时间和地点	225
紧急课程和项目研究	227
黏土和橡皮泥	229
总结	223
关键词	223
活动建议	237
回顾	237

第十二章 幼儿课程中的综合艺术　238

目标	239
引言	239
艺术与幼儿课程	239
艺术与数学	240
艺术与科学	242
艺术和语言、沟通艺术、读写能力	244
艺术与社会交往课程	246
美术与表现艺术	249
三维立体艺术	249
总结	254
关键词	254
活动建议	254
回顾	255

第十三章 艺术中心　256

目标	257
引言	257
艺术中心	257
评价一个艺术中心/课程	267
玩偶和面具	268
总结	271
关键词	271
活动建议	271
回顾	271

第五部分 角色与策略

第十四章　通过科技进行艺术体验　274
　　目标　275
　　引言　275
　　幼儿教育中的电脑　275
　　电脑和艺术　279
　　活动作品和固定作品　285
　　总结　287
　　关键词　287
　　活动建议　288
　　回顾　288

第十五章　支撑孩子艺术的角色、反馈和策略　289
　　目标　290
　　引言　290
　　教师作为艺术专家　291
　　教师作为观察者　291
　　教师作为回应者　292
　　艺术对话　293
　　教师作为问题分析者　296
　　缝制和编织　299
　　总结　303
　　关键词　303
　　活动建议　303
　　回顾　304

第十六章　艺术评定　305
　　目标　306
　　引言　306
　　教师是观察者、记录者和评定者　306
　　孩子的艺术档案袋　312
　　艺术评定　314
　　艺术评定的方法　315
　　总结　317
　　关键词　317
　　活动建议　317
　　回顾　317

后记　318

前言

美术教育和美术创作能帮助孩子理解他们的世界。当孩子欣赏美术作品时,他们会学着从传达思想、体验和感受的象征符号中寻找意义,并能够与人分享。当然,美术是一种乐趣,但也需要精神上的投入。幼儿的美术作品可能不会与现实世界中的任何东西相似。稍微大一点的孩子的作品就开始更接近现实。幼儿、美术和创造力是很相容的,幼儿会吵闹、活跃和不爱干净,美术同样也会嘈杂、充满活力和脏脏的。美术也能像乖乖地坐着,试着用手指把碎纸片、纱线和丝带黏合在一起的孩子一样安静和细致。美术允许孩子进行实验和探索,来看看他们能创造出什么。他们创造性的自我表达将提高他们的自信。

《幼儿美术与创造性培养》第六版是专为幼儿教育者、准备在公立和私立幼儿园以及托儿所工作的人编写的。不论艺术家处于什么年龄段,合理的原则和基本的艺术媒介都是适宜的。本书将把读者带回童年,从而帮助读者更好地成为能帮助幼儿提高他们的创造性和艺术潜能的幼儿教育者。

基于成长适应性实践,本版本继续以美术为焦点,主要介绍以孩子为中心的活动(相对于以教师引导为中心的活动),并概述了适用于课堂的画室活动方法。本书提供了各式各样的点子和活动,能够让孩子愉快地把音乐、舞蹈、话剧和文学方面的创造性体验融合在他们的学前课程中。

概念性方法

本书作者试图从画家、幼儿教师和教师培训者三个不同角度来综合作者的培训经验。本书既不是活动说明也不是方法和研究的复述,而是巧妙地把方法和研究与实际应用相结合。本书基于以下培养视角:知道如何准备美术活动、该准备些什么与知道为什么要这么做同样重要。幼儿教师作为辅导者在画室活动方法中扮演着很重要的角色,他们需要尽可能地促使孩子进行创造性表达,培养有责任感的自由精神以及做出决定和进行探索的能力。

结构

本书由五个部分共十六个章节组成,这五个部分包括:创造力、用发展的眼光看待幼儿艺术家、艺术与美学、提供艺术教学经验,以及角色与策略。每个部分又由两个及两个以上的章节组成,每个章节都用图片以及问题的形式引出章节的内容。附加的部分关联着素材,以此来帮助各个章节连接得更加顺畅。每一个章节开头都有一个部分,由一张照片和几个引人深思的问题组成,可以激发批判性思考、促成小组讨论和为读者提供动力。此外,每一章还设有目标、引言、总结、关键词、活动建议和章节回顾。

特别功能

全书提供了丰富的经课堂验证的活动。许多活动都标明了适用的年龄范围;然而,这些应仅仅被视为指导。教师对某个孩子成长水平的了解应当是决定任何活动是否合适的主要依据。

以下图标用于表示美术活动的适用年龄:

🖐️ = 3 个月到 12 个月的婴儿

🖐️ = 1 到 2 岁的幼儿

🖐️ = 学前幼儿(3 到 4 岁)

🖐️ = 上幼儿园的孩子(5 岁)

🖐️ = 学龄儿童(5 到 8 岁)

 这个图标表示为推荐的活动添加了美术指导。

针对成长适宜性实践（DAP）的美国幼儿教育协会（NAEYC）指导原则内容现已扩充，将美术实践作为一个重点。全书中都有对 DAP 指导原则的交叉引用。左边的图标用于表示一段关于 DAP 受到 NAEYC 意见书支持的陈述。

 用于表示孩子的多元文化美术体验的多元文化图标。

"特别要求"板块指出了有天分的孩子的特征。

"思考"板块列举了一些信息，让学生停下来思考各种可能性。

"想一想"板块包含的内容将使学生回过头来反思自己的经验，并运用到手头的内容中。

"优秀文学注释"提出了针对音乐和运动、美术疗法、特别要求、美术元素、文化多样性、故事歌曲和一般艺术的建议。

星号（*）用于标注全书中的参考资料，将学生引向有关某一话题的阅读材料。

本版本中的新内容

· 各章节之间穿插了许多彩色照片，这些照片展现了专注于美术活动的婴幼儿、学龄前儿童、学龄儿童和他们的作品。

· 提供了更多面向婴幼儿的相关美术活动。

· 更新了第一章和第二章中关于大脑发育和研究的参考资料。

· "教师反思"板块展示了一些需要教师解决问题和做出决定的真实事例。

补编

 幼儿创造性美术专业强化内容

本版本的一个新增内容是面向学生的《幼儿创造性美术专业强化手册》。该内容是汤姆森·德尔玛·勒宁的"幼儿教育专业强化"系列的一部分，重点讲述幼儿辅导员、教师和护理员感兴趣的主要话题。成为教师是一个不断成长、学习、思索和发现的过程。"专业强化"可以为未来的教师提供职业帮助。学生应保留此材料，在未来的幼

小提示

通过提供"捷径"等有用的提示，为教师提出有价值的建议，从而节省时间。

儿教育实践中使用。

关于作者

罗伯特·施尔玛赫（Robert Schirrmacher）是美国圣何塞/常青谷学院社区的全职教师。他在伊利诺伊大学取得了幼儿教育博士学位。他有着在幼儿园、学前班和小学一年级任教的经验，并在蒙特梭利学校和多个幼儿项目中帮过忙。他目前继续以顾问的身份服务于父母群体以及公共与私人的幼儿项目。作为幼儿成长适应性教育和优质护理的倡导者，他积极参与地方、州和国家级别的专业组织。

吉尔·恩格尔布莱特·福克斯（Jill Englebright Fox）是得克萨斯大学阿灵顿分校幼儿教育部的副教授。在得克萨斯公立学校教了 8 年的幼儿园和小学一年级之后，吉尔在北得克萨斯大学获取了幼儿教育博士学位。她目前继续以志愿者、职业顾问和教师教育者的身份活跃于幼儿教育界。

鸣谢

在密歇根、伊利诺伊、佛罗里达、亚拉巴马、弗吉尼亚、得克萨斯和加利福尼亚州与我们共事过的所有孩子和父母，包括所有当前和之前的儿童培养和幼儿教育专业的学生，他们为我们完善幼儿美术教育思想提供了帮助。

感谢两个儿童培养中心——圣何塞城市学院和常青谷学院——的教员、职员、父母和孩子们。

特别感谢斯凯勒小学、斯克内克塔迪乡村社区学院、阿斯特服务机构、社区家庭发展机构和巴特里公园城市日间托儿所的职员和孩子们，是他们让这本书变得如此独特。

还要感谢吉尔的研究生助理莎拉·尤尔特，她为网站检查、手稿校对和资源编辑进行了孜孜不倦的努力。

第一部分　创造力

有些人可能会将创造力归入认知能力，因为创造力有赖于思考。什么是创造力？你能举个例子吗？创造力是一个难以捉摸的术语，尽管我们都会承认它很重要，但对于如何定义它却有不同的理解。因为幼年是创造力表现的高峰时期，所以在第一章"理解创造力"中对创造力的本质进行深入讨论似乎比较合适。

各位看一下图片中的学前儿童。他们在做什么？发现了什么有创造性之处吗？老师围绕摩天大楼这一主题对教室积木中心进行了仔细的设计。因为在一次随意聊天中，一个小朋友谈论她去游览的大城市时说，"那里有很多很高的建筑，简直高得无法想象"，于是就有了这次设计。班上的其他孩子理解了"高楼大厦"这个主题后，他们就开始设计他们自己的街道和摩天大楼。老师则大声朗读有关城市和摩天大楼的书籍，并提供城市风景图片来激发孩子的兴趣。孩子们通过老师提供的这些信息以及他们自己的经验，开始探索城市的模样。活动中他们进行了丰富的语言交流和合作。同时这也是一次开放式的活动，因为没有唯一正确的建造城市的方式。

第二章介绍了创造性思维（又称为发散性思维）的组成，同时也介绍了易于进行的大小集体活动。

除了美术，孩子们还能怎样表现他们的创造力呢？第三章介绍了戏剧、语言、音乐和运动方面的"创造性体验"，将创造性表达扩展到全天的活动中。

第一章　理解创造力

小孩几乎在任何事情中都能表现出创造力。他们并不需要奇特或者昂贵的玩具。你能看出照片里发生了什么吗？老师设计了一个允许孩子发挥创造力的美术活动，活动设想得非常出色。

老师给孩子们分发了工作服，防止他们将衣服弄脏，同时还给了他们一些不同颜色的颜料和足够的刷子。老师还聪明地回收了气泡膜，就是那种用于包装的透明塑料材料。最好的情况是，孩子们能用他们所选择的颜色，用他们认为合适的方式在气泡膜上涂画。一些孩子给整张膜都涂上了颜色，其他孩子则没有；有的孩子只用了一种颜色，有的却喜欢将很多颜色混合在一起。有的孩子将涂过颜色的气泡膜按压在一张纸上，再小心地揭下来，之后纸上便印出了图案。图片中的孩子看上去玩得十分专心和投入。这是多么简单，又是多么充满创造性啊！你是否能想到，气泡膜在幼儿教室中还能派上什么用场？让孩子捏爆气泡膜，或者在气泡膜上走一走怎么样？如果你的主意听起来不太寻常，请不要急着做出判断，而是试着让创造力自由流动。

目标

阅读完这一章之后，你应当能够：

- 将创造力解释为一种态度、一个过程、一种成果、一种技巧、一系列性格特征的集合和一系列环境因素的集合。
- 将创造力与随大流、求同思维进行比较。
- 讨论创造力与智力之间的区别。
- 讨论促进孩子的创造性表达的方式。
- 解释多元智能的概念以及多元智能与美术的关系。
- 辨别有天赋、有才能的孩子的特征。
- 讨论大脑研究涉及哪些方面。

思考……

将宽敞的地下室改造成孩子的游戏场所之后，为克利福德（Cliffords）一家的育儿计划增添了新的活力。这天，米卡（Mika）在自己的每个手指上都套上一个发卷，喃喃自语地说："看到我的戒指了吗，我漂亮吧？"耀西（Yoshi）用一卷卫生纸将洋娃娃缠了起来，他说："受伤了，修一下。"朗达（Rhonida）将泰迪熊数玩具放在玩具炉子上的碗里，边放边说："呼呼，热汤对你们有好处，坐下来吃吧。"凯西（Cassie）找到一个空鞋盒，打算给小塑料人一家做一艘船，她说："他们很富有，是有名的电影明星，住在海上的游艇里和山上。"克利福德一家并不将这些视为无关紧要的胡闹。他们将这些玩耍行为视为孩子创造力发展的征兆。能够拥有这样接受、看重和促成创造性表达的家长，这些孩子非常幸运。

引言

你会把谁或是什么与创造力联系在一起呢？你想到了弗兰克·劳埃德·赖特（Frank Lloyd Wright）的建筑、乔治亚·欧姬芙（Georgia O'Keeffe）的画、亨利·福特（Henry Ford）的T型车，还是柴可夫斯基的《胡桃夹子》组曲？这都是一些非常有创造力的个人的创造性作品的经典范例。你也许还能想到其他一些例子，但小孩不会包括在其中，是这样吗？让我们来关注一下创造力，来看看它与小孩有什么特别的联系。

创造力的开始

创造性表达在幼年时就开始了（见图1-1）。婴儿玩玩具，探索空间，研究他们自己的身体，试着感受他们身处的环境，甚至解决问题。例如，莱亚想让一个玩具发声，她曾经偶然把那个玩具踢到婴儿床的床脚而发出了声音。通过反复试验，她终于发现只要拽拉玩具下面，玩具就能发出声音。

图1-1 创造性表达始于幼儿时期

亚妮：美术奇才

据纽曼（Newman，1990）所说*，王亚妮算得上一个美术奇才。亚妮是中国油画家王世强的女儿，她从2岁就开始画画，4岁就开了自己的画展，6岁时就完成了差不多4000幅作品。她的作品已经在全球展览过。也许你听说过她，或者看过她的画展。亚妮和大部分孩子一样，最开始也是胡乱地涂鸦，画一些没人能认出的形状，她父亲把她的成功归于她的努力，而不是天资聪颖。在亚妮3岁时，她就因为觉得自己的画不符合脑海里的画面而感到烦闷，于是她将几年的美术练习硬塞到了几个月的时间里。她连续几个小时反复不停地画，在尝试和失败中提高技巧。尽管亚妮认为她只是在寻找乐趣，但她父亲认为她是在改进她的技艺（纽曼，1990）*。

亚妮的画作充满着令人愉悦的形象。她最爱画的是猴子，许多人相信她能从猴子和它们的滑稽动作中找到共鸣。不过，从6岁开始，亚妮的画中便开始出现花鸟、风景和人物。孩子和中国南方的风景取代了猴子的滑稽形象。中国南部是亚妮的故乡。

亚妮究竟是天赋异禀还是得到了真传？据亚妮父亲所说，他并没有以中国学校教美术的方法来教亚妮。为了避免影响亚妮的风格，他甚至放弃了自己的油画，取而代之的是引导亚妮培养她自己的感觉和发现控制笔、墨、水的各种方法。

亚妮快速成长为天才画家的步骤看来很简单，让人不禁奇怪为何没有出现更多的绘画神童。亚妮拥有精通绘画、打磨个性化技巧所需的专注力、勤奋、决心和动力。她还得到学美术出身的父亲的支持，父亲为她提供了空间、材料和鼓励。当然，也不能不考虑到天分和教导的作用，在很多情况下，它们是相辅相成的。

从成人和小孩身上都能举出不少创造力的例子。然而，仅仅找出这些例子，并不能帮助我们理解创造力的本质。什么是创造力？我们如何判断某件事或者某个人是否具有创造性？理解创造力的一个方法是对它进行定义。

创造力

创造力有多种定义方式，或许这也增加了它所承载的困惑、误解和神秘性。人们对于这个词有不同的定义。你怎样定义创造力呢？以下是一些被普遍接受的定义：

- 以新的方式看待事物的能力
- 打破界限，超越给定信息
- 非传统思维
- 有所独创
- 将没有关联的事物组合成新事物

你的定义与以上定义有什么不同？创造力研究先驱多伦斯（Torrance, 1963）*选择将创造力定义为察觉信息中的问题或缺陷，形成思想或假设并传达结果的过程。打个比方，两个5岁大的小孩——密西和埃里克想要建造一所学校，但是他们没有积木或木块。他们选择了相对结实也容易堆叠的鞋盒来做房子的基座。

加德纳（Gardner, 1993a）*提出了另一种定义，该定义由四个部分组成。他认为有创造力的个体应能经常解决问题，有所创造，或是用最初看来奇异但最终在特定文化环境中被接受的方式来定义新问题。首先，加德纳认为，一个人可以在某个特定的发展领域内具有创造性，而不是在所有领域。这直接挑战了全方位创造力的概念，而该概念是创造力测试的基础。其次，加德纳认为有创造力的个体会经常表现出创造力，而不是昙花一现。再次，他认为创造力涉及创造新事物、提出新问题以及解决问题。这大大扩展了强调创造新事物的传统概念。又次，他认为只有在特定文化中被接受时，创造性活动才会被认为是创造性活动。关键的一点是，没有什么人和事是本身便具有创造性的，创造力的本质是一种文化判断。

虽然我们在尝试定义创造力的过程中会找到一些对于该概念的一般感觉，但还存在着更好地理解和解释创造力的方式。

创造力：过程还是结果？

在对幼儿的创造性活动的考察中，幼儿教师一直在思考一个问题：究竟哪一个更重要？是过程还是结果？无论活动内容是玩耍、音乐、运动或美术，这个问题都一样。这一争论的两个方面都需要探索。是"怎样"活动比产生了"什么"更重要，还是最终结果具有决定性？

孩子是为了玩耍而玩耍，他们堆积木只是觉得堆积木好玩，而不会在乎堆成什么东西；他们也可以把自己编的词加到歌里，跳自创的舞蹈，这些都只是因为觉得好玩。就美术而言，其过程

> **思考……**
>
> 找出一个你认为有创造力的人。他做了什么让你觉得他有创造力？再想想你自己，你做了什么让你与众不同？你做了什么有创造力的事？至少会有一件事吧？是烹饪、园艺、家装、写诗还是缝纫？想想你的本领和才能。是做出了一道特别的菜，是用有限的预算装饰了房间，还是具有搭配颜色和衣服的天赋？通过思考你可能会发现，你比你认识到的还有创造力。庆祝一下你自己的创造力。这是培养孩子的创造力的第一步。

涉及动手、探索、反复实验，以及使用工具和媒介来乱涂乱抹，这其中蕴含着丰富的感受。创作是一种严肃的工作，它既是一种方式，也是一种目的。孩子会试着涂抹、粘贴、拼接各种材料，看看自己能创造出什么。创作过程中有很多意想不到的情况，于是这就提供了各种解决问题的机会，包括如何保证未干的颜料不到处乱流而弄脏画面。在所有创造性的工作中，孩子的注意力通常会放在创作上，而很少甚至完全不关心最后的成品会是什么模样。通过实验和创作，孩子能完全沉浸于创作活动中。他们经常突然终止创作，而并不会关心是否真正完成了一幅作品。因此，问一个只在乎过程的孩子"这是什么"或者"你做了什么"是毫无意义的，这么做只会强加给孩子一种只在乎结果的心态。这些孩子没有打算创作出什么，因此也不需要拿出成品。对于年幼的孩子而言，创作是一种乐趣，一旦不想创作了，创作也就完成了。当下的创作乐趣取代了对于创作结果的需求。不管是唱歌、跳舞、玩耍或是画画，回报和愉悦都存在于过程之中，因此孩子完全不需要创作出别人能认出的东西，也不需要"多可爱，瞧瞧你画的这一匹马"这样的赞赏。就注重过程的方法而言，他们并不需要把哪幅作品挂在墙上或者带回家贴在冰箱上。创作不需要以完成一幅作品来证实它的重要性，其价值就在于创作。

爱德华（Edwards, 2006）*称，这种注重过程的方法为经验性方法，孩子参与创作过程，不需要知道甚至不需要关心下一步或结果是什么。只关注创作过程的孩子也不会知道或关心结果如何，甚至究竟有没有结果。

辩论中倾向于过程的一方更多地将美术视为动词，而不是名词。爱德华（2006）*和伊莎贝尔（Isbell, 2007）*认为，对于幼儿来说，美术创作过程比创作出成品更加重要。谢里和尼尔森（Cherry and Nielsen, 1999）*认为，幼儿美术的重要目标是参与、动手和发现自己的潜能。换句话说，目标是创作过程，而不是作品。

而注重成品的观点强调创作成果的重要性，其次也关注创作步骤。成人艺术家卖出的是他们完成的作品，而不是创作过程。据伊莎贝尔（2007）*所言，有些孩子在运用美术用品和技巧更加熟练以后，会开始对创作成果感兴趣。对于他们来说，创作成果是重要的，但这是他们自发的要求，而不是教师的要求。他们经常会有想要创作出什么的想法，这驱使他们进行美术创作。当他们成功实施创作计划，并得到想要的结果时，他们就会兴奋不已。他们还往往会重复这一过程，创作出多个作品。当别人认出他们创作出了什么作品时，他们会很高兴。

注重成品的观点有一个主要的问题值得注意。孩子可能会为了创作出什么而忽略创造性过程，在为了获得大人的认可和奖励时尤其如此。比方说，孩子可能会很快地画出一朵花来，只为听到教师说，"噢，真漂亮，我最喜欢花了"。问题就在于，孩子为了取悦他人而忽略了自己的创造性表达，这不是艺术的本质。孩子和成人进行美术创作，应当都是为了表现自我，留下个性化的具有内涵的印记。

美术创作和作品创作是并行不悖的（见图1-2）。作品是创作的结果，然而，即便是成人，也要进行无数次创作才能得到满意的作品。如果没有得到满意的作品，创作者又会再次投入到创作中。美术创作应当是幼儿美术活动的核心，评估孩子的创作时无需期待他们完成作品。同样，也要接受某些孩子（通常年龄较大）完成一幅作品的意愿。在关于过程与结果的争辩中，伊莎贝尔（2007）*提出了两者相互依赖的发展观点。她认为使用美术用品和工具进行探索和玩耍是创

图 1-2 在画架上进行美术创作

造过程的开始。在进行多次这样的体验之后，孩子逐渐进入下一个步骤，开始专注于某一种方法。一旦选择了某种方法，他们便开始用这种方法创作作品。最后一个步骤是停下来反思、评估，甚至从头再来。在美术创作中，很难界定每一个步骤的起始点。幼儿通常会在探索阶段花上更多时间，而有经验的孩子则会将更多时间花在创作作品上。然而，每个步骤都是相互交织的，对于成长中的孩子同样重要。

Art 解释创造力

虽然创造力没有单一定义，但可以用各种方式来解释它。我们可以将创造力解释为：

1. 态度　　4. 技能
2. 过程　　5. 一系列性格特征的集合
3. 成果　　6. 一系列环境因素的集合

创造力是一种态度，而不是天资

对于幼小的孩子来说，将创造力看作一种行为方式可能更有益处。创造力是一种看待世界的特殊方式，在这个世界中，答案之分没有正确和错误，只有各种可能性。我们应当将创造力视为一种态度，而不是天资。孩子在以下过程中会表现出创造性态度：

· 尝试新想法和做一件事的不同方式

- 打破界限，探索各种可能性
- 运用和改造想法与材料
- 拆开物体，并用不同的方式重新组合
- 玩各种物体
- 想象、幻想、做白日梦
- 解决问题或理解问题
- 提问，或挑战传统的思考或行为方式

创造力是一种技能

虽然所有的孩子都具有创造力，但如果不练习，创造潜能会保持休眠状态。通过练习，创造从潜能变成了现实。比方说，网球技术会因为不练习而迅速丧失，优秀的网球选手都需要经常练习。同理，创造力这一技能也需要练习才能发展。如果不练习，写作、音乐创作、歌唱、舞蹈和作画的能力都会消失。作为一种潜能和技能，创造力是需要练习的。斯腾伯格和鲁巴特（Sternberg and Lubart，1995）*认为，创造力和智力一样，每个人都会有那么一点儿；而且，创造力不是一种固定的属性。一个人的创造力水平并不是先天决定的，事实上，它和任何才能一样，每个人都可以通过培养从而达到各个不同的级别。当发起有关创造力的讨论时，许多成人都倾向于表示"我就是没什么创造力"。每个人都有具有创造力的朋友或亲戚，但并非所有人都认为自己有创造力。这一部分是由于人们那种将创造力视为天才的观念，也和讲求结果的创造力观点有关。即便如此，每个人也都会表现出一定程度的创造力，无论是表现在写作、缝纫、烹饪、手工、兴趣爱好还是室内装饰，甚至是教学上。找到创造力的表现途径，并练习与之相关的过程和技能很重要。你表现创造力的途径是什么？

可是，为什么有些成人认为自己没有创造力，而相比之下，幼儿却被认为具有高度创造性呢？在从幼儿成长为成人的过程中发生了什么？创造力研究表明，人在幼儿时期会达到创造力表现的高峰。多伦斯（1965）*绘制了创造力表现随年龄变化的曲线图。创造力往往会在4岁到4岁半时达到高峰，然后在进入小学时急剧下降。只有少数成人的创造力会再次接近他们幼儿时期的水平。也许小学对纪律、责任和学习成绩的强调是创造力急剧下降的原因。然而，这种下降并不是不可避免的。环境因素和练习能使创造力青春永驻。

创造力是一系列性格特征的集合

将创造力视为性格的观点试图辨析具有高度创造力的个体的性格特征。研究者找出具有高度创造力的个人，并总结了这些人共有的性格特点，这些特点包括但不限于：

- 思想开放，可以接受新事物和意料之外的事物
- 愿意做实验和冒险
- 具有高度的直觉
- 灵活
- 个人主义
- 独立
- 爱玩
- 可以接受模棱两可
- 冲动，感情用事
- 好奇
- 喜欢复杂的事情
- 敏感
- 内向
- 特立独行，敢于与众不同
- 幽默
- 喜欢独处，不善于社交或非常善于社交

这里列举的性格特征有许多，并不是每个具有高度创造力的人都具有所有这些特征。而且，这个列表也会根据研究者而有所不同。多伦斯（1962）*指出了以下七个创造力的特征，它们可能有助于识别和解释具有高度创造力的孩子的行为。

好奇心。孩子对于问题都是执着的，好奇或者表现为口头上的，如"那是什么"或者"为什么"；或者表现为行动上的，如自己动手探索。

灵活性。如果一个方法失败了，有创造力的孩子会去尝试各种不同的方法。

对问题敏感。孩子能迅速发现信息中的缺陷、规则的例外情况和所见所闻之中的矛盾。

重新定义。孩子能看出其他人习以为常的说法的隐含意义，能发现常见物体的新用途，能找到看似互不相关的事物之间的联系。

自我感受。孩子能感觉到自己的自尊和个性。通过自我引导，他们能够独立自主。仅仅遵从指令或规则会使他们感到无聊。

独创性。孩子有各种令人惊奇的、不一般的、有趣的想法。

洞察力。孩子会动用创造力平庸者只会在梦里动用的大脑区域。他们花大量时间来推敲自己的想法和各种可能性。

要找出具有高度创造力的典型性格模式是不可能的，因为每个人都有不同的性格特征。然而，找到一些较为普遍的特征，也许有助于鉴别具有

教师反思

贝莉（Berry）太太的幼儿园班级最近在学习社区知识。孩子们在制作他们自己的社区的布告牌。杰米卡（Jermika）在制作医院的标志。她从灰色图画纸上剪下一个大长方形，并小心地画上了窗户和门。现在她想剪出一个红十字来贴在门上。她已经沮丧地拿过两张新的红纸了，因为她发现她剪出的形状不像红十字。忽然，当她凝视身边的碎纸片时，她有了一个主意。"看！"她兴奋地对贝莉太太说："如果我把两个长方形交叉叠在一起，不就是一个十字吗？"贝莉太太应该如何回应杰米卡？应当加强杰米卡解决问题的能力，还是赞赏杰米卡的创造力？

创造力的个体和理解创造力的本质。

创造力是一系列环境因素的集合

如果说创造力是与生俱来的潜能，那么一定有一些方法能促进或阻碍其发展。环境因素包括人、场所、事物和经历。孩子不能凭空创造，他们需要灵感或经验背景才能做到。例如，一个孩子如果从来没有参观过机场或是登上过飞机，他会很难谈论这些概念，或是很难将其融入积木、戏剧、运动、美术或者其他创造性活动中。相反，如果孩子参观过机场，也坐过飞机，他就能谈论这些经验，以其为支点来进行创造性表达。对于创造性表达而言，一个人经历的人、场所和事物越丰富，进行创造性活动的可能性的范围就越大。

家庭环境

显然，家庭环境是孩子创造力发展的关键因素。什么样的家庭环境可以促进创造力发展？

希利（Healy, 1994）*认为，培养出有创造力的孩子的父母具有以下这些特征：

- 向孩子展示怎样找出问题和解决问题。
- 生活充实，不依赖孩子来满足自己的情感需求或成就感。
- 不畏惧孩子，不会对孩子百依百顺或不由自主地取悦孩子。
- 能够包容孩子学习过程中的各种想法和错误。
- 提供规则和框架，使孩子能有安全感地进行探索。
- 设定现实的标准，对孩子成功后的自豪感予以鼓励。
- 对孩子的想法和创造性尝试主动表现出兴趣。
- 与孩子建立亲密的爱护关系，鼓励自由的肢体表达。
- 让孩子学着做出自己的选择，并为自己的决定承担一定的责任。
- 允许孩子享受孤独和通过做白日梦开发想象力。
- 向孩子展示如何对事物保持好奇和敏锐观察。
- 允许孩子真实地表达情感。
- 鼓励孩子的直觉感受和逻辑思考。
- 不向孩子施加将创造力排除在外的课业压力。
- 让孩子接触多种艺术和智力活动。

家长和教师可以在家里和学校实践以上这些因素和行为，以促进孩子的创造力的发展。

在家培养创造力

孩子的创造力是自发的，但是有些条件和因素可以引导创造力的生发。父母在对孩子高度爱护的同时传达严格而合理的行为限制，能够培养孩子的创造性思考和表达（鲍姆林德，Baumrind, 1966）*。具有创造力的孩子的家庭倾向于允许孩子犯错，他们懂得要让孩子改正和克服错误，灵活性和自由至关重要（甘普尔和尼森伯格，Kemple and Nissenberg, 2000）*。米歇尔和杜德克（Michel and Dudek, 1991）*则在其研究中发现，具有高度创造力的孩子大多拥有一个具有职业生涯的母亲。她们相对来说不那么溺爱孩子，而且因为有着自己的职业理想，不会成天围着孩子打转。她们鼓励孩子独立生活，进行探索和实验。培养具有创造力的孩子的家庭会让孩子参与家庭决策，家长会花一些时间来向孩子解释为何做出这些决定，以

具有天赋／才华／高度创造力的孩子的特征

回想一下一个你观察过或教过的,你认为具有创造力的孩子。你会用哪些词来形容这个孩子?虽然以下特征描绘了有创造力的孩子,但没有孩子会完全符合这些特征。有创造力的孩子倾向于具有以下特征:

1. 具有独创性、想象力,行为自然,头脑灵活,无拘无束。
2. 对于感官刺激比较敏感,具有强烈的意识。乐于接受新想法,能够从新的角度看问题,并且直觉敏锐。
3. 好奇,警觉,冲动,愿意冒险,具有冒险精神,对一切都感兴趣。
4. 独立思考,独立社交。可能看似冷漠。相对于同龄人,更喜爱与较大的孩子或成人在一起。
5. 早熟,学东西很快。记忆力佳,词汇量大,喜欢书,往往从低龄开始尝试独立阅读。
6. 具有幽默感和完美主义倾向。喜欢问"为什么"。
7. 坚持不懈,注意力的持续时间较长。会执着于某个计划或某个想法。
8. 不盲从,反传统,质疑和挑战现状。
9. 具有创造或独创精神,善于解决问题。
10. 不会太爱整洁或讲究效率。对于日常琐事容易感到厌烦。

及为何应当遵守规则(赖特和赖特,Wright and Wright, 1986)*。最后,加德纳和莫兰(Gardner and Moran, 1990)*指出,适应性是培养创造力的家庭的一大特征。在面临压力或变化的时候,一个家庭往往能培养出孩子的灵活性、独创力,发掘出孩子的潜能,这些经历对于他们今后的创造性思维和表达具有深远影响。

创造力的障碍

恰如有利的环境和家庭因素能够促进创造力的发展,不利条件也会限制其发展。对创造力具有潜在阻碍的四个环境因素是:

- 家庭
- 学校
- 性别角色
- 社会、文化和传统

家庭

家庭往往对孩子有某些期待。不幸的是,有创造力的孩子可能不会遵从这些期待。具有高度创造力的孩子往往会质疑权威、限制、成人的逻辑和解释。这些孩子喜欢独树一帜。

家庭可能会将这种行为定义为品行不端。他们可能会将这些孩子视为古怪、不成熟、异常或顽皮的孩子,并采取相应的对待方式。这样的家庭需要通过教学观察、资料阅读、探讨创造力、亲自参与创造实践的活动来了解创造力的本质。

学校

教师可能不会理解、鼓励和赏识有创造力的孩子。有创造力的孩子往往必须在一个强调一致性、求同思维的学校里上学。他们被灌输的是"黑色是夜晚的颜色",尽管他们亲身体验过藏青色甚至蓝紫色的夜晚。就当前幼儿教育的课程重点来看,究竟有多少时间或者有没有时间花在创造性活动上是令人担忧的。也可能有某些被缺乏创造性的课堂所局限的孩子会通过"罢学"或者反抗来保护其创造天性。理解、重视和激发创造力,并提供丰富的培养创造力的课程活动,对于教师而言非常重要。

性别角色

性别角色限制了男孩和女孩的行为类型。可是,创造力的发挥超越了性别界限。强制孩子遵守典型的男性或女性行为方式等于否认他们作为个人的理想成长方式。当我们期望男孩表现得主动、独立和粗犷,期望女孩表现得被动、有依赖性和温柔时,我们实际上是在伤害他们。如果性别角色高于一切,男孩就会被拒绝参加较为安静的表达性活动,女孩就会被拒绝参加需要肢体反应的活动。这两种情况都不利于孩子的成长,因

ACEI 有关儿童艺术权益的意见书

国际少儿教育协会（ACEI）（贾隆戈，Jalongo，1990）*认为儿童具有表达性艺术权益。为了巩固表达性艺术在学校中的重要性，教育者必须接受以下信条：

1. 每个孩子都拥有参加想象性表达活动的权利。
2. 面向儿童想象力的教育就是面向未来的教育。
3. 经过教育的想象力是实现公正和跨文化理解的关键。
4. 儿童的创造力的性质与成人存在差异。
5. 创造性表达应该蕴含于所有课程之中。
6. 想象力是我们学校中教学艺术和教学质量的关键。
7. 我们必须面向21世纪重新规划我们的学校。

为这两种类型的体验对于创造过程来说都很重要。

社会、文化和传统

社会、文化和传统是不同的概念，但它们都具有一套特定的行为、价值观和态度。这些都会在孩子幼年时以期望的形式传达给孩子。然而，有创造力的孩子可能会特立独行。在一个成人拥有所有答案，并期望孩子严格遵守某种行为模式的环境中，他们就会遇到麻烦。成人往往会总结说"在我们家就是这么做的"或者"如果这样对我有好处，对你也一定有好处"。尊重、巩固和维护社会传统以及某种文化的期待诚然重要，但前提是在其过程中不牺牲一个人的个性。

孩子需要鼓励创造性表达的成人

以下策略能让孩子感到他们的创造性表达受到了赏识。

1. 赞颂创造力

帮助孩子建立与具有创造力的伟人的共鸣。例如，在伽利略的生日那天拿出望远镜观测天空或者参观天文馆。阅读有关具有创造力的个人的书籍。

与孩子谈论他们的成就，通过提问让孩子创造性地思考这些成就："如果我们没有电灯会怎样呢？"关掉灯并点燃蜡烛，谈论电灯泡的重要性。在发现创造力时向孩子指出来："一个尼龙搭扣便当盒，真有创意！"与孩子一起接受和欣赏自己有创造力的一面。

2. 赏识孩子的创造力

将创造力发展视为孩子成长的重要方面。给予孩子进行另类思考和行动的自由。接受他们的独特性。接受他们可能徒劳的创造性尝试。倡导创造力，并说服他人也这么做。与孩子、父母、教师和学校管理层谈论创造力的重要性。反对缩减艺术教育预算或用学术课程代替寓教于乐的教学以及用有组织的体育活动代替课间休息的方案。

3. 做个有创造力的伙伴

通过加入孩子的创造性世界来鼓励他们的创造行为。做一个服从孩子领导的游戏伙伴，而不是将你的情节、顺序和脚本强加于他们的游戏（见图1-3）。

图1-3 在创造性活动中服从孩子的领导

4. 为创造性表达提供时间和空间

孩子需要大量的空间来摆放游戏用品以及单独或结伴玩耍以实现他们的想法。时间和空间应当是流动和灵活的。为满足当前活动的需要，可能需要重新摆放桌子、椅子和可移动物体。创造性活动中，孩子们可能会吵吵嚷嚷，兴奋不已，动个不停，弄乱房间，或许这就是幼儿与创造力如此相容的原因。对整洁和干净过于在意会妨碍创造性"倒腾"。

5. 提供诱导创造力的玩具和材料

让孩子创造性地使用和改造玩具与材料。你要接受的事实是，孩子会将控制中心的小积木块搬到住宅区域并用作食物或钱币；会把美术中心的干净工作服带到更衣室里，当作披肩或围裙。你提供的道具可能会被用在角色扮演游戏中，也可能成为可回收垃圾。不要感到你必须向孩子解释它们的用途。孩子会将安全、清洁的废品转变成具有创造性的宝藏。在选择和提供玩具与材料时，要注意开放式物品比封闭式物品更能诱导创造性表达。开放式物品结构松散，不需要通过唯一正确的方式使用。它们可以产生多种而不是单一结果。例如，水、沙子、橡皮泥和积木属于开放式物品，孩子可以有创造性地使用它们。堆积木或者玩水不存在预先规定的方式。相反，拼图就是一种用法单一的封闭式物品，需要将许多小图块拼成预先设定好的图案。虽然也可以有创意地使用拼图图块（例如把它们当作食物或者钱币），但这不是我们使用它们的初衷。表1-1提供了开放式和封闭式玩具、物品的对比。

表 1-1 开放式物品和封闭式物品的对比

开放式	封闭式
能够诱导创造力	能够诱导一致性
有多个结果	只有一个结果
有多个用途；能以多种方式使用	只有一个用途；只能以一种方式使用
有多种"正确"的使用方式	只有一种"正确"的使用方式
具有灵活性：其用途和用法由孩子决定	不具有灵活性：其用途和用法由成人预先决定
反映无限的可能性和选择	反映十分有限的可能性和选择，只有一种可能的方式

玩具和游戏物品也能够分为简单和复杂两种。简单的玩具和物品能够培养一定程度的创造力，而复杂的玩具和物品能够拓展创造力潜能。简单的玩具和游戏物品也可以变得复杂。例如，

积木是一种简单的玩具，但我们可以有创造性地组合它们。而通过添加道具，如小容器、小汽车和小动物等，积木游戏也可以变得复杂。玩水和玩沙子也是一样。在玩水和玩沙子时用到厨具，这样就拓展了创造力的可能性。

6. 提供诱导创造力的心理氛围

孩子在一个受到尊重、信任和鼓励，不必担心遭到批评、拒绝、失败或遵守规则的压力的安全心理环境中，能够最好地发挥潜能。孩子需要自主做出选择和决定，以及用自己的方式独立做事。通过提供一系列可供选择的物品和活动，可以建立一个培养孩子自主能力的环境。组织得过于严格的以教师引导为中心的活动会妨碍孩子的创造力发展。

在这样的活动中，孩子们会迅速否定自己的创造力和自主欲望，转而依赖他人给出正确的答案或解决方法。

7. 将创造力和创造性表达融入全部课程

创造力不应当作为独立的技能来培养，而应当穿插到已然排得满满的课程中。孩子不可能在每隔一周的星期五的单个课时中奇迹般地开启创造力模式。每一门课程（数学、社会学、科学、语言艺术）都为孩子提供了使用左脑与右脑的大量机会。例如，孩子可能需要学习食物种类知识以及如何搭配食物才能吃得健康，但他们也可以有创意地设计菜单和制作健康饮食海报。聪明的教师懂得如何将培养创造力融入课程之中。

比较和对比创造力

理解和解释创造力的另一种方式是比较和对比。学习某个概念的一个方法就是将它与相似或相异的概念进行比较和对比。

创造力与一致性和求同思维

基于一致性的求同思维（非创造性）和行为已融入我们的教育系统，并反映在学习目标中。我们希望所有孩子都能了解某些事实，学到某些知识。例如，孩子需要学到上和下是一对反义词，三角形有三条边，轮子是圆形的，红灯停、绿灯行，以及一元等于十角，等等。这种类型的知识涉及

记忆力和求同思维，因为所有孩子都需知晓唯一正确的答案。此外，在学校中，一致性还往往意味着某种行为方式，比如强调要坐好不能乱动，不能讲小话，遵守纪律，不能挑战权威，不能质疑，要服从集体，要符合老师的期望，等等。显然，无论是在学校还是在社会中，要使人们和睦相处，一致性都很重要。然而，如果过于极端地强调一致性和求同思维会抹杀创造精神。

创造力与智力

创造力也可与智力进行比较和对比。有时人们会错误地认为，要发挥创造力，必须拥有高智商。可是，研究显示，在创造力测试中取得高分与在智力测试中取得高分，两者之间并没有必然关联。智商高说的是智力水平高，但无法确保创造力水平也一样高。这并不难理解，因为回答智力测试中的问题需要记住一些事实性的信息，涉及的思维过程属于求同思维，也就是非创造性思维。因此，一个智商高的孩子与智商一般的孩子相比，其创造力可能反而比较低。然而，创造力与智力又确有一定关系，拥有基本的智力和100左右的智商是发挥创造力所必需的。打个比方，一个孩子必须对鞋盒的属性和交通知识有基本的了解，才能创造性地将一只空鞋盒变成一辆大篷车。所以，要通过智力测试找出创造力高的孩子，必须格外明智和审慎。这种测试只是我们可以使用的众多手段之一，其他手段包括教师观察、家长反映等。据多伦斯（1962）*所言，如果仅根据智力测试结果来识别天才儿童，我们将会忽略约70%最有创造力的孩子。综上所述，虽然一定程度的智商是创造力的前提，但是高智商并不一定能带来高水平创造力。同样，中等智商也并不一定意味着创造力平庸。智力只是影响创造力的多个因素之一。

由于儿童的思维是幼儿教育者重点关注的方面，因此进一步探讨智力和创造力之间的关系可能会很有趣。高智商儿童与高创造力儿童的性格特征似乎并不匹配，而低智商儿童与低创造力儿童的性格特征也不相符。瓦拉赫和科根（Wallach and Kogan, 1965）*研究了学龄儿童的智力和创造力的相互关系。他们发现了以下四种组合形式：

1. 高智商与高创造力——这些孩子比较善变，有时严肃，有时调皮。他们能轻易适应不同的学习环境。他们充满自信，在完成学校的任务时表现出高度的注意力和专注。他们也会有引人注意的捣乱行为。

2. 低智商与高创造力——这种孩子在传统的学校中备受挫折、倍感沮丧。这很可能导致他们感到自己没有价值、能力不足。他们凡事小心翼翼，缺乏自信，会参与捣乱行为。

3. 低智商与低创造力——这些孩子似乎不明白学校的意义所在。他们将时间花在激烈的体力活动上，或是消极度日。

4. 高智商与低创造力——这些孩子努力在学校出人头地。他们的注意力持续时间长，且高度自信。他们一般不会调皮，深受老师喜爱。

然后，瓦拉赫和科根让教师从这些类别中找出理想的学生。你会选择哪一种？绝大多数教师都选择了智商高但创造力低的学生。创造力或抑制创造力可能带来的行为问题（如第一种情况）似乎盖过了所有优点或长处。也许我们并不难理解为何这场研究中的教师大多偏爱高智商，而不是高创造力的儿童。高智商儿童会遵从教师指令，独立做作业，听话，集中注意力和遵守纪律。而另一方面，创造力高的孩子经常被视为问题儿童，需要特别关注。根据典型性格特征描述，创造力高的孩子倾向于爱做白日梦、独立、不服从、冲动、坦率，热衷于挑战、质疑和打破局限。无独有偶，盖哲尔与杰克逊（Getzels and Jackson, 1962）*也发现教师更喜爱智商高但不那么有创造力的孩子，因为他们更易于管理。

加德纳（2006）*曾提出警告，反对使用创造力测试来测量和/或预测创造力水平，因为这些测试的准确性从未得到充分证明。准确的测试应当包含反映被测试概念或技能本质的项目。

可见，创造力测试包含的项目与被测试的概念——"创造力"并没有直接联系。相对于运用创造力测试，加德纳更偏爱在现实生活（相对于人为设计的情况）中评估创造力，在孩子从事创造性活动时记录其创造过程和创造成果。这种思路为运用性格特征评估（在第十六章详述）提供了基本原理。

创造力可能是有天赋、有才华的孩子的特征，也可能不是。被视为有天赋和/或有才华的孩子在以下一个或多个领域表现出众：整体智力、学习资质、创造性思维或行为，领导能力、视觉与表演方面的天赋以及体能（如体育运动）。然而，根据戈登和布朗（Gordon and Browne，2008）*的研究，教育者对于来自低收入人群的孩子、来自少数民族并具有少数民族文化的孩子、残疾儿童及双语儿童在这类孩子中所占的低比例越来越感到担忧。描述有天赋和有才华的孩子的特征可能有难度，因为他们在各个领域的发展可能不均衡。一般而言，他们倾向于具备以下特征：

- 好奇、爱问问题
- 具有不错的幽默感
- 对周围的环境具有不一般的敏感
- 能够快速思考，并具有较高层次的抽象思维
- 有着丰富而成熟的词汇
- 能提出引人深思的问题
- 注意力持续时间长
- 能够集中注意力
- 体力和智力发展水平有差异，精细动作能力落后于认知能力
- 社交能力和智力发展水平有差异，这可能导致他们难以忍受智力不如他们的同龄人

有天赋和才华的孩子最常见于主流幼儿课堂（戈登和布朗，2008）*。由于他们的独特需求和特征，他们经常为教师带来特别的挑战和机会。提供挑战，培养多样化和发散性思维，让孩子以自己的步调和多种方式来学习，这种计划和方法非常适合这一类孩子。在掌握核心课程之外进行丰富的活动能够挑战他们的天赋和才能。混合年龄分组是推荐的方法，因为表现出一种或多种天赋的孩子可能并不善于交际。开放式美术活动（见第十章）和艺术中心方法（见第十三章）为有天赋和才华的孩子提供了创造性挑战。

多元智力。 并不是所有研究者都将智力视为单独的概念。他们将智力看作复数名词，而不是单数名词。斯腾伯格（Sternberg，2002）*认为，智力指的是儿童在实际生活中解决问题的能力，而不是在智力测验中取得的成绩。智力具有分析、实践、创造性等多种形式，这些不同形式的智力使人们能够应对生活中的各种情况，从常见的、程式化的任务到少见的、需要灵活解决的问题。分析型智力包含了学校所强调的各种技能。创造性智力可能表现在某种兴趣爱好或特长领域的原创行为中，或是表现在提出新想法和不同见解上。斯腾伯格（2002）*相信，孩子如果要应对这个快速变化的世界，培养创造性智力就尤其重要。实践型智力是指一个人在周遭环境中处理问题的能力。这些不同的"聪明"类型或许可以解释为何学业最优的学生并不见得拥有最成功的人生，反之亦然。学校仅看重抽象、分析型的学习，而牺牲艺术、实际生活体验和个人成长，是一种罔顾大局的做法。加德纳（2006）*认为，证明一个人的智力水平有多种方式，他将智力定义为解决问题和创造受特定文化重视的事物的能力，并举出了用于识别各种智力的八条标准。威尔肯斯（Wilkens，1996）*将这八条标准解释如下：

1. 每一种智力都可能由于大脑损伤或退化性疾病而被隔离。真正的智力在大脑中具有对应的功能区域。这意味着大脑某个区域的功能受到损伤时，其他区域仍旧可以完好无损。

2. 所有异常人群（包括低能特才和专才）都具有所有类型的智力。4岁就能弹钢琴的莫扎特（Mozart）和达斯汀·霍夫曼（Dnstin Hoffman）饰演的对细节记忆力超强的"雨人"都属此列。然而，这些专才和特才都可能具有交际障碍和日常生活障碍。一个人无法在所有类型的智力方面都出众。

3. 每一种智力在一般儿童成长中都有其发展过程，并且都有高峰发展时期。例如，口头语言智力集中体现在幼儿时期，而逻辑数学智力发展的高峰是青少年时期和成年初期。

4. 每一种智力都存在于除人类以外的某种物种中。例如，鸟儿会唱歌，鲸鱼会使用语言方面的智力与同类沟通。

5. 人们曾使用各种手段测试各种智力，而这些手段并不一定与智力相关。虽然可以通过智商测试来测试智力，但它绝不是唯一手段。

6. 每一种智力都可以单独发挥作用，而无需其他智力参与。

7. 每一种智力都有一套可识别的运作方式。加德纳做了一个类比，这就好像电脑需要一套特定的程序来发挥某种功能。

8. 每一种智力都可以被当作象征，或者说具有一个或一套独特的象征符号。例如，人际关系智力以手势和面部表情为象征。

多元智力包括动觉智力、音乐节奏智力、交际智力、视觉空间智力、语言智力、逻辑数学智力、自我认识智力和自然观察智力。我们都拥有一定

程度的各种智力，同时又各有所长。每个人都会有他"聪明"的一面。

表1-2中描述了与各种智能相关的"聪明"的方面，以及对应的特长和爱好。

在指出表1-2中所列的多元智力的同时，加德纳（1998，1999，2006）*推想还有其他智力存在，例如精神智力、存在智力以及道德智力。精神智力并不等同于宗教，它使一个人可以掌握宇宙和超越物质的真理，达到一种存在的状态并洞悉自己对他人的影响。然而，在科学或学术团体中探讨精神性会引发争议，因为客观性是这些团体信奉的准则。存在智力涉及思索生命和死亡的意义的能力。不过，精神智力和存在智力还停留在理论阶段，因为人们尚未识别它们源自大脑的哪个区域。道德智力涉及价值判断过程。可是，由于智力与价值无关，道德智力是否存在仍有待怀疑。精神智力、存在智力和道德智力作为智力类型并没有得到权威认可。

美术技能和美术创作与这八种智力的匹配关系是怎样的？怎样通过美术活动加强多元智力？请参考表1-3。

斯腾伯格和加德纳都提供了较为广阔的智力研究视野。这意味着什么？多元智力理论为教学和评估都带来了启迪，包括以下这些方面：

1. 我们必须拓宽我们的智力视野，以便综合合培养不同类型的智力。所有类型的智力都很重要，而我们所教的孩子的各种智力的发展水平均不相同。并不是所有孩子都擅长语言智力和逻辑数学智力，但这并不能说明他们不聪明。他们只是聪明的方式不同，这些方式被有关智力的探讨所忽视。语言智力和逻辑数学智力是传统型教学的重点。在语言、阅读、数学和逻辑思维上表现出众的孩子被视为优秀学生，他们在学校看重和强调的方面更加"聪明"和成功。不幸的是，不擅长这两种智力的孩子在学校中没有表现其聪明才智的渠道。

2. 我们必须认识和尊重各种智力的表现。设计能培养不同类型智力的活动至关重要。加德纳（1999）*将之称为教学内容的"多个关键切入点"。不是任何活动都会涉及所有类型的智力，但涉及的智力类型越多，所有孩子取得好成绩的概率就越高。

3. 使用综合性方法来进行课程开发，这样能够增加在学习活动中培养多种智力的可能性。

4. 通过在教室中设置具有各种智力相关资源的活动中心，确立各种智力的培养目标。例如，在语言中心提供书籍、文字处理软件和书写工具。

5. 向学生提供多种活动选择，以运用他们各自的学习风格和智力类型。这样既可以巩固主要智力类型，也可以强化较为薄弱的智力类型。学生在发挥其长项的同时将获得改进弱项的机会。

6. 因为每个孩子的学习方法都不一样，所以不能用同样的方法来评估他们。可以考虑为每名学生创建一份智力档案。一个好的评估方法是让学生解释或记录他们运用各自的方法和智力类型

表1-2 加德纳的多元智力（1993）*

加德纳的多元智力（1993）		
智力	"聪明"的方面	特长和爱好
动觉智力	身体	运动、舞蹈、表演、戏剧、大幅度肢体活动和操场活动
音乐节奏智力	音乐	唱歌、跳舞、玩乐器、听音乐
交际智力	人	社交、合作项目、当领导、解决同伴之间的冲突
视觉空间智力	图画	欣赏图画、做白日梦、玩拼图、认地图、看示意图
语言智力	语言	说话、阅读、写字、倾听、讲故事、用语言思考、讨论、背诵、猜字谜、做组词游戏
逻辑数学智力	数学	数学、推理、逻辑思维和抽象思维、图案、数字游戏
自我认识智力	自我	理解自我、了解自己的能力、接受自己的局限性、独立做事、追求自己的爱好、自我反省、按照自己的节奏来学习
自然观察智力	大自然	认识植物、矿物、动物、云、岩石、植物群、动物群和其他自然现象

表 1-3　多元智力与幼儿美术的关系

多元智力与幼儿美术的关系	
多元智力	与美术的关系
1. 动觉智力	·使用美术工具可锻炼大肌肉群，培养动作协调能力、精细动作能力和手眼协调能力 ·涉及身体的活动和多种感官刺激 ·不同的媒介有不同的创作方式，要用到不同的动作和技能
2. 音乐节奏智力	·孩子可以制作乐器和可发声的器具 ·可以从音乐中汲取灵感作画 ·背景音乐可以促进美术创作
3. 交际智力	·孩子可以与他人谈论和分享自己的美术作品 ·孩子可以在画室中合作，练习交际能力 ·孩子可以将同伴作为美术创作素材 ·孩子可以选择进行集体创作 ·集体创作需要紧密协作 ·孩子要遵守画室的纪律和规则
4. 视觉空间智力	·美术涉及标志和象征 ·美术活动提供了二维和三维创作材料 ·使用能带来视觉美感和视觉刺激的美术图书、美术海报和儿童绘本 ·在孩子面前展示他们自己的作品
5. 语言智力	·孩子可以议论自己的美术作品 ·鼓励孩子在看图说话中分享他们的作品 ·教孩子阅读美术书籍 ·与孩子展开有关美术的对话 ·进行美术听写，鼓励孩子说和写与美术相关的词句和故事 ·教孩子学习美术词汇，包括各种美术元素 ·标记美术用品和材料 ·开展美术评论，运用儿童美术元素探讨美术作品
6. 逻辑数学智力	·绘制图形，色彩混合，定量，解决问题 ·将画室布置得井井有条，对美术用品进行分类并把同类用品放在一起 ·让孩子进行选择、做出决定、执行计划
7. 自我认识智力	·孩子可以独立创作，并对过程和结果进行反思 ·表达个人情感、想法和主意 ·为孩子提供多元文化美术材料 ·设计以自我意识为主题的美术活动，通过美术回答"我是谁"
8. 自然观察智力	·带孩子到大自然中收集美术素材 ·提供可用于画画、印花、拼贴、雕塑和编织的天然材料 ·孩子会使用具有个人意义的形象来再现大自然和周边自然环境

所学到的内容。将评估视为一个与学生合作找到评估他们的方式的过程。学生会收到来自很多方面的反馈和评价，这些来源包括老师、同学、父母和自我反思。评估既包括对学习过程的评估，也包括对学习结果的评估。如果有必要，可以对来自标准化考试和国家评估标准的评估数据进行分析，以用于引导学生的学习。这种使用档案的真实评估方法将会在下一章中详述。

7. 在各种活动中观察孩子之后，你作为教师，将很快洞悉每个孩子的长项和弱项。然而，如果让孩子知道你的看法，将会为他们回避自己不擅长的活动提供理由。务必不要给孩子贴上"逻辑数学智力"或"自然学习者"之类的标签。相反，应鼓励孩子利用他们的长项促进所有学科的学习。

大脑研究　幼儿教育专家长久以来一直相信，幼年的丰富体验和温馨、充满关爱的家庭对于孩子的成长至关重要。随着神经系统研究者对幼儿大脑发育的进一步研究，这些关联的重要性更加突显。大脑研究是一个专门的学科，根据研究记录，幼年时的体验对于大脑结构和成人能力的性质及范围具有决定性的影响。我们知道些什么？幼年时期的大脑具有最强的可塑性。大脑的发育方式取决于幼儿的基因（遗传）和生活体验（环境）之间复杂的相互作用。发育中的大脑是可塑、灵活而具有弹性的，具有激增神经元突触或连接的能力。大脑的这种神经可塑性使其可以不断改变其结构，并以适应外部经验的方式运转。

环境所影响的并不只是脑细胞及其连接的数量，还能影响其连接方式。就积极的方面而言，我们可以通过主动施加刺激促进大脑发育。随着时间的流逝，大脑的发育是综合式的，所以体验丰富的环境能够同时促进大脑多个方面的发育。就消极的方面而言，对大脑的忽视或伤害可能会阻碍儿童大脑功能的发展。如果大脑在幼年受到的刺激比较匮乏，就不会生成突触，建立的脑细胞连接也会少得可怜。幼年大脑发育不足会影响孩子的整体发育和成长，使孩子有更高的概率出现各种认知、行为和身体机能问题。在某些情况下，这些影响不可逆转。对于成人而言，外伤可能对其行为造成重大影响，但对于孩子而言，外伤会真正改变大脑的组织结构。目前的研究表明，生活经验能够控制幼儿大脑结构的形成方式和内部连接的复杂程度。幼年经验对大脑结构和成人能力的性质及范围有着决定性影响。幼年经验不只是为大脑发育创造一个环境，更是直接影响大脑的内部构成。

肖尔（Shore, 1997）* 以及里奇和惠勒（Richey and Wheeler, 2000）* 在审视有关大脑发育的文献时发现，为幼儿提供的经验和机会对于掌管认知、运动和社交情感的学习和发展的神经通路的形成至关重要。孩子的大脑生来就具有终其一生所有的脑细胞和神经元，而神经元之间的连接是在孩子探索周遭环境、玩耍、培养与家庭成员或抚养者之间的感情时建立的。连接性是大脑发育的关键特征，因为幼年形成的神经通路负责传递信号，使人终其一生都能处理信息。掌握时机也很关键。虽然可以活到老学到老，但在某些关键时期、黄金时间或稍纵即逝的好时光里，大脑创建神经通路或者可促进特定学习类型的系统的效率无与伦比。孩子在这些敏感时期获得的经验将强化神经通路，为优化发育奠定基础。例如，想象力和语言的培养时机就来得非常早，在10岁左右就已接近尾声。如果孩子生来耳聋，神经通路便会静止和萎缩。虽然这并不意味着成人不能学习第二语言，然而，要在10岁以后学习第二语言就困难得多，而且说起第二语言来多半会带有母语口音。在关键时期缺乏经验将导致神经通路不发达。所以，大脑的结构反映了人们幼年各种运动、认知和社交情感经验的存在或缺席。

正如专家们才初步了解大脑发育的复杂性，我们的初步任务是填补神经科学和幼儿教育之间的鸿沟。简而言之，玩耍是幼儿时期的关键因素，因为它为对神经通路的形成来说至关重要的经验提供了摇篮。孩子必须有时间练习和掌握他们学到的技能，才能继续学习新技能，而且学习必须在有意义的背景下和充满爱与支持的环境中进行。发育中的大脑并不知道一套嵌套在一起的廉价塑料量杯和一套被制造商夸大其词的昂贵玩具之间的区别。关键在于回应孩子。格林斯基（Galinsky, 1997）* 认为，回应孩子并不代表使用识字卡片或购买昂贵的玩具，回应也不是大人对孩子的单向刺激，如同朝空的容器中注满水。回应孩子就像一场双人舞——成人在孩子的主导下与孩子微妙地互动。

那么美术呢？过去，人们倾向于将美术视为纯粹的情感过程。现在我们知道，美术既是情感过程也是认知过程。孩子参与美术活动时会思考和感受，因为美术创作要求孩子思考和感受他们的经验或想法，然后再找到形象来表现它们，所以美术是一种具有高度象征性和创造意义的活动。

所有孩子都拥有创造力，但只有一部分孩子被视为有天赋或才华

所有孩子都拥有创造的潜力，但某些孩子更加具有创造性。为什么会出现这种差别？首先，有些孩子的创造力得到了培养，而其他孩子没有。培养孩子创造力的方式在本章以及第二章和第三章都有论述。其次，智力影响了创造性表达。智商高的孩子被视为拥有天赋。在美术、音乐、戏剧或舞蹈方面具有创造性资质的孩子被视为拥有才华。在某些学校中，被视为拥有天赋和/或才华的孩子会得到额外的培养机会，这些机会是常规课程的补充。

创造力与儿童成长

创造力与儿童成长之间的关系是怎样的？创造性行为对孩子的成长有什么好处？无论创造力

以什么形式出现，孩子都会通过操控和运用相关工具或设备锻炼大小肌肉群的能力。他们可以弹奏乐器，混合和涂抹颜料，鼓捣黏土，或者随着音乐或歌声舞动身体。创造性表达可以促进身体的发育。就人际交往而言，它也可以帮助孩子与他们自己和他人和睦相处。有时创造力涉及独自思考和琢磨问题。有时候孩子也会练习社交技巧，包括分享画作、轮流使用工具和接纳他人的看法。创造性表达还通过肯定个人的独特性来促进情感发育和心理健康。

3岁的胡安用黏土制作了一只有着两条腿和一个大大的脑袋的恐龙。他为此感到骄傲。恐龙是有两条腿还是四条腿并不重要，重要的是胡安对自己和自己制作的恐龙都很满意。创造力可以培养孩子的成就感和娴熟的技能，因为不存在唯一正确的方式，而成就感的累积又可以提高孩子的自我评价。孩子会感到自己有价值、有能力，能够对环境做出某种改变。哲学家米哈里·奇克森特米海依（1997）*认为创造力和快乐之间有关联，因为研究表明，创造性行为可以刺激大脑的愉悦中枢。创造力可以促进心理和认知发展，它涉及多种高级思维能力，包括观察、解决问题、发现、分析、假设、预测、验证和交流等（见图1-4）。在学校里，创造力可以加强和巩固数学、科学、社会学、听写、阅读和表达艺术等传统课程的学习。除了个人发展以外，创造力还有助于解决饥饿、贫穷、疾病、战争和污染等全球性问题，从而促进文明发展和社会进步。

图1-4 洛奇（Rocky）的《岩石餐厅》是一种个性化的创造性表达

总结

本章揭开了创造力的神秘面纱。我们可以将创造力视为创作独特的成果。不过，孩子有可能制作或创造仅仅对他们而言具有独创性的物体。由于其创造性的制作过程，我们可以将这些成果视为创造性成果，不论它们是不是完整的成品。我们也可以将创造力看作一种需要练习的技能。环境因素既可以培养创造力，也可能阻碍创造力发展，本章描述了有助于培养创造力的理想家庭环境。本章还将创造力与一致性、求同思维和智力进行了对比，阐明了智商高不一定代表创造力也高。

具有创造力的孩子应当被视为国家的宝藏。我们不能让他们成为濒临灭绝的人类资源。要允许他们怀疑、质疑和挑战传统智慧或者传统行为方式。相对于遵守学校里的"游戏规则"，他们可能更喜爱特立独行。创造力的特征以企图超越现状的个性为核心，在敢于与众不同、突破既有规则的过程中茁壮成长，这正是我们的未来所依赖的人才类型。创造性人才不会满足于被给予，而会通过让世界变得更加美好来实现自己的价值。我们需要这样的人才。

关键词

动觉	大脑研究
封闭式	创造力
天赋和才华	社交
逻辑数学	多元智力
音乐节奏	自然观察
开放式	过程和成果
语言	视觉空间

活动建议

1. 找到或培养自己的至少一种创造性行为，通过持续的练习提高这种技能。将包括挫折、困扰和成功在内的创造力发展过程记录在日记中。

2. 制作一份资源列表，列出本地可免费（或廉价）提供可回收材料的商户和其他材料来源。要记下名称、地址、电话号码和联系人。

3. 花一个上午的时间考察一位教师的时间、空间和课程安排，以及他/她的教学行为。想一想怎样改进这些行为才能促进创造力培养，并列出针对每种行为的具体建议。

4. 写出自己对创造力的定义。再请五个人给出他们对创造力的定义。注意这些定义之间的相似点和差异。性别、种族或民族因素对这些差异有没有影响？

5. 与同学展开头脑风暴，探讨一些有创造力的人。说出他们的名字和他们的创造性行为。注意这些人的性别。在这些有创造力的人中，男女比例是否相等？持续讨论，直到每种性别各找出五人。

6. 查阅希利（1994）*总结的创造性儿童的家庭培养方式。那些特点是否与你自己的成长环境相符？就你的回答展开讨论。

回　顾

1. 创造力、求同思维和智力之间的关系是怎样的？

2. 说出理解创造力的三种不同方式。

3. 假设你正在向家长们谈论创造力，他们问你可以在家做些什么来提高孩子的创造力。说出三条具体建议。

4. 列出阻碍创造力发展的四个主要因素。

5. 幼儿在创造性表达中更注重过程还是成果？阐述你的观点。

6. 描述培养幼儿创造力的家庭的特征。

7. 智力是不是局限于思考的单一概念？展开有关多元智力的讨论，解释你的观点。

8. 创造力可能是有天赋、有才华的孩子的特征之一。这类孩子还可能表现出什么其他特征？说一说你可以在课堂上使用哪些策略来满足这类孩子的需要，以及为什么这些策略能够成功。

9. 列出八种多元智力。还有哪三种类型的智力也可能存在？

10. 说一说大脑发育研究对幼儿的发育有什么意义。它带给我们的两个重要启示是什么？

第二章　创造性思维

图片中发生了什么？ 这是你会与孩子一起干的事儿吗？

维洛斯（Willows）太太和她 4 岁大的孩子们正在玩节奏乐器。孩子们正陶醉于非正式的音乐活动。教师通过提出开放式问题来促进他们的语言表达和思考："你们听到了什么？""怎么让声音变得柔和一点儿？""这些乐器还能怎么玩？""你们的乐器还能发出什么别的声音？"

目标

读完本章之后，你应当能够：
- 将创造力作为一种大脑功能来谈论。
- 将创造力作为一种心理活动来谈论。
- 找出并解释发散性思维及其成果的四个组成部分。
- 参照与教学的关系对比右脑思维和左脑思维。
- 谈论成人促进儿童创造性思维的方式。

引言

创造力有多种表现方式，创造力的表现渠道或模式包括：玩耍；美术、音乐、运动、舞蹈、戏剧和哑剧等表现艺术；思想和语言。比方说，玩耍就是进行创造性表达的绝佳机会。玩积木的孩子根据过去的经验将木块堆砌成火车、飞机场或城堡。穿上大号的外套，4岁的贝丝就变成了职业经理、女王或飞行员。孩子还可以创造性地模仿动物、机器人和宇航员的动作。他们还能使用颜料、毛笔、黏土和纸将内心的想法描绘成形，将经验转化为实物。幼儿还会创造性地运用语言。3岁的达雷尔认为 "carage" 比 "garage"（车库）更有意思。4岁的塔妮亚在幼儿园中大声宣布，圣诞老人有一队 "雪鹿"，而不是驯鹿。瑞士乳酪对陪着奶奶逛街的5岁的凯尔来说没有什么意义，他坚持要在自己的三明治中加上 "有孔的乳酪"（hole cheese）。幼儿也会进行创造性思考，尽管这种思维模式往往没有受到重视，不是幼儿课程的组成部分。

究竟什么是创造性思维？人们所认为的创造力是一种认知过程或者思考方式。德波诺（1970）*指出了两种思维方式：纵向思维和横向思维。纵向思维涉及学习了解事物或得出传统的、被认可的、求同的结论。例如，当贝尔太太问孩子们 "我们在一天中的什么时候吃早饭" 时，林回答 "在早上"。但如果希望用非一般、多样化、创造性的方法解决问题，采用横向思维就更适合。横向思维作为一种动脑方式或心理过程会促成创造性思考或成果。比方说，卡蒂一个人在沙坑里玩时，决定创造性地使用木棍和树枝来代表其他孩子，做她的玩伴。

孩子会通过思考表达创造力

艺术并不是表达创造力的唯一方式。另一种方式是有创造性地思考。有些人可能认为，创造性思维属于抽象思维，应当留待成年再培养。但创造性思维并不是作家、艺术家、科学家和发明家的专利，幼儿也能够而且应当进行创造性思考。创造性思维是一种技能，不仅可以帮助孩子解决日常生活中的问题，而且能为21世纪的人生做好准备。如果我们要解决社会、经济、政治和环境问题，就只能采用创造性的解决方式。对于持续性问题使用老一套办法根本行不通。从小培养创造性、原创性思维，将赋予孩子在21世纪面对和解决问题的必须技能。

儿童的创造性思考和表达权利

贾隆戈（Jalongo，2003）*代表国际少儿教育协会（ACEI）在其意见书中就 "儿童创造性思考和表达权利" 有所论述。主要论点和建议包括：
- 丰富和拓宽创造力的定义，以跟上当代理论和研究的步伐。
- 创造性表达不仅仅依赖于才能，也有赖于动机、兴趣、努力和机遇。
- 创造是一个由社会支持、文化影响，通过合作达成的过程。

基于此立场，ACEI指出了以下挑战：
1. 需要重新定义创造性教学并改变对于创造性思维的误解。
2. 必须为学生提供坚持进行创造性思维的榜样，必须找到评估创造过程和成果的更好的方式。
3. 教育机构和社会需要深入反思他们需要培养怎样的人才。不只是在当今的信息时代，也包括在未知的未来，国际社会需要机智、有想象力、有创造才能、有道德的人才来做出重大贡献、解决诸多问题。

思考……

今天我们所教的孩子将成为明天的地球公民。如果我们能够成功地培养和教育他们，将有助于他们的茁壮成长。21世纪的生活会是怎样的？如果我们能够纠正人类文明的所有缺点，世界将会是何种面貌？世界将会怎样，孩子在未来是否能够：

- 负担得起住房，而不是无家可归？
- 享有平等的就业机会，而不是面临失业，依靠福利和救济度日？
- 赢得和平，消除战争和暴力？
- 遵纪守法，根除违法和犯罪？
- 拥有预防性的药物和疗法以及可负担的医疗保健，根治艾滋病等威胁生命的疾病和绝症？
- 相互友爱，而不是拉帮结派、相互憎恨？
- 接受多样性，对性别和种族一视同仁，消除歧视？
- 节约资源、保护环境，而不是肆意污染、耗尽自然资源？
- 树立积极的自信和自尊，而不是滥用物品？

如果鼓励人们运用创造性思维，采用新方法解决这些问题，这份"愿望列表"就能够成为现实。我们可以鼓励孩子从幼龄开始就进行创造性思考，这样，当他们成年后，就能够更好地应对和解决社会与全球问题。斯腾伯格和鲁巴特（1995）*认为，光拥有智力是不够的。"聪明"人随处可见，可他们中有许多人跟不上这个快速变化的世界，因而无法实现其人生目标。以上两位作者相信，创造力是在21世纪生存和成功的关键所在。

创造力与大脑

我们也可以将创造力作为大脑的一项功能来探讨。人类的大脑具有两个独立但相互联系的思维系统，即大脑半球。大脑的左半球和右半球由脑胼胝体连接在一起，脑胼胝体是一簇厚神经纤维束，扮演着两个半球的联络系统的角色。每个半球都有专门的功能。左脑以分析性的方式对输入的信息做出反应。左脑处理信息的方式是有组织的、逻辑的，专门学习逻辑观念和技能，例如语法和数学公式。右脑控制着一个人的创造能力、身体知觉、空间定向和脸部识别。右脑感知负面情绪的速度较快，而左脑感知正面情绪的速度较快（查尔斯沃思，Charlesworth，2004）*。研究表明，大脑的这种功能分化是与生俱来的，婴儿的大脑需要左右半球充分联系才能高效发挥作用。然而，随着一个人参与不同的活动、培养不同的技能，两个大脑半球的活动可能都会发生变化。根据延森（Jensen，1998）*的论述，成功的音乐家被发现是用左脑处理信息，而数学专家和国际象棋选手使用的是右脑创造性解决问题的功能。

为孩子提供能够利用和集合左右脑功能的体验至关重要。虽然大多数学校旨在强调一致性和求同思维（即左脑功能），但加德纳（1991）*提醒了我们2岁到7岁这个年龄段的重要性："艺术才能和创造力是得到释放还是遭到扼杀，就取决于这个时期。"要为幼儿打通艺术才能和创造力的"任督二脉"，就要为之设计综合左脑和右脑功能的体验，幼儿教育者在这一点上发挥着关键作用。

左脑为什么管右边身体？ 由以上论述可见，人的大脑就像一个胡桃。大脑的两个半球由中间的脑胼胝体连接在一起，脑胼胝体为左半球和右半球提供了通信渠道，而神经系统与大脑的连接是左右交叉的。大脑左半球控制着身体的右半边，而身体的左半边由大脑右半球控制。大脑的两个半球各有所长，以不同的方式处理信息（见表2-1）。两个半球具有适用于不同心理过程的功能，并且相互独立。右半球的运转模式是非语言的、主观的、直觉的、全面的。左半球的运转模式是分析的、抽象的、语言的和逻辑的。

表 2-1　大脑的两个半球

大脑的两个半球	
左脑	右脑
思维抽象化	思维具体化
有计划	随机的
系统化，严肃	顽皮而幽默
分析	直觉
逻辑	冲动
感知时间	不感知时间
有顺序，线性化	没有顺序，整体化
将整体分解为部分	注重整体而非部分
语言	非语言
使用语言	使用触觉和动觉
数学，计算	识别脸、三维空间、图案
响应积极情绪	响应消极情绪
可以科学地谱写音乐	处理曲调和声音
认知，理性	凭感觉，感性，具创造性
真实	处理想象和梦想
现实	空想

旧观点认为，大脑两个半球相互竞争，从来不会协同处理信息。但爱德华兹（1999）*认为，两个半球能以几种方式合作。有时它们会划分任务，每个半球贡献其特有功能和长处以解决问题。两个半球也可以独立工作，一个半球处于"开启"状态，起主导作用，而另一个半球处于"关闭"状态。两个半球也会相互竞争，一个半球试图去做另一个半球更擅长的工作。打个比方，泽娜（Zena）正站在画架旁边作画。她在画她的一家人。她的大脑会怎样处理这份工作？她的左脑会做出逻辑反应，告诉泽娜她要画四个人——两个男人和两个女人。如果左脑起主导作用，她将给她爸爸画上大胡子，身材也会画得比她妈妈高一些；她也会把她自己画得比哥哥矮一点。但如果右脑起主导作用，泽娜就会做出情感反应而不是逻辑反应。她可能会专注于色彩的混合，通过设计来突出服装。也有可能把妈妈画得比真人更大一些，给她戴上一项王冠，同时把哥哥融入背景之中，看不到脸部特征。

基于左脑功能设立的学校对于培养创造力而言纯属空谈。表 2-2 中根据左右脑的专长列出了课程相关项。在以左脑为主导的学校里，教学按照顺序进行，遵循严格的时间表。孩子们坐在排成一行行的课桌后面，教师用字母评分奖励求同思维。阅读、写作和数学构成了课程的核心，美术、音乐

和体育等开发右脑的课程没有分配同等的时间重视程度和资金，在削减预算时可能最先被取消。这真不幸。美国艺术基金会的前女主席珍·亚历山大（1995）*提倡将艺术教育恢复到学校课程中，作为提升学生创造力、促进成长和抑制暴力的方式。她相信，某些找不到创造力表达方式的人会选择通过暴力来表达。墙面涂鸦是否就是一例？

表 2-2　大脑专长

大脑专长	
左脑擅长领域	右脑擅长领域
写字	空间关系
语言	形状和图案
阅读	对色彩敏感
读音	唱歌、音乐、舞蹈
寻找细节和事实	美术
遵从指令	创造
倾听	感觉和情绪
数学	形象

如果教师和学生的左右脑使用偏好相同或相异，情况会怎么样？在识别你自己的大脑偏好之后，可以试着识别你的老师的大脑偏好。擅长使用左脑的教师一般更喜欢通过讲课和讨论来教学。为了遵循讲课顺序，他们会在黑板上写出概要，而且喜爱按照既定时间框架来讲课。他们会把问题留给学生独立解决。相比擅长使用右脑的教师，他们会布置更多思考和写作方面的作业。他们偏好较为安静和有秩序的课堂；教室也要整洁干净，将物品放置在恰当的位置。左脑型教师与喜爱独立学习的左脑型学生能够配合良好。他们热衷于独立阅读，并将思考转化为文字。他们喜欢安静的教室，没有太多分散注意力的东西。

相比之下，擅长使用右脑的教师更喜爱通过动手活动而不是讲课来进行教学。与右脑注重整体的倾向相呼应，这些教师会将更多的美术、手工、图画和音乐融入课堂之中。他们更倾向于采取多元智力的概念。他们会分配更多小组项目和活动，偏好忙碌、活跃、吵闹的课堂环境。例如，书本和用品可能会弄得满教室都是。右脑型学生更喜爱以小组方式学习。他们喜欢艺术活动，例如，相比写作文，他们宁愿设计和制作一幅拼贴画作为考核作业。你和你的老师的大脑偏好相互匹配吗？你学习的方式和他/她授课的方式是否一致？

有关大脑功能的知识给教学带来了挑战和机遇。擅长使用左脑或右脑的学生希望受到相应方式的教育。如果你是左脑型教师，请尝试添加至少一项右脑型方法到你的课堂中，例如角色扮演或小组活动。如果你是右脑型教师，请尝试添加至少一项左脑型方法，例如直接教学或个人活动。给予你的学生多种可以选择的作业。观察学生在有权选择的情况下如何发掘他们的大脑天赋。打个比方，可以让孩子们选择以拼图、作文或表演的方式表明他们对某个主题或概念的理解。

创造力是一种心理过程

吉尔福特（Guilford, 1977）*是最初将创造力视为一种心理过程或心理活动的研究者之一。他提出了"智力结构"的概念，智力结构由三个方面组成：内容、成果和过程。

过程包括了解、发现和意识（认知）；从存储（记忆）中检索信息；生成多个回答（发散性思维）；找出唯一正确的答案（求同思维）；判断信息或决定的正确性（评估）。

发散性思维（创造性思维）的特征

发散性思维或者说创造性思维与非创造性思维有什么不同？创造性或发散性思考者共同具备以下心理素质：

1. 能流畅地思考，拥有很多想法和主意。
2. 能灵活地思考，拥有各种跨类别或打破界限的不同想法。
3. 能原创地思考，拥有独特、不一般的想法。
4. 能细腻地思考，想法细致入微。

具有创造力的儿童的发散思维是流畅、灵活、原创而细腻的，尽管这四种特质不会体现在每一个想法或行动中。当面临问题时，创造性或发散性思考者可以想出一长串可能性和待选办法，这体现了思维的流畅性。例如，可以询问孩子想要如何庆祝年底的节假日，他们可能会给出以下流畅的回答：烤饼干、玩雪、互换礼物、制作卡片、逛商场、唱歌、角色扮演、为家庭成员制作礼物、给圣诞老人写信、送圣诞老人礼物或者给需要的孩子送礼物。通过回答的数量就可以看出他们思考的流畅性。如果孩子在头脑风暴中给出这些回答，那么他们就表现得很出色，所有想法都应该被接受和尊重。

以上回答也体现了灵活性。灵活性是指在精神上打破界限、转换范畴和思维"拐弯"的能力。它能够生成各种各样的回答。思维流畅并不代表思维灵活。孩子通过流畅的思考能够给出一些随大流的回答，但孩子通过灵活的思考则会给出超出一般范围的答案，想到圣诞老人、父母和不幸的人等，这些答案反映了思考的灵活。

给圣诞老人送礼物是个独创性的想法，对孩子来说尤其如此。独创性也就是独特性。独创性的想法非同一般、与众不同而且令人意外。相比之下，其他随大流的回答虽然正确，但是都显而易见、平常无奇的。

有创造性的人会拥有细致的想法，并用复杂的方式表达自己。细致性涉及很多细节和丰富的表达。例如，在阿尔丁写给圣诞老人的信中，他只是表达了想要个玩偶的愿望，并没有详细描述玩偶。相反，鲍尔却写，他想要一个"机器人，它很酷，有手臂和翅膀，上电池后可以动，可以做好多事情，还能朝旁边发射火箭"。鲍尔延伸和扩展了他的想法。有创造力的孩子会用各种颜色点缀他们的画作，用丰富的词语充实他们的语言。有创造力的孩子会用积木堆砌样式复杂的建筑物，会用胶带纸铺路，用绳子充当电缆。

爱德华兹和斯普林盖特（Edwards and Springate, 1995）*用以下方式将发散性思维的组成部分应用于创造性的手指画。

手指画可以让孩子体验媒介、身体和思想之间的流畅互动（见图2-1）。这是一种灵活的活动，孩子可以自由地通过色彩、动作和设计进行试验和探索。由于不存在唯一正确的手指画画法，此活动可以激发原创性。孩子在创作手指画时，

图2-1　手指画可以促进媒介、身体和思想之间的流畅互动

可以添加颜色、细节和利用其他材料（如毛笔或梳子），从而丰富画面内容。

全脑开发，全脑学习

很少有人会反驳一致性和求同思维在学校中的地位。可是，我们需要在创造力和个性与一致性和求同思维之间建立更好的平衡。我们需要平衡左脑和右脑学习。我们的教育目标、课程安排和教学方式应当应用不同的学习模式和信息处理方法。当然，我们并不希望孩子把"鞋子"这个词读成任何其他词。我们也不希望孩子计算"3+2"得出的结果是32。然而，我们还是不能倡导"填鸭式"的学习，让孩子过度地使用左脑，右脑却趋于萎缩。作家罗伯特·施尔玛赫曾发现，一位上幼儿园的孩子在将太阳的颜色形容为"白热"时遭到了老师的纠正。教师似乎在鼓励求同思维，认为"黄色"才是唯一正确的答案。我们对一致性和求同思维可能强调得过于极端。长此以往，孩子会将发散思维视为不正确或无用的思维方式。（顺便提一句，孩子的右脑是正确的，太阳不是黄色的。）

不是通过所有创造性思维活动都能评估发散思维的四个组成部分。以下创造性测试例题将有助于我们练习评估孩子的思维原创性和细致性。该例题要求孩子完成一幅与图2-2类似的开放式画作。显然，要完成这幅画没有唯一正确的方式，而是存在着多种可能性。你会怎么画呢？请仔细审视图2-3中所示的作品。对于这名6岁儿童的思维原创性和细致性，你能得出什么结论？在这两个方面，作者对这幅画都予以较低评分。这幅画作拘泥古板，缺乏想象力，平凡单调，不具有原创性，几乎看不到任何细节，缺乏细致性。仅凭这一例题，作者并不会对孩子的创造力水平做出断言。然而，测试结果足以表明，这名孩子需要发散性思维方面的练习和鼓励。我们再来看看

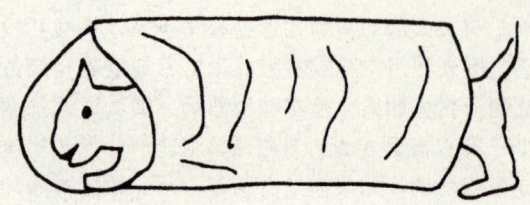

图 2-4　6 岁儿童作品

另一名6岁儿童的作品（见图2-4）。对于这名孩子的原创性和细致性，你有何见解？作者认为这幅画表现出了较高水平的原创性和细致性。

并不是每一种创造性活动都适用于评估思维的流畅性、灵活性、原创性和细致性。创造性思考题更适合评估流畅性和灵活性，而儿童美术更适合评估原创性和细致性。表2-3中的衡量标准（改编自吉尔福特1977年*的作品）可用于评估发散性思维。值得重申的是，评估的目的不在于给创造力打分，将它登记在孩子的成绩单中。谨慎地使用以下衡量标准将有助于跟踪孩子的创造力发展进度，促使他们的创作过程和作品达到流畅性、灵活性、原创性和细致性目标。

表 2-3　衡量标准

衡量标准		
低	流畅性	高
·不同想法很少		·有很多不同想法
	灵活性	
·缺乏多样性		·具有多样性
·古板		·灵活
·范围有限		·范围较大
	原创性	
·拘泥于典型		·独特
·缺乏想象力		·具有想象力
·普通		·特别
	细致性	
·缺乏细节		·富于细节
·粗糙		·细致
·简单		·复杂

来源：吉尔福特，J.P.（1977）.《IQ之外》.布法罗，纽约：创造性教育基金会

儿童需要参与求同思维和发散思维

什么是创造性思维？在什么情况下思维具有创造性，又是什么让创造性思维有别于非创造性思维？我们可以在创造性思维和发散性思维之间画上等号。当思维产生多种可能性或选择时，它

图 2-2　开放式画题

图 2-3　6 岁儿童作品

就是发散性思维。发散性思维具有开放性,允许出现各种可能性。例如,在设计创造力课程时,你就可能要用到发散性思维。问问你自己:"我能为孩子提供些什么来增强他们的创造力?"可以提供的用品和活动并不是唯一的,而是有着无穷无尽的可能性,包括美术、表演、语言、音乐、运动等方面的体验。相比之下,求同思维则会产生唯一正确的答案。学校所教授的内容大多要用到求同思维,在参加考试时尤其如此。要回答以下问题,得出唯一正确的答案,求同思维就是必需的:

- 母狗生的是小狗还是小猫?
- 体型最大的恐龙叫作什么?
- 什么悬挂在夜空,太阳还是月亮?
- 按顺序说出一年的十二个月。
- 教室的门是什么形状的?
- 热的反义词是什么?
- 我举起了几根手指?
- 3 加 5 等于几?
- 美国的首都是哪座城市?

求同思维和发散性思维都很重要。没有机会锻炼求同思维的孩子将难以掌握在学校取得优秀成绩所必需的知识。然而,仅获取充足的事实性知识也是不够的,孩子还需要锻炼创造性思考的机会。没有机会进行创造性思考和发散思维的孩子将会成为对其创造潜力毫无知觉的古板的人。当课程被一致性和求同思维所主宰,个性化和发散思维被边缘化时,问题就出现了。

创造性思维活动

针对幼儿改进的创造力测试(多伦斯,1966)*例题提供了培养创造性思维的活动建议,其中有一些合适的一般原则。你可能会想先自己尝试这些活动,记录并评估你的答案,给予你自己和孩子们充分的"思考时间"来攻克这些问题。可以针对单个孩子或者按大小组别来开展这些活动。创造性思维游戏可在一天中的任意时间进行,也可轻易融入以下日常活动中:到达时间、开场活动、小组时间、圆圈教学、放松时间、故事时间、过渡时间、室内休息、雨天室内活动、结束活动等。解释这些创造性思维活动的特点,你希望得到不寻常的答案,而且也不存在唯一正确的答案。当你首次介绍创造性思维游戏时,可能会使某些孩子感到不安。让孩子自愿参加游戏,有些孩子会比其他孩子更加习惯这些活动。试着促进和鼓励孩子思考,而不只是得到可接受的答案。有些孩子会表现得幼稚荒唐,有些回答可能与问题风马牛不相及。这些孩子可能只是在验证你发扬创造力和忽略一致性的承诺。刚开始时,游戏应保持简短。在孩子表现出不安或缺乏兴趣时便停下。由于这些游戏如此具有开放性,在初期它们可能会带来一些心理上的不适,对于那些在成人的引导下认为所有问题都只有一个正确答案的孩子而言尤其如此。

因为儿童的创造性思维水平和语言能力各不相同,所以很难对以下创造性思维活动提出建议性的具体年龄范围。需要一定程度的语言流畅性的活动可在幼儿园孩子和小学生中顺利开展。需要口头回答的活动也适用于表达能力较强的学龄前儿童。需要非口头回应(例如画画)的活动也适用于更年幼的孩子。对于年龄较大的孩子,可以要求他们写出答案,让创造性思维成为一项读写活动。这些思维游戏没有年龄上限。

画完我的画

让孩子画完图 2-5 中的一个图案。可以将图案画在与孩子视线平齐的黑板上,也可以将图案复印分发给孩子。使用复印件的好处是,孩子不那么倾向于模仿其他孩子的作品,并且在完成后可以与人分享。通过这种方式,他们将会发现有很多很多种画法。

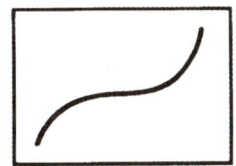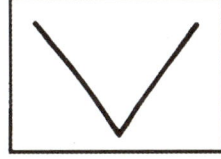

图 2-5

可能的画法

将图 2-6 中的一个图案画在黑板或者投影仪的幻灯片上。给孩子一些时间来思考它们的可能的含义。让他们给出一个可能的标题或理解:"你在图中看到了什么?""它们还有可能是什么呢?"

如果……会发生什么?

提出以下这些问题时要让孩子听仔细。如果

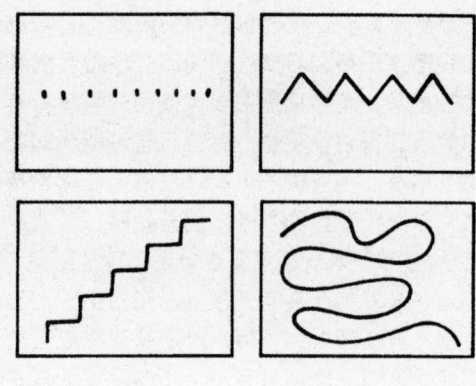

图 2-6

出现以下情况,将会发生什么?

- 冰箱吃掉食物
- 玩偶活了
- 浴缸会说话
- 梦变成现实
- 你可以隐身
- 你从来没有过生日
- 汽车可以自己驾驶
- 宠物要上学

孩子可能会喜欢将他们的回答录音,到某个时候再播放出来听。可以把这些问题打印在卡片上,保留在学习中心。

不一般的用途

展示下面这些物品,鼓励孩子仔细观察和触摸这些物品。让他们思考这些物品可以派上哪些不同用场,用法越多越好。

- 鞋子
- 果汁罐头
- 鞋盒
- 餐巾
- 软木塞
- 高尔夫球钉
- 碟子
- 砖块
- 报纸
- 纸夹
- 气球
- 橡皮筋

假如……

给孩子讲一个短小的故事。用一个假设来结束你的故事,让孩子展开遐想。例如,可以做出以下这些假设:

- 假如你发现了一百万元,你会怎么用这些钱?
- 假如你在一片空地上遇到一个月球人,你会怎么说?怎么做?
- 假如你可以变成另一个人,你想变成谁?
- 假如你可以当老师,你会怎么做?
- 假如你找到了一条魔力飞毯,你会去哪儿?为什么?
- 假如你可以隐身一整天,你会去什么地方?做些什么事?
- 假如你可以变成一种动物,你会变成哪种动物?为什么?

你自己的故事的结尾

在故事时间集合一小组孩子,读一个受欢迎的故事,让孩子们仔细倾听,譬如可以读莫里斯·桑达克(Maurice Sendak)的《野兽家园》(*Where the wild Things Are*)。要读得比较慢,在读到结尾之前停下,合上书让孩子想出一个不同的结尾。有些孩子可能会执意说出故事原本的结尾,这时要鼓励他们想一个属于自己的结尾,即使与原来的结尾不同也没有关系。当孩子有了经验,能够说出自己的故事结尾之后,你便可以早些停下朗读,让他们自行构想更多故事内容。

看图说话

让一小组孩子围坐在一起,展示一张你从杂志上剪下或者从互联网上打印的有趣的图片。尝试找到比较模糊、具有多种可能的意义的图片。让孩子仔细观察图片,让他们做以下事情:

- 给图片取各种不同的名字。我们还能把它称为什么?还有什么其他的故事?为什么会这样?接下来会发生什么?
- 根据这张图片讲一个自己的故事。可以为有资质的孩子代笔写下他们的故事。也可以给孩子的故事录音,这往往是他们喜爱的方式。

有多少种方法

让一小组孩子围坐在一起,问他们以下问题,要他们注意仔细听。你可以用多少种方式做以下事情?

- 庆祝你的生日
- 闯祸
- 吓哥哥(或姐姐、弟弟、妹妹)一跳
- 交一个新朋友
- 开心起来
- 度假
- 度过星期六
- 给爷爷或奶奶一个惊喜
- 赚一点钱
- 做一件好事

描述一下

让一小组孩子围坐成一个圈,向他们展示以下物体中的一个。让孩子们传递该物体并仔细观察，让他们用不同的词语来描述它们：

- 旗帜
- 袜子
- 伞
- 小白鼠
- 麦片盒
- 便当盒
- 钥匙
- 铅笔
- 玩偶
- 硬币

鼓励孩子使用形容词来描述这些物品的颜色、形状、大小、用途、材质、重量、构成等。

讲故事

让一小组孩子围坐成一个圈，给他们讲一个故事的开头，并要求他们认真聆听。然后，让他们讲完你的故事。以下是三个简单的故事开头示例：

- 从前，有一个小女孩非常想要一匹属于她自己的马。但她母亲说，家里没有钱可以买马。有一天，小女孩……
- 一天早晨，马尔科（Marco）正在等校车。他等啊，等啊，可校车就是不来。于是，他决定……
- 一只小猫想上学，但它的主人贝利（Billy）说："猫儿是不上学的，猫儿都成天待在家里。"于是有一天，小猫……

你也可以鼓励孩子设计自己的故事开头，让小伙伴们接下去。

猜图片

将图 2-7 中的开放式图片画在黑板上，一次画一个。让孩子认真看这些图片，给他们充分的思考时间，不要求迅速回答。让孩子说说这些图片可能代表的是什么，说得越多越好。

让它变得更好

让一小组孩子围坐成一圈，拿出一个他们熟悉的玩具，譬如填充玩偶或赛车。让孩子传递玩具并仔细观察，并向他们提出以下问题：

- 怎样把它变成一个更好的玩具？
- 怎样让它变得更好玩？

什么如果……会……

让一小组孩子围坐成一圈。向他们提出类似于以下的问题，让每个孩子仔细聆听，给出自己的答案：

图 2-7

- 什么如果变得更甜，味道会更好？
- 什么如果变得更快，会更好玩？
- 什么如果变得更大，会比较吓人？
- 什么如果能逃走，会很开心？
- 什么如果是活的，会很有趣？

什么东西是……

让一小组孩子围坐成圈，让他们想想有哪些东西是：

- 圆的
- 绿色的
- 有声音的
- 伤人的
- 在水里会下沉的
- 方形的
- 湿的
- 黏的
- 有气味的
- 吱吱叫的
- 有角的
- 能发出铃声的
- 发光的
- 会飞的
- 会滚的

假设……

让一小组孩子围坐成圈。让他们认真听并回答一个以"假设"开头的问句，例如：

- 假设你没有油漆刷，你会用什么来刷墙？
- 假设你没有准备礼物，你去参加朋友的生日宴会时会带什么？
- 假设没有小伙伴和你一起玩,你会做些什么？
- 假设你开的模拟商店中没有钱，你还可以用什么代替？

促进儿童的创造性思维

尽管孩子不需要督促也会进行创造性思考，但成人还是可以通过提供时间、空间、材料和创造条件来促进这一过程。

提供诱导创造力的心理氛围

孩子在信任和鼓励自主行为，不必担心遭到批评、拒绝或失败的安全心理环境中将快速成长（见图2-8）。对孩子的行为予以期待具有积极作用，但应控制在恰当程度。自主意味着行使自由权利，意味着自由而负责的行为。孩子需要自由地做出选择和决定、解决问题和用自己的方式引导事物发展。我们可以提供一系列可选择的材料和活动来建立培养孩子自主性的环境。将每天的活动安排得太满、太紧凑，替孩子选择所有活动，会有损于他们的创造力。如果孩子过于依赖他人来给出答案、解决问题，他们很快就会学会压抑自己的创造冲动和自主欲望。

图2-8 安全的心理氛围有助于培养创造力

创造性思维需要时间

孩子需要大段大段的时间来参与需要思考的活动。探索和遍寻各种可能性需要时间，应将时间视为流动的、灵活的，在安排每天的活动时，应将时间划分为几个大段，而不是多个小段。这样孩子便有充足的时间来思考、计划和尝试各种可能性，以及离开、返回和重新开始。如果活动组织得太匆忙，孩子不仅没有充足的思考时间，还有可能调皮捣蛋。孩子需要足够的时间来做白日梦和深思，除了坐在那儿开动脑筋什么也不做。要让创造力和创造性思考渗透到一整天的活动中，让孩子整天整天地沉浸在创造性活动中。利用个人和小组时间、碎片时间、过渡时间和早晨/傍晚时间来组织创造性思维游戏。有时候创造力不可预测，会发展成需要额外时间的计划外活动。灵活的教师能够把握"可施教时刻"，并在恰当的时候结束活动。

创造性活动需要空间

孩子需要足够的空间来摆放活动用品，并单独或一齐完成他们的设想。和时间一样，空间也应当是流动而且灵活的。创造性思维可能需要私密、封闭的独处空间，以便于独立思考和想象。还有些创造性活动可能需要大块空地以便于集体参与，可能需要布置桌椅和可移动物体来满足活动需要。创造力可能导致吵闹、兴奋、活动和凌乱。过于关注整洁性会妨碍创造性的"胡闹"。这也许是创造性表达和儿童如此相容的原因。

创造力与幼教课程

人们对于创造力的概念及其在课程中的地位普遍有误解，这么说并不偏颇。随着教育界对教学效果考核、基本学术能力、考试、改革和预算削减的注重，家长和教师可能都会以怀疑的目光看待创造力，他们往往反映，尽管自己认为创造力很重要，却找不到多少时间来培养它。

创造力难以捉摸的本质让问题变得更加复杂。向家长汇报说他们的孩子达到了某种阅读水平，可能比报告说他们的孩子创造力颇高传达了更多信息。有些人认为相比创造力高，学好数学会更有前途，因而更加重要。在一次家长会上，一名父亲提出了疑问："如果创造力这么重要的话，为什么不将它记在孩子的成绩单和档案上？"他继续陈述道，创造力从来不是他学术研究的一部分，尽管如此，他仍旧取得了事业的成功。他的观点可能反映了公众的意见。这也是家长熏陶、教师引导和美术倡导如此重要的又一个原因。

促进创造性思维的策略

以下所述策略将有助于让孩子感到他们的创造性思维尝试受到了重视。这些策略易于结合到传统的幼教课程内容中。

1. 在教学计划中构建创造性思维

为孩子提供各种进行创造性思考的方式，将它们融入你的课程。避免过于强调一致性和求同思维，让孩子认为仅有一个正确答案或方法将扼杀他们的创造力。要准备好让有创造力的孩子质疑和挑战你的想法和行为方式。给予孩子各种机会来探索创造性选择和可能性，与他们的想法嬉戏。

2. 塑造创造性思维

斯腾伯格和鲁巴特（1995）*认为，培养创造力的最佳方式是提供创造性行为典范。要让你的孩子具有创造力，设置任何课程或练习的效果都不如以身作则，树立创造力行为典范（见图2-9）。

在看到别人合理冒险和突破障碍时，孩子也会学着这么做。你要做一名创造性思考者并示范这一过程。与孩子分享你创造性地解决问题的方式。比方说，你许诺孩子说可以在第二天上午画手指画。可到了第二天上午，却发现没有颜料了。你可以宣布这个问题，并示范你如何进行创造性思考，以找到解决方式："我们的颜料用完了，所以我想了想我们还可以用什么。我会把剃须膏放到四个盘子里，我们可以用它来画手指画。"同样，也要让孩子知道你所经历的困难和挫折。让孩子知道你试了几次，才找到让教室的门保持关闭的方式，使教室里的宠物不至于在夜里逃跑。尝试做各种事的新方法。让孩子知道，如果一种方法不奏效，你只会重新思考，尝试另一种方法。

3. 指出、鼓励和重视创造性思考与解决问题

奖励创造性思维过程，而不是思考结果本身。在上文所述的教室宠物笼一例中，教师也应当指出她的思考结果，说："我喜欢我这个把锁套上

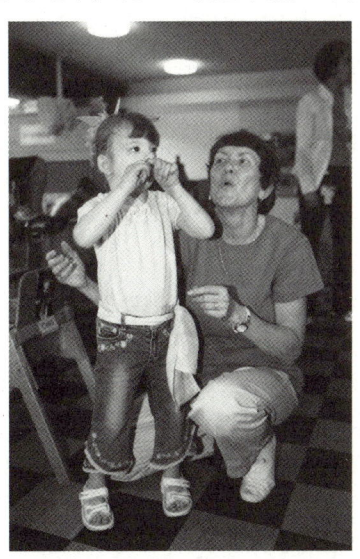

图2-9　在课堂中为孩子充当创造力行为典范

但不锁的主意，它似乎起了作用。我可是想了很久才想到这个好主意。"这并不是王婆卖瓜，自卖自夸，而是在鼓励孩子进行创造性思考。在前面的剃须膏一例中，卡洛斯拿了液体水彩过来，说道："我们来弄点颜色吧。"这时你可以回答："卡洛斯想把水彩添加到剃须膏里。这个主意真不错！"

4. 帮助孩子重视自己的创造性思考

帮助孩子在面对批评和同伴压力时捍卫自己的想法。你可以说："那是你自己的想法，你的朋友和你想法不一样，这并没有关系。"例如，如果其他孩子不喜欢卡洛斯（Carlos）的想法，说"不要，那真恶心"，教师就可以说："我认为卡洛斯的主意不错。不过，如果你不想要水彩，不要就是了。卡洛斯，朋友们不喜欢你的想法，这并没有关系。"反过来，也要引导孩子尊重他人的想法。帮助他们树立这种意识：你完全可以和别人不一样，你可以拥有独特的想法。

5. 提出需要创造性解决方式的问题

例如，对一群希望郊游的小学生说："我们怎么筹集春游的资金呢？"找出多种不同的想法，帮助孩子相互拓展各人的想法。提供充足的思考时间，保持沉默，等待他们回答。不要急于做出评判，不要说"那没有用"或者"我们再想个好些的办法"。避免让你的主观意志太早介入，同时照顾孩子的感受，不要让他们感到挫折甚至失败，帮助孩子检验他们的想法和考虑其他可能性。鼓励批判性思维，与孩子讨论各种主意的利弊。

6. 引导孩子进行批判性思考

例如，蒂娜（Tina）小姐又一次为一小组学龄前儿童讲"金发姑娘和三只小熊"的故事。这是孩子们最爱的一个故事，她总是拿出木偶、填充玩偶、服装、角色头饰和一些毛毡碎片，让孩子使用这些东西，用自己的话来复述整个故事。但她今天读这个故事，为的是另外一个目标——批判性思维。在读故事之前，她要求孩子们仔细聆听，判断故事中谁是好人，谁是坏人。德夫林认为熊是坏人，特别是熊爸爸，因为他吓唬小女孩，吓得小女孩跑掉了。阿菲认为熊妈妈是好人，因为她为全家做饭吃，并让他们不要吃太烫的食

物。罗莎认为熊宝宝是坏人，因为他吵醒了小女孩。她还说如果她在家吵醒了小妹妹，就会招来麻烦。卡米尔不这么认为，他觉得小女孩是坏人，因为她弄坏了熊宝宝的椅子。南也说小女孩没有问就喝掉了粥，这是不对的。塞尔吉奥说小女孩是"最坏的"，因为她直接闯进了熊的家，熊可以叫来警察，把她送进监狱。孩子从"好人还是坏人"这个他们容易理解的角度对故事里的角色进行批判性思维。蒂娜小姐帮助孩子们超越这种标签式的目光，升华到安全问题和动机问题上来。她承认小女孩做了一些可以称为坏的或者顽皮的事情，因为这些事情很不安全、很危险。她问孩子们可不可以进入陌生人的房间，费伊说只要敲了门就可以。蒂娜小姐又问其他孩子是怎么想的，于是批判性思维仍在继续。

7. 提出开放式问题

开放式问题的提法决定了它没有唯一正确的答案。它可以引出许多可能的答案。它要求孩子进行发散性思维或创造性思维，从较高的意识层面思考和组织答案。以下是一些开放式问题示例：

- 在讲故事时问："你们觉得接下来会发生什么？"
- 在解决与孩子有关的问题时，问："你们认为应该怎么解决这个问题？"
- 在孩子为积木堆不起来或自然材料粘贴不起来而感到沮丧时，问："还有什么其他办法可以做到？"
- 在听某种声音或者看被遮盖了一部分的图片时，问："它还有可能是什么？"
- 在打算到街区散步时，问："为了保证安全出行，我们需要考虑些什么？"
- 在将一块积木搭在积木房顶上，并防止它滑落时，问："谁能用不同的方法做到？"
- 对一个想要从别的孩子手里抢过玩具奖品的孩子说："除了抢它以外，你还能做些什么？"

相比之下，封闭式问题只有一个正确答案。或许你知道答案，或许你不知道。封闭式问题需要的是较低级别的思维，即基于回忆的求同思维。封闭式问题的答案作为相互无关的信息碎片保存在记忆中。

以下是一些封闭式问题示例：

- 你的夹克是什么颜色的？
- 如果你有两元钱，我再给你两元，你一共有多少钱？
- 墙上的钟是什么形状的？
- 三轮车一共有几个轮子？

表 2-4 将不同类型的问题进行了对比。

表 2-4 两种类型的问题

两种类型的问题	
封闭式问题（求同式问题）	开放式问题（发散性问题）
只有一个正确答案	具有多个可能的答案
可以快速回答	需要时间思考和组织答案
需要低级思维，例如名称和事实	需要高级思维，例如推理和解决问题
需要已存在于记忆中的答案	激发想象力，需要积极思考
涉及简单的答案	涉及复杂的答案
涉及成人所知晓的答案	涉及成人不知晓的答案
问的是事物、人物、时间和地点	问的是方式、原因和过程

让我们将有关提问的知识应用到蒂娜小姐所讲的三只熊的故事中。如果她希望孩子进行低等级思维，回答出事实性的答案，她可以问他们以下这些封闭式问题：

- 我们的故事中有几只熊？
- 小女孩的名字叫什么？
- 小女孩为什么叫这个名字？
- 熊妈妈早上做了什么食物？
- 小熊在哪里找到的小女孩？
- 熊们为什么要出去散步？
- 他们在楼上还是楼下找到的小女孩？
- 桌上一共有几只碗？
- 什么东西被弄坏了？

蒂娜小姐知道，这些问题对于她的孩子们来说很简单，不需要深入思考。相反，向孩子提出以下这些开放式问题，可以让他们积极进行较高级别的思考：

- 我们来给三只熊取名字吧，我们该叫他们什么呢？
- 我们来改一改这个故事吧。谁能说一个不同的结尾？
- 你认为小女孩为什么会从熊家里逃走？
- 你对于进入陌生人的家有什么看法？
- 我们可以做些什么来帮助小熊和小女孩成为朋友？

- 熊妈妈还可以做什么好吃的作为早餐?

提出这些开放式问题后,孩子们都非常积极地参与讨论,大多数孩子都渴望说出不同的想法。给予他们时间思考也很重要,孩子需要时间来思考问题,并在内心和口头组织答案。不要急躁,失去耐心,自己回答自己的问题。这是一种不尊重孩子的行为,会向孩子传达消极的信息:你不会花时间来等待他们的答案。他们可能将此理解为你并不真正在乎他们和他们的想法。

总结

一个人可以有多种方式表现创造力。玩耍、表现艺术(美术、音乐、运动、舞蹈、戏剧)、语言和思考只是其中几种与幼儿相关的方式。在吉尔福特(1977)*的"智力结构"中,创造力或发散性思维被视为一种思考能力或心理过程。创造性思维具有流畅性、灵活性、原创性和细致性的特征。本章还提供了衡量标准和示例活动,可供成人针对儿童运用。

关键词

封闭式问题	求同思维
创造力	批判性思维
发散性思维	细致性
灵活性	流畅性
横向思维	左脑
开放式问题	原创性
右脑	智力结构
纵向思维	

活动建议

1. 尝试本章介绍的几个创造性思维活动。记下你自己的答案。使用本章提供的衡量标准非正式地评估你的发散性思维水平和成果。记录你在流畅性、灵活性、原创性和细致性方面的优势和劣势。

2. 与一小组孩子进行一个创造性思维活动。记下他们的回答,练习使用衡量标准评估他们的创造性思维。

3. 到图书馆查看创造性思维测试题,并反复温习。制作一份创造性思维活动的卡片目录。创造性地修改测试问题,而不是纯粹地复制。

4. 在幼儿园或小学一至三年级的课堂中进行观察,要选择教师进行直接教学的时候。记录教师所提出的问题,它们是封闭式问题(求同式问题)还是开放式问题(发散式问题)?你认为教师所提的问题是否有效地达到了活动的目的?请说出原因。

回顾

1. 列出五种主要的心理过程,其中哪一种一般与创造力相关?
2. 列出发散性思维的几个组成部分。
3. 将术语和相应的描述配对。
   ( ) 找出多种可能性　　a. 细致性
   ( ) 想法的独特性　　　b. 原创性
   ( ) 深入和丰富一个想法　c. 灵活性
   ( ) 想到多个不同的答案　b. 流畅性
4. 分别说出左脑和右脑的五种专长。
5. 列出成人促进儿童创造性思维的五种方式。
6. 说出两种问题的类型,并进行比较。以下问题属于哪个类型?"孩子们,我想要你们每个人都想一想交朋友意味着什么。"并说出原因。

第三章 创造性体验

你从这张图片中看到了什么？塔娜莎（Tanesha）是在工作还是在玩耍？美术是否等同于玩耍？为什么？

教师在教室的美术区放置了画架。她是个有条理的人，在教室里做出了规划，以便让孩子有专门的空间来进行美术活动。制冰盒的格子里放上了一根一根的粉笔。塔娜莎可以自由使用这些粉笔画画。在座位上画画和站在画架前画画感觉完全不一样。尽管塔娜莎看上去正在非常专注地画画，双面画架却方便了孩子们进行互动。相比画画，塔娜莎更喜爱在画纸上横横竖竖地涂鸦。本章将向读者介绍一系列涂鸦活动。

目标

读完本章之后，你应当能够：
- 解释儿童如何通过玩耍表达创造力。
- 至少列出玩耍的三个标准。
- 列出玩耍的五种类型。
- 谈论多种文化素质。
- 谈论儿童如何创造性地使用语言。
- 设计音乐和运动方面的创造性体验。
- 谈论成人促进儿童创造性表达的三种不同方式。
- 组织孩子进行标识创作活动。

引言

第一章向读者介绍了最宽泛的创造力概念。第二章的论述侧重于创造性思维。本章开始介入各种美术媒介的探讨，主要讲述涂鸦过程，以及有助于孩子进行创造性涂鸦的一些活动。本章还概括了儿童表达创造力的其他方式，包括玩耍、语言、音乐和运动等。

创造力可以促进儿童成长

创造力和创造性表达（无论是通过美术、思考、玩耍、语言、音乐还是运动）都可以促进儿童的全面成长，包括体能、社会情感、认知和创造性方面的成长。比方说，特拉想用积木给她的洋娃娃一家造一所房子。从体能上来说，她必须抬起、搬运、操纵和放置积木。她手眼并用，小小的手指小心地堆放和堆砌大大的积木块。最初，特拉是一个人工作，创造力尊重孩子的私密权。后来，她请来波西亚帮忙。从社交上来说，她们是在锻炼协作技巧，包括轮换和分工。她们一边合作一边交谈，又锻炼了语言能力。

建造一所可以容纳四个洋娃娃的房子需要不少的思考和规划。一开始她们砌了一圈围墙把洋娃娃围起来，但是很不满意，说这看起来更像是关动物的笼子。她们希望每个洋娃娃都有单独的房间。提出问题后，她们开始思考不同的解决方法——她们在解决问题。她们对她们的合作成果感到骄傲，这提高了她们的自尊。虽然她们建造的房子缺少四边和屋顶，但划分为一间一间的房屋结构却是她们的创造。她们叫来老师，老师给她们的房子拍了两张照片，以添加到她们的活动记录中。

创造性表达的模式

我们在前两章里对创造力的讨论为本章所论述的创造性表达奠定了基础。务必记住美术或者视觉艺术只是艺术的一个方面。"艺术"这个词包含哪些内涵？根据爱德华兹（2006）*的说法，艺术包括文学、戏剧、音乐、舞蹈以及视觉艺术。他还提出了这五种艺术的子类别。

文学：诗歌、阐述、写作、书本、讲故事、阅读和说话。

戏剧：创造性戏剧、哑剧、即兴表演、剧本创作。

音乐：声响、音调、节奏、歌唱、弹奏乐器、音乐游戏、聆听和创造性动作。

舞蹈：身体意识、动作和创造性表达。

视觉艺术：自我表达、视觉和触觉艺术、印刷和工艺媒介、美术分析和解读，包括二维美术（绘画和印刷）和三维美术（塑型、雕塑、建筑）。

为什么艺术很重要？赖特（Wright, 2003）*认为，艺术涉及一种独特的认知形式——综合了思想、感情和行为的思考方式。通过艺术，孩子们培养了一种特殊类型的文化素质，可以将行为转化为表现。由于艺术思维涉及内涵和理解，赖特（2003）*建议在课程中安排大量时间让孩子体验艺术、艺术表现形式和相关过程。这有助于他们理解艺术的构成：过程、基于训练的表达形式、元素和概念。儿童美术教育的目标是什么？美国国家美术教育标准提供了针对幼儿园到小学四年级儿童的推荐技能和能力。

我们对创造性表达模式的探讨将把文学和戏剧包含在名为"语言"的部分中，把音乐和舞蹈包含在名为"音乐和运动"的部分中。接下来的章节将探讨视觉艺术。尽管没有将玩耍视为一种艺术，但对玩耍的探讨开启了有关创造性表达模式的篇章。玩耍既涉及创造性表达，又涉及象征性表现。

儿童通过游戏表达创造力

鲍克（Balke，1997）*看到了孩子的玩耍与艺术之间的共通之处。她相信，玩耍之中的表现性元素使之与艺术作品类似。孩子用玩偶做游戏，就像艺术家用艺术媒介进行创作。虽然艺术和玩耍都不是生存之必需，但她不禁疑惑，如果没有艺术，生活会是何种模样。她问道："如果没有艺术，又怎能有文化？"又问："如果不能玩耍，童年会是一段怎样的光阴？"

什么是玩耍？玩耍是一个难以理解的概念，因为它没有明确的定义。有的人将玩耍视为孩子的天职，有的人却将之视为没有目的的无聊活动。有多种行为都可以被贴上"玩耍"的标签，从婴儿玩弄自己的身体和玩偶，到游戏、爱好、运动、娱乐活动，再到美术、音乐和舞蹈等创造性活动。尽管我们不能精确定义玩耍，但可以将它与工作相对比。长久以来，玩耍一直被视为工作的反面，是清教徒式的工作理念促成了工作与玩耍的对立。成人的工作被视为认真、严肃、有价值的生产性活动。相反，儿童的玩耍被视为游手好闲的无聊趣味，几乎与邪恶相去不远。当成人说孩子"只是"在玩时，便显然受到了这种思想的影响。"只是"二字暗示着没有目的或价值。很少有人会说孩子"只是"在读书，因为他们认为读书有价值。对于玩耍的消极态度反映在许多家长和教育人员（例如马戈的同事）身上，他们认为孩子要学到知识就必须用功而不是玩耍。然而，下面的例子说明工作和玩耍并不相互对立。正在全神贯注堆砌积木建造塔楼的孩子表现出了与建筑工人工作时同样的细致和认真。与工作相关的优良素质同样也体现在玩耍中。要进一步区分工作和玩耍，需要审视它们各自的过程和结果。通常来说，玩耍更注重过程，而工作更注重结果。人们是为了玩耍而玩耍，为了取得成果而工作。通过玩耍进行的创造性过程包括以下几例：

- 堆积木，堆砌成具体的形状
- 玩空盒子
- 用水注满空的容器
- 使用厨具和容器舀取、过滤沙子并用沙子塑型
- 用锤子把钉子敲进软木；锯木头并把木块粘在一起
- 假装给玩偶喂食
- 找到"三个字"、捉迷藏、跳房子、跳绳游戏的新玩法
- 在室外的汽车快餐馆用筹码代替钱

那么，究竟什么是玩耍？加维（Garvey，1990）*指出了定义玩耍的五个标准：

1. 玩耍的过程充满乐趣，令人愉快。孩子玩耍是为了获得乐趣。

2. 玩耍没有外在的目标。孩子天生就爱玩。他们因为想玩耍而玩耍，不是为了获取任何实质的回报。

3. 玩耍具有自发、自愿的性质。玩耍的过程驱使孩子做出玩什么、跟谁玩、在哪儿玩、怎么玩、什么时候开始和结束等决定。

4. 玩耍需要积极参与。儿童是活跃的学习者，而玩耍是一个活跃的过程。玩耍有时需要全神贯注，这就否定了儿童注意力持续时间很短、无法长时间参与某个活动的说法。

5. 玩耍与成长有一定的联系。玩耍有助于孩子的全面发展，也可以促进儿童课程的学习。在玩耍的过程中，孩子的身体和心理都处于活跃状态，与小伙伴们交际、说话，并对玩耍时的一切感觉良好。因为玩耍方式没有对错之分，孩子们可以通过玩耍发挥创造力、获得成就感，从而提高自信心。通过玩耍，孩子还能学会表达和掌控自己的感受和情绪。他们会在玩耍中思考并形成自己的想法。

埃尔金德（Elkind，2003）*认为，爱玩耍就像爱和勤劳一样，是人类的基本特性。无论在什么时候、什么地点，孩子们都喜爱玩耍。我们之所以玩耍，是因为我们具有爱玩的天性，这是

思考……

马戈（Margo）是一所城郊学校中的幼儿园一年级教师。夏天的最后几个星期，她一直在幼儿园和教师团队待在一起。从个人角度而言，她相信自己能胜任这份工作，并融洽地融入这个团体。从职业角度而言，她却有一些顾虑，她正在调整自己在学校里学到的有关成长适应性教育的知识。她的同事笑她"纸上谈兵"，并提醒她说，尽管学龄前儿童可以整天整天地玩耍，但上幼儿园是要学习的。当幼儿园的阅读课本和数学课本发下来时，她的顾虑进一步加深了。她在储物间里找到了积木、水桌和表演道具。她想在教室里设立一个活动中心，但又不知道设在哪里，因为桌椅占据了大部分空间。她问自己：对于儿童，尤其是幼儿园儿童来说，玩耍和创造性表达在课程中占有什么位置？本章将探讨玩耍的概念，将其与工作和学习进行对比，并找出界定玩耍的标准。玩耍具有多种形式，本章将重点分析体能游戏、构建游戏、表演游戏、使用天然材料进行的游戏以及具有特定规则的游戏（见图3-1）。语言以及音乐和运动是孩子表达创力的另外两种主要方式。本章还介绍了在教学区域设立活动中心的做法，以及推荐的用品和建议活动。本章末尾回顾了教师加强和促进儿童创造性表达的各种方式。

图3-1 让孩子进行创造性玩耍的活动中心

人类的本性之一。

在阅读有关玩耍的益处的文献时，伯克（Berk，1994）*发现：

1. 过家家的游戏能够加强儿童的一系列心智能力。

2. 游戏体验能够极大地丰富儿童的语言。

3. 过家家还能培养孩子推断不可能或荒谬的情况的能力，这与维果茨基（Vygotsky，1986）*的另一观点高度一致：幻想游戏有助于孩子将意义和代表意义的事物区分开来。

4. 特别热衷于扮演游戏的孩子和被鼓励参加幻想游戏的孩子在想象力和创造力测试中获得的分数较高。

总而言之，幻想游戏有益于提高孩子的社交成熟度和形成知识结构。对于那些质疑是否应当抑制玩耍从而提倡学习，或者质疑玩耍是否属于一大"最近发展区"的人而言，这些发现显然肯定了玩耍在幼年生活中的合理、有益地位。

教师在儿童玩耍中的角色

鲍克（1997）*认为，孩子的年龄越小，成人参与其玩耍的重要性就越大。可成人究竟应该扮演什么样的角色呢？琼斯（Jones，1993）*认为，教师在儿童玩耍中扮演的角色应当是非引导性的。她相信，成人如果主导孩子的玩耍，就是否定孩子自行创造和组织的需要。由于成人参与玩耍的确能使孩子受益，琼斯推荐了以下五种策略：

1. 设置背景。
2. 提供道具和建议。
3. 帮助解决问题。
4. 观察孩子的计划和设想，并与之交流。
5. 基于对孩子的观察，帮助孩子设定新计划或改进旧计划。

她还指出，成人应当在与孩子玩耍的过程中找到和分享自己的乐趣，而不应当主导孩子或者代他们操作，这很重要。

用盒子、纸箱和小杂件进行创造性游戏

孩子可以用他们找到的任何东西来发挥创造力。进行创造性游戏的游戏用品应当安全、干净和坚固，但不一定昂贵。市面上昂贵的玩具不一定能培养创造力，无论它们宣传得多么好。空的纸箱和盒子是进行创造性游戏的绝佳道具，因为它们：

- 安全、坚固、耐用
- 不重，易于移动
- 属于可回收物品
- 免费，弄坏、弄丢了也不可惜
- 可以用胶带、颜料、蜡笔或马克笔随意改造
- 具有各种大小和形状
- 可以根据孩子的意愿有多种用途
- 既能在室内使用，也能在室外使用

大纸箱可以充当各种建筑物，例如房子、学校、城堡、餐厅、商店、医院等，也可以充当火箭、公共汽车等交通工具。纸箱还可以轻易改造成管道或者洞穴。可以为孩子在纸箱上剪出门和窗户，但不要告诉孩子要把它当作什么。让孩子自己赋予它们意义，而你仅仅充当他们的顾问。孩子可能想给纸箱内外涂上颜色，进行装饰。给出各种大小的盒子和纸箱，这样有助于孩子发现可能性和建立联系，他们可能会用较小的盒子充当家居和电器。如果你只为一群孩子提供一个大纸箱，就容易出现问题。为一小组孩子提供多个纸箱，就能促进他们在游戏中合作，让每个孩子都享有一定的空间和角色。

用纸箱进行游戏需要成人监督。有的孩子不喜欢被封闭在较小的区域内。要帮助孩子意识到，男孩和女孩分别用一个纸箱进行游戏是不公平和歧视性的。要承诺公正对待所有孩子，就能防止男孩和女孩在游戏时划分界限。另外，分别用纸箱进行游戏还违反了一起玩耍、不互相伤害的教室守则。增加旧床单、旧方向盘等小杂物或道具能够实现更多可能的创意。还可以将纸箱引入你的语文课中。譬如，可以将装饰成房子的纸箱作为《金发姑娘和三只熊》的故事背景。将纸箱做成一座桥，可以进行《三只公山羊》的表演。

用塑料管进行的游戏

孩子喜欢将长长的塑料管和下列装置组合在一起：

- 弯曲成45°或90°的弯管
- 用于连接塑料管的接头或短管
- 有三个开口的T形接头
- 有四个开口的十字形接头

孩子会赋予这些材料以意义，可以把接好的管道当成任何他们想当成的东西。

只需购买一定长度的塑料管（PVC）。预先切分好的塑料管价格很便宜，也可以用锯子自行切割。再购买一些可以让孩子连接塑料管的装置，内部没有螺纹的接头更容易连接。这些接头是按照直径来定价的，务必全部购买相同直径的接头，这很重要。成人可以考虑使用塑料管来制作一个木偶戏台，或其他可以用钓鱼线从天花板上吊下来的四边结构。

玩耍的类型

玩耍可以有多种形式。相互重叠的类型有：
1. 体能游戏。
2. 构建游戏。
3. 表演游戏。
4. 使用天然材料进行的游戏。
5. 具有特定规则的游戏。

naeyc 1. 体能游戏

顾名思义，体能游戏涉及体能和运动。体能游戏包括粗大运动（大块肌肉运动）和精细运动（涉及小块肌肉和手眼协调）活动。

跑步、攀爬、上下坡、骑三轮车和跳跃等户外玩耍活动涉及粗大运动（大肌肉运动）。

大肌肉运动也可以在室内进行，但可能受到空间的局限。不过，室内攀爬结构还是能够为粗

IPA/USA：倡导儿童玩耍权利的美国组织

IPA/USA 是 IPA 在美国的分支机构，IPA 于 1961 年成立于丹麦，是一个国际化的非政府组织。任何支持联合国儿童权利宣言（1959）*的个人、团体或组织都可以加入该组织。该宣言第 7 条第 3 段有如下陈述：

儿童应拥有充分的机会进行玩耍和娱乐，这些玩耍和娱乐活动应具有与教育相同的目的；社会和公共机关应致力于促进此权利。

IPA/USA 相信，玩耍有助于增进社交、体能和认知方面的创造力、个性和成长，从而实现个人和社会的最大发展。该组织的目标是保护、保留和提倡全人类玩耍的基本权利。IPA/USA 的提倡儿童玩耍的方式是对组织进行培训以举办"玩耍日"活动，该活动旨在为所有年龄的孩子提供免费、安全和适龄的游戏活动。

该组织也积极致力于将休息和自由玩耍保留在小学的日程安排中。IPA/USA 通过宣传《IPA 儿童玩耍权利宣言》，在全美支持儿童玩耍的权利：

什么是玩耍？

孩子是这个世界未来的基础。

在古往今来的所有文化中，玩耍都是孩子的天职。

玩耍与营养、健康、温饱和教育等基本需求一样，对于开发所有孩子的潜能至关重要。

玩耍涉及沟通和表达，是思想和行动的结合，并且能够带来满足感和成就感。

玩耍是本能、自愿和自发的。

玩耍有助于孩子体能、心理、情感和社交方面的成长。

玩耍是学习如何生活的一种方式，而不是纯粹的消遣。

大运动提供条件，尤其是当天气不适合孩子进行室外活动的时候。

而穿珠子、（玩游戏用的）小钉板、七巧板、拼图、积木、十字绣和小玩具等要进行分类或拆装的活动涉及精细运动（小肌肉活动）以及手眼协调。我们可以把这些活动称为操作性活动。

由于孩子是活泼好动的，体能活动对于他们非常重要。婴儿会握紧和松开毛绒玩具，摇拨浪鼓。蹒跚学步的孩子则会一边在屋子里走来走去，一边把玩具丢到塑料桶中。学龄前儿童喜欢将乐高积木和鬃毛砖组合在一起。相对于组合和拆开的过程，组合出个什么东西对他们来说是次要的。幼儿园孩子已经能够熟练地拼出大块的拼图，能用积木堆出复杂的建筑物，能用小人儿和小车上演剧情。

擅长跑步、抓握、丢掷、跳跃的学龄儿童则可能会开始参与体育竞赛。

naeyc 在室外游乐场上进行的体能游戏

很少有儿童项目提供足够的户外空间和户外活动设施。空间往往弥足珍贵，一些地方只有一小块柏油操场或一个小院子。还有一些地方只能让不同年龄组的孩子共享空间，或是沿用了旧的活动设施。优质的活动设施价格昂贵。可是，如果孩子拥有发言权，他们很可能会把大部分年度运营开支和课程时间分配到户外活动中（见图 3-2）。在你职业生涯中的某个阶段，可能需要发表有关游乐场的设计、改建或改进的意见。假设没有空间和资金限制，你希望看到怎样的户外游乐场？下面列出了推荐的分区和设施。

• 水：水台，盆子或水桶、厨房小器具等容器

- 沙子：沙盒或沙台，盆子或水桶、厨房小器具等容器
- 水 + 沙子 = 泥巴！
- 具有坚固的工具、护目镜、轻木块的木工台
- 灵活、多功能的多层攀爬设施，可进行一系列大肌肉活动，如攀爬、跳跃和滑行等
- 骑行工具（简单与复杂的，单人和双人的）和界限分明的单向行驶车道，交通锥标和交通标志
- 放在推车里的美术用品，独立式画架或固定在围墙上的画架
- 音乐和运动用品，包括舞蹈道具、节奏乐器、音乐录制和播放器
- 宠物或小动物和笼子
- 花园和园艺工具
- 剧场、戏服、小桥、舞台、高架台或其他戏剧表演设施
- 有遮挡物的区域，用于看书和讲故事
- 可供跳上跳下和匍匐穿行的超越障碍游戏场
- 建筑材料：大块和小块的积木、桶子、木板、板材、原木、旧铝片、板条箱、纸箱、大块硬纸板、轮胎、树桩等
- 各类道具：平衡木，大小球类，跳绳，豆袋坐垫，铁环，掷环具，小降落伞，平木梯，网兜，低的篮球筐和篮球网，等等
- 可以上锁的仓库或存储间

2. 构建游戏

构建游戏是指孩子使用各种材料来创造新物体或代表实际物体的物体（科夫和卡斯伯格，Kieff and Casbergue，2000）*。尽管构建游戏通常和木工、积木有关，但当孩子通过摆弄美术媒介或其他工具而留下作品时，也可以视为构建游戏。构建游戏也许是儿童最常见的活动（克里斯蒂和约翰逊，Christie and Johnson，1987）*，在室内和室外都可以进行。

堆积木是构建游戏的一个例子。孩子在堆积木时，不仅需要活动四肢，还可能会编故事。在图3-3中，孩子们在用积木建农场，并在用相关的道具编故事。从之前特拉和波西亚的游戏中我们已了解到，积木有助于儿童各方面的成长。从体能方面而言，孩子要抬起和搬运积木，这可以促进大小肌肉的发育和协调。从社交方面而言，堆积木时可以和其他孩子互动和说话，这涉及群体合作和交换意见。从情感方面而言，成功创造出什么东西来会让孩子备感愉悦。摧毁自己的作品能够释放情绪，具有和创造过程同样的快乐。从认知方面而言，孩子会思考、计划，了解平衡、高度、形状、空间、原因和结果以及建筑形式；当大厦由于地基不够牢固而倒塌时，甚至还能学

图3-2　户外体能游戏

图3-3　积木构建游戏

到重力方面的知识。由于堆积木属于开放式活动，因此它还能培养孩子的创造力。

积木的类型。积木分为几种类型：单元块积木、大型空心积木、硬纸板积木以及混合积木（包括小型桌面积木和用软泡沫制成的积木）。木质的积木（包括单元块积木和大型空心积木）是一项昂贵但稳妥的投资。如果足够爱惜的话，它们可以用上很多年。单元块积木是按比例制造的，例如1/4或1/2单元、1个单元、2个单元、4个单元等，孩子在比较单元块的长度时会学到数学概念。这些积木的形状也多种多样，有弯的、椭圆形的、凹形的、三角的、斜坡状的、圆柱形的、拱壁形的、弓形的、方柱形的等。大一点的孩子堆积木可能要用到更多形状，但不必感到有责任买齐所有形状的积木，尤其是对于较小的孩子而言。

积木中心。玩积木需要宽敞的空间，还需要避免踩踏。在地毯上堆积木可以降低噪音。积木需要妥善存放，不应随便丢在纸箱或存储仓里，否则容易损坏表面和边角。

积木应当根据大小和长度存放在开放式的矮架上，以便于找到和放回原处。应将较重的积木放在最底层，而把较轻的小块放在上面。设置对应积木的轮廓将有助于匹配和收放。可以将积木的轮廓描画到彩纸上，剪下来，贴到积木架的背面。提供小动物、小人儿、小车和交通标志等各种道具来丰富积木游戏，还可以用小纸板做屋顶，用小黑板做斜坡，用蓝色图画纸做河流，用树脂玻璃和胶带纸做街道或人行道。可以将类似的道具（例如小汽车和小卡车）存放在干净的桶子或篮子里。记得定期更换积木游戏的道具，并纳入可强化正在学习的知识的道具。例如，在学习海洋生物时，可以加入小鱼和蓝色织物。

没有什么事情比"意外"毁坏孩子堆出的建筑物更令他们感到沮丧的了。只要提醒孩子不要相互靠得太紧或太靠近走道，就可以避免发生这种事情。为了更易于清理，应提醒孩子一次只拿出几块积木，等到需要的时候再拿出更多。而从顶部开始拆卸建筑物可以避免产生噪声和发生事故。

单元块积木可以锻炼精细动作和手眼协调，而大型空心积木则可以锻炼粗大运动和大肌肉。孩子可以用大型空心积木堆出比较大型的建筑。记得为孩子提供方向盘，以便他们用这种积木构建交通工具。相反，小型单元块积木用于塑造较小的模型，所以需要辅以小型道具。

积木游戏需要活跃的活动，你可能需要设置一些有关安全问题的原则，例如可以把积木堆得多高。可能还得提醒孩子们："积木是用来堆的，不是用来丢的。它们有点重，能打伤人。"可以将这些原则打印出来，贴在积木中心的墙上。可以准备一部照相机，随时拍下单个孩子或小组堆积木的盛况。如果孩子在堆积木时还会讲故事，可以为他们记录下来，或者鼓励他们自己写作。将标有日期的照片附在孩子的档案里。在制作"请勿拆卸"或"保留"等标志时，孩子可能会需要你的帮助。在积木中心设置一个书架，用于保留有关建筑或建筑物的书籍以及纸张和书写工具，这能够将积木游戏和读写能力联系起来。还可以给书架分层贴上标签，并加入多元文化家庭和社区的照片，以及从事建筑、农耕、交通等与积木游戏相关的活动的人物照片。

硬纸板积木又是一种类型的积木。它们比较廉价，而且不怎么稳固。它们体积大但重量轻，无法用来堆出人楼等复杂的建筑，可能会让技术高超的积木玩家感到沮丧。但就其优点而言，它们倒塌时发出的噪声较小。就其缺点而言，孩子喜欢踩踏它们，所以很容易坏。硬纸板积木对于低龄儿童来说是个不错的选择，他们可以稍微长大一点儿再玩较重的木质积木。孩子们还可以通过在鞋盒或牛奶纸箱上覆上彩纸制作自己的积木。

还有一些类型的积木，如橡胶积木、泡沫积木和小型桌面积木等。橡胶积木和泡沫积木很轻，而且便宜，适合低龄儿童和初级积木玩家使用。桌面积木比一般单元块积木小，涉及小肌肉控制和手眼协调，可以堆出较小型的建筑。不同类型的积木还可以相互补充，以丰富积木游戏。

3. 表演游戏

表演游戏是指涉及幻想、想象和假扮的游戏。孩子独自或群体进行表演游戏，通常还会用到道具。给洋娃娃穿衣服就是一种表演游戏或者象征性游戏。幼童会了解到洋娃娃象征着一个真正的孩子。学龄前儿童可能会将纸箱当作桌子。参与表演游戏的孩子已经获得了表征能力。在表演游戏中，孩子可以练习语言和社交技能，以及培养做出计划和决定的能力。他们可以充当各种家庭成员，了解社区工作人员的职责。在表演游戏中，孩子会利用和发挥他们学到的知识，受到关爱的孩子会在表演游戏中上演这一情景；相反，如果孩子厉声责骂玩偶甚至击打玩偶，也暗示着他遭受过类似的经历和体验。在面临兄弟相争、害怕被遗弃或即将住院治疗等情绪问题时，孩子也会通过表演游戏来发泄或缓和情绪。

相对于表演游戏，斯米兰斯基（Smilansky, 1968, 1971）*将社交表演游戏视为表演游戏的高级形式。社交表演游戏围绕一个主题而展开，孩子在游戏中模拟与该主题相关的行为。例如，图 3-4、图 3-5、图 3-6 和图 3-7 记录了医疗主题的社交表演游戏。

"假扮"具有哪些使其成为社交表演游戏的特点？斯米兰斯基认为包括以下这些：

角色扮演——孩子们在假设的情景中，假扮角色的语言和行为。你在图 3-4、图 3-5、图 3-6

图 3-6

图 3-7

和图 3-7 中见到了哪些角色？

假想物品——孩子们在表演时会运用假想物品来表现真实物品。你在图 3-4、图 3-5、图 3-6、图 3-7 中看到了哪些假想物品？

假想的行为或事件——社交表演游戏包含与主题相关的情况或事件。图 3-4、图 3-5、图 3-6、图 3-7 中发生了哪些行为和事件？

语言表达——与游戏主题相关的口头表达。图 3-4、图 3-5、图 3-6、图 3-7 中的孩子们可能在说些什么？

交际行为——社交表演游戏中至少有两名玩家。图 3-4、图 3-5、图 3-6、图 3-7 中的游戏是否符合这一标准？

持续性——游戏中的情节需要孩子全情投入五分钟以上。虽然这一点无法从图 3-4、图 3-5、图 3-6、图 3-7 中得到证实，但该游戏情节的持续时间实际上远远超过了五分钟，孩子们玩一会儿停下，过一会儿又接着玩。

社交表演游戏是组织性较强、具有合作性的幻想游戏，游戏中划分了角色，玩家各担当一个

图 3-4

图 3-5

角色，适合年龄较大的学龄前儿童、幼儿园儿童和年龄较小的学龄儿童参与。例如，在"过家家"时，可能有妈妈、爸爸、两个孩子和一只小狗等角色。每个孩子要担当一个角色，负责对应的职责和台词。

表演游戏中心。根据维果茨基（1978）* 的社会文化理论（见第四章），游戏在孩子的成长中扮演着重要角色。游戏至少有助于实现四个重要目标：

1. 游戏，尤其是象征性游戏，能创建一个最近发展区，孩子在其中可进阶至较高级别的心理功能。通过游戏，孩子不仅能练习已学到的概念和技能，还能尝试学习新的、较高级别的概念和技能。

2. 象征性游戏能帮助孩子了解角色和规则，因为他们只有遵循这些规则和行为才能成功演出某个情景。假想游戏不仅支持学龄前儿童的成长，还能够发展为童年中期的规则游戏。

3. 在象征性游戏中，孩子们假想的情景使他们能够应对无法实现的愿望，并且培养遏止冲动行为的能力，转而进行深思熟虑的、自我约束的活动。

4. 幻想游戏能帮助孩子将意义和代表意义的物体区分开来。游戏为之后抽象思维的发展做了重要的准备。

可以把室内表演游戏中心设置在积木区的旁边，因为这两种活动都吵吵闹闹且充满想象。应将类似的物品摆放在一起，分组贴上标签。提供各种家具来营造家的氛围，布置好桌椅、厨具、餐具、食物、各民族的玩偶及服饰、毛绒玩具、镜子和电话等，可以打造出一个熟悉而舒适的舞台。道具可以扩展创造可能性，从而丰富表演游戏。记得准备好男人和女人以及各种社区工作人员的服饰。孩子们正处于了解人际关系的过程中，所以如果男孩穿上裙子、戴上首饰，女孩扮演父亲，也不要感到意外。而提供木板、木块等开放式道具能够对年纪较大的学龄前儿童形成挑战。

将表演游戏和你的课程联系起来。用泡沫片或绿色画图用纸的纸片充当"钱"，能够让孩子练习计数；在杂货店中给食品分类能够培养分类能力。准备好有关多民族家庭和正在学习的职业的书籍。孩子只能基于已经了解的知识进行再创作，所以他们可能难以饰演银行家、宇航员、旅行社工作人员或马戏团演员，除非他们拥有这些方面的直接经验。邀请一名当牙医的家长来家中做客，在表演游戏中心布置出牙科诊所的舞台背景。或者计划游览本地的超市，回来之后用服装和道具布置出自己的超市。为各主题的表演游戏设置道具盒，从而达到促进社交表演游戏的目的（见图3-4至图3-7）。例如，将与兽医相关的服装和道具收集到一个标有标签（如动物图片或"兽医"二字）的大盒子里，将物品清单贴在盒子的内盖上。例如，可以收集以下物品：毛绒玩具、白大褂、手术衣和面罩，以及医生和护士的红十字袖章；工作人员的工作服和宠物主人的服装；医疗工具和医用包、创可贴，以及纱布或条形白色布料；给宠物患者准备的盒子、篮子、碗和毛刷等。可以使用一本书来介绍你的道具盒，不过最好是带领班级参观兽医医院或邀请一名兽医来课堂做客。将你的道具盒和表演游戏中心与读写能力联系起来，准备好书写工具、剪贴板、邮票、纸、信封、食谱和杂志。可用于兽医医院情景表演的读写道具有预约簿、旧X射线照片、处方笺、医生的签到表、候诊室杂志以及有关动物、急救和兽医的书籍等。准备好纸张和书写用品能够促使孩子写信、列表、开收据和收发邮件。

表演游戏中心还可以上演孩子们最爱的故事。让在社交表演游戏中互动过的孩子来演出这些故事可能效果比较好。从"矮胖子"等简单的童谣开始，过渡到有几个角色、简单情节和易记台词的短小故事。提供简单的服装和道具，让孩子能轻松地融入角色。例如，矮胖子可能穿着奇怪的浴袍，戴着简单的王冠，马儿可能戴着简单的面具。女孩可以扮演国王的一部分士兵，并创造性地将台词改为"国王的女战士们"。

通过表演游戏发挥多样性。为了让表演游戏中心富于多样性，记得使用以下策略、工具、道具和服饰来让孩子了解民族、种族、文化、性别和特殊需求。从课堂上所呈现的多样性开始，进而探索本地社区中的各个群体。

• 除厨房之外的储物间，储备好男人和女人、男孩和女孩的衣服和图片，以及展示不同家庭成员的图片和图书。

• 用于满足特殊需求的工具和设施，例如轮椅、助行架、支架、助听器、轮椅坡道、厚眼镜、盲文书、拐杖、手杖、放大镜等。

- 用食品容器、箱子和罐子盛放来自不同文化的物件，并用不同的语言给它们贴上标签。
- 用于购物的袋子和篮子。
- 各个文化中人们的日常穿着和节日服装，包括衣服、鞋子、帽子、围巾和皮带等。
- 多个民族的玩偶和针对各种残疾人的康复器械。
- 各个国家所用的餐具，例如中国的汤匙、筷子、木制餐具、罐子、塑料碗、碟子、茶杯和长柄勺。
- 各个国家所用的厨具，包括平底锅、水壶、蒸锅、过滤器、菜锅、压蒜器、压饼器、磨碎器、滤茶球、煎锅、搅拌器等。
- 传统文化中饰有颜色、图案和花纹的垫子、枕头、席子、小地毯、垫布等。
- 各种婴儿载体，例如篮子、折叠式婴儿车、幼儿背带和北美印第安人背婴儿用的木板框架等。
- 各种给玩偶用的床和床上用品，后者包括毯子、摇篮、吊床和蒲团等。

4. 使用天然材料进行的游戏

成人若喜爱在沙滩上散步，在波浪中戏水，在浴缸中泡澡，嗅和感觉锯开的木头，便能够理解玩水、玩沙子、玩木头对孩子的吸引力。使用天然材料进行的游戏是一场具有抚慰和治疗效果的感官盛宴。由于我们的世界由水和沙组成，孩子会逐渐认识海洋等水体和沙漠等地貌的概念。虽然水是湿的，沙子是干的，但它们都具有强烈的感官吸引力，能将孩子引上相似的发现之旅。例如，它们都可以泼洒和测量。孩子也会发现，水、沙子和木头都具有独特的性质。与沙子不同，水可以冻结和融化。木头可以锯成小块，并用胶水或者锤子和钉子合并在一起。天然材料是开放式的，可提供无限的创造可能，同时还能促进体能、社交、情感、认知和语言方面的发展。除了显而易见的体能挑战之外，木工还能给孩子带来语言表达和人际交往的机会。他们还能借此培养观察、解决问题、测量和假设的能力。

玩水／玩沙。水和沙子需要较大的容器，为小组游戏提供足够的空间。带盖的水桌和沙盘在市面上有售，是一项不错的投资。它们体积较大，可以供四个孩子进行游戏，并且带有排水塞／排沙塞。当然，你也可以选择使用：

- 洗碟盆或幼儿浴缸
- 比较浅的平底容器，如照相显影盘
- 浅水池或塑料沙盒
- 塑料船
- 大型拖拉机轮胎或卡车轮胎

将你的道具放在水槽旁边，并给周围的地板铺上吸水地毯或旧毛巾，它们可以在打湿后放入烘干机烘干。用于擦干水或清扫溢出物的清洁设备可以和小杂件一起放在附近的储物架上。给孩子们发放防水罩衫，并提醒他们挽起袖子。孩子们也应当在各自的房间里准备好更换的衣物。根据水桌或沙盘的大小来限制参与游戏的人数。与孩子探讨游戏的规则和限制，并注意使用积极的方式表达："我们要将水和沙保持在容器里，不要溅出来，因为那样，水会打湿我们的朋友的。""泼洒沙子很危险，会伤到眼睛的。"让孩子自由选择是遵守规则还是到别处去玩。提醒孩子玩水和玩沙子的一个部分是把场地收拾干净。

玩水和玩沙既能在室内进行，也能在室外进行。有些教师比较喜欢在室内放置水桌，并在清水或肥皂泡水中放置各种具有不同触感的物件供孩子们玩耍，如沙子、剃须膏、贝壳、卵石、花瓣、雪、刨冰、砾石、大理石、锯屑、鸟食、玉米淀粉等（见图3-8）。让孩子触摸不同质感的物体是最重要的。还可以循序渐进地加入其他道具和物品来进一步强化触觉探索。注意选择适合孩子的物品，不要

图3-8　许多教师喜爱在室内放置水桌和具有各种触感的物品

使用玻璃、尖锐或生锈的金属、易碎物品，以及体积太小、容易被孩子放入口中的物品。

玩水、玩沙可以用到以下这些道具：

- 动物玩具、渔网
- 气球、自行车打气筒、积木、小船、碗、刷子、瓶子、喷雾器、注射器、胶头滴管、木屑、纽扣、桶子、篮子
- 衣夹、滤器、梳子、调料瓶、各种大小的有孔和无孔容器、饼干切模、软木塞、茶杯、小汽车模型、施工车模型、小木棒
- 洗洁精、洗碗布、布偶和小衣服
- 打蛋器、蛋盒
- 底片盒、钓鱼浮子、漏斗（单独使用或连接到塑料管）
- 高尔夫球和球座
- 带喷雾嘴的软管
- 冰、冰激凌勺子、制冰格
- 果冻模子
- 水壶
- 长柄勺、量瓶（在底部打孔以制造喷泉）
- 磁铁、带盖的奶油管、弹珠、量杯、量勺、医药用滴管、牛奶盒子、饼干罐头
- 天然物品（如石头、松果）
- 嵌套杯
- 提桶、平底锅、画笔、人物模型、馅饼烤盘、乒乓球、大水罐、塑料蛋、塑料管、塑料吸管、冰棒棍、小罐子、塑料容器、烟斗通条
- 岩块、擀面杖、橡皮垫圈
- 盐瓶、勺子、硬毛刷、贝壳、筛子、漏勺、小船、雪、肥皂、海绵、线轴、小石头、滤网、塑料泡沫包装、小铲子、喷壶
- 茶壶、温度计、顶针、锡纸、锡纸球、钳子、压舌器、牙签、管子、保鲜盒
- 小水车、洒水壶、搅拌器、木材边角料、木块、木勺

玩水的方式有以下这些：

清洗：提供贝壳、画笔、小家具、小车、肥皂、硬毛刷和搓板。讨论物品在清洗之前和清洗之后的外观。

洗碟子：定期让孩子们清洗表演中心的碗碟和玩具食品。

洗娃娃：提供不同种族的玩偶和肥皂、毛巾、刷子。帮助孩子认识到黑色的皮肤并不代表肮脏。肤色是天生不变的，无法用水洗掉。脏了的浅色皮肤的玩偶在清洗后会变干净，但仍是浅色皮肤；脏了的深色皮肤的玩偶在清洗后会变干净，但仍是深色皮肤。

测量：提供量杯和装水的容器。带动孩子探索用水装满一个大容器需要多少个小容器。

磁性：提供小钓鱼竿和磁铁鱼。

融化：将大冰块、小冰块、雪或者刨冰放在容器里，置于室外的阳光下。让孩子观察过一段时间后发生了什么。哪个融化得快一些？

温度：玩各种不同温度的水。玩之前先将水置于阳光下，然后放入冰块。讨论前后的相同和不同之处。

吸收：提供棉签、纸巾、海绵和各种不吸水的材料。引导孩子们发现哪些材料能够吸水。

蒸发：提供大毛刷、油漆工的工具和几桶水。引导孩子们用水在人行道、建筑外墙和窗户上涂鸦，或是用水清洗单车，并在一段时间以后观察水的变化。

蒸发：让孩子清洗娃娃或婴儿的衣服，把它们晒在室外的晾衣绳上晾干。或者可以用几块湿海绵代替，字母形状或数字形状的海绵最好，因为它可以将玩水与文字联系起来。引导孩子一段时间观察，看看发生了什么，为什么会这样。

冻结：让孩子将水盛放在制冰格中。将一个制冰格放入冰箱冷冻柜，另一个放在房间里或者阳光下。让孩子观察它们的变化。发生了什么？为什么会这样？

染色：用滴管将食物色素或液体水彩滴入水中。水发生了什么变化？把不同颜色的水混合在一起会怎样？一次提供一两种原色进行试验。

染色：让孩子把彩色皱纹纸或绵纸放入盛满水的透明塑料杯。注意水所发生的变化。

染色：把彩色冰块放入盛水的容器中，观察水中发生的变化。

溶解：提供果冻、盐、糖、灰尘、卵石、弹珠、碎纸等材料。让孩子将它们逐一放入水中，观察哪些会溶解。

沉浮：提供各种在水中会下沉的物品（如弹珠、卵石、坚果、螺钉）和能够浮在水面上的物品（如软木塞、小树枝）。让孩子预测哪些在水中会下沉或漂浮，然后通过实验验证。

沉浮：用小木棒、小木片或锡纸片来制作小船。

沉浮和溶解：将肥皂放入水中。一段时间后观察发生的变化。让孩子注意观察肥皂的大小和水的黏稠度。

混合：让孩子将水和泥沙混合在一起捏泥人。

混合：在水中加入肥皂水，并提供旋转打蛋器。

制造音乐：集齐八个一样的玻璃杯或者玻璃瓶，在其中注入不同容量的水。用小木棒或钱币逐一敲击它们，并仔细聆听。

容量：提供容量相等但大小和形状各不相同的容器。让孩子们用它们来装水并进行比较，但不要向他们强加成人的逻辑。不要说"看，水的容量是一样多的"之类的话。

虽然用水可以进行的活动更多，但沙子同样也能用于以上许多活动，例如测量、吸水、染色（用粉笔）、混合（与颜料）和保存等。湿的沙子是不错的雕塑材料；而孩子们可以用手指在干沙子里写出自己的名字或最喜欢的字母。

木工 儿童与木工是某些教育者关注的话题之一。如果缺乏使用工具的知识和技巧，木工可能会成为一个安全问题或者导致不适。工具能够锻炼孩子们，并提供练习大肌肉、精细动作和手眼协调的机会。木工也可以是一种情感发泄方式。无法用语言表达愤怒的孩子可以通过锤子或锯子来表达。虽然这无法解决根本的问题，但确实可以为压抑的怒气找到一个出口。教师必须通过示范逐一介绍工具的使用方法，让孩子练习持拿和使用工具的方式。毕竟，安全是最重要的方法。让孩子从事木工必须紧密监督，每次最多让四个孩子参与，为每个孩子提供单独的位置。孩子应该穿上围裙，戴上护目镜。提供的工具应当是尺寸较小、真正能用的工具，而不是容易弯曲和折断的玩具工具。可以在木板上展示工具，并在每种工具周围画出轮廓。木工台可以在市面上买到；如果手够巧的话，也可以按照自己的规格来制作木工台，或者把餐桌的腿锯掉作为木工台。还可以使用木板坚固的锯木架或是将牢固的旧门板固定。木工台的高度很重要，应该与孩子的腰部齐平，不能太高也不能太矮。除了牢固的木工台以外，还推荐使用以下工具：

- 羊角锤（12盎司重）
- C形钳（用来在锯木时固定木头）
- 安装在木工台对角的老虎钳（用来在锯木时固定木头）
- 钳子
- 螺丝刀：平口的和十字的
- 手钻：弓形手钻（适合较大的孩子，因为需要双手配合，一只手旋转，一只手向下使力）
- 锯子：每2.5厘米10—12个齿，刀片长约40—45厘米的横锯
- 螺母、螺栓、垫圈、螺丝钉、钉子
- 木材边角料（冷杉、五针松、巴尔杉木等软木）
- 小木棒
- 木钉
- 木胶
- 大块泡沫塑料
- 砂纸和砂纸板

较小的孩子对木工活动的态度是渐进式的。他们希望了解他们能用工具、木头和坚固件来做些什么。就其本质而言，锯木头和钉钉子是令人愉悦的事情。年纪较大一点的孩子会更有兴趣制造些什么东西，甚至事先就做出计划。可以鼓励他们为打算制造的东西画出蓝图或简单的草图。也可以邀请孩子：

- 把钉子钉进已经用胶水粘在一起的硬纸板。
- 把钉子钉进树桩。
- 把高尔夫球钉钉进泡沫塑料。

小提示

通过向孩子示范怎样握锤子，教会他们使用它。较小的孩子倾向于握住靠近锤头的地方。可是，握住锤柄后面一点的部分能够更好地使力。你可以钉一个钉子来示范锤子的用法。或者将钉子穿过卡片和较硬的纸条，让孩子一手握住卡片或纸条的一端，另一只手钉钉子。这样可以让他们的手与锤子保持安全距离。把钉子钉进去以后，便可以把卡片和纸条扯下来。

给孩子们提供较短、头比较大的钉子。瓦楞钉就非常适用。长的钉子要花很多时间来锤，并且容易弯折。

教孩子适用锯子时，应用老虎钳和C形夹固定好木头。帮助孩子以45°角握住锯子，然后轻轻使力，有节奏地向前和向后推拉锯子。

把手钻留给学龄儿童使用。手钻操作起来比较难，因为要用一只手向下用力，同时用另一只手不停地转动它。而比较小的孩子有时候喜欢反过来转，这会让钻头变松。

让打扫变成一种游戏吧。给孩子们提供小扫帚和小簸箕来扫除锯屑。用磁铁来收集掉落的钉子、螺母、螺栓和螺丝钉很管用。将各种工具放回木板上描绘的轮廓里。四处散落的工具会带来安全隐患。

- 把钉子钉进泡沫塑料。
- 把钉子钉进广口瓶盖。
- 把钉子钉进橡皮泥块或泥土。
- 拧紧玩具、三轮车和家具上的螺丝。
- 在粗糙的木块边角或老旧的木头玩具或木块上使用砂纸。
- 使用工具制作积木道具。
- 把小木块粘贴到木头拼贴画上。

5. 具有特定规则的游戏

回想一下你自己的童年和童年玩过的游戏吧。你还记不记得捉迷藏或非正式的球类游戏？你还记不记得赢得游戏或没被选入团队的感受？你是否观看过老师与孩子们玩"丢手绢"的游戏？他们玩起来不太遵守游戏秩序，想干什么就干什么。幼小的孩子在游戏上存在一定的障碍。他们以自我为中心的一面会让他们无法等待、轮流游戏或遵守规则。他们可能会任性地打破或改变规则，来迎合自己的喜好。这并不是作弊行为，但也反映了他们缺乏相应的能力来遵守保护他人且可能妨碍自己赢得游戏的规则。而拥有几年的交际经验后，较大的孩子会意识到游戏规则旨在保护所有人的权利，因而排斥那些他们认为有作弊行为的孩子。

游戏具有竞争性，通常会有人赢，有人输。即便是年纪较大的孩子可能也难以面对这种情况。根据参与孩子的情况适当修改游戏规则是一个明智的选择。例如，可以修改"抢椅游戏"的游戏规则，在继续游戏的同时不搬走椅子，这样就不会有人输掉游戏，每个人都可以参加每一轮游戏。然而，学龄儿童会变得具有一定竞争意识，通过涉及记忆、策略和机会的卡牌和棋类游戏来证明其智力。他们还会通过瞄准、跑步、追赶、躲藏以及棒球、足球、篮球和儿童足球戏来较量体能。你可以引导孩子来进行合作性质的游戏，让他们齐心协力、培养团队精神，而不是相互一较高下。

让我们将维果茨基的理论应用于游戏和儿童。我们的重点将会放在理解儿童的最近发展区和支架式学习上。教师可以通过逸事记录和观察思考发现某个孩子的最近发展区。孩子目前的能力级别如何？有什么兴趣爱好？能够做成什么事情？知道些什么？通过这些关键性的发展信息可以窥见孩子个体的最近发展区。不要被维果茨基的术语所吓倒。和皮亚杰一样，他是用需要翻译的非英语语言写作。在观察的基础上，教师可以采用支架式学习策略，通过游戏促进孩子的学习和发展。例如，欣贝尔是一名热爱游戏的患有唐氏综合征的学龄前儿童。你注意到，她喜爱站在表演游戏中心朝伙伴们微笑，却从不加入表演。他们既不拉她加入，也不排斥她。你观察得越多，就会越多地思忖她滞后的语言和交际能力可能妨碍了她参与游戏。尽管其他孩子可以更加自信地接近和加入游戏，欣贝尔却不知如何是好。下一步该怎么做？哪种方法最适合这个孩子？教师可以选择多种支架式方法。你会怎么做呢？也许你会选择在她旁边玩，以帮助她加入。你可以一边说"我能和你们一起玩吗？"，一边与小伙伴们一同拉欣贝尔加入游戏。你可以提出建议说，因为欣贝尔喜欢抱玩偶，所以可以让她表演照顾婴儿的大姐姐。所有人都会同意加入这个角色，并认为这能够让情节变得更加丰富。于是欣贝尔的表演成功了。通过了解她的最近发展区和采取支架式方法，你促进了她在游戏中的成功。

儿童通过语言表达创造力

创造性儿童的性格特征让作者想起了儿童文学中两个著名的角色。首先，他们像《皇帝的新衣》（*The Emperor's New Clothes*）中的小男孩，能够看到其他人看不到的事情。他们还能够站出来捍卫自己的信念而不屈服于社会压力，而不像其他人那样改变自己的想法，随波逐流。其次，他们像最终变成美丽天鹅的丑小鸭，相信自己的创造力能够帮助自己成为注定要成为的独特个体。你可以引导孩子与儿童文学中的角色取得共鸣，从而帮助他们认可和接受自己的创造性和独特性。

幼年是语言能力快速发展的一个时期。语言是通过有意义的互动而不是通过正式教学习得的。孩子们会学到大量的词语来与其他人进行沟通。说出"瓶瓶"的孩子会得到大人给他的一个瓶子，因为大人知道这是什么意思。说"瓶瓶"不会被大人带出去玩儿，说"走"却会。语言发展的一大部分涉及学习哪个词指向哪个物体或哪种行为。孩子还会创造性地发明自己独有的词，譬如以下这些：

- 萨希德（Sahid）把哥哥的敞篷汽车称作"抽屉车"。
- 看到早餐吃薄煎饼，贾思琳（Jocelyn）叫道："哇，小平饼，我最喜欢了。"
- 加布里埃尔（Gabrielle）指着放剪刀的架子，向老师要一把"切刀"。
- 达里尔（Daryl）问妈妈她能不能在"喂喂电话"里和外婆说说话。
- 阿米拉（Amira）把布娃娃放在婴儿车里推着走，边推边说："我刚生出来的时候，也睡在会动的床里。"
- 吃午饭时，科里（Cory）说他喝的是"白果汁"，而不是牛奶。
- 罗（Lo）太太在班级活动中拿出一只菠萝，这时奥林（Orin）叫道："噢，圣诞果！"
- 斯科特（Scott）穿上了夹克但是扣不好扣子，他一边用手指着尼龙搭扣一边问："谁能帮忙把我粘起来吗？"
- 麦肯齐（Mckenzie）的父母在她的午餐盒中装了一块腊肠比萨，当她的朋友们羡慕地看过来时，她叫道："噢，又是肉饼！"
- 乌伊（Vui）很喜欢她的新伞，她说："看吧，我的遮雨棒！"
- 妈妈问："今天在学校调皮了吗？"斯基特（Skeet）回答道："没有，半次也没有。"
- 艾米莉（Emily）提醒祖母带上"上帝的书"（《圣经》）去教堂。
- 在海滩上，卡门（Carmen）跑过来拉着爸爸妈妈一起去看"会走的贝壳"（寄居蟹）。

孩子会活跃地摸索语言，会发明词语，会在语法上创造性地犯错。他们在摸索语言的规则，并且可能在此过程中概括得过于笼统。刚刚学会说"一辆汽车"的孩子可能会类推说"一辆飞机""一辆火车"；学会说"阿姨你真漂亮"之后，他们可能会把"漂亮"这个词照搬到叔叔身上。但实际上，语言的规则不是一成不变的，而是充满了丰富的变化和搭配，这都是有待他们发现的规律。然而，当孩子试着组织语言，或者发明对他们具有意义的词语时，你应当表现出兴趣，没有必要纠正他们。相反，你还可以鼓励说："遮雨棒听起来棒棒的，你给伞取了一个不错的别名。"这样，乌伊就会感到她的创造性表达得到了肯定，同时也了解到传统说法的存在。

非正式创造性语言活动

孩子的一天有着许多培养语言能力的机会（见图 3-9）。在学校，他们通过与同学和成人互动学习语言。在为儿童设计语言活动结构时，我们应该意识到，将一定年龄范围内的儿童纵向组织在一起会比将相同年龄的儿童组织在一起让他们接触到更丰富的词语和语言表达形式。然而，不论活动组织形式如何，教师都应该设计和提供说、听、读、写的机会。以下这些非正式创造性语言活动值得一试。

图 3-9 格蕾丝用单词向老师描述她制作了什么

图 3-10　凯拉（Keara）学着写她的名字

图 3-11　柯蒂斯（Curtis）向老师讲述画中的故事

图 3-12　乔瑟夫（Joseph）写下他的画作的标题："我喜欢闪电"

- 提供木偶、电话、无线对讲机等培养口头表达能力的道具。这些道具可以帮到害羞的孩子和刚刚开始学习语言的孩子。
- 使用不一般的道具，用新奇的方式讲故事。邀请孩子向你讲故事，或者看图说话。
- 为孩子准备好讲故事的道具。告诉孩子你也很喜欢听他们讲故事。
- 创造性地处理经典故事或当代故事。添加、更改或删除角色。例如，为《三只小猪》的故事构想一些新情节。
- 记录孩子讲的故事。问问孩子他们的画作中是否有什么说法或者故事，注意倾听并将它写下来，然后再读给孩子听。鼓励孩子和你一起读（见图 3-10、图 3-11、图 3-12）。
- 寻找参与和带动孩子们做游戏的机会。譬如，呆坐在表演游戏区中的孩子可能只是在等待一个好主意。你可以提出游戏建议，例如"婴儿们看上去饿了，我们得在他们睡午觉之前带他们出去吃午餐"，从而促进表演游戏。只要有必要，就保持参与，但注意不要强制孩子按你的方式来玩。

利用文学作品来促进孩子的创造性表达

许多童书都可以培养创造性表达。以下就是一些不错的童书和扩展活动。

- 在读完安德鲁·伍德（Audrey Wood）的《打瞌睡的房子》（The Napping House）后，要孩子自己讲一个打瞌睡的故事。将故事发生的地点改为农场、动物园或者外太空。
- 假装你是吉恩·马苏罗（Jean Marzollo）笔下的猫，这是一个开展创造性活动的引导方式。让孩子们模仿故事中各种动物的动作和叫声。他们都做出了哪些动作？发出了什么声音？假装你是一种故事中没有出现的动物，这种动物又会做出什么动作？发出什么声音？它还能说些什么？做些什么？
- 在读完戴维·斯莫尔（David Small）的《妞妞的鹿角》（Imogene's Antlers）后，让孩子们集体讨论妞妞的鹿角还可能有些什么用途。
- 在唐·弗里曼（Don Freeman）的《摩尔熊》（Bearymore）中，摩尔熊是马戏团的一位演员，马戏团导演要他想一个新的节目。那会是个什么节目呢？让孩子们帮摩尔熊想一想还有哪些新颖的表演方式。
- 讨论威廉·史塔克（William Steig）的《老鼠牙医》（Doctor Desoto）中提出的难题：老鼠牙医应该如何治疗狼病人，同时又不被他吃掉？
- 在读完玛丽·安·霍贝尔曼（Mary Ann

Hoberman)的《我的房子》（*A House Is a House for Me*）后，让孩子们找出一些其他可以充当房子的东西。例如，创可贴是伤口的房子。蝴蝶的房子是什么呢？尝试让孩子思索多种不同的可能性。

- 在读完史蒂文·凯洛格（Steven Kellogg）的《能饲养宠物吗？》（*Can I keep Him？*）之后，让孩子找出一些不寻常的宠物，并一起讨论饲养那种宠物可能带来的问题。譬如，短吻鳄可能是一种不错的宠物，但是要给它刷牙可是件麻烦事——因为它的牙齿太多了。

- 在读完莫莉·班（Molly Bang）的《菲菲生气了》（*When Sophie Gets Angry—Really, Really Agry*）之后，让孩子们讨论什么事情会惹他们生气。问："什么事情会让你真的、真的、真的很生气？"准备好纸笔，将他们生气的情景记录下来。

- 在读完查尔斯·G.肖（Charles G.Shaw）的《看上去像打翻了的牛奶》（*It Looked Like Spilt Milk*）之后，鼓励孩子们使用白色的填充棉塑造不同的形状。在布料市场中可以买到便宜的填充棉。孩子们还可以把他们的作品粘贴在对比鲜明的黑色图画纸上。

文化素养与多元素养

文化素养通常是指读写能力。读写萌发是指幼儿时期自发性和渐进性的读写体验。儿童是意义探索者，他们从口头语言和印刷的文字中构筑意义。然而，就和智力一样，文化素养的片面定义已经受到人们的质疑。"有文化"可以包含多方面的内涵。从广义上而言，有文化意味着具有良好的教养。正如智力存在多元智力，文化素养也存在多元素养。多元素养这一新概念承认多种思维模式的价值。赖特（2003）*认为，倾向于多元素养的教育方法将儿童视为知识的重构者、转变者、重塑者，他们运用多种具象资源和多种思维模式来重构知识。儿童接触电脑的早期经验为科技素养这一概念提供了依据，其中包括使用电脑、互联网、数字媒体、超文本、网页和电子邮件的能力。同样，我们也可以发现数学素养和科学素养的存在。美术素养自然也不例外，因为美术涉及复杂的物像形式。从美术中发掘有见地的意义需要时间、专注思考以及努力尝试和分析。总而言之，在这个后现代、快速变化、科技化的世界，有多种方式可以获取才能和素养。我们将

在接下来的部分中讨论视觉和媒体素养。我们不断缩小的世界和反偏见的承诺则对社会文化素养提出了要求。

视觉素养

从很小的时候开始，儿童就沉浸在由多种图像组成的视觉文化中，而由于看电视和使用电脑的时间越来越多，这些图像以极高的频率冲击着他们的感官。孩子的生活中充斥着图像，例如购物宣传单上的新款玩具图例和麦片盒子上的商标。基于将图像视为一种语言的概念，视觉素养可以定义为理解和创造视觉信息的能力。儿童通过赋予图像意义和从图像中解读意义来获取视觉素养，赋予图像意义包括用视觉形式表达自己的想法，从图像中解读意义，包括传达和理解视觉图像的意义。随着大众媒体在社会上的不断繁荣，视觉素养这一研究领域变得日益重要，儿童生活在充满图像的信息环境中。由于越来越多的信息和娱乐是通过非纸媒（如电视、电影、电子游戏和互联网）获得，对呈现的图像进行批判性、视觉性思考的能力逐渐成为一项关键技能。

媒体素养

年纪较大的孩子不仅需要成为有素养的意义创造者，还需要成为多种媒体内容的批判性消费者。媒体素养教育的目的在于让儿童能够解读、分析和评价多种媒体中传达的内容。海塞和莱恩（Hesse and Lane, 2003）*认为，媒体素养扩展了将文化素养定义为通过电子媒介进行读写的传统观念。以下这些图画书有助于进一步探讨媒体素养：

M. 布朗和 L.K. 布朗的《生化超人兔》（*The Bionic Bunny Show*）

M. 诺瓦克的《老鼠电视》（*Mouse TV*）

C.M. 韦恩和 D. 沃尔什的《头顶盒子的男孩》（*Box-head Boy*）

我们可以发现媒体积极的一面，例如有利于了解社会，参与社交互动。然而，我们必须对媒体传达的有关仇恨、暴力、偏见、歧视、消费主义、拒绝和狭隘的信息加以探讨，以便培养批判的意识。

对于媒体素养的研究涉及多种学科，例如对视觉感知中生理过程的研究，利用技术来再现图

像，以及解读所见图像所用的思维策略。例如，仅仅从视觉上而言，纳粹党的党徽仅仅是由一系列规则的线条组成的图案。它对你而言意味着什么？通过视觉解读，它便成了令人不安的符号，因为它代表着纳粹德国令人憎恶的政治氛围和集中营内人性泯灭的恐怖画面。

图画书和视觉素养

图画书可以培养儿童的视觉素养。图画书是指任何图画与文字传递着等量（如果不是更多）信息的书籍。图画必须与文字同步并准确描绘文字内容，以向读者传达有关文字的关键信息。故事情节在启蒙读物、数学书、概念书籍中往往不是必需的。没有文字的图画书尽管没有文字，但通常会叙述一个故事。图画书可以仅仅通过一系列图画来传达信息。图画书与读写能力之间的关系是怎样的？因为经常接触到图画书带来的阅读体验，孩子们不仅会使用语言进行思考，也会用图像的形式来思考。他们看到的图画和他们听到的语言相辅相成，让他们形成了叙述的概念。图画本身就是故事，是它们赋予了语言以意义。孩子先从图画中解读意义，然后再将这些意义融入语言。在孩子开始复述书中的故事时，他们是以对图画的理解作为引导来进行讲述的。漂亮的儿童图画书为培养孩子的读写能力和口头表达创造了有利环境。

儿童通过音乐和运动表达创造力

当父母对着小宝贝哼唱摇篮曲，将他们抱在臂弯里摇晃的时候，音乐和运动就进入了孩子的生活。带孩子的爷爷奶奶也许会唱歌，孩子的哥哥姐姐可能会在屋里跳舞。他们开始了解到，人们通过音乐和运动来进行交流。于是，他们在高兴时也会歌唱，唱出在电视里听到的曲调和熟悉的歌谣。他们在游戏时歌唱，在洗澡时歌唱，在尿尿时歌唱，甚至在入睡时歌唱。他们会为熟悉的旋律创造性地"填词"。参见表 3-1 中皮卡（Pica，2004）*提出的音乐经验发展阶段。音乐和运动与天性爱说、好动的孩子如此相配。

孩子哼唱的曲调和做出的动作会反映心情。开心的孩子会大声歌唱，并活泼地蹦蹦跳跳；而过于安静、沉闷且动作迟缓、僵硬的孩子则可能

表 3-1　音乐经验的发展阶段

和运动能力的发展一样，每个孩子都以其自己的步调依次经历音乐经验的几个发展阶段。虽然这些发展阶段的先后顺序对于所有孩子来说都是一样的，但每个孩子进入和完成这些阶段的年龄却各不相同。

婴儿和幼儿的音乐经验
美国国家音乐教育协会（MENC，1991*）认为，婴儿和幼儿通过聆听、感觉和试验性地发声和制造声响来体验音乐。在看护和照顾婴儿时，我们就应当开始让他们接触音乐。以下是一些有助于发展婴幼儿音乐经验的策略：
·给他们唱歌或者哼歌；哼唱多种歌曲和曲调
·模仿婴儿发出的声音
·让他们接触各种人声、乐器声和环境声
·有选择地让他们接触现场音乐和录制的音乐
·随着孩子听到的音乐的节奏、韵律和旋律摇摆，拍打和触摸孩子，或与孩子一起律动
·提供孩子可以控制的能发出声响的安全玩具
·谈论音乐及其与感受和情感的关系
2—4 岁儿童的音乐经验
MENC（1991）*认为，学龄前儿童的音乐环境应包括多种声源、选择性的音乐录音以及进行即兴演唱和学习保留曲目的机会。使用多种适宜材料的探索性方法可以为概念性理解的逐渐形成打下扎实的基础。对于学龄前儿童而言，种类丰富的个人音乐体验十分重要，这时还不需要强调集体性的表演活动。在积累了充分的音乐经验后，4 岁大的孩子应当开始独立或者一同接触乐器。他们应当表现出对音乐的好奇心。
2 岁儿童
·用身体回应音乐，通常是上蹿下跳
·能学会简短的歌曲
·回应歌曲中的指令的能力逐渐提高
·对喜爱的歌曲表现出热情，经常要求反复地听
·可以唱出歌曲的一部分（通常不在调上），但很少与其他孩子合唱
·喜欢聆听各种声音，包括各种物体发出的声音和乐器的声音
·能够区分歌曲
3 岁儿童
·节奏感增强
·能分辨熟悉的曲调，并哼唱其中一部分，尽管通常不在调上

（接下页）

（接上表）

- 能自创歌曲
- 随着音乐走路、跑步和跳跃
- 喜欢边唱边演

4岁儿童

- 可以掌握基本的音乐概念，如节奏、音量、音调等
- 音域和节奏感大幅增强
- 为歌曲创作新歌词
- 欣赏更加复杂的歌曲
- 喜欢好笑、滑稽的歌
- 更喜欢"主动"地欣赏音乐（唱歌、舞动、手指运动、用乐器给音乐伴奏）

5—6岁儿童

- 能记诵和再现旋律
- 开始将动作与音乐的节奏同步
- 喜爱和大家一起唱歌和舞动
- 喜欢对唱式的歌曲
- 具有比较固定的音乐偏好
- 能够同时进行两种动作（例如一边踏步一边演奏乐器）

7—8岁儿童

- 学习朗读歌词
- 能学会大人教的简单舞蹈
- 喜欢和朋友搞二重奏
- 可能表现出想学习唱歌或跳舞的意愿
- 能够将动作与音乐的节奏同步
- 能够比较三种以上声音

【此表由皮卡（2004）*提供】

情绪不佳，因为他度过了难过的一天或者有什么心事。从艺术角度而言，人类有着创造音乐并随之起舞的天性。这一需求跨越时间和文化，普遍存在。自从住在洞穴里的时代开始，人类就在创造音乐，有一天甚至可能创造到外太空去。音乐和运动是贯穿人们一生的追求。青少年对音乐和跳舞尤其着迷，而成年人则会哼小曲、吹口哨，在淋浴或开车时唱歌，演奏乐器和跳舞。爱音乐、爱运动可以弥补一个人的天分或能力的欠缺。

为什么音乐和运动很重要

音乐为何重要？根据美国国家音乐教育协会（MENC）*的意见书，音乐是儿童的成长中自然且重要的一部分。早年接触音乐会对孩子的生活带来积极影响。成功的音乐经验可以帮助孩子通过歌唱、舞蹈等创造性表达和聆听体验与他人交流，形成情感和认知上的联系。幼年的音乐经历可以为未来的音乐学习打好基础。我们应当鼓励孩子主动地去"玩音乐"，而不只是被动地观看他人表演和乐在其中。音乐可以鼓舞孩子。他们可以创造自己的音乐，并在音乐经历中构建意义。音乐教育者和幼儿教育者一致认为，音乐应当是儿童的学习和经历中重要且持续的一部分。霍华德·加德纳（2006）提出的音乐智力和人们对大脑发展的研究都为音乐的重要性提供了理论支持。音乐可以促进大脑的发展，包括听觉、视觉、触觉等多种感觉在内的音乐行为与大脑中重要的生长突增是同步的。歌唱、运动、演奏乐器和聆听等多感觉行为可以促进儿童左右脑的发展，进而优化学习效果。

如果说音乐对于大脑的发育至关重要，它是否也能起到开发智力的作用？这便是与所谓的"莫扎特效应"密切相关的问题。媒体大肆宣扬播放古典音乐（例如莫扎特的作品）能够促进儿童智力发展。虽然缺乏调查研究的支持，但他们宣称经常听莫扎特的音乐能够提升儿童在智力测试中的表现。这种说法过于简单化，理想得近乎不真实。事实上，音乐只是一种能让大脑"热身"的工具，使其能够做好处理信息的准备。

幼儿音乐教育应该包括哪些因素？根据MENC（1991）*的意见书，儿童音乐教育课程应该包含循序渐进的唱歌、跳舞、音乐欣赏、创作、乐器演奏，以及对声音的视觉和口头表现做出回应。这些课程的内容应该囊括世界各时各地多种文化的音乐。音乐是一种具有包容性的活动，每个人都能以各自的欣赏水平和音乐素质参与其中。只要精心设计、设置不同的参与级别，音乐活动能够以有意义的方式容纳所有孩子。寒泊尔和沃尔夫（Humpal and Wolf, 2003）*认为，音乐提供了从欣赏到鉴别再到演奏/演唱的多种参与级别。例如，较为孤僻的儿童可以安静地坐着听其他孩子唱歌，而不一定要和他们一起唱。

第三章 创造性体验 51

性的学术性的方式。成人们应当承认孩子们在唱歌和舞蹈方面的尝试,这样就是告诉他们,在这方面并没有对和错之分,也由此可以促进孩子的创造性的成长。语言艺术、说话、聆听、阅读、书写,都可以通过音乐和运动来加强。因为唱歌就是将语言融入音乐,孩子们的口头语言能力也因此而加强。当孩子们听一首新歌的歌词或音乐的重复、韵律、旋律时,他们也就在锻炼分辨、记忆等听觉能力。音乐与孩子自身的素养密切相关。孩子们可以作曲甚至将自己的歌和舞步写或画下来。他们还希望能写一本关于最喜欢的歌的书。歌词简单、重复的歌可以锻炼孩子的单词分辨、阅读和计数能力。

音乐和运动的组成部分

全面的音乐和运动课程具有四个关键的组成部分:音乐欣赏、唱歌、演奏乐器和在音乐的引导下运动。

图3-13 伴随着音乐律动时,孩子可以活动肢体

音乐和运动方面的创造性体验有两个主要目的。首先,它们可以全方位地满足儿童的成长需求,促进身体、社交、情感、认知、创造性以及语言的发展。其次,它们可以丰富幼儿教育课程。伴随着音乐律动时,孩子可以活动肢体,包括伸展、弯曲、跳跃、爬行等,从而加速身体的发育(见图3-13)。演奏乐器需要小肌肉和精细运动控制以及手眼协调。就社交而言,儿童可以和其他儿童一起唱歌、跳舞。这就涉及轮流、分工合作和共享乐器,而这些都是非常重要的社交技能。来自多种文化的歌曲和舞蹈可以拓展儿童的社会认识,帮助他们了解所有人的共性——无论来自哪里的人都会唱歌和跳舞。对孩子的歌唱和动作的肯定可以培养其自我肯定意识,建立自尊心。就情感而言,他们可以通过音乐抒发自己的感受。音乐可以让激动的孩子平静下来,也可以为挫折感和愤怒提供一个出口。

例如,孩子可以用疯狂的声音或用肢体动作来表达他们狂躁的情绪。就认知而言,音乐可以帮助孩子提高对快慢、高低、颜色、动物、形状、字母、数字等概念的认识,如数数歌曲。孩子在音乐中听到的曲调节奏为将来学习数学和阅读打下了基础。应通过合理地运用音乐和运动的方式去了解孩子自身和孩子的世界,而不能运用指导

1. 音乐欣赏

尽管所有的孩子都具有听力,但他们不一定能欣赏音乐。听力只是一种身体的机能,而欣赏音乐则需要大脑理解音乐,对听到的内容做出某种解释。聆听是一种需要学习的技能,而音乐可以增强这种技能。音乐欣赏涉及三种相互关联的听觉技能:音乐意识、声音辨别和声音排序,以下几个例子分别说明了这几个技能。当孩子在午睡时间仔细聆听背景音乐时,便是表现出了音乐意识。分辨鼓和铃铛发出的声音便是声音辨别。孩子应当能够分辨哪种乐器发出哪种特定的声音。通过重复老师拍出的节奏或演奏出的音乐,他们便是在练习对声音进行排序。

教师应该像谈论书籍和美术品一样谈论音乐。他们可以要求孩子描述所听到的音乐,例如:节奏是快还是慢?这段音乐让人产生什么样的感受?乐曲中使用了哪些乐器?你喜欢这首曲子吗?和美术、语言一样,从音乐也可以引出其他活动。譬如,听完吉他独奏之后,孩子也许会想要制作一把属于自己的吉他。他们还可以通过用美术表现音乐来拓展其音乐体验,比如制作泥塑或画画,以表达音乐赋予他们的感受。他们可以编排自己的舞蹈或为《胡桃夹子》这样的乐曲演绎舞台剧。听歌有助于学习唱歌,能够让孩子学

习歌词和旋律。我们应该让孩子有机会听到各种音乐，让孩子的一整天充满音乐。节奏欢快的乐曲有助于打扫卫生。勃拉姆斯的摇篮曲可以充当休息时的背景音乐。不要只播放儿童歌曲，还可以向孩子介绍乡村音乐、爵士乐、古典音乐和来自各种文化的音乐。准备好 CD 播放器和几副耳机，以便让几个孩子一起欣赏音乐。可以贴上彩色标签（如播放键用绿色，停止键用红色），以培养孩子独立使用播放器。用 CD 录制孩子的歌曲集。

孩子会喜爱将他们的独唱或合唱录下来，等到未来再回放。通过聆听各种各样的音乐，他们可以了解到音乐：

- 就像走路、踏步或跑步一样可快可慢。
- 像踏步一样有节奏。
- 可以很大声，也可以很小声（他们也可以高声或者轻声唱歌）。
- 有鼓点，就像钟摆和心跳一样。

音乐技能培养阶段。MENC（1991）* 指出了与语言发展阶段并行的四个儿童音乐技能培养阶段。音乐和语言具有同根性。儿童的哭泣和牙牙学语是歌唱和音乐理解的先兆，同时也是语言表达的先兆。音乐技能培养的四个阶段分别为意识、探索、学习和实践。首先，在音乐意识阶段，儿童运用他们的感官来触摸和摸索，获得对音乐声响的最初意识。他们通过把玩各种声源来获得音乐意识，例如音乐玩具和能发声的物体。然后，到了音乐探索阶段，儿童会表现出肢体活动、倾听、玩节奏乐器和唱歌等音乐行为。他们会唱一些歌曲片段，或者跟着录音唱一两句。他们能适应各种节奏，能够再现稳定的节奏。他们开始能够分辨基本的音乐概念，包括相同／不同、响亮／轻柔、快慢／缓慢、高音／低音等。再然后，在音乐学习和实践阶段，儿童开始通过歌唱、运动和玩节奏乐器来表达对音乐的理解。他们还能读懂音乐图像和字谜，并用语言表述旋律和节奏等音乐元素。他们开始解决涉及音乐、音乐制作的更复杂的问题，也开始将熟悉的音乐概念转化为不熟悉的上下文。

2. 歌唱

沃尔夫（Wolf，1994）* 认为，儿童会从听音乐发展到跟着哼唱，然后加入歌唱，最后发展为独立歌唱。根据这一框架，儿童聆听对他们所唱的歌是他们学习歌唱的开始。蹒跚学步的孩子会很快开始跟着哼唱他们听到和喜爱的歌。他们在玩耍时可能随声附和容易上口的曲调。学前儿童会加入小组，与其他孩子一起唱。大多数孩子最终都会不仅喜爱和大家一起唱歌，也能够坦然自若地独自唱歌，这一点在上幼儿园时便会表现出来。孩子可以独自唱歌，参加合唱，或是跟着录音一起唱。由于音乐和运动密切相关，我们可以选择播放一些与运动相辅相成的音乐。例如，可以边带着孩子跳兔子舞，一边播放《兔子舞》作为背景音乐。教师并不一定要是一名有天赋的歌手。孩子们会对一个充满热情、热爱唱歌的示范者更加感兴趣。如果你唱得不好，孩子也不会看扁你，因为他们的音域还非常有限（仅限于中央 C 周围的几个音符），当音调太高或太低时，通常都会唱走调。先自己学会唱好一首歌，然后再教给孩子们。在教新歌时，应当唱慢一些、清楚一些，并不断重复。

然后便可以邀请孩子独唱。可以根据孩子的兴趣、能力和发展阶段来适当地选择你喜爱的歌曲。较小的孩子喜欢比较有趣，涉及身体动作或他们的名字的歌。选择短小、简单、欢快，并且音域不宽、重复次数不多的歌曲，例如《如果感到幸福你就拍拍手》和《我爱洗澡》。这些歌曲都允许进行即兴创作。可以让孩子的父母教你唱其他语言的歌曲，也可以尝试将母语歌翻译为其他语言。对于 4 到 6 岁的儿童，可以把歌词写在卡纸上，边教他们唱边为他们指歌词。当孩子熟悉了歌词以后，就可以邀请一个孩子在其他孩子唱歌时为他们指歌词。这样可以养成从左到右、从上到下的读写习惯。你甚至可以邀请孩子指出歌词中押韵的词语以及名词和动词。

一天之中有许多唱歌的时机，例如集合时间、小组时间、游戏时间、打扫时间和离开时间等例行活动时间。户外活动时可以曲不离口。你可以设置一些音乐计划，但也应当允许自发性的歌唱。开始下雨时，可以随着雨点的节奏唱首欢快的歌；当某个孩子从医院就医归来时，可以唱首歌来表示欢迎和慰藉。除了吟唱熟悉的歌曲，还可以鼓励孩子创作他们自己的歌。组织孩子以小组为单位创造性地修改熟悉的歌曲的歌词，以此为乐或是满足特定活动的需要。例如，可以将"祝你生日快乐"的歌词改为"祝你早日康复"，一齐唱给生病的孩子听；或者，把"我是一个粉刷匠，粉刷本领强"唱成"我是一名清洁工，清洁本领强"，边唱边做大扫除。让孩子们学习许多比较流行的儿童歌曲，但不要将孩子的音乐品味仅限于简单的儿歌。当然，儿歌是一个不错的开始，但还远远不够，他们需要聆听不同的音乐。儿童同样也会对莫扎特、巴赫、肖邦、贝多芬、施特劳斯、格里格和柴可夫斯基等音乐大师的作品做出回应。他们的作品不仅能抚慰人心，而且有充分的迹象表明，古典音乐可以促进大脑发育。

找出你最喜欢的作曲家并为孩子精心选择曲目。在访问儿童书店时注意留意专为儿童设计的古典音乐CD。爱德华兹（2002）* 为儿童推荐的经典音乐中包含以下作曲家的作品：

- Hap Palmer（哈普·帕尔默）
- Woody Guthrie（伍迪·格里斯）
- Ella Jenkins（埃拉·简金斯）
- David Jack（大卫·杰克）
- Greg and Steve（格雷戈与央蒂夫）
- Peter Alsop（皮特·奥尔索普）
- Pete Seeger（皮特·西格）
- Linda Arnold（琳达·阿诺德）
- Lisa Atkinson（丽莎·阿特金森）
- Burl Ives（伯尔·艾夫斯）
- Sharon, Lois and Bram（莎伦·洛伊斯与布拉姆）
- Sesame Street（芝麻街）
- Bob McGrath（鲍勃·麦克格拉斯）
- Barney（巴尼）
- Jose Luis Orozco（乔斯·路易斯·奥罗斯科）
- Wee Sing（英语童谣系列）
- Raffi（拉菲）
- Disney（迪斯尼）
- Thomas Moore（托马斯·莫尔）
- Rosenshontz（罗森肖恩茨）

可以为儿童选择的音乐类别包括经典歌曲和民谣、童谣、摇篮曲、手指歌和运动歌谣等。你可能还记得自己儿时所听过的经典歌曲和民谣。你可能也唱过摇篮曲来哄孩子入睡。手指歌是指伴随着音乐，用手指做出各种动作的歌曲。运动

歌谣则是指适合在做运动时听的歌曲。一些传统童谣和儿歌的歌词可能年代太过久远，教师可以选择将其更改为更有现代感的歌词，或是向孩子解释歌词，顺便讲一讲那些古老的故事。

经典歌曲和民谣：

- 让我们荡起双桨
- 外婆的澎湖湾
- 明天会更好
- 童年
- 小草
- 雪绒花

- 听妈妈讲那过去的事情
- 路灯下的小姑娘
- 乡间的小路
- 鲁冰花
- 红星歌
- 牧童

童谣和儿歌

- 两只老虎
- 一分钱
- 找朋友
- 虫儿飞
- 黑猫警长
- 小燕子

- 聪明的一休
- 铃儿响叮当
- 恭喜恭喜
- 小兔子乖乖
- 蒲公英宝宝
- 大象拔河

摇篮曲

- 摇篮曲
- 带我去月球

手指歌和运动歌谣

- 手指歌
- 健康歌
- 丢手绢

- 早操歌
- 运动歌

怎样进行选择呢？沃尔夫（1994）* 认为，应当选择有曲调的歌曲、童声歌、容易上口的成人歌曲和简单的乐器演奏。歌曲也可以融入其他的课程。例如，歌曲《三只老虎》可以引出对老虎外貌形态和生活习性的讨论；《大海啊故乡》可以引出对全球几大海域和海洋特征的介绍；《ABC》则可以帮助孩子记诵英文字母。面向儿童的课程和艺术活动总是相得益彰。

讲故事的歌 节奏对于讲故事的歌很重要，因为它为叙事提供了结构。有创意的教师可以对熟悉的歌曲更改歌词或主题，以符合课程要求。歌唱还可以与运动或视觉教具相结合，以促进多感官学习和多种智力的运用。作为开始，可以修改或者借用一首歌中的旋律等元素。例如，用"一

闪一闪亮晶晶"的旋律来唱课本中学到的儿歌。这种策略的优势是什么？当教师与孩子一起歌唱，而不是播放录音时，他/她可以根据孩子的情况来调整歌唱速度和声音大小。对于语言学习滞后或者具有听力障碍、认知缺陷以及学习第二语言的孩子来说，这不失为一种有效的策略。以下是一些比较流行的故事歌曲：

- 小兔子乖乖，把门开开
- 小毛驴
- 蓝精灵之歌
- 小松鼠过河
- 葫芦娃
- 采蘑菇的小姑娘
- 小燕子
- 小红帽

3. 用节奏乐器创造音乐

儿童喜爱创造音乐，例如，他们喜欢在盆盘上敲打，发出声响。我们也不要忽视，身体其实也是一种乐器。孩子喜欢随着音乐的节奏拍手、摇摆身体、跺脚、拍大腿和打响指。我们可以从市场上买到多种不同的乐器。在选购时既要考虑旋律乐器，也要考虑到节奏乐器。鼓、铃鼓、鼓槌、三角铁、沙槌、铙钹等敲打乐器都可以发出声响、打出节奏。适合孩子的旋律乐器有木琴、钢琴、电子琴、编钟等。还有一些发声体也适合引入你的音乐计划，如厨具、钥匙、音乐玩具、音乐盒、节拍器等。尽管这些乐器都可以在市场上买到，但我们也可以多花点心思、少花点钱，自己制作乐器。如果能以创造性的方式制作和装饰乐器，那么音乐和美术就融为一体了。下面给出了一些简单乐器的制作说明。

摇响器——将干葫芦放在窗台上，每隔几天翻个边。几个星期之后，葫芦籽就会变干并从内部的皮层脱落。

鼓——让孩子有节奏地敲打牛奶盒、咖啡罐、麦片盒、木碗、盆子、盘子、空的油漆罐、不锈钢搅拌罐。

摇响器——将豆子或卵石装在两块纸板之间，将纸板边缘用订书针钉在一起。也可以将豆子或卵石装进黄油管（或者任何可以排空液体的塑料容器）、纸袋或者塑料蛋壳。

沙槌——将米或者砾石装进透明的空塑料洗发水瓶或清洁剂瓶。

敲击棒——孩子可以敲打两根铅笔或者小木棍。

勺——敲打两个铁勺。

铃铛——把铃铛穿在一根橡皮筋上，把两头系在一起，戴在手腕或脚踝上，或者系在背包上。还可以把铃铛缝在编织带上。

铙钹——用两个锅盖或馅饼盘充当铙钹。

五弦琴——将几根粗细不同的橡皮筋绑在鞋盒子上随意弹拨。

指挥棒——将报纸卷起来充当乐队指挥的指挥棒。

锣——用玩具棒敲打旧车牌。

要成功地使用节奏乐器，儿童必须拥有足够的节奏体验。在向他们介绍节奏乐器之前，可以先让孩子随着音乐用手拍出节奏或用脚跺出节奏。除此之外，还可以提供更丰富的节奏练习，例如打出人名、简单的诗歌和儿歌的节奏。比方说，艾达（Ida）的名字就含有两个节拍：I(打一)da(打二)。在引入节奏乐器时，先让他们仔细聆听音乐中的节奏，然后尝试用乐器打出相同的节奏。一次只介绍一种节奏乐器是一种明智的做法，例如给四个孩子分发四个铃鼓，这样可以防止因为不相关的乐器太多导致他们毫无节奏感地乱敲一通。在给孩子分发乐器之前，先约定好一个视觉信号（例如举起手），让孩子一看到你的这个信号就要停下来听你的指令。将乐器发到孩子手上之后，给他们几分钟的时间来自行了解乐器所能发出的声音。这段时间可能很吵闹，但是当孩子有了自由尝试的机会之后，再要求他们使用乐器来演奏特定的节奏时，他们的注意力将更加集中。孩子还会喜欢参加乐队演奏或游行的感觉。你可以轮流让每个孩子用指挥棒来指挥他们的乐队。

naeyc 4. 随着音乐运动身体

什么是运动技能？皮卡（2004）*认为，运动涉及三种主要技能类别：移动、非移动和控制。移动技能是指将整个身体从一个位置移动到另一个位置，行走、跑步、跳跃、飞奔、滑行、爬行和攀爬都属于移动技能。

非移动技能或者说稳定性技能在固定的位置进行，是指身体的轴心围绕固定的点转动。旋转、自旋、伸展、翻转、扭动、弯曲和俯身都是儿童可以平衡施展的非移动技能。

控制技能需要使用大小肌肉群配合运动，拍球、投掷、接球和踢球以及挥舞球棒都需要用到大肌肉群。控制技能通常都与游戏或比赛相关。

控制技能比移动技能或非移动技能难度更高。因此，桑德斯（2002）*建议将一定的频率和重复性作为儿童运动计划中的关键因素。

儿童每天都需要运动体验和活动。他们还需要重复练习关键技能，以便熟练掌握。了解一个人的身体和身体各个部分也是运动练习中一个必需的要素。儿童应当具有身体意识，知道其力之所能及，了解身体与周围物体和人的互动关系。在艺术领域，运动也有它自己的一套概念或音乐元素，这包括空间、时间、能量或力量。简言之，儿童以不同的速度或力量在空间中移动。他们既可以在室内空间和室外空间中运动，也可以在固定的小小个人空间中运动。他们可以快速摇摆身体，也可以缓慢移动身体（时间）。他们可以轻轻地踮脚，也可以重重地踩脚（能量或力量）。

较大幅度的移动活动，如行走、跳跃、摇摆、正步走和飞奔都可以和音乐搭配进行。孩子们喜爱像动物、车辆或故事中的角色一样做动作。你可以设计动作和舞蹈。要做到这些，你并不一定要是有天赋的舞者，更重要的是分享你对于音乐的感受和你的身体对音乐的反应。使用道具可以帮助不自信或腼腆的孩子动起来，铁环、彩色纸带、围巾、帽子、王冠、特色服装、丝带、魔术棒、草裙、扇子、软的指挥棒、毛绒球和一定长度的薄纱都是不错的道具，将彩色纸带粘在胳膊上跳舞就仿佛有了翅膀。创造性运动为孩子的体能提供了释放方式，可以鼓励他们以非语言的方式表达感受和展现创造力。创造性运动既可以是开放式的，也可以在教师的指导下进行。在开放式活动中，儿童可以以自己感兴趣的方式展开活动。例如，教师可以播放《天鹅湖》的片段，让孩子们随心舞蹈（见图3-14）。在教师引导的活动中，则由教师来巧妙地激发孩子的兴趣，提出运动的模式。例如，可以要求孩子：

• 模仿某种熟悉的动物或宠物的动作
• 模仿某种熟悉的交通工具，例如摩托车
• 模仿某类社区工作人员，例如消防员或卡车驾驶员
• 创造性地运动，例如像会飞的车
• 用动作来表演一个故事，例如《三只小猪》（*The Three Little Pigs*）
• 用哑剧表演起床、穿衣服、用餐或上床睡觉
• 用动作表现愤怒、悲伤、开心、惊恐或惊讶
• 模仿风中摇摆的树、烤箱中的烤面包、烘干机里的衣服、流入浴缸排水口中的水或搅拌机中的食物
• 张开想象的翅膀飞走
• 让身体长得很高或者缩得非常小
• 像不倒翁一样摇晃身子，但双脚保持不动
• 安静、缓慢地围绕呼啦圈移动
• 用手臂在天空中搭出彩虹
• 表现得软绵绵的或硬梆梆的

询问孩子有关如何运动的意见。他们会告诉你他们所知道的运动方式，例如左摇右摆。他们还会告诉你一些可以模仿的形象，例如恐龙。在设计这些活动时，要考虑到年龄适应性。如果孩子从来没真正见过直升机和起重机，让他们模仿这些东西是几乎不可能的。请记住，书上或电视上的直升机和起重机图像只是象征性图像。书中奶牛的象征性图像只是小小的、二维的、无声无味的动物。这种替代性体验无法提升儿童对奶牛的认识。如果围绕他们真正了解和体验过的事物设计运动方式，就会成功得多。农村的孩子对各种家畜具有较强的认识，而城里的孩子对家畜的认识则比较模糊。

儿童需要宽敞的活动空间，这包括他们个人的空间。他们可以用双臂丈量出他们的个人空间，但必须尊重他人。记得要和孩子一起运动，而不

图3-14 创造性运动

是告诉他们或向他们示范如何运动。要像蛇一样运动,这种运动,不是只有一种方式。总而言之,要给他们提供心理上的安全环境,让他们自在地释放创造性冲动,以对他们最有意义的方式去运动。至于歌唱,应尊重孩子不参与歌唱的权利,尤其是对于羞涩、缺乏自信的孩子。

使用降落伞开展创造性运动 降落伞是一项不错的投资,因为它是一种多功能运动器材。买一副小型降落伞;如果买不到,也可以用桌布或者床单来做。在边角和中点打上结,以表示位置和抓握点。让一小组孩子加入活动,以加强他们的空间、方向和时间方面的概念。例如,可以使用降落伞让孩子进行以下活动:

- 将降落伞高高举起(高过头顶)或低低放下(接近地面)
- 将双臂和降落伞尽可能举高,然后放开降落伞,看它飘落到地面
- 从慢到快地摆动降落伞
- 在降落伞伞面上弹较轻的物体,如气球或小球(让它们在降落伞上保持滚动或反复弹起)
- 通过聚到中间来折叠降落伞,然后再通过分散来展开降落伞
- 齐腰握住降落伞,从左走到右,再从右走到左
- 在降落伞下跑动,尽量不被抓住
- 高高举起降落伞,然后转身坐下,让降落伞将自己罩住

其他一些推荐的运动道具包括:

- 平衡木
- 球:泡沫球、橡胶球、塑料球,不同大小的球有不同用途
- 交通锥标
- 曲棍球球棍:泡沫球棍
- 跳绳
- 音乐:录音、磁带、CD和VCD
- 节奏棒:木棒或塑料棒
- 围巾
- 高跷
- 彩色纸带
- 平衡滑板
- 球拍:泡沫球拍或塑料球拍
- 豆袋
- 方形地毯
- 爬行通道
- 直径较小的环
- 软垫
- 桨:泡沫桨
- 彩带条
- 保龄球瓶:塑料球瓶或两升的塑料苏打瓶

图3-15 创造性的音乐和运动空间

- 楔子:泡沫楔

音乐和运动中心 为孩子提供一个柔软、舒适的空间来聆听和创造音乐,以及运动和舞动(见图3-15)。这个空间的位置非常重要,孩子在这里吵吵闹闹不会影响到需要安静的人们。如果室内空间有限,你可能需要找到一个室外的音乐和运动中心。准备一辆"音乐马车",可以在天气好的日子将你的音乐计划带到室外施行。

你需要准备:

- 为儿童设计、易于操作的CD播放机,一个配电箱,几副耳机
- 标有标题和图片的CD
- 节奏乐器,包括敲击乐器和旋律乐器。敲击乐器包括沙槌、手鼓、响板、手指钹和节奏棒。旋律乐器包括铃铛、小键盘、口琴、木琴和钢琴(如果有条件的话)。将你的节奏乐器悬挂在一块插板上。在每个乐器周边画上一个轮廓,以便告诉孩子将它们存放在哪。在架子上挂上吊钩,用来悬挂响板和三角铁等小物件。此外,还可以带上自己制作的节奏乐器
- 用于制作DIY乐器的材料
- 一小沓纸张和少量书写工具,以便孩子制作自己的歌集和散页乐谱。空白的纸、铅笔和马克笔可以激发较大的孩子写出自己的音乐
- 关于音乐、音乐家和音乐表演的书籍,以及其他关于音乐的可视材料
- 介绍音乐和乐器来源国家的多元文化的图画书
- 镜子,以便孩子观看自己歌唱和舞蹈
- 围巾、彩色纸带、织物等道具

想一想……

帕特里克（Patrick）是你的三岁幼儿班中的一个孩子。虽然帕特里克能够恰当和有效地使用语言与你和其他孩子沟通，但令你担忧的是，他从来不和班上的其他孩子一起唱歌和运动。他通常只是安静地看着其他孩子唱唱跳跳。当你牵着他的手，鼓励他参与进去时，他不会抗拒，但是会尽快地退回到观看者的角色中。你向帕特里克的爸爸讲述了你的担忧，他感到十分惊讶。他告诉你说，当他每天回到家时，帕特里克都会唱当天在班上学到的所有的歌。帕特里克到底是怎么回事？既然他会唱歌，为什么不和其他孩子一起唱？是因为人多而害羞吗？他是不是觉得难为情？还是他太喜欢看朋友们唱了？

- 装有奇装异服的道具盒，用于鼓励运动和舞蹈
- 少量用于涂鸦的材料，用于鼓励孩子将画画与音乐融合起来
- 绘有儿童和成人歌唱、跳舞、弹奏乐器和聆听音乐的图片，其中包括男女舞者和具有多种文化背景的音乐家

为孩子们提供充足的时间来发现和创作音乐。你还可以带孩子参观音乐和舞蹈表演，作为你的音乐和运动计划的补充。如果没有条件这么做，也可以邀请家庭成员或社区志愿者前来唱歌、跳舞、弹奏乐器。这是一种让家庭成员分享其文化中的音乐和舞蹈的绝佳方式。

 为了让你的音乐和运动计划反映多种文化，请记得：

- 在日常音乐计划中引入其他文化的音乐
- 学会唱来自不同文化的歌曲
- 展示和弹奏来自不同文化的乐器
- 学习不同文化群体的舞蹈和律动方式

推荐的多元文化节奏乐器有：

- 阿哥哥铃（中南美洲）
- 脚踝和手腕铃铛（美洲原住民）
- 非洲木琴（非洲西部）
- 仙人掌雨声棒（智利）
- 椰子壳和敲打棒（加勒比）
- 拨浪鼓（日本）
- 非洲手鼓（非洲西部）
- 落地鼓（美洲原住民）
- 钢鼓（特立尼达拉岛）
- 木锯琴和刮棍（墨西哥）
- 木沙槌（古巴）
- 祖鲁马丽巴/拇指琴（非洲）

教师的角色 下面列出了一系列教师在音乐探索过程中所应采取的策略和扮演的角色：

- 营造一个生理上和心理上的安全环境，让儿童能够通过音乐和运动自由地进行创造性表达。
- 重视音乐，并且认识到早期音乐教育是儿童生命中极其重要的一部分。所有儿童都具有成为音乐创造者和音乐欣赏者的潜质。
- 以身作则地表现出对音乐的热爱，将音乐引入到日常生活中。
- 做一个主动的参与者，而不是被动的观赏者。你的主动的态度和热情将能够感染孩子们。兴趣和热情是最为关键的因素。
- 释放你对于音乐的赤子之心，无所顾忌地歌唱、律动、游戏和舞蹈。建立自信，忘我地沉醉在音乐之中。敢于冒险，让音乐审美取代冷静自持。孩子的热情也将被你调动起来。
- 通过微笑、点头和参与来接受和认可孩子的创造性音乐表达。
- 对自己的音乐才能要有自信。孩子需要的是一个音乐上的玩伴，而不是训练有素的歌手、舞者或音乐家。
- 愿意提升你的音乐技能，拓展你的音乐品味。
- 寻求他人帮助，获取和使用恰当的音乐资源。邀请家长来分享他们的音乐传统的方方面面。
- 使用符合儿童年龄阶段的歌曲、旋律、歌唱游戏、音乐书籍和节奏乐器。

・倡导即兴式的音乐，在你的课堂上与孩子一起唱歌、跳舞、创造音乐。

・使用符合儿童年龄阶段的音乐素材和教学技巧。

・创造音乐学习环境，将音乐/运动项目纳入室内和室外学习环境之中。

・如果孩子的兴趣与你的教学计划不符，应敏锐察觉，灵活处理。

・在课堂过渡时间、学习中心时间、分组游戏时间与孩子一同歌唱、做手指游戏，充当活跃的音乐角色。

・让孩子接触多种音乐形式和作品，包括民谣、古典音乐、爵士乐和非主流音乐。

・根据孩子的兴趣开展活动。鼓励和支持他们。让孩子选择自己的搭档、演奏的曲目，或是改变使用道具和玩游戏的方式。

・将音乐穿插到一整天的课程中。扩展孩子正在进行的项目，将音乐和运动添加到主题之中。

・提供不同程度的参与机会，让所有孩子都能够参与。

・提供充分的时间来指导孩子练习关键性的技能，并且逐渐引入新的技能。

尼利（Neely，2002）* 推荐使用音乐对话的形式，即教师用唱的方式和儿童说话。他们一整天都歌唱，有韵律地说话，做戏剧化的动作，并且弹奏乐器。他们还发表评论，引导孩子做决定，提供和推荐多种选择，并且敦促孩子自己解决问题。这种培养策略可以帮助孩子从其音乐体验中构建意义。

以下是一些音乐化、具有教学意义的活动的示例：

・在课堂过渡时间、小组游戏时间和选择时间向孩子示范戏剧化的、有韵律的演讲。

・鼓励孩子在朗诵故事或诗歌中的台词时歌唱、舞蹈，加入戏剧化的表演或弹奏乐器。

・即兴演唱新的歌曲或修改熟悉的歌曲。交替性地高八度唱和低八度唱，大声唱和小声唱。改变熟悉的歌曲的歌词或旋律。像玩橡皮泥一样"玩"歌曲——将它捏短、拉长、揉平。玩橡皮泥不止一种方式，歌曲也是如此。

鼓励儿童进行创造性表达

教师可以实施以下策略来培养孩子的创造精神：

1. 提供大段时间来进行创造性表达。孩子需要很多的时间来进行创造和再创造。太过仓促地开始和结束违背了催生创造性的原理。创造的过程本身也需要大量时间。

2. 提供大量的室内和室外空间来让孩子表达创造力。这些空间应当是灵活、通畅的，这样有助于孩子在各个学习场所之间自发地进行创造性活动。例如，砌积木就可能演变成戏剧表演。

3. 提供各种资源，包括开放式玩具、道具、材料和具有创造可能的废旧杂物。孩子不能光用练习本来进行创造。

4. 通过提供心理上的安全环境，构建创造性表达的平台。对孩子的创造过程表示接受。在不影响其健康和安全的前提下，允许他们与众不同、我行我素。

5. 扮演多种角色。观察和记录各个孩子的创造行为。参与但不主宰孩子的游戏。

6. 尝试理解孩子游戏的内容和过程，并给予评论。提供情感上的支持，并协调和帮助孩子相互商量、解决问题。通过提出建议和问题来拓展游戏活动。将游戏延伸到各个课程领域之中，支持孩子在游戏中成长。基于你的观察适时进行干涉，巧妙地针对孩子的创造力水平为他们设定新的挑战或步骤。

Art 涂鸦

我们常用"涂鸦"一词来表示儿童留下的各种美术创作痕迹。孩子通常是先从乱涂乱画开始，然后才会学着画出有模有样的形状和形象。

涂鸦本身是一种重要的行为，对于未来的书写和绘画也是一种必要的练习。涂鸦之于写字和绘画，就像咿呀之于学语、爬行之于学步。许多孩子在家中都有过使用蜡笔、铅笔、马克笔或钢笔的经历。

比较小的孩子需要大幅的纸张来运用整个手臂涂鸦。随后，通过练习，他们的手眼协调和精细动作控制能力才会增强。对于刚开始涂鸦的孩子，建议使用蜡笔。彩色铅笔太长、太细，不容易控制，而且笔芯较软，很容易断裂。彩色铅笔适合提供给有一定绘画基础的孩子，进行精准的绘画。蜡笔更适合涂鸦，而且并不需要很多种颜色，通常一种较深的颜色就够了。涂鸦的孩子的兴趣在于涂画本身，而不是使用多种颜色来描绘形象。蜡笔也会断，但孩子恰好可以使用蜡笔的尖端、粗端和断口来涂出多种笔迹。

涂鸦可以多种姿势进行。较大的婴儿和学步的儿童喜欢趴在地板上，肚皮着地，用蜡笔在大幅的纸张上涂鸦。这种方式允许四个孩子同时涂鸦，每个孩子占据纸张的一端。还有的孩子喜欢跪坐在地板上涂鸦。画架并不是只能用于作画，有些孩子可能更喜欢站在画架前涂鸦。还有的孩子喜欢在桌旁或站或坐（见图 3–16、图 3–17）。坐着涂鸦最适合年纪较大、较有涂鸦经验的孩子，因为这需要更有限的小肌肉动作。在涂鸦时采用站立、倚靠、跪坐等姿势可用到全身的肌肉。

儿童可以使用多种工具进行涂鸦：

- 铅笔
- 蜡笔
- 粉笔
- 马克笔

铅笔

彩色铅笔——适合较有经验的涂鸦者。

绘图铅笔——用 2 号铅笔涂鸦。

橡皮——可少量使用，不必苛求完美。

握笔套——三边形握笔套，相比涂鸦，它对于写字来说更重要。

笔芯——用 2 号笔芯涂鸦。

炭笔——笔触太粗，对于孩子的小手来说太重。

粉笔

黑板——适合进行大面积的涂鸦。

彩色粉笔——适合在黑板以及黑色、白色和彩色图画纸上涂鸦。

粉蜡笔——笔触光滑柔软，不推荐初学者使用。可用来在布上和纸上而不是黑板上涂鸦。粉蜡笔结合了粉笔和蜡笔的优点。它的笔触是粉状的，但不像粉笔那样容易掉粉；它没有蜡笔那样硬，但颜色像蜡笔一样绚丽。

白色粉笔——用来在黑板上以及黑色和彩色图画纸上涂鸦。

小提示

1. 粉笔可在湿润或干燥的情况下使用。粉笔有很多粉尘，大一点的孩子喜欢用粉笔混合涂出来的颜色。粉笔画出的画需防止褪色。

2. 事先在画纸上将液体状淀粉或酪乳刷上去，可以有助于粉笔笔迹粘在上面。粉笔也可以浸入以上定色剂中然后再使用。孩子们也许不太喜欢酪乳的气味。在画纸上喷上发胶也有助于附着粉笔笔迹。注意发胶要在室外使用并且要节约使用。

3. 黑板漆在五金店有售。你可以将黑板漆涂在一面柜子上或一面墙上。

4. 和蜡笔一样，粉笔很容弄坏，尤其是随随便便扔进盒子里的时候。一块海绵乳胶就可以让粉笔不那么易断。在海绵乳胶上用剪刀小心地剪出小洞或小孔，将粉笔插入各个孔洞中，同时要确保粉笔是固定的、竖直插入的。

图 3–16　在画桌上发挥创造力

图 3–17　涂鸦儿童的壁画

蜡笔和附件

块状蜡笔——小小的方形蜡笔棒，色彩鲜艳，有原色款、黑色款和多色混合款，适合进行粗犷的涂鸦。

水溶性蜡笔——可以洗的蜡笔，可溶于水。也可以蘸在水中，获得水彩效果。

蜡笔溶解剂——市面上可以买到

蜡笔卷笔刀——用来削蜡笔

易握蜡笔——看上去像单筒冰激凌，适合小手抓握。

易洗蜡笔——易于从可洗表面（例如墙壁）上脱落，适合在家使用。

织物——可以直接在布料上涂鸦，或者先画在纸上，再用熨斗将颜色转移到布料上。

荧光蜡笔——明亮鲜艳。

食品加热盘——用于熔化蜡笔的特殊活动。

六边形蜡笔——不会滚动，适合小手抓握。

超大号蜡笔——太大，可能不适合儿童使用。

不滚动蜡笔——适合在斜面上涂鸦的孩子，以及认为蜡笔的主要玩法是滚动的孩子使用。

大蜡笔——适合较大的婴孩和学步儿童的入门蜡笔。

标准尺寸蜡笔——较细，易于折断。

粗蜡笔——比标准尺寸蜡笔更坚固。

三边形蜡笔——较长，适合较大面积的涂鸦。

小提示

幼小的孩子并不需要一大盒各种颜色的蜡笔。使用最基本的颜色就能产生各种颜色和色调。许多父母都认为多多益善，但就蜡笔而言并非如此。

一些孩子喜欢拥有自己的一套八支原色蜡笔，将它们保存在自己抽屉中的小盒子里。但是有些教师认为应该提供很多颜色不同的蜡笔，并鼓励孩子们彼此分享。可以添加一些不一般的颜色，例如金色、银色、铜黄等金属色。

不要丢弃折断的蜡笔。你可以将它们熔化，制成新的蜡笔。将几支短小、折断了的蜡笔放入不易粘连的松饼托盘中，再放入盛水的平底锅中将水煮沸。也可以将锡箔纸垫在松饼托盘的开口内，以防止粘黏。将平底锅放在电磁炉上加热。可以将各种颜色分开，也可以创造性地混合在一起。要记住混合颜色的原则，将紫色和棕色混合在一起会产生一种深色。加热后要让它们冷却，然后再小心地取出来，当作比较粗的蜡笔使用。需要注意的是，不能在热源上直接加热蜡笔，它们非常易燃。另一种方法是将松饼托盘放进烤箱，用250°F的温度加热，直到蜡笔熔化。等到蜡笔完全熔化以后再关掉烤箱；待烤箱冷却再取出松饼托盘。通过轻轻推挤托盘底部，将蜡笔"松饼"取出来。提醒孩子这些看上去很诱人的"松饼"是由蜡制成的，绝对不能吃。

你也可以把各种颜色的熔化的蜡一层一层地倒入胶卷盒或小药瓶。将蜡小心地从松饼托盘里倒出来，或者干脆用壶来加热蜡笔；在加热完一种颜色后要将壶擦干净，然后再加热另一种。每加入一层颜色就让它冷却一次，可以放进冰箱以加速冷却。通过轻轻敲打容器底部将蜡笔取出来，或者短暂地浸入热水以帮助蜡笔松脱。得到的成品将会是一支口红形状的蜡笔，用它的侧边来涂鸦，可以涂出一道道彩虹般的色带。你还可以将折断的蜡笔装进塑料的鸡蛋包装盒，盛在烤盘上，放在太阳底下烘烤。熔化的蜡也可以倒入比较结实的锥形纸筒。把几张较硬、较厚的纸包裹成蛋筒冰激凌的形状，用胶带捆扎好，然后倒进熔化的不同颜色的蜡。当其中的蜡冷却、变硬后，再小心地剥下周围的纸。锥形的蜡笔非常适合孩子的小手。同样，记得提醒他们这是特殊的蜡笔，绝对不能吃。

要制作蜡笔蛋，可以在鸡蛋的两头分别用大头针钻一个洞。把蛋黄和蛋白从洞里面吹出来，然后把蜡灌进去。将其中的一个洞钻大一点，以便将熔化的蜡灌入蛋壳中。要熔化蜡笔，可以将去掉包装的破碎的蜡笔或蜡笔头放进空的咖啡罐里，再把咖啡罐放进煮着沸水的平底锅中。等蜡笔熔化后，就可以灌进蛋壳里了。（这一部分不要和孩子一起做。）等待蜡笔蛋冷却变硬，再剥掉蛋壳即可。

儿童难免会尝试着折断蜡笔（可以听到嘎巴一声！）和拆掉蜡笔上的包装纸。这是他们探索自己力量的一种方式——看啊，我空手就能折断一支蜡笔呢！

较粗的蜡笔不太容易折断，但也更难以操纵。拆掉包装纸，让孩子可以使用蜡笔的侧面来涂鸦，涂出很粗的笔迹。蜡笔并不是只有笔头可以用来涂鸦。孩子们也可能很快就会丢弃装蜡笔的盒子，因为要在取出蜡笔后再将它们装回去实在是件困难和令人沮丧的事儿。

存放蜡笔并没有最佳的方式。玛丽亚·蒙台梭利曾经提倡过按颜色来给蜡笔分组，分别放在不同的容器中——例如，把所有红色的放在一起。但她很可能只给孩子提供了几种原色，并鼓励他们通过混合这些颜色来得到其他颜色。

孩子在用蜡笔涂色时，如果用力较猛，可以用一种方法来给笔迹"抛光"。把一张纸巾裹在一根手指上，来回摩挲蜡笔的笔迹，直到笔迹变得均匀而光亮。

脱了皮、断裂的蜡笔头可以制作成蜡笔小人儿。准备1—6个饼干切模，用两层高强度的锡纸将它们的底部裹起来，以防止熔化的蜡泄漏。将它们放在烤盘上，在每个饼干切模内放入断裂、脱皮的蜡笔头。可以选择混合不同颜色的蜡笔。将烤盘放入温热的烤箱约十分钟，或者等到蜡笔熔化成糊状，但又没有完全变成液态。将盛着饼干切模的烤盘放入冰箱的冷冻柜约三十分钟。然后，小心地将蜡笔小人儿从饼干切模里取出来，并作为蜡笔使用。用热肥皂水清洗饼干切模。

我们还可以使用温热的肥皂粉、食用色素或水彩以及水来制作肥皂蜡笔。在碗里加入一勺肥皂粉、几滴水彩，然后用茶匙慢慢地加水，直到肥皂粉变成液态。搅拌均匀后，倒入冰块模具中。在一个干燥、有阳光的地方放上几天，等待这些蜡笔变硬。这些蜡笔很适合用来在水槽和浴缸里涂鸦。

记号笔

记号笔是很受孩子们欢迎的涂鸦工具，因为不需要使多少力气就能画出明亮的笔迹。记号笔颜色各异，笔头也有多种款式，对于儿童美术计划而言是不可或缺的。它的缺点是价格比蜡笔稍微高一点，而且一旦变干就需要更换。

可以与涂鸦工具配合使用的物件有：
- 尺子
- 镂花模板
- 量角器
- 各种盖子（用来描边）

小提示

记号笔和它的笔帽很容易分离，我们可以制作一个笔帽插座来保管笔帽。笔帽插座还可以帮助幼小的孩子或者残疾儿童将笔从笔帽中拔出来。准备一个比较深的泡沫托盘，在里面灌入熟石膏（可以从五金店或建筑材料店买到，很便宜）。在石膏尚湿时，插入大约八支记号笔，笔帽朝下。如果笔帽是光滑的，就先在上面缠上橡皮筋，以便将它固定在石膏里。等待石膏变干。这样笔帽插座就制作好了，它可以让孩子们更方便地使用记号笔，并且防止笔帽丢失。

下面介绍一些涂鸦活动。

乱涂乱画

较大的婴孩、学步儿童和学前儿童适合乱涂乱画。他们涂鸦只是为了获得用工具在纸上涂写的快感，看看究竟会发生些什么。他们需要多种涂鸦工具和宽大的纸张。

蜡笔 蜡笔是一种理想的介质（见图3-18）。蜡笔缤纷多彩，能够回应儿童的各种动作，并且相对来说比较便宜。蜡笔随时都可以使用，不需要特殊的准备和调色。大多数孩子都会有使用蜡笔的经验，并且会不自觉地被它们所吸引。

孩子们会各有自己喜欢的颜色。金色、银色和桃红色等亮眼颜色的蜡笔，其笔尖会很快就磨平。幼儿涂鸦使用几种原色就足够了。（注意，黄色的蜡笔涂在白纸上很难看清楚。）

蜡笔由染了色的蜡构成。颜色较深的蜡笔含蜡较多，比较软，涂出的笔迹不透明。颜色较浅的蜡笔含蜡较少，比较硬，涂出的笔迹是透明的。较大的孩子会发现，如果把深色涂在浅色上（例如，把棕色涂在黄色上），浅色就会看不出来了。但较小的孩子则不会对颜色进行混合与设计。

涂鸦行为分为几个渐进的阶段。较小的孩子会在纸上大幅度地拖拽蜡笔，留下横的、竖的、斜的和圆形的笔迹。他们不会将蜡笔抬离纸面，

图3-18　蜡笔是乱涂乱画的理想媒介

因此涂出的笔迹是连续的，几乎没有变化或很少有变化。刚开始涂鸦的孩子在涂鸦时通常会左顾右盼，相比他们涂出的作品，他们对涂鸦时的肌肉运动更感兴趣。由于精细肌肉运动的发展和控制能力有限，他们的作品缺乏细节。随着练习的增加，他们会学着画出特定的形状，画作出开始出现细节和变化。在蜡笔的使用方式上存在以下一些变化：

- 双手各拿一支蜡笔涂鸦
- 用不常用的那只手握住蜡笔涂鸦——例如，右撇子使用左手
- 用橡皮筋把两支或者更多蜡笔绑在一起涂鸦
- 在脱皮的蜡笔上挖出凹槽，水平地、旋转地、垂直地涂鸦
- 在白纸上用多种颜色的蜡笔涂出混合的颜色
- 用蜡笔在彩色涂画用纸上涂鸦
- 对蜡笔施以不同力度，重重地涂或者轻轻地涂，并观察笔迹的变化
- 用纸巾抛光蜡笔的笔迹，使其闪闪发亮
- 使用蜡笔的各个侧面：笔尖用来涂出细点；较粗的另一端用来涂出较大的圆圈；侧面用来涂出很粗的横杠；还可以用手握住蜡笔中间，然后旋转蜡笔，涂出弓形或很大的圆圈
- 仅使用蜡笔点出的圆点构成一幅图画、轮廓或者设计

音乐涂鸦

儿童喜欢在听音乐的时候涂鸦。

音乐涂鸦是指用涂鸦来表达从音乐中获得的感受。前文所述的一些方法也适用于音乐涂鸦。播放一段音乐，让孩子随着音乐在纸上随手涂鸦。然后停下来，把纸张换一个方向，尝试在之前涂鸦的基础上画出一幅完整的画。例如，一堆环形的线条可以画成一条蛇，加上蛇头和蛇尾就可以了。也可以画成意大利面，补上叉子和盘子即可。

绘画或速写

年龄较大的孩子会从随手乱画发展为有目的地绘画或速写，并且经常事先有周全的计划。孩子们可能喜欢画出：

- 自己的小伙伴
- 房间里的静物
- 简单的画面，例如两只吃饱了的动物

- 在学校的体验，例如郊游或户外游戏
- 家里的人、摆设、物件
- 数字、字母和词语
- 各种几何图形
- 用几种不同动物的身体部分组成的新的动物，例如将乌龟的头和大象的身子组成的"象龟"
- 表演中所用的道具

粉笔和粉蜡笔

较大的孩子喜欢用粉笔涂鸦。粉笔虽然比较脏，但是画出的颜色却很漂亮，而且可以混合各种颜色，变化无穷。粉笔可以这样用：

- 用浅色粉笔在深色纸上涂鸦，如用白色在黑纸上画出雪景。
- 用彩色粉笔在白纸上涂鸦。
- 用干粉笔在湿纸上涂鸦。
- 用湿粉笔在干纸上涂鸦。
- 使用粉笔的两端或侧面涂鸦。
- 将粉笔灰刮擦、混合在棉花球上（用比较钝的刀或冰棒棍刮）
- 在比较粗的纹理纸上涂鸦。
- 用粉笔蘸淀粉液涂鸦。
- 把粉笔在混合了1/3杯糖和1杯水的溶液里浸泡10分钟，然后再取出来涂鸦。这样画出来的颜色更明亮，比较不容易画脏。
- 在浇了脱脂乳或混合的罐装牛奶和淀粉液的纸上涂鸦，颜色会更亮丽。
- 在人行道和柏油路上涂鸦（雨会把笔迹冲干净的）。
- 使用粉蜡笔，它结合了粉笔和蜡笔的优点，质地较硬，缤纷多彩，但是价格相对较贵。

人行道粉笔画配方

1 杯熟石膏（不要压紧）
约 1/2 杯冷水
液体蛋彩

将熟石膏倒进装黄油的罐头或大纸杯，浇入大部分水搅拌。加入 2—3 汤匙蛋彩。调匀混合物，尤其是底部。随着混合物变稠，再添加一点水，搅匀后倒入小纸杯。待混合物变干剥去纸壳，然后就可以用它来在人行道上涂鸦了。

人行道涂鸦

较大的婴孩和学步儿童喜欢用粉笔在人行道上涂鸦，应为他们提供大支的容易抓握的彩色粉笔。选择一截远离车辆、行人稀少的人行道。先自己在人行道旁坐下来，拿出一罐粉笔开始涂鸦，以便吸引孩子的注意力。当孩子们加入之后，用语言描述他们的行为："拉姆齐，你在用红色粉笔画出一根长长的线条。"对孩子的口头表达予以鼓励和积极回应。

壁画

要画出一幅壁画需要多种社交技巧，还需要通过协作做出各种决定。如何分配整个壁画空间的绘画？谁来画什么，在哪里画？壁画创作可以围绕一个主题展开，譬如外太空。然而，儿童很容易跑题。壁画中可能会出现三个地球，还可能出现在太空中飘浮的动物。一幅壁画可能需要在中间画一条分割线，变成两幅壁画。这些都是可能发生的情况。壁画创作可以作为讲故事的衍生活动。准备好一张很长的纸，放在无人通行之处，鼓励每个孩子在纸上留下自己的印记。也可以将字母、名字、数字和词语添加到画中。

栅栏壁画

在天气允许时，栅栏壁画创作是一种不错的户外活动。几个小画家可以同时在同一张纸上涂涂画画。首先，将一张很长、较宽、较厚的纸固定在一处栅栏上。多用一些结实的胶带，以便纸不容易被撕破、吹走或者坠落。在栅栏旁边每隔一段距离摆放一个记号笔笔座。从报纸印刷厂可以弄到这种厚纸的纸卷。

"我"的涂鸦

大多数孩子都喜欢谈论和了解他们自己。这可以作为自我介绍活动的一部分。相关的涂鸦活动可以包括：

- 画自画像。
- 通过绘画、涂鸦或自画像来表现欢喜、愤怒、悲伤、恐惧、伤痛、孤独或愚蠢。
- 画一本"我的情绪书"，画出让自己产生以上各种情绪的事情，例如，其中的一页描绘了让自己感到开心的事情。

在墙上装面镜子可以帮助孩子了解有关自己的各种细节，例如眼睛和头发的颜色、着装，以及有没有雀斑和门牙。不过，尽管孩子们可以看到自己的样子，但他们也不一定会按照真实的样子来画。

物体描边

许多具有美术用途的废品都具有一定的形状和轮廓，具有几何图形的性质。盖子、盒子和瓶瓶罐罐都可以用来描边。还可以把这些形状创造性地组合在一起。某些形状还能以一定的顺序和模式反复描画，以组合成新的图案。有些孩子喜爱用描出的轮廓组合成某种形象。例如，连续画很多个圆圈可以组合成一只毛毛虫，或者推土机上的轮胎。

建筑师设计

你需要一把尺子、一支铅笔和一个量角器。较大的孩子可以使用这三样东西描出有规则的线条，构成由直线、圆圈和圆弧组成的设计。让孩子画出自己独特的设计。

方格纸空间设计

购买有大方格的方格纸，或者在白纸上画满边长约 2.5 厘米大小的方格并将其复印。让孩子想一想哪些事物的外形是方形或长方形的，或者由许多方格组成，并画到方格纸上。例如，在方格纸上画一幢长方形的摩天大楼就比画一个圆形的游泳池更容易。在方格的基础上补充更多细节，将图画内部的方格填满。

涂抹、渲染

孩子们喜欢用记号笔在纸巾或者薄织物上涂画，让笔迹晕开和相互融合。将报纸和硬纸板放在下面做衬垫。

砂纸艺术

让孩子在 10 厘米或 15 厘米见方的砂纸上用蜡笔涂鸦。使用比较精细或中等精细的砂纸，而不是粗糙的砂纸。用力涂出尽可能浓厚的笔迹。当砂纸上覆满了蜡笔的笔迹后，可以将之放在烤箱中用 250° F 的温度加热 10 到 15 秒，让蜡熔化。等蜡冷却变硬后会创造出一种有趣的效果。这个活动还可以用来探讨热量和温度变化的结果。如果我们把蜡笔放在太阳下面或者炉灶上，会发生什么事情？如果把蜡笔换成铅笔又会有什么事情发生呢？为什么？

胶水设计

用一瓶胶水在蜡纸上进行设计。用胶水涂抹出各种一团团的形状。把作品晾干，直到胶水变硬、变清晰。用比较细的笔在变干的胶水上涂鸦。然后，可以把这些胶块小心地从蜡纸上剥下来，用线穿成一串，当作珠宝戴在头上。

蜡笔屑

破旧的蜡笔可以用来进行这项活动。用比较钝的塑料刀或冰棒棍小心地削蜡笔的一侧，并将蜡笔屑收集起来。将它们放在一张蜡纸上，摆放成一个图案。添加闪闪发亮的小饰品、彩带、绵纸等，如果需要挂起来，还可以添加丝线。把另一张蜡纸盖在上面。让一名成人使用熨斗熔化蜡笔屑，将它封起来。把多余的蜡纸剪掉，或者折叠成有趣的形状。用黑色的图画纸来做边框。将成品挂在窗户上，让光从中间透过。

咖啡滤纸艺术

将蜡笔屑放在压平的咖啡滤纸上，在上面盖一张图画纸。让一名成人使用熨斗压熨一下。这样可以得到两件艺术品。熨斗会使蜡笔屑熔化，在咖啡滤纸白色的背景上留下彩色的图案。同时，图画纸上也会留下一样的图案（见图 3-19）。

熨斗的艺术

将一张图画纸折成两半。在其中一半上涂上浓重的色彩。重新折纸，让有颜色的一面朝内侧。让一名成人使用熨斗把色彩印染到另一半纸上。打开后，纸的两侧会出现对称的图案。

布蜡笔也可以这么用。用布蜡笔在白纸上涂鸦，颜色要涂浓一些。将纸正面朝下放在布料上。让一名成人用熨斗将纸上的图案印染到布料上。蜡会熔化，热量会把色彩印到布料上。

布蜡笔是专用于在布料上涂画的蜡笔。找出一些废弃的布料，如预先洗好的棉布、旧T恤或白床单。用订书针将一小块床单或棉布订在硬纸板上，以防止布料滑动。使用布蜡笔涂出浓重的色彩。在上面盖一张纸，用熨斗压熨一下。热量会使蜡熔化，将色彩固定在布料上。完成后，可以把几块图案不同的布缝在一起，做成一块"被单"。

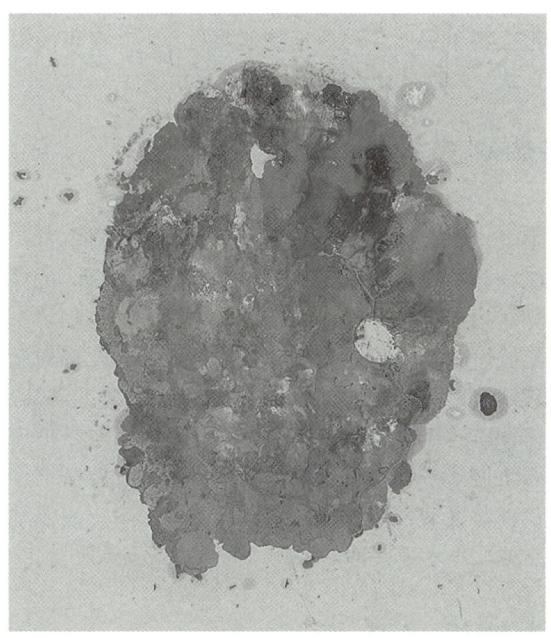

图 3-19　咖啡滤纸艺术和印染

蜡笔蚀刻

很可能每个人都尝试过蜡笔蚀刻绘画。让较大的孩子在马尼拉纸上用蜡笔进行设计，不要留下空白。用纸巾擦拭画面，让颜色更好地附着在纸上。然后，用黑色的蜡笔在纸面上大力涂抹，再擦拭一遍，用一根木棒进行蚀刻设计。较粗的蚀刻线可以露出底层彩虹般的丰富色彩。此活动仅适合较大的孩子，因为它需要一定的耐心和肌肉力量来将整张纸涂黑，直至完成所有步骤。

熔化蜡笔

蜡笔熔化活动需要一个食品加热盘。加热盘应保持温热，但不能太烫。尽管如此，也要先让孩子讨论其危险性，并采取预防措施。在加热盘上放一张很大的纸，让孩子在纸上慢慢地涂鸦或绘画。提醒他们不要让手触碰到加热盘。加热盘带来的热量会将蜡熔化，留下一幅"印象派"作品。这项活动谈不上危险，但需要在成人的监督下进行。

摩擦摩擦

用涂鸦工具在有纹理的物体的表面上摩擦会产生一种有趣的拓印效果。有些人在学习家族历史或本地历史时会在墓碑上这么做。到华盛顿游玩的旅客会在越战纪念碑上拓印亲友的名字。

儿童适合用蜡笔进行这项活动，不过用粉笔也不是不可。在拓印时，将一张纸按压在拓印的物体上。可以使用的有纹理物体表面有：

- 木纹
- 树干
- 布料
- 水泥和混凝土
- 墙纸
- 树叶和其他扁平标本
- 纱窗和铁丝网
- 砖头
- 压印有字母的标志牌
- 梳子
- 砂纸
- 瓷砖
- 皮革
- 纽扣
- 回形针

以下是笔者最爱的一些纹理表面：

- 有浮雕的贺卡
- 钥匙
- 牌照
- 起皱的硬纸板
- 桌布和盘垫
- 硬币

宾戈记号笔艺术

宾戈（Bingo）记号笔是在宾戈游戏中用来划分卡片的较大的记号笔。普通记号笔都有尖尖的笔尖，但宾戈记号笔只有圆圆的笔头。它们的表面很脆弱，如果孩子用力抛掷就很容易弄坏。给孩子示范怎样轻轻地使用它们。宾戈记号笔有多种颜色，用它们在咖啡滤纸、纸巾、桌布上涂鸦可以得到有趣的效果。

圆转盘艺术

找一个可以转动的基座，将一张圆形的纸放

在基座上。手握一支记号笔按在纸上，同时轻轻地转动基座。孩子将会发现，如果按压力太大，会迫使基座停止转动。这项活动适合年龄较大的、协调能力较佳的孩子，因为它需要同时做两件事情。孩子们也可以分工合作，一人握笔，另一人转动基座，然后再交换位置。

留声机艺术

老式的留声机可以在成人的监督下用于美术活动。将一张圆纸板放在留声机的转盘上，然后打开留声机。在转盘转动时，让孩子手握一支记号笔，将笔尖按在圆纸板上。可以移动记号笔以生成不同的线条设计。孩子可能会希望换用不同的颜色，或者使用不止一支记号笔，例如一只手握一支。除了真正的留声机以外，也可以使用装有发条的玩具留声机。

万花筒艺术

用手风琴式折纸法折叠一张有吸附力的纸，如咖啡滤纸、白色绵纸或单层纸巾；然后再对折。用记号笔沿着边角上色，然后将纸浸入水中。挤掉多余的水分。晾干后小心地展开。

门把手挂牌

画一些类似于酒店门把手挂牌（比如要求不要打扰或者打扫房间）的挂牌形状，并裁剪下来。请孩子们用记号笔设计他们自己的挂牌，并和他们讨论隐私、个人空间和拥有权等概念。较大的孩子可能会写下"别打扰我"或"别进来"等语句，尤其是在有兄弟姐妹的情况下。

纸袋背包

用较大的纸杂货袋制作自己的背包。把顶部裁掉一截，并折叠几次，使其更加牢固。用裁掉的部分来充当背带，将它们用订书针固定到位。孩子们可以使用记号笔在背包上设计图案。如果一个背包破损了无法修复，做一个新的也很简单。还可以用较小的午餐袋给布娃娃和玩具熊制作背包。

遮阳帽

用一根布卷尺量出孩子们的平均头围。测量前额大约三分之二的长度，因为这是承托遮阳帽的部分。根据该尺寸制作一个U形的遮阳帽模板，并照着模板在硬纸板上裁剪出几个遮阳帽。可以用记号笔在遮阳帽上设计图案。准备好松紧带，剪成大约10英寸长一段。将松紧带一端粘在遮阳帽上，依据每个孩子的头围适当调整，然后将另一端也粘在遮阳帽上。裁剪掉多余的松紧带和纸板。这个活动适合在热天或者为夏季出游做准备时进行。

画图接力

将一张白纸横向折成四折，顶部的四分之一朝下折，底部的四分之一朝上折，然后再对折。让一个孩子在顶部画一个脑袋，然后将纸翻过来，让另一个孩子在第二个部分画身子。然后，让第三个孩子在未使用的部分画腿。画完后将纸展开，纸上将呈现出几种风格的创意组合。儿童可能需要练习几次才能理解活动过程。

磁性记号笔

这个活动需要一支记号笔、一个螺帽、一个直径约0.25厘米的垫圈、牛皮胶带、透明树脂玻璃、磁铁和积木。将未盖盖的记号笔穿过螺帽。把螺帽和记号笔放在垫圈上，让笔尖露在外面。用牛皮胶带将记号笔、螺帽和垫圈绑在一起。将树脂玻璃放在积木上，做成一道桥。树脂玻璃要足够高，以便孩子的手能够在下方轻松移动。用胶带把一张纸固定在树脂玻璃上。将记号笔直立在纸上，确保垫圈底部平整地接触到纸。小心地、慢慢地在树脂玻璃下面移动磁铁，开始在纸上涂鸦。

瓷砖涂鸦

孩子们可以用永久性记号笔在一块瓷砖上涂鸦。涂好的瓷砖可以充当节日礼物，它们可以用作镇纸或盘垫。瓷砖可以从工程承包商处获取，他们往往留有剩余的瓷砖，也可以联系家装店获取样品。选择白色或颜色较浅的瓷砖。开始之前，先将工作台盖起来，并让孩子们穿上罩衫，因为永久性记号笔容易留下印记。还要鼓励孩子们细心而快速地完成涂画，因为永久性记号笔很容易变干。

总结

本章继续探讨了创造力，并且向读者介绍了除美术之外的三种创造力主要表现模式。这三种模式是玩耍、语言、音乐和运动，而音乐和运动可以进一步细分为听音乐、唱歌、乐器弹奏，以及音乐运动。玩耍是一个界限模糊的概念，我们没有赋予它确切的定义；也不能简单地将其视为工作的对立面，因为孩子们在玩耍中"工作"得极其认真。但是，我们指出了界定玩耍的几个标准，并且将玩耍区分为体能游戏、构建游戏、表演游戏、使用天然材料进行的游戏，以及具有特定规则的游戏。我们推荐了使用硬纸箱、杂物、塑料管等材料进行的创造性游戏。在介绍游戏方式的同时，我们还提供了有关活动中心，活动材料，语言、音乐、运动活动的信息。最后，本章还探讨了成人引导孩子进行创造性表达的方式——提供空间、时间和资源，设定主题并扮演不同的角色。

关键词

构建游戏	多元素养
创造性运动	体能游戏
表演游戏	玩耍
具有特定规则的游戏	使用天然材料进行的游戏
读写能力	社交表演游戏
涂鸦	故事歌曲
媒体素养	多种艺术
创造性表达模式	视觉素养

活动建议

1. 观察游戏中的孩子。通过记录所发生的事情，捕捉一段具有创造性的情景。客观地记录孩子的语言和行为。分析观察到的事件，并说明该事件为何具有创造性。

2. 与几个孩子一起进行本章中所描述的一个创造性活动。使用以下几组材料之一：
   a. 纸箱和杂物
   b. 塑料管（PVC）
   c. 降落伞

3. 与几个孩子一同进行本章中所描述的玩水活动。

4. 与一名搭档一起组织开展本章中所描述的运动活动。这可以在玩耍时间进行，也可以在全班活动时进行。

5. 以小组形式讨论儿时记忆。你们儿时玩过哪些游戏？使用过哪些游戏材料？你的游戏体验与其他人相同还是不同？再想一想，如今的孩子玩些什么游戏？它们与你儿时所玩的游戏有何不同？为什么会这样？

6. 参照本章中所描述的涂鸦活动，选择其中一个活动，为一小组孩子提供必要的材料，让孩子沉浸在涂鸦的乐趣之中。

回顾

1. 说出除美术之外的三种创造性表达模式。
2. 说出界定玩耍的至少三个标准。
3. 说出玩耍的五种类别。
4. 说出音乐和运动活动的四个组成部分。
5. 讨论成人推动儿童进行创造性表达的三种不同方式。
6. 斯托内（Stone，1995）* 指出了教师要成为游戏倡导者所必须懂得的三件事情。说说它们是什么，并简要阐述。
7. 根据维果茨基（1986）* 的社会文化理论，玩耍在儿童的成长中扮演着重要角色。请说明玩耍的四个重要目的。
8. 探讨多元素养概念，包括探讨图画书和视觉素养。

第二部分　用发展的眼光看待"幼儿艺术家"

你从照片中看到了什么？ 一个小男孩在壁纸上作画，这张纸是老师贴在墙上的。老师希望通过画壁画来促进孩子们的口头表达和社交能力。照片中的小男孩可以自由地画任何想画的东西，可以选择任何颜色来作画——因为这是他的画。这才是创造力的本质。

为什么艺术对儿童如此重要？艺术是否不仅限于欣赏？假设你是教师，一名家长向你抱怨你的课程太过注重艺术，你给她看你的课程表，告诉她各项活动的安排是均衡的，但她仍然不满意。尽管她的女儿喜欢艺术，但家长还是追问："为什么艺术如此重要？"你如何回答？

让我们回顾一下我们所了解的成长中的儿童与艺术的联系，它们之间的关系是什么？艺术是否促进了儿童在身体、社交、情感、认知、创造力方面的发展？

在第四章当中，我们提出了这些问题。尽管对儿童的个人分析已经细化到其成长的各个细小方面，但我们关注的仍然是儿童发展的整体交互模式。我们必须记住，每个孩子都是独一无二的，我们要做的是认知、接受、欣赏、培养孩子的与众不同之处。

第五章试图通过检验不同的理论和阶段来阐释艺术。这些理论包括对什么是儿童艺术、为什么需要儿童艺术、如何开展儿童艺术等的阐述。各个阶段则包括儿童艺术发展中的各种发展变化。随着时间的过去，儿童最初的乱涂乱画会变得有序,产生各种形状和细节,画面也更趋于真实。

第四章 艺术与成长中的儿童

你能看出照片里发生了什么吗？教师为这节课做了哪些准备工作？这个孩子正在画架前自由地涂抹着，他用自己能想到的各种笔触往画布上涂抹颜料：横、竖、曲、直，无所不用。绘画没有对错，这个孩子敢于不断地尝试和探索各种可能。他的创造力在正常地发展，正如他在身体、社交能力、情感和认知能力方面的成长一样。

目标

读完本章后，请尝试完成以下任务：

- 讨论：艺术如何帮助儿童成长？
- 讨论：为什么说艺术活动贯穿了儿童成长的每个方面？
- 当儿童有特殊需求时，请谈谈艺术活动对他们的好处。
- 请以一种艺术形式为例，列举出它能促进儿童哪些方面的成长，并画成"树状儿童成长促进模型图"。
- 讨论：学习"使用剪刀"能力的发展过程，并思考如何满足儿童在这一过程中的需要。
- 请列出：儿童日常艺术活动中最常见物品，并从中挑出十件对儿童身心发展最有益的。
- 讨论：建构主义和建构主义教育。
- 请谈一谈：文化对儿童的学习、社交成长有哪些影响。
- 请列出三种类型的知识。
- 讨论：维果茨基的社会理论[1]。
- 尝试批判使用食材创作的现象。
- 为儿童使用艺术工具、材料提供经验。

---

[1] 原文为："sociocultural theory"，意为"社会文化理论"。但按维氏理论的翻译惯例，仍译为"社会理论"。

naeyc 引言

本章是对儿童各类成长的一次概览，包括心理、社交、情感、认知和创造力等几个方面。根据我们的"儿童成长模型图"可以看出，这几种能力在成长过程中经常相互影响。在理想的状态下，我们可以通过各种艺术活动促进孩子所有方面的成长。所以，这整本书都是在尝试回答这样一个问题：艺术是如何促使儿童全面、健康成长的？这包括两个层面：第一，弄清楚"艺术如何促进孩子发展"的问题；第二，结合我们对艺术和儿童成长的认识，进行艺术活动设计，并向读者解释这些艺术活动的意义。此前，我们都会这样向别人辩解："艺术特别重要，所以我们才费这么大的功夫来研究它！"现在，我们觉得用这种"实际的行动"来解释艺术教育的意义会更有效。假如艺术真的很重要（本来如此！），我们应该能够讲清它哪里重要，并说明白它是如何促进儿童全面发展的。

发展模型

有一种研究幼儿学习心理的方法，就是建立一个如下的儿童成长模型上：

生理方面——包括大肌肉群和大动作，小肌肉群和精细动作，感官与动作的协调（例如手眼协调），感官发展，身体健康，照顾自己。

社交方面——包括自我发展和人际关系发展（见图4-1）

情感方面——包括感受和表达自己的情感、性格、气质

认知方面——包括思考、解决问题、探索精

图4-1　艺术既是生理经历，又是社交经历

神、语言、好奇心、推理能力和学习能力

创新能力——包括创造性思维、想象力、语言及非语言表达（视觉表达）

关于这个发展的模型内各部分之间的关系，可以参见图 4-2。不过，这个图只是为了简单地呈现儿童发展的整体框架，忽略了很多细节。把一张饼切成五块很容易，但儿童的发展是一个整体，不容我们这样任意切割。儿童发展的几个主要方面既各自独立，又相互关联。比如，我们不可能完全抛开其他方面的成长，而只谈生理成长。生理成长既被其他方面（比如社交、情感、认识、创造力）影响，也对它们产生反作用。比如，五岁的乔伊（Joey）已经在幼儿园上了半年的学。由于患有肌肉萎缩症，他只能坐轮椅去上学。这首先断绝了小乔伊参加运动的可能性，可惜影响还不限于此，生理方面的残疾同时影响着他的社交、认知等其他方面的成长。从一开始，乔伊就是班里的"弃儿"。他经常受到其他孩子的嘲弄、恐吓，还经常被老师误会——他渐渐地放弃了成长的努力。在情感方面，他自暴自弃，总是幻想着能像其他孩子一样"正常"，并且越来越怀疑自己存在的价值。在认知方面，他尽量不参与任何课堂活动、讨论，也不完成课堂任务。在创造力方面，他却有了一些意外的收获——他把自己封闭在对外太空的想象与描绘中。有趣的是，乔伊最喜欢把自己画成一位孔武有力、四肢健全的舰队司令员。在此案例中，各方面成长出现严重的"失衡"——大部分成长指标的滞后和创造力指标的冒进形成了鲜明的对比。幸运的是，乔伊的幼儿园教师意识到了这一点，并且意识到自己没有能力解决乔伊的成长问题。因此，她设法参与了一个相关的儿童教育培训课程。从那时起，她在课堂上始终密切地关注着乔伊，保持着和乔伊的父母、伙伴和资源教师[2]的沟通。她引导学生自由地讨论每个人的特殊需求，讨论每个人都有长处和短处，每个人都有自己的价值和局限。渐渐地，孩子们接受了乔伊，大家都乐于邀请他参与各种活动。有的时候，这些孩子们为了体现对乔伊的重视，甚至对他关注得有些过分，这反而时时提醒着乔伊意识到自己的无助。不过，持续地讨论、帮助和鼓励，使乔伊变得越来越独立，在课堂任务方面表现得越来越好，

---

[2] 译者注：美国在幼儿园中特设资源教师（resource teacher）一职，为学生提优或补差，协助教师帮助行为有问题的学生，并负责经常与学生家长进行沟通。

回家后，他也开始和父母交流自己在学校学到的知识。他的人缘越来越好，自我意识也开始觉醒。

naeyc 成长图谱

本章的主要内容，并非对成长的各方面进行详尽的描述，而是为您提供一幅关于幼儿生理、社交、情感、认识、创造力等方面成长的概略图谱。

生理成长

我们是通过幼儿的行为和精力来定义他们的生理状况的。生理成长需要足够的休息、运动、睡眠，也需要充足的营养。

幼儿特别喜欢改变自己所处的环境，所以他们不停地活动，用感官探索这个世界。

在这个过程中，婴儿的理解力、手掌抓握能力和手指抓持能力（用五个手指抓起物体的能力）不断增强。再大一些的婴儿，就可以在成人的引导下抓起蜡笔，在纸上涂画了。相对于使用小肌肉群的精细动作，幼儿更擅长使用大肌肉群做较大幅度的动作。在画水彩时，他们更容易掌握大号画笔的用法。在三岁时，大部分学龄前儿童都能用手指抓着蜡笔作画了——对比之前用整只手掌攥着蜡笔来说，这是一个很大的进步。幼儿都是实干家、言论家和活动家，想要让他们安静地坐一会儿，安静地倾听别人，倒有些难为他们了。

艺术与生理成长。儿童不但在艺术活动中收获经验，还可以在其中锻炼自己的大肌肉群的成长。肌肉动作的控制在艺术活动中非常重要。儿童用画笔在画纸上涂抹的时候，整个上半身（尤其是手臂）的肌肉都被调动起来，这时最好给孩子们提供长杆宽锋的大号画笔。此外，在玩陶泥时的"撕、搓、拧、盘、砸、捏、拍"等动作中，他们的手部肌肉得到了极好的锻炼。绘画活动需要整个手臂和手部肌肉的参与——当他们用手指控制画笔时，指甲、关节、拳头、手掌、手背——手部的所有部分都在运动。

大肌肉群的成长与完善要先于小肌肉群。而使用短柄、小头的水彩画笔是一种精细动作，对小肌肉群的依赖更多。艺术活动中所有的这些"动作操控"，都有利于手部肌肉的成长与完善。尽管我们并不要求每位儿童都成为"儿童艺术家"，但是艺术活动确实能帮助他们发展艺术家具备的

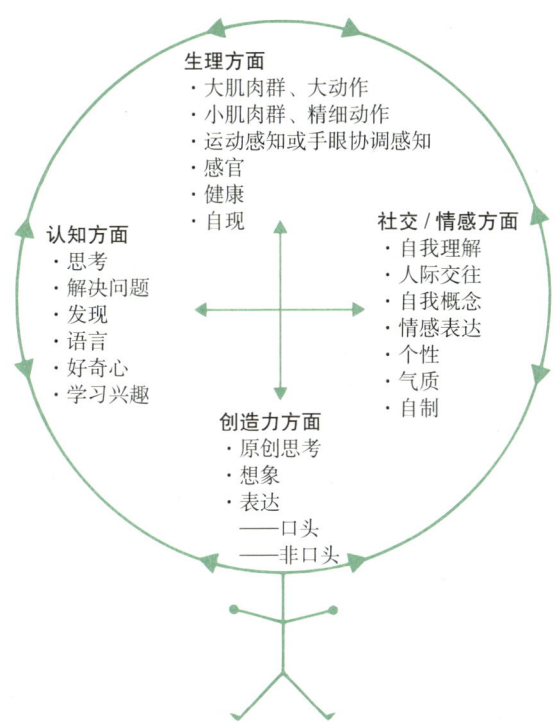

图 4-2 儿童成长模型图

必要技能。

使用剪刀时的"张、合"动作有一定的节奏感。剪纸活动需要眼睛和拿剪刀的手协同动作。这特别有利发展手眼协调和视觉的精准度。这是一项重要技能,但是有赖于教师的引导和练习的频率。

艺术活动对儿童(包括特殊儿童[3])的意义在于,它可以促进孩子们大肌肉群或小肌肉群的发展。通过艺术活动,甚至可以改善特殊儿童(比如有眼疾或耳聋儿童)的视觉、听觉能力。艺术活动可以促进视觉与触觉的发展,这对视、听障碍的特殊儿童极富意义。在艺术领域,儿童互相交流的途径更多,既可以用视觉符号,也可以用语言。即使是特殊儿童,也能够全身心地参与艺术创作活动。以下是一些关于剪裁艺术创作的建议:

1. 视觉方面
- 描述并说一说怎么用这些材料。
- 跟孩子们一起创作,并告诉他们自己在做什么。
- 鼓励孩子按教师所说的注意事项使用工具。比如,从没用过手指画颜料的孩子,在第一次使用时会觉得它凉凉的,从而产生排斥心理。
- 把所有工具材料都放在方便孩子取放的地方。
- 让视、听觉有残疾的特殊儿童结伴创作,互相弥补感官上的缺陷。

2. 听觉方面
- 明确流程,将制作流程、步骤明确地讲给儿童。
- 面向孩子,说话时要加以表情配合。
- 用手语、唇语以及其他肢体语言和儿童聊聊他们的创作。
- 将语言、视觉、肢体语言结合起来使用。比如,边说边做"我正用画笔在画布上画垂直线"。

3. 肢体方面
- 允许孩子们用自己喜欢的方式作画。比如,允许他们躺在地上作画。
- 将各种笔放在一起,方便孩子使用。
- 用防滑胶、砂纸、瓦楞纸把工具包起来,方便儿童抓持。
- 帮孩子把画纸固定在画板上,以免滑动。
- 鼓励学生将纸撕出自己想要的形状,或是为年龄较小的孩子(不宜使用剪刀)提供已经剪好的纸片。
- 提供手指画颜料、彩色面团等易于操控的材料。
- 只要孩子喜欢,他们用嘴咬着画笔作画也是可以接受的。
- 将创作流程告诉孩子们。
- 当孩子作画时,轻轻握着他们的手,引导他们作画。
- 问问孩子想怎么用工具,和他们一起使用这些工具。

根据卡恩斯(Karnes, 1993)*的观点,我们不应该夸大艺术活动对特殊儿童的作用。不过,因为艺术活动对很多特殊儿童来说是一种全新的经历,所以,最好以"介绍媒材"和"阐明创作流程"为课程的开始。首先,要让每位孩子觉得舒服和自信。然后,给他们独立探索、发现、创造的机会。最后,要给他们准备足够的工具、材料,并及时指导[4]。

安全事项。不考虑安全问题,儿童的身心发

---

[3] 译者注:为避免歧视,美国特将所有精神或身体残疾的儿童称为"特殊儿童"。关于此,下文将有详细阐述。

[4] 译者注:由于美国地大物博、人口稀少,故特别强调让孩子在玩耍中尝试各种艺术媒材。这种理念在中国是否适用,仍没有定论。

展就无从谈起,安全健康是身心成长的大前提。

下列艺术活动可能会对儿童造成危险:

闪光材料——不建议使用闪光片等材料。这种材料的小碎片十分锋利,极易划伤手指,儿童又经常用沾满碎片的手揉眼睛。如果一定要使用的话,确保儿童的年龄超过4岁,用其他振动器将碎片粘连起来,提醒孩子事后好好洗手。

锋利的物品(如小刀)——不要给儿童使用小刀、剪刀、指南针等锋利的物件。

电——不要给幼儿使用加热类电器。比如:电热板(电热炉)、电热锅、电熨斗等。这些物品需要学龄及以上的儿童,再配以一对一的成人监护才能使用。

电热胶枪——强烈推荐为儿童准备液体胶。因为在使用胶枪时,儿童很难掌握温度。学龄及以上的儿童,辅以一对一的成人监护时,方可考虑使用胶枪。有"冷却"装置的胶枪危险性较低,但在给儿童使用时,仍需有成人的陪护。

橡胶胶水——儿童经常误食这种材料,最好不要使用。

气球——对儿童来说,气球也是很危险的。他们特别喜欢把气球放到嘴里。气球爆裂后的碎片,又特别容易被儿童误认为是糖果或口香糖。

颜料粉末——相对于液态颜料来说,粉末式颜料十分危险。细细的粉末特别容易引发哮喘类的呼吸疾病,还容易污染空气。所以,无论是直接使用还是混合后再使用,都不要让儿童操作。教师在调和这种颜料的时候,也一定要戴上口罩,并注意处理剩余的粉末。

取自大自然的材料——来自大自然的花花草草有很多都是有毒的,一旦误食相当危险。若没有密切监护,应尽量避免使用此类材料。

塑料泡沫盘子——这种材料在幼儿艺术教育中的用途比较广泛,既可以用作剪贴画,也可以用作画面的背景。在涂色活动中,还可以把它当作颜料盘使用。用来做相框也是很不错的选择。有种说法是:当使用塑料泡沫盘子来装生猪肉、生鱼肉时,会滋生大量致病菌。塑料泡沫盘子到处都是小孔,它比塑料盘子更易于滋生细菌。所以,强烈建议只使用它装水果、蔬菜或烘焙好的食物。

蜡笔——市面上最常见的三大品牌的蜡笔都含有石棉成分。有测试显示,在全球都有蜡笔扎手的情况发生。大部分制作蜡笔的公司都在蜡笔中加入石棉,以提高强度,所以在儿童使用蜡笔的时候,家长和教师一定要提醒他们这一潜在的危险性。但其实,美国消费安全委员会主导的一项安全测试显示,蜡笔中石棉的成分很少,一般不会引发安全问题,因蜡笔而造成的呼吸疾病十分罕见。

艺术材料的毒性。很多艺术材料可能是有毒性的。比如,橡胶胶水、永久性软头记号笔、陶瓷釉彩、喷漆、含铅材料、墙纸等。这些有毒工具材料一旦被儿童误吸、误食,或被皮肤吸收,极易发生危险。以下是一些避免使用这些材料的原因:

1. 儿童正处于成长期,因此他们的新陈代谢速度非常快。所以他们的皮肤比成人更容易吸收这些有毒物质。

2. 儿童的脑、肺、神经系统都在形成过程中。因此,极少量的有毒物质也可能造成巨大的伤害。

3. 幼儿身体机能还不强,抵抗力较成人更差。

4. 幼儿的体重较轻,所以更危险——与成人相比,等量的有毒物质会给幼儿带来更大的伤害。

5. 孩子们经常不听话,吃手、吃指甲都是家常便饭。即便和他们强调过这些"禁忌",他们还是经常会有"手—嘴"接触。

艺术活动的安全条例。我们完全可以通过设立安全条例,使艺术活动成为一种安全、快乐的经历。建议教师遵循以下安全条例:

1. 在给孩子们使用书钉、订书机、非安全剪刀、易拉罐、闪光片、喷漆、牙签、电热板、针、图钉、小刀等工具时,一定要用评价予以约束。在成人的监护下,有责任心的幼儿完全可以使用这些所谓的"危险材料"。当然,也有一些孩子过于幼稚,无法理解这些材料的使用规则。

2. 专门和孩子们说一说这些材料的潜在危险。要诚实地和他们讲明这些材料的危害,但是不要过分强调其致命性,防止给孩子带来恐慌。

3. 提前演练教学设计中的艺术活动。验证其安全性,以及是否所有孩子都能成功使用这些材料。

4. 在使用前,一定要把材料的正确使用方法告诉他们:"打孔机要这样用。请你再给老师展示一次打孔机的正确使用方法,莎利。""对了,就是这样用。"

5. 监护孩子的所有活动。助教和家长志愿者可以帮你完成这项工作。有些危险活动必须要在一对一的密切监护下才能进行。记得，监护的程度和形式都需要提前设计。

6. 艺术和工艺材料研究中心[5]已经研制了一套提高儿童在艺术活动中安全系数的方案。最好使用有以下标签的艺术媒材：AP，批准生产的商品；CP，合格产品（下同）。

7. "无毒"标签是非常有误导性的。就目前的市场标准来说，只有毒性特别大的商品，才会标上"有毒"的标签。因此，标有"无毒"标签的商品，有些只是毒性较低而已，甚至有的根本就是"有毒"的。虽然大部分商品都用成年的动物做了毒理实验，但我们都知道，一种材料在成年的实验鼠身上"无毒"，并不代表对孩子们也无毒。

8. 除非知道工具材料的具体成分，否则不要接受任何媒材捐赠。

9. 不要使用过期的工具材料，因为过期材料很可能有毒性。过期以后，很多材料产生了化学反应，产生了许多标签上不存在、未注明的有毒成分。

10. 完成艺术活动后，一定要求孩子们洗干净手。

11. 零食和饮料一定要放在就餐区，不要拿到艺术区。

12. 有刀伤、溃疡、伤口，且伤口裸露在外的孩子，不适合参加艺术活动。

13. 如果孩子有哮喘、过敏等症状，父母应该寻求专业咨询，以了解自己的孩子不能使用哪些材料。

14. 在教室内张贴本地或国家中毒防治中心的电话号码，也可以和本地医院取得联系。联系医院时，最好把已有媒材放在手边，以便随时查看媒材的成分。

如何使材料变得"安全"？ 了解材料的知识和正确的使用方式，可以使材料变得安全。一定要读读材料上的标签，确保这些材料通过了质检；一定要按照正确的方法使用它们，以避免危险发生。看看材料上是否有ACMI标签，以确定它是否经过了剧毒或慢性中毒检测。你也可以查看材料上的ASTM D4236标签来确定它是否有慢性中毒的危险，因为这种毒性监测已经写进美国法律，所以可信度较高。

请遵循以下安全条例：为孩子买艺术材料时，要只买有ACMI认证的无毒产品。尤其是买给特殊儿童、无法识读、无法理解标签内容的人时，更要仔细检查产品是否通过了以上安全认证。看看标签上所写的操作指南，然后教给孩子们。本页下方还列出了一些使用工具材料时的好习惯，供教师们参考。

对有ACMI[6]认证的蜡笔来说，是否看"安全警告"中的内容，已经不那么重要了。尽管如此，认真阅读，并按照其中的正确方法来教儿童，仍是最佳的选择。总之，购买美术工具材料时，要时时把孩子的安全放在首要位置，这样才能给孩子一个安全的创造、制作和玩耍的环境。

社交发展

年幼的孩子都比较自私，以自我为中心，从不考虑他人感受。他们通过和家庭、亲戚、身边的其他人接触，逐渐变得"社会化"，也慢慢学会了照顾他人的感受，抑制自己的欲望。因为他们有自我中心的天性，所以需要成人来辅导他们如何协作，如何安静地等待、排队、倾听，尊重别人的所有权，尊重他人的权利与想法，也要让他们学会同情别人受伤或遭遇难题时的痛苦。

根据艾瑞克森（Erikson, 1963）*的理论，教师和家长最好能够培养儿童的以下能力：

- 学会信任，避免猜疑
- 学会自立，避免害羞与自我怀疑
- 学会主动，避免内疚

幼儿时刻在与自己的自由做斗争。有时他们可以变得很独立；但是在大部分时间里，他们还是会去依赖，沉溺在快乐之中，或是寻求安全、安心的环境。幼儿喜欢交谈，喜欢进行社交活动，在与别人的交流中，他们学习着语言和社交技巧，他们以他人为模范，观察怎样的行为会造成怎样的后果。例如，老是抢别人玩具的孩子会发现，其他孩子慢慢都不喜欢带着他/她玩了。小孩子对自身很感兴趣：自己是谁，自己是什么样子，自己了解什么，能做什么。朋友和身边的人也会

---

[5] The Art and Crafts Materials Institute

[6] 译者注：The Art &Creative Materials Institute,Inc.（美国艺术与创造性材料学会），是艺术、手工以及其他创造性材料生产商组成的非盈利性协会组织。自1940年以来，ACMI发起了儿童美术用品的认证项目，认证产品是无毒的，并满足质量和性能标准的要求。ACMI的认证项目得到了毒物学领域专家的认可，是该行业内现有的最受推崇的标准之一。

剪刀游戏

对很多幼儿来说，剪裁都是一个特别难的任务（参见图4-3）。儿童可以在使用剪刀的过程中感受力量与控制感。这种曾经在幼儿艺术活动中完全禁止的工具，现在已经解禁，前提是使用得当。以下是一些帮助儿童选择合适的工具进行剪裁的建议：

1. 在这项任务中，从"撕纸"开始是一种很好的方法。撕好的纸片可以贴在纸上，做成一张拼贴画，如图4-4所示。撕纸是儿童学习剪裁时的第一个重要技能。

2. 从一个压扁了的生面团开始学习剪裁，是一个很不错的选择。

3. 把纸剪成碎片，是学习剪裁的第一步。给孩子们准备一些约6—12毫米宽的纸条。告诉他们如何剪开一个豁口，再用剪刀剪进纸里去。孩子们特别喜欢把纸剪成可以粘贴的小纸片。把纸都剪成2.5厘米左右宽的纸条，还可以制成流苏。可以用打孔机事先在纸张上需要剪裁的地方打好孔，以辅助儿童剪裁流苏。而且纸条更容易剪成碎纸片。

图4-4 撕纸是剪纸的备选方式

4. 经过练习，儿童就可以沿着直线剪裁了。在纸上画一条特别明显的直线，然后把沿这条线剪裁的方法演示给他们。孩子们剪歪是正常的现象，剪裁活动本来就是帮助他们协调动作。

5. 在熟悉剪直线的动作之后，就可以训练他们剪波浪线、曲线或是锐角。还可以训练孩子们剪一些几何形状。

6. 要用剪刀在纸中间掏出某个形状，对儿童来说过于困难了，比如在面具或纸偶中间剪出眼睛来。而且这种动作危险性也过大。

7. 和孩子们讨论、制定并在教室张贴剪刀的使用规则。规则如下：

naeyc
- 剪刀只能用来剪纸。
- 手握剪刀走路时，一定要小心。严禁拿着剪刀乱跑。如果拿着剪刀走动时摔倒，

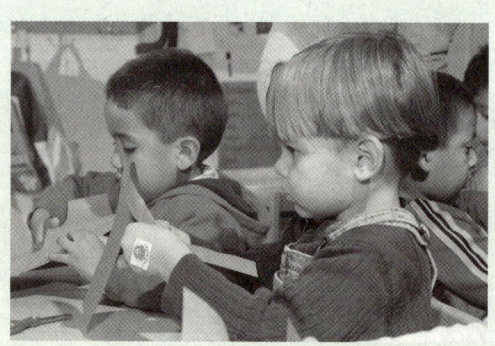

图4-3 对儿童来说，剪裁是对他们身体控制能力的一种挑战

引起他们的兴趣。朋友们的接受，比家人的接受更让他们开心。

艺术和社交的发展。 艺术帮助儿童了解自己和他人。通过艺术创造，儿童更能感受自己的独特性。德瑞拉说："这是我用粉笔画的。"这张画是她精神的延伸，是她身体的一部分，和任何人的都不同。艺术活动让孩子快乐地和自己交谈，慢慢了解自己喜欢什么、不喜欢什么，了解自己能做什么、不能做什么。米琪发现自己喜欢捏陶土胜过剪裁纸张。她喜欢专注地单独活动，远离喧闹和社交。米琪是个很独立的女孩，但是她很少去艺术中心参与活动。艺术教室是个社交场所，在这里，她可以学习如何好好地和别人沟通。艺术教室是有规则的，这样才能保护每个人使用工具材料的权利。孩子们轮流收拾教室，把工具材料放回原处，并慢慢担负起这一责任。这对米琪来说是个艰难的任务。以前，她经常自己在家里玩。慢慢地，她学会了分享、排队和安静地等待。

很可能会刺伤自己或其他小朋友。

·握剪刀或把剪刀递给别人时，要用正确的姿势：持握时要拿着剪刀的握把，让刀尖冲下。无论是自己拿，还是要递给别人，都要用这个姿势。

8. 剪刀架可以让剪刀的存放更加安全，也更有利于孩子们安全地借、还剪刀，将剪刀归位。金属剪刀架并不贵。如果把剪刀放在盒子里，它们很可能会纠结在一起，极难取放。用瓶盖配上鸡蛋包装盒或咖啡罐，也可以当剪刀架来用。不过，简易剪刀架用久了之后，插口会越来越大。到时就得重做一个。

9. 有很多种剪刀都适合给孩子使用。钝头剪刀的刀头是圆的；卡式剪刀（Clip-type scissors）有一个尖头，一个圆头；尖剪刀的两个头都是尖的。不同类型的剪刀有不同的功用。比如，4寸的圆头小剪刀给幼儿使用非常安全。它的刀刃极钝，但是也要注意：它的剪刀把还是有可能夹到孩子的手。

·有橡胶套的剪刀更好用，而且不容易伤到孩子。

·塑料安全剪又轻又便宜，用起来很舒服，推荐使用。

·握式剪刀容易握持，适合连续剪裁。轻轻地用两只手，用一只手上不同的手指配合，大拇指和其他手指配合，都可以使用这种剪刀。这种剪刀的两个刀刃都很钝，而且特别小，用来剪和制作流苏都很方便。最后，

儿童用短刃剪刀剪裁时，剪的次数要远远多于长刃剪刀，这样可以更多地锻炼儿童的手部。

10. 大部分儿童（包括特殊儿童）在学习剪裁时都会遇到较大的困难。只看着别人示范正确与错误动作，是很难学会剪裁的。让孩子练习时，使用每只手指都有洞的橡胶剪刀最好。教师可以手把手带着孩子一起练习。过一段时间之后，他们就可以成功地独立使用了。

11. 左右手使用剪刀都可以，对于左撇子的孩子来说，硬要求他们使用右手来剪是非常困难的。

12. 5寸剪刀更大、更长、更重，也更锋利。幼儿园和学前班里对剪刀特别熟悉的学生，可能喜欢使用这种剪刀。

13. 很多儿童觉得，悬空使用2片剪刀刃剪东西太难了。对某些孩子来说，剪刀又重又难用。这时，可以建议他们把剪刀下刃放在桌面上，只操控上刃来完成剪裁动作。

14. 有些纸比别的纸更容易剪裁。有些纸，比如餐巾纸和玻璃纸，虽然比较轻，但是由于太脆或太容易撕烂，所以反而不适合剪裁。卡纸、宣传页、墙纸又太厚，对孩子们纤细的小手来说过于艰难。马尼拉麻纸、厚纸、新闻纸、复印纸和绘图纸都可以用来做剪裁练习。剪裁动作熟练的儿童还可以用专用绘画纸来创作。

克里蒙斯（Clemens, 1991）*认为，艺术是对儿童的一种正面指引。在她看来，艺术可以给儿童一个"破坏性地"展示自己的机会。以艺术的方式表达，不用走出教室，且不会有危险，也不用时时考虑如何管住孩子。只要找到了孩子表达的兴趣点，课堂创作就会变得顺理成章。因此，克里蒙斯坚信，在所有的早教项目中，艺术都应该占据一个最重要的位置。

情感发展

孩子们本来都有自我认同感——自己是谁、自己的名字、自己的长相和自己能做的事情。我们要做的，就是增加他们的自我认同感。自我认知是幼儿成长中的重要阶段。幼儿需要大量的机会来体会操控、成功，学会接受，体验成就感："老师你看，这都是我自己做的。很好吧？"幼儿经常会将他们对父母的依恋转移到老师或监护人身

上,并表达出自己的喜爱,甚至是过分的占有欲。他们可能经常会嫉妒其他小伙伴,巴不得占有老师的所有时间、兴趣、关注和夸奖。

艺术和情感的发展。 艺术是一个非常快乐的过程。大部分孩子都会在艺术活动中表达快乐、开心、骄傲等情绪。这既有利于精神健康,又有利于孩子表达自己的情感。幼儿是非常情绪化的,艺术恰巧给了他们一个参与快乐活动的机会。艺术和幼儿的情感发展之间是确有联系的,只不过这种联系显得特别简单,而且只是一种直觉上的联系。科尔斯(Coles, 1992)*用三十年的时间进行一项研究:他通过搜集儿童在医院、诊所、家庭、学校、工作室等地方的言语、艺术作品来推断他们的内心世界。结论是,幼儿更倾向于用蜡笔、水彩和铅笔来表达自己的想法、感受、梦想。艺术可以让孩子用非语言的方式表现事物、想法、人物、地点、经验、事件和感受。事实上,孩子们通常不大喜欢用语言来谈论自己对家人、朋友的感受。艺术恰恰给了他们一个机会,让他们把那些内心深处的感受、幻想、恐惧和挫败感(见图4-5),以及现实中根本不可能实现的幻想,用艺术的方式实现;让他们从正面、合理的角度

图4-5 儿童可以在艺术活动中宣泄负面情绪

来宣泄负面情绪。例如,在教室里,直接发泄自己的怒火是不对的,但是用艺术的方式来发泄就不会有问题,比如:"告诉老师,你的这张画代

安全小常识

· 认真阅读包装上的安全警告!

· 尽量提供孩子们惯用的媒材。对那些无法识读标签的使用对象或6年级及以下的儿童,最好只使用无毒媒材。

· 不要使用超过保质期的媒材。

· 使用这些媒材时,不要吃、喝东西,不要吸烟。

· 活动完成后,工具和手都要洗干净。

· 除非媒材包装上明确标明,否则不要随便用它们来做人体彩绘,或用来加工食物。

· 不要随便更换放置媒材的容器——这样,原包装上的安全提示就全都丢失了。

使用有"安全警告"的媒材时,特别注意以下事项:

· 要把这些危险的媒材放在儿童拿不到的地方。

· 保持操作区域的清洁。

· 用吸尘器或湿拖把来做清洁,不要用扫帚。

· 不能把画笔等放在嘴里。

· 保持工作室的通风,安装通风设置以保持室内空气清新。

· 避免将这些媒材放到嘴里、接触皮肤、进入眼睛。

· 使用媒材标签上注明的安全保护设备,比如戴上手套、护目镜或面罩等。

· 佩戴面罩、手套等不透气的防护设备后再使用这些媒材。用错防护设备的危险性可能和不使用防护设备一样大!

· 找一副手套用来保护手上有伤的孩子。

· 用排气装置或密封盒存放媒材,以保

表了你对什么事情感到愤怒吗?"(见图 4-6)

艺术可以强化孩子们的自我认知,因为它能保证孩子成功。儿童在艺术活动中可以感受如何操控媒材,而这种操控会进一步加强他们的自我认同。这对幼儿来说是至关重要的,因为它是学习的前提。自我感觉不好时,没有人会想学习。因为在这种情况下,他们会把精力都放在害怕失败和自我怀疑上。我们最好一上来就帮孩子们树立良好的自我认同感;否则的话,就得准备在他们长大以后,帮他们矫正错误的自我认同感了。而到那时,他们可能已经开始自我怀疑,甚至开始放弃学习和生活了。

有注意力和行为缺陷的孩子经常会有自信心不足的情况。他们特别容易沮丧、缺乏安全感,以至于影响了他们与伙伴、成人的人际关系。参与艺术活动可以让他们以积极的方式来表达自己的情绪,还能为他们提供一个放松的氛围,这样他们更容易发展出健康的社交技巧。教师可以按照以下建议,提高孩子的活动参与度:

- 为他们提供足够的媒材,给他们准备一个足够大的工作室。不要让孩子在特别想创作时,还要排队等材料。

图 4-6 儿童可以用艺术来表达自己的内心

持干燥。

- 关于喷漆类的媒材,只能在有排气装置(空气过滤装置)的教室中使用。
- 不要把可食的釉彩混合使用,混合会导致成分变化,增加中毒风险。
- 按照注意事项清洁教室。

针对可燃媒材,要严格依照以下注意事项:

- 不得靠近明火。
- 不得超过标签上的警示温度。
- 一定要按标签上的要求,装配防爆开关和防爆风扇。

有危险性的媒材必须有以下标签:

- 除非有现实困难,否则一定要遵守 ASTM D4236 条例(即使是无毒媒材,也应依照此条)。
- 一定要有标志性警示语,如"危险"或"小心"。
- 列出媒材中的成分,并标注明其危险程度。
- 说明媒材误用的害处(比如,有可能导致肺癌,有可能对胎儿有害等)。
- 说明使用媒材的正确方法(例如不能吃、喝、吸烟;使用时必须戴口罩、戴手套等)。
- 写下媒材生产商和经销商的电话。
- 贴上不适合儿童使用的标签。

(以上内容由美国艺术与创造性材料学会授权使用)

艺术疗法

艺术治疗师使用媒材的效率更高,这是因为他们接受过特殊的训练,他们在进行艺术活动时,不仅仅关注过程,也关注参与活动的人获得了哪些正常或不正常的成长。根据邓斯诺和D·艾米莉奥(Dunn-Snow and D'Amelio, 2000)*的理论,美术教师可以理解学生的这种"无声的"表达。有些时候,这样的表达甚至比言语表达得更彻底。不管是用语言还是用绘画的方式,只有孩子将自己的困扰表达出来,教师和家长才能发现并帮他们解决问题(至少是尝试解决)。艺术、表演、音乐、舞蹈、文学、戏剧甚至木偶戏都可以用以表达内心的感受。艺术治疗是心理治疗形式中的一种,主要依靠艺术来理解患者的情感,并依此进行治疗。尽管针对成人的心理治疗一般都以语言为媒介,但针对儿童时则一般以绘画为主要媒介。

通常,专业的心理医师都会在孩子的画面中寻找以下几个元素:

· 使用色彩的方式——比如,如果一位孩子重复使用红、亮橙、黑等几种颜色彩画某一物体,这件事物一定对画者特别重要。黑色一般来说代表着恐惧和死亡,而红色代表愤怒或爱。

· 符号对个人的特殊意涵——艺术心理治疗师最主要的工作之一就是"解开密码",或是寻找画面中的符号与画者潜意识之间的微妙联系。比如,某位孩子不断地画撞人的马、怪物、刀具或是血污,这意味着什么?

· 夸张、变形和过分强调,也极能体现画者的内心——这就是为什么孩子第一次画出的形象都会有一个大脑袋、棍子一样的手臂,还有一双像是粘在身体上的腿。因为他们最关注人们的长相,所以要把脸画得大大的。手臂

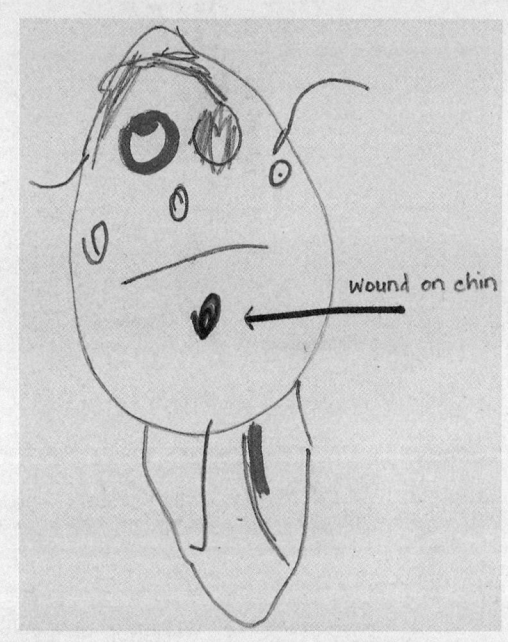

图4-7 儿童会把自己最关心的事物进行夸张、变形

· 鼓励孩子探索媒材的性能,并试着多使用几种。

· 玩一些可以发泄精力和情绪的材料,比如生面团。

· 策划一些以儿童为中心、开放性的艺术活动,让他们体会成功。尽量避免在艺术活动中以教师为中心,只告诉学生创作的步骤,或是让学生跟着教师做。

· 在媒材选择上,给孩子过分的自由,不如让他们只用几种限定的媒材发挥创造力。

认知发展

幼年时期的认知发展特别迅速。儿童2岁时的脑容量就已经达到成人的75%;5岁时达到成人的90%。幼年的很多经历往往会给孩子的心灵以巨大的刺激或挑战。幼儿都有极强的好奇心,去探索自己、别人乃至整个世界。他们需要控制媒材的经验,解决问题的经验,了解人、景、事情的经验,以及讨论和提问题的经验。书和各种形式的媒介也可以提供重要的"二手"信息,但这绝不能取代孩子的亲身经历。

和腿是人们做事、走路必需的，所以一定要强调。关于自画像，这里有一幅4岁孩子的作品（见图4-7）。这幅自画像的脸上标注着"伤疤"一词。这位画画的小朋友之前曾摔过一跤，脸上留下了这处擦伤。她在自己的自画像上特别标明和夸大了这处伤疤。

·忽略与省略某样事物，也隐含着儿童的情绪——例如，自我认同感较低的孩子在画画时经常忽略自己，或是把自己画得比别人矮小得多。时常与家中兄弟姐妹争执的孩子，倾向于在画中忽略那些兄弟姐妹。艺术是孩子们进入理想世界的最好机会。所以，如果他们不喜欢家庭中的哪个人，他们就会特别希望那些人不存在。至少在纸上，这些是可以实现的。

·位置也是暗示情绪的主要方式之一——画得最大、画在画面中央位置的事物，在画者的内心里最为重要。自我认同感低的孩子，经常把自己画在角落，或是画得远远的，成为画面背景。有的时候，他们还会在画面中央把自己最重视的事物画得大大的，而将小小的自己藏在其后。那些引起孩子痛苦和恐惧的事物，也经常会出现在画面边角不起眼的位置上。

·画作中显现的心理防卫机制——在现实中需要压抑的那些"坏念头"，在艺术中可以自由地表达。有过受虐经历的孩子经常用很不寻常的色彩或图案来描绘自己。儿童还经常多次重复某件事物的特征，以明显将其区分出来。比如，好斗的孩子就经常把老虎和战士等同视之。有恐惧心理的孩子，会在纸上表现自己的恐惧。

在类似"9·11"的事件中，艺术治疗会起到很大的作用。教师可以从孩子的作品中发现他们对毁灭的恐惧。对一些看起来毫无意义的事物，他们就是用这样的方法来表达的。他们在艺术创作时思考自己的恐惧和焦虑，并逐渐将其克服。

艺术治疗的使用有一些先天的劣势。首先，使用这种治疗方法需要专业的训练。第二，要想了解一个人的绘画风格，必须要经过长期的跟踪观察，切忌武断解读。例如，不能草草地判定某个孩子经常使用红色，就认为红色是代表血色、暴力、火焰或愤怒。

事实上，合理的解释还可能有很多。比如，有可能这个孩子本来就特别喜欢红色；或者画画的那天，只有红色的颜料能用；又或者，红色正好就在手边，所以用得多了一些。当然，没有受过专业艺术治疗培训的普通艺术教师仍然可以鼓励儿童用绘画的方式来表达情绪。总之，最重要的是给儿童一个宣泄情绪的渠道，而不是那些分析和解读。

建构主义

皮亚杰（Piaget，1962，1971）*理论有多种叫法——"认知发展理论""信息处理理论""互动理论""建构理论"。让我们来细细品味一下这些名称的差别。

皮亚杰的研究主要集中于儿童的思想。他提出的"发展阶段"阐述的是幼儿的认知思维是如何随着时间而发展的。幼儿认知能力的发展，源于他们与人、景、物、环境的"互动"，以及在此基础上发生的"信息处理"。孩子在自己的成长中扮演着活跃的角色，他们通过与身边人互动来建构自己的知识体系。他们不断地用新知识来测验自己原有的知识。所以，这种建构就是一次又一次的"重游""重做""改善"的过程。总之，建构主义的主要观点就是：儿童在不断地建构自己的知识体系。由此可知，由教师把知识"教给"孩子是行不通的。建构知识的过程，就像盖楼，建筑工人用水泥把砖一块块砌起来，随着时间的推移，建筑渐渐成型。与此相似，孩子们也是这样一砖一瓦地建筑自己的知识大厦。有些砖块可以直接砌上，也有些必须得进行一些加工。这一过程是极其费时的（也需要付出极大的努力）。皮亚杰敦促教师们认真反省自己在学生学习时所起的作用。根据皮亚杰的理论，儿童所学的大部分知识根本不能靠语言传递给他们，因为在这样的课堂上，儿童的参与度过低。

知识的类型

依皮亚杰的理论，知识分三种类型：物理知识、社会文化知识、数学逻辑知识。每一种知识的教学方式都有较大的不同。物理知识主要是发现事物的物理属性，比如一些关于事物的客观现实——外形、重量、功能等。获取物理知识的最佳途径是直接使用和感受事物，并分析自己的行为对事物造成的影响。社会文化知识与每个人日常的生活有关，包括礼仪、社会行为、习惯，包括每天是星期几，每年有几个月，还有数字和字母。社会文化知识可以通过真正的社交活动来获得。数学逻辑知识由事物之间的逻辑关系建立，儿童需要掌握关于这些关系的抽象概念。数学逻辑知识的建立是在儿童归类、分类、分组、排序、数数、比较、比对时形成。

这三种知识在艺术活动中是如何建构的？总体来说，儿童在熟悉媒材的时候，形成的是物理知识。例如，他们在探索颜料、画笔的性能时，就是在学习物理知识。比如你可以告诉孩子们，蘸了颜料的画笔又湿又黏。但是一般来说，孩子们还是喜欢自己去感受。

成人可以在以下活动中帮助孩子学习社会文化知识，比如，在为孩子提供的艺术媒材上标注清楚其名称——"画笔""颜料"，并提供不同色彩的名称。孩子们可以自己去感受画笔的干湿，却永远不能发现一种色彩叫作"青色"。画笔的干湿是物理知识，可以自己发现；"青色"就不可能自己发现了，因为这是一个抽象概念。类似这样的抽象概念还是需要教师来教授。数学逻辑知识则需要孩子在比较两盒颜料时才能建立，比如，对比一盒满满的颜料和另一个空颜料盒。这种对比关系也要靠孩子自己来建构。满一点或是空一点，都不是颜料盒的本质属性。颜料既可以是湿的、黏稠的，也可以叫"青色"，但只有在孩子比较各颜料盒中的空、满时，才能建构数学逻辑知识。也只有通过比较，孩子才能知道哪盒颜料更满一些。

因此，当你想要孩子发现事物的属性（物理知识）时，设想一下不插手的教师与动手的学生的角色。鼓励孩子们描述所看到的物体："你看到发生了什么？"当孩子们接触到主观的、带有文化局限的或是不为人所了解的知识时，教他们用发展的眼光为来看待（社会文化知识）。给孩子提供一系列材料或物体，鼓励他们构建物体之间的联系，比如分组、分类（数理逻辑知识）。

根据皮亚杰的理论，儿童的思维是以行为为导向，并且很大程度上是非语言的。他认为，思维有助于语言的发展；语言虽能加强思维，但并非思考的来源。孩子们所了解和知道的东西，远远多过他们能用语言表达的。因此，孩子可以描述或谈论的东西，不一定就是其智力水平的准确体现。孩子的理解和语言表达能力是分阶段发展的。

皮亚杰发展阶段理论概述

在感知运动阶段（0岁—2岁），婴儿的思维局限于感官印象和简单运动。这个阶段，他们最喜欢的可能就是会吱吱叫的玩具了，他们可以拿、晃、扔、看、听、闻，甚至放在嘴里尝一尝。离开了这些感官和小动作，儿童的思维就无从发展。

学步期儿童的认知能力得到极大的发展，他们已经进入了前运算阶段（2—7岁）。到了这一阶段，幼儿终于不用再依赖"动作思维"了。儿童已经有能力进行图像与象征思维，而不需要借助动作来辅助。在皮亚杰理论中，学前期的儿童使用各种象征的手段来表达自己，包括艺术、表演、语言等。他们慢慢地建构着自己对时间、空间、类别、顺序、数字的概念。从本质上来讲，处于这一时期的儿童，其思维方式与成人的逻辑、推理思维模式还有较大的距离。

在小学阶段，儿童进入了皮亚杰所谓的"具体运算阶段"（7—11岁）。运算是一种内心活动，学龄儿童已经获得了多种与认知有关的运算能力，包括逆运算、储存、分类、序列，还有加、减、乘、除能力。这些能力可以帮助儿童思考更多与逻辑相关的问题。不过，他们的思维仍然以具象为主，无法思考抽象问题。

建构主义教育：皮亚杰理论在实践中的应用

德芙瑞兹和赞（DeVries and Zan, 1995）*、查理和布莱特（Chaille and Britain, 2003）*将皮亚杰的理论与适应发展的实践结合起来，建立了"建构主义教育"。建构主义者将每位儿童都视为知识的建构者,他们关注物理知识,但是在学习社会文化知识时,却需要成人的帮助。学习者是在主动地建构知识,而不是被动接受。获取知识的途径不是传播,而是需要活动来构建。儿童非常关注他们学到了什么东西,以及学到东西的途径。建构主义者不仅是为学生设置一系列教学活动,他们相信儿童有能力建构自己的知识、智力、人格和社交能力、道德标准。由于建构主义强调活动与游戏,所以很多人误会其学科性不够。事实上,建构主义教师潜心于让孩子建构文学、数学、科学、社交和艺术方面的知识。根据德芙瑞兹和赞的理论,建构主义者的学术水平主要表现在辨别哪些知识需要学生自己建构,哪些需要教授。皮亚杰对知识的分类理论可以帮助教师分辨这一问题。

维果茨基

利维·维果茨基(Lev Vygotsky)是一位苏联发展心理学家,他在20世纪提出了儿童发展的理论。他也相信,儿童是在主动地构建知识,在这点上他与皮亚杰观点一致。此外他还认为,离开社交环境,儿童就不能很好地发展。维果茨基的社会文化理论主张学习是儿童发展的主要原因。他的理论还十分重视语言在知识构建中的地位。与皮亚杰相同的是,他承认游戏的重要性,学习是一个主动建构的过程。与皮亚杰不同的是,他不支持儿童的发展阶段理论,而认为儿童的学习是隐含在家庭和文化生活中的。在儿童很小的时候,大人就开始教他们一些有用的技巧。儿童学什么,很大程度上是受社会影响的。

维果茨基的理论对皮亚杰理论中关于语言和思维的部分提出了挑战。根据维氏的理论,因为语言是交流的主要工具,所以在儿童思维形成过程中,它也有极其重要的地位。语言是儿童表达社会经历的工具。所以,即使仅仅是咿呀学语,也是儿童发展社会技能的开始。维果茨基认为语言是儿童思维的表现,这一点与皮亚杰有所不同,皮氏认为幼儿的语言还处于幼稚期,并且更多的是自言自语,因此不具备研究价值。幼儿的确经常大声和自己对话。但是随着年龄的增长,他们渐渐开始把这种对话放在心里进行。维果茨基认为,这种自言自语的现象,是一种心理上的自我暗示。它有助于儿童的思维和行动,更有利于自律。

学习是一个交流、动态的过程,所以老师和学生保持一种平等、协作的关系,会让学生感到舒服。在学习过程中,需要教师来做学生与知识的桥梁,比如,提前设置问题,设计挑战,选择教学模式,为孩子提供信息,观察孩子的一举一动,或者是让已经学会的孩子帮助没学会的孩子。教师要清楚地了解学生的最近发展区(zone of proximal development,ZPD)才行。这样多种技能、任务、能力的建构,孩子是无力独自掌握的,必须要有成人或伙伴的协助。因此,在教学中推荐使用协助学习和合作探究法。最近发展区有上限和下限。它的下限是那些学生们已经学会的知识、技能,还有那些相关的任务。对于这些任务,孩子完全可以一个人轻松地完成,而最近发展区的上限,则是学生在别人的协助下,勉强能够完成的任务。再次强调,这种"协助",既可以是教师的直接指导,也可以是同伴的帮助。帮助学生达成邻近发展区的最好辅助就是"脚手架"。例如,一个孩子探索了三原色,已经能够准确地说出红、黄、蓝。这就是其最近发展区的下限。了解了这一点,教师就可以准备搭起"脚手架",帮助学生达成更高的目标了。可以达成什么样的目标呢?知道了这个孩子已经了解三原色,教师可以搭出怎样的"脚手架",还能帮孩子学会什么色彩知识呢?比如,可以让他/她尝试混合两种原色,看看会有什么结果。再让学生尝试着给这一"新的"色彩命名。这种做法,正好处于学生的最近发展区里,可以促进学生对色彩的掌握。更多对于"脚手架"理论的论述,请见第十章。

艺术和认知的发展。 艾斯纳(Eisner,1976)*寻找到一个最有力的证据来说明艺术、思维、学习三者与学生学业成绩之间的关系。艺术折射了儿童对世界的认识情况,他们年龄虽小,却已经经历了无数的人、地、事,当他们进行艺术创作时,着实有大把的素材可供选择。从来没去过动物园,或从来没见过小动物的孩子,从不会在自己的绘画中表现动物,因此,知是画的前提(见图4-8)。

要把自己的想法、观念、经历用绘画的形式表达出来,需要用到很多的思维技巧。孩子们需要考虑:"表现什么?如何表现?"比如,一个叫内特的孩子想:"想做一只恐龙,是用黏土、马

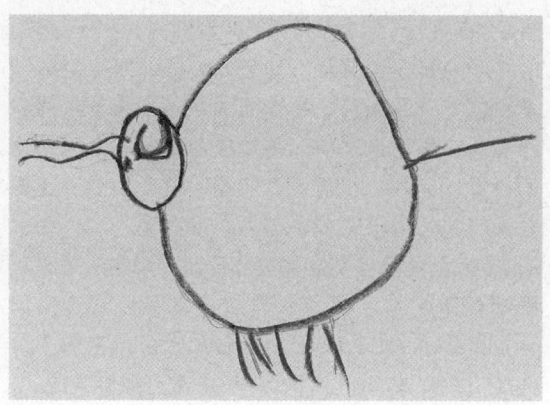

图 4-8 一位刚去过动物园的儿童，根据记忆画下了这头大象

克笔还是水彩？"他必须先计划，想想该如何执行，最后再做出抉择。工作中最重要的技巧是专注、坚持、克服困难，在这一过程中，内特还需要考虑："完成这件事要分几个步骤？我得怎样一一把它们完成？"最后，他决定先用铅笔画一张草稿，然后用粗马克笔描一遍，沿着马克笔的线把恐龙剪下来，最后给它上色。艺术活动还需要用到解决问题的能力。比如在创作恐龙的过程中需要用到较深的颜色，但是内特发现自己手边只有三原色。所以，他决定把三种颜色混合起来，做出一种脏脏的灰颜色，这种灰色正好符合"怪兽"的感觉。内特在涂色时，一不小心，灰色流到了恐龙眼睛的位置上，这让他很不开心。不过，他又意外地获得了一个小经验：多加水可以稀释色彩。基于此，他脑子里闪现出一个设想：能不能用纸巾把这些颜料吸走呢？动手一试，还真的成了！要记下内特作画时脑子里的每一个想法是不可能的，此外，内特只有4岁，而且平时特别寡言少语。所以，艺术给了他一个表达自我的机会，时间长了，他就习惯了这种感觉。

内特现在可以通过艺术来与别人沟通。老师说："内特，你真努力，恐龙的眼睛画得也很好。"这时，思维从计划阶段进入了实践、评价和再加工阶段。笔者认为，人们虽然已经广泛地认同了艺术活动的好处，却经常忽略艺术活动对儿童思维的好处。它可以鼓励孩子进行分辨、社会交往、促进他们情感与创造力的发展。

通过艺术课程，儿童可以学到关于色彩、形状、尺寸、线条、肌理等美术元素的知识。例如，贝斯已经了解了最基本的几何图形。她发现两个正方形加起来，就能形成一个长方形；在红色上画黄色，可以画出橘红色；线条交叉则可以形成X；白色可以使蓝色变得更明亮，这样更适合贝斯作品中的天空。一些较难的空间概念（比如右、左、上、下、越过、紧挨、通过、后面、上面、中间、下面）在艺术评述中都会经常用到。在理解艺术时，这些空间概念是非常重要的。

艺术就像是儿童思维的索引。看着他们的绘画（尤其是线描和色彩），我们可以了解儿童对世界的看法，知晓他们关注的事物，发现他们表达这些事物的方式。绘画中是否有细节，代表着他们对一件事物的了解是否深入。如果有了用艺术表达的经历，在日后用语言和文字再次表达时，就会变得简单得多。语言、文字、艺术之间是有相关性的[7]。孩子们在艺术创作中将这种相关性表现出来，就像在事物与符号之间搭起了一座桥梁（见图4-9）。

图 4-9 幼儿学习起来特别认真，他们通过艺术把自己的经验"符号化"

特殊儿童的思维和交流方式与普通孩子有较大区别，对他们来说，艺术活动的意义更为明显。他们用视觉符号来表达自己的想法，与小伙伴们一起完成创作或进行有益的交流，以此促进自己的社会交往能力。教师可以通过以下方法鼓励学生参与艺术活动，促进他们认知与交流能力的提高：

• 语言解说要缓慢、清晰，并配以视觉辅助。

---

7 原文为：Words, spoken or in print, must have some referent.

- 在孩子进行艺术创作时，给予严密监护。
- 设计以儿童为中心的开放式艺术活动，给他们成功的机会。
- 把比较复杂的艺术创作化整为零，分解为一个个的小步骤。
- 为孩子的创作练习设置多个难度等级。比如要求孩子们使用已经准备好的纸片，或剪出自己想要的形状，来进行拼贴画创作。
- 鼓励孩子谈一谈自己的作品，或想出几句话来写在自己的作品上。
- 鼓励孩子们在创作时进行语言交流，说一说自己的创作感受。

创造力的发展

创造力在幼儿时期就有所体现，孩子解决问题时总有奇思妙想，做事时又总是异想天开。托伦斯（Torrance, 1965）*认为，创造力最活跃的年龄是幼儿阶段，随着年龄增长而衰退。幼儿是最富于想象力的，而想象力与创造力的关系又是十分密切的。教师可以通过鼓励儿童的自主性和主动性，来促进他们创造力的发展（艾里克森，Erikson, 1963）*。

艺术与创造力的发展。 正如大家在图 4-10 中所见，艺术给儿童提供了一个表现"创造力和个性"的机会。儿童的创作虽然看起来大同小异，实则有巨大的差异隐藏其中。通过艺术创作，可以大大激发他们的创造力。艺术的开放性决定了它可以鼓励发现、探索、实验和发明，它们都是创造力的关键元素。比如，一位叫基恩的小朋友在思考：如果他使用两支笔来作画，会有什么样的效果呢？试了以后，他对结果相当满意。然后，他又请老师用橡皮筋帮他把三只画笔绑在一起。基恩通过这样的实验来创新绘画方式。

创作"食物画"

早餐麦片和通心粉特别适合用来画项链；豆子和玉米则可以粘在纸上来做"点"；大米则特别适合用于拼贴画。幼儿们都特别喜欢用果冻、霜糖、喷射奶油来作画；而婴儿则特别喜欢用苹果酱。以上创作活动都会让孩子特别开心，而且还能促进他们感官的发展。尽管如此，笔者对"食物画"却持反对的态度，因为：

1. 食物是很宝贵的。如果家长确实愿意为孩子的艺术活动花钱，那么不如买一些回收材料、佐料，或者是一些更贵的原材料（比如木块、书、拼图）给孩子。

2. 在很多发展中国家，食物是特别短缺的资源。用食物来作画，容易招致批评。

3. 近些年，失业人口越来越多。经济衰退来临时，很多中产之家也面临着失业的压力。家有子女的失业者占失业者中的很大一部分。很多地方政府都没有足够的食物来为他们提供救济。想一想，在还有一些孩子饿着肚子入睡时，我们还怎么心安理得地用麦片来作画？

4. 有个别宗教团体会用食物来举行宗教仪式，使用食物来创作，可能会引发矛盾。

5. 霜糖、果冻、喷射奶油的含糖量都很高，都是高热量食品。

6. 家长千万不要教婴儿用食物来创作，因为婴儿正在发展辨别食物与其他材料的能力。这样做特别容易引起他们的判断力混乱，混淆能吃和不能吃东西的界限。

7. 食物画特别容易招虫子，所以既不能挂在家里，也不适合挂在教室里。

列出这七点，并不是为了全面否定食物画。本书第8章也会谈到，开展食物加工活动对孩子的发展也是有诸多好处的。不同的是在食物加工活动中，孩子们可以把"作品"吃掉；而很多"食物画"创作中，原材料和作品最终都难逃被扔掉的命运。

事实上，在艺术创作时我们可以找到很多材料来替代食物。沙子和大米一样可以粘在纸上，

图 4-10　艺术促进创造性表现

泡沫颗粒则可以替代豆子来制作拼贴画。幼儿教师应该尝试着发挥自己的想象力，想出更多的材料来代替食物。

与特殊儿童相关的教室布置

过去，老师等教育工作者都是用"残疾"或"残废"来称呼特殊儿童的。用这样的称呼会带给孩子负面印象。注意：绝对不能使用类似"残废"的词语！现在，课堂中我们使用更多的是"特殊能力"，还可以使用"特殊儿童"，或"有特殊需求的儿童"。

自从美国在1992年通过了残疾人法案，早教机构不接受特殊儿童就是违法。以下术语就是讨论特殊儿童接受学校教育时经常用到的：

减少环境限制（Least-restrictive environment）：给特殊儿童提供一个最舒适的环境，让他们与普通孩子自由地接触。

主流化（Mainstreaming）：接受特殊儿童的教育机构，其绝大多数学员仍应该是正常儿童。

接纳式教育（Full inclusion）：应该把特殊儿童置于正常的班级中，但是要给予区别对待。

接纳式教育在学前班和小学阶段都是非常重要的模式。这一策略是以一个假设为前提的：孩子们应该在一起受教育。只要特殊儿童有这个意愿，就应该让他们参与其他孩子都能参加的项目。一个集照顾、介入治疗和教育为一体的包容系统，对特殊儿童和他们的家庭都是最佳选择。包容系统会对环境加以改造，使其适应特殊儿童。特殊教育者在正常的班级中，一边教正常的孩子，一边教特殊儿童。这种教育模式的拥护者认为，把特殊儿童与正常儿童进行隔离教育，会产生很大的问题。这样做使得特殊儿童被贴上了"残疾"的标签，这种教育项目都是不完整的。而且，一般教师不愿意给予特殊儿童任何自主权。

现在，接纳式教育已经纳入了法律。阿兰和施瓦兹（Allen and Schwarz, 1999）*指出，这种教育模式也存在诸多问题：第一，有很多教师和家长质疑，统一的学习活动根本无法满足特殊儿童的特殊需求；第二，有些人担心，特殊儿童在学校受到的照顾可能比正常儿童还少。第三，即使在正常的环境中学习，他们也经常受"问题儿童"的影响，学会某些奇怪的举动。但是，结合整体教育效果，阿兰和施瓦兹对这种教育模式

做出如下总结：接纳式教育对正常儿童和特殊儿童都有不可估量的好处。关于这一点，有大量的学术著作可作为例证。

关于特殊儿童的书籍

和班里的孩子分享一些关于特殊儿童的书，可以有效地帮助他们理解、尊重特殊儿童。以下为推荐书目（为方便读者寻找到原版书籍，保留作者与原著的英文名）：

Brown, T. and Ortiz, F., *Someone Special, Just Like You*.（T. 布朗、F. 奥尔蒂斯，《一个特别的人，就像你》）

Bunnett, R. and Brown, M., *Friends at School*.（R. 巴内特、M. 布朗，《学校里的朋友》）

Fassler, J. and Lasker, J., *Howie Helps Himself*.（J. 法斯勒、J. 拉斯克，《豪伊帮助自己》）

Heelan, J. R. and Simmons, N., *Rolling Along: The Story of Taylor and His Wheelchair*.（J.R. 希兰、N. 西蒙斯，《向前滚动：泰勒和他的轮椅》）

Lears, L. and Ritz, K., *Ian's Walk: A Story About Autism*.（L. 李尔斯、K. 里兹，《伊恩的行走：孤独症患者的故事》）

Maguire, A. *Special People, Special Ways*.（A. 马奎尔，《特殊的人，特殊的方式》）

Meyer, D. J. and Pillo, C., *Views from Our Shoes: Growing Up with a Brother or Sister with Special Needs*.（D.J. 梅耶、C. 皮洛，《看着自己的鞋：与有特殊需求的兄弟姐妹一起长大》）

Millman, I., *Moses Goes to a Concert*. (sign language)（I. 米尔曼，《摩西去音乐会》）

Moon, N. and Alyiffe, A., *Lucy's Picture*.（N. 莫恩、A. 艾伊菲，《露西的画》）

Rogers, F. and Judkis, J., *Let's Talk about It: Extraordinary Friends*.（F. 罗格斯、J. 贾基斯，《让我们谈论特别的朋友》）

Shriver, M. and Speidel, S., *What's Wrong with Timmy?*（M. 施莱瓦、S. 斯派德尔，《蒂米怎么了？》）

Stuve-Bodeen, S. and Devito, P., *We'll Paint the Octopus Red*.（S. 施蒂威－勃登、D. 戴维拉，《我们可以把章鱼画成红色》）

Watson, E., *Talking to Angels*. (autism)［E. 沃特森，《与天使对话》（孤独症患者）］

Willis, J., *Susan Laughs*.（J. 威利斯，《苏珊笑了》）

个体差异

了解一些特殊儿童教育知识，对教师进行教学是极为有用的。了解了特定年龄段特殊儿童的需求、兴趣和能力，有利于教师设计出更有针对性的学习活动。而且，这些知识可以让教师知道，对特殊儿童来说哪些行为是正常的，哪些行为是典型的，哪些行为是普遍的。每个孩子都是与众不同的。他们的生理、社交、情感、认知和创造力方面的发展，都反映了他们的个体差异。这种差异既源于遗传因素，也有环境因素的影响。正是个体差异使教学变得既有趣又富于挑战性。无论哪个年龄段的学生，在生理、社交、情感、认知和创造力需求、兴趣和能力上，既会有很多共性，也会有很多个体差异。很明显，如果遇到了一群3—5岁个性相似的孩子，教起来会容易得多。不过，教育的目的就是教出不同的人，而不是把孩子都教成一模一样的机器人。

关于遗传、环境等因素会带来的成长与学习成效的区别，可以归纳为以下几种：

成长背景：种族、文化、班级社交圈等。

家庭：家庭人数，兄弟姐妹，排行，成长在离异或是复婚家庭，家长的教育和收入水平，营养，父母的教育方式，有没有受过虐待或忽视等。

个人：性别、个性、气质、动机、学习方式、兴趣。

一位特殊艺术家

法国表现主义艺术家亨利·马蒂斯（Henri Matisse）就是一位特殊艺术家。他曾一度病重到无法进行架上绘画。但是他并没有放弃，而是换了一种媒材继续创作。由于只能卧床或坐轮椅上创作，所以他选择用剪刀制作拼贴画。他的作品都是合作完成的，纸片由他来剪，助手负责完成创作。马蒂斯的事例对于所有有志于艺术事业的特殊儿童都是莫大的激励。可以读一读下列这些关于马蒂斯轶事的书籍（为方便读者寻找到原版书籍，保留作者与原著英文名）：

Boutan, M. (Ed.) (1996), *Art Activity Pack: Matisse*.［M. 布唐（Ed.1996），《艺术活动包：马蒂斯》］

DePaola, T., (1991), *Bonjour, Mr. Satie*.［T. 狄波拉（1991），《你好，萨蒂！》］

Flux, P. (2002), *Take-off! The Life and Work of: Henri Matisse*.［P. 弗勒克斯（2002），《起飞！亨利·马蒂斯的工作与生活》］

Hyde, M. E. (1996), *Matisse for Kids (Great Art for Kids)*.［M.E. 海德（1996），《写给孩子们看的（关于马蒂斯书）》］

Laden, N. (1998), *When Pigasso Met Mootisse*.［N. 拉丹（1998），《当毕加索遇见马蒂斯》］

LeTord, B. (1999), *A Bird or Two: A Story About Henri Matisse*.［B. 勒托德（1999），《一只鸟，两只鸟：亨利·马蒂斯的故事》］

Merberg, J., & Bober, S. (2002), *A Magical Day with Matisse*.［J. 默伯格．S. 鲍勃（2002），《马蒂斯的奇妙的一天》］

O'Connor, J., & Hartland, J. (2002), *Henri Matisse: Drawing with Scissors*.［J. 奥康纳．J. 哈特兰德（2002），《亨利·马蒂斯：用剪刀画画》］

Raboff, E. L. (1991), *Henri Matisse*.［E.L. 兰勃夫（1991），《亨利·马蒂斯》］

Sturm, E., & Hoena, B. (Eds.) (2003), *Matisse (Masterpieces: Artists and Their Works)*.［E. 斯特姆、B. 霍伊娜（Eds, 2003），《马蒂斯（大师：艺术家与他们的作品）》］

Venezia, M. (1997) *Henri Matisse (Getting to Know the World's Greatest Artists)*. New York: Scholastic.［M. 威尼雅（1997），《亨利·马蒂斯（了解世界上的伟大艺术家）》］

文化影响

一个学生的成长背景，包括种族、宗教、文化差异等几个方面。种族差异包括皮肤颜色和其他的生理上的差异。文化差异则主要包括食物、节日、装束、语言、习俗和价值观等方面。种族和文化的差异，可以极大地丰富班级文化。出于这两方面的原因，幼儿教师应该在课程中全面考虑每个孩子的看法、行为和习惯。第一，应该让每个孩子都意识到，他们是班集体中重要的一员，这是十分重要的；要让每个孩子为自己的文化而自豪，这样他们才能认真学习，全面发展。第二，教师是孩子的榜样。孩子们会不自觉地模仿教师对其他文化的态度。幼儿教师应该按以下建议设计教学活动：

1. 无条件地接受孩子。对待孩子应该完全平等，规矩与引导、奖励都要平等。

2. 提倡、接受、尊重、鼓励孩子说母语、热爱自己的文化，以此强化他们的个体独特性。

3. 努力让孩子喜欢学校生活。他们眼中所见、耳中所听的环境如果和家中的环境相差太远的话，就会觉得特别不适应。

4. 让孩子们谈谈人与人的不同。由于文化与宗教差异，每个人都有不同。找到不同人的相同之处，是儿童的重要学习过程之一。例如：哪些东西是各种民族、宗教的人都需要的？

- 我们都需要住所和食物。林的一家都住在船屋上，想一想，住在船屋里是什么感觉？现在，再假设林住在公寓里。你家在公寓里住了多少年了？我从上小学起就住在公寓里了。所以，虽然林说的语言和我们不同，其实他和我们都是一样的。他有自己独特的语言、独特的住所，就像我们也有自己的语言和住所。大家要多多帮助林学习我们的语言，也可以学习他的母语。

5. 家长参与。很多移民而来的家长往往对学校敬而远之。有些是因为他们的语言障碍；还有一些因为自己的教育程度太低；也有家长对孩子的要求太高，提出一些不切实际的教育要求。但是，他们都为自己的文化感到骄傲，也都很乐于和别人分享自己的文化。帮助他们喜欢上学校，让他们知道，他们独特的文化是孩子们都乐于了解的。比如，教师可以邀请林的妈妈来学校用米饭做零食。还可以邀请其他家长穿着有民族特色的服装，或带一些有民族特色的民间工艺品到学校。这样做会让他们的孩子觉得特别开心。

6. 帮助移民儿童体验成功，提高对事物的掌控能力。移民儿童大多会经历"文化冲击"[8]。他们意识到自己的语言和文化与别人不同。在这种情况下，不要给他们过多需要适应的事情，他们更希望在各种事情中体验成功。

7. 理解孩子。由于文化冲击带来的影响，他们往往对各种活动充满抗拒（包括艺术活动）。给他们时间，让他们从旁观开始进而慢慢适应。对于还不想独立完成艺术创作的学生，可以先请他们做"小观察员""小解说员"和"小助手"。他们或许更愿意先帮别人的忙。

8. 学一些移民孩子母语中最简短的话。可以与家长交流，问一问诸如"色彩""艺术""水彩""戏剧"等词的叫法，或是一些常用短语，如："你想不想做……""喜欢吗？"，等等。用孩子的母语和他们谈论创作，会起到意想不到的效果。

艺术与假期

在幼儿教育阶段，假期是让孩子们观察文化、宗教差异的好时机。在平日里，孩子们往往"过度"接触主流文化了。假期里，有些孩子会参加各种节日庆典，那种既期待又兴奋的假期，会让学生情绪上过度兴奋，甚至身体疲惫；而有些家庭由于文化差异，不参与这些节日。对于他们来说，其他人越重视这些节日，他们越会觉得被孤立了。过去，经常会有教师使用这些"主流传统节日"做艺术活动的主题、标志或装饰，这特别容易让少数民族的孩子觉得自己不合群。时间长了，会让他们形成对世界的偏见。杰瑞和尼尔森（Cherry and Nielsen, 1999）*建议，多设计一些开放式的艺术活动，体现多民族、多文化的融合，这样有利于每位孩子都乐在其中。

背景：环境对儿童发展的影响

本书的"儿童发展模型图"简要剖析了儿童发展的各个方面。儿童的发展情况远比图中展示的复杂。此图试图把儿童的发展概括为：生理＋社交情感＋认知＋语言＝儿童发展的全部。事实

---

8 译者注：突然处于一个与前大不相同的社会和文化环境中因而感到困惑、忧虑、烦恼的心情。

图 4-11 背景：儿童成长与环境的交互影响

上，儿童的发展既不是如此简单，也不能简单地割裂为四个部分。

儿童的发展是有其背景的，我们必须对背景加以研究，深入理解，才能明白它对儿童的成长造成了多大的影响。儿童发展受到家庭、社会、环境的影响。例如，家庭的变化、收入、社会经济走势，包括社区犯罪率，都对儿童发展有极大的影响。这种影响也是相互的，儿童也会反过来影响家庭、社会和环境。例如，离婚会使儿童学习退步，并变得依赖；而家长也会改变他们的抚养方式，给予更多的安抚。儿童成长的环境在图4-11 中有所体现。

艺术加工媒材

在幼儿进行艺术创作之前，需要提前对很多媒材进行加工。幼儿特别喜欢撕扯，涂抹胶水，用剪刀和订书机。比较简单的媒材加工有以下几种：

- 撕纸
- 剪纸
- 用胶水粘
- 用胶带粘贴
- 装订
- 在纸上打孔

以上游戏不仅可以让儿童玩得开心，而且还是重要的艺术基本技能。

剪裁活动

有很多工具都可以用来做剪裁活动，比如：

刀片切割器（blade cutter）——可以切纸板。

钝钢剪刀（blunt steel scissors）——虽然刀刃是钝的，但剪起来效果是一样的。

软把剪刀（comfy or cushy grip）——有橡胶套并且有指孔的剪刀。

工艺棒（craft sticks）——可以用来涂抹胶水。

费斯卡兹[9]（Fiskars）——这家公司生产各种剪裁工具，可以剪裁任何材料。而且，其握把拿起来非常舒适，方便左右手持握。

费斯卡兹花边剪刀（Fiskars Paper Edgers）——左右手皆可使用，可以剪出六种不同的花样。

打孔器包括：

疯狂库特牌剪刀（Krazy Kut scissors）——可以剪出波浪、闪电、锯齿、贝壳形和拉链形花纹

左利牌剪刀（lefty）——专门为左撇子的孩子而设计的剪刀。

裁纸机（paper cutter）——可以裁出各种形状的机器，包括裁出纸条。

打孔机（paper punchers）——可以打出各种形状的孔。

锯齿剪刀（pinking shears）——可以剪出锯齿形边缘。

安全剪（safety）——左右手皆益的超轻塑料剪。

剪刀架（scissors rack）——金属/木制剪刀架，可以安全整洁地存放剪刀。

锋利剪刀（sharp）——金属剪刀，适于4—5 岁儿童使用。

易握剪刀（snip loop or easy grip scissors）——可供初学剪裁的儿童或有运动障碍的孩子使用。

教师用直剪刀（teacher's straight shears）

---

9 "Fiskars"是世界著名的专业刀具工艺设计品牌。是由芬兰的 fiskars 村创建的品牌。

> **小提示**
>
> 不管选择哪种剪刀，目的都是剪裁。只让孩子用剪刀挑、扯、扎，而不让他们剪，他们就会厌烦。把水、乳胶、食用色彩和水彩混合起来给孩子用于粘贴。幼儿也特别喜欢把碎纸片粘在涂好胶的纸板上。可以在胶里掺水将其稀释，以避免胶干时形成硬壳。按1:1的比例将水和胶混合。在胶里掺入颜料制成彩色胶，孩子会更喜欢。
>
> Tap-N-Glue牌胶水瓶是一种新产品，使用这种胶水瓶可以有效防止胶水乱洒，防止浪费。孩子可以轻易地把胶水瓶倒过来涂抹。这种胶水瓶通过独特的设计，使胶水一滴滴流出。这样既免去开闭瓶盖的麻烦，也不易漏。它尤其适合用来装乳胶。它价格便宜，又可以节约胶水，适合常备。

——非常锋利，仅适合教师使用！

练习剪刀（training）——双手使用皆可，有橡胶的指套环，适合教师与学生一同使用。

X-Acto牌刀具——用来剪裁厚纸板（仅限教师使用）。

黏合剂：胶水、糨糊、胶带、其他配件

推荐使用下列黏合剂：

布胶带（cloth tape）——可以作色标使用。
彩色胶带（colored tape）——用来粘贴。
E-Z-up夹（clips）——可以粘在墙上挂作品。可以重复使用。
胶棒（glue sticks）——胶水不会滴得到处都是。
封口胶带（masking tape）——用来粘贴。
糨糊（paste）——罐装，有涂抹棒，用来粘纸。
糨糊刷（paste brush）——比用手抹糨糊方便。
杯装糨糊（paste cups）——有盖的小杯装最好。
可重复使用杯装糨糊（paste refill）——有一品脱装、一夸脱装、一加仑装[10]。
Plasti-Tak牌胶水——可重复使用，这种胶水用于在墙上粘艺术品时，不会留下污痕。

滚筒涂胶（roll-on glue）——和胶棒类似，不易乱流，不会弄脏教室。
School Glue Gel牌胶水
苏格兰胶带/清洁胶带（Scotch or clear tape）——用来粘贴。
Tap-N-Glue胶水瓶——避免浪费。
墙钉（wall clips）——和E-Z-up牌墙钉类似，用于在墙上展示作品。
白乳胶（white liquid glue）——各种粘贴用途皆可；可以买大瓶装，使用时装进小瓶再给儿童用。可以用来粘纸、木材、塑料泡沫、自然标本、大部分回收物。

胶水配方

稀释胶水

乳胶，水。

> **小提示**
>
> 会有一些孩子特别喜欢拿糨糊来闻、玩，甚至是吃。给孩子们提供一块吸水海绵或几张纸巾，让他们随时把手上的糨糊擦干净，以免糨糊干在手上，吸引他们忍不住去舔。
>
> 糨糊干得很快，所以教师一定要记得用完后把盖子盖上，孩子们一般都记不住。记得在盖子内侧粘一块海绵，以保持糨糊湿润。用有盖的小罐头瓶、奶油罐等有盖的小罐来装糨糊。
>
> 小罐的白乳胶比较便于使用。但是肯定会有些孩子老想用大瓶的。事实上，使用小瓶胶水更安全一些，而且不容易浪费。
>
> 有些教师喜欢将少量乳胶倒在小碗或碟子里给孩子用。他们不喜欢用小罐的原因就是孩子经常会忘记盖盖子，罐子里的胶水干得特别快。
>
> 有些孩子特别喜欢用手来涂抹胶水。其实小块海绵和涂胶棒也是很好用的。涂胶棒很容易制作，只要在工艺棒的一端缠上几层纱布，再在另一端加上一个橡胶握把即可。纱布能吸附胶水，便于孩子使用。

10　1美制湿量品脱=16美制液盎司＝2美制杯＝473.176473毫升 1加仑=4夸脱；1夸脱=2品脱

教师反思

在丹尼（Denney）老师进幼儿园的第一周里，她还记不住班上的每个孩子。这是一所乡村幼儿园，对班里的大部分孩子来说，集体上课都还是第一次。周三的早晨，丹尼老师设计了一个粘贴活动，大部分孩子都特别兴奋，但是丹尼老师注意到，小凯拉（Kayla）只是安静地坐在桌前，看着别人玩。过了一会，凯拉终于动手制作起来，但是她没有剪纸，而是直接用手撕了起来。她往背景纸上涂了一些胶水，小心地把撕好的纸片粘上去，然后轻轻地用手拍了拍。奇怪的是，纸片粘在了她的手上，而没有粘在纸上。在这种情况下，丹尼老师应该怎样帮助凯拉？她应该介入，还是继续让小凯拉自己去实验？丹尼老师应该如何发问，以辅助凯拉的胶水实验？

小心地将水加入乳胶。搅拌均匀。如果稠的话再加一些水。最后，用纸盖上保湿。

撕纸

不能因为孩子年龄小，还不会使用剪刀，就不让他们参加剪裁活动。即使年龄再小，也可以撕纸。撕纸对于发展孩子的手臂、手指肌肉都有好处。可以先从较薄的纸入手（比如报纸、废纸巾、旧电话簿等）。撕完后，还可以让孩子们把纸片粘起来，制作拼贴画。

拼贴画

撕好的碎片可以粘在一张大纸上，制成一张拼贴画。学龄儿童一般会特别喜欢这种拼贴游戏。能够使用剪刀，不代表不能玩他们最喜欢的撕纸游戏了。笔者就曾见过一节有关万圣节墙上拼贴画的课。撕出来的纸片那种不规则的边缘，正适合这次创作的风格，使得巫师的帽子和鼻子的形状尤其夸张！

用剪刀剪裁

想一想本章关于儿童的剪刀使用技能发展顺序的内容。能够成功地使用剪刀，是儿童早期发展的一个里程碑。有些孩子仅仅是为了剪而剪，至于剪出什么样的碎片，他们根本不以为然。当然，也有一些孩子会把自己剪出的碎片装在书包里带回家。还有一些孩子就喜欢把碎片粘在纸上。作为教师，你最好在桌子下面装一个接碎纸片的卫生袋，否则下课后趴在地上捡碎片的工作，可是非常辛苦的！

折纸与剪纸

孩子们可以将一张薄纸折起，并用剪刀剪裁，从不同角度反复折叠纸张并继续剪裁。打开纸张，把它贴在一张彩色背景纸上。这可以帮助孩子们剪出视觉效果明显的作品。

粘贴

小孩子撕纸和挤胶水就已经很开心了。他们喜欢胶水的味道，还有它凉凉、黏黏的感觉，包括固体胶的触感——厚厚的，软软的，摸起来特别粘手。白乳胶的手感就完全不同了。孩子们喜欢往纸上挤胶水，满满一瓶胶，很快就会被他们挤光。可以往胶水里加一些颜料，给孩子留下乳胶是"五颜六色"的第一印象。年龄过小的儿童可能对粘贴活动完全不感兴趣，而学龄儿童则能够把撕和粘结合起来，撕完的纸片还可以粘在作品上。

糨糊和胶水有很多种使用方法。糨糊可以把比较轻薄的纸粘在一起，而胶水可以粘住较重的材料，比如纸箱和木块。橡胶胶水很适合粘纸，但是不要给儿童使用，以防误食。

钉

孩子们特别喜欢玩订书机。钉东西对孩子的肌肉群成长有很大的好处。普通订书机得一直用手挤压，而大型订书机就得用很大的力气，甚至用手使劲锤才行。一般来说，微型订书机太小了，不适合儿童使用。在课堂上使用订书机会很吵，但是孩子们喜欢。而且，通过使用订书机，还可以锻炼他们的手臂和手指肌肉。他们有时候可能会在一张纸上钉很多订书钉，甚至在彩纸上钉出一个花样来。还有的时候，他们会用订书机代替胶水，把小纸片、纤维布或拼贴画钉在背景上。

喷洒画

可以教孩子把糨糊和胶水涂在纸上，然后在画面上喷洒以下材料：

- 五彩纸屑
- 纸点（用打孔机打出来的）
- 小棉球（背景最好用深色纸）
- 小贝壳
- 种子
- 松针
- 珠宝碎片
- 沙子
- 泡沫
- 闪光片

从盒子中取出这些材料时要小心，用完后即将其归位。还有一些教师喜欢让孩子使用盐、糖、爆米花、燕麦、大米来完成作品，这也是不错的选择。笔者对于使用食物作画所持的否定态度与原因，已经在前文有所阐释，不再赘述。

胶带粘贴

小孩子特别喜欢胶带。教师可以为孩子们准备多种颜色、多种宽度、多种长度的彩色胶带。最好将胶带事先撕好，让学生直接使用。孩子们特别喜欢拿起胶带粘在纸上的感觉。也可以让孩子们用胶带往作品上粘碎纸片。

粘贴艺术

可以让孩子们从办公用品和文具上撕下各种彩色标签，以供创作时使用。包括：

- 纸张上的塑料膜
- 商品上的小星星
- 价格标签
- 彩色小点
- 或小标签
- 贴纸
- 邮票
- 密码圈

打孔艺术

学龄儿童的肌肉更强壮，可以单手或双手使用打孔机，而且他们也特别喜欢玩打孔机。教师要做的，就是为他们准备足够的纸条。打出的小点可以粘在别的作品上。也可以让孩子们按草图上的线打孔，然后将打了孔的纸粘在背景上。比如，可以在一张白纸上打孔，然后粘在一张深色的纸上，一张漂亮贺卡就诞生了。新型打孔机体积更小，而且可以打出多种形状的孔。还有一种 Dial-A-Design 牌的六合一打孔机。只要拨动转轮，就可以选择孔的形状，有郁金香、星星、心形、小猫、恐龙、音符六种。

线材创作

线材创作不仅可以促进手眼协调，还可以把各种各样的东西串在一起，特别促进创造力的发展。比如，使用塑料针来缝合鞋带或结实的纱线。建议在鞋带和纱线的中间打结，以免断开。孩子还可以玩以下线材：

- 轴线
- 书籍装帧线
- 凿孔纸条
- 锡箔纸
- 蛋盒杯
- 塑料吸管
- 彩色纸片
- 纸棍
- 塑料回形针
- 塑料泡沫
- 纽扣
- 垫片
- 易拉罐拉环
- 下水道通顺索

线材可以用来做项链、手环、腰带和头环。尽管笔者反对使用食物来创作，但是让孩子用早餐面粉做成面条，并以此为早餐，这也是个不错的选择。

感光相纸艺术

提供多种拼贴画纸材，包括彩色绵纸、纱线、碎纸等一类的平面材料。把感光相纸裁成 6 英寸大小发给孩子。撕掉底板，将相纸有胶的一面朝上放在桌子上做画面背景。这样可以免去儿童做拼贴画时，还要往背景上涂胶的麻烦。注意：要用胶带把背景的四角固定在桌子上。年龄较小的孩子特别喜欢把东西放在这种带胶的相纸上，并看着它们"神奇地"粘在上面。创作完成后，用

> **小提示**
>
> 制作一些彩色沙子，装在塑料袋里备用，也可以用工艺棒把彩色粉笔刮成粉末来用。有些教师还会用食用色素或水彩颜料来染沙子，但是由于干燥起来比较耗时，所以这样反而更麻烦。为防意外，不要让 4 岁以下的孩子使用闪光片。闪光片容易粘在手上，这时候如果孩子揉眼的话，闪光片很可能会划伤眼球。即使是学龄儿童，在使用闪光片时，也要有成人的严密监护。

一张稍大些的图画纸附在作品下面，就可以做出画框效果。

沙摆

请参见图4-12。在纸杯底部的中间戳一个小窟窿，纸杯上沿的边缘处打三个间距均匀的小洞，用来穿绳子。把三根绳子打个小结，便于悬挂时保持平衡。摆两把椅子做支架，间距约0.9米。在两把椅子上放一根木棍（米尺、硬木棍、扫帚棍都可以）。用结实的胶带把木棍固定在椅子背上。截一段绳子，长度大约从棍子到地面即可，一端系在棍子上，一端系在纸杯上。再用一张报纸铺在地上，上面放一张深色的纸作为背景。往纸杯倒沙子的时候，请用手指堵住窟窿。创作时，教孩子轻轻地晃动纸杯，使沙子均匀地洒在做背景的纸上，这样就能在纸上创作了。如果想长久地保留这次创作，可以在纸上涂胶。而不涂胶的好处是沙子可以回收，以便重复创作。

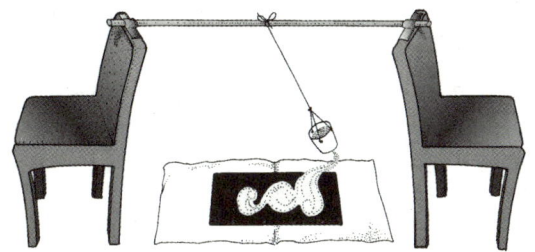

图4-12 沙摆

胶贴纸

胶贴纸即使干了以后，也仍能保持一定的黏性和韧性。只要是粘在较平的表面上（如塑料、玻璃、金属，包括窗户、冰箱、玻璃门、镜子）时，胶贴纸都可以多次撕下，重复使用。在桌子上铺一块塑料桌布，用手、画笔或工艺棒蘸上乳胶或彩胶在桌布上画一些图形。可以将食用色素或水彩加入乳胶中，将其加工成彩胶。把涂好胶的桌布放置24小时，将胶水晾干。可以轻轻地把桌布拿起，透过光看看胶的颜色，以此来判断胶水是否彻底晾干。如果胶水颜色很浅（译者注：还可以透光），就说明还没干透。清除胶水色块也很简单，只要轻轻将其从桌布上剥落即可。

彩虹胶

在胶水里加入颜料，使胶水有更多色彩。可以购置浅碗或能挤压的瓶子来盛彩胶。孩子既可以用手，也可以用画笔蘸上彩胶画彩虹。

发泡彩胶

有一种更省钱的自制发泡彩胶的方法。把等量的面粉、盐和水混合，然后再加入颜料，搅拌充分即可。彩胶制成后要倒进一个塑料挤瓶里储存。检查瓶子上的滴孔是否通畅，保证孩子使用时能够正常出胶。彩胶不够用时可按上述方法多制作一些。请孩子们做实验：改变瓶口滴孔的大小，会发生什么？使用各种颜色的瓶子（或透明瓶子）来装彩胶，或用锡箔包上小纸片，标示其色彩，这样孩子更容易知道瓶子里胶水的颜色。发泡彩胶使用时是像牙膏一样挤出来的。可以给孩子们准备刀片，以备刮掉不需要的彩胶。把彩胶滴在锡箔上晾干，就可以用彩胶制作浅浮雕。彩胶不宜保存，每次使用完后一定要把罐子清洗干净，以防彩胶发霉或硬化。

淀粉和纱线艺术

在一个小碗里倒上液体淀粉。一定要提醒孩子们：液体淀粉虽然呈漂亮的蓝色，但误食后会生病的。给孩子们分发不同长度、颜色的纱线，干净的泡沫盘和蜡纸。孩子们可以用纱线蘸上淀粉，然后用它在蜡纸上摆出不同的图形。在这一过程中，教师要密切监护，给孩子提供湿海绵或纸巾，防止他们用脏手触碰自己的脸。

渗色艺术

这是一种很好的户外活动。给每位儿童准备一个喷水瓶和一张白纸，绵纸和褶皱纸皆可。让孩子们把彩色纸片放在白纸上，然后再往上喷水。这样，纸上的颜色会慢慢渗出并融合。碎纸片清理掉以后，把白纸放在阳光下晾晒。如果是在室内创作，可以准备一个大纸箱的盖子，让孩子把白纸放在里面再喷水。如果外面正在下雨，就可以连喷水壶都省去，直接让孩子把画放在雨中淋些水。可以让孩子们试着讨论色彩的混合是如何发生的。

总结

这一章概述了儿童艺术与儿童成长之间的关

系，主要阐述了艺术如何提高儿童的生理、社交、情感、认识和创造力的发展。艺术是儿童成长的重要途径。本文关于儿童生理需求、能力方面的知识，有助于教师制定策略，帮助学生学会剪裁等活动。尽管艺术活动可以为孩子带来快乐，刺激他们的感官，但是不可忽视艺术活动中潜在的危险。文中列出了多种分辨、替换有毒媒材的方法。艺术可以促进儿童表达自己的情感，有利于情绪宣泄，能够起到一定的治疗效果。不过，没有受过专业训练的人，最好不要随意开展艺术治疗。艺术可以促进创造力，这是人人都认可的，但是我们往往会忽略，艺术在促进儿童思考方面的作用也非常强大。虽然用食物来做媒材有助于儿童创造力的发展，但是强烈建议教师使用类似的材料来替代食物。

关键词

艺术治疗	具体运算阶段
建构主义	建构主义教育
特殊能力	儿童发展模型
接纳式教育	个体差异
数理逻辑知识	物理知识
前运算阶段	演讲
过程	脚手架
自言自语	感知运动阶段
社会文化知识	社会文化理论
知识的类型	最近发展区

活动建议

1. 观察儿童在艺术活动中的表现，记录下他们的言语，并根据记录说一说艺术经历对他们的生理、社交、情感、认知、创造力的成长有什么好处。

2. 观察3、4、5岁儿童使用剪刀的过程。结合本章所介绍的教学建议，说说在孩子们使用工具、纸张进行艺术活动时，教师应该做什么。

3. 与特殊儿童、问题儿童一同制作。在绘画时，多问问他们的感受，并鼓励他们谈谈自己的作品。多让孩子们表达自己的情感，但不要擅自进行艺术治疗。

4. 定期检查儿童艺术中心，尤其注意中心里的所有摆设是否对孩子的健康或安全不利。

5. 做一次放手让儿童体验艺术媒材的策划。

6. 想一想，自己策划的艺术体验活动是否适合视觉、听觉较特殊的孩子[11]？是否适合那些认知、社交技能上比较特殊的孩子？

7. 到幼儿教室中看看，你能发现多少种迥异的表达方式？再讨论一下：教师是否能为如此迥异的表达方式提供合适的指导？

---

[11] 译者按：美国惯例，为防歧视，将所有残障人士称为"特殊"人士。

回顾

1. 列出儿童成长的五部分内容。

2. 如果在家长会上，有家长提出质疑："为什么在你的课堂里，艺术活动会占如此大的比例？"[12] 请结合儿童发展模型，阐述这种课程结构的意义。

3. 有个孩子特别喜欢画鬼和墓碑，这让其母亲非常紧张。她特别担心自己的孩子是不是不正常，或者受到什么情感困扰。你如何解释这类作品及其作者的心理？

4. 建议把以下创作形式进行"无食品化"处理：a. 蔬菜画；b. 用早餐麦片粘出一幅自画像；c. 把明胶粉（powdered gelatin）与乳胶混合，用以作画；d. 做冰激凌当点心，用手指蘸着作画。

5. 请举出十种对孩子而言不安全或不健康的媒材。

6. 请讨论建构主义与建构主义教育的区别。

7. 请简述皮亚杰关于"三类知识"的理论，并说一说这三类知识有何区别。

8. 请谈谈维果茨基的社会文化理论。

---

[12] 译者注：美国小学使用的是"综合课程"，即由一位教师设计某个班的所有学习活动，以防学科把学生学习过程割裂。

第五章　儿童艺术方面的成长

你知道是什么样的孩子创作了这幅画吗？你猜这个孩子可能多大了？与你见过的孩子们的人体形象相比，这个孩子的画给你什么感觉？

其实这幅画是一个南美男孩的自画像，他只有 7 岁。孩子们有很多类似的地方，在有自控力之前，他们画的通常都是看起来乱糟糟的涂鸦。在他们画出可以被辨识的形状之前，他们的绘画行为其实跟玩颜料差不多。儿童还经常画他们比较熟悉的事物，将他们所知的东西作为艺术创作的基础元素。

目标

在阅读完本章节后，你应当做到以下几点：

- 对有关儿童艺术发展的不同解释进行讨论和评判。
- 将凯洛格（Kellogg）、罗恩菲尔德（Lowenfeld）和布里顿（Brittain）的阶段分期与各个阶段的艺术技能对应起来。
- 根据罗伯特·施尔玛赫（Robert Schirrmacher）提出的顺序，概述儿童从出生到8岁的艺术发展过程。
- 给孩子们提供一些绘画方面的经验。

引言

儿童的绘画艺术中充满了神秘元素。作为观察者的成人也许感受不到，但是对于儿童艺术家来说，绘画中线条的流动、整体的设计、形状以及色彩都是具有重要意义的。儿童为何要涂鸦？他们的艺术创作有什么含义？为什么他们明知道人不长那样，还依旧把人画成了火柴人？诸多关于绘画阶段的理论就是在试图解答这样的问题。本章对儿童艺术认知发展的解释做了探讨，涉及生理、情感、观念、认知等多个方面。作者试图通过运用凯洛格、罗恩菲尔德和布里顿的阶段分期理论，确定出一般的发展顺序，为儿童从出生到八岁的艺术发展做出合理的解释。

分析儿童的艺术

相比简单地吹捧，理解或者尝试解释儿童的艺术作品似乎是件不容易的事情。但是，大人们已经不满足于单纯地享受、欣赏了，他们想要让孩子的艺术作品在以后的数十年里也能够具有存在的意义。研究者、老师、家长以及艺术教育工作者都开始关心儿童艺术的内容和动机，过程与成品——他们的兴趣点主要是：

- 儿童会选择描绘什么样的事物（内容）
- 儿童是如何进行创作的（过程）
- 儿童为什么要进行创作（动机）
- 他们最后创作出来的是什么（成品）

内容指的是画面所表现出来的主观或客观的事物。例如，可以是宠物、人，也可以是感觉、情绪、愿望、梦想或一种冲动。一方面，孩子作品中的内容通常是非常个人或特殊的。例如，用黑色画了一大笔也许就表明这是树干。另一方面，这也许是孩子用笔刷创造的另外一种解释系统，与公众的交流无关。很多时候，成人总是在寻求一种可能原本就不存在的公众意义。

过程指的是在包含在艺术创作中的行为和技巧，如撕纸，揉黏土，用蜡笔画画。并非所有的艺术过程最终都能创作出一件完整的作品。很多幼儿仅仅是为了过程而创作的。

动机指的是理解儿童艺术活动的原因。例如，成人可能会探索为什么孩子会在一张纸上用黑色的颜料画上粗粗的一笔。另外，孩子喜欢用黑色是不是意味着某种情绪上的问题？这是不是人格缺乏成熟的标志？孩子画一个单独个体是表示社交上的隔离还是仅仅表示数字上"一个"的观念呢？

成品指的是最后结果。可能是用黑色涂抹的纸、用黏土做的恐龙、纸袋子玩偶，或者是用水彩画的几何设计图形。最后的成品可能和主观意图、内容有共通之处，也可能没有关系。

通过分析儿童做什么、为什么做以及如何做艺术品，可能会导致误解或者过度解释艺术的风险。而且，在研究儿童艺术作品到一段时间之后，这些趋势和图式特征就会慢慢消失。一个有经验的观察者会记录下这些趋势和图式，并为儿童创作的内容、动机、过程做出概括。

艺术发展理论

艺术发展理论的目的是想要解释儿童进行艺术创作的内容、动机以及过程。这些理论不尽相同，但是几乎所有的艺术发展理论都有一个相同的目的——解析儿童的艺术发展。然而，每个理论都持有不同的角度、重点和观点。有些理论家还做了更多、更完整的工作，而不仅仅停留在解释层面上。

为什么人们需要艺术发展理论？因为理论为我们如何教育孩子提供了蓝图和基础。不同的理论主张不同的教育实践方式。例如，关于早教教师的实践能力和角色就已经存在很多争论。我们都想要一个能干的教师，但是有些教师虽然擅长理论却做不好实际教学。我们的目标就是将理论转化为实际。理论可以成为我们的计划或地图，指引我们去探究并做适时的练习，也可以帮助我们评判如何教育孩子，为什么教育孩子以及教给孩子哪些内容。

现在有数不清的理论，都是用于解释儿童艺术发展的。它们主要可以被分为六大类：

1. 生理的　　　　4. 认知的
2. 情感的　　　　5. 综合发展
3. 感知的　　　　6. 认知发展

1. 儿童艺术发展的生理说

儿童艺术发展的生理说认为儿童在艺术创作中的内容、过程、成品和风格都受限于其生理发展。幼儿主要受限于手眼协调能力、精细肌肉群控制能力、小肌肉的发展情况、手的准确度、视力的精确度等。幼儿经常画一些软弱无力、扭曲以及让人无法辨识的形状，因为他们在生理上发展得不足，还做不了别的，这也表明，和成年人相比，幼儿还显得稚嫩、不成熟。

显而易见，生理发展会影响幼儿的艺术表达（见图5-1）。比如，没人会奢求一个蹒跚学步的小孩用写实主义风格画出精细的生活场景。孩子可能是在用媒材进行探索游戏，简单地进行绘画而已，但是成人确实是有意识地在选择涂鸦。一些艺术家已经掌握了扎实的写实技巧，却经常选用印象主义、表现主义和抽象主义的风格。成人的原始主义风格虽然也是十分简单的风格，但却是有意为之，而不是受限于生理发展或缺乏协调造成的。

2. 儿童艺术发展的情感说

儿童艺术发展的情感说认为儿童艺术的风格表明了他们的情绪状态、个性、脾气和情感诉求。客观物象、情感、周围的人以及标志性事件都经常在儿童的画中得到强化，而他们所采用的方法主要就是夸张、变形，并表现性地使用色彩、大小、形状、线条、肌理等。例如，当一个小孩用漫画的手法把她爸画成一个"超人"时，膨胀的肌肉、巨大的红心、大大的微笑，这些都意味着她的爱、尊敬、崇拜，这是对父亲的认同而非由于视觉错误或生理发展限制导致的扭曲。

3. 儿童艺术发展的知觉说

儿童艺术发展的知觉说认为儿童艺术的内容和风格反映了他们知觉的发展。知觉说与物理说是有区别的，因为知觉与视觉是不同的。视觉是对现实的机械记录，包括投射在视网膜上的图像。神经生理结构、性格和先前的知识都会影响知觉，知觉说认为一个儿童画的是他/她所观察感知到的，而非他/她所看到的。艺术的任务是在平面画布上创造相当于感知三维结构的物体。这对艺术家来说是一个艰巨的任务，无关乎年龄。

儿童艺术的发展为知觉说提供了支持。幼儿第一次接触绘画，他们用少量的线条和形状涂鸦，再逐渐增加绘画的复杂度和清晰度。然而一些儿童画的比他们实际看到的要少。例如，一个孩子在画老虎时可能会选择用大笔触来画老虎身上的条纹，而忽略了它的头和四肢。也有可能绘画媒材会限制他的感性形象的表达，例如，使用蘸了稀释颜料的大鬃毛画笔，可能会限制作品上的细节部分的表达。另外纸张的大小也会限制绘画作品的内容及其位置。

4. 儿童艺术发展的认知说

儿童艺术发展的认知说认为，儿童艺术的内容和风格是一般智力和概念活动的象征，儿童只画他们所知道的事物。一个人对物体的概念会决定他如何表现这个对象，例如，一个人画苹果时，他对苹果这个概念的理解由许多因素决定，包括他对苹果的颜色、味道、大小、形状和气味的经验，以及他摘苹果、洗苹果、种苹果、爬苹果树、

图5-1　儿童的艺术表现受到生理发展水平的影响

教师反思

黛博拉（Deborah）在市公立小学教一年级，在过去的两周，她的学生刚学习了有关爬行动物的课程。黛博拉在科学角养了蛇和蜥蜴，学生们都很喜欢去观察并画它们。这天上午，学生们读了一本关于乌龟的纪实书，然后讨论了它们的生命周期、食物来源以及它们的栖息地。班上有一个叫伊内兹（Inez）的小女孩，当她得知乌龟产卵之后会离开时，她显得有些担心。她问道："乌龟离开后谁来照顾龟宝宝呢？"她对老师的回答感到很惊讶——老师告诉她："没有谁会照顾龟宝宝，龟宝宝孵出来后完全靠自己生存。"这天下午，黛博拉注意到伊内兹一直在专心地画画，她先在纸上画了一连串黄色的圆，然后很有条理地排列着这些圆，每次在纸上画圆的时候她都跟自己说："这里有一个乌龟的卵，这里又有一个乌龟的卵。"然后，伊内兹笨拙地拿起两支画笔，一手一支，她将四种颜色用上下来回的大笔触涂在纸上，每次覆盖一个圆便说："好了，现在把它们埋起来就安全了。"她完成第一幅作品后，把作品放在干燥架上，再取出一张新的绘图纸放在画架上。她一直重复这个过程，先画好黄色的圆圈，然后再用褐色覆盖它们。黛博拉对伊内兹的行为感到很困惑，就对伊内兹说："你给我讲讲你的作品吧。"伊内兹沉默了一会儿，低着头回答黛博拉说："乌龟妈妈产卵后用泥土将它们埋起来，然后它就离开了，再也不会见到它的宝宝们了。"通过对伊内兹绘画过程的观察，黛博拉意识到伊内兹是对乌龟妈妈遗弃它的孩子感到难过和失望。黛博拉该如何回应伊内兹呢？她怎样说才能安慰伊内兹或者加强伊内兹的理解呢？

削苹果、吃苹果、榨苹果汁和烘烤享用苹果派的相关经验。对处于艺术活动中的幼儿的观察也为认知说提供了支持，幼儿在画画的时候依赖于他们的记忆、图像、经验和概念。作品细节反映的是儿童已有的丰富经验的相关概念，例如，一个城市的孩子对于储存仓、拖拉机、谷仓的概念肯定要比生活在农场里的孩子更模糊，因此他们在画农场时会呈现出不同的画面，农村孩子会更详细地描绘农场的场景（见图5-2）。

古迪纳夫（Goodenough，1975）*设计了一个画人测验（Draw-a-Man Test），这是一个非语言的智力测试，现在改为 Draw-a-Person Test。这个测验认为儿童画的人体特征反映了儿童对人的概念。概念性的成熟指标包括四肢的外观、位置、大小以及与身体其他部分的关系（见图5-3）。如果一个儿童对人体特征有一个定义

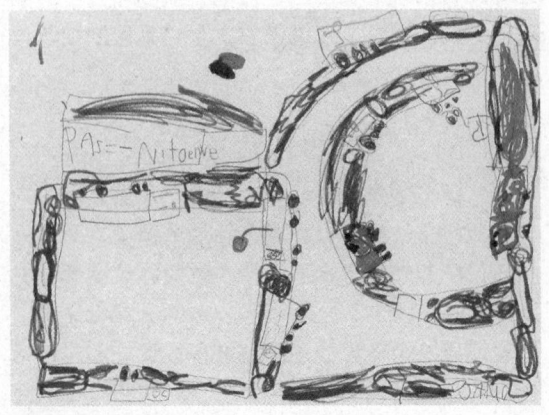

图5-2 儿童画他们所知道和理解的世界

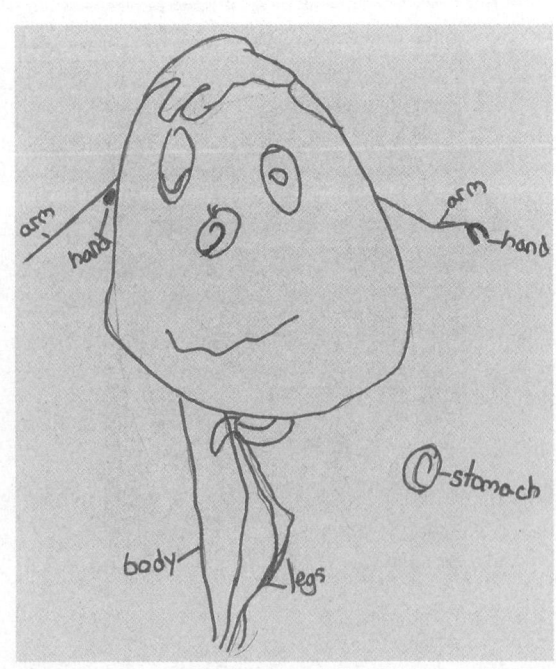

图5-3 小艺术家并不关心身体部位的合理安排

明确的概念，反映在绘画上就能够准确地将人的身体各部分放在正确的位置，在古迪纳夫测验中，这就表明他有较高的智力水平。这种规范性方法的问题在于忽视了个体的差异、经验和动机、态度以及环境因素，这些因素都会促进或抑制概念的形成。耳朵的概念可能会与年轻女孩打耳洞有具体的关系，一个生活在不论男女都留长发的地区的儿童可能会忽略耳朵。画人测验涉及的一个问题是，一些儿童会突发奇想地忽略身体部位，并不是因为他们缺乏相关知识。没有画耳朵的作品，可能仅仅是因为他们想要创造性地表现或者是个人喜好的结果。也有可能是儿童的绘画颜料用完了，或者没有耐心和兴趣继续画下去了。这个测试的可信度和有效度令人担忧。

概念形成和知觉分析是相互促进的过程。对物体的了解能够提高一个人准确观察细节的能力。反过来说，仔细观察也能够增强对这个物体的认识。

5. 儿童艺术的综合发展说

关于儿童艺术发展的解释越来越全球化，这就提供了综合发展说，这个解释包括社会、文化、个性和环境因素以及前面提到的解释的相关因素。综合发展说使用阶段顺序法，试图解释儿童整体的艺术表达。年龄和阶段的相关理论会帮助我们理解儿童艺术的发展，如同这些理论，儿童艺术的发展也有很多阶段顺序。了解这些阶段会帮助我们：

- 了解儿童正处于哪个发展阶段
- 设置适当但灵活的目标，不太高也不太低
- 设计一个适宜儿童发展的艺术活动
- 制定一个用于评估以及与家长商讨的框架
- 在早期要重视艺术的过程和成品

naeyc 像所有的发展一样，艺术表达随着儿童的成长有着可预知的后续、转换和改变。然而，发展是流动的，这意味着儿童可能会在各个阶段之间徘徊。发展也会随着个体的不同而有所变化，并且儿童会按照自己的频率和速度发展。在过去的几十年里，凯洛格（1969）*收集了百万幅来自世界各地儿童的画作。她的发展阶段理论见图5-4。

据著名艺术治疗师凯洛格所说，20种基本涂鸦方式组成了发展的第一阶段。这些基本的涂鸦是未来平面艺术发展的基石，不论是形象化的还是非形象化的平面艺术都受其影响。儿童从涂鸦向创作画转变需要经历几个阶段：布局、图形、

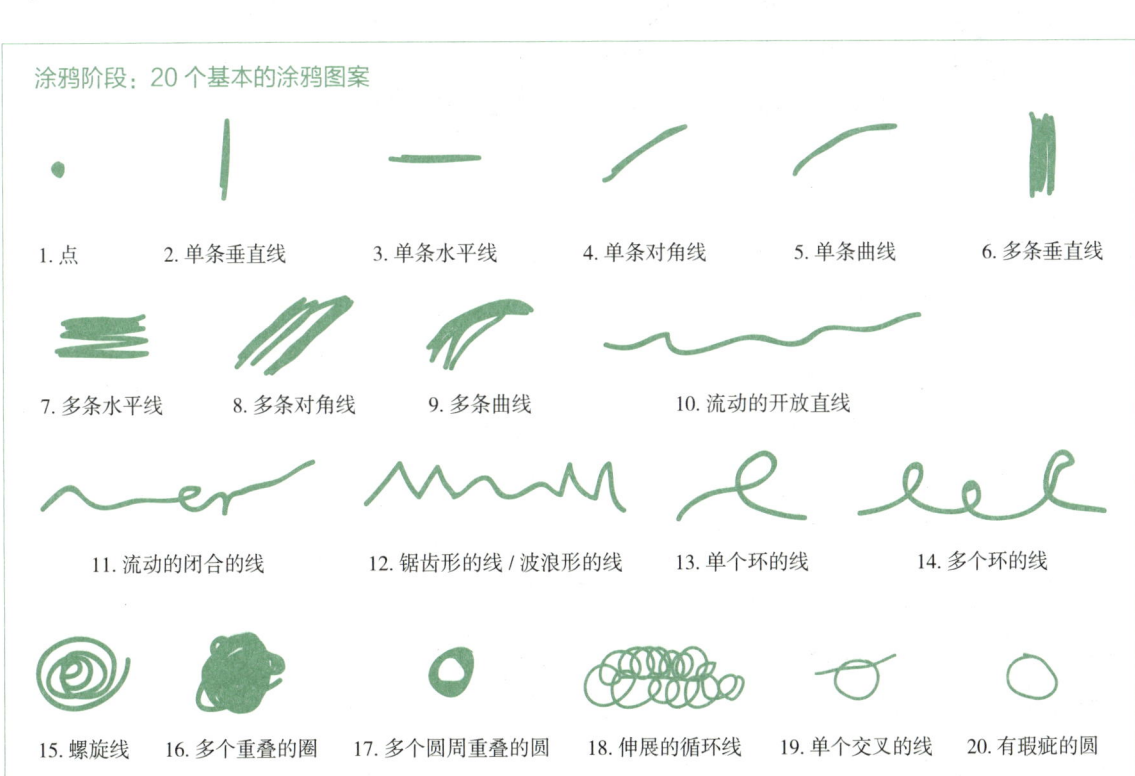

图 5-4 凯洛格的发展阶段理论

2—3岁儿童：布局阶段

这个阶段的孩子的涂鸦变得更易于控制，孩子开始更关心布局。共有17种不同的布局。包括：

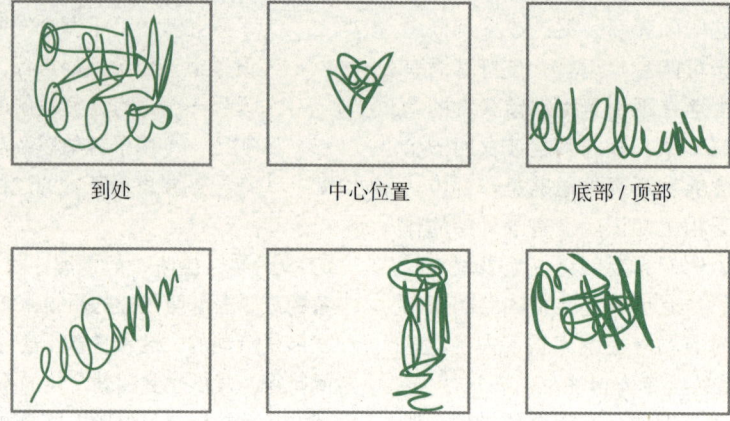

| 到处 | 中心位置 | 底部/顶部 |
| 对角线 | 左边/右边 | 上四分之一/下四分之一 |

3岁儿童：图形阶段

早期的涂鸦分为两种类型，这两部分共同组成了一个整体的形式。这些形式暗含着下列图形：

在后期的涂鸦中，上述暗含的图案会成为一个轮廓图形，称为图。

3岁儿童：用6个图表示形状：

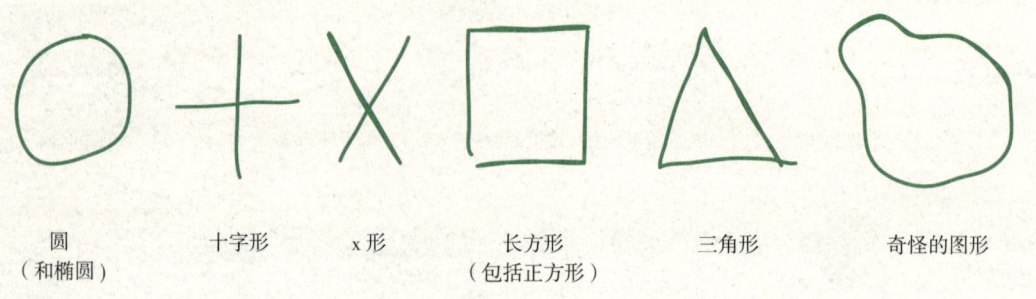

圆（和椭圆）　十字形　x形　长方形（包括正方形）　三角形　奇怪的图形

图 5-4　凯洛格的发展阶段理论（续）

3-4 岁儿童：设计阶段

两个图组合在一起成为一个合成图案

例如：

 +  =

其他的合成图案包括：

---

3 个或多个图案组合在一起组成一个集合体

例如：

其他集合体包括：

4-5 岁：形象化阶段

孩子们画的图形慢慢能被成年人辨认出是什么东西，形象化阶段可以分为以下两个阶段。
1. 早期形象化阶段
2. 晚期形象化阶段

图 5-4　凯洛格的发展阶段理论（续）

设计、形象。更具体地说,当孩子2岁的时候,这20种基本的涂鸦会以17种不同的布局方式画出来。当孩子到3岁的时候,这些图形将包括多种形状——圆形、十字形、正方形和长方形。其中一个基本图形——曼陀罗——主宰了孩子的视觉思维,并且在未来绘画中作为参照物服务于画作。儿童用曼陀罗来画人、花和太阳。完形心理学家声明,曼陀罗是由一个中心点向外放射的圆及方形构成的图形,被认为是一种普遍的图形。这种图形更易使大脑开发所有视觉感知功能(见图5-5)。

当具有了画图形和曼陀罗的能力时,儿童就进入了设计阶段。他们开始将两个图形组合到一起或塑造成特有图形(见图5-6)。3个或多个图形组合成一个集合体。当他们4—5岁时,大部分儿童都进入了形象绘画的阶段。在这个阶段,他们构建的图形或者集合体开始表示某种具体物质。凯洛格将儿童美术的发展阶段同原始艺术相比较。她的核心方法支持这样一种观点,那就是所有的儿童,不论来自哪里,都会用同样的方法在同一个年龄段画同样的东西。个人艺术能力发展特点概括了整个人类的艺术发展特点。

凯洛格(1979)*的观点描述了画一个人物形象的阶段(见图5-7)。

图5-5 早期的曼陀罗式形象

图5-6 多种图形组合到一起构成的设计图案变成曼陀罗式的人物

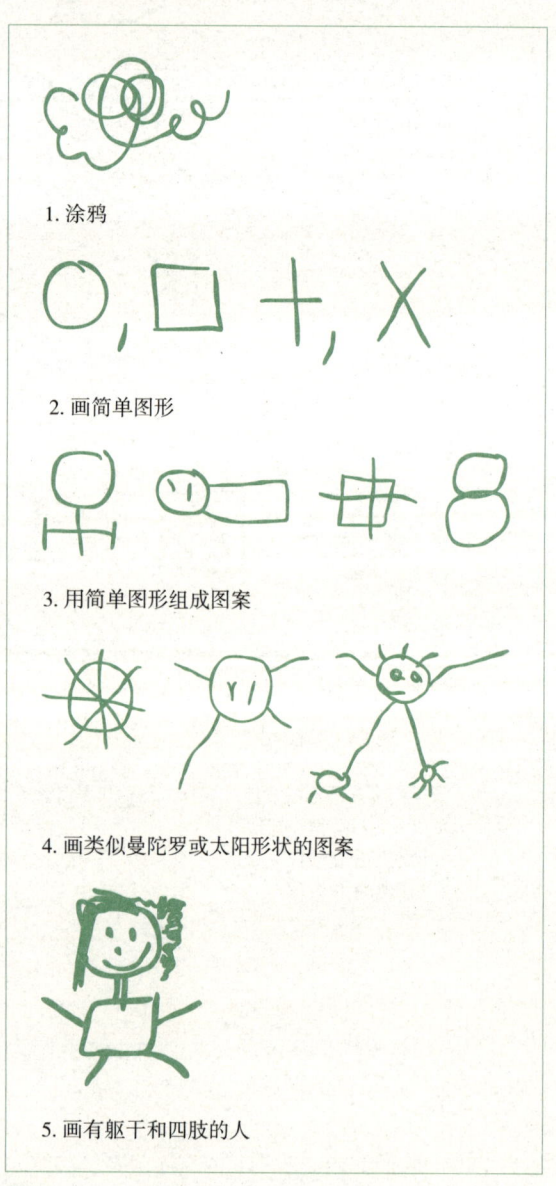

图5-7 凯洛格的"幼儿绘画阶段理论"

罗恩菲尔德和布里顿（1987）* 对儿童的创造力和智力发展很感兴趣。他们的理论和艺术发展阶段已经被广泛地认可和接受了，他们关于年龄、发展经历和人物性格的理论在表 5-1 有详述。

naeyc 艺术从处理转向表现

随着时间流逝，儿童的艺术作品变得更加写实。现在看来，他们的艺术发展有一个大概的发

表 5-1 罗恩菲尔德和布里顿的幼儿绘画发展阶段理论

年龄	阶段与典型特征	
5 个半月至 4 岁	一、涂鸦期：自我表达的开端	
	涂鸦活动有助于发展儿童的运动、操作、表达能力	
5 个半月至 10 个半月	第一阶段：无意义涂鸦的细节	
	·大肌肉群、手臂肌肉群	·利用肩部动作作画
	·运动快感，只重过程	·有时会画到画纸之外
	·整只手抓握绘画工具	·探索——这些笔在纸上运动后会有什么效果？
	·涂鸦时目光不在画面上	·用最简单的动作来画线
	·随便画	·握笔很紧，手腕僵硬
	·随机线条	·绘画时极少使用手指
	·把手肘放在纸上作画	
10 个月至 3 岁	第二阶段：有目地涂鸦	
	·所画图形更小，对手的控制更精准	·在画线的时候对视觉和动觉控制更好
	·重复动作	·涂鸦时注意力更集中
	·对手腕的控制更精准	·开始涂出更复杂的圆圈
	·不会再画到画面以外	·涂鸦的范围更广
	·会向各种方向画各种线条	
3 岁至 4 岁	第三阶段：命名涂鸦	
	·涂鸦的时间更长	·注意力更集中
	·给自己的涂鸦作品命名	·更有意地安排图形位置
	·把涂鸦与环境联系起来	·有意留白
	·随着涂鸦活动进行，作品名称有可能会改变	·图形与作品的名称无关
	·用手指捏握画笔，对绘画动作的操控更精细	·从纯动作表现到给所画的东西起名
	·掌握更多类型的线条	
4 岁至 7 岁	二、前图式期	
	图式是可以表达某种概念的特殊图形。例如孩子创造了一种表达"人"的图式	
	·儿童首次尝试表达	
	·这种象征式的表达是以之前的涂鸦为基础的	
	·创造出有固定外形特征的几何图形	
	·随机的位置和大小，经常不成比例	
	·图形的位置在画面中随机出现，就像飘浮在空中	
	·有可能把纸转过来作画	
	·画人时，经常遗漏细节	

（续表）

年龄	阶段与典型特征
	·有可能像图 5-8 那样画人像
	·画人时只有头和脚
	·随着时间的推移，他们才开始在人像绘画中加入胳膊、躯干、手指、脚趾、衣服、头发和其他细节
	·描绘事物时，把它们表现成孤立的个体，不注重其间的联系
	·更注重把绘画当成一种表达，而不是交流
	·每个儿童都有其独特的图形系统
	·4 岁时可以临摹正方形，5 岁时可以临摹三角形
	·在此阶段的末期，儿童开始注意到画面形象的大小比例
	·他们逐渐知道可以用图形来表达自己的想法
	·儿童用绘画来表达自己的感受和想法。这其中既会有细节遗漏，也会有夸张、变形
	·随机地使用色彩，不照搬现实
	·他们逐渐开始能够互相辨识其所创造的图式和符号
	·儿童都特别喜欢谈论自己的绘画作品
	·画对他们而言重要的、有关联的、有意义的对象，如家庭成员、宠物、朋友等
	·画中所有人、物都是面向观众的
7 岁至 9 岁	三、图式期：表达固定的概念
	·在重复中发展固定概念
	·绘画表现的是儿童对事物的概念，而不是感觉
	·大胆、直接、平面的表现
	·只表现二维空间
	·描述空间时使用"基线"（地平线）
	·有可能在画面上部使用"天空线"
	·绘画内容反映了作者的所知
	·主观地描绘空间
	·描绘事物外表的同时，用"透视画"的方式描绘事物内部结构
	·同一幅作品中，平视与俯视角度同时出现
	·用重复简化的几何图来表现人物
	·更多的细节和装饰
	相比他们应有的绘画方式，趋向于更统一和生硬的风格
9 岁至 12 岁	四、写实前期：风格流派出现时期
	更注重细节。年龄稍大的孩子更在意他们的艺术作品。平面取代了基线。物体也更小更逼真
12 岁至 14 岁	五、伪现实主义 / 现实主义绘画
	青少年对他们的绘画作品更严苛。带有细节和具有性特征的人物形象开始出现。卡通、漫画与动作人物也很常见。深度和比例开始出现。自发性艺术结束
14 岁至 17 岁	六、艺术决策：青少年艺术
	对那些没有接受更进一步指导的青少年，自然的艺术发展基本停滞。有些人开始追求自然主义风格，还有的运用艺术作为个人表达方式。他们也会模仿某种艺术形式进而形成自己个人的风格

展序列或过程。很小的时候,孩子们处于处理图形的阶段。孩子越小,就越依赖用蜡笔、马克笔、画笔或者橡皮泥来加工、探索、布置、制作和玩耍。材料使用很频繁,但是从来没有考虑过要创造东西。比如,一个孩子可能会简单地用他的手指挤压橡皮泥,而不会尝试用橡皮泥表现其他的东西。更大一点的孩子,如幼儿园的小朋友和学龄的小孩特别在意他们的美术作品要表示什么东西。他们处在表现的阶段,并且非常努力地使他们的艺术作品看上去更真实,更易被他人辨识。如果他们不能做出写实的艺术作品,他们会变得非常沮丧,甚至会从此避免艺术创作。

总而言之,发展性学说,包括罗恩菲尔德和凯洛格,都用某种形式的阶段理论来解释儿童艺术的发展。从儿童是一个整体的角度来看,他们也承认生理的、社会的、心理的、感知的和认知的因素都会影响艺术表达。当然,一个全面的发展性学说必须说明:儿童艺术发展包含文化的、宗教的、个人的和环境的因素。一个孩子所处的文化和宗教氛围是否会影响其绘画能力,取决于他所处的文化环境是不是重视艺术。一个渴望被接受但需要并没有被满足的孩子,可能会为了得到赞扬而迎合老师的喜好,画具有实际表示意义的具象画,而放弃自己喜欢的抽象画。环境因素既包括家庭也包括学校,老师和家长可能会因为孩子弄脏屋子而一直惩罚孩子,其实孩子是在把玩绘画工具,并尝试探索新的绘画形式而已。如果不考虑环境影响,经过规范的比较之后,这个孩子可能就会被打上缺乏创造力或艺术表达发展障碍的标签。

6. 儿童艺术的认知发展性学说

现在看来,结合了认知能力和综合发展性解释的说明能更全面地解释儿童艺术的发展。因为大多数早教教育家们都学习了皮亚杰的理论,所以把这个理论应用到艺术领域的做法很可行。一种解释了儿童发展的所有内容的全面理论,比解释不同行为的多个单独的理论更有用。

从皮亚杰看儿童艺术

皮亚杰理论能告诉我们关于儿童艺术的哪些知识呢?他的理论及智力发展阶段理论宣称是全面、包罗万象和普遍的,认为美术表达是一种认知活动,至少部分是。它符合像皮亚杰理论一样的认知发展理论,这种认知理论解释了儿童艺术的发展过程。正如皮亚杰所说的儿童艺术发展。然而这是一项颇具难度的任务,连皮亚杰自己都深信不疑:比起心理机能,要区分艺术发展各阶段规律的难度更高。他指出,儿童的整体发展是一种进步的表现,伴随着艺术发展的倒退。相比年龄稍大的儿童,低幼年龄孩子的艺术作品体现出更强的创造力。回顾儿童艺术发展的相关理论,皮亚杰在其认知发展理论框架中解释了生理、情感、知觉、认知以及个人因素。

皮亚杰的理论与认知发展紧密相关,所以他的研究兴趣在于儿童如何思考。其理论也是发展性的,因为他关注儿童的思维方式如何随着时间的变化而变化。他认为所有儿童的发展都会经历四个主要发展阶段,且前后顺序不会发生改变。认知发展先于感知运动,具体活动先于象征性、高阶概念功能。

皮亚杰认为绘画或图形、图像是具有符号或象征功能的一种形式,儿童的这种具象活动是象征性游戏和心理意象之间的代表性活动。这就像游戏具有功能快感和自动记忆(同化作用),也和心理意象在尽力地模拟现实(适应作用)类似。第一次自发的艺术表现尝试可以看作以象征性游戏的方式释放天性的努力,这一系列努力塑造了适应性行为。儿童试图通过绘画满足同化的需要,

图 5-8 该作品中的涂鸦和符号具有典型的个人象征性和设计性

并不断地调节使自己适应周边事物和人。皮亚杰和英海尔德1969年的研究显示，儿童最初的绘画不是模仿而更像纯粹的游戏。给幼儿一支铅笔、蜡笔或者记号笔，他们就会开始这种游戏（即涂鸦）。很快，他们就会从这些无目的的涂鸦中发现形状，并试图从记忆中重复它们。尽管这些涂鸦与现实可能并无相似之处，但皮亚杰和英海尔德认为，儿童一旦有了这种意识，其涂画过程中就出现了模仿和形象。

罗恩菲尔德和布里顿的艺术发展分期与皮亚杰的认知发展分期类似，皮亚杰、凯洛格以及罗恩菲尔德和布里顿的分期理论比较如表5-2。

加德纳的艺术分期

霍华德·加德纳（Howard Gardner）是一位对儿童创造力发展有着深刻见解的研究者。他对儿童发育早期创造力的自发性变化充满兴趣。此外，他也进一步探求促使儿童艺术创造力发展的动因。多年的研究和观察让他确信，创造力在三个不同的发展阶段有着区别明显的表现形式和各异的需求，并从儿童时期持续延伸到成年时期。

在第一阶段，学龄前儿童天生就具有创造力，他们自发地喜欢音乐、艺术、戏剧和语言。加德纳于1980年发现，学龄前儿童绘画的表现与那些有天赋的成年人在想法或概念上十分相似，他们都试图以新鲜的、不寻常的方式作画。儿童在2岁时开始做记号，他们拿起记号笔，充满激情地到处乱涂乱画。3岁的孩子就可以画出圆形、十字形、长方形、三角形等许多几何图形。借此儿童开始在自己的大脑中建立线条和形状的资源库，作为图形语言的基本元素。4岁和5岁的孩子不停地重复画某些事物，且通常这些内容已经可以被识别。"蝌蚪人"开始出现：一个大脑袋，下面有两条腿，他们画的人物看上去像是一只蝌蚪。学龄前儿童逐渐形成了一些固定模式，例如：房子就是三角形下面加一个长方形，其艺术水平在学龄前末期时达到巅峰。学龄前儿童的绘画作品色彩鲜明、均衡、富有韵律和表现力。小学低段孩子的画作往往也引人注目：充满活力、极具表现力，体现了他们对形状和美的绝佳控制力。加德纳还指出，孩子们的绘画可以毫不夸张地被看作他们经历了完整的生命发展周期。

然而第二阶段情况就发生了变化：7岁左右儿童的想象力似乎受到了限制，他们不再专注于

表5-2 皮亚杰儿童认知发展分期理论与艺术发展理论对照表

与皮亚杰的认知发展阶段相匹配的艺术阶段		
皮亚杰分期理论	凯洛格分期理论	罗恩菲尔德和布里顿分期理论
感知运动阶段（0-2岁）	涂鸦（2岁）	
前运算阶段（2-7岁）		
·前概念阶段（2-4岁）	放置（2-3岁）	涂鸦（2-4岁）：
		·无序的和随机的
		·有意控制的
		·命名的
	形状（3岁）：	
	·格式塔	
	·简图	
	设计（3-4岁）	
	·组合	
	·聚集	
·直觉阶段（4-7岁）	图示期（4-5岁）	前图式期（4-7岁）
	早期	
	晚期	
具体运算阶段（7-11岁）		简笔画期（7-9岁）
		写实期（9-12岁）
形式运算阶段（11岁至成年人）		伪写实主义期（12-14岁）
		艺术决策期（14-17岁）

创作，转而全身心地投入到语言、游戏和与同龄人的相处中。自由的图像表达意愿被强烈的表现写实形象的愿望所取代。加德纳观察发现，8岁到10岁的孩子不再满足于隐喻或象征意义，开始追求文字含义。相比自己创作，他们更喜欢复制或收集图片。

那么这几年中发生了什么？有学者归咎于学校和家庭给儿童灌输的信息：服从、趋同思考。还有一种说法是理性思考的时期开始了，遵守规则变得越来越重要。如果儿童早期乐于进行创意思考，那么此阶段的思维方式就会完全不同。因为艺术被视为认知层面的追求，儿童期望他们的艺术作品也会发生改变。

第三阶段是15岁至25岁时期，孩子们的能力开始大大地提升与整合，能够计划、实施以及评估创意项目。尽管大多数人都只能在特定领域掌握固定的信息或技能，但那些富有创造力的人就能脱颖而出、继续冒险，尝试新的项目并保持自己的个性。到了30岁至35岁时，这些特征就愈加明显。加德纳于1980年提出了艺术发展的"U形曲线"。这意味着一些重要的艺术能力萌发于儿童发育早期，但在儿童发育中期却越来越"隐蔽"。正是这段时期人们做出决定：要么更进一步接受专业训练，提升艺术能力并提炼出个性化风格，要么就直接放弃艺术。

舒马赫分期：艺术发展分期概览（从出生至8岁）

罗伯特·舒马赫（Robert Schirrmacher）尝试将凯洛格、罗恩菲尔德和布里顿等人提出的艺术发展分期理论相结合，归纳成一个可行的通用顺序，因为有些水平或发展分期是重叠的，儿童的年龄也相近。舒马赫提出的早期儿童艺术发展分期情况如下：

1. 使用媒材：涂鸦、做记号（1—2岁） 婴幼儿的第一次艺术体验——涂鸦——完全是感知运动的结果。他们用蜡笔、记号笔涂鸦或玩橡皮泥时，是在探索材料的特性，发现它们的用途。随意地挥舞蜡笔在纸上乱画，会有什么结果？幼儿会觉得这是非常有趣的事情。幼儿缺乏精细的运动控制和手眼协调能力，这些潦草或模糊的痕迹对成年人来讲是随意或偶然的，但对于完成这一"壮举"的年轻小艺术家们却非常具有吸引力。涂鸦是非语言的自我表达，涂鸦于绘画，就好似婴儿的咿呀学语和蹒跚学步。涂鸦对幼儿的感官具有吸引力，因为他们发现在纸上移动工具就能留下"痕迹"。如果纸被撕破或蜡笔断了，可能效果会更好。小艺术家会想，看看我创造了什么？蹒跚学步的幼儿从随意涂鸦，逐步表现得更有控制力、更精细、更果断。他们使用蜡笔水平或垂直地来回移动，画出了横线、竖线、交叉线和重叠的圆圈。许多线段和圆圈都反复画过多次。比起原来随意地画出纸外、画到桌子或画架上，此时的涂鸦更有目的性。有些涂鸦可能会被命名，尽管它们可能与语言或图形符号没有实际联系（见图5-9）。

2. 体现在形状、轮廓和设计中的个人意识绘画阶段（2—4岁） 现在，研究人员把孩子们画的圆形、椭圆形、线以及所有尝试画的几何形状，例如平面或立体的正方形、三角形和长方形都归纳在一起。我们都熟悉由圆圈交叉所形成的曼陀罗图案，而孩子们的进步就像从能画曼陀罗图案到能画太阳再到画简笔人物。单次和重复的圆或直线标记成为一个循环，可能代表太阳；而太阳添加上人脸的面部特征，如眼睛和嘴巴，就变成了一张脸；然后从圆圆的太阳脸向外辐射的类似于太阳光的放射线条会发育成一个人的胳膊和腿，这样马铃薯人就诞生了。因为婴儿对人脸具有天生的兴趣，所以第一张只有人脸的头像画问世并

图5-9 该作品中的涂鸦和符号具有典型的个人象征性和设计性

不是什么奇怪的事。火柴人画就类似于一个架构，一种广义的符号或概念，用于表示所有的人物的画像，不分年龄、性别或体形。动物画是从这种火柴人物画发展起来的。最开始就像是长有动物耳朵的人类画像。火柴人画成为所有的建筑架构。带圆顶的垂直线是用来描绘花草树木类似于"棒棒糖"状的模式。艾斯纳（Eisner,1976）*称这些为象形文字的例子或简单的平面图形、简化的二维形状。儿童经过添加、省略、扭曲、夸大或简化这些具有个人特色化的符号，形成了不关注实际的颜色、形状或大小的简化模式。空间布局是随机的，孩子可能只简单地旋转纸张以适应对象。他们具有非常个人特色化的符号或设计会造成个别观察者无法识别他们所画的图画。在这一阶段的孩子们仍然注重以过程为导向。他们很喜欢突显出颜色、形状和形式。他们喜欢谈论他们创作的作品更甚于本来的形状，更注重表现他们相对独特的处理方式。

3. 可识别的绘画阶段（4—6岁） 较大的学龄前儿童和学龄儿童变得越来越关注有关事物形象的艺术创作。在创作艺术作品的过程中，他们会提前设计作品并计划添加一些小的细节来使他们的作品变得更加完美。绘画艺术是儿童艺术发展的一个阶段，虽然从颜色、形状、大小、位置、比例和角度来看是任意的，但是这时的作品已经变得可被人识别。飘浮在空中的一只紫色的狗和一头矮小的绿色母牛，这里的颜色用来表达情感，反映两者呈现的符号关系。在前一阶段所掌握的三角形和正方形到了这一阶段，儿童可以通过合并画出飘浮在空中的房子。然后他们会在底部画上基线代表陆地。

随着时间的推移，儿童会给房屋装饰上几何形状，例如一个长方形门、正方形窗户和分别挂在两侧的窗帘，最后是冒着烟的烟囱。这阶段的儿童会把面部特征、身体部位和服装的特点增加到对人物的刻画中，一些重要部分比如头部、眼睛、笑容和肚脐往往被夸大了。如果一个孩子的父亲有胡子，他就会如实地画出。图5-10中出现的扭曲的爪就代表了人的手和脚，画这幅作品的孩子有意地消除颈部和肩膀等身体部位。在这一阶段，一些孩子会越来越对创作各种各样的作品感兴趣甚至沉迷于此。他们会选择一个自己最喜欢的主题来进行创作。在绘制的过程中，他们渴望将对

图5-10 儿童在早期尝试描绘人物的作品

象的内部和外部进行同时刻画，例如，在画一架飞机时，他们会同时画出飞机的外观和内部飞行员与乘客的状态，这样就是所谓的"x射线"图，这种图只反映了孩子知道什么，而不是它如何出现在现实中。这一阶段的儿童缺乏控制、协调和在二维画面中表现三维效果所必备的美术技巧。

4. 现实主义绘画阶段（学龄儿童，5-8岁） 学龄儿童希望他们画的画看起来正确——所描绘的物体能够尽可能地接近它们在现实生活中所存在的样子。他们不满足于抽象或非现实的图画，而是努力让他们的作品像相片一样接近真实的物体（见图5-11）。这一阶段的儿童认为那些不符合现实的图画是小孩子乱涂乱画的。

学龄儿童善于从大小排列、形状、颜色、角

图5-11 学龄儿童尝试描绘现实的作品。

度、比例、深度、阴影和细节来捕捉现实，而不是让物体飘浮在空中；或是把房子建立在一条较低的基线上，然后天空和太阳聚集在一条较高的水平线处，并遵循近大远小的原则来赋予画面深度感和透视感。学龄儿童开发、重复和提炼的符号通常可以按性别分类。一般来说，男孩更喜欢男性的超级英雄、赛车、轿车、军队和战争场景或体育活动等，而女孩则更喜欢女性的超级英雄、公主、马、正义的少女和独角兽等。随着年龄的增长，儿童变得越来越会自我审视和接受同伴建议并关注他们作品的缺点。这时儿童在得到一些指导或特殊的辅导后将继续学习艺术。另一些儿童则更喜欢写意、表现主义，抽象主义的风格艺术。但不幸的是，大多数孩子都会因为"缺乏创造力，没有绘画天赋"的评价而关上他们迈向艺术创作的大门。

绘画

绘画的过程快乐而富于创造性，但是场景未免脏乱了一些。在绘画中，要画什么、用什么颜色、画在何处，运筹决断，都由孩子自己说了算。不是所有的孩子都有机会在上学前学习绘画。但一旦他们接触了绘画，就一定会喜欢上它。所以，完全可以把绘画设置成日常活动。如果每天只有一次绘画机会，又只有有限的几个画架，很多孩子可能会觉得焦虑：还能轮得到我画吗？（见图5-12）

一般来说，绘画课程包括蛋彩和水彩画。蛋彩是一种具覆盖性的材料，用它画出的作品色彩鲜艳、画面平整。也可以在蛋彩颜料中掺入水，掺水可以稀释颜料，同时降低色彩纯度。市面上的蛋彩颜料既有调和好的（呈液态），也有粉末状的。前者较贵，但更易使用。粉末状颜料比较便宜，但还需要自己加水调和。不建议给12岁以下的学生使用粉末状的颜料。因为颜料中含有多种防腐剂、添加剂，有一定的毒性，若被儿童误吸，十分危险。在调和粉末状颜料时，一定要戴口罩。还有，尽量不要当着学生的面调和颜料。当你使用的粉末状颜料用完时，请使用液态的颜料，这是为孩子的安全着想。

水彩颜料是透明的，而且有很多层次。儿童应该在画水彩画之前有过体验蛋彩画的经验。不

图5-12　和朋友一起在画架前作画

管怎样，儿童也无法摆脱对蛋彩画的兴趣。以下有许多不同的绘画方式，包括：

架上绘画——这种绘画方式使用长柄水彩笔进行绘画，这样会使手臂容易感到疲劳。架上绘画有它的缺点，因为有一个既定的倾斜角度，在涂颜色的时候，颜料会顺着斜面往下流。对于那些认为液体颜料很容易控制、能像蜡笔涂的颜色一样待在画纸上的儿童来说，是有一定挫败感的。从积极方面来说，架上绘画能够鼓励绘画者之间的交流，尤其是画架一个挨一个地摆放，更能促进交流与学习。

坐在桌子旁绘画——当儿童坐下的时候也可以在一个平面上绘画（见图5-13）。这种方式能够使颜料平整地待在纸上，并画出多个层次。通

图5-13　正在画画的孩子

常一个桌子可以容纳几个儿童同时作画,儿童在画水彩画时可以使用短柄的水彩笔。绘画比较容易控制,但是加上多个手臂和身体的移动就无法很好地控制了。

站在桌子旁绘画——在一个平面上绘画的方式能使得全身得到运动。四个儿童能在同一时间坐下来绘画,每一个桌子角只能允许一个儿童站起来绘画。这个方式需要长时间站着,并且适合能画出圆形、年龄较小的儿童。

在地板上绘画——虽然这种方式限制了全身的运动,但是地板提供了一个平坦的表面。当一个人跪着的时候,很难让臀部得到运动。那些喜欢运动但不协调的儿童,喜欢随意地躺在地板上,可能会发现这种方式的舒服程度。

室外绘画——任意选择以上的任何一种绘画方式,在室外进行绘画。

虽然站在桌子旁绘画或者架上绘画的方式很受欢迎,但是让孩子体验从各种不同的角度和位置进行绘画才是最明智的。

颜料和绘画工具

笔刷——见本章以下部分

调味瓶——用于挤番茄酱和芥末的瓶子,有尖嘴可供挤出颜料

棉签——可以用来蘸颜料

颜料瓶——用来给孩子们挤颜料

晒画架或晒画绳——用来晒画,防止画上颜

小提示

· 记得购买无铅、无毒的颜料。

· 购买散装的红色、蓝色、黄色和白色颜料。这些颜料混合后可以产生其他颜色和色调。让初学绘画的人使用这些基本的色彩。

· 往蛋彩颜料里添加洗洁精,这样可以产生泡泡,利于洗手和衣服,也有利于颜料附着在平滑的表面上,比如玻璃、塑料、金属、蜡纸。洗洁精也可以防止画面干了以后出现龟裂的情况。

· 加一两滴丁香油或冬绿油,可以防止颜料的损坏。

· 把咖啡渣、盐或沙,随同白乳胶一起添加到颜料里,可以出现粗糙的肌理。添加糖,画面干了以后就会出现泼洒的效果。添加锯末会出现厚的、块状纹理。用白乳胶来作画,可以使画面具有厚重感。

指画可以这样进行:

· 在蛋彩颜料或者食用色素里添加洗衣液。

· 把湿的胶粘糨糊(墙纸糨糊)、水和蛋彩颜料混合,直到变得平整。

· 混合洗衣液、肥皂和蛋彩颜料。

· 加入细小的粉笔末,如果太硬就加点水。

· 混合粉末状颜料:将粉末状颜料倒入一个容器中,加入足够的水,形成似酸奶黏稠度的奶油状液体。用测试纸来测试,如果太浓,就添加更多的水,如果太稀,就添加更多的粉末状颜料摇晃。推荐的粉末状颜料与水的比例是2:1。加几滴洗涤剂,充分摇晃混合,直到呈现光滑的质感。

· 液体颜料混合:将一匙液体颜料倒在容器中,慢慢加水。用纸来测试,如果还是太浓就再加更多的水;如果太稀,再加更多的液体颜料。

· 个人的颜料存储容器可以存放在一个大的桶内,以防止倾倒。也可以利用塑料卡通鸡蛋容器来制作颜料存储容器,仅使用它的顶截面即可。给每一个儿童分发一个塑料卡通鸡蛋容器,沿着瓶子画三个圈,牛奶罐或者果汁罐都能盛放颜料。小心地在每一面上剪下三个洞,小心放入容器,并在其中放入颜料和画笔。鞋盒子也可以利用,因为它既深又牢固。

· 高的塑料杯子或者透明的容器都可以用作颜料容器。果汁罐或者小的牛奶罐是最理想的,但是儿童看不到里面的颜色。把容器的外面涂上里面所盛放颜料的颜色就能解决这个问题。

· 黏土不仅降低了颜料成本,同时也能达到预期的效果,它可以添加在蛋彩画颜料里进行手指画。其他种类的填充剂可以由混合面粉、玉米淀粉和水制成,使用玉米面会产生不同的纹理,使用肥皂或洗衣粉也会使画面变得厚重。

- 液体淀粉使画面具有光泽。但太多的淀粉会使画面干燥后产生片状的纹理。
- 把颜料容器的盖子盖紧，存放在阴凉的地方。如果这个配方内有牛奶，就需要冷藏。
- 下面的程序是推荐给在桌上绘画的儿童的：将吸水毛巾放在泡沫塑料模件的底部，试着涂颜色。毛巾作为吸墨纸吸收颜料，当笔刷碰到毛巾时，毛巾就会吸收笔端的颜色，这也有利于清洁。
- 制作自己的防洒颜料容器。体积虽小，但只要有空的可容纳一个海绵的果汁瓶就可以。剪掉内圈，把果汁倒出来。裁剪海绵使其贴合于这个圆形。这样可以防止颜色滴洒。

料相互混合

增量剂——一种膨化粉剂，在使颜料增量时，可以保证颜料的纯度。由于其黏稠覆盖性强，特别适于手绘

手指画颜料——适用于手指画，能赋予画面厚重的质感

荧光灯、水彩、蛋彩颜料——适合绘画水平较高的孩子

食用色素——与水调和后，会是一种非常好的速干颜料

漏斗——倒颜料时，使用漏斗可以避免浪费

玻璃——用玻璃或树脂板来做单刷版画

装冰块的盘子——用来调颜料

墨水——教室里至少准备一瓶黑墨水

厨房里的杂物——都可以用来印画

洗衣液——把洗衣液倒在蛋彩颜料中来做手指画颜料

魔术画笔——盛着水和颜料的画笔，既像一根记号笔，又像一支画笔。用这样的笔可以节省成本

综合材料——把手指画颜料和蛋彩颜料调和，这样可以增强色彩明度

颜料分配套装——准备各色装有无毒颜料的挤压瓶和质量较好的画笔，用不容易倾斜的容器来装这些绘画器具。选择颜料时，一定要选择质量好的，不要选择廉价产品

饼干托——可以当调色板用

不容易倒的杯子——可以用来盛颜料，因为其是透明的，所以不需要再做颜色标签

颜料罐——带盖子，放在托盘里

颜料搅拌器——可以用工艺棒、压舌板或者咖啡搅拌器来代替

颜料滚筒——盖上盖子，防止颜料干燥

塑料勺子——用来混合颜料

广告颜料——要比蛋彩画颜料明亮和昂贵，一般用于制作标志、海报或者宣传栏上的横幅

泵——适合一加仑容量颜料的容器

铲——用于散装的混合颜料

泼洒背板——用于泼彩画

海绵——用于绘画

匙——用于置放有颜料的画笔

挤压瓶——一般用于分开存放蛋彩画颜料，一些工厂提供的蛋彩画颜料都装在挤压瓶内

毛衣烘干机——用于丝网印刷或者保持泼彩画的干净

果汁机——利于存放混合颜料，一般和调色盘一起使用

鸡蛋饼或者给饼着色——把蛋清集中起来，放在托盘里，不要溢出，也不混合其他颜色，这要比其他的液体或者粉末颜料贵

液体蛋清画颜料——比固体粉末颜料贵，但是节省了测量和混合颜色的步骤，颜色相对明亮

粉末状蛋彩颜料——非常经济，但是需要进行混合；不适合幼儿使用

水彩颜料——推荐八个人使用一套

绘画方法

用盐作画

1/2 杯液体淀粉、2 杯盐、1 杯水、粉末状蛋

> **小提示**
>
> - 画笔有不同种类的尺寸、形状、价格与特性。当孩子绘画时，他与画架有一定距离就可以使用长柄刷，而短柄刷经常用于孩子们在桌上画画，或者与画纸只有很短的距离时。平刷、圆刷、长柄刷和短柄刷能够让孩子画出不同的笔触。笔刷头

是由红貂毛、骆驼毛、鬃毛等自然或人工合成的材料组成。像硬鬃毛这种中等价位的画笔是比较划算的。第一次洗硬鬃毛画笔时不会掉毛，千万不要用鬃毛笔混合油漆，应该用棍子或勺子。

- 刷子每次使用后需要尽快清洗，最好是在颜料变干之前，冲洗出多余的颜料。加一小滴液体洗涤剂，轻轻冲洗毛刷。用温水彻底冲洗毛刷，但千万不要用热水（热水会融化带有胶水的鬃毛）。挤掉多余的水分。重塑毛刷的自然形状（例如，使水彩笔变成尖的形状），在空气中晾干。让毛刷的柄朝下头朝上，一般又高又细的薯片罐是存储毛刷的理想容器。
- 毛刷也可以自制。用衣夹夹住一个小海绵作为画笔。衣服里的填充物系在铅笔上可以作为画笔。棉签可以用绳子或纱线捆绑来涂抹油漆。
- 修剪廉价的泡沫画笔，重新进行形状的改变和设计。
- 鬃毛刷子上的分裂会继续扩大。用剃刀刀片修剪锯齿状边缘或杂散的刷毛。
- 将一支小画笔插入发卷或黏土球中。这能为那些缺乏精细动作协调和控制的孩子提供一个更大的抓握面。

注意事项

幼儿在使用粉末状蛋清颜料时需要注意：只有用光剩余的粉末状颜料后才能使用液体颜料，这是很重要的程序。

到出现泡沫。用这种颜料在黑色卡纸上绘画，可以画出很好看的雪景。这种颜料拥有厚厚的质感，可以产生立体的效果。也可加入食用色素，在白色或其他颜色的纸上作画。

特殊颜料

甘油（大部分药店有售）、水、白乳胶、蛋彩画颜料（粉末状或液体状）。

慢慢地将蛋彩颜料与蛋糕冰混合，颜料要慢慢加入。达到一定浓度后，搅拌好。盖上盖，搁置几天，用泡沫头画笔作画。本章中介绍了用特殊颜料作画的活动。

画笔

有许多不同种类的用于绘画的画笔。有鬃毛的长柄画笔被称为"平刷"，它们能画出宽大的笔触。圆形的棕毛画笔被称为"圆刷"，它们能画出窄的线条和笔触。请确保绘画活动中有各种不同的画笔。

画笔包括多种多样的形式：

浴刷——用于架上绘画
碗刷——全新的，未使用，用于架上绘画
洗涤剂分配器——装满画笔与刷子
盘子画笔——一种新颖的画笔（见图5-14）
画架刷——站着作画时用于绘画的长柄画笔
鸡毛掸子——用于架上绘画时会产生有趣的效果
泡沫头刷——能创新绘画效果
有塑料钉的毛刷
家用刷——在折扣店内出售的一种廉价的家庭用笔和画笔
化妆笔——为大一点的儿童作画提供了很好的选择
糨糊刷——用于大面积涂抹糨糊
糕点刷——坐着画画的时候使用
板刷——能画出大的、活泼的笔触
剃须刷——手柄粗短，容易握持

彩画颜料或者食用色素。

把液体淀粉、盐和水充分混合，慢慢添加粉末状蛋彩画颜料或者食用色素。开始作画，等作品干了以后会有星星闪烁的效果。

架上绘画

1杯液体淀粉、1/2杯肥皂液、1杯粉末状蛋彩画颜料。

在一个高的容器里进行调和。轻轻搅拌直到所有细粉末都溶解到水中，一小时之后再次搅拌，把凝固的小块打碎，然后将其装入空罐子里，拧紧盖子摇晃。隔夜后要持续摇晃，使用之前轻轻摇晃。

搅拌肥皂颜料

肥皂片、温水、食用色素（可选择）。

将肥皂片放入碗内，慢慢加水，1杯肥皂片加1/2杯水是最好的比例。用打蛋器旋转搅打直

图 5-14　盘子画笔

短柄刷——在画架前坐着的时候使用
银器分拣机或托盘——收集和保存画笔
汤匙架——可以摆放湿的画笔
模板刷——短柄刷,用于涂抹和用作模板的时候画小笔触
牙刷——用于一般绘画、模具制作、印刷
清漆刷——价格低廉,在折扣店能找到
蔬菜洗涤刷——用于一般的绘画
水彩笔——又短又细,有尖尖的鬃毛
小扫帚

其他的绘画工具

刷子不是绘画的唯一工具,也不能在一次绘画中只使用刷子。孩子能够每只手都拿一支画笔或者两支画笔同时画。其他的绘画工具包括:

- 气球
- 手和手指
- 眼药水滴管
- 稻草
- 梳子
- 羽毛
- 棍、树枝、毛皮、杂草、蕨类
- 植物,干草,稻草或松针
- 抹刀
- 空塑料剃须刀
- 小油漆滚筒
- 鞋油器

- 绳子(6寸)系在衣夹上
- 棉签或棉棒
- 海绵
- 工艺棒或压舌棒
- 牙签
- 绳子
- 抹布
- 各种各样的厨房小工具
- 粉扑
- 厨房佐料瓶
- 把布绑在粗铅笔上
- 扭成不同的形状的清洁器

绘画表面

要想使孩子们在纸上尽力地作画,重要的是提供各种颜色、形状、大小和纹理的纸张。孩子们可以在纸上探索绘画的湿度及干燥度。潮湿的纸张将提供类似水彩画的效果。这些颜色会流淌并交融在一起。颜色流淌起来会形成特殊的形状边缘,产生许多新奇的现象。加入太多的颜色就需要等待,颜色可能都融在一起形成一个黑印。绘画时所依据的表面材料包括:

- 玻璃或窗户
- 硬纸板
- 木头
- 纸袋
- 锡箔纸(在硬纸板上)
- 光滑的石头
- 塑料

- 胶木或桌面
- 箱子
- 墙纸
- 报纸
- 泡泡纸
- 纸碟

画架及其表面

艺术储存室和画架——一个配备长方形双面画架和储物架并能容纳四个孩子的空间;市面上有租用的,但是相当昂贵。

黑板——可使用粉笔。

双面或三面画架——自立式颜料架。

画架夹——可用两个大的纸夹和晾衣架固定住上方两角;要确保纸夹和晾衣架的大小适合孩子使用。

脏乱画托盘——为手指绘画提供一个特殊区域,推荐使用大烤盘。

透明画架——表面为亚克力、塑料、磨砂、透明的,或者可擦拭重复使用。

墙面画架——在墙面里嵌入一块木板,用的时候拉出来,其余时间存放在墙面里。这是一个真正的空间节省装置,可以让父母/祖父/木工志愿者帮忙制作。

也可以用一个结实的纸板箱建造一个家常桌用的画架。沿对角线切开纸板箱可以制成两个金字塔形状的桌用画架。为了固定画纸,需要在画架顶部剪两条缝来嵌入晾衣夹或者纸夹。可用两块完全相同的硬板装铰链,制成一个更耐用的桌用画架。面板之间添加一个小链条,确保它打开时能保持画架固定。

绘画的注意事项

请记得卷起衣袖,脱掉毛衣,并穿上工作服。每一种颜色配备一个笔刷或其他绘画工具。不要

将颜料罐盛满,盛满的罐子会被滴得一团糟。相反,少于瓶罐一半的量正合适。尽量使用透明的容器,以便孩子能分辨出颜料的颜色。玻璃瓶虽然很容易让孩子分辨颜色,但是存在相当大的危险。大的透明塑料杯或容器是最理想的选择,或者可以将容器涂成所盛颜料的颜色。鼓励孩子将颜料和画笔摆在其左侧,纸摆在右侧。这将增强孩子大脑对从左到右程式的记忆和储存,对其以后的阅读和写作至关重要。

应该提供多少种颜色呢?一些人认为,初学者最开始只需要一个颜色,直到他们掌握握笔、蘸颜料、洗笔、构图、笔触等基本方法。另一些人建议提供两种颜色。而笔者建议提供三原色,通过偶然或有意的混合可以调出其他的颜色。它们也可根据色相环的配色原理进行混合,白色和黑色颜料可以帮助孩子们调整颜色的明度。这是一个开放性的问题,没有一个正确答案。重视绘画技巧的人推荐只提供一种颜色。那些强调颜色混合和创造性表达的人建议提供两个或更多种颜色(最多不超过五种)。没必要提供太多种颜色,就如同一盒蜡笔中颜色的数量一样,无须太多。孩子们用 8 色也可以进行创作,不是非用 64 色盒装的不可。

绘画是一个会带来脏乱的活动。提醒孩子,当他们从颜料罐中蘸取颜料后,取出笔刷之前要在罐子的边缘上按压掉多余的水分。这能防止颜料直接滴落在桌上、地上、工作服上或纸上。鼓励孩子在指定的容器中使用指定的笔刷或工具。对于孩子来说,这难免会出现错误。如果发生了,一定要彻底冲洗干净刷子,以免混合出不合意的颜色。此外,孩子们在脱掉工作服前应先洗手,这能有效避免颜料弄脏皮肤、头发和衣服。

小提示

・画架并不便宜,但是是一项值得推荐的投资。立着的画架可以让孩子用整个手臂尽情作画,一定要确保画架在孩子的身高范围内。画纸应放置在孩子的胸前并且能方便够着,不能太高也不能太低。如果需要的话,可以锯断画架的腿部。其实,一大群孩子至少应为其提供两个画架,画架太少会使孩子感到焦虑,担心会轮不到自己。

・还有另一种制作家常桌用画架的方法。首先找一本大的墙纸样本书。记住页数并保留封面。找一本可以做成一个双面画架的书。找一个浅纸箱盖,将这本书搁在上面。选择好角度,在书的封面上剪出两个缺口,将纸箱盖插入槽口,顶部用晒衣夹或者纸夹固定画纸。

・记住应使用孩子们可以独立使用的画架夹或衣夹。有些老师喜欢早晨在每个画架放多张画纸,这避免了不断在画架上换纸的麻烦。此外,请记得在画架下放一些遮盖物以保护地板。报纸比较好搜集且可回收。当然,一块旧的可拆洗的地毯,不仅可以保护地板,也更舒适,更具吸引力。

调色盘

对于那些有调色经验的孩子,我们可以给他们提供调色板,铝质饼盘、冷冻餐盘或塑料盖都可以选用。孩子们选择需要混合的颜料,分别蘸取一小团,然后在调色板上调和出自己需要的颜色、明度、色调。至少要给孩子提供三原色、白色和黑色,还需要给孩子们提供笔刷,用笔刷在调色板上调和颜色。此外,他们还需要一杯干净的水,以便清洗笔刷。

以下是一些推荐的绘画活动。

手部绘画

手指画活动通常不会在家里进行。不过,大部分孩子有过用肥皂水在浴缸的边缘涂画,或在高脚椅的托盘上用食物涂抹的在经历。手指画是一个不准确的术语。其实这个活动不仅仅只用手指挥洒颜料,更准确的说法是手部绘画,通常成人画手指画时会轻轻用食指蘸取颜料,小指则优雅地竖起,但是孩子画手指画时,整只手和手臂都需要参与。有些教师还会允许孩子用脚来画。手部绘画虽然过程会很混乱,但是适应孩子的发展。不用笔刷是它与传统绘画的最大区别,孩子喜欢凉凉的、黏糊糊的质感。它可以让孩子们不用担心因为造成凌乱而受到责骂。对于孩子,手部绘画也是一个需要慢慢接受的活动。有些孩子一开始会不愿意,因为他们担心自己的衣服会弄脏或他们的父母会因脏乱生气。因此,他们需要时间来慢慢接受。当看到其他孩子和老师进行手部绘画时，他们才会慢慢打消自己的疑虑。如果孩子不愿意参与手部绘画，我们不应该强迫他们。

在绘画的过程中，教师可以通过教孩子用手的以下各个部位来帮助他们放心大胆地参与：

- 整个手掌——适合画比较粗的线条
- 手掌根部——适合画粗线条
- 手掌侧面——适合画较长、较细的线条和折线
- 指尖和关节——适合擦出特定的形状
- 手指——适合画长线条
- 拇指——适合画圆
- 指关节——适合画符号
- 指甲——适合在纸上画线条
- 拳头——适合画比较大的图案或漩涡
- 手腕——适合画较大的图案
- 手掌与手指并用——用来画手掌画
- 整个手臂、脚趾、脚掌——天气暖和时，适宜在室外进行创作

用画笔作画时，最好要把袖子卷起来，这样有利于手臂灵活运动。而且，最好再穿一件绘画工作服。当你跪坐在地上创作时，会有碍绘画，所以建议坐在桌子上进行绘画。采取这种画姿，孩子在绘画时能更好地借助手臂上的大肌肉群，手臂更容易到达画面四角，并且更有利于其经营自己的构图，而且站着绘画也不容易让工作服蘸上颜料。

在进行手指画创作时放一些背景音乐，更有利培养学生的创作情绪。听着舒缓的音乐容易画出轻松、平滑的线条；节奏感强的音乐则容易催生激情、螺旋式的线条。

可以让学龄儿童使用剃须膏来作画。因为这种材料比一般颜料厚，孩子们大都喜欢它的质感。记得提醒学生，剃须膏可不是奶油，万不可误食。帮孩子们准备水，用以稀释剃须膏。

以手代笔的绘画，一定要在比较平滑的纸上进行。手指画纸是一种比较理想的材料，但是价格稍高。平整的硬纸板、壁纸、礼品盒、杂志封面都可以使用。可以在颜料里加上清洁剂，然后直接在木质桌面上作画。在桌面铺一张纸，将纸面处理平整，就可以开始作画了。对于喜欢保存作品的孩子来说，这是一种最好的方式。创作完成后洗涤桌面时，在水里加上一些醋，更便于清洗。

首先给孩子们发纸，将纸的光面朝上，涩面朝下，再用喷水壶往纸上喷一些水。从红、黄、蓝三原色开始，颜料不要用得过多，一汤匙即可。颜料如果画得过厚，就会导致画干以后出现裂纹和脱落。由于很难掌控人数过多的绘画小组，所以很可能当你给最后一个儿童发绘画材料时，第一个儿童已经画完了。如果班级人数很少的话，在轮流使用画材方面就会更容易，也会减轻很多压力。你的任务不仅仅是分发材料那么简单，更应该仔细观察并与儿童互动。

鼓励儿童在整个画画过程中使用双手作画。颜料干了的话用水喷洒保持湿润，然后加进去第二种颜色，使颜色完全混合。混合红色和蓝色得到紫色，得到紫色后停止混合。如果儿童仍有兴趣或者想要调出第三种颜色，你可以加一些黄色或是白色使颜色变淡。把画平放在报纸上晾干，否则会变卷曲。当画完全干透，把画翻过来，用热的金属板把画压平。或者在画画之前把画纸裱在一张大报纸上，就会减少画面的卷曲。

蚀刻手部绘画

用诸如梳子、纸夹、叉子、钥匙或者一张有缺口的纸等物品拉伸或卷曲进行手绘。这就会形成一种有趣的蚀刻设计。然而，这些仅仅作为一种替代作品，却不能代替用双手作画。

印制手部绘画

儿童需要的是画画过程，并不一定是高消费的手指绘画。他们可以在桌面、盘子里或者做饼干用的布（cookie sheet）上进行手指绘画。大一点的婴儿（9—12个月）会非常喜欢在桌面上画画，但必须密切监督他们，确保他们不会把颜料放在嘴里。如果儿童选择保存他们所画的作品，可以慢慢地在上面覆盖一张纸，然后轻轻抬起，这样，他们的手指印画就出现了。这不仅节省了买昂贵的手指绘画纸的开支，还可以清理桌子。

剃须膏手部绘画

用剃须膏代替手指画颜料。请仔细阅读小提示中的安全注意事项，避免第一次画画时弄坏桌面或者手指画纸。确保纸张的光面朝上。成人可以向剃须膏上喷水，激发儿童的触觉。加一些液体水彩。禁止使用食用色素，因为这会使儿童手上残留颜色污渍。儿童喜欢用装着干净的清水或者剃须膏与液体水彩混合的喷雾瓶。

剃须膏印制

按照提示做出一个手绘的印刷作品。黑色的纸与白色剃须膏会形成极好的对比。

手指画食谱

玉米淀粉手指画

1/2 杯玉米淀粉；4 杯沸水；冷水；蛋彩粉末。

用冷水溶解玉米淀粉，逐渐地加入沸水，搅拌，直到均匀。继续搅拌，可以加一些甘油去除黏性，使质地变光滑。也可以加入一些蛋彩粉末，这样可以使其有气味。

清洁剂手指画

液体洗碗清洁剂；水；食用色素或蛋彩。

慢慢往清洁剂中加水，直到出现膏状混合物。再加入颜色，这样作品就很容易清洗掉了。

面粉和水（面糊）手指画（熟的）

1/2 杯面粉；1/2 杯冷水；1/2 杯沸水；2 茶匙明矾；食用色素或蛋彩粉末。

额外配料，例如薄荷、柠檬或者香水（自选）

把面粉和冷水混合，再加入沸水搅拌，使混合物沸腾，继续搅拌。然后移除热源，加入明矾和色素。如果能保证儿童不去品尝而是只欣赏气味的话，就可以加入额外的配料。用这样的方法能方便手指画平摊晾干。

液体淀粉手指画

1 杯液体淀粉；1 茶匙蛋彩粉末。

慢慢往液体淀粉中加入蛋彩进行混合，直到混合出你想要的颜色。

面糊手指画（不熟的）

面粉；水；食用色素。

用面粉和水制作经济型的面糊。加入食用色素即可进行手指绘画。往面粉里加水，直到出现均匀的糊状物，这种糊状物很容易涂抹但又不至于太薄或到处流淌。在桌面或制作饼干用的托盘上作画很容易清洗。

淀粉手指画

2 杯淀粉；1 夸脱水；3 杯香皂片；3/4 杯滑石粉末；1 茶匙丁香油；食用色素。

在水里溶解淀粉，慢慢加入香皂片。加入滑石粉，然后再加入丁香油。继续将它们混合直到变得很厚实。在混合之前往水里加入食用色素。

面糊或贴墙纸糊手指画

面糊或贴墙纸糊；温水或冷水；食用色素或蛋彩粉末；水杨酸甲酯（大多数药店都有）。

缓慢加水得到乳状的糊糊。继续搅拌至变得光滑，然后加入色素。如果儿童觉得气味不好闻，可以滴一滴或两滴水杨酸甲酯掩盖。注意要确保糊状配方是无毒的。

便于清洁的手指画

水；1/2 杯干洗衣服淀粉（片状或粉末状）；1/2 杯温和的香皂粉末；色素（自选）。

混合所有的材料，敲打直至厚实黏稠。如果需要的话，加入液体水彩。

皂片手指画

2 杯皂片（不是液体的）；2 杯热水；色素（自选）。

往水里加入肥皂，用搅拌机搅拌直到其像鸡蛋清一样。如果需要的话，喷一些液体水彩。

面粉和盐手指画

1 杯面粉；1/2 杯盐；3/4 杯水彩（自选）。

首先混合三种配料，如果需要的话，加入液体颜料。这种颜料会有一些颗粒质感，能带来一种不一样的触觉体验。

水画：我的画去哪了？

小提示

- 给皮肤敏感的儿童提供薄薄的、一次性方便手套
- 三岁以下儿童不建议使用剃须膏，因为儿童可能会将其吸入或者揉进眼睛里，这样有害健康。只能让成年人操作罐装的剃须膏。由于儿童可能会把剃须膏和奶油搞混，因此成人要密切监督，并且强调安全注意事项。通常不应使用薄荷味的剃须膏，因为它的气味被吸入人体后有害健康。敏感性皮肤的儿童应该戴上干净的一次性手套。

孩子们需要一些绘画工具但不一定是颜料。大部分较小的孩子喜欢用水画画，他们可以在家里的浴缸、水池里或者路面上画画。这是一个很好的方式，可以让儿童拿起笔刷在户外参与艺术活动。为孩子提供旧的家用刷子和塑料水桶，以及画帽和旧的画画服（例如套装），使他们很容易就进入画家的角色。孩子可以在水泥、砖块、大树、户外没有生锈的设备以及窗户上画。也可以增加一些色素，但是在清洗的时候表面会有很多斑驳的色点。

干皂片画

用干皂片在黑色卡纸或者红色蜡纸上画出的雪景有很好的效果。学会本章中用干皂片画画的方法。在绘画时可以加入几滴食用色素或者粉末状颜料。

滚线设计

找到一个箱子盖，剪出适合其大小的一张纸。混合颜料，找到能滚动的物品，包括：
- 玩具车
- 弹珠
- 小球
- 珠子

小心地把它们浸泡在颜料里并放在盒子盖上。鼓励孩子倾斜、翻转以及移动盖子，让物体以不同的方向旋转。如果需要的话，可以把它们浸泡在更多的颜料里，这样就会产生十字交叉线型的效果。

笔者喜欢用飞盘、馅饼烤盘或者蛋糕烤盘。圆形轮廓与线条设计会形成强烈的对比。从纸上剪下一个圆形，确保它是与底边匹配的。如果使用黑色的图画纸，就要使用亮色颜料，例如白色、黄色和淡蓝色。

滚涂

儿童可以使用一个擀面杖或者滚筒完成他们的绘画作品。在折叠并打开的薄纸板上的半边，用勺子滴上不同的颜料，将纸片再折叠，用擀面杖或滚筒滚动它。然后轻轻地从中心往两边卷动，这样可以将颜料分布在各个方向。小心地再次打开，加入其他颜色。这样就产生了一幅对称的涂鸦作品，有一种镜面效果。

线涂

将一张纸对折，然后打开并铺平，在纸的半边滴上颜料。再次折叠之前把一根一尺长的线卷进半边，确保线的末端伸出。把折叠的纸换到另一个手上的时候，轻轻地拉线。

吸管涂绘：吹墨

儿童喜欢用吸管吹散颜料，幼儿需要为此训练吹吸管。也许他们可以吹气泡来进行一次科学探索。颜料要相当稀薄才好。盛一小勺颜料倒在纸张中间，鼓励孩子把吸管凑近颜料，但不要碰到。注意往外吹，不是往里吸。把颜料从纸中间移开，加入其他颜色，把颜料吹到一起。如果需要的话，可以旋转纸张。这样，一幅由混合颜色、网状图案、交叉线条组成的有趣的设计作品就完成了。

特殊画具的特殊颜料

儿童喜欢使用海绵和泡沫作为画具。不同宽度的海绵或泡沫可以剪成不同的形状并插入衣夹。也能用一个工艺棒轻轻地插入并粘在合适的位置。使用剃须刀片、美工刀或者剪刀，把顶端剪成尖的、带纹路的、交叉状的、锯齿状的或者波浪状的图案，这样画画的时候可以产生不同形状的笔触。鼓励儿童使用不同形式的特殊画具。他们可以做圆形运动，快速旋转，上下移动，画出圆形和长线条。详细内容见本章所述的特殊绘画的有关内容。记住使用特殊颜料之前让它们有些许湿润。

挤压和滴画

把颜料倒进挤压瓶、老式液体胶水瓶、肉糊或者芥末和番茄酱分配器中，这样儿童能够在纸上进行挤压和滴画；也可以从厚的塑料袋里开一个小洞，然后从中挤压颜料。

点滴绘画

儿童可以使用眼药水瓶来绘画。提供不同的颜色，前提是孩子要把颜料和眼药水瓶清洗干净。可以将颜料挤到眼药水瓶里，并在白色纸巾、咖啡滤纸或者是白色画纸上慢慢地作画。

蚀刻绘画

把锡纸放在卡纸里，在背面粘上胶带。孩子

喜欢用锡纸绘画。需要加入象牙片，才能使颜料黏附在光滑的纸面上。这个活动仅仅使用一种颜色在锡纸上画。等待颜料变干，使用工艺棒在干的颜料上蚀刻或者刮擦出一幅图画。刮得太用力可能会撕破锡纸。这样就可以创造出一幅有着闪亮银光边缘的图画了。

点画

鼓励孩子将笔刷手柄的底部蘸上颜料，画出一幅由圆点组成的画作。用一根手指也可以创造出这种效果。

感官和纹理绘画

在画架和画桌上改变颜料的纹理。先运用很厚的颜料，再运用稀薄、水分多的颜料。尝试在你的颜料中混合以下一种或者更多种材料：

- 沙子
- 咖啡渣
- 木屑
- 剃须膏
- 液体淀粉
- 草药或香料
- 碎屑
- 婴儿爽身粉
- 小苏打
- 树叶和花瓣
- 闪光片（只能大一点的儿童使用）
- 刨冰
- 洗衣皂粉

鼓励儿童用语言描述他们绘画时的所见所想。

在包上画画

改变手工彩绘带来的脏乱（触觉体验）的方法是在包上画画。给每个孩子提供一个结实的拉链包，包里装四个手指颜料或者液体蛋彩画汤勺。4岁以上的孩子可以使用闪光片。也可以使用剃须膏。挤出多余的空气并用强力胶带粘住以确保安全。对于害羞的或者皮肤敏感的孩子来说，这是一种很好的替代活动。

磁铁绘画

你需要一片树脂玻璃、一块强力磁铁、金属物体（例如垫圈、别针、螺丝帽、螺丝钉），以及两块积木。把树脂玻璃穿过两块积木搭成一座桥，下面留出足够的空间让孩子的手自由移动。在树脂玻璃的顶部粘上一片纸。金属物体可以用绣花线绑在一起。把金属物体浸在颜料中并放在纸上。让孩子把磁铁放在树脂玻璃下面，移动磁铁片，在纸上铺开颜料，就可以创造出一幅画。孩子在创作的时候也在探索科学概念。

车辆轮胎绘画

找到轿车、卡车、飞机以及其他带两个或更多轮子的玩具车辆。提供浅的、有足够空间的颜料容器。孩子们可以将车辆轮胎浸入颜料中，然后放在纸上，运用这些车辆创造一幅作品。这种活动可以加强孩子们关于运输方式的讨论。

冰块画

在制作冰块的盒子里倒上水彩颜料（请勿使用食用色素）。在每个小格里都放一根工艺棒，放小棒时，不一定非要垂直放置。在冷冻室里放置一夜。孩子们特别喜欢这些彩色冰块滑过纸面的感觉，也特别喜欢看着冰块融化、颜料渗开的样子。这个艺术活动适合在户外温度较高时进行。它还会引起学生对季节、日照问题的讨论。

这种创作方式还有另一种形式：给孩子们准备无色的冰块和纸巾。孩子们可以先用撕或剪的方式把纸巾裁成小片，然后把碎纸片放在一张大白纸上，再把无色的冰块放在彩色纸片上。看着彩色纸片上的色彩渗到白纸上，孩子们会非常开心。

镜子画

给孩子准备一个手持型或标准大小的镜子，让孩子照镜子，用蛋彩在镜面上把自己的脸和衣服画下来，也可以用水性记号笔在镜面上直接绘画。创作完成后，让孩子把镜子洗干净。用掺了肥皂的温水将镜面冲洗干净，再用毛巾擦干，以备下次使用。

易拉罐画

找一个有盖的咖啡罐，量好它内壁的周长和高度，并根据这个数值剪裁好大小适中的纸张。再准备一些可以滚动的小物件，比如玻璃珠或高尔夫球。把裁好的纸卷起来放进咖啡罐，将其平整地贴在四壁，再把蘸好颜料的玻璃珠也放进罐子里，把盖子盖好。最后，把罐子放在地上慢慢

小提示

在吸管顶端附近剪一个口。如果孩子吸吸管，颜料会从口子里出来而不会进到他们的嘴里。提醒孩子用自己的吸管。

滚动就可以了。注意要留下一条足够长的通道，别让罐子互相碰撞，那样会影响画面效果。

钟摆画

这和第四章提过的做"沙摆"有些相似（见图4-12）。首先找一个纸杯，并在杯底钻一个小孔。在杯子的上沿也钻三个小孔，穿上绳子后，把这三根绳打结。将两把距离半米左右的椅子背对背放置。在两个椅背上放一根杆子，并用胶带固定。再用一根绳子把杯子挂在杆子上，注意杯子距离地面还要有15—30厘米的距离。在地上铺上一大张报纸，放在地面上的椅子中间。将杯子上的孔用胶带封住，加入稀释的液体蛋彩。给孩子示范如何轻轻摇动杯子。撕去胶带，纸上会出现因纸杯来回摇摆而成的有趣的图案。

油性画和水彩画

先在一个杯子中稀释一种颜料，再在另一个杯子中用食用油调和第二种颜料，并拿一张纸放在烘盘或小盘子上。孩子用取色工具或汤匙将稀释的颜料滴在纸上。再用另一个取色工具将油性颜料滴在稀释的颜料上面，并将盘子反过来进行调和。观察并讨论发生的现象，你会发现油和水不会融合到一起，并且油性颜料在水面上创造出了不寻常的效果。在这个活动中，孩子们既是艺术家，也是科学家。

流动的画

这是一项非常好的活动，它可以让孩子观察自己的创作结果。首先在烘盘上放一张大的白纸，用胶带将纸的边缘固定。将三种不同颜色的液体颜料混合在一起，再加入足够多的水进行稀释，使颜料能够流淌。在每种颜色中都放上汤匙，并鼓励孩子用汤匙舀一种颜色到纸上。让他们倾斜烘盘，使颜色在纸上流淌。注意要重复使用不同的颜色，鼓励孩子将烘盘朝不同的方向倾斜，并记下颜色是如何混合的。

栅栏壁画

这是一种非常好的户外小组活动。将一张不透水的大纸贴到栅栏上，使用足够的胶带防止纸撕破和掉落。然后沿着栅栏的长度，每隔一段放置一个装颜料和刷子的容器。孩子们可以将颜料集中放置在小桌子上和结实的纸箱中。这个活动可以让很多孩子同时参加。在这个活动中，用颜料滚筒代替刷子是其不同之处。

在坡面上画画

这也是一项非常好的户外小组活动。制作一个坡面，可以是一个宽滑梯的末端，也可以抬高大木板或结实硬纸板的一端。提供装液体颜料的容器，并收集一些可以滚动的物品（如卷盘、玩具车、松果以及球）。将一张大纸贴在坡面上。放置一排积木，挡住从坡面上滑下的物体。孩子们会很喜欢将物品浸入颜料中，然后将其从坡面上滑下去。

用包装纸和胶画画

将等量的乳胶和水进行混合，它们混合后看起来像奶一样，但是更加透亮。每个孩子有一张锡纸，将亮的一面朝上。还可以将锡纸撕成多片，并用刷子将胶涂到成片的锡纸上。鼓励孩子将锡纸放到地上涂上更多的胶，也可以将锡纸上吸收的胶作为颜料。如果将成片的锡纸重叠，不仅可以创造出新的颜色，还可以不断增加胶和锡纸的层次来重复这个过程。

总结

孩子们的艺术作品是新颖而自然的，它可以欣赏但不容易解释。很多理论都解释过孩子们的创作内容、创作动机以及创作方法。不同的理论对于孩子们艺术创作的主题、动机、过程及最终完成都有不同的解释。物理解释认为，幼儿的创作是乱涂乱画，画出的图案不易识别，因为他们缺少运动协调和控制能力。情感解释称孩子们在艺术创作中对事物进行增加、删减、夸张、变形，这对孩子而言具有很高的情感价值。感性解释认为孩子们在画画时依赖于自己的感知。幼儿的感知不够清晰和细致，这在他们的艺术作品中可以反映出来。认知理论认为，孩子们是画其所知。孩子们如果缺少对人、事、物的经历和感知，就不会把它们画进自己的作品。综合发展理论运用阶段理论来综合上述说法，分析孩子的整体发展和个体的差异。凯洛格的阶段包手感从涂鸦到位置、形状、设计以及图形。罗恩菲尔德和布里添的阶段说包括涂鸦、前图式期、图式期、画现实主义的画、伪自然主义、艺术决定等。

关键词

聚集　　　　　　绘画
认知的　　　　　感知的
认知发展　　　　物理的
结合　　　　　　绘画阶段
内容　　　　　　过程
图形　　　　　　作品
肖像画测试　　　涂鸦
情感的　　　　　太阳形象
综合发展　　　　艺术发展理论
曼陀罗　　　　　U形曲线
动机

活动建议

1. 收集几幅孩子的艺术样品（年龄截止到8岁），根据凯洛格、罗恩菲尔德、布里顿以及笔者的理论将作品进行排序，哪一种理论对你来说是最适合的？为什么？

2. 回忆关于孩子艺术作品的物理解释，查阅相关的艺术史书籍，记录下儿童艺术作品与成人抽象画及早期艺术作品之间的异同。

3. 收集一个幼儿在一段时期内的不同艺术作品，记录下孩子的图形样式和进步。用艺术发展的不同理论解释孩子艺术作品的内容、创作动机以及创作方法。

4. 让2-6岁的孩子用彩笔或马克笔画一幅自画像，并征求他们的同意保存这些作品。尝试根据人物画发展的凯洛格阶段论对它们进行排序。你的数据符合她的理论吗？

5. 在画架或桌子旁观察一个孩子的画，仔细地记录材料的使用方法以及效果。用本章提到的六种理论来解释孩子的艺术发展。哪一种理论能够最好地解释你所观察到的现象？讨论你得出的结果。

6. 为一个或多个孩子设计一个绘画活动。

回　顾

1. 将以下艺术术语和相应的例子进行搭配。
　　____结果　a. 我有时会感到烦躁，所以在纸上涂鸦。
　　____主题　b. 吉姆先对着镜子微笑，然后回到画架旁画他自己的肖像。
　　____动机　c. 艾米撕掉一张废纸，并将其揉成一团，在去吃午饭的路上扔到了垃圾桶。
　　____过程　d. 凯丽画了几根线条和图形，说："看我这巧妙的设计。"

2. 了解关于儿童艺术的六种主要理论和解释。

3. 根据罗恩菲尔德以及布里顿的理论将年龄范围与其适合的阶段进行搭配。
　a. 1岁半至2岁半　____命名涂鸦
　b. 2岁半至3岁　____图式期
　c. 3岁至4岁　____伪现实主义
　d. 4岁至7岁　____无意义的涂鸦
　e. 7岁至9岁　____前图式期
　f. 9岁至12岁　____写实前期
　g. 12岁至14岁　____有目的地涂鸦

4. 区分笔者关于艺术发展的综合阶段。
　1-2岁及以上　　_____
　2-4岁及以上　　_____
　4-6岁　　　　　_____
　5-8岁及以上　　_____

5. 讨论加德纳关于艺术发展的理论观点。他在艺术发展理论中提出的U形曲线是什么意思？

第三部分　艺术和美学

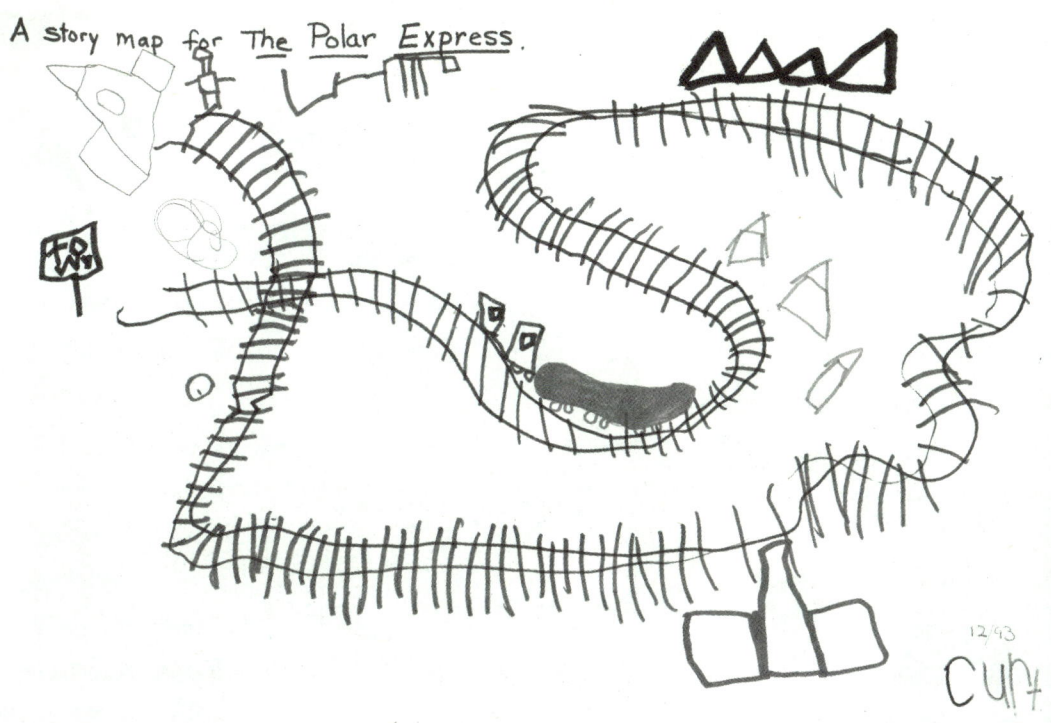

你在这幅画里看到了什么？画里画了电影《极地特快》（The Polar Express）的故事。小作者画了一幅 铁路架空地图，地图上的物体都是从正面视角去画的。他的老师帮着在画的左上角写上了标题。你是不是能感觉到铁路很长？你能否体会到火车沿着铁轨迂回曲折的感觉？运用语言和图画是孩子表达对故事的理解的一种方式。

第六章"艺术的元素"是指所有艺术家在艺术创作的时候都要用的艺术语言。艺术家创作时会使用线条、色彩、形状或形式、质量或体积、设计或构成、图案、空间、平衡和结构。成人艺术家的努力是为了熟练地运用一个或更多的艺术元素，从而达到一个特别的效果。幼儿不会刻意地运用媒介处理艺术，但这并不意味着他们的作品缺乏艺术元素。涂鸦无非是一系列丰富多彩的线条和形状组成的空间。

第七章"审美观"关注的是帮助孩子体验并且欣赏他们世界中的美。这一章主要讨论了安莱恩·D.沃尔夫（Aline D.Wolf）帮助读者理解早期的审美观与艺术欣赏的问题。

第八章"感官体验"这种体验是视觉、听觉、触觉、嗅觉、味觉、色感、热度、气压和动觉活动的一种资源。教师通过提供感官刺激来帮助孩子们获得审美体验。一个具有审美愉悦的课堂环境能充分利用所有的可用空间。

幼儿美术是不是只是让孩子实验与探索呢？除了涂鸦、玩面团、涂油漆、拼图之外，是不是还有更多的艺术种类？

第九章"构建完整的婴幼儿艺术项目"提供了更大范围的图景。完整的艺术项目给孩子们提供了充足的时间、空间和材料来体验艺术，体验感官经验；介绍艺术、艺术家和他们的风格以及审美介入。

第六章　艺术的元素

　　儿童认为他们的世界是由颜色、线条和形状组成的。因此他们用色彩、线条和形状来画画。他们通过重复某些形状产生一种图式。图片中的小女孩正在进行版画的绘制，她把气球浸泡在油漆里，并压在纸上进行拓印，从而创造了一种重复的形状图式。版画是本章活动的特色，本章为读者提供了一组版画活动，它主要是通过使用一些普通的物体，从而产生有趣的效果。

目标

读完本章后，你应该能：
- 列出并简单地解释艺术元素。
- 讨论颜色的类别和物理特性。
- 设计对孩子们学习艺术元素有帮助的艺术活动。
- 帮助孩子们制作版画。

引言

有些人无法根据自己的感受来判断一件艺术作品的好坏，因为人们喜欢的艺术作品并不一定都是好的。尽管对艺术的品味和喜好是个性化的，但我们可以用公认的标准讨论、分析、批评艺术。艺术元素是一个公认的标准，它包括线条、色彩、形状、质量或体积、设计或创意、图案、空间、平衡和质感。评价艺术作品时，可以看艺术家是否在作品中成功地运用一个或多个艺术元素。本章提供了一些能帮助儿童了解、欣赏和运用艺术元素的活动。

审美标准

你在审美体验中寻找到什么？你如何分析和评价舞蹈、音乐或艺术作品？各种各样的表现艺术都有它们自己的标准。在舞蹈中，人们可以跟着音乐舞动，可以评价运动是否流畅。在听音乐的时候可以评价乐谱中的韵律、节奏和一个人的情绪反应。视觉艺术有它们自己的标准或艺术元素，包括：

1. 线条　　　　6. 图案
2. 色彩　　　　7. 空间
3. 形状　　　　8. 均衡
4. 质量或体积　9. 质感
5. 设计或构成

每个元素都有相应的活动来解释说明。有一些在第八章"感官体验"中探讨。

1. 线条

什么是线条？线条
- 是用艺术工具画的一条可视的标记，例如用蜡笔画过物体的表面，如纸的表面
- 是一个一个点的延续
- 通常有方向、运动、节奏或形式
- 在自然界中不存在。自然可以产生带边缘的物体，艺术家用线代表边缘
- 帮助艺术家限定形状和轮廓的边缘
- 是一种用来写信、句子、数字、符号和标志的东西

线条有很多不同的用法，它们有自己的尺寸，包括大小、方向、长度、宽度和重量，也有自己的个性。线条可以：
- 长或短（长度）
- 高或矮（高度）
- 厚，胖，重；薄，瘦，轻（重量）。重的线能传达力量、重量、魄力或强度的感觉。薄的线让人感觉精致、轻盈或小心翼翼地去触摸
- 大或小（尺寸）
- 水平，垂直，或倾斜（方向）。水平线容易让人保持冷静、安静和睡眠。垂直的线有稳定性和强度，犹如在海的中间的一个灯塔，一条垂直的钢梁，或火箭发射的感觉。倾斜的线有张力和动感，如同在爬上坡或在滑雪
- 上或下（方向）
- 前或后（方向）
- 左或右（方向）
- 连续的，或中断的，星罗棋布的
- 开或关
- 锯齿状的或平滑的
- 规则或不规则
- 直或曲，锯齿形或波浪形。曲线在舞蹈或自然界中好似优雅的运动。锯齿线如一道闪电，充满能量
- 可控、不可控和自发的
- 暗或亮
- 平行或垂直，相交或交叉
- 快或慢
- 普通的或者奇特的
- 尖锐的或软的

下面介绍一些帮助孩子们学习线条的艺术活动。

线的设计

孩子们可以使用框架来做抽象的线条设计。例如制作木质相框，需要教师在几厘米左右的框架上钉上小钉子，通过钉子之间绷紧的弦，让孩子们进行线的设计。不同颜色的线可以为线条设

计增添丰富的色彩元素。当然也可以使用纸板框架，教师需要在四个边都切一个一英尺长的切口，鼓励孩子们用线把切口连起来，这样一个线型设计的活动就完成了。

跳舞的线

这个活动是一个从音乐转变到绘画的过程。首先教师播放一段音乐，要求孩子们随着音乐的变化，用记号笔、蜡笔或油漆刷相应地画一条线。例如，根据一首进行曲可以画出一条有力的、上下波动的线条图案。描绘瀑布时建议用厚的、垂直的线，而从水龙头流出的水建议用垂直的线。下面请思考，以下录音的声音适合运用哪种线？

- 水煮沸的声音
- 跳绳的声音
- 打雷的声音
- 锯木头的声音
- 火箭发射的声音
- 运动时吱吱作响的声音
- 单脚跳的声音
- 滑冰的音乐声
- 警笛声
- 波尔卡舞曲的声音

艺术线条

孩子们可以通过浸泡切好的纸片，并用一小碗白胶水把纸片串在一起，来制作自己的艺术线条。他们可以在黑板的工作用纸上创造性地将胶柱进行线性设计。把有颜色的线粘到白色的画纸上，然后将它晾干。

挤压和撒

鼓励孩子们用一小瓶白色的胶水制作一幅线条设计作品。胶水干之前，在上面撒上沙子、闪光片或压碎的蛋壳，产生闪闪发光的效果，从而提高作品的质量，然后等胶水变干。

多样的线

孩子们可以把工作用纸切成带状的纸条。鼓励孩子们剪出厚、薄、宽、胖、短或长的纸条。教师为缺乏裁剪技巧的幼儿提供切割好的纸条。接下来让孩子们拼摆这些纸条，并用胶水把它们粘在彩色的工作用纸上，形成一幅线条设计作品。

粘贴艺术

孩子们可以用牙签、工艺棒或吸管来制作线性设计作品。这些物品都可以涂上胶水，并压在纸板或结实的纸上。这种安排将会制成一个轮廓鲜明的线性设计作品。孩子们可以把吸管弯曲成各种形式，并在纸板上将其排列组合，然后将作品晾干。

2. 色彩

色彩斑斓的世界为我们的日常生活提供了美丽的场景。那什么是色彩呢？色彩

- 基于一道光。这是由光刺激视网膜的视锥细胞引起的可视的光觉。由于光源的改变，产生了色彩。没有光就没有色彩。
- 来自太阳。我们能看到色彩是因为物体反射到我们眼睛中的彩色的光线。例如，我们看到香蕉是黄色的，是因为香蕉吸收了除了黄色之外的所有颜色的光线，然后反射到我们眼睛中的只有黄色光线。
- 让我们每一个人产生感觉。我们都有自己最喜欢的颜色，孩子们在生命的早期就开始产生颜色的偏好。这种偏好会影响我们对服装、家具、汽车和创作艺术作品时的颜色选择。

色彩可以分为：

1. 原色

红、黄、蓝是三个最基本的颜色。由于它们能产生其他的颜色，所以叫它们三原色。

2. 间色

两种原色相加，调和出的颜色叫作间色。例如：

红 + 黄 = 橙　　黄 + 蓝 = 绿

红 + 蓝 = 紫

3. 复色

把相邻的原色和间色相加，调和出的颜色叫作复色。例如：

黄 + 橙 = 黄橙　　红 + 橙 = 红橙

红 + 紫 = 红紫　　蓝 + 紫 = 蓝紫

蓝 + 绿 = 蓝绿　　黄 + 绿 = 黄绿

4. 补色

补色是指在色相环中相对的颜色，它们之间有戏剧性的视觉对比，比如红和绿，黄和紫，蓝和橙。

5. 中性色

中性色是指没有特别色彩的颜色，包括黑色和白色。

下面做个小练习，请指出图 6-1 色相环中，哪个是原色、间色和复色。

色彩有可识别的物理性质，包括：

（1）色相

色相是指色彩的名称。色相是色彩纯粹的形

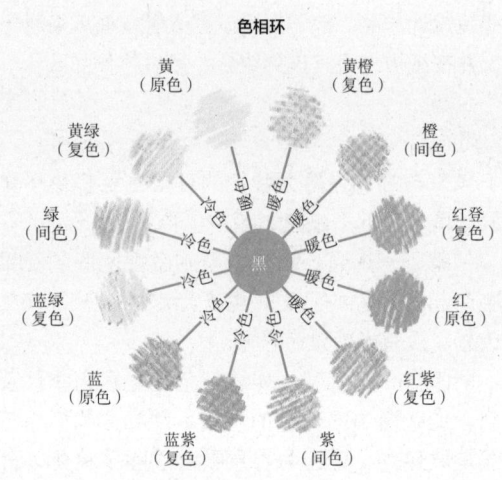

图 6-1 色相环

式，例如，红和蓝分别有不同的色相。

（2）明度

明度是指色相明暗程度的关系。它是指眼睛对光源和物体表面的明暗程度的感觉，例如，黄色的明度比紫色的明度高；红色和蓝色有同样的明度，不同的色相。

（3）纯度

纯度是指色彩的鲜艳程度。色彩明暗的条件是指颜色的亮度，纯色通常比较鲜艳，把颜色混合就会降低色彩的纯度。

（4）亮部

白色和任何颜色相加都能提高色彩的明度，产生亮部。例如，在红色里面加白色会产生粉色，提高明度。

（5）暗部

把黑色和任何颜色相加能降低颜色的明度，产生暗部。例如，在红色里加黑色会变成褐红色，降低明度。

色彩也有温热的品质，能对观者的心理产生影响，激发我们的情感。颜色

① 是温暖的。暖色包括红色、黄色和橙色，它能使我们想到热的或温暖的物体，例如太阳或火。

② 是冰冷的。冷色包括蓝色、绿色和紫色，它使我们想起冷的或冷酷的物体，像水、冰、草和阴影。

③ 能给人尺寸和空间的错觉。亮色能使物体看起来比实际中要大，暗色能使物体看起来比实际中要小。例如，用白色粉刷房间能使房间看起来更大，如果给同样的房间刷暗的黄褐色，会使房间看起来更小。亮色使物体看起来近，暗色使物体看起来更远。

成人艺术家会有意识地关注观众的感受，尤其是对他们作品中颜色选择的感受。艺术家或许会在《七月野餐》的作品上用四分之一的红、黄、橙来传达温暖的感觉，用蓝和绿来画海上漂浮的一艘船，用亮色来画肖像，用暗色来暗示纵深的背景中人群的存在。色彩有很多可能性和个性，它们是

- 光明或黑暗（明度）
- 明亮或暗淡（纯度）
- 暖或冷（温热的品质）
- 不透明（油画、丙烯画、厚的蛋彩画）或透明（水彩、薄的蛋彩画）
- 原色、间色、复色
- 纯或不纯

下面介绍一些色彩的小活动，其他的活动将在第八章的视觉和色感部分提及。

色彩排序

孩子们很享受运用色彩把物体分类的过程。首先为孩子们提供一个松饼锡纸包装或鸡蛋盒，可以让幼儿少使用一些，大一点的孩子可以使用整个鸡蛋盒。把不同颜色的圆圈放在每个独立的小盒子底部。然后为孩子们提供一些工作用纸、小纱球或绒球，供孩子们分类。孩子们可以用钳子把纱球或绒球捡起来，放在相应的盒子里。孩子们利用颜色把物体分类后，可以把他们选择的同色物体做成一幅拼贴画（见图 6-2）。

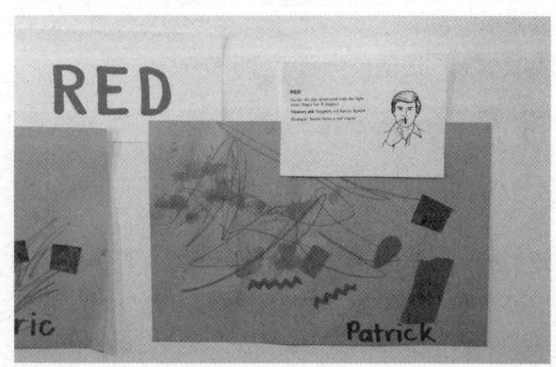

图 6-2　彩色拼贴

色相环

首先找一个干净的纸板圈，以图 6-1 的色相

环作为向导，把不同颜色的扇形粘在纸板圈上。收集与扇形一样多的夹子，用相应的颜色把每个夹子涂上颜色，例如，一个红色的扇形使用的夹子应该涂上红色。然后鼓励孩子们把每个夹子夹在对应的颜色上，大一点的孩子则可以使用标有颜色名字的夹子，颜色的名字要和相应的色彩匹配。

色彩食谱

甜食偶尔也可以用来教学，用的时候，它就会变成一种教育体验的过程。孩子们可以从中学习糖霜饼干、全麦饼干或蛋糕的调色原理。准备三个装冰或香草糖霜的透明小瓶，把蓝色、红色或黄色的食用色素放在其中的一个瓶子里。孩子们可以用原色冷冻一些好吃的东西，把任意两种原色混合就得到紫色、橙色或绿色的糖霜。这些活动可以在节假日的时候体验：

- 圣诞节时用红色和绿色
- 情人节用粉色、白色和红色
- 圣帕特里克节用绿色
- 复活节用紫色和黄色
- 万圣节用橙色和黑色
- 美国国庆日（七月四日）用红色、白色和蓝色
- 秋天和感恩节用橙色、棕色和黄色

橙汁饮料

6盎司的浓缩鲜橙汁；1杯牛奶；1/2杯水；1—2个冰块；1茶匙香草精。

把这些材料倒入搅拌机混合，直到起泡沫，橙汁就制作完成了。

下面是一种强化颜色的小吃配方：

食物色块

一瓶诺克斯明胶；1/3杯冷水；一小盒果冻（可以选用不同的颜色和口味进行实验）；一杯热水。

首先在冷水中溶解诺克斯明胶，用热水溶解果冻，然后把它们混合在一起，并倒入长方形的锅中冷冻。切出形状，完成制作。

混色

孩子们将会很享受混合颜色的过程。这个过程需要准备六个婴儿奶瓶、六枚装的鸡蛋托盒、三个杯子和混合颜色用的滴管。首先在三个杯子中装几滴水，然后分别加入食用色素的原色。然后将等量的两种颜色相混，看看得到哪种新的颜色。用其他的两种颜色重复这个过程。

这个活动与前面不同的是需要准备附加材料，即提供一个颜色混合的条件卡，如下：

红 + 蓝 =
蓝 + 黄 =
红 + 黄 =

为每个原色提供一个单独的滴管，用标签标出红、黄、蓝三个小罐，再标出另外三个"红+蓝、蓝+黄、红+黄"的小罐。幼儿需要用真实的颜色样本，而不是抽象的颜色名称。而大一点的孩子可以通过识读文字进行颜色的混合。

手指画

手指画是学习颜色混合的好方式。首先给孩子提供一种原色，并鼓励孩子们用整个手移动着画，然后再加第二个原色。观察两种颜色混合时发生了什么？它们混合后产生了哪种颜色？这可能是孩子们连贯地进行颜色混合的初次体验。孩子们也可以在不同的时间，用其他的原色重复上面的过程。

彩色黏土

教师可以教孩子自制黏土的方法，或者是第十一章列出的玩面团的方法。首先要制作三个没染色的球，在每个球上添加几滴食用色素，任选三原色中的其中一个颜色，将其揉捏。然后把染有原色的球分成两半，用其中一半来尝试颜色混合。如果把红球和蓝球，蓝球和黄球，红球和黄球混合在一起，会发生什么呢？我们将得到哪种新的黏土颜色呢？结果肯定是得到不同颜色的黏土球。

制作色调

孩子们可以学习制作颜色的色调，在这个活动中会用到个人的手指画或油画。首先从三原色开始，用一小点白色和三原色分别调和。看看发生了什么？你得到了什么颜色？它最初的颜色更亮了还是更暗了？试试三间色，重复刚刚加白的过程，再尝试把一小点黑色和三间色混合在一起。你会发现：加白能产生带白的红色、黄色、蓝色和间色，加黑将产生暗色。

色彩助理

和孩子们讨论一下社区助理经常穿的特定颜

教师反思

莱曼先生（Mr.Ramon）班里4岁的孩子用他们的手指创造了美丽的艺术。他们把作品放在艺术中心的陈列室里，以待作品慢慢变干。莱曼先生分别给塔里克(Tarik)、埃斯特班(Esteban)和杰曼(Germaine)一个放大镜，让他们研究绘画作品中的笔触和印痕。塔里克正在认真地用放大镜检查他的手指，并仔细地与相应的印痕做比较。埃斯特班让塔里克检查他的手指和手背，说道："我们的手指印都是相同的颜色，但我们的手颜色不同。"杰曼回答埃斯特班："我和塔里克是同样的颜色——我们是黑色。但你不一样，你是棕色的。""你们不是一样的。"埃斯特班争辩说。"塔里克是深棕色，你是浅棕色，我是最亮的棕色。我们都是棕色的。""哼，我是黑色。"杰曼坚持说。莱曼先生正在认真地听这三个孩子的对话。他知道这种讨论是4岁孩子的特征，他们已经开始观察同学之间的相似和不同了。但是他看到杰曼正心烦意乱，他应该怎样控制这段对话来帮助孩子们理解种族和肤色之间的关系呢？

色的衣服。警察穿蓝色，医生、护士、兽医、救护车司机、医护人员和医院工作人员穿白色或绿色（在手术中），厨师和厨师长也穿白色的衣服。

色彩节

规定每周的某一天是色彩节，这一天有某个具体的颜色。例如，每周五是色彩节，这周五的色彩将是绿色。鼓励孩子们穿一些绿色的衣物，活动、歌曲、故事和零食都要与绿色有关。与色彩相对应的食物有：

- 红色：苹果、樱桃、草莓、番茄酱
- 黄色：香蕉、炒鸡蛋、芥末
- 绿色：葡萄、芹菜、莴苣
- 橙色：胡萝卜、奶酪、南瓜面包
- 紫色：葡萄汁、葡萄
- 棕色：全麦面包、花生酱、巧克力牛奶或布丁
- 蓝色：蓝莓松饼
- 白色：奶酪、酸奶、大米、沙拉酱

色彩故事

成人最好能给婴儿或初学走路的孩子读一读类似《棕色的熊》（*Brown Bear*）或《我的蜡笔会说话》（*My Crayons Talk*）之类的书，并可以对比每一页的物体在环境中的色彩。《斯保科纳（*Slobodkina*）的《帽子出售》（*Caps for Sale*）是一本极好的供青少年阅读和表演的书，孩子们很喜欢堆叠红色、蓝色、棕色和灰色的帽子，他们可以轮流扮演小贩或猴子。

3. 形状

形状是有长和宽的二维的艺术，是事物的一种存在形式。确切地说，形状是什么呢？形状

- 是指物体的外在表现形式
- 是一个封闭的空间边缘
- 是由轮廓线定义的，是在周围范围内通过颜色对比或纹理定义的
- 代表正空间或图形
- 是由相连的线创造的

形状有自己的特点和个性，它的特征是：

- 简单的或复杂的
- 圆的或方的
- 几何图形，包括圆、方形、长方形或三角形；非几何图形，包括不规则的、自由的、有机的或无条理的图形
- 活动的或安静的
- 定义明确或定义模糊
- 高或短
- 大或小
- 张开的或闭合的
- 固体的、沉重的、巨大的；展开的、轻盈的
- 成比例的或不成比例的
- 凹或凸的
- 透明的或不透明的
- 硬的或软的
- 抽象的或现实的
- 对称的或不对称的
- 精确的或模糊的

以下是一些帮助孩子们学习形状的活动（见图6-3）。

图6-3 孩子可以在艺术活动中探索形状

砂纸的形状

几何形状包括圆形、方形、三角形、长方形、菱形等。教师可以切割一些砂纸，安装在固定的纸板上。孩子们可以用手指感受砂纸的形状，青少年则可以进一步感受砂纸的边缘。

豆子的形状

孩子们可以操纵和把玩几何形状的豆子，可以把豆子按照尺寸、形状和颜色进行排序，并分类放在筐或桶中。

令人费解的形状

教师可以用尺子将几何形状绘制在广告板上。对于幼儿来说，不同的形状要配以不同的颜色，以便幼儿区分，大一点的孩子则不需要颜色的提示。幼儿要把每一种形状变成某个其他的形状，如果需要的话，在这些形状的后面标注上颜色标志。教师要向幼儿强调：多给作品做些装饰。至于纸的数量和大小，一定要根据孩子的年龄来定。例如，把一个正方形纸变成三角形，这或许对学步期幼儿来说是有难度的。

装订一个形状

首先修剪一下塑料泡沫板的边缘，把每一个都剪成不同的几何形状。然后查找一些坚固的纸板，用打孔机小心翼翼地在形状的内轮廓上打孔，鼓励孩子们沿着孔线进行装订。孩子们可以用鞋带或厚厚的纱来装订，而不是用线。用一个大的塑料针从头到尾穿过所有的孔，在结尾处用结、按钮或珠子系上。一些用针和线的孩子会按上下、里外的走势来缝，其他的孩子或许更喜欢沿着边缘循环或编织。这些孩子更喜欢随机地把孔联结而不关注任何形状。

活动还需要一块钉板，是装订时用的。孩子们可以用高尔夫球座制作形状的外轮廓，而不是用纱。

安全形状

我们应该意识到形状除了单纯的美感之外还有许多用途，用不同的形状来做标记，可以帮助步行和安全驾驶。相同的形状颜色不同，即使你不能识别标志，标志的形状和色彩也会告诉你怎么做。在附近短距离地散步，寻找安全标志，例如停的标志。安全的形状包括八角形、三角形、菱形和圆形，孩子们可以制作红、绿和黄色的圆圈，并把它们按照正确的顺序贴在黑色的背景上，制成一个交通灯。

形状印记

孩子们喜欢在墨印台上放置物品，喜欢在纸上印出圆形、正方形、长方形和三角形的形状。塑料头发卷的圆形边缘是理想的圆形形状，而且它们有不同的尺寸。教师要鼓励孩子们创造性地把形状重叠排列成一幅美丽的作品。

形状飞溅的绘画作品

首先把坚硬的纸板剪成一个几何形状，把一张纸放在盒子的盖子上，然后将几何形状放在纸上，把一个薄薄的屏幕放在上面。拿一个旧牙刷浸在颜料里，在屏幕上小心地刷，确保颜料沿着形状的边缘洒落飞溅。重新移动屏幕，小心地抬起形状，纸上会呈现出形状的外轮廓。当然也可以在一张纸上重复这个过程，把几何形状以不同的方式创造性地进行重叠和联结。

有许多规范的活动很适合孩子学习形状和颜色，本章已经介绍了一些。

标志

孩子们可以通过学习物体的颜色、形状和名字来辨别物体。例如，彩色的毛毛虫是由不同色彩的局部组成的，它的每一节身体都是不同的颜色；列车的形状与普通机车的外形相似，而不是多样的几何形状；教师也可以把名字印在每一个物体的上面，谨记不要高于孩子的视平线，要粘在孩子看得见的地方。

操纵游戏

教师可以对传统的游戏进行特别的设计，以适应孩子们更好地学习形状和色彩。例如：
- 宾果游戏
- 落托数卡牌戏（一种对号码的牌戏）
- 多米诺骨牌
- 卡片游戏，包括拉米、心和钓鱼。

教师可以在玩具商店找到这些游戏的材料和说明，其中尤其要注意棋盘游戏和操纵材料，然后教师就可以创造性地与自己的版本相结合，进行特别的设计了。

记忆大比拼

把一对颜色或形状放在索引卡片上，鼓励孩子们配对。青少年则可以增加数量，提高难度。孩子们都喜欢先把所有的颜色或形状卡片翻转，试图记住每对的位置，然后再进行配对。如果两个打开的卡片正好匹配，玩者就可以直接把另外一对翻过来。

分类

孩子们可以尝试用不同的方式把一组卡片分类，例如可以根据颜色、形状和尺寸进行分组。青少年喜欢玩每色十二张牌的卡片。例如，红色：圆形、正方形、长方形、三角形；小、中、大。

如果每一个原色你都用这个方案，那么总共要准备36张卡片。

钓鱼

在一系列的卡片上画出鱼的外形，在每条鱼里面添画一种颜色或形状，在每条鱼的嘴部订一个小金属。把纸巾卷起来用来做钓鱼竿。把绳子系在一端，在另一端系上小磁铁，把鱼放在地上水里的一张蓝色纸的上面。鼓励孩子们钓鱼，并说出钓到鱼的颜色或形状。

合作伙伴匹配

这对整个小组来说是个很好的活动。给每个孩子一个几何形状或颜色的列表——大一点的孩子或许喜欢用不同颜色的形状。让孩子们围成一个圈，举起他们的形状，让他们认真找一找谁拿的是相同的形状，然后轮流找到形状匹配的合作伙伴。之后孩子们交换各自的形状，继续重复上面的过程。

活页书

首先找到一本活页装订的卡片书，然后把每张卡片划分成上下两个部分。也许卡片会太多，所以你需要去掉一部分。你可以利用卡片书设置关于颜色、形状和其他概念的活动。翻开书的任意一面，关键是你要找到活页书中左边和右边的顶部和底部。例如，设置关于色彩的活动，翻开任何一页有红色的页面，在右边的上半部找到或画出红色的事物，在右边的下半部用红笔写上红色，在整个过程中要小心地区分每页的上半部或下半部。也可以让孩子们通过活页书上下左右的翻转，发现匹配的颜色及其对应的实物，例如，红色的气球（右上）和红色这个词（右下）匹配，与左边红色苹果的图片匹配。

4. 质量或体积

质量或体积是品评三维艺术较恰当的语言，物理上的三维一般指长、宽、高。圆形是二维形状，是平面的；球体是三维体积，是立体的。那质量或体积是指什么呢？它其实是指实体的表达方式，艺术家们可以用很多不同的方式描绘质量或体积。我们可以把质量或体积描述为：
- 张开的或闭合的
- 沉重的、笨重的、巨大的；轻盈的、细腻的
- 坚固的、坚不可摧的、块状的；张开的、穿透的
- 不透明的或透明的
- 几何的或有机的
- 静态的或动态的
- 有角的或弯曲的
- 硬的或软的
- 大的或小的
- 静止的或移动的

5. 设计或构成

在这本书中，术语"设计"可以描述为：幼儿在艺术中的任何创造，一根潦草的线条、飞溅的色彩和排列的形状都可以称作设计；而成人艺

术家则利用不同的感官对画面进行整体的设计和构成，这是决定画面成功的总体标志，也是好作品的标准，就像蛋糕上的糖霜，不可或缺。设计或构成作为艺术的标准，要尝试解决以下问题：

- 艺术家是否完成他或她最初设定的目标？艺术家是否成功？
- 线条、形状、颜色、纹理和混合形状是否是一个统一的整体？这些艺术元素的安排是否令人愉快和满意？
- 完成的作品是否赋予了一种整体的秩序感、连贯感、平衡感和组织意识？
- 艺术家是否在单调和复杂、统一和多样之间取得了平衡？
- 作品是否有焦点、重点和兴趣中心？能否吸引观众并引起观众关注？它是否能让观众不厌其烦地观看和欣赏？

作品如果是好的设计或构成，那上面的问题答案则都是肯定的。成人艺术家在作品中寻求精致的路线，他们擅长运用对比、统一等设计元素，这不仅增加了作品的新颖性、多样性和对比度，而且使作品变得很有趣味；而儿童艺术家则对设计或构成关注得不多，他们很少关注作品的完成度。然而我们可以用设计或构成的原理来品评艺术作品，使孩子们能从中意识到：艺术作品的制作是需要进行相应艺术构思的。

与其他标准相比，总体设计和构成虽然与早期儿童艺术不是直接相关的，但它是其他标准的基础。

6. 图案

我们身边处处都是图案，栅栏、台阶、梯子的横档、铁轨和车轮上的辐条，都是重复的图案。孩子们既能运用图案来丰富自己的艺术作品，还能利用构图技巧学习数学与阅读课的课程。图案

- 是对物体表面进行的处理
- 是流动的、有节奏的、运动的
- 是有规律的、重复的
- 是由形状、线、颜色、结构或重复序列中移动的元素组成

图案有各自的特点，它们可以是：

- 华丽的、花哨的；朴实的、简单的
- 规则的或不规则的
- 对称的或不对称的
- 按顺序的或交替的

下面介绍一些学习图案的活动。

海绵画

首先把家用海绵切成不同的几何形和抽象形状，鼓励孩子们识别图案，例如，圆—方—圆。然后让孩子们在纸上重复这个图案，可以把图案安排在水平线、垂直线或对角线上（见图6-4）。

图6-4 用浸过颜料的海绵制作形状

图案拓印

首先提供一系列可以拓印的物品，例如饼干道具、盖子、瓶塞和瓶盖，然后让孩子们识别图案，并试着在纸上重复拓印它。鼓励孩子们想出不同的排列方式，例如从水平方向、垂直方向或对角来重复图案。设计好之后就可以将物品浸在颜料里，制作图案了。

模式图

可以从壁纸、织物或礼品包装上剪下各种形状，然后在画面上重复排列，并粘贴形状。例如，形状可以由零星的白色麻布、箔、礼品包装组成，将它们粘在一排，形成一种模式图。注意：不同的图案序列可以遵循一定的排列顺序，而同样的形状也可以重复排列。

串联图式

孩子们可以用木珠和鞋带创造多种重复的图式。有些孩子可能会喜欢老师示范的图案，而有一些则喜欢制作或拓展新颖的图式。无论哪种图式，都要记得在结尾的时候系上一个大的绳结，并标出花边结尾部分，用胶粘起来加固。

7. 空间

艺术家的最终空间是由画布、纸、纸板、木材或一个鞋盒的尺寸决定的。在整个空间中，艺术家必须处理好如何安排艺术元素的问题。这将会用到多少形状和符号呢？把这些艺术元素安排在哪儿呢？将会剩下多少空间呢？将会保持多少空白的空间呢？根据这些问题，基本上可以把空间分为两种类型：

（1）正空间

正空间采取了线条、颜色、形状和形式，它主要是指画面的主题、内容和图案。

（2）负空间

负空间是指画面的剩余空间，主要是围绕着主题、符号或形状的空间。

正空间是指形状，负空间是剩余的空白部分。在图6-5中，白色的星星占领了正空间，黑色的背景代表的是负空间。

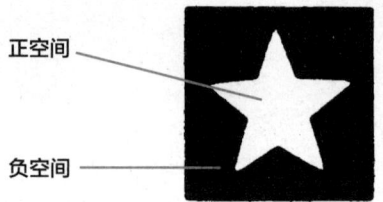

图6-5 正、负空间的例子

艺术家运用不同的方式处理空间。一些艺术作品充满了具有活力的颜色和激动人心的图案（正空间），当然画面中还有一小部分空白（即负空间）。还有一些艺术作品是通过大面积的负空间来强调某一物体或符号的。艺术家运用空间的不同方式包括：

- 正空间或负空间
- 空置的、空的、稀疏的；占领的、充满的、密集的
- 垂直线、水平线或对角线
- 对称的或不对称的
- 有序的或随机的
- 平衡的或不平衡的

下面是一个为孩子学习空间而设计的活动。

🖐 模板

首先把纸板切成某种模板。用X-Acto牌刀子或剃须刀片，把纸板切割成一个简单的形状，例如星星，那么切好的星星就是正空间，周围的区域则是负空间。孩子们可以利用星星模板在纸上制作图案，首先把星星压在纸上，然后运用粉笔、蜡笔或油漆等材料在星星周围涂色。粉笔更适合，因为它能和其他颜色相结合，也比油漆对模板的损害更小。当然孩子们还可以用剪星星时剩下的纸片来做装饰，注意要装饰在星星的里面，而不是远离星星模板。

8. 平衡

当形式之间相互成比例，那么我们就说画面是平衡的、均衡的或和谐的。画面是否能够达到平衡，就要看艺术家怎么运用正空间和负空间了（见图6-6）。基本上有两种方式可以达到平衡：

图6-6 另一个正、负空间的例子是由模板制成的面具

（1）对称（规则的）

对称的平衡是指形状围绕着某些点——例如上或下、左或右、水平、垂直、径向或对角——而保持平衡或均衡。同样重的两个孩子站在跷跷板的两端，这种平衡就是对称平衡。对称平衡在孩子们的艺术作品中是相当明显的，例如，在房子的右边画上一棵大树，为了平衡，在左边再画上一棵大树。这种类型的平衡没有错，但很明显，重复使用就会变得枯燥。

（2）不对称（不规则的）

不对称的平衡两边看上去并不相同，但不相似的两半也处于一种统一和谐的状态。例如，房间的左上角画了一棵大树，为了不对称，在房间的右边画一半大树。这种平衡是与众不同的、有趣的。

达到平衡的方式有很多种，比如，黑色可以

和较淡的颜色达到平衡，一个巨大的形状可以和一些较小的形状达到平衡，等等。

9. 质地

质地是指艺术作品的表面触感。涂料层、干的手指画和织物拼贴都有质地，摸上去都有不同的感觉。质地是一个术语，是用来讨论和品评拼贴、结构、组合和其他三维艺术活动的。质地分为整体和细节两种，幼儿作品经常描述整体的质地，而成人艺术家则两种都用。细节质地包括熟练描绘木材纹理或剥落锈的技巧，而这些纹理是要靠艺术家画在油画布上的。

艺术上与质地有关的纹理包括：

- 粗糙的或光滑的
- 卵石铺的
- 硬的或软的
- 颗粒状的
- 粗的或细的
- 有弹性的
- 湿润的或干燥的
- 海绵似的
- 抬高的或降低的
- 毛茸茸的、模糊的
- 平坦的或分层的
- 锋利的
- 黯淡的或有光泽的

质地的元素将在第八章进一步探究，下面两个艺术活动可以帮助孩子们了解质地。

纹理拼贴

提供一系列有纹理的物体，鼓励孩子们用胶水把这些物品粘贴在一张结实的纸或硬纸板上。自然界中有各种各样纹理的物品。

纹理拓片

室内和户外的环境中有很多丰富的纹理，孩子们要继续寻找。例如，在树皮上放上一张白纸，用蜡笔的侧面在上面摩擦，将会得到一张纹理拓本。如果拓印水泥、木材纹理、硬币、车牌、浮雕的卡片，一定要鼓励孩子们重叠拓纸，并创造性地组合自己的拓片，以免损坏画面。青少年喜欢在纸上先画出一个物体的简笔画，例如一个房子或一棵树，之后，他们会用拓印的方法完成他们的作品，例如用黑色的蜡笔在树干的树皮上拓印。

艺术活动：拓印图片

很多幼儿都有在家拓印图片的经历，例如在白色的洗澡巾或餐巾上拓印染色食品，将会得到一个拓印图案。泥泞的鞋会在厨房地板上留下印记，脏脏的手接触白墙就会留下手印。许多孩子早上来到学校，他们的脸上会留下妈妈的唇印。

拓印是绘画的延伸。绘画是刷子或其他工具在画面上的运动，拓印是指浸在颜料中的物体冲压纸的过程。拓印是指少量的手臂活动，更多地关注位置和整体设计。在介绍拓印的时候，可以讨论并展示壁纸、砖墙、窗户、面料、礼品包装、花和自然界中的例子。为了拓印的效果，蛋彩画颜料一定要足够厚，同时可以尝试运用各种各样的纸来印刷。

幼儿或许把拓印活动作为绘画的延伸。他们会用版画工具作为绘画的对象，相应地，他们会在整张纸上涂抹，导致纸上覆盖的是颜料而不是清晰的拓印。这个趋势反映了制作艺术的过程，并不是说在版画教学上不成功。

下面介绍一些拓印活动。

油涂料印刷品

找一块玻璃板、有机玻璃、亚克力切割板或无孔的表面，例如富美家牌的桌面。孩子们可以拓印它们的表面和纹理。首先在它们上面涂上较厚的油漆，把一张大纸压在上面，然后用手轻轻地按压摩擦，最后小心地举起纸张。术语"油涂料印刷品"就是指拓印出来的画面。在拓印之前，孩子们也喜欢用手在画面上画，画面会被蚀刻成固体颜料的质感，最后会得到一个颜料印刷品。

喷墨拓印

孩子们喜欢把手指按在印台上，以印手印娱乐自己。印台上不只有黑色，还有其他的颜色。手印能拓展成很多有趣的事物，孩子们通过在手印上添加身体、轮子和细节，把简单的指纹装饰得很有趣味。除了手印，还有许多拥有有趣形状和质感的小物体，例如：

- 软木塞
- 硬币
- 回形针
- 纽扣
- 贝壳
- 瓶盖
- 螺母和螺栓
- 雕刻木板
- 铅笔上的橡皮
- 线轴
- 头发定型卷夹
- 塑料件和曲线
- 牛奶容器的塑料塞
- 浮雕肥皂
- 不同形状的板擦

> **小提示**
> ·厚度有助于提高拓印的清晰度，所以建议在拓印纸下面放上厚厚的报纸。
> ·制作一个拓印垫，即在一个平板下面放一些纸巾，把蛋彩画颜料倒在平板上面，把印刷物体印在颜料上，颜料就会均匀覆盖在上面。

这些如之前描述的一样也可以拓印。当拓印不清晰时，可以添加墨液。另外用几层厚的纸巾或旧毛巾浸透颜料，用来做印花垫也是不错的选择。

海绵拓印

首先把海绵创造性地切成各种形状和尺寸，然后鼓励孩子们把它们浸在颜料里，在纸上做一个漂亮的印花（见图6-7）。这需要合理的安排海绵的几何形状，孩子们既可以重复图案，又可以有规律地拓印图案的顺序。注意要为每个颜色提供至少一个海绵形状，并且一定要把海绵洗干净之后再浸入其他颜色里。

图6-7　海绵拓印

丝瓜络拓印

丝瓜络里面拥有丰富的纹理和图案。可以从折扣店里购买丝瓜，很便宜，但是有丝瓜梗的丝瓜会贵一些。孩子们可以在丝瓜的尾部涂颜料，然后在纸上印出来。也可以用一个有梗的丝瓜，把它立在画架上，过程是一样的。在丝瓜络的尾部蘸上颜料，然后轻轻地按压到画架纸上。和版画相比，幼儿或许更喜欢用丝瓜络拓印。

一种老掉牙的印刷

在一张纸上印刷一只玉米穗，像滚动针一样滚动玉米穗，就能做出一幅好的作品。

滚筒印花

拓印玉米穗是滚筒拓印的一个例子。滚筒拓印还有其他的例子，如：
- 头发卷筒——滚动的时候插入铅笔保持平衡
- 用纱或线缠绕的长瓶、销子或塑料杯
- 一个带有形状的卫生纸卷
- 一个有形状的纸板卷
- 一个粘着凸起形状的油墨辊
- 一个粘着凸起形状和壁纸的针
- 一个用线缠绕、雕刻或蚀刻的卷轴，在滚动时插入一支铅笔
- 一个用纱或线粘着卷着的，小盘子、平底锅或彩色大塑料泡沫板中的滚筒的锡罐，在纸上翻滚。

厨房小工具拓印

"厨房小工具"请见第五章"颜料和绘画工具"中的一系列例子。另外还包括：

- 塑料或尼龙餐具　·篦式漏勺和叉
- 楔子　　　　　　·切饼机
- 搅拌器　　　　　·漏斗
- 马铃薯捣碎器　　·煎饼机
- 饼干刀具　　　　·塑料叉子
- 馅饼罐头（底部）·罐的浮雕盖和底部
- 塑料清洁球和洗涤器以及旋钮把手

以上这些都可以浸在颜料里，并印在纸上。鼓励孩子们对这些拓印的形状进行创造性的结合和重叠，形成一幅新的图案或画面（见图6-8）。

图6-8　厨房小工具的拓印

回收垃圾拓印

实际上，在印花垫和厨房小工具拓印部分提到的一些条目，在这儿也适用。可以回收到拓印活动中的物品包括：

- 软木塞
- 梳子
- 瓶子和罐子的盖子
- 塑料件
- 毛辊
- 玩具车
- 有凸起的字母或图案的肥皂
- 线轴
- 用塑料钉的刷子
- 药丸瓶
- 瓦楞纸板
- 钥匙
- 皱巴巴的纸
- 车牌
- 浮雕瓷砖

在这些物体上涂满颜料，把物体放在纸上，小心地移动即可（见图6-9）。

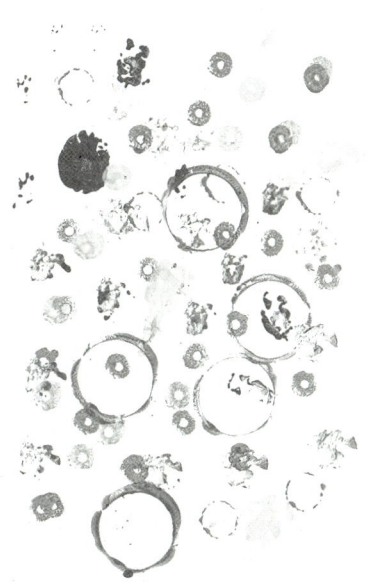

图6-9 回收垃圾拓印

塑料泡沫板拓印

首先，把边缘凹凸不平的塑料泡沫板修剪成平整的，用工艺棒在塑料泡沫板上画或蚀刻一幅图片或图案，画时注意不要穿透泡沫板。然后用墨水或油漆覆盖泡沫板，印刷时注意始终保持轮廓线的清晰。最理想的是使用油墨辊，把它在墨水里浸泡后，均匀地在泡沫板上滚动，这样颜料就可以饱满地刷上了。选择一个简单的颜色涂色，然后在泡沫板上压上一张纸，用手轻轻擦过整个表面，之后就可以小心地抬起纸张，观看拓印作品了。如果泡沫板上颜料比较饱满，就可以立刻拓印第二张作品。孩子们完全可以用这种方式拓印一系列的作品。记住，如果想改变颜色，就必须先把泡沫板清洗干净。

自然拓印（法）图片

在散步的时候可以搜集自然界的物体进行墨水涂染和拓印。寻找叶子、松果和其他有着有趣纹理的自然标本进行拓印。

绳子拓印

首先找一些小块的木头或坚固的礼物盒，把绳子浸泡在白乳胶里，然后以有趣的设计缠绕木块或盒子。或者把绳子只设计摆放在木头或礼物盒的上面，最后等待胶变干。胶干后，把缠绕或摆放绳子最好的一面浸泡在墨水或颜料中，拿出后放在纸上，轻轻地推，拓印一个绳子图案。然后小心地移开木块，看一看拓印的作品，之后可以重复拓印，做成连续的系列或模式。一个系列要保持最初选择的颜色，不要换颜色，不要清洗拓印机。注意：小木块或盒子也可以在墨水垫上盖章。纸上密集的泡沫或磁带外形也可以剪成或构成凸起层，并粘在拓印机上。

纸板印刷

找一个安全坚固的纸板作为背景，把剪切好的小纸板或厚纸粘贴在背景上，设计成凸起的图案，并等它变干。然后在设计好的作品上涂色，把纸板压在纸上，用手在上面轻轻地摩擦，之后小心地举起纸张来展示你的作品。这里极力推荐瓦楞纸板，因为它更容易呈现有趣的设计。

瓷砖拓印

在瓷砖方格上滚上一层墨水或油漆，用棉签或手指在上面画一幅图画或设计图。在瓷砖上放一小片纸，轻轻地按压，然后小心地移开纸，展现你的拓印作品。建议使用表面有凸起或浮雕的瓷砖，它们比较方便拓印。

游戏作品拓印

把多米诺、跳棋、游戏代币、宾果标记、磁性的字母和数字浸泡在颜料里，用作邮票拓印，可以把它们做成有趣的设计。

泡沫拓印

在浅容器里装满水、蛋彩画颜料或液体水彩，并在里面添加餐具洗涤剂。推荐把两份蛋彩画颜料放在一份洗涤剂中，将其搅拌。在秸秆顶部切出缺口，用秸秆在容器边缘上吹泡泡，在气泡顶部放一张白纸，便于制作拓印作品。最后你将会得到一幅由圆形组成的设计作品，这幅作品可以作为拼贴、绘画或其他艺术活动的背景图案。

冰糕棍（push-up stick）拓印

利用冰激凌棒和冰棍的棍来拓印。首先要保存并清洗冰糕棍，把泡沫塑料切成一定的形状，并把它粘到冰糕棍上。然后把泡沫塑料浸在颜料或墨水里，并印在纸上。

蜡笔砂纸拓印

孩子们可以用蜡笔在砂纸上画一幅图画或设计图，让孩子们用力按压蜡笔，将砂纸填充满。成人可以把一张白纸放在彩色的砂纸上，用热的熨斗压制，温度将熔化彩色砂纸上的蜡，然后把设计图或图画转移到纸上。

胶水拓印

用白色的固体胶在纸板上画一幅设计图或图画，确保轮廓线清晰并且足够粗，然后等待胶水变干，将设计图铺满油墨或颜料，轻轻地把纸按在上面，颜料或油墨将附着在凸起的干胶轮廓上。或者把杂志上剪下的图粘在你的卡纸上，用白色固体胶去描轮廓，然后重复胶水拓印的步骤，这时你将得到一幅类似于从杂志上剪下的作品。

浆果篮拓印

收集一系列不同样式的塑料篮子，孩子们可以用刷子在篮子的底部刷上颜色，或直接浸在颜料里，然后把篮子底部的图案拓印在纸上。

气球拓印

成人负责吹气球，注意不要吹到气球爆炸，然后让孩子们小心地使用气球，可以把气球浸在颜料里，并轻轻地压在纸上。在几个孩子使用完一个气球后，一定要更换一个气球，以防气球爆掉。这个活动适合大一点的孩子，如果幼儿吹气球，一定要严密监督，确保孩子们不会把没吹的气球放在他们的嘴里。

发条玩具拓印

找到有发条或电池供电的小玩具，例如汽车和卡车。然后找一张厚而不透水的纸，最好能覆盖在一张大桌子或地板上。之后在轮子、发动机上刷满颜料，然后放在纸上，这样多彩的卡车印就随着车辆的移动出现在纸上。

水彩画拓印

孩子们可以用水浸湿手指，在纸上绘制水彩画，绘制时最好不要用刷子，而是轻轻地把手指压在纸上，制作出椭圆形或创造性形状的组合。

光盘图案拓印

首先收集清晰、结实的光盘盒，孩子们在上面绘制喜欢的图案，然后小心翼翼地把纸放在上面拓印，最后轻轻地拿起拓印的作品即可。

轮脚拓印

轮脚是用在家具腿部保护地毯的工具，让孩子们把轮脚浸在提供的颜料容器中，然后向下轻轻地按在纸上，拿起来后你会看到一个虚线或加标拓印的作品。

婴儿鞋和运动鞋拓印

首先要收集旧的、小的、鞋底有纹理的鞋子，这需要孩子的家人捐赠，因为一旦把鞋涂上颜色、清洗之后，鞋子就不能承受再次磨损了。把收集到的鞋用刷子在鞋底上涂色，千万不要把鞋底浸在颜料里，一定要小心地从脚跟到脚趾或从脚趾到脚跟把整个鞋底印在纸上。可以鼓励孩子们创造性地重叠和结合鞋底的形状，拓印有趣的作品。

自助拓印

泡沫是制作拓印品的好材料，因为泡沫很容易切成各种各样的形状，成人可以用胶枪或橡胶水泥在压模上镶嵌上形状，例如一个卷轴、罐子盖或木头块。提供墨水垫以及小纸张，孩子们可以把小物体印到一个垫子上，然后轻轻地印在纸上。提醒他们不要连续手动拓印。橡胶内管也是一种冲压材料，一样可以用于自助拓印，另外蛋彩画颜料可以取代油墨垫。

石蜡块拓印

在杂货店和工艺品商店里，石蜡块卖得很便宜，它们很容易雕刻，也可以有更多的面去拓印。孩子们可以利用尖的工具，如工艺棒、钥匙或油毡刀，按照自己的想法进行雕刻，必须要提醒孩子们雕刻的字母是反着的。雕刻完之后用刷子或滚筒在上面涂上颜料，之后把纸按在上面，轻轻地用手摩擦纸张，然后拿起拓印的作品。当然纸一开始也可以折叠成一半或四分之一，通过拓印可以做贺卡或文具用品。

手印壁画

用手拓印作品是最基本的一项拓印活动。首先，孩子们把手浸在颜料里，也可以用刷子在手上涂上颜色，然后轻轻地把手压在纸上。他们可以用手重复拓印，并注意观察"重复的手印是怎样逐渐消逝的"。对大一点的孩子来说，这个活动可以作为小组活动，那就要为孩子们提供一大张纸，而不是每人一张纸。让每个孩子都把手印在大纸上，这样每个孩子就都参与了手印壁画（见图6-10）。

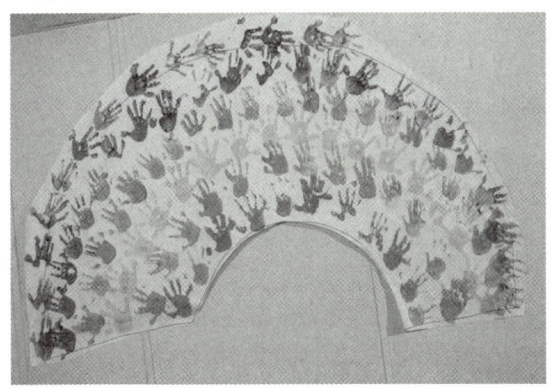

图6-10　手印壁画

足印

这个活动可以使用玩具恐龙、娃娃，甚至是儿童的脚，孩子们在温暖的户外会很享受用他们的脚来做这个游戏的。首先在地上铺上足够长的绘图纸，在足够容纳一个孩子脚的浅容器里，倒入液体蛋彩颜料，然后让孩子们踩在颜料里，用脚印留下一幅拓印的作品，也可以再用另一只脚重复一次。一定提醒孩子们不要把沾着颜料的脚到处走动，很危险。为孩子们准备一个便捷的洗脚桶和用来擦干脚的毛巾。这个活动最好一个接一个地做。

折叠拓印

首先让孩子们把纸对折，用汤匙在纸的一边滴一种或多种液体蛋彩画颜色，然后把纸小心地折叠，并轻轻地按下去，用手到处摩擦、按压，再小心地打开，你会得到一幅对称式的图案。大一点的孩子可以只画出一半形象，记住只能沿着对称轴画在一边，例如，一个孩子在靠近折痕处画了一半黄色的圆圈，当把纸折叠然后打开后，将会出现一个太阳。

叶胶拓印

教师收集一系列的树叶和蕨类植物。孩子们可以用胶水覆盖叶子的一边，然后把叶子压在纸上，印下一个胶印，再小心把叶子拿开。然后在胶印上用闪光片点缀。

刮印

孩子们可以在塑料的托盘里面画画，用一种类似于画笔笔杆的尖头工具，把设计图和图片刻成绘画作品。在它干之前，把一张纸放在作品上面，用手摩擦整个表面。然后小心地拿起来，观察刮痕作品。记住刮痕在作品的背面出现。

油画拓印

把蛋彩画颜料和食用油混合在一个杯子中，直到变成奶油色，然后把它放在一边。在圆的蛋糕盘里倒入一半的淡水，再滴几滴油，用叉子轻轻地搅拌将其混合。接下来，让孩子在漩涡的顶部平着放一张白纸，让纸在上面大约漂浮一分钟。小心地拿着纸的两个角将其提起来，把作品放在其他的地方晾干。通过容器摇晃可以添加闪光片，也可以一开始把白纸折叠成一半或四分之一。通过拓印可以设计问候卡片或信封。

按压和旋转拓印

首先寻找一个无孔的工作台面，例如一张桌子，然后用喷雾器装满蛋彩画颜料，鼓励孩子们往工作台上轻轻地挤压一滴或多滴颜料，教师可以用遮蔽胶带清楚地划定孩子们的工作区域。然后把一张纸平放在滴的颜料上，孩子们可以轻轻地压、捻这张纸，最后用手指把纸展开，小心地提起纸，展示设计作品。孩子们可以继续体验其他颜色，用不同的方式卷他们的纸。建议把海绵和肥皂水放在孩子们之间，以便清洗工作台。如果想获得更多的感官体验，可以鼓励孩子们用光秃秃的手按压颜料。当然，阳光明媚的时候，也可以到户外用光秃秃的脚做同样的事情。

简单的太阳拓印

这个活动最合适在阳光明媚的早上进行。此活动的简化版是让孩子们收集小岩石和扁平叶子，然后把叶子排列在户外阳光下的大纸上，把岩石分别放在每一片叶子上。岩石可以保护叶子保持不动，注意岩石必须比叶子小。请至少保持太阳直射一小时，然后再小心地拿开叶子和岩石，注意观察纸上叶子轮廓线和颜色的不同。这个活动的效果是：太阳漂白叶子周围区域，叶子覆盖的地方将持续变黑。请孩子们认真感受产生的形状，这些形状可以包括玩具、拼图、钥匙、工具、模具以及字母和数字。例如，孩子们可以利用有磁力的字母制作他们的名字。

泡沫板印刷

戳、踩泡沫板都是很好的感官体验。泡沫板也是良好的绘画表面，能够提供有纹理的表面来拓印作品。学步儿童喜欢在泡沫板上绘画，所以给每个孩子提供一平方英尺的膨化包装纸，还有不同尺寸的泡沫板。学前儿童和学龄儿童可以用两种方式中的其中一种拓印作品。他们可以把纸平放在泡沫板上，并提起他们的拓印作品；也可以小心地提起绘画的泡沫板，轻轻地把它按压在另一张纸上。另外也可以在户外准备足够长的泡沫板，让孩子们一起创作壁画。记得要反复地用水清洗和烘干泡沫板，以便重复使用。

苍蝇拍艺术

当孩子们需要高效地使用过剩精力时，就是这个活动在户外开展的最佳时期。正如成人用苍蝇拍拍苍蝇一样，孩子们喜欢用它拍斑驳的油彩。相比艺术表现和创作，本活动可以让孩子们得到更多的生理释放，而且，孩子们见证了他们的行动对对象的影响，即用温柔的力量拍打油漆斑点，可以使颜料扩散，呈现苍蝇拍的设计效果。首先要在人行道上展开一卷绘图纸，准备一些工作服和苍蝇拍，并在纸上喷射大约四分之一的斑驳油彩。然后为孩子们提供充足的个人空间，在孩子体验时要提醒孩子把苍蝇拍拍在纸上，并鼓励孩子们轻轻地拍他们的油彩斑点，观察留下的痕迹。避免让这个活动使让孩子们得到错误的概念——漫无目的地杀死虫子是好的。

活塞的艺术

建议这个活动在户外进行。首先在地面上铺开一张足够长的图画纸，提供一些工作服和几个新的活塞，活塞最好是有短把手的活塞。把浅容器装满颜料，容器大小以可以装下柱塞的顶部为准。让孩子们把活塞浸在颜料里，然后，小心地把它按压在纸上。如果有必要的话，提醒孩子们活塞是艺术工具，不是玩具或武器。如果孩子们能保持活塞最原始的颜色，这个活动将达到最佳效果。如果孩子想用不同的颜色，要让他们用不同的活塞，而不是把一个活塞混在不同的颜色里。

弹跳拓印

这是一个高能量的户外艺术活动。首先铺开一张又长又宽的图画纸，最好把两张图画纸边换边放在一起，这样效果会更好。然后在纸的两个末端分别放上颜料桶，如果孩子们在两端而不是在四个边工作的话，老师就更容易监督整个活动的过程。接下来把准备好的球涂上颜色，然后使球在纸上弹跳，产生一个颜色轨迹，网球和篮球都可以。孩子们也可以简单地把他们的球浸在装有颜料的浅容器中。记住提醒孩子们，涂过色的球不能用来投掷和玩耍。

尼龙袋拓印

这个活动中，你将用到几双长筒袜裤。首先把超过脚踝的多余的裤袜剪下来，将其装满沙子、水族石、鹅卵石或大理石。确保有足够的尼龙绳，以便装满后将其系牢。准备好装有颜料的容器，鼓励孩子们把尼龙袋浸在颜料里，然后小心地按压在一张绘图纸上，轻轻地提起并观察拓印作品。拓印作品将根据尼龙袋里填充物的不同而发生变化。

脱水器艺术

找到一个或多个蔬果脱水器，它是用于清洗和擦干生菜的。切掉生菜的头部，测量里面圆底的尺寸。在纸板上画一个主图案，并把它剪出来，成人或孩子也可以沿着纸上的圆形形状，把图案剪下来。把纸浸在颜料中的大理石上，把它们一并放在脱水器中，关上脱水器的盖子。孩子们需要一些手劲来控制旋转旋钮，这能使内桨转动，从而移动大理石，创作出一幅设计图。这个活动要求父母提供旧的甩干机，或尝试去车库销售店和二手商店购买。

模板、泼洒和丝网印刷

模板、泼洒和丝网印刷都是有技术含量的活动，这要求大量的授课和一些专用工具。幼儿不可能自己研发出制作模板、泼洒和丝网印刷的方法。

模板

模板可以从结实的纸板或厚纸上剪下来，包括标签纸或海报板，也可以是撕下的绘图纸。当你剪下一个模板，你其实是得到了两个模板。请回忆一下正负空间的知识：剪下来的形状占领正空间，叫作正模板，剩余的背景占领负空间，叫作负模板。每个形式的模板有它自己的使用过程，当运用正模板的时候，用一只手抓住模板，另一只手从中伸出来。当运用负模板的时候，一只手抓住背景，另一只手向内伸。

一般可以用蜡笔、涂料或粉笔制作模板，但笔者更喜欢用棉花球擦粉笔灰，因为它吸尘能力强。对于模板来说，粉笔比涂料的伤害要小。涂料可以用棉花球、小海绵或刷子轻轻地擦，如果用硬毛刷子垂直的那面轻轻地擦，效果会更好。注意无论选择什么模板，都不要用颜料浸透它，也不要把涂料、粉笔或蜡笔放在模板下面，以免弄脏。

对幼儿来说，从纸板上剪下模板是很困难的。所以，可以让孩子们负责绘画，成人负责剪切。可以鼓励孩子们设计一个没有细节的非常简单的图片，成人可以帮忙用美工刀剪下模板，记住不要通过框架进入内部剪切。每个幼儿可以撕出一个抽象的形状，这可以在模板活动中起到很好的作用。

模板也可以用喷漆或从喷雾器向外喷射的方式绘画，例如在喷雾器里装满液体蛋彩颜料，这个方法最好在户外体验。可以把纸放在一个大箱子的盖子上，在适当的位置用胶带把模板的背面粘起来，用颜料喷射，完成后等待变干，然后小心地拿开模板。

纸板模板

首先把纸盘放在一张厚纸的下面，沿着纸盘把纸剪成一个圆形，然后折叠成一个小的楔形物并剪掉一部分，制成一个模板。打开模板，把它放回到纸板上。把海绵浸在蛋彩颜料里，轻轻地在模板上涂抹颜料，然后把设计转移到纸板上即可。

泼洒拓印

首先准备一个大且浅的盒子、丝网或网状线（例如窗户丝网、厨房油脂防护布或金属过滤网）和一支旧牙刷。然后从纸上剪下或撕下一个图形，或者准备一些形状有趣的零部件，如硬币、梳子、饼干刀具、钥匙和自然标本，可以把这些用作正面模板，并放在盒子里的一张纸上。之后用牙刷蘸满颜料，在丝网上轻轻地刷，一定要沿着模板或物体的轮廓线刷颜料，建议黑色的颜料最好在白纸上呈现。注意正面模板或物体所占据的空间保持白色，或者背景纸用彩色。轻轻地移动模板或物体，用不同的颜色重复此过程。也可以转换模板，用反面拓印。

给幼儿准备一个大盒子，在盒子里放一个相当大的飞溅丝网。大一点的孩子可以用小盒子，用手拿着食品过滤器，并围绕模板移动，同时小心地用食品过滤器摩擦粉笔。小的喷洒丝网也可以用结实小盒子的顶部和底部制成，利用小的模板把电线或丝网固定在顶部，或将塑料丝网固定在绣花箍上。如果没有丝网，可以用刮掉牙刷的刷毛来代替。如果你身边没有牙刷，可以用喷雾器，大拇指也可以用来刮擦刷子毛。

拓印

丝网印刷实际上是一种模板印刷的方法，让颜料通过一片网状织物，通过人为设计和设备帮助，颜料便会印在织物或纸上。丝网就是用同样的形象创作几幅拓印作品的方式，它可以用来制作问候卡片或信封。制作前必须要准备一个网板。

丝网印刷要用到绣花箍、旧相框或从鞋箱盖上剪下的框架，丝网版画的材料包括一只古老的尼龙袜或一块丝绸、玻璃纱、点子花薄纱或棉布。

剪下比框架大点的丝网，把它拉紧，用大头钉、胶带或钉状物固定在框架上。剪一个模板并把它放在纸上，把丝网框子放在模板上，用刷子、压舌板或纸板条轻轻地在丝网上涂一层厚厚的颜色，这将会把模板盖住，然后小心地提起丝网板。每次用完颜色后要彻底冲洗丝网。可以根据自己的需要添加不同的颜色，当重叠的或不同的模板结合时，重复之前的模式即可。

总结

艺术元素是艺术家表达的基石，艺术过程是线条、色彩和形状相结合的设计或整体构成的过程，是孩子们在一个非正式的、无计划的基础上，经历同样步骤的过程。这些元素是制作、理解、欣赏和评判艺术的标准。我们的目的不是把孩子变成艺术批评家，那不符合孩子的发展。我们的目的是让孩子们运用艺术元素的词汇，学会评价和直接参与艺术。他们将知道什么是好的艺术，什么是差的艺术，并能运用艺术元素证明他们的评价。

关键词

艺术元素	不对称（非正式）
平衡	色彩
补色	冷色
设计（创作）	色调
纯度	复色
线条	质量
负空间	中性色
图案	正空间
原色	拓印
间色	暗部
形状	空间
对称（正式的）	纹理
明度	亮部
体积	暖色

活动建议

1. 参观艺术博物馆，或查阅艺术复制品的书籍。用艺术元素分析一幅艺术作品。
2. 实践涉及一个或多个艺术元素的艺术活动。
3. 帮助孩子们体验一次版画制作。
4. 完成下面的彩色时钟活动。
  a. 准备一张白纸。
  b. 使用水彩。
  c. 画一个大圆圈。
  黑色颜料滴在中间
  d. 填空（滴颜色）
  12= 黄色（原色）
  4= 红色（原色）
  8= 蓝色（原色）
  e. 混合（间色）
  12 +4 =2（滴一滴颜色并把颜色的名字添加到时钟上）
  4+8=6（滴一滴颜色并把颜色的名字添加到时钟上）
  8+12=10（滴一滴颜色并把颜色的名字添加到时钟上）
  f. 混合（复色）
  12+2=1（滴一滴颜色并把颜色的名字添加到时钟上）
  2+4=3（滴一滴颜色并把颜色的名字添加到时钟上）
  4+6=5（滴一滴颜色并把颜色的名字添加到时钟上）P.S. 算数错误！
  6+8=7（滴一滴颜色并把颜色的名字添加到时钟上）
  8+10=9（滴一滴颜色并把颜色的名字添加到时钟上）
  10+12=11（滴一滴颜色并把颜色的名字添加到时钟上）
  g. 等它干掉。
  h. 参考 137 页图 6-10。
  i. 交给老师。

回　顾

1. 列出本章学习的九个主要的艺术元素。

2. 完成下面的颜色等式。
   a. 红 + _____ = 橙
   b. 黄 + 蓝 = _____
   c. _____ + _____ = 紫

3. 把对应的颜色术语放在每个颜色的前面。
   P 代表原色
   S 代表间色
   I 代表复色
   N 代表中性色
   _____ 黄橙
   _____ 蓝
   _____ 绿
   _____ 蓝绿
   _____ 黄绿
   _____ 橙
   _____ 红
   _____ 红紫
   _____ 黑
   _____ 黄
   _____ 红橙
   _____ 白
   _____ 蓝紫
   _____ 紫

4. 连连看。
   a. 用来产生其他颜色的色彩　　　　中性色
   b. 橙、绿和紫　　　　　　　　　　补色
   c. 原色和间色混合所产生的颜色　　间色
   d. 在色相环中相对的颜色　　　　　原色
   e. 黑和白　　　　　　　　　　　　暖色
   f. 纯的、不掺其他颜色的颜色　　　色调
   g. 浅 / 深色　　　　　　　　　　 明度
   h. 亮 / 暗色　　　　　　　　　　 纯度
   i. 加上白色会产生的部分　　　　　亮部
   j. 加上黑色会产生的部分　　　　　暗部
   k. 红、黄、橙等　　　　　　　　　冷色
   l. 蓝、绿、紫等　　　　　　　　　复色

5. 把以下纵列中相对应的连线。
   a. 有色调、明度和纯度　　　　　　质地 / 纹理
   b. 可以对称或不对称　　　　　　　平衡
   c. 或正或负　　　　　　　　　　　空间
   d. 循环的、重复的序列　　　　　　图案 / 模式
   e. 完整的　　　　　　　　　　　　体积
   f. 三维艺术　　　　　　　　　　　设计 / 构成
   g. 运用艺术工具在物体
      表面做出明显的标记　　　　　　形状 / 形式
   h. 艺术品的表面质量　　　　　　　颜色
   i. 二维艺术　　　　　　　　　　　线条

第七章 审美观

　　很多幼儿的大部分时间都是在幼儿机构中度过的。无论是大型幼儿中心还是儿童之家，老师都尽力为孩子们营造一个能够有效利用时间的环境。这个物理环境能够邀请孩子们参与进来，并且具有适度的视觉吸引力。在这个环境中，应该有一些能够适度刺激他们感官的事物，可以是一瓶鲜花，一个美术作品展览或者舒缓的背景音乐。这些审美体验可以将一个空间变成一个既美观又令人愉快的环境。另外，展示墙也能够增加审美体验。

　　上图中，教师正在展示她班上孩子的全身剪影作品，每个孩子选定一个动作姿势来模仿，同时另一个孩子在一张羊皮纸上摹写他/她的身体轮廓。然后孩子们用鲜艳的包装纸和水彩来装饰他们剪下的剪影。最后，这些剪影呈现在一个生机勃勃的展示墙上，这个展示墙反映了孩子们的个性和这个班级的能力水平。如果你是教师的话，你会如何完善、提升或者拓展这个展览呢？

第七章 审美观

目标

通过本章学习，你应该做到：

明确幼儿审美教育的基本原理。

探讨审美态度、审美过程、审美经验、审美反馈和审美价值。

探讨教师在审美教育中的角色。

为艺术品的选择和定位提供适用的评价标准。

探讨孩子对艺术的理解和评判的发展阶段。

对瑞吉欧·艾米莉亚（Reggio Emilia）的经验和参观美国早教机构环境设置的经验进行比较。

提供关于使用水彩和油墨的活动经验。

引言

想象你置身于一个美丽的地方，也许是在教堂里，也许是在山顶上。你会有什么样的感觉？是充满敬畏和好奇，还是感觉很放松、舒适？当你把教室变成一个令人敬畏的、漂亮的空间时，即使身处教室也会犹如身处教堂或山顶一样产生积极的感觉。尽管人各有喜好，但不管是成人还是孩子，都喜欢美好漂亮的事物。儿童在一个愉快的环境里学习，可以达到以下四个目标：第一，儿童会被美好的事物包围，并且这些美好的经历会促进他们审美观的发展，丰富他们的生活；第二，你和儿童一天中的大量时间都会在一个愉快的环境里度过；第三，在这样的环境中你会感觉很舒服，它会减轻你的压力；第四，这个环境能够以积极的方式潜移默化地影响孩子们的行为。

什么是审美观？为什么在幼儿教育中要强调审美观？本章尝试回答这两个基本的问题。我们关注幼儿审美观的发展和教育，源于我们关注所有孩子。幼儿是审美专家，他们对成人认为理所应当的事物充满好奇心和惊讶，自发地展示自己的审美态度。在审美教育中，教师应该是什么样的角色呢？教师的穿着、行为和沟通的方式都是孩子们的审美典范。室内外的环境也要美观并富于刺激性。

审美观

审美观是一个抽象的概念，在希腊语中的意思是"感知"。尽管我们可能会觉得孩子学习审美学的相关知识很重要，但我们不太确定这一术语的真正含义。

审美并不等同于美术。审美包括美术，还包括其他的表现艺术，如音乐、舞蹈，但它的内涵远比这些丰富得多。那么什么是审美呢？

- 审美是以非话语和隐喻的方式去了解和体验的
- 审美包括在美术、运动、音乐和生活中发现的对美好事物的爱和追求
- 审美是意识到欣赏大自然和我们周围环境中的自然美
- 审美是人们对生活的一种基本反应
- 审美意味着体验美，欣赏我们周围美丽的事物
- 审美与人的经历息息相关
- 审美将认知与感觉相连接，是认知与情感的桥梁

作为艺术教育的目的，兰克福德（Lankford,1992）*将美学定义为认识艺术本质的一组概念。美学概念几乎包括艺术的所有方面，从艺术创作过程到对艺术品的反馈。可以把审美探究看成是一个明确和回答艺术本质问题的过程。以下是审美体验的一些例子：

- 触摸窗户上闪闪发光的霜花
- 观察半透明的蜘蛛网
- 注视风中树叶和树枝的摆动
- 观看并触摸盛开的玫瑰花瓣
- 聆听一首民族歌曲并随着节奏摆动
- 停下手中的事去品尝新烤面包的香味
- 坐在海边的沙滩上，看浪花飞溅
- 慢慢品尝热苹果汁，惊奇于篝火的不同颜色
- 赞美摩天大楼的线性设计及其图案装饰
- 注意到一堆积木的木质纹理

美学所追求的美是在日常生活中我们经常忽视的美，而不是人为的好莱坞式的对美的界定。

基本原理

为什么美学和审美教育在幼儿教育中那么重要呢？原因有以下五点。第一，我们对儿童的人文关怀促使我们为孩子的发展提供各个方面的教育。第二，我们相信孩子们对他们周围的美好事物感到惊讶，有能够欣赏字母、单词、数字、故事、诗歌、公式、书籍、符号和其他民族人民的美的能力。第

三，孩子们的审美修养会一直伴随他们长大成人，他们懂得评判好的设计，在选择诸如汽车、衣服、家具和娱乐时会是一个明智的消费者，他们能够站在更广泛的层面规划城市和道路，他们会尝试解决污染、战争、贫穷和城市萎缩等问题。第四，评价艺术并能直接参与不同种类的艺术对于孩子来说是很重要的。第五，审美体验促进概念发展。

审美观是哲学的一个分支，它涉及个人追求和对美的感知和反馈。审美观包括以下几点：

（1）审美态度
（2）审美过程/审美体验
（3）审美反馈

1. 审美态度

审美态度包括：
- 率真或者孩子般的新鲜感
- 自发性
- 强烈关注当下
- 快乐、好奇、惊讶或者兴奋的感觉
- 乐于探索，仿佛什么都是第一次体验
- 愿意停下来享受生活

幼儿会不断表达自己的审美态度。他们是靠感觉来接触世界的，他们通过观看、聆听、感受、微笑和体验来接触所有事物。这对部分成人来说或许有点尴尬，比如他们说："尼娜（Nina），不要摸那朵雏菊。"久而久之，尼娜可能就对花不感兴趣了，而且她会认为这是理所应当的。或者尼娜的妈妈告诉她："如果你看到一朵菊花，那就意味着你看到了所有的菊花。"不幸的是，尼娜的妈妈忽略了审美态度。作者罗伯特·施尔玛赫（Robert Schirrmacher）在为图书馆做幼儿园实地考察时，在建筑工地上，孩子们会停下来观察工地上的景象和聆听工地上的声音，然而教师会催促学生，要求他们加快脚步到达目的地。这样，丰富的感官体验就没有了。我们生活在一个快节奏的世界，我们从家中跑着去工作，这个过程会让我们忽略天空的彩虹，雨水坑中五彩斑斓的图案倒影，或者高速公路边正在生长的雏菊。审美体验需要时间，我们在审美体验时会被审美对象吸引，并沉醉其中。

2. 审美过程/审美体验

审美过程/审美体验是内在的动力，孩子们因为纯粹的快乐感知并觉察到美。审美体验是自主参与而非被动参与，这就意味着审美主体在观看审美对象、进行审美体验时要调动所有的感官去体验，并沉醉其中。

审美体验的例子包括：
- 孩子们专心听音乐并利用图像、情感和记忆来感受它，而不仅仅是单纯地听。
- 通过分析或者安静地思考一件艺术作品，去分析它的线条、颜色和形状，而不是匆匆一瞥。
- 当我们感受孔雀的羽毛时，利用其他的触觉体验去观察它的颜色和纹理，而不仅是快速触摸一下而已。

审美体验需要时间投入去慢慢体会和经历。孩子比成人更擅长审美，他们通过感官去感受世界。成人可以通过观察孩子探索世界的角度去了解更多的审美视角。

3. 审美反馈

审美态度和审美体验会产生不同层面上的欣赏反应，或者叫审美回馈。我们的情感反应可能会包括好奇、赞美、惊讶、感动、心灵的触动、敬畏、高兴、激动。我们也许会在审美体验中迷失，能够瞬间被完全吸引。从生理学角度看，我们反应的结果是微笑、咧嘴笑、大笑、出汗、颤抖、寒冷、叹息，甚至起鸡皮疙瘩。

我们的反应还会以决定、判断、评估等形式引起精神上的反应。有人可能会问以下问题：
- 这是个人享受吗？为什么？
- 美术家、音乐家或者舞蹈家展示技艺吗？
- 我喜欢它吗？为什么？

我们的目的是为孩子提供简单的标准来探讨和评判艺术作品。他们会知道他们喜欢什么、不喜欢什么，以及为什么。他们知道即使一件艺术作品或者一个表演不符合他们的个人诉求，但它会对其他人有美学价值。例如，一个孩子可能不喜欢芭蕾舞剧，但他仍然能欣赏各个动作的优雅美丽。随着时间流逝，孩子们会慢慢构建他们自己的喜好和品位。他们不需要随波逐流，认为流行的就是好的，他们会自己辨别、评估艺术作品。人们希望他们在成长过程中能够读好书，听各种各样的音乐，接受不同的艺术风格。我们的生活中不仅仅只有电视这种娱乐方式，还有很多其他积极主动的娱乐方式。

伊顿（Eaton，1998）*认为理解审美活动、审美体验和审美判断的本质需要解释美或者艺术等关键词对不同人的不同含义。伊顿认为除了笔者认为的美学的三个组成部分之外，还应该加上审美价值。审美价值是由一个人或一群人的积极反应而产生的，很明显，如果不是有人肯定一个事物，它就不会有审美价值。事物之所以有审美价值是因为它能够带给人愉悦感，我们认为这种愉悦来自事物的特征，这些特征通常被认为是值得注意和反思的。美术中的审美取决于我们共同的信仰，即什么是有价值的传统和文化。

孩子的艺术发展要经历几个阶段。那么在他们理解艺术的过程中是否经历了不同发展阶段呢？加德纳（Gardner）和温纳（Winner，1976）*组织了121个孩子进行访谈，来了解、确定他们理解艺术的发展阶段。访谈问题主要集中在以下几点：艺术起源、艺术生产、艺术媒介、艺术风格、艺术与外部世界、艺术属性和艺术评价。最后他们总结出孩子在理解艺术的过程中要经历的三个明显的发展阶段。对应的年龄与特点可以总结为以下三点：

4至7岁——这个阶段的幼儿对艺术有一个简单的理解，制作艺术作品是一件容易且无意识的活动，对一件作品的艺术性的各种评价都可以接受。有些孩子说权威机构（包括家长在内）决定什么是好的。幼儿注重艺术作品的技巧方面，他们认为任何人都可以制作一件具有艺术性的作品，包括动物也可以制作艺术作品。他们认为对于艺术创作过程的评价由艺术材料决定，而不是由审美关注决定。例如，当他们看到一张纸被填充满的时候，他们会认为这幅画完成了。

10岁——在小学中间阶段的儿童认为艺术就是准确反应客观世界。他们认为评判一件艺术作品质量的标准是看起来越真实就越好。

青春期——青少年对艺术的理解就更复杂了。他们意识到一个人的观点和价值观念是不断变化的，对艺术的评判是相对的，因此他们的观点都是合理的。

加德纳（Gardner）和温纳（Winner，1976）*还说，儿童对艺术的理解会停留在固定的发展状态下，除非他们关于艺术的幼稚观点受到挑战。也许这也是为什么很多成人在当代艺术中找不到其价值的原因。

罗森斯蒂尔（Rosenstiel）、莫里森（Morrison）、西尔弗曼（Silverman）和加德纳（Gardner，1978）*试图区分艺术中批判性判断的发展阶段，他们对6到16岁的孩子进行了访谈，访谈的内容是他们如何进行艺术判断。他们把儿童对艺术的评判归结为以下几个发展特征：

一年级——这个阶段的孩子只局限于对作品的题材和颜色的鉴别，他们用诸如"好""漂亮"这样的词去评判艺术。

三年级——这个阶段的孩子除了对作品题材和颜色的评论，还开始对作品的细节、设计和图形进行评判。三年级的学生认为写实是"好"的，因为这对于他们来说是很难达到的。

六年级——这个阶段孩子的反应与三年级孩子的反应是相似的，只不过六年级的孩子会尝试在他们的评论中多用一些艺术史中的词。

十年级——这一阶段的青少年很少像前面三个阶段的孩子那样进行没有实质性内容的评判。当他们对艺术作品进行评判时，倾向于引用多样化的评价要素。他们还试图提及艺术属性，采用艺术批评学的术语，还能够提到和认出历史中某一时期的作品和具体艺术家的名字。

罗森斯蒂尔（Rosenstiel，1978）*和他的同事们总结出，当儿童观看艺术作品时，若非有限的词汇量限制了他们的表达，他们可能会做出更好的审美评判。

启发而非灌输

作为幼儿教育工作者，我们的任务是挖掘孩子的天性而非强加我们自己的观点，让孩子们有丰富的感官体验并接触到各种各样的艺术，鼓励他们进行批判，形成自己的喜好，学会评价美术、音乐、舞蹈和文学。孩子们可以使用公认的评价标准作为形成自己喜好的标准，包括第六章探讨的艺术元素等。不要将你自己的喜好强加给孩子，要让孩子接触广泛多样的艺术形式和艺术风格（见图7-1）。例如，一个老师不喜欢抽象主义艺术，但这并不意味着抽象主义艺术就是垃圾，就是不好的艺术，或者现实主义艺术比抽象主义艺术更好。要帮助孩子认识到虽然你不喜欢这件作品，但它在设计或者构图上还是有很高的水平的。

杜波斯（Dobbs，1998）*认为儿童的审美理解是连续存在的。例如，对于幼儿来说，与他

幼儿美术教育（R.S.）

以下是作者（简称 R.S.）和宾夕尼法尼亚阿尔图纳的宾夕法尼亚蒙特梭利学院创始人艾林·达·沃尔夫（Aline.D.Wolf，以下简称 A.W.）的讨论。艾林·达·沃尔夫是《妈咪，这是雷诺阿》以及被称为儿童优秀作品的四卷随书艺术明信片的作者。

R.S.： 有些评论认为艺术教育和审美教育对幼儿来说太过高级和抽象。您怎么看这个问题？

A.W.： 我不同意这个观点。幼儿会从他们周围的环境中不断汲取营养，因此，我们应该在他们周围的环境中放置美的事物，以便他们汲取营养。例如，假如你打算利用动物的照片作为一个单元学习的一部分或者主题，你会利用什么作为资源呢？有很多漂亮的、绘有动物的美术图片可以利用。比如丢勒（Durer）的《兔子》和弗朗茨·马尔克（Franz Marc）的《红马》。当学习马戏团的时候，要记得雷诺阿（Renoir）、毕加索（Picasso）、夏加尔（Chagall）等都画过这个主题的作品。

对于 3 岁的孩子来说，我的目标是他们要学会看和欣赏，我不注重教他们背标题和艺术家的名字。随着时间的流逝，他们开始关注细节，同时提升品位。审美观并不是说你每周安排 30 分钟就可以做到的事，你需要持续向孩子展示美的事物。

R.S.： 你能阐述一下蒙特梭利（Montessori）关于幼儿早期的艺术和审美的观点吗？

A.W.： 事实上，玛丽亚·蒙特梭利是强调幼儿环境中的审美重要性的倡导者，她坚信孩子的周围环境必须是美的。在她的坚持下，她成功地将美带入了儿童之家。首先是整洁和秩序，她给墙面和书架用了浅色漆，这样永远不会与亮色材质的物体发生冲突。她强调通过植物、鲜花、一个美丽的贝壳收藏品或者是易碎的瓷器等允许孩子使用的物品来进行协调的、有节奏的装饰。墙壁上挂着的图都是精心挑选的，虽场景简单，但能够吸引孩子。孩子生活在一个美的、令人愉悦的环境中，他们从周边环境汲取营养，自然会培养出好的品位。

蒙特梭利认为孩子在很小的时候就开始审美欣赏了。包括金属嵌板、颜色表和几何形状在内的材料为每次美术活动中眼和手的训练做了间接准备。蒙特梭利并没有特别为培养欣赏力而设计材料，这也是为什么我设计了美术明信片的原因。

R.S.： 一些批评家认为蒙特梭利课程很少强调孩子创造性和自由表达，很少提供开放式的材料，孩子不能创造性地摆弄物品（没有真正的创新）。您怎么看？

A.W.： 我不这么认为。我横穿美国去参观蒙特梭利的教室，我看到它为孩子们的自由表达提供了画板和黏土，我相信这是他们的日常活动，而不是一次例外。其他的蒙特梭利课程包含广泛的艺术活动和材料，以便孩子们自由表达。

R.S.： 艾林，我去参观过蒙特梭利的教室，我看到一个孩子的画架上只有一种绘画颜料的颜色，孩子没有混合色彩的机会，而其他的孩子正在把已经裁剪好的图形粘贴在黑色卡纸上。这是否是典型例子？

A.W.： 不是的。蒙特梭利从不会建议让孩子们只用一种颜色画画，我需要了解孩子的更多信息，也许这个特殊的孩子会因为只使用一种颜色而受益。也许这群孩子还太小，他们刚

幼儿美术教育（R.S.）（续表）

刚接触绘画，那是他们第一次画画。

R.S.：跟我们讲讲你的美术明信片吧。

A.W.：我们都知道孩子最好的学习方式是触摸和操作，蒙特梭利本人曾说手是孩子的第一老师。然而我们把艺术放在孩子够不到的地方，或者我们会说："不要动！"我们这样做就是剥夺了他们接触式学习的权利。

我的美术明信片就是试图调和这个矛盾。它们坚持了蒙特梭利重视视觉刺激的原则，同时鼓励手的使用，能使孩子进行更深层次地学习。

我开发了美术明信片，这样所有的孩子都可以亲身体验艺术线条的美。明信片在很多教室都可以用，并不是只有蒙特梭利的老师才能使用它们。

它们便宜、小巧、轻盈，个人或者大小团体都可以使用。

我还设计制作了能够抵制我们世界中的丑陋的美术明信片，比如那些绘有怪物和生物的午餐盒、活页夹和童装。为什么要绘制那些图案呢？因为我们应该给孩子们展现最美好的事物。

艺术不只是为那些富裕的或者住在美术馆附近的孩子准备的，美术明信片把美术馆带到孩子身边。

有了明信片，所有的孩子都可以通过手上拿的明信片了解美丽的艺术。

我怀疑一些没有美术背景的教师对这种方法可能会不适应，我相信当老师和家长使用这些材料时，他们会对美术有所了解。我正是用这个方式了解和学习美术的。

美术明信片还可以在美术馆的工艺美术品商店买到。在地方美术馆引入美术作品明信片是个不错的主意，这样当孩子们在美术馆参观原作时会觉得对这些作品很熟悉。

R.S.：再跟我们分享一下其他你用过的或者注意到的方法吧。

A.W.：
- 给孩子们两三张他们喜欢的明信片，放在学校中他们自己的文件夹中。
- 鼓励孩子和家庭成员收集明信片。
- 鼓励孩子收集明信片，作为他们去参观美术馆的纪念品。
- 让孩子们把美术明信片寄到学校里，并让他们以捐赠者的身份在上面写上自己的名字，并且能够识别出自己的捐赠物。
- 在教室中挂上可爱的美术图片，例如在教室的门上挂一张与孩子视平线等高的图片。
- 鼓励家长在孩子的卧室的门上或墙上悬挂孩子喜欢的美术明信片。

们发展相适宜的欣赏活动就是认识到表达喜好和做出评价的区别。这可以帮助他们理解虽然你很喜欢一件特别的美术作品，但也会有其他不喜欢它的人。审美观不是说出主观偏好，而是为找出为什么我们做出这样的选择，以及如何更好地支持和证明我们的观点而做出思考和努力。杜波斯用孩子们对冰激凌口味的喜好举了一个例子，他让孩子们选出自己所喜欢的口味。这个问题的答案没有对错之分，更不要说审美观的问题了，相反，它只是一种个人偏好而已。然而，任何人评价他对冰激凌口味的选择都需要有一系列理由来支持为什么他认为这个是最好的，他要为他的选择提供理论阐述，除了个人喜好之外，还需要做出合理的判断来与外部标准和原则相适应。这只是客观想法，审美观是教学生如何创新这样的观点，如何谈论艺术作品，以什么样的方式使他们对艺术作品的评判更为有效。

教师在与幼儿讨论审美学时，应该符合他们的认知发展水平和语言掌握能力。尽管低年级学生的讨论可能没有高年级学生的讨论方式高级，而且

图 7-1　让孩子接触广泛多样的艺术形式和艺术风格

而且我戴了白色耳环，我衣服上的颜色和我们国旗（指美国）上的颜色是一样的。"或者，老师说"吉姆（Jim），你在你的画面上混合了蓝色和黄色就变成了绿色。我穿了蓝色的裤子和黄色的衬衫，系了绿色的腰带，我们穿得好般配啊。"

教师的内在美

教师可以通过积极与孩子互动、认可孩子的独特性来展示自己的审美观（见图 7-2）。发现每个孩子与众不同的美好的品质，并让他们自己知道，向他们传递美好的信息。用正常的语气去赞赏孩子，不需要刻意地提高音调或者用一种甜腻的方式说话。跟学生说话时，最好用"我"，而不是"琼斯小姐"或者"老师"，比如，"琼斯小姐不喜欢你们不好好听讲"，或者"老师想要再喝些苹果汁，可以吗？"和孩子说话要自然，不能以一种居高临下或者傲慢的口吻和他们说话。

也不使用专业术语，但他们还是可以参与到审美讨论中去。对于他们来说，学习探讨和架构合理论点就是一个很重要的练习，不仅仅是为了审美和艺术教育，也是为了学校的普通教育目标。

教师在审美观的培养中扮演的角色

幼儿教育工作者如何促进幼儿的审美发展呢？审美观并不是一下子就出现的，也不是通过购买一系列书籍或者一套材料就能获得的。但是，审美观的培养很重要，并且是我们能够做到的。有一些准则可以让老师、学生和课堂变得有活力，以下讨论其中的几点。

教师是学生审美观的模范

教师亲自花时间和精力进行审美反馈是很重要的，教师可以塑造自己的审美意识和审美感觉。教师的穿着形式也是一种审美态度，但是也不需要穿得像时装模特一样，以此来表明自己的审美态度。首先，衣服应该整洁、舒适、适合弯腰、活动、玩耍、坐在地板上。其次，可以在衣服的选择中体现自己喜欢的颜色以及衣服和配饰的色彩搭配。例如，一个小女孩正在很自豪地展示自己的新毛衣，她的老师让她辨别衣服上面的颜色。尼基（Nikki）回答说："衣服上有红色和蓝色。"她的老师回应说："我的衣服上也有红色和蓝色，

图 7-2　老师通过和孩子们建立亲密的关系来培养他们的内在美

为孩子们提供广泛多样的艺术

孩子们应该接触多样的艺术，例如，在一整天的课堂中就可以有不同的音乐风格：休息时可以放舒缓的摇篮曲或者华尔兹，在茶点时间可以放一些古典音乐作为背景音乐，在打扫卫生时可以听一些进行曲或者摇滚音乐。

审美教室

教室应该是一个审美愉悦、感官丰富的环境（见图 7-3）。对你的房间做一个审美检查，可以将有着明亮互补色的卡通形象换成令人身心愉悦的艺术作品、壁挂、编织物、海报、彩色玻璃板或者版画。教室或者学习中心的门上的标志的设计要

教师反思

每年开学前,教师都会邀请学生和家长来参观未来一年的学生所在的教室。今年,爱泼斯坦(Epstein)老师一直在努力布置教室以确保学生的参观访问。她为了欢迎学生们的到来,在教室的公告板上贴满了明亮的纸和卡通人物,写有交朋友和努力学习的积极标题的海报点缀在每一个可以利用的墙面上。教室的天花板上悬挂着各种标志来区分各个学习角,在其中一个角落里,爱泼斯坦老师制作了一棵纸糊的大树,并将写有学生名字的苹果形纸张挂在树上。她用学校提供的预算的其中一部分购置了一块大地毯,这块地毯上有用字母表中的字母和整个小组活动的数字符号组成的不同色块。爱泼斯坦老师很乐于从来访父母那儿收到关于教室和学校的评论,他们会说:"教室好漂亮啊!""爱泼斯坦老师好有创造力啊!孩子们一定会在这里过得很充实、很快乐。"但是她在学生和家长中间走动时,很惊讶地听到7岁的约瑟夫(Joseph)跟他的妈妈说:"但是我们自己的东西放在哪儿呢?这里没有为孩子们设置的房间啊!"爱泼斯坦老师环顾教室,尝试从约瑟夫的角度去看整个教室的布置。她会看到什么呢?如果你是爱泼斯坦老师,你会怎么做呢?

图7-3 文学审美愉悦角

图7-4 多语种教室的欢迎牌

高雅,要谨慎地选择颜色、材料、布局和图案(见图7-4)。要利用窗户和自然光的优势,可以利用光线来放置物体,包括透明纸做的活动彩片和孩子们的作品。物品悬挂在窗户旁边,它们会随着光线在一整天中的变化创造出有趣的图案。放上一面镜子会使你觉得空间更宽阔,还会反射出房间里所有美的事物。镜子可以放在不同的地方,甚至可以放在天花板上,形成有趣的视角。还可以让孩子们在室内种植植物,让房间俨然变成一个户外花园,要重质量而非数量。当你走进一个几乎每英尺都放满商品的古玩店、模特的家中或者家具展示间的时候,你是不是会觉得很乱?用美的物品装饰房间时,并不是越多越好。

审美中心也可以安排文学、美术、音乐和运动体验。可以按以下形式来进行陈列:

- 围绕既定的颜色、形状、图案、纹理或者设计主题来安排物品,如方形、黄色、有网格、柔软的物品
- 花儿、自然标本或者时令果蔬,如收割玉米(见图7-5)
- 机器和设备零件、齿轮、工具和机械类的东西

图 7-5 审美体验

- 乐器
- 明信片和纪念品
- 民族服饰和工艺品
- 古式厨房用具和古式农具
- 有特色的收藏品：邮票、饼干模具、篮子、陶瓷动物、毛绒玩具、车牌、风扇、帽子、硬币、音乐盒、箭头、矿石、岩石
- naeyc 一些艺术品，包括素描、油画、陶瓷、雕刻品、编织物、刺绣品、蜡染布、拼贴画、水彩画和印刷品
- 美术书、美术明信片、美术招贴画

壁龛：教室中的审美陈列

斯伯戴克（Spodek）根据他去日本的参观，提出了一个可以转化成审美陈列的例子。壁龛是榻榻米房间中墙壁上的一个小凹间，经常在日本的传统民宅和旅馆里见到。这样的房间里一般只有很少的家具，地板上铺满了草席或榻榻米。其中一面墙上通常有一个小凹间，用来展示一些美的东西，如卷轴画、插花，或一个陶器。这个布置就给周边环境增加了美感。斯伯戴克建议幼儿教育工作者应该设立自己的壁龛或者审美区域，在这个区域，一件艺术复制品或者一瓶花的陈列都会显得很美。儿童会以自己的眼光去观察这个展览，老师可以让他们讨论一下这个展览美在哪里。教室中的审美陈列已不再是什么新鲜事了，在英国幼儿园的非正式或者开放式教育活动的顶峰时期就出现了，也就是孩子的自我表达和审美观被高度重视的那个时候。

爱泼斯坦（Epstein, 2001）* 建议将艺术复制品放在与孩子兴趣和活动相关的地方。例如，在住房区域中挂上一幅玛丽·卡萨特（Marry Cassat）的《母与子》的绘画作品，在科技馆挂上凡·高（Van Gogh）的绘画作品《向日葵》，在积木区放置一个立体的可回收废物雕塑，在美术馆放上一幅抽象艺术作品，如杰克逊·波洛克（Jackson Pollock）的滴画作品。

选取一些孩子容易理解和乐于接触的高质量的印刷物。耶拿瓦恩（Yenawine, 2003）* 认为幼儿不但乐于查找、命名、列表、计数和讨论他们在出版物上看到的，而且还乐于将他们在书上看到的编成故事。出版物上的图片应该是简单、识别度高的图片，以免孩子们不知所措或者觉得混乱。还应该有适当的内容，包括孩子、家庭、宠物、动物、熟悉的物品、动作和表情。例如，在书中一个举着小狗微笑的小丑要比一个在沙尘暴中牵着骆驼走失的牧民更容易使孩子接受。坚持用孩子熟悉的相关事物，避免有隐含意义的艺术或者需要历史知识去理解和欣赏的出版物。

泽克里（Szekely, 1990）* 把儿童图书看成艺术品，插图画家像艺术家一样用不同的媒介使他们的想法和语言视觉化。一幅钢笔素描或者一幅写实画可能是为同一本书画的，同时一幅拼贴画或者一幅抽象水彩画可能是为另一本书画的。在给孩子们分享精美插图书的时候，你可以把每一幅图都看成是一个艺术创作。儿童可以自由地探索书中的作品，并与博物馆里的作品进行对照，也许他们的手指认真地在书上来回动的时候就会发现一些有趣的细节。通过评论插画家使用的颜色、形状和其他的艺术元素，美术老师可以用书籍来提高孩子的艺术欣赏力。

艺术家们会站在一个特别的角度找到最适合表达他们语言的视觉形象。他们每个人都有自己擅长的领域，而且他们在给书配插图的时候都有自己的风格。通过图画书，不需要任何解释就可以向儿童介绍艺术元素。以下是一些参考书目。

线

Fox, M. and Rosenthal, M., *The Straight Line Wonder*.（M. 福克斯，M. 罗森塞尔：《直线的奇迹》）

Green, R. G. and Kaczman, J., *When a Line Bends . . . A Shape Begins*.（R.G. 格林，J. 卡兹曼：《当一条线弯曲时……一个形状产生了》）

Isadora, R., *Ben's Trumpet*.（R. 伊莎多拉：《本的喇叭》）

Johnson, C., *Harold and the Purple Crayon.*（C. 约翰森：《哈罗德与紫色蜡笔》）

Schaefer, C. S., *The Squiggle.*（C.S. 沙弗：《曲线》）

Sendak, M., *Where the Wild Things Are.*（M. 森达克：《野生的东西在哪里》）

Spier, P., *Noah's Ark.*（P. 斯皮尔：《偌亚方舟》）

Yenawine, P., *Lines.*（P. 耶拿瓦恩：《线条》）

颜色

Bang, M., *Yellow Ball.*（M. 班：《黄色的球》）

Burningham, J., *Colors.*（J. 伯宁翰：《色彩》）

Carle, E., *Hello, Red Fox.*（E. 卡尔：《你好，红色狐狸》）

Carle, E., *Let's Paint A Rainbow.*（E. 卡尔：《让我们画一道彩虹》）

dePaola, T., *The Legend of the Indian Paintbrush.*（T. 狄波拉：《印第安画笔的传说》）

DeRolf, S. and Letzig, M., *The Crayon Box that Talked.*（S. 德罗尔夫，M. 勒茨格：《会说话的蜡笔盒》）

Grifalconi, A., *Kinda Blue.*（A. 格里法科尼：《一点点蓝色》）

Heller, R., *Color.*（R. 海勒：《色彩》）

Hubbard, P. and Karas, G. B., *My Crayons Talk.*（P. 哈巴德，G.B. 卡拉斯：《我的蜡笔说话了》）

Jonas, A., *Color Dance.*（A. 乔纳斯：《色彩会跳舞》）

Joosse, B. and Whyte, M., *I Love You the Purplest.*（B. 米塞，M. 怀特：《我爱你，紫色》）

Leuck, L., 坦尼, *Tiny Mouse: A Book About Colors.*（L. 留克：《小老鼠：一本关于色彩的书》）

Perrault, C., *Cinderella.*（C. 佩罗：《灰姑娘》）

Spanyol, J., *Carlo Likes Colors.*（J. 斯班牙：《卡洛喜欢色彩》）

Spinelli, E. and Takahashi, H., *In My New Yellow Shirt.*（E. 斯皮内利，H. 高桥：《在我的黄色新T恤中》）

Stinson, K. and Betteridge, D., *Those Green Things.*（K. 斯廷森，D. 贝特里奇：《那些绿色的东西》）

Van Gogh, V., *Vincent's Colors.*（V. 凡·高：《凡·高的色彩》）

Walsh, E. S., *Mouse Magic.*（E.S. 沃尔士：《老鼠的魔术》）

Walsh, E. S., *Mouse Paint.*（E.S. 沃尔士：老鼠的画》）

Whitman, C., *Bring on the Blue.*（C. 怀特曼：《带蓝色的事物》）

Whitman, C., *Ready for Red.*（C. 怀特曼：《准备好红色》）

Whitman, C., *Yellow and You.*（C. 怀特曼：《黄色与你》）

形状

Burns, M. and Silveria, G., *The Greedy Triangle.*（M. 伯恩斯，G. 西尔维利亚：《贪婪的三角形》）

Grifalconi, A., *The Village of Round and Square Houses.*（A. 格里法科尼《圆形与方形屋子的村庄》）

Grover, M., *Circles and Squares Everywhere!*（M. 戈劳尔：《圆和方形无处不在》）

Hoban, T., *Circles, Triangles and Squares.*（T. 霍班：《圆形、三角形、方形》）

Hutchins, P., *Changes, Changes.*（P. 哈钦斯：《变化，变化》）

Lionni, L. and Mlawer, T., *Frederick.*（L. 里奥尼，T. 罗耶尔：《弗雷德里克》）

Lionni, L., *Swimmy.*（L. 里奥尼：《眩晕的》）

Micklethwait, L., *I Spy Shapes in Art.*（L. 麦柯施韦特：《在艺术中探寻形状》）

Percy, G., *Art House.*（G. 珀西：《艺术之家》）

Pinkwater, D. M., *The Big Orange Splot.*（D.M. 平克华特：《巨大的橙色的面》）

Reynolds, P. H., *The Dot.*（P.H. 雷诺兹：《点》）

Snape, C. and Snape, J., *The Boy With Squares Eyes.*（C. 斯内普，J. 斯内普：《有着方形眼睛的男孩》）

块状或体积

参见有关黏土与玩生面团的章节。

图案

Chocolate, D. and Ward, J., *Kente Colors.*（D. 绍特拉特，J. 沃德：《肯特的颜色》）

LeTord, B., *A Bird or Two: A Story about Henri*

瑞吉欧·艾米莉亚（Reggio Emilia）学校经验

这部分内容来源于以下这些人的书籍中，包括马拉古兹（Malaguzzi, 1993)*、布雷德坎普（Bredekamp, 1993)*、甘迪尼（Gandini, 1993)*、爱德华兹（Edwards）、甘迪尼（Gandini）、福尔曼（Forman, 1993)*、卡茨（Katz)(1990) 和纽（New, 1990、1993)*。最近有人对瑞吉欧·艾米莉亚学校的兴趣持续高涨，不禁让人回想起19世纪70年代人们对开放式教育和英国幼儿学校的狂热。我们在探索适合儿童发展的实践中，通过对瑞吉欧·艾米莉亚经验的了解和细查，发现这些经验可以给我们提供灵感、深刻见解和研究方向。

意大利北部的瑞吉欧·艾米莉亚学校一直恪守着自己的承诺（已经40多年了），即对学生的素质教育以及对家庭的支持。洛里斯·马拉古兹（Loris Malaguzzi）是瑞吉欧·艾米莉亚学校的创始人，他尤其受了卢梭（Rousseau）、裴斯塔洛齐（Pestallozi）、福禄贝尔（Froebel）、杜威（Dewey）、皮亚杰（Piaget）和维果茨基（Vygotsky）这些人的著作的影响，当代的美国同行都赞同他的哲学思想和观念。他认为学习应该在构建互动的框架之内。学习应该是学生主动去做一些事，而非我们为他们准备好做什么。根据杜威的进步主义教育观念，学校应该促进儿童天生的好奇心和创造力，以及与他们所在群体的积极互动。儿童是积极的学习者——探索、调查、解决问题以及通过多种方式陈述自己的经验。

甘迪尼(1993)*认为以下几点可以充分体现瑞吉欧·艾米莉亚学校的经验。

1. 关于儿童的正面形象，儿童是具备先验知识和培养潜力的人，他们是有能力并充满好奇心的学习者。相反，负面形象说认为儿童是有缺点的，是弱势群体，他们以自我为中心，并且很经历不丰富。布雷德坎普(1993)*提出了一个有趣的观点，它将儿童视为弱势方，允许成人为他们提供起码的帮助，同时认识到孩子有能力发展的需求，我们应为他们提供尽可能好的环境和经验。儿童之间的信任和尊重是相互的。

2. 我们要理解儿童并和他们共事，我们必须认为儿童与包括教师、同龄人、父母和整个群体在内的所有人同属于一个社会环境或者系统。

3. 儿童、父母和教师构成了一个重要的"三合音"，他们拥有一样的权利，儿童有权利接受尽可能好的教育。

4. 父母的参与是一个必不可少的部分，这是一个需要采取不同方式的、持续的过程。

5. 我们认为学校是令人感到亲近和放松的，它的目的是促进学生之间的沟通和社交。儿童跟他的同龄人学习，因此他的活动都在这个小群体中完成，这样有助于儿童解决问题、商讨和口头交流意见。每个孩子都有一个交流箱，这个箱子中有孩子们相互交换的信件和备注，这样就赋予了这些小箱子新的意义和功能。

6. 时间是流逝的，而非一成不变的。儿童与同样的教师和伙伴一起相处三年的周期（包括幼年到3岁和3岁到6岁这两个周期）。每年这个群体都会变换周围的环境。

7. 教师在学习过程中是积极的搭档和构建者，他们的角色是观察并参与其中，为儿童提供资源服务。

8. 合作与团体是教育体系的基础，教师两人一组合作，教师与家庭之间的合作成果能够促进瑞吉欧·艾米莉亚学校设置的目标的实现。

9. 学生们所上课程不是提前计划好的，而是教师通过观察学生在玩耍和学习过程中的表现而即时制定的。教师在对学生的观察中发现并想到课程创意和可能的学习体验。

10. 鼓励儿童寻求课程主题和课程计划，这个课程方式由杜威发起，后来由莉莲·卡茨（Lilian Katz）发展拥护。短期和长期学习的创意来源于学生，而非来自课程指南或者课程创意书，也不是来自国家课程标准。

瑞吉欧·艾米莉亚(Reggio Emilia)学校经验(续表)

11. 工作坊教师或者当地的艺术家在同一个艺术工作室中工作（见第十三章对艺术中心的探讨）。艺术工作室中存放着艺术材料和开放架上的透明容器，并且储备充足。这样使学生能够自主追求自己的兴趣。学生的二维或者三维艺术作品在学校中到处可见，引人注意。

12. 教师很认真地对待他们作为观察员和研究人员的工作，采取多种方式记录下学生做什么事情能够保持一个持续不间断的过程。录音机无处不在，这种策略类似于教师集合个人档案的真实性评估。

还有两个方面可以添加到甘迪尼（1993）*的列表中，包括美学和空间利用以及一百种语言的概念。

瑞吉欧·艾米莉亚学校认为教室空间的安排能够影响社会交往，并促进创造性表达。美观且令人愉悦的特征包括大窗户、透过玻璃墙看穿空间、舷窗和方便监督的玻璃隔板。里面是玻璃庭院，外面的洞穴被建成了操场，阁楼和分层立板为师生提供了多角度的视角。那里还有镜像结构和喷泉，在就餐区域中的桌子上有漂亮的桌布，学生一天中的大部分时间都在这么美丽的环境中度过。

"100 种语言"的比喻是说儿童能够以各种方式使用符号来象征他/她所学知识的能力。多符号表征主要包括素描、油画、黏土建模、说话、使用数字、移动、唱歌、表演和木偶戏。上面的清单中没有试卷测试，因为试卷测试虽然能够找出学生知道什么以及会做什么，但这是一种不适宜儿童发展的方式。

总之，瑞吉欧·艾米莉亚学校经验不是从一系列技巧和秘诀中总结出来的，也不是轻松地在一夜之间就产生的。美国的学校经验在一个迥然不同的社会和家庭结构中运行，它有自己的地缘政治和文化背景。然而，通过阅读、讨论和观察瑞吉欧·艾米莉亚学校经验，可以促使实践者反思自己的教学，并开始改进、提升他们的教室环境。

Matisse.（B. 勒托德：《一两只鸟：亨利·马蒂斯的故事》）

Robertson, J., *Oscar's Spots*.（J. 罗伯特森：《奥斯卡的斑点》）

空间

Getz, D. and Rex, M., *Floating Home*.（D. 盖茨，M. 雷克斯：《漂浮的屋子》）

Hurd, E. T. and Hurd, C., *Wilson's World*.（E.T. 赫德，C. 赫德：《威尔森的世界》）

Jenkins, S., *Looking Down*.（S. 詹金斯：《向下看》）

Jonas, A., *Watch William Walk*.（A. 乔纳斯：《看着威廉行走》）

Schwartz, A., *Begin at the Beginning: A Little Artist Learns about Life*.（A. 施瓦兹：《从头开始：小小艺术家学着了解生活》）

Van Alsburg, C., *Jumanji*.（C. 凡·奥斯伯格：《勇敢者游戏》）

Wood, A. and Wood, D., *The Napping House*.（A. 伍德，D. 伍德：《打瞌睡的屋子》）

Yolen, J., *Owl Moon*.（J. 约伦：《月下猫头鹰》）

平衡

Littlesugar, A. and Schoenherr, I., *Marie in Fourth Position: The Story of Degas' "The Little Dancer"*.（A. 利托苏格尔，I. 桑海：《玛丽在第四位：德加《小舞者》的故事》）

Peek, M., *The Balancing Act: A Counting Song*.（M. 匹克：《平衡表演：数数歌》）

纹理

Galdone, P., *The Blind Men and the Elephant*.（A. 加尔顿：《盲人与象》）

Hoban, T., *Is It Rough? Is It Smooth? Is It Shiny?*（T. 霍班：《粗糙的？光滑的？闪闪发光的？》）

Moon, N. and Ayliffe, A., *Lucy's Picture*.（N. 莫恩，A. 艾利夫：《露西的画》）

Van Alsburg, C., *The Polar Express*.（C. 凡·奥斯伯格：《相反的表现》）

Williams, G., *The Rabbits' Wedding*.（G. 威廉姆斯：《兔子的婚礼》）

查阅你所在地的公共图书馆并找出这些书或者其他作者的书，跟幼儿一起分享，引导儿童注意插画家使用不同的艺术媒介为书作插图。鼓励儿童使用多样化的艺术媒介来阐述自己的故事和书籍。你也可以在上面书目的基础上加入你喜欢的儿童书籍作者的书目。

图画书的插图艺术

漂亮的儿童插画图书都是艺术作品，很多新读者读书时不自然，总是将注意力集中到插图的细节上面。以下方法可以促进新读者认真观察故事书中的插图，从而发展他们的视觉语言技巧。

1. 鼓励儿童讨论他们在插图中看到了什么，比如问他们："你在图片中观察到了什么？"这就是一个不错的开头，要使用艺术要素去设计这个对话。帮助儿童观察插画家是如何使用色彩、形状和线条来进行视觉说明的。

2. 首先分辨并讨论图画所使用的艺术媒介的风格，插画家使用各种各样的艺术媒介包括油画、木刻、油毡印刷、拼贴画、摄影和素描。例如艾瑞克·卡尔利（Eric Carle）用剪纸拼贴来阐述他的经典书目——《饥饿的毛毛虫》（*The Very Hungry Caterpilla*）。他曾经用绘画和摄影图片来阐述，但是每种媒介都产生了不同的影响。玛格丽特·达沃尔（Marguerite Davol）使用拼贴画来图解《纸龙》（*The Paper Dragon*），胡伊·弯利（Huy Voun Lee）选择使用油画来图解《在海边》（At the Beach），而莫丽·邦（Molly Bang）则使用纸来讲述她的故事——《千纸鹤》（*The Paper Crane*）。插图画家选择的艺术媒介是理解和欣赏一个故事的关键。

3. 分辨出插图画家的流派和艺术风格。插图画家也会使用不同的艺术风格，例如罗伯特·麦克洛斯基（Robert McCloskey）的《给小鸭子让路》（*Make Way for Ducklings*）和朱迪斯·维奥斯特（Judith Viorst）的《亚历山大和可怕的、恐怖的、糟糕的一天》（*Alexander and the Terrible, Horrible, No Good, Very Bad Day*）都反映了一种现实主义风格的插图。安野光雅（Anno Mitsumasa）的《安野的旅程》（*Anno's Journey*）和夏洛特·佐罗托（Charlotte Zolotow）的《兔子先生和它可爱的礼物》（*Mr.Rabbit and the Lovely Present*）都使用了印象主义的艺术风格来进行插图绘制。

这些信息是理解故事的关键，它可以引导老读者对插图进行比较，可以展示一个插画家是如何使用相同或者不同的绘画技巧来进行配图的，还可以使读者看到一本关于家庭的书是如何用多样的方式来说明的。要鼓励孩子使用各种各样的媒介对自己的故事进行配图。在审美学那章，我们将继续讨论美和审美如何与孩子们的图画书相适应。

我们通过林格尔德（Faith Ringgold，1991）*的《沥青海滩》（*Tar Beach*）来了解一下关于图画书中插图对于孩子审美分析和审美欣赏的识读能力的重要性。林格尔德的作品格外引人注意，是因为她将叙事与虚构相结合，从而编织出一个读起来在视觉上和口头上都很丰富的故事。这本书以一件艺术作品的视觉复制品为开头，让孩子描述他们看到了什么，感受到了什么，帮助他们识别并讨论艺术元素，包括色彩、形状、边框、纹理和图案等。接着，把整本书都读下来，让孩子将艺术印刷品与图画书译本进行对比，并对作者的插图风格进行评论。最后，向孩子介绍关于作者和艺术家的信息。林格尔德于19世纪30年代在黑人住宅区长大，她亲身经历了那个时代存在的对美国黑人的偏见，因此形成了对偏见和排斥的讨论。由于作者童年时期有哮喘，因此她被局限于家中，不能出门。这对她来说并不是坏事，她的母亲是一位时装设计师，她利用和母亲相处的时间学会了如何缝制以及如何将艺术与面料相结合来设计衣服，因此产生了一系列棉被的故事，棉被的每一部分是一个页面。在《沥青海滩》中，林格尔德的艺术品中的孩子象征着一个小女孩飞翔的梦想以及为她的家人改变环境的梦想，这是一个乐观、希望和爱的信息。孩子们知道林格尔德是一位杰出的美国艺术家，不仅仅是因为棉被，还因为壁画、绘画、抽象作品、面具和软雕塑作品。她的这段个人经历促使孩子重读这本书，这一次他们把注意力集中在语言和艺术的相互作用上，因为其反映了作者的生活和作品的细节和意义。

艺术访客

邀请专业的美术家、音乐家、舞蹈家、手工

艺人、志愿者以及对其中一种艺术感兴趣或者擅长的学生家长，别忘了那些年初你曾调查过的家长，他们可能会志愿提供一些特长和技能。了解你所在区域的美术家、音乐家和舞蹈团。记得提供简短的培训，就像你会和志愿者在一起一样，有些志愿者在回答问题或者示范他们的作品和工艺时会感觉很舒服，而其他志愿者可能会喜欢直接和孩子们一起动手操作。在邀请艺术访客之前要为孩子们提供一些背景信息，然后帮助孩子进行头脑风暴，列出一份关于他们想要了解的来访者和关于他/她的作品的问题清单。记得引导孩子发现讲故事和提问题之间的不同。

艺术之旅

除了邀请艺术访客来教室之外，还可以带领孩子们去郊游。大自然中的艺术处处可见，一次简单的室外散步就可以是一次郊游。大多数社区都至少具备以下任意一个可以游览参观的地方：

- 博物馆
- 芭蕾舞剧
- 画廊
- 演奏会
- 展览
- 演出
- 音乐会
- 天文馆
- 艺术家工作室
- 儿童剧院
- 植物园

第一次参加时要确保你所带领的特定群体会从这次的经历中受益，这样做才是明智的。郊游需要大量的规划和精力，而且花费很大，他们要经过深思熟虑才能决定。在安排郊游时，要尽力将郊游经历与这个群体的发展需求、兴趣和能力相匹配。例如，多数初学走路的孩子都无法在长达一个小时的室内音乐表演中一直安静地坐着。了解一下员工中是否有人曾有过带幼儿旅游的经验。有些博物馆设有专门儿童展间和儿童展览，还有一些博物馆可能会有借出的收藏品。在很多图书馆都可以租用或者购买艺术出版物。

感知能力

我们要帮助孩子培养感知能力，可以通过以下两种方式。第一，让孩子停下来感受周边的事物，增强他们体验周边事物的意识。例如，邀请当地的兽医带一只狗或者一只猫去你的班级，鼓励孩子近距离观察这个动物，聆听它发出的声音，闻它的气味，并且在兽医允许的情况下，还可以触摸它的皮毛。第二，刺激孩子的感官。下一章节会有很多感知能力的体验。图7-6表现了一个教室的展示墙，墙上展示着孩子们艺术作品的美和感知能力。

从某种意义上来说，这种展览就如同教师和教室在对孩子们悄悄说道："美，在我们周围处处可见，让我们一起慢慢地感受它吧！"

水彩画和油墨画

蛋彩画是使用水彩和油墨进行绘画的前提，使用水彩和油墨绘画要求协调以及对精细动作的控制。这种媒介会使非常幼小的艺术家感到灰心，因为他们需要用很难控制的小刷子来作画。

水彩画

水彩画往往是湿润的、稀薄的、透明的，它们经常产生意想不到的效果。当小小儿童艺术家尝试制作表面特征时，湿润的颜色可能会掺混在一起。在儿童刚接触水彩画时，最好不要尝试写实、详细的艺术，而应该使用水彩感受线条、色彩、形状和抽象的设计。用半干的笔刷在画布上画水彩，最好买一套中等的水彩画材料，最便宜的笔刷在第一次洗涤时刷毛就会脱落。

水彩颜料在湿纸和干纸上都可以使用，在湿纸上的水彩会流动并混合成很有趣的形式和图案。可以用海绵或者喷雾器将纸张弄湿，儿童可以用一小块海绵吸干多余的或者不需要的水分，特殊的斑点可以从试管中滴出。笔者观察到有一个儿童为了制作靶心的效果和五彩缤纷的彩虹，就是这样做的。

儿童只有一支笔，但他需要使用多种颜色。因此，在使用新的颜色之前，涮笔是很重要的。他们每个人需要一个盛水容器，每次水变浑浊时就把容器里的水倒掉。他们作画完成后，应该把画布上的多余水彩颜料吸干。不仅清理画布上多余的颜料，还要仔细清理水槽下面多余的颜料。让画布自然干燥，如果潮湿的话，画布会有黏性，就会粘到一起，儿童就会觉得他们的作品很没有吸引力。

购买单张水彩纸会很贵，成包购买仍旧比较贵，但白色绘图纸的价格还是可以接受的。半透明纸和有黏性的拓印纸对于画水彩画来说都是很好的。办公室中应该还有剩余的写有公司抬头的过时信纸，教师可以剪掉信纸抬头后用这些信纸

参观艺术博物馆

虽然有些成年人愿意花一下午的时间在艺术博物馆看各种展览，但儿童不可能对展览如此着迷。幼儿去艺术博物馆的实地考察需要教师做相当多的规划和准备。首先，教师自己或者和同事一起进行一次实地考察之前的视察，确定你想让学生观看的个人作品，这些作品应该是学生在课堂上见到过或者讨论过的作品，或者至少是他们在课堂上讨论过的艺术家的作品。另外，要找能够与教师在课堂上当前的课程主题有某种联系的作品，例如，如果学生正在研究池塘的环境，你可以选择莫奈（Monet）"睡莲"系列中的一幅作品；如果学生正在学习关于农场的单元可以选择摩西奶奶（Grandma Moses）原始绘画风格的作品；如果正在学习热带雨林相关知识，可以选择亨利·卢梭（Henri Rousseau）的丛林绘画作品。标注这些作品在博物馆地图上的所在位置，然后为教师和学生参观博物馆制定一条直达这些作品的路线。对于三四岁的学生来说，用30分钟的时间来参观博物馆就足够了；对于五至八岁的学生来说，可以将时间控制在45分钟左右。然而，教学目标应该是让学生保持兴趣，并且使他们想要在艺术欣赏方面获得更多的体验。

教师回到教室，让学生为参观艺术博物馆做准备，告诉他们博物馆是欣赏艺术作品的地方，要轻声地讨论他们的所见所闻。提醒他们不能触摸博物馆里漂亮的东西，但是可以观看、轻声地提问题并分享他们的观看结果。然而，即使提醒过学生，但那些年幼的学生很可能会忘记，无法抵制诱惑而去触摸一片色彩鲜艳的陶器或者一个有特殊质地的雕塑。邀请其他的成人参与到你的博物馆之行中，并请他们帮忙监督年龄小的学生小组。

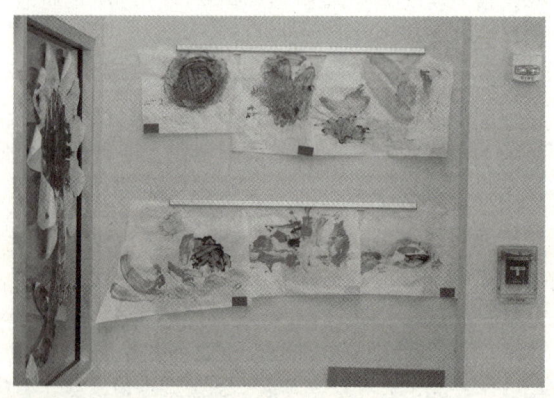

图7-6 展示儿童架上绘画作品的教室

作为绘图纸。

薄纸水彩画

将薄纸撕成1英寸的正方形，并用颜色将其区分开。在干净的容器中装满水，然后加入那些正方形彩纸，并用刷子搅拌，纸上的颜色就会溶到水中。儿童就会发现加入同一颜色的正方形越多，这个颜色的浓度就越大。儿童能够创造性地调色，教师可能会想以提供三原色为课程开端，但结果往往是儿童能够用彩色水进行绘画（见图7-7）。

图7-7 薄纸水彩画

喷瓶水彩画

教师收集儿童用的且干净的手压式喷水壶，将每个壶中加满水并加入几滴液体水彩颜料，向儿童展示如何使用喷壶在画纸上绘画。教师要为儿童提供大张纸和艺术工作服，这是一个很不错的户外活动，可以利用衣夹将纸挂在围栏上，或者用胶水将它们固定住。

咖啡滤纸作品

准备一个装有水的容器,并加入液体水彩原料,让儿童折一张过滤纸并将其浸入一种水彩颜色的水中挤压,如果儿童想选择其他颜色也可以将其加入水中。然后打开浸染的咖啡滤纸,在报纸上摊平晾干(如图7-8)。在作品旁边贴上胶带并标注上儿童的名字,等作品干燥后为儿童提供一些吸管,以便他们可以在自己的画面上装饰一些花儿、蝴蝶、蝴蝶结或者一些创意物体。提供吸水纸巾可以使这个绘画活动变得多样化。

水晶水彩画

鼓励儿童在白纸上用清水绘画,为儿童提供图画纸和绘图纸,然后儿童使用液体水彩颜料开始画,不同颜色会蔓延、混合并流到一起。他们还可以使用装满水的喷瓶令他们的画面图案保持湿润、混合。作品完成后,给儿童一张是他们作品两倍大的透明塑料保鲜膜,教师向儿童演示如何将保鲜膜压皱并轻轻地覆盖在湿画的上面。将作品放在一个安全的地方晾干,作品干燥后将塑料保鲜膜揭下来,这样就会产生一种非常有趣的纹理效果。还可以尝试用锡纸、蜡纸、泡沫包装和自然物品代替塑料保鲜膜。

涂刷和滚动

准备一些浅底的盛水容器,并加入液体水彩颜料。儿童在绘图纸或者水彩纸上使用小泡沫画笔和小油漆滚刷进行创意设计。

墨水

每个幼儿都可以欣赏中国水墨画,它用最少的线去捕捉自然的美。墨水的颜色只有黑色,而且往往很贵。学龄儿童用一瓶黑色墨水就足够了,在小张纸上使用细笔刷能够节约墨水,用最少的线和墨比较适合绘制线描画和线描设计。墨水还能用在印刷和模板拓印活动中,但是我们不建议在画架和一般绘画中使用墨水。

墨水斑点

儿童在纸上滴墨水,然后小心翼翼地对折再打开,接着变换不同的颜色重复这个过程。最后将这些墨点剪下,镶在彩色的纸上。

水染

传统中,染色活动都会使用食用色素,然而使用色素往往都价格昂贵,颜色范围有限,且容易把手和衣服弄脏。液体水彩颜料避免了上述传统色素的缺陷。如果我们需要食用色素,可以使用液体水彩颜料来代替。

滴染

为每个儿童准备一张厚重的白色纸巾,让他们把纸叠成一个正方形,并给他们提供一小瓶食用色素或者液体水彩颜料。儿童会非常小心地挤压纸角、纸的边缘或者纸张的中间部分的不同颜色的小圆点或小块。让纸充分渗透染料,然后打开,就会呈现出一个丰富多彩的设计。最后将其晾干。

浸染

为每个儿童准备一张厚重的白色纸巾,还有不同颜色的染料。在一个小盘或者小的盛水容器中放入几滴食用色素或者液体水彩颜料,颜料添加得越多颜色就越深。将不同的颜色倒入色盘的不同格子中。让儿童将他们的纸叠成正方形,不同的叠法(水平、垂直、对角线或者随机折叠)会产生不同的效果。小心地将纸的一角或一边浸入到一种颜色中,然后轻轻地挤出多余的水分,再将纸的第二块小区域浸入到另一种颜色中,纸上不同的颜色会混合到一起。例如,将纸先浸入黄色染料中,再浸入红色染料中,最后就会呈现出橙色。然后将浸染好的纸放在报纸上晾干,把

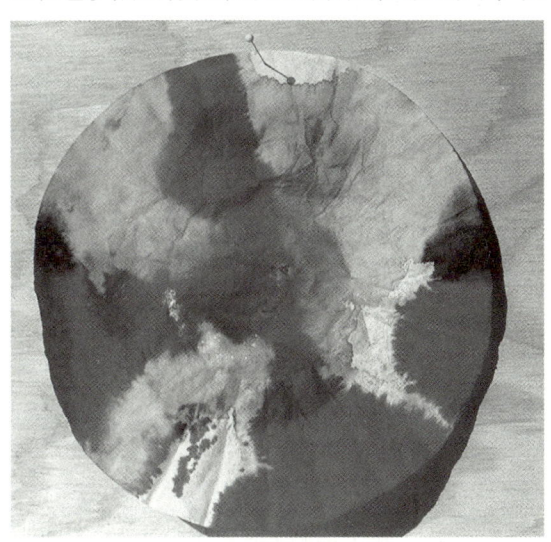

图 7-8 咖啡滤纸作品

晾好的纸贴在窗户上，就会出现丰富多彩的效果。也可以认真地把它们贴在一起，组成一个被子、一个横幅广告或者公告牌的背景（如图7-9）。

总结

审美观与幼儿联系紧密。婴儿开始探索他们的世界并对他们的世界感到惊奇。随着时间的推移，儿童会"内化"成人禁止做的事，于是他们便学会不去观察、不去听、不去触摸、不去品尝、不去闻。他们就会对这种感觉以及线条、形状、颜色和设计的世界习以为常。

作为幼儿教师，我们的目标是多方面的，例如激发儿童的感官体验，在穿着、行为、交流中成为他们的审美典范，营造感官体验丰富、激发学习热情的环境。我们的讨论集中在包括审美在内的幼儿教育原理。首先，审美是孩子整体发展的一部分。第二，审美能帮助孩子在字母、数字、单词的世界里。看到优美的形状和线条。第三，在审美体验中长大的孩子会成为一个更聪明的消费者、更关心周围的市民，愿意为了社区与工作区域的美而贡献力量。第四，一个关注审美体验的教室能帮助孩子们理解和欣赏各种艺术类型。

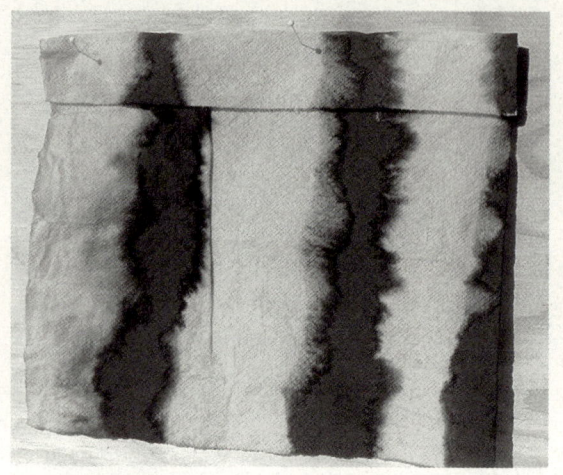

图7-9 浸染

第五，感官体验能刺激儿童的思维和概念的形成。

关键词

审美态度	审美过程/审美体验
审美反馈	审美价值
审美观	工作坊教师
油墨画	瑞吉欧·艾尔莉亚
感知能力	水彩画

活动建议

1. 反思一下你最近的或最生动的审美体验，简要概括并以文字表达，描述你的感受和反应。

2. 评论教室内部空间对审美所起到的作用，提出具体建议。

3. 布置一下具有审美愉悦感的展览，其中的展览物要有美感。

4. 通过一次简单的旅行（如到大自然中走一走）来组织一次审美体验活动。

5. 收集体现了美好的学习环境的照片，记录下带来审美愉悦的学习中心和展览。当你有了自己的学生后，这些将会是你教学想法的来源。

6. 选择几本儿童图画书，运用本章提到的三个阶段对插图进行讨论。

7. 和孩子一起进行一次水彩画或油墨画活动。

回顾

1. 解释审美态度、审美过程/体验、审美反馈的含义。

2. 列举教师应当在审美观培养中扮演的角色的五个方面。

3. 列举瑞吉欧·艾米莉亚学校经验中艺术所扮演的角色，并简要阐释。

4. 指出并描述儿童艺术理解的发展阶段。

5. 指出并描述个人艺术评判标准形成的发展阶段。

6. 就儿童与艺术而言，请解释"展示，但不强加（于孩子）"这句话的含义。

第八章 感官体验

孩子们玩得开心吗？他们获得了何种体验？他们是如何参与其中的？他们的哪几种感官被调动了起来？如果你是组织这类活动的教师，在向孩子们提供了干草和动物玩具的情况下，该如何鼓励他们陈述自己的所见、所触、所感？你还打算增添哪些道具来提升孩子们的创造能力？花手绢、木棍或木块合适吗？

目标

在完成本章节的阅读之后，你应该能够：

- 说明感官、行为、感受、思考等与理解力提升之间的关系。
- 列举并简要说明不同的感官体验。
- 为儿童设计能调动多种感官的活动。
- 识别三种主要的学习模式，并说出你最常使用的一/几种。
- 说明学习模式和教学模式之间的关系。
- 为儿童户外实践活动的必要性提供理论支持。
- 为儿童提供几个巧用材料的艺术活动。

引言

在儿童的审美过程中会涉及多种感官。感官的奇妙体验促使儿童不断地去观看、触摸、聆听、品尝、嗅探一切他们所遇到的事物，并做出情感和认知层面的反馈。比如，当他们看到或闻到一朵花时，他们不仅获得了一次愉快的体验，也增进了对"花"的认识。教育工作者希望儿童能够通过提升对美的感官能力，从而体验到更加美丽缤纷的世界。

从感知到理解

感知力是一种从身边事物中提取感官经验，并与已有经验相联系的能力。行为、感受、思考与理解力的提升紧密相连。审美体验通过让这些情感反应与感知力进行有机串联，使感受和思考形成体系。比如，当教堂的钟声响起时，儿童听到了声音，脸上浮现惊奇的表情，试图去思考它，并将它与家中的门铃、时钟相联系。这一过程可以被概括为：

感官 +	行为 +	感受 +	思考 =	理解力
视觉	看	享受	比较	颜色
听觉	听	惊奇	参照	音调
触觉	触	欢乐	分析	质地
嗅觉	闻	兴奋	分类	气味
味觉	尝	好奇	描述	味道

世界给予每个孩子均等的馈赠。存在感官缺陷的儿童虽然失去了接收某一方面刺激的能力，但往往会在其他方面天赋异禀。比如，盲童往往在触觉和听觉上优于常人。但是，如果儿童缺乏对某一方面事物的感知体验，其发展过程中必然会出现相应的困难。比如，一个从来没有摸过、见过、闻过或听过大象的孩子，必然难以与其他人一样对大象进行讨论和描述。

naeyc 五官之外的感官

根据传统理解，儿童在探索世界的过程中，会用到以下五种感官：

1. 视觉 2. 听觉
3. 触觉 4. 嗅觉
5. 味觉

而在蒙台梭利量表（Montessori Table, 1967）*中，又新加入了以下感官：

6. 色觉 7. 温觉
8. 重觉 9. 压觉
10. 动觉

针对以上每种新感官，书中都列举了具体的活动以进行解析和例证。

儿童的学习模式

儿童通过感官去探索世界，他们每个人都有一种或几种最惯用的感官模式。也就是说，有的儿童可能最喜欢看，有的最喜欢听，也有的最喜欢触摸和运动的协同，等等。相对应地，他们就更倾向于成为视觉学习者、听觉学习者和触动觉学习者。

惯于使用视觉的儿童更倾向于成为整体性思维者。他们往往能够看到整体的图像，而非视觉碎片。他们更喜欢视觉图像，如单词图、照片、图表、图式等能够给他们提供视觉线索的材料。他们愿意读出、写下或画出所学内容，并对"完成感"抱有极大兴趣。

惯于使用听觉的儿童更擅长逻辑思维，并具有较强的听说能力。他们乐于分享自己的见闻，能够通过倾听他人的见解获取知识。他们愿意遵从口头上的指令，并有序完成任务。

惯于使用触动觉的儿童更喜欢通过双手（动

手）或肢体（行动）去学习。他们是一类通过行动获取整体信息的整体性学习者。他们擅长动手学习，不喜欢坐在教室里听从他人的说教。比如，在数学课上他们思考时会手舞足蹈，依靠具体操作进行理解记忆。

教育者的教学模式

相对应地，教师在教学中也存在自己所惯用的教学模式，这种教学模式是由其学习模式发展演变而来的。比如，如果一位教师是视觉学习者，他会更喜欢使用书本和纸质信息去教学，儿童会被更多要求去读、去写；而一位听觉教师则更依赖语言教授，并鼓励儿童进行讨论。同样，一位触动觉教师会通过手工材料、角色扮演、舞台剧和动手活动去进行发现性教学。

教师的教学模式 VS 儿童的学习模式

以上所述意味着什么？第一，我们需要承认不同儿童有不同学习方式，并发现每位儿童的独特学习风格。他们是视觉学习者、听觉学习者、触动觉学习者，还是两种或三种学习者的混合？第二，我们要承认教师的教学模式是受自己的学习模式影响的。第三，充分利用每位儿童的学习特点，配合其所擅长来教学。第四，尽可能地在教学中涉及多种教学模式。比如，在带领儿童认识天竺鼠的过程中可以涉及口头讨论、视觉观察等方式，并准备一只真正的天竺鼠以提供多重感官经验（见图 8-1）。第五，帮助儿童提升在自己不擅长的学习模式下学习的能力。

美术与儿童的学习模式

如何将我们关于学习模式和教学模式的讨论应用到美术之中？作为视觉型学习者的儿童更容易被视觉艺术所吸引，同样，听觉型儿童更喜欢音乐。而触动觉型儿童则能够在指画或厨艺等艺

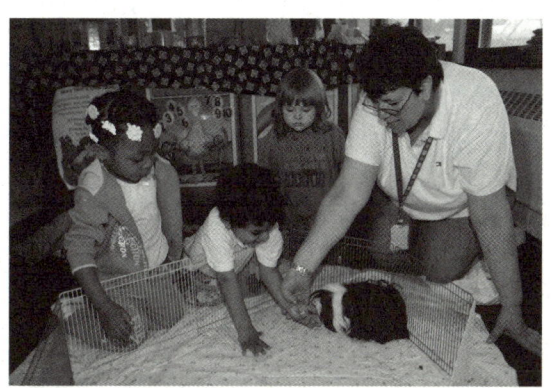

图 8-1　认识天竺鼠

教师反思

帕特（Pat）老师正在准备与安德鲁（Andrew，她的幼儿园学生）的父母进行一次会谈。虽然帕特老师的教学经验已经有近 30 年，但她仍将安德鲁的问题视作一次独特的挑战。在幼儿园里，即便是当安德鲁坐在地板上进行小组活动时，他也会不停地做着各种奇怪的动作：举起双膝，靠在自己的肘部，并来回舞动双臂；而当同学们坐在课桌旁学习时，安德鲁总是离开椅子，在教室里跑来跑去，去看其他小组的同学在做什么。帕特老师注意到，安德鲁的书写和美术作品总是乱七八糟，无法反映所学内容。仅有的注意力集中的时候，是在活动中心的时间。这时他会选择玩手工区的积木。帕特老师拍摄了不少安德鲁的积木作品照片。她相信，安德鲁在积木上所体现出的专注力、计划性和解决问题的能力，要远远超出他在书写和美术作品上的表现。她担心安德鲁在某些方面存在学习障碍的可能性，因此打算与他的父母坐下来谈一谈。

在会谈中，帕特老师展示了她所拍摄的照片、一些数据记录和其他关于安德鲁的作业无法反映其所学的观察结果。而在帕特老师与安德鲁的妈妈坐在桌子旁交流的时候，安德鲁的爸爸却在房间里不停走动，并不时地给班里的宠物喂一只胡萝卜，或拿起科学中心的陈列物再放下。他虽然也听到了妻子和帕特老师的交谈，并不时地问几个问题，但显然，坐在椅子上进行交谈令他不舒服。与安德鲁父母的交谈让帕特老师开始重新思考安德鲁的学习模式问题。通过交谈，帕特老师是否更进一步地了解到了安德鲁的问题？为了证实自己的观察，帕特老师向安德鲁父母询问了哪些问题？最重要的是，她该如何满足安德鲁的特殊学习需求？

术活动中获得更好的体验。视觉型学习者可以轻松地在脑中构思出图像并将想法画到纸上，他们更加关注整体而非部分。比如，在画房子的时候，他们会先注意房子的整体形状，然后再添加细节。这类儿童十分关注自己作品的完成效果。听觉型学习者不依靠脑中的图像，他们会连续不断地将部分画面组合到一起。比如，他们会把房子细分为门、窗户、烟囱等进行绘画，而这些将最终组成一个完整的房子。

面对那些自身学习特点不足以支持他们完成一件作品的儿童，我们该怎么办？如果可能的话，应该多邀请他们参与不同于其传统学习模式的艺术活动。比如，可以邀请那些不愿意坐在课桌旁的听觉型儿童描绘自己在书中或音频里听过的故事，或将自己最喜欢的歌曲与照片相联系。

多感官体验

多数体验涉及不止一种感官。比如，烹饪就是一种多感官经验的活动。制作爆米花的过程包括挑选谷粒（视觉、触觉）、听爆米花的声音（听觉）、闻爆米花的气味（嗅觉）和品尝爆米花的味道（味觉）。儿童也会乐于模仿烹饪过程中上下跳动，并随着温度的升高不断改变跳动频率的爆米花。椰子具有明确的颜色、尺寸、形状、触感和味道，儿童可以观察椰子的外表，并进行讨论。"当你摇晃它的时候，你听到了什么声音？你猜里面有什么？我们该如何看到里面的东西？我们怎么打开它？你能用哪些词来描述椰子的样子？它好闻吗？我的包里还有一只椰子，这两只长得一样吗？哪里不一样？我们把它切开来看看……现在，你们看到了什么？闻到什么味道？切下一块白色的内瓤。味道怎么样？跟椰子干味道一样吗？"这一系列的问题、讨论和体验是无止境的。同样，我们也可以把这个过程应用到对洋蓟、瓜、菠萝、烤肉等的讨论上（见表8-1）。

户外实践活动也是训练儿童运用多种感官的好机会。比如，在夏末，你该如何应对即将到来的季节变化和假期？一说到这里，一些教师的思绪立刻被拉到南瓜地丰收的场景里。有很多关于秋季的优秀图书、歌曲、故事等，对他们来说，

表8-1 感官体验

感官	建议	感官	建议
视觉（看……）	多元文化、无歧视图像	听觉（听……）	播放各种声响并提问："是什么发出了这种声音？"
	装饰精美的儿童读物		磁带故事，并可以进行"我是间谍"游戏
	贴在墙上的书籍封面		非正式交谈
	海报		歌曲
	优秀儿童作品		节奏乐器
	艺术印刷品	触觉（摸……）	物体，在看不到的情况下分辨
	关于儿童与家庭的摄影作品		粗砂纸和细砂纸
	标签、字母表、标识表、食材卡片、图表		织物
	有趣的、精致的摆件		不同质感的物体，如水果、蔬菜、毛皮等
	纪念品和手工艺品		一桶冰水（或凉水、温水、热水）
	贝壳、宝石、标本收藏品		不同材质的手套
	媒体：经过审查的电影、幻灯片、合适的录像带		食物（在准备食物过程中）
	花瓶和花	嗅觉（闻……）	花
	小型盆栽		臭味
	班级宠物		香味
	壁挂、编织品、织物		食用香料
	模型		洗发水
	组字画、诗歌、歌词、食谱、故事卡		香味蜡烛
	定期更换的食物	味觉（尝……）	不同文化习俗中的有营养的食物
听觉（听……）	各种音乐		儿童自制的健康小点心
	诗歌		水果
	押韵词		蔬菜
	手指敲击节拍		坚果（在使用之前应确认儿童是否对此过敏）
	讲故事（使用道具或不使用道具）	动觉（进行、操作……）	创意活动、戏剧或音乐剧
	读书		跨越障碍课程
			广场活动器材

都是可利用的素材。同样,对于艺术而言,不少教师会提供印有南瓜的绘图纸,并要求儿童画一只南瓜。但这些活动真的有意义吗?首先,教师需要考虑一下,儿童对南瓜的认识究竟有多少。也许有的儿童仅仅是在图画书里看到过南瓜,并将那里当作是南瓜的生长地,而有的儿童却能够清楚地说明空心南瓜灯的雕刻方式。于是,问题变成了:儿童究竟对南瓜了解多少?我们该如何带他们认识南瓜?图8-2呈现了儿童到南瓜地进行实践活动的场景。在这里,儿童获得了关于南瓜生长的一手资料。那么,他们能得到哪些关于视觉、听觉、触觉方面的感受呢?

没错,儿童可以尽情地观看并触摸那些生长在藤上的南瓜。教师可以提醒儿童倾听风吹过田野的声音,轻嗅泥土的芬芳。随后,回到教室中,儿童就可以开始动手清洗、雕刻南瓜。掏空果肉,将种子分离出来。种子经过烧烤,可以同南瓜面包、南瓜布丁、南瓜派等食品一并食用。只有到这时,所有关于南瓜的图书、歌曲、故事等才能真正地被儿童所理解。多感官体验的户外实践活动为儿童认识南瓜提供了具体的、合适的起点。

1. 视觉

视觉感受包括观看和观察。理论上讲,它是一种有序的看的过程,区别于"瞥"或"瞧"。提升观看以及辨别字母、单词的能力,将有助于提高读写效率。

教室内应该具备丰富的视觉资源,如自然标本、手工艺品,或其他能够引起视觉探索兴趣的物品。可以将儿童的绘画作品、海报和印刷品张贴在墙上。科学中心和手工圆桌上则可以摆放贝壳、复古厨房摆件或明信片等。

基于儿童的视觉探索需求,在此推荐以下工具:

- 棱镜
- 安全镜子:手持式或落地式
- 显微镜和载玻片(见图8-3)
- 万花筒
- 照相机
- 太阳镜
- 圆筒
- 放大镜:手持式、三脚架式或站立式
- 透镜:凹面或凸面(放大或缩小)
- 望远镜
- 双筒望远镜
- 透明色卡
- 手电筒

"泡泡水"是一种简单的视觉活动。准备一桶清水、液体餐具洗涤剂和旋转搅蛋机,选择儿童喜欢的颜色,随后就可以到户外去吹泡泡了。儿童乐于尝试去抓住这些泡泡。教师应当鼓励儿童去观察泡泡在阳光下所呈现出的彩虹色。

泡泡水配方如下:

1杯水;2量勺液体餐具洗涤剂;1量勺甘油(丙三醇,药店有售);1/2茶匙糖。

以下是其他视觉活动。

新视角

鼓励儿童从不同的角度观察室内外环境。儿童可以:

- 躺在地板上往上看

图8-2 外出实践活动为儿童的多感官体验提供了一手资料

图8-3 科学中心的显微镜能够鼓励儿童探索新事物

- 躺在你的左侧或右侧
- 躺在草地上，观察天上有什么，云彩是什么形状的
- 爬到攀玩架顶端往下看
- 以你的双手作为支撑，爬到你的肩头上
- 荡秋千，并观察事物颜色和形状的变化

漫步大自然

带儿童到大自然中走一走。学龄儿童可以自己带上放大镜，但婴幼儿只能经由教师指点来观察。观察大自然中有趣的形状和搭配，并在以下情况下驻足：

- 观察苔藓、浆果、昆虫、真菌、蘑菇、鸟巢、树桩、影子、鸟、蜘蛛网、蚁穴和建筑物上的锈迹
- 倾听鸟叫声、树叶摩擦声、风声、猫狗叫声、松鼠啃食声、树枝折断声和坚果掉落声
- 触摸树干、地衣、干叶、沙子和大理石
- 轻嗅常青树木、松果、松针、腐叶、干叶、树枝切口和冷空气

收集有趣的标本，并带回科学中心。（有的教师更愿意维持大自然的完整性，不随意带走小虫、树叶或细枝。）

视野聚焦

有时，在充斥着各种色彩、形状和声音的大自然中，静下心来关注某一细节是十分困难的。这时，儿童可能需要教师帮助他们集中视觉注意力。正因为如此，教师需要准备放大镜、照相机、望远镜等，鼓励儿童使用这些道具，认真观察室内外环境，并将注意力放在那些容易被忽略的小东西上。教师也可以将大家关注的小东西放进玻璃纸中制成彩色标本。儿童还可以动手为这些彩色标本制作精美边框。

透视窗

从杂志里选一张有趣的图片，找出其中色彩绚丽、形状奇妙的部分，并把文字剪裁掉。再准备一片跟这张图片同等尺寸或稍大一些的硬纸板。透视窗的用途多种多样。从硬纸板中间平整地剪掉1英尺（约合0.3米）见方的部分，制成方框，并框住图片。这时，教师可以向儿童提问："小窗子里有什么？这是什么东西的一部分？"同样，也可以使用手撕的方法制作透视窗，甚至在活动中还可以不断撕掉一小部分，让儿童反复地猜。该活动可以帮助儿童将注意力集中在小区域内的色彩、形状上。活动的目的并非是为了让儿童快速寻找到唯一的标准答案，而是为了运用观察线索开发儿童的想象力。

看一看，连一连

儿童喜欢把相似的图片或物体连起来。寻找以下类型的成对物品：

- 杂志图片
- 布片
- 墙纸小样
- 瓦片或漆布小样

幼儿可以将具有明显相似性的物品连起来，而年龄大一些的儿童则可以挑战在色彩、形状上有微妙区别的物品，如墙纸册中的小样。

艺术明信片

伍尔夫（Wolf，1988，1990）*运用了蒙台梭利（Montessori）的有关儿童连接技能、配对技能和分类技能的理论，借助卡片（印有名家作品的明信片）制成了美术鉴赏能力发展的时间轴。其步骤如下：

第一步：相同作品卡片连线。要求儿童将三组完全相同的作品卡片分别连起来。完成后，继续增加难度，直至六组。

第二步：同一艺术家作品卡片配对。选择一位艺术家的两幅风格相似，但内容不同的作品卡片，要求儿童进行配对。比如可以选择奥杜邦（John James Audubon）的《鸟群》（Birds）系列作品。

第三步：同一艺术家作品卡片分组。儿童开始对三位艺术家各自的四幅作品卡片进行分组。可以从最容易区分的作品开始，如塞尚（Paul Cezanne）的四幅静物作品，康定斯基（Wassily Kandinsky）的四幅抽象作品，或戈雅（Francisco Jose de Goya）的四幅人物作品。

第四步：作品卡片与作者卡片连线。在多次重复上述步骤以后，儿童开始尝试将作品卡片与标有艺术家名字的卡片进行连接。

第五步：作品卡片与作品名卡片连线。

第六步：参考美术史知识，向儿童讲解卡片中作品的流派分类。

第七步：对同一流派作品卡片进行分组。

第八步：根据线索进行排列。要求儿童根据

某一线索对大量作品卡片进行有序排列。比如，可以根据时间线索。当儿童能够独立完成这一工作后，美术史的框架便已在儿童的脑中建立，美术鉴赏也成为儿童的基本能力之一。

我是间谍

这一活动涉及看、听两种能力，并且可以多人参加。选取室内一件有明确色彩和形状的物品，问："我是间谍！屋里有一件东西是红色的。那是什么呢？"儿童可能需要进一步的线索。"它只有前面是红色，后面是白色。那是什么呢？"或者："我是间谍！墙上有一件东西是三角形的。那是什么呢？"儿童乐于成为这一游戏的"间谍"角色。应鼓励他们多使用表示颜色和形状的词语，尽量避免类似"我是间谍！墙上有一件东西在滴答响。那是什么呢？"之类的表达。

去看海

在塑料瓶子里装一些矿物油和蓝颜色的水，并将瓶口封好。轻摇瓶子，形成"海浪"，并邀请儿童观看。

2. 听觉

听觉感受包括听见和倾听，这是两种存在很大区别的行为。一直在倾听的儿童却不一定总能听得到有效信息。我们生活的世界十分喧杂，其中包含了人的谈话声、机器轰鸣声、汽车喇叭声、手机铃声、电视广告声。儿童被暴露在包含多种听觉刺激的环境中，很早便学会了无甄别地接收听觉信息。很多时候，他们只需要随便听一听，而面对音乐声、朗读声或教师的指令，则需要认真地听。我们的目的在于教会儿童，何时只需要客观地"听见"，而何时需要主观地"倾听"。

基于儿童的听觉探索需求，在此推荐以下工具。
- 听诊器
- 光盘播放器和有关音乐、故事的光盘
- 音叉
- 铃铛
- 有关故事、歌谣、诗朗诵的录音带
- 乐器（见图 8-4）
- 音乐盒
- 节拍器

以下是相关听觉活动。

片刻安宁

这一活动可以被作为一场吵闹之后的放松过程，这也是快速让儿童安静下来的好办法。将儿童聚到一起，并要求他们安静地坐下来。刚开始，他们可能会小声地笑。经过训练后，情况会有所改善。鼓励他们闭上眼睛倾听："你听到了什么？想一想这是什么声音，但别说出来。我们一起来听一下自己身体内的声音和教室的声音。"根据具体情况，这一活动可以持续几秒钟到几分钟不等。儿童可能会听到自己的心跳声、血液的流淌声、胃的蠕动声、喉咙的吞咽声、肺的呼吸声，或者是班级宠物的声音。

身边的声音

播放音效清晰的录音带，内容包括：
- 面包片从烤面包机里弹出的声音
- 真空吸尘器的声音
- 铃声
- 开水声
- 马桶冲水声
- 动物的叫声
- 电话铃响
- 关门声
- 婴儿的哭声
- 跳绳的声音
- 时钟的滴答声
- 口哨声
- 喇叭声
- 搅拌机或榨汁机的声音
- 下雨声
- 交通工具的声音
- 闹钟声
- 蒸汽汽笛声
- 拍球声

也可以播放一些更复杂的声音，如：
- 树枝或木棍折断的声音
- 划火柴的声音
- 从录音机里取出磁带的声音
- 汽车引擎点火或熄火的声音
- 人在树叶堆上走动的声音
- 冰箱门关上的声音
- 硬币掉落的声音
- 风声

在不同的声音之间停顿一下，或反复播放，

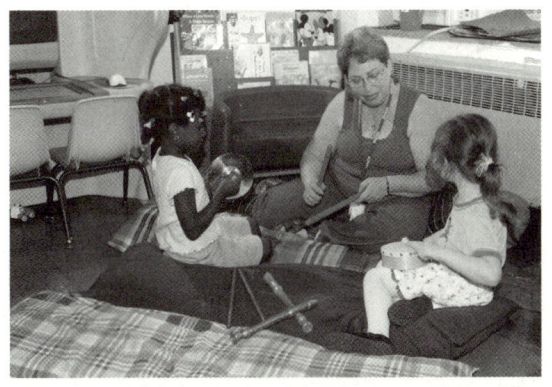

图 8-4 儿童通过尝试演奏乐器体验倾听与表演的过程

鼓励儿童安静地倾听，并猜测是什么发出了这种声响。儿童可能会闭上眼睛以集中注意力，排除视觉的干扰。有的声音能够被学步儿童分辨，但却很难描述，儿童会尝试将其与相关的图像进行联系。

声音侦探

要求儿童闭上眼睛，认真听你发出的声响，并猜测你刚刚做了什么动作。你可以尝试以下动作

- 拍手
- 掰手指
- 飞吻
- 跺脚
- 撕纸
- 在黑板上写字
- 翻书
- 关门
- 跳跃
- 搓手
- 打呵欠
- 拍球
- 将铅笔扔到地上
- 吹口哨
- 踮脚走
- 开/关水龙头

儿童会努力争取第一个猜对，这时你应当及时鼓励他们。同时，尝试开发新的动作，不要重复之前的声响。

储音盒

听觉能力包含分辨声音的能力，而分辨声音的过程又包括了倾听和区分两个步骤。练习分辨相同和不同的声音，可以帮助儿童提升交流、识读和阅读能力。准备至少六个大小一样的不透明盒子或容器，如小型的牛奶盒、苏打罐，或空心的塑料鸡蛋。将其中一半涂成一种颜色，另一半涂成另一种，如三个红盒子、三个蓝盒子。由于此活动要求儿童只能通过听觉获得线索，所以必须保证盒子里的东西不被看到。然后，在六个盒子里装入以下材料（每盒装一种）：

- 大理石块
- 米粒
- 回形针
- 牙签
- 硬币
- 丝绸
- 盐
- 棉球
- 纸团
- 毛线
- 针

首先，确认一下所选的材料能通过摇晃发出不同的声音，且区别明显。比如，一盒盐和一盒砂糖的声音过于类似，就不能使用。对于那些存在听力障碍的儿童，可以适当选用更容易区分的材料，并慢慢增加不同材料。通过晃动盒子，要求儿童猜测其中容物。

水声

儿童可以在容器中装入一定量的水制成乐器，并倾听其声音。准备至少三只大小一样的玻璃瓶或长罐头瓶，将其中一只装满水，另一只装一半，第三只装三分之一。当儿童用汤匙敲打容器时，不同水量的容器会发出不同的声音。要求儿童尝试通过敲击不同容器而得到不同音高的声音。哪一只容器的声音是最高的？哪一只是最低的？鼓励儿童由高音至低音敲击容器，反之亦可。儿童会十分喜爱这种能演奏出音乐的"乐器"，他们甚至会尝试将其他乐器一并拿来，组成一曲合奏。随后，你还可以尝试敲出有更加细微区别的音高。当然，在儿童的演奏过程中，你需要时刻监督，保证安全，防止意外的发生。

倾听

儿童喜欢朗读。朗读可以培养儿童对阅读的喜爱。选择有趣、有节奏感的词句，鼓励儿童倾听诗歌的韵律。使用人偶和法兰绒板道具等表演一场舞台剧，你可以自己编写或修改剧本，也可以邀请儿童参与表演。

3. 触觉

触觉感受包括触感和触摸行为。我们的目的在于训练儿童协调触觉和视觉之间的关系。可以根据触摸材质的不同对活动进行分类，而每一类中又包含了区分、认知和反馈等过程。

以下是相关触觉活动。

触觉之旅

抱着婴幼儿绕着室内走几圈，触摸不同的物体。把孩子的手放到物体上，让他区分不同的质感，并告诉他："劳雷尔，我们摸到的是地毯，它是凹凸不平的。""我们正在摸你的枕头，它很柔软。"

砂纸的感觉

该活动需要用到不同种类的砂纸，并将这些砂纸裁成长条。先让儿童触摸粗糙的砂纸，然后触摸更加光滑的，并不时更换。将砂纸裁成2英尺（合0.6096米）宽、4英尺（合1.2192米）的条状，并固定在硬板或木块上。让儿童用手指

感官桌面，让你"有感觉"

"感官桌面"是一张可以存放不同物品、材料的凹面方桌，能够给儿童提供不同的感官感受，如视觉、触觉等。你可以将具备一定视觉、触觉效果的物品放到桌面上，并不时更换。以下物品可供选择：

- 纽扣和圆珠
- 聚苯乙烯泡沫塑料片
- 玉米粉
- 大理石
- 豌豆
- 鹅卵石和碎石块
- 沙子
- 水族箱底砂
- 泥土或泥浆
- 棋子、泰迪熊等玩具
- 水（有色或无色）、冰块、霜、雪
- 鸟食
- 绒球
- 木雕
- 高尔夫球
- 剃须膏
- 碎纸片
- 标本：青草、杂草、干草、树叶、松果、花瓣
- 五彩纸屑（婚礼用）

幼儿十分喜欢在桌面上玩耍，但有些物品是不适合他们的，有时他们会把物品放到嘴里。你应当时刻监督幼儿的行为，尽量选择较大的物品。"感官桌面"不需要单独购买，你可以对浅水池、婴儿浴盆或大木盆进行改装。根据具体需要添加玩具恐龙、人偶、玩具车、厨房容器等，组合成更加复杂的玩耍方式（见图8-5）。

图8-5 "感官桌面"让儿童进行各种感官体验

触摸其中一块，再去寻找触感相似的另一块。他们能用哪些词语来描述这种触感？它是粗糙的还是光滑的？学龄儿童可以尝试根据砂纸触感的不同来排列砂纸块。

布的感觉

让儿童戴上眼罩或闭上眼睛参与此活动。提供以下几组的物品：

- 粗麻布
- 纱布
- 天鹅绒
- 皮
- 丝绸
- 毛巾
- 网
- 乙烯基
- 灯芯绒
- 羊毛
- 牛仔布
- 毛毯
- 棉布

将它们裁成相同的尺寸，鼓励儿童描述自己触摸到的材质。你有什么感觉？你能描述一下这种感受吗？它是柔软的，光滑的，粗糙的，皱的，还是凹凸不平的？

它们摸起来怎么样？

与儿童一起讨论哪些东西是柔软的，哪些是坚硬的（见图8-6）。鼓励他们举出例子。打印出两张标有"软""硬"字样的纸条，朗读这两个单词，并要求儿童跟读。展示不同软硬程度的物品图，要求儿童把这些图片分类放到两张纸条下方。以下物品可能被涉及：

- 棉花
- 天鹅绒
- 石头
- 硬币
- 羽毛
- 长有绒毛的动物
- 干海绵
- 湿海绵
- 粉扑
- 砂纸
- 树脂玩具
- 树干
- 仙人掌
- 纱球

图8-6 它们摸起来怎么样？

- 塑料
- 锡箔纸
- 钢丝绒
- 钢砂板
- 塑料纸膜

幼儿可以将你给出的图片进行分类。稍大一些的儿童则可以自己动手，从杂志里寻找合适的图片并分类。他们的相关词汇量也会增加，包括粗糙的、光滑的、平整的、凹凸的、扎手的、毛茸茸的、皮质的、多孔的和简陋的等。

质地拼贴画

儿童喜欢将不同质感的物品组合到一起。当然，你也可以规定某个主题，并以此为依据进行组合。组合的内容可以包括实物和杂志里的图片。你所制定的主题可以包括粗糙、光滑、锋利、毛茸茸、皮质等。也可以制作一个背景板，方便儿童摆放物品。

4. 嗅觉

人类不需要像某些动物那样完全依赖嗅觉，我们对嗅觉的开发利用十分有限，仅仅是用来闻食物的味道，以及其他令人愉悦或不快的气味等。儿童对嗅觉的运用多于成人（见图8-7）。比如，他们喜欢带有香味的贴纸，虽然这种香味并不会像食物的香气那样引起食欲。绿色、黄色和橙色的蔬菜给儿童带来的嗅觉、视觉刺激相对较少。

以下是相关嗅觉活动。

香味瓶

准备一些相同规格的有盖瓶子或容器，最好是空香水瓶或胶卷盒。分成二、三、四、五或六组，并将瓶盖涂成不同颜色，比如六个绿色瓶和六个橙色瓶。如果你用的是液态香料的话，用棉球蘸取，放到瓶子里。如果是固态香料，你需要在瓶盖上钻一个小孔。你可以用尼龙丝袜覆盖在瓶口上进行封存。你可以尝试使用以下香料：

- 樟木
- 芥末
- 蒜
- 咖啡
- 胡椒
- 锯末
- 婴儿粉
- 香水
- 香草
- 柠檬皮
- 松脂
- 茶叶
- 洋葱
- 丁香
- 薄荷
- 滑石粉
- 洗浴香料晶或浴盐

用棉球蘸取液态香料，让儿童在不可见的情况下进行分辨。香味必须保证新鲜，且能反复使用。在使用完毕后，提醒儿童及时盖好瓶盖。茶叶、咖啡等不能被放到透明的瓶中，以免提供视觉线索。要求儿童轻嗅，而不是猛吸，甚至直接品尝。用一些词语来描述闻到的气味，它是甜的，酸的，还是辣的？

它闻起来很好吃

嗅觉和味觉经常协同运作。一般来说，好闻的食物往往好吃。这一活动可以在下午的"点心时间"分组进行。要求儿童闭上眼睛，随后，用牙签扎取一小块食物放到儿童鼻子附近。在不接触到食物的前提下，停留一段时间，以供辨别。

图8-7 儿童对嗅觉的运用多于成人

比如，你可以选择一小块香蕉。然后，换另一种食物，如菠萝。它们闻起来一样还是不一样？鼓励儿童将闻到的食物根据水果、蔬菜等类别来进行区分。最后，再让儿童把这些食物吃掉。

教室内可以安排进各种嗅觉要素，教师可以让各种香味充斥教室。一碗或一盘玫瑰花瓣、松针、洗发剂、卫生香、柑橘皮、香皂或百花香等，都可以提供怡人的香气。玫瑰花、菊花、康乃馨等鲜花，甚至是香味蜡烛、香水小样等，都能让儿童驻足、轻嗅。以下配方可以帮助你制作优质的室内香料：

将木块整个浸泡到肉桂油中。

晾干，与干花瓣包裹在一起。

用一条漂亮的丝带或项链捆扎起来。这种香料可以维持数月。

如果你需要在炉子上炖制类似百花香的混合物，请参考这种配方：

准备一只完整的多香果、丁香和肉桂。

打碎混合，并放入几片柑橘皮。

将1—2勺该混合物放入锅中，加三杯清水。

放到炉子上加热，炖制。如果需要，可以加入更多的水。

儿童可以尝试将橘子戳一个洞，掏空，放入丁香，再用丝绸包裹，悬挂。如果制作得精致，很多儿童愿意将这个小型香囊作为礼物带回家。

更重要的是，教室里不应当充斥酸臭、发霉的味道。喷一些消毒剂和空气清新剂可以缓解这一状况。清新的空气和良好的通风条件是十分必要的。

5. 味觉

在当下，共进一次晚餐或举行一次野餐会，对不少家庭来说是弥足珍贵的体验，很多儿童从来没有见过自己的父母下厨。很多时候，我们在匆忙的奔波、忙碌中简单吃点东西，而那些便捷的快餐却往往味道差、煮不熟，或没有营养价值。我们连有规律的一日三餐都难以保证，更不用谈食物的味道和口感了。在家里，吃饭变成了各自分开进行的活动，有时是在电视机前，有时是睡前几分钟。正因为如此，很多早期教育会关注"点心时间"，并将其延伸为一次交谈、交往、分享、体验的过程（见图8-8）。

以下是相关味觉活动。

点心和点心制作

点心和点心制作在儿童早期教育中至关重要。点心不应当被理解为简单的饼干和橙汁，虽然它们相对便宜。有营养的优质点心具备独特的外形、色泽、质感、味道，以及品尝时发出的声响。在此推荐以下点心：

- 香蕉片
- 菠萝块
- 花生酱
- 鲜橙片
- 胡萝卜条
- 苹果块
- 干酪块
- 芹菜梗
- 葡萄
- 西瓜球
- 梨块
- 西柚块
- 花椰菜
- 黄瓜片
- 葡萄干、坚果
- 草莓

同时，我们也鼓励儿童参与制作点心，并选用营养健康的食材。比如，很多儿童都会喜欢制作水果沙拉：将水果洗净，切块，混合搅拌，并参考食谱调整剂量。烤面包也是一种多数儿童都会感兴趣的点心。为了将面包烤好，儿童必须耐心阅读食谱，并亲自动手挑选、配置调料。然后，他们还需要揉面团。面团发酵的过程对很多儿童来说如同魔术一般。在烘烤的过程中，面包会散发出诱人的香气。再涂抹一些家庭自制的黄油，一道美食便完成了。苹果也是一种有趣的食材，它给儿童带来了知识和味觉上的多种可能。面对一个新鲜的苹果，我们可以切，可以削皮，可以

图8-8 健康的点心给儿童提供了愉悦的味觉体验

剥皮，可以烘烤，也可以切片，涂抹花生酱或奶酪食用。下面推荐几种苹果的料理方法：

苹果汁

半个去籽的苹果；1 杯水；1 茶匙糖。

将以上食材放入榨汁机中混合榨汁。榨好后，倒出，冷却。随后即可饮用。以上剂量可以制作两杯，如果需要更多，可增加材料的数量。

苹果酱

切几个苹果。放入电动煎锅或有盖的长柄锅中，并在上面浇淋一些苹果醋。盖上盖子，加热蒸煮。在苹果变软后逐渐减火，直至完全煮烂。取出，冷却，并磨成浆状。最后，加入糖和肉桂粉，即可使用。

苹果干

切几个苹果，挖掉果核，切成片状或环状。在盐水中浸泡 15 分钟。取出，晾两周即可。（葡萄干的制作也可以参考此方法。）

许多儿童教师会选择将厨艺课合并入语言、艺术课程中（见图 8-9）。选择一本以厨艺为主题的书，并大声朗读，帮助儿童提高听力理解水平。依据食谱的要求制作食品，可以帮助儿童提高阅读能力，熟悉印刷字体，掌握新词语。并且，烹饪本身便体现出了对数学、自然科学的尊重。在此，推荐以下几本书作为儿童厨艺课用书：

Green Eggs and Ham（《绿色鸡蛋和火腿》），苏斯博士（Theodor Seuss Geisel，笔名 Dr.Seuss）

Pancake, Pancake!（《煎饼！煎饼！》），艾瑞·卡尔（Eric Carle）

Stone Soup（《石头汤》），玛夏·布朗（Marcia Brown）

Chicken Soup with Rice: A Book of Months（《鸡汤米饭》），莫里斯·桑达克（Maurice Sendak）

味觉盛宴

儿童有能力列举出各种各样的食物，并将它们归类为甜的、酸的、热的、凉的、咸的等。苦、辣和无味等味道对幼儿来说可能相对难以理解，需要在其掌握基本味觉之后再逐步了解。每个儿童有应该有自己的汤匙。用胶头滴管滴一滴糖水或醋水到他们的汤匙里，并要求他们在食用之前想象这滴液体的味道。在品尝不同的味道之间应用清水漱口，并清洗汤匙，避免相互的味觉干扰。你可以考虑尝试以下液体：

- 糖水
- 橙汁
- 盐水
- 柠檬汁
- 巧克力糖浆
- 蜂蜜
- 肉桂水
- 醋水
- 肉豆蔻水
- 糖枫汁
- 茶水

固态食品也可以在"味觉盛宴"中使用，比如：

- 巧克力豆
- 奶酪块
- 胡萝卜块
- 肉桂糖
- 苹果块
- 松软干酪
- 香蕉片
- 西瓜球

记得在品尝之前应确认是否有儿童对某些食物过敏。

6. 色觉

蒙台梭利（Montessori）将色觉视作视觉的一项分支。色觉能力即辨认、联系和区分各种颜色的能力。

以下是相关色觉活动。

色彩连连看

幼儿喜欢将两张颜色相同的卡纸连起来。也可以让他们先从红、蓝、黄三色开始，随后再增加新的颜色。这种活动一般在垂直悬挂的白板上或文件夹中进行。

根据已有的颜色再制作一套形状不同的色卡。鼓励儿童将两套中的相同颜色连起来。以上所需的材料可以在五金店或画具店找到。尽量选择色彩光亮、平整的色卡，避免那些灰暗、劣质的色卡。年龄稍大一些的儿童更喜欢将色卡与颜色的名称连

图 8-9　很多儿童文学读本中包含有厨艺内容

起来，或尝试用指定颜色书写有关颜色的单词。

👐 同类色

每种颜色都并非是单一的。一般来说，颜色具有各自的亮度、纯度、强度、色彩倾向及特定含义等。红色和黑色混合将会变暗，成为猩红色。调入白色将会变亮，成为粉红色。可以准备不同亮度、纯度的色卡，并从那些简单的颜色分级开始练习，如浅绿色、中绿色、深绿色等。最初，可以要求儿童将同类的颜色归到一起，再从中挑选出最亮的和最暗的。熟练掌握之后，再增加颜色的种类，或更加细化颜色的分级。这类活动也可以采取自我校正和自我检查的方法。比如，将亮度不同的五种红色卡片放到一起，并根据其亮度在背面标注1到5或A到E。当然，亮度不同的照片也可以。当把五张色卡排列正确时，背面的数字或字母排列也会相对应正确，儿童可以据此进行自我判断。

👐 我为世界添色彩

透过彩色玻璃纸观察物体，将会得到与客观世界不同的色彩。"色桨"便是一种用塑料制成的强韧的彩色玻璃纸，价格低廉，且容易组成序列。将一组色桨放到绘有自然风光的白板上，便可以在室内观察世界。同样，两种或多种色桨的组合也能成为新的玩法。比如，将红色色桨覆盖到蓝色色桨上面，便得到了紫色的世界。

👐 创造新色彩

为每位儿童准备用三原色染好的绵纸。绵纸不容易切割，应当预先帮儿童切好。随后，再为他们每人准备一大片蜡纸。儿童可以将任意两种颜色的绵纸放到蜡纸上，并保证二者有重叠。再将第三种颜色继续放到前两者之上，并保证两两重叠，并且有三者共同重叠的部分。完成之后，再在上面覆盖上另一片蜡纸，并用熨斗熨平。大一点的儿童可以在老师的监督下自己动手来熨。熨斗的高温可以让几种颜色相互交融。熨完后拿起纸，对着光或窗户，儿童会发现，红色和蓝色组成了紫色，红色和黄色组成了橙色，蓝色和黄色组成了绿色。那么，最中心的颜色是什么呢？红色、黄色、蓝色组合到一起是什么颜色呢？

👐 色彩秀

你需要准备一台高架投影仪，在黑色或白色的墙上投影。将一只扁平的玻璃器皿放到投影仪的光源处，在里面滴几滴水和食用色素。开始时，你只需滴一滴颜色，并旋转器皿或用牙签涂匀。随后滴入其他颜色，使二者混合。这时发生了什么？继续添加新的颜色，或更换底色。加入少量黑色墨水可以让现有的颜色变暗。

也可以稍稍变化一下这个活动。将三个密封塑料袋内装上水，分别向内滴入三种原色的食用色素，水不要装得太满或让塑料袋膨胀。通过投影仪的照射，让孩子观察几个水袋重叠时的颜色变化。

7. 温觉

温觉感受主要体现为人对温度变化的感觉（见图8-10）。这是一种什么样的感觉呢？热的？凉的？温的？微热的？还是微凉的？当我们触碰火炉、吃冰激凌或洗冷水澡时，我们的温觉感官会做出相应的反应。在此，推荐使用温度计和体温表等工具。

以下是相关温觉活动。

👐 指泳

在三只小碗内装满水：第一只装热水，第二只装凉水或冰水，第三只装温水，或等同于室温的水。三碗水应当看起来相同，但温度不同。要求儿童将手指放入碗中，并描述感受。这碗水是热的还是凉的？也可以准备两组水。这碗水跟那碗水感觉一样吗？由于碗口是敞开的，热水和凉水会很快接近室温。在儿童讨论温觉体感时，尽量帮助他们联系起洗澡、游泳、给花园浇水、喝

图8-10 儿童可以通过玩水获得温觉感官的体验

汤时的感受。

温度杯

该活动对时效性要求较高，适合在小组中进行。准备三组相同规格的玻璃杯，香水瓶也可以。在每组杯内分别装入下列内容之一：

- 热水（但不要滚烫）
- 凉水或冰水
- 温水或等同室温的水

要求儿童握住这些杯子，并提问："你有什么感觉？你能描述这种感觉吗？它是热的，温的，还是凉的？"并鼓励他们用另一只手握住另一温度的杯子，并区别二者。该活动必须快速进行，以免热水和凉水恢复的室温。当儿童熟练掌握之后，可以考虑将温度更加细化以增加难度。

感觉如何？

鼓励儿童描述在下列场景中自己的感受：

- 在雪中
- 在雨中
- 在空调或风扇前
- 在炉子或烤箱旁
- 在壁炉前
- 洗澡时
- 洗头时
- 打开冰箱门时
- 夏天赤脚走在沙滩上时
- 在烈日下玩耍时
- 赤脚走在泥地里
- 浪花溅到身上时
- 用电吹风吹头发时
- 用纸板扇风时
- 吃冰激凌时
- 手握冰块时

在活动中，鼓励儿童使用与温觉有关的词语，如热的、温的、凉的、冰冷的、凉爽的、滚烫的等。

温度表演

鼓励儿童用肢体语言描绘以下与温度有关的场景：

- 假设你是海洋里的一滴水。有人用沙铲将你装进沙桶里，并带回了家。
- 把你放到户外。冬天来了，快下雪了，你感觉越来越冷。
- 天气太冷了，你变成了冰块。有人把你捡起来，用你来滚雪球。那人滚啊滚，你逐渐变成了一个大雪球。他把你跟另一个雪球堆到一起，堆成了一个雪人。你现在所处的位置接近雪人的头部。你感到很自豪。
- 渐渐地，太阳出来了，天气变暖了。你开始慢慢融化。
- 整个雪人化成一大摊水。
- 又有人把你装进提桶里带回了室内，把你倒进水壶里，并放在炉子上加热。你感觉越来越热，水快要沸腾了，你开始跳来跳去，因为周围太热了。
- 你被倒进盘子里，并用来清洁盘子。

温度烹饪

许多美味料理在制作过程中会用到加热和冷却。比如：

冰激凌

1杯热水；2杯柠檬汽水；1包吉露果子冻（任意口味）。

混合上述物品，倒进冰块模具中，并在每格上面插一根牙签或冰激凌棍，再冷冻。这种冰激凌老少咸宜，吉露果子冻延缓了冰激凌的融化过程，让我们有更多时间来品尝。

8. 重觉

不依靠视觉，仅通过肌肉和神经来辨别物体重量的感官能力被称作重觉。触摸一只松果，感受其形状的过程只需要触觉参与，但当你举起它并判断其重量时，重觉便开始发挥作用。触觉往往需要一定的视觉参与，而重觉则可以独立进行。

以下是相关重觉活动。

量重秤

将一只有把手的小塑料盆用旧的长袜悬吊起来。儿童可以提起塑料盆感受重量。在木盆里放入不同物品，如金属、纸、塑料、布、软木、玻璃、橡胶或毛皮制品。鼓励儿童用与重量有关的词语来描述感受：

- 它摸起来怎么样：是粗糙的、光滑的，还是凹凸不平的？
- 它的尺寸如何：是大还是小？
- 它是什么形状的：是圆形的，方形的，还是三角形的？
- 它是什么材质的：是木制的、纸制的、橡胶的、玻璃的，还是金属的？
- 它的长度如何：是长的还是短的？
- 它的重量如何：是轻的还是重的？

儿童也可以从以下方面进行猜测：

- 颜色
- 功用：它是做什么用的？

- 名称：它叫什么？你猜它应该叫什么？

对于所有问题，儿童所给出的解释是最重要的。你应当追问"你怎么知道的？"或"你为什么这么认为？"鼓励他们不仅仅停留在猜测上，比如"我认为这是一枚硬币，因为它是圆的、小的，并且是金属的"。幼儿可能更适合于将实际物品与物品照片进行连线，学龄儿童则愿意把物品从"重量秤"里拿出来观察。

盲人摸象

将儿童的双眼蒙住，或要求他们闭上眼睛。交给他们一件物品，如洋娃娃，要求他们触摸、感受该物品，但不能看。儿童可以根据重量线索来猜测手里的物品是什么。幼儿可能会忍不住偷看或告诉其他人答案，你应当及时制止。

9. 压觉

区分物品的轻重并了解其对身体的渐进变化的感官能力被称作压觉。

以下是相关压觉活动。

称重瓶

准备六个等大的大塑料瓶，在外表面喷涂不同的颜色以保证其不透明，并对其进行分组，如三个棕色瓶、三个黄色瓶，分别在里面装入石膏泥。石膏泥所处位置如下：

- 瓶子的顶端
- 瓶子的中部
- 瓶子的底部

鼓励儿童手持一只瓶子，并寻找相同重量的另一只。要求他们用双手分别握住瓶子的相同一端，并保持平衡。当使用某一组瓶子难以保持平衡时，更换另一组，直至平衡。鼓励儿童描述其重量。哪一组感觉更重/轻一些？哪一组是最重/轻的？哪一只瓶子总是在晃？对于年龄大一些的儿童，可以适当增加重量，保证其在举起瓶子时有一定难度。

10. 动觉

动觉感官包括身体和动觉感应肌（见图8-11）。当我们说某些儿童总是依靠动手和参与活动来学习时，讨论的正是他们的动觉感官。比如，当儿童需要了解一种小动物时，他们会通过看、听、闻、摸等方式，甚至会用肢体来模仿该动物。尝试像老虎一样用四肢行走，可以帮助儿童建立起更加牢固的"老虎"的概念，这有时会比谈论、阅读、绘画等方式更加有效。

以下是相关动觉活动。

闻鸡起舞

准备以下音乐类型的光盘、录音带：

- 爵士乐
- 古典乐
- 华尔兹舞曲
- 卡里普索
- 摇篮曲
- 瑞格舞曲
- 说唱乐
- 拉丁舞曲
- 摇滚乐
- 吉格舞曲
- 波尔卡舞曲
- 进行曲
- 电子乐
- 探戈舞曲
- 百老汇乐曲
- 乡村乐
- 灵歌
- 夏威夷舞曲
- 非洲音乐
- 古筝曲
- 草帽舞曲
- 弗拉曼柯舞曲
- 迪斯科舞曲
- 其他民族音乐

每种音乐都有其独特的风格、节奏和韵律，因而也就有各自的肢体表现方式。这一活动将听觉与动觉联系起来，播放不同类型的音乐，并即兴舞蹈。你可以要求儿童描述自己随着音乐跳舞时的感觉。对于学龄儿童，可以要求他们用具体的舞姿来表现音乐情节。教师可以进行示范，也可以跟儿童一起跳。但是，应该肯定的一点是，儿童根据自己的理解舞蹈永远比机械地模仿教师要好。调节灯光可能会营造更好的气氛。一些内向的儿童可能更愿意在一旁观看，而不会参与其中，教师不能因此而批评他们，仍要鼓励他们参与。经过反复练习之后，儿童的舞蹈动作会更加协调，他们也会充满信心。

图8-11　动觉感官涉及全身的协调性反应

场景再现

儿童可以根据特定场景组织动作。录音内容可以包括：

- 瀑布声
- 脚步声
- 喷气机的声音
- 动物的号叫声
- 爆米花声
- 烤肉时的噼啪声
- 锯木头的声音
- 在泳池里游泳的声音
- 水壶烧开水时的哨声
- 小鸟的叫声、飞舞声、挥动翅膀声
- 大笑声
- 浪花拍打礁石的声音
- 冬天里汽车发动引擎的声音
- 滑冰的声音
- 水沸腾的声音
- 跳水的声音

这些声音比之前的更加复杂和微妙，也需要更多的思考。因此，这一活动更加适合于那些具有一定生活或感官经验的儿童。

钻纸箱

许多幼儿喜欢爬行穿越或钻进各种形状的障碍物。你需要准备一个大纸壳箱，并在每一面凿出特定形状的洞，圆形、正方形、三角形、长方形等都可以。要保证凿的洞足够大，以便体型最大的儿童也能轻松穿过。根据凿出的形状，再准备相同尺寸的彩色布料，将洞口遮挡住。活动开始后，儿童需要听从教师的指令，找到所要求的形状的洞，钻进去或钻出来。比如，"从'正方形'进去，从'三角形'出来。"该活动对儿童的听力、序列能力、图形辨识能力和四肢力量、协调性等都有所锻炼。对于学龄儿童，你可以增加指令的难度，比如，"从有四个边的图形进去，从'红色'出来，然后绕纸箱两周。"

挤，碾，尝

儿童喜欢以上三种动作，你可以考虑进行以下活动：

- 挤出橙子、柠檬或西柚的汁，制作混合果汁。
- 把苹果碾碎，榨成果醋。
- 把土豆碾碎，榨成土豆汁。
- 碾碎胡萝卜，作为曲奇或蛋糕的制作材料。
- 碾碎草莓，制作草莓冰激凌。
- 碾碎香蕉，制作香蕉奶昔。

最终的成品可以作为零食食用。看起来一样的果汁，尝起来可能不同。柠檬汁里应适量加糖，将酸味变甜些。

艺术舞台剧

儿童经常把自己幻想成艺术家，并考虑艺术家应当穿什么、做什么。一般来说，让自己看起来像艺术家的行头包括旧的白衬衫、贝雷帽、画架、颜料箱（或用旧皮箱代替）、油画笔、护目镜、速写本等。你需要将这些东西添加进戏剧中心。

动起来！

找一块开阔地，并为每位儿童确定自己的活动范围，以免发生相互碰撞。"这次，我们假设这间屋子里充满了某种奇怪的东西。听清楚这是什么东西，并想一下你该如何在这种东西中间活动。比如，如果房间里面被塞满了气球，那你们该如何活动呢？表演一下。这时你会有什么感觉呢？"你可以考虑假设以下物品：

- 吉露果子冻
- 雪
- 土豆泥
- 沙子
- 冰
- 水
- 花生酱
- 蜂蜜
- 冰冻酸奶
- 冰激凌
- 棉花糖
- 糖浆
- 胶水
- 橡胶轮胎
- 枕头
- 软糖

姜糖人

阅读经典儿童读物《姜糖人》（*Gingerbread Boy*），并鼓励儿童表演其中情节。也可以配合制作姜糖人：

姜糖人

1 盒奶油糖果；1/2 杯酥油；1/2 杯红糖；1 个鸡蛋；1 杯或 1/2 杯面粉；1 茶匙或半茶匙姜粉；半茶匙肉桂粉；半茶匙苏打粉。

将酥油和苏打粉搅拌（搅拌工序可以让儿童完成）成糊状，加一个鸡蛋，搅拌。加入奶油糖果、面粉、肉桂粉，搅拌。把做好的糖球分给儿童，要求他们通过摇晃使其变得扁平，再用饼干塑形刀进行按压切割。对于学龄儿童，也可以让他们自行裁制形状。放进 176.67 摄氏度的烤箱内烘烤 10 分钟。以上剂量的原材料可以制作约 6 只姜糖人。

巧用材料

由于绘画材料的性质不同，其风干速度、肌理效果和叠压后产生的效果也不尽相同。不同绘画材料的组合与互补，会创造出神奇的画面效果。即便是在一张看似已经完成的作品之上，用特定的绘画材料继续绘制，也会收获新的惊喜。

以下是相关活动。

巧用蜡笔

儿童可以尝试用蜡笔完成一幅作品。蜡笔的材质特性要求儿童在作画时使用更多的力气和操作技巧。要求儿童不要把整张纸全画满，要留出一些空白，因为其他颜料可以在后续步骤里填补这些空白，如：

- 水彩颜料
- 墨水
- 手绘颜料
- 荧光颜料
- 鞋油
- 蛋彩颜料

以上颜料都可以被用于蜡笔画完成后的二次绘画。通过多种颜料的结合以填补背景的空白，画面会变得丰富多彩，产生不同的有趣的效果，同时也锻炼了儿童对不同颜料的控制能力和理解力。

巧用粘贴画

儿童可以通过将图片碎片粘贴到白纸上完成一幅作品，或者将有颜料的纸张折叠，达到类似镜像的效果。在粘贴部分完全风干后，还可以用以下材料继续填补画面：

- 水彩颜料
- 墨水
- 蛋彩颜料

以上颜料都可以覆盖在胶水或糨糊之上。通过叠压或填补背景，完成一幅内容丰富的作品，并耐心等待颜料彻底风干。

巧用墨水

儿童可以尝试用蛋彩颜料作画。记得留出一些空白，以便用黑色或彩色墨水进行填补，并作为背景色。通过这种方法得到的画面效果十分有趣。黑色可以作为夜晚或万圣节的颜色，而蓝色则可以作为深海或天空的颜色。

巧用蜡纸

准备一张蜡纸，平铺在一张白纸上，并用胶带或纸夹固定。用刻线笔在蜡纸上用力作画，按压的力量会在白纸上留下痕迹。随后，取下蜡纸，再用水彩颜料或墨水在白纸上为之前的线稿着色。该活动需要一定的技巧和耐心，适合学龄儿童。

制作浮雕贺卡

该活动有利于增进家庭成员之间的亲情。准备单色薄纸片，收集浮雕花和浮雕字素材。将浮雕素材倒置放在薄纸片下方，用刻线笔沿图案边缘勾描，再根据需要进行按压。按压所需要的力度和技巧需要通过反复操作才能掌握。当儿童熟练掌握该方法后，可以尝试多铺几层薄纸片，一次制作多张相同的贺卡。

巧用护条

剪裁不同长度和宽度的护条，将其贴在桌子一边，留出不用粘牢的部分，以便撕取。要求儿童将这些护条贴到白纸上，并组成图案。有的儿童希望到此为止，这也是可以的。随后，在白纸上涂抹水彩颜料。风干后，撕掉护条，形成作品。有能力的儿童可以进行多次粘贴、涂绘，以得到更加复杂、精致的画面效果。同样，在颜料未干时撕掉护条，也能得到不同的效果。

巧用液体鞋油

准备带有海绵刷的液体鞋油。儿童可以先用蜡笔在白纸上绘画。提醒他们把蜡笔笔迹压实。然后，再用深色鞋油涂抹画面，直到鞋油用光。最后用水彩颜料把缝隙填满。

拼图拓印

准备拼图和薄纸片。从完整的拼图中取下一块或几块，在剩下的部分上面覆一张白纸，用划线笔沿轮廓按压，形成凹陷。儿童在此过程中，将会了解拼图的复杂形状。

黑魔法画

这种图画的秘密在于使用荧光蜡笔画过黑色的纸张，形成亮光部分。鼓励儿童绘制自己喜欢的形状，并尝试不同颜色。在绘画完成后，你还可以冲洗纸张，使画面若隐若现。也可以要求儿童用力按压蜡笔，形成粗的线条，使之与黑色背景对比明显。

名字救星

事先用白色蜡笔在白纸上写下儿童的名字。让儿童用这种纸张进行绘画。当画面被画满后，儿童会惊奇地发现，自己的名字出现在了纸上。

巧用白蜡笔

取出蜡笔盒中的白色蜡笔，将它们与白纸一并分发给儿童。这也许会让那些急于想知道自己画出了什么的儿童感到沮丧。然后给画面刷涂水彩颜料，儿童的作品就会浮现出来。

密信

幼儿园和学龄儿童非常喜欢用白蜡笔写"密信"。他们会把这些信交给自己的朋友，让朋友通过涂水彩颜料来获悉信中的秘密。应当提醒儿童的是，信的内容应当是积极向上的，不要让"密信"的内容伤害到朋友。

巧用白蜡烛

将白蜡烛分发给儿童并用其画画。画完后，用水彩颜料涂刷，让所画内容显现出来。也可以在白布上完成这一活动。重复上述步骤，但这次画起来要用力一些。将白布放进颜料水中染色，所画内容也就显现出来了。

巧用喷雾器

准备儿童专用的喷雾器，在喷雾器里装满稀释过的水彩颜料。将诸如钥匙、梳子、拼图等物品放到白纸上，用喷雾器喷雾。这一过程最好在户外进行。完成后，纸上会留下所放物品的剪影。教师应当事先教导儿童如何正确使用喷雾器，以及不要用喷雾器相互打闹。还应该准备好足量的清水，以便儿童趁颜料未干时，将用过的物品洗净，方便下次使用。

巧用桌面

这项活动有三个目的。第一，锻炼儿童的小组合作能力。第二，锻炼儿童的选择和判断能力。第三，锻炼儿童周身协调能力和控制力。活动开始时，你要将各种具有不同肌理的物品放到桌面上，并确认这些物品紧贴桌面。可供使用的物品包括毛线、卡片纸、粗布、纸片等。在这些物品上覆盖一层防水纸并按压，确认没有尖角或锋利部分。随后，向儿童分发蜡笔，并要求他们在防水纸上进行涂抹，让这些物品的肌理显现。最后再涂一层水彩颜料，让效果更明显。你可以让儿童猜猜防水纸下面是什么东西。

总结

我们日常接收到的感官刺激可能并不仅局限在传统的"五感"上。这些刺激所带来的感官经验自婴儿阶段便开始累积。蒙台梭利（Montessori）将色觉、温觉、重觉、压觉、动觉也加入人的核心感官概念。相对应地，我们在此提供了训练这些感官机能的相关活动。事实上，任何一种感官都不是独立运作的，我们应当鼓励多种感官之间的协调锻炼。通过一系列活动的开展，感官、行为、感受、思考等能力将最终作用于理解力水平的提升。

关键词

贺卡	听觉
压觉	色觉
户外实践活动	味觉
动觉	多感官体验
嗅觉	理解力
感官桌面	重觉
触觉	触动觉
教学模式	温觉
视觉	

活动建议

1. 从本章中选择一种感官活动，与儿童们一起体验。
2. 策划并进行一次多感官烹饪体验。
3. 前往蒙台梭利教室（Montessori Classroom）进行观察，尤其注意其中的感官训练道具，并记录儿童是怎样使用这些道具的。
4. 自制一张"感官桌面"供儿童使用。
5. 在你所在的社区里寻找至少三个可以进行实践活动的地点。记录相关信息，如联系人姓名、地址、联系方式、花费、开放时间、内置设施等。如果这些信息有价值，请记录到你的文件夹里。
6. 为一位或几位儿童设计一个巧用材料的活动。

回顾

1. 将以下感官与相对应的描述性词语连线：

听觉　　a. 触摸
嗅觉　　b. 闻
色觉　　c. 重量
视觉　　d. 颜色
味觉　　e. 听
动觉　　f. 看
压觉　　g. 温度
温觉　　h. 感应肌
触觉　　i. 移动
重觉　　j. 尝

2. 结合"小男孩第一次吃棉花糖"这一案例，解释以下公式：

感官 + 行为 + 感受 + 思考 = 理解力

3. 列举三种主要的学习模式。
4. 说明学习模式与教学模式之间的关系。
5. 假设你正在一家幼儿园任教。4月份，你打算带你的学生们去当地植物园游玩。你已将一切准备就绪，只等园方批准。这时，园方对你的要求持怀疑态度，并要求你说明此活动的必要性。你该如何阐述户外实践活动对儿童发展的重要性？

第九章 构建完整的婴幼儿艺术项目

胡安妮塔（Juantia）发现她班上的 4 岁的儿童对彼此的艺术作品都持有不当的态度。比如有些儿童会评价其他孩子的作品说："那张画画得真丑"，或者"这张画画得可真傻"。还有的儿童会说："那张画表现得太过夸张而且没什么内容！"如果这些不当的语言发生在生活中，你应该怎么办？

有时胡安妮塔会选择视而不见，让孩子们试着自行解决。有时她也会鼓励孩子们讨论一下那些不恰当的语言是如何伤害了彼此之间的感情，比如一个孩子说："我不喜欢你们说我画的画特别丑，因为我画得很努力。"而后她又想出了第三种策略。她多次审视整个艺术项目的过程，希望找出是否由于她忽略了什么而导致这样的情况发生。是因为她制定的标准太高，使得她的学生们不能画出她所期待的现实主义作品吗？胡安妮塔决定帮助孩子们了解表现艺术的多种形式。她把孩子们的作品都收集起来，并对他们的画面局部进行分解点评，以此来减少其他人对整体画面评价所造成的伤害。她帮助孩子们认识到，艺术可能只是一幅只画有一条交叉线的画，或者是一幅描绘母子情的作品，这些都可以称为情理兼到的艺术。运用这种方法的目的是要创设一种教师与孩子共同面对纷繁复杂的艺术表现风格的情景，教师要同孩子一起去发现、揭示，并验证艺术家所使用的艺术创作方法。

目标

通过阅读这一章内容，你应该能够：
- 描述并制定一个由四个部分组成的完整的婴幼儿艺术项目的范例。
- 列举并解释三大艺术门类的艺术风格及历史运动。
- 运用艺术批评学讨论一件艺术作品。
- 讨论早期艺术教育的重要性及其与国家标准之间的关系。
- 解释零点计划（Project Zero），对艺术教育的看法。
- 试解释基于"儿童中心说"和"创造性自我表达"的观念延展出的"以学科为基础的全面综合美术教育理论（DBAE）"。
- 为幼儿提供符合其发展阶段的拼贴活动。

引言

进行艺术创作是完成一项婴幼儿艺术项目的首要目的，但它只是构建一个完整项目的四个主要组成部分之一。帮助孩子们进行感官体验，学习和了解艺术、艺术家和他们的艺术风格，追求利用美学的形式表现美，这三点要素也是非常重要的。本单元重点介绍如何构建一个完整的婴幼儿艺术项目。

艺术教育的重要性

美国国家艺术教育标准（国家艺术教育联盟协会，1994）*认为，对艺术的掌握是人类健康发展的根本和重要组成部分，对素质教育有不容忽视的特殊意义。其他原因还包括：

1. 艺术的研究价值不仅仅在于它的概念，它的影响力也是不可否认的。纵观历史，艺术曾用来连接人类的想象力和人类生存这类最深刻的问题，例如：我是谁？

2. 艺术被人类用于多种用途：提出问题和意见、教学或说服、娱乐、装饰、安慰。

3. 艺术是日常生活中不可或缺的一部分。艺术就在我们周围，从麦片盒包装的设计到深夜脱口秀节目的规划。

4. 艺术能提供独特的乐趣，同时也有助于想象力的发展。艺术作为思想和行动的中介，能够帮助人们探索想法、对象、服务之间的关系。

5. 有足够的证据表明艺术能帮助学生发展情感态度、个性和当今社会所需的知识技能。艺术能够教会学生自律、自尊,培养形象思维能力和创造性思维。它还能使学生认识到团队精神与合作的重要性。

6. 学生受益于艺术教育,因为艺术教育能够提高儿童的综合素质,同时有利于通过直觉、推理、想象力和灵活性训练进而形成独特的表达形式和交流方式,逐步培养多方面的素养。

艺术的标准

评价教育的成功与否,在于孩子是否具有适应社会的文化底蕴和丰富的想象力、社会竞争力和创新能力。美国发布的艺术教育标准(1994年)指出孩子要具备处理艺术的能力,也就是孩子要能够像掌握科学与人文学科一样,对艺术形式和与艺术有关的概念打下坚实的基础。掌握这些后,学生会形成他们自己的知识、信仰和价值观来进行个人判断和艺术决策。他们完成中学学业的时候,应该能够具备以下能力:

1. 能够对舞蹈、音乐、戏剧和视觉艺术这四种艺术学科进行基本层级的交流,包括基本的词汇量、材料、工具、技术和各艺术学科的知识方法的使用。

2. 具备对其中至少一个艺术形式进行深入交流的能力,包括定义和相关的艺术问题的解决力与洞察力、观念和熟练的技术。

3. 能够从结构、历史和文化以及这些观点的组合等方面制定并提出基本的分析视角。

4. 能够熟悉、掌握各种经典艺术作品的文化和历史背景,并能基本了解其在整个艺术发展史上的文化价值。

5. 具备涉及各种类型的艺术知识和各艺术学科的技能,包括整合和匹配能力,并通过认识艺术的历史和文化来分析与艺术有关的项目。

早期儿童教育是什么意思?是指在幼儿园阶段,儿童所具备的艺术能力能够通过四个级别的判断,应该积极地实践运用各种艺术材料,并通过视觉艺术指导对他们提出的问题进行探索。儿童在与他人分享自己的作品时会感到兴奋和喜悦。创作正是艺术教学的核心。学生们学会使用各种工具,了解创作流程和媒介。他们学习如何协调自己的双手和头脑中的想象,学习如何对表现想法的方式做出选择,这激发了他们与生俱来的好奇心,促使他们了解毅力的价值。

儿童早期艺术的艺术主张:工作室制或以学科为基础?

这本书中介绍的艺术主张,并不是一个完全的工作室制的方法。它认为婴幼儿应该自由地去尝试使用各种开放性和创造性的材料(见图9-1)。工作室制度一直占据主导地位,并影响当前关于儿童早期艺术的教师培训理念,影响他们的思考与实践活动。艺术教育理论已从一种"儿童中心学说""创造性的自我表达观念"转向以学科为基础的理论。由盖蒂艺术教育中心所倡导的一种理论,为课程开发提供了一个框架,即以学科为基础的全面综合美术教育理论(Discipline Based Art Education,DBAE)。根据多布斯(1998年)*,DBAE 是指在艺术中教与学的综合办法,主要实施对象从学前班(k)到高三(12)年级的学生。它意在使孩子能接触和体验若干学科领域的知识,并掌握其内容。最基础的四个艺术学科为:艺术创作、艺术批评、艺术史和美学。这些学科的教育有助于培养孩子们的创造力、理解力,有助于他们欣赏艺术作品,了解艺术家、艺术创造过程,了解艺术在文化、社会中的角色和职能。DBAE 分别代表不同的艺术概念,但其核心的基本特征是相同的,包括书面计划、系统组织、参与艺术品创作。从这四个艺术学科中平衡各科的内容,并找出适合儿童年龄和发育的活动。

本书所表达的以儿童为中心的教学方法已经在某种程度上比较全面,因为它强调在构建一个

图 9-1 在工作室中,孩子们可以自由地使用各种艺术材料进行探索和实验

Project Zero（零点计划）
对艺术教育的影响

加德纳（Gardner，1993）*一直致力于研究人类本能的符号表现能力，并特别指出学习这些符号表现能力是培养艺术的关键性质。他很想知道一些孩子是如何成为绝大多数人不能成为的音乐家、诗人或画家的，而没有成为艺术家的人，他们的艺术能力是如何在自己或其他文化的影响下萎缩的。由此产生的零点计划就是研究实现艺术知识和教育的本质的项目。在过去30年里，哈佛大学的研究人员参加了零点计划项目的研究，这个项目的研究对象包含思维的本质及其与人类发展、艺术和教育之间的关系，对于人们所必须学习的本民族的文字的读写有很好的社会作用。加德纳和他的同事在零点计划项目里已经研究出儿童艺术发展的一个描述性的综合研究方案。学龄儿童通常享受创作和欣赏艺术的过程，他们会以自己的角度和方式去欣赏艺术品。例如："我喜欢这幅画因为它是紫色的，那是我最喜欢的色彩"。或者："那张画画的是一群动物，我喜欢动物，我长大了想成为一名兽医。"学前幼儿掌握的艺术符号系统很有限，以至于他们不能从事复杂的审美探究。学龄儿童能够识别和运用特定的视觉常规来进行审美，也就是说，他们可以运用技术完成艺术的具体视觉效果，已经形成对艺术品的判断能力，知道艺术作品可以表达思想和情感，并能思考艺术家的艺术动机。青少年尤其注重艺术作品传达的意思，他们意识到艺术风格和艺术形式能与历史文化背景联系起来，已经形成抽象思维，这可以使他们创建和解释有关符号的抽象概念，比如爱和民主。他们可以对比艺术上的想法，推测艺术起源，并做出推论，考虑替代的方案，提高对广泛的艺术问题进行深入思考的能力。

加德纳（Gardner，1993）*关于零点计划的观点如下：

1. 特别是在较小年龄段（10岁以下），让儿童亲自动手，尝试制作自己的艺术作品应该是学习任何艺术形式的中心环节。这个阶段的孩子们需要直接尝试和运用材料、媒介。

2. 孩子创作的作品中所表现出的感知能力、过去的经历、批判思想和其他艺术行为都应该与他们创作的艺术作品息息相关。

3. 艺术课程需要有个对艺术形式及其艺术媒介有深入认识和思考的教师或其他人来为儿童进行讲解。例如，要介绍视觉艺术，那么这位教师或其他人就要具有一定的形象化的视觉艺术思维和空间感。

4. 艺术学习要尽可能地围绕有意义的项目进行组织（详见第十一章关于艺术项目的讨论）。

5. 在大多数艺术领域，设计一项针对学前班到高三学生的连续的课程计划并不会盈利。但在整个语言文字的表述方式中，在个人获得工艺或学科技能的掌握方面，它还是颇具吸引力。对于儿童持续接受各级核心概念的学习，其课程需要植根于一种螺旋式的学习结构之中。

6. 在艺术学习中，对学生艺术学习的评价是非常重要的（详见第十六章）。

7. 艺术学习并不意味着只是对一套技能或概念的掌握。情感探索和个人反思也非常重要。

8. 一般情况下，直接教儿童关于艺术的品味或价值判断是冒险且没有必要的。

9. 艺术教育太重要了，以至于不能由任何一个组织来决定，即使这个组织中都是特级艺术教师。

10. 通过生动的艺术教学，让个别学生精通一种艺术类型，比让所有学生对艺术知识一知半解更可取。

完整的婴幼儿早期艺术项目过程中,工作室的优越性只不过是保证儿童能完成艺术作品,但这并不能称为完整。完整的程序还应包括儿童对美学、艺术家及其艺术风格的学习。对儿童感知和经验的训练是婴幼儿早期艺术教育的基础,尽管盖蒂艺术教育中心的基础内容并不包含这些。但作者认为儿童早期艺术教育至关重要。

婴幼儿早期艺术项目中包含的内容

儿童有足够的机会去进行艺术创作是十分重要的,虽然运用媒体材料进行艺术创作是基础,但它也只是构建艺术项目应具备的要素之一。一个完整的艺术项目应为孩子提供以下几方面内容:

1. 感官体验。
2. 审美和创造经验。
3. 艺术创作的时间、空间和材料。
4. 介绍世界上各种艺术、艺术家、艺术知识、艺术形式和艺术风格。

首先应强调前三点在儿童早期就要开始培育,然后再逐步向儿童介绍第四点内容。实际上,这四点是相互关联的,分开列出只是为了让读者能够更加清楚地理解它们的性质。例如,艺术创作就依赖于感知和体验。

1. 感官体验

儿童不会奇迹般地凭空想象或孤立地完成艺术作品。艺术都是有起源的。艺术灵感可能源于亲身经历过的东西、一个想法、重要的对象、事件、一种感觉或者一个人。一个孩子的日常生活经验就像一座银行,可以不断提取艺术创作的养分(见图9-2)。例如,约书亚(Joshua)有画一个农场的想法,这不仅仅是凭空产生的。这是由于他经常在祖父母的农场度过周末。来一场野外旅行是至关重要的,因为它可以把孩子的个人经验向更广泛的社区范围拓展。例如,去消防局来一趟实地参观,就可能为艺术提供新内容。

过去,"弱势群体"一词是指生活在缺乏基本生活保障环境下的儿童。这些孩子对于他们从来没有直接接触到的事物进行讨论以及写或画时可能会产生不舒服和不安的情绪。所有儿童都假装了解并去过图书馆、医院、机场、摩天大楼、电梯、大教堂、邮局、海岸或博物馆,这将是很

危险的。尽可能地鼓励家长带孩子去各种地方,并和他们讨论他们所经历过的事物。

在课堂上,要通过实地考察、名人访谈讲座,尽可能多地提供实践经验和真正能面向儿童探索和操纵的艺术对象。这有助于孩子形成概念并为未来的学习做铺垫。举个例子,去一趟五金店,你会获得包括声音、嗅觉和触觉等在内的感官体验,并可以根据形状和功能对工具进行分类。

婴幼儿好像一只感官饕餮,他们对模仿和观察一些细小的事物深深着迷。他们可能会跟随一只在地板上爬行的虫子,或对融化后的冰中能滴出水发出感叹。不幸的是,成年人总是想当然地认为这些幼稚的好奇和经历是不需要的。事实上,孩子们需要这些行为来保持他们的活力。

根据皮亚杰的理论,儿童是通过他们的感觉和行动去了解他们的世界的。教师的角色是帮助孩子注意细节,运用他们的感官对各种对象构建丰富的概念。例如,对嗅觉和味觉学习时,可以带孩子去参观一家面包店,而对视觉和听觉的训练是要保证孩子们看故事和听故事的时间。感官探索集中起来能够给儿童带来更多自然的感官经验。"让我们看看空的大黄蜂巢。仔细地触摸它,它带来了怎样的感觉?你听到什么了?让我们用硬纸条编织成一个气球形状,试试看我们是否可以制作自己的马蜂窝。"

2. 美妙和富有创造性的体验

美学是研究美的——这种美不是好莱坞绚丽的视觉效果,美是在颜色、形式和设计中凸显出来的。在工业革命时期即机器大规模生产的时代,

图9-2 儿童的生活经验就像一座银行,可以不断从中提取艺术创作的养分

人们很少关心日用品的工艺和质量，对日用品审美方面的追求也是很难实现的，但是人类需要懂得欣赏自己和所生活的环境，就像人类需要创造许多生活基础设施一样。

人们可以在自然界、日常生活和人类社会中发现美。孩子们会用他们的身体和感官去体会美，比如用眼睛去发现艺术，用耳朵去倾听音乐或被三维艺术品所感动，通过闻气味、品尝食物、运动和舞蹈等行为去学习如何欣赏美，获得关于美的体验。

孩子们需要花点时间去感受各种情境中的美，如教室或活动中心美丽的模型等。教师应注意教室内要保持清洁和明亮丰富的色彩，但这些色彩不能让孩子们感到凌乱和华而不实。室内的布置还应该具备一定的感官吸引力，就是说，教室里要有可看、可听、可触摸、可嗅到、可品尝的东西，在室内中增加可以触摸的漂亮物品，例如花、植物、动物、柔软的枕头、一把摇椅、一座雕塑等。

构建一个能提高他们的感官能力和审美能力的环境。让他们了解美能体现在各种事物之中，包括自然标本、明信片、不同纹理的物品、艺术书籍、古色古香的工具或设备、机械零件、陶器、织物、邮票、外汇，或物品的大小、形状、颜色。

拓展：非西方艺术

通常情况下，人们所熟知的西方艺术要比非西方艺术多得多。当整理欧洲传统艺术作品的历史、风格、时代时，通常可以确定具体的日期和名称。但当整理来自非欧洲文化的艺术时，有很多原因可能会导致我们不能确定这些作品具体的日期和名称。许多文化环境并不把艺术创作作为一个独立的、自主的活动，而是可能与审美产品有密切联系，例如服装和装饰品。日常使用的手工艺品，它的制造者通常是匿名的，因为这些产品是供大家使用的，所以它的存在并没有什么特别的，例如漂亮的篮子只是供人们在市场买菜。但这只是我们对文化的讨论，并不是什么历史上正式的书面记录。

在艺术学习的过程中，开阔一个人的视野是非常重要的。以全球的角度来看，要熟悉亚洲、埃及、美国原住民和非洲裔美国艺术家所创作的艺术。一些著名的非洲裔美国艺术家包括：

- 雅各布·劳伦斯（Jacob Lawrence）(绘画)
- 霍勒斯·皮（Horace Pippin）（绘画）
- 亨利·奥·坦纳（Henry O.Tanner）(绘画)
- 伊丽莎白·卡特莱特（Elizabeth Catlett）(雕塑、版画)
- 米尔·比尔登（Romare Bearden）(绘画、拼贴)
- 萨梅拉·刘易斯（Samella Lewis）
- 威廉·帕诺 (William Pajaud)
- 塞尔玛·伯克 (Selma Burke)（雕塑）
- 阿德莫尼·刘易斯（Edmonia Lewis）（雕塑）
- 路易·马卢·琼斯（Louis Mailou Jones）（绘画）
- 艾伦·克赖茨（Allan Crite）

专门去参观博物馆中的非西方艺术的展览，并在你的艺术教学与审美表现中涵盖这些内容。争取在家长和社区工作人员的帮助下推广你所热爱的广受好评的非西方艺术。以下是一些非洲裔美国艺术家和儿童书籍

达格尔比，J.(Duggleby, J.)，《故事画家：雅各布·劳伦斯的生活》(Stroy Painter: The Life of Jacob Lawrence)

埃弗里特 G.(Everett,G)，《西丝和威利舅舅》(Li' I Sis and Uncle Willie)

C. 哈特菲尔德 (Hartfield,C.) 和 J. 拉加里克 Lagarrique,J)，《我和大鼠叔叔》(Me and Uncle Romie)

N.S. 霍沃 (Howar,N.S.)，《雅各布·劳伦斯：Jacob Lawrence: American scenes, 美国的场景，美国的挣扎》(American Struggles)

文人艺术或民间艺术、音乐和运动能激发孩子去积极描绘美丽的图像、思想、感觉、概念,并通过美术、音乐、韵律和舞蹈表现出来。

美并不局限于室内,它还存在于美不胜收的自然界和人类社会中。孩子们还可以在博物馆、教堂和画廊,以及音乐会的表演中欣赏美丽的事物。艺术家、舞者和音乐家都可以被邀请来与孩子们一起创作。

3. 艺术创作的时间、空间和材料

幼儿需要获得个性化艺术表现和创意方面的成功体验。教师可以帮助孩子看到艺术与经验之间的关系,例如,一个孩子可能会说:"老师,我不知道该怎么做。"或者:"我不知道要做什么。"教师在这时要告诉他,可以参阅重要的人物、地点和过去的经历,比如:"你在电视上看到过什么?"或者"去年的这个节日你是怎么庆祝的?""你还记得我们今天讲的故事吗?"教师可以鼓励孩子通过艺术形式和实际内容来表达他们的想法,例如,冲动、愿望、梦想、恐惧或兴趣。本书大部分内容仍然继续进行我们对艺术创作的讨论(见图9-3、图9-4)。

4. 对世界各地的艺术、艺术家和各种艺术形式、艺术风格的介绍

孩子们可能会觉得好奇:什么是艺术?艺术

拓展:女性艺术家

根据兰科福德(Lankford, 1992)*的记录,女权主义批评家、哲学家和历史学家曾痛斥和谴责在艺术领域重男轻女的艺术和文化观念,以及拒绝女性获得在艺术界对艺术的参与权和被认可的机会。纵观历史,女性艺术家代表在艺术市场、画廊、博物馆和艺术历史书籍中一直表现不佳,但一些著名的女性非洲裔美国艺术家在关于非西方艺术的内容中会被列出。以下是一些对艺术世界做出重大贡献的女性:

- 多萝西娅·兰格(Dorthea Lange)(摄影)
- 玛格丽特·伯克-怀特(Margaret Bourke-White)(摄影)
- 路易丝·奈纳尔森(Louise Nevelson)(雕塑)
- 费丝·灵戈尔德(Faith Ringgold)(绗缝和绘画)
- 贝蒂·拉·杜克(Betty LaDuke)(绘画)
- 海伦·法蓝肯瑟斯(Helen Frankenthaler)(绘画)
- 玛丽卡·萨特(Mary Cassatt)(绘画)
- 朱迪思·莱斯特(Judith Leyster)(绘画)
- 乔治亚·奥凯菲(Georgia O'Keeffe)(绘画)
- 芭芭拉·赫普沃斯(Barbara Hepworth)(雕塑)
- 伊娃·海瑟(Eva Hesse)(雕塑)
- 弗里达·卡罗(Frida Kahlo)(绘画)
- 琼·米切尔(Joan Mitchell)(绘画)
- 贝尔特·莫里索(Berthe Morisot)(绘画)
- 伊丽莎白·穆雷(Elizabeth Murray)(绘画)
- 苏珊娜·瓦拉东(Suzanne Valadon)(绘画)
- 凯丝·科尔维兹(Kathe Kolwitz)(版画、绘画)

与女性相关的传统艺术形式——绗缝和编织工艺——已经贬值成为工艺品而不是艺术,无数的油画、版画和雕塑都以描绘女性的性感作为主题。女权主义者试图通过积极的社会行动来改变关于性别问题的社会意识成见以及剥削和分裂主义观念,纠正消极的性别歧视。女权主义的内容可能反映了女权主义的担忧,女权主义艺术家经常合作创作,形成一种团体的意识,与独立艺术家的概念形成对比。

将由女性艺术家创作的作品、书籍和复制品到你的收藏册中,包括运用到你的艺术教学与审美方面的展览中。争取得到女性艺术家的帮助,让她们在社区推广分享她们的技能和作品。

创作作为一种事业，他们在家里、户外或工作室进行创作。一些艺术家在画廊展览和销售他们的作品，而著名艺术家的作品会在博物馆展出。

孩子们还可以了解艺术家利用不同的材料所创作的作品，当然，并不是所有的画家都有交流的愿望。他们使用画笔描边，运用颜色、内容、形式和艺术的元素以表达他们的观点。帮助孩子接受和重视自己的艺术作品，这也可以让他们欣赏和评价其他作品。

我们的目的是让孩子们接触丰富的艺术遗产，而不是教授艺术史。孩子们可以了解到从艺术起源开始，人对艺术的贡献就无处不在，它是文化的一部分，能告诉我们关于人的故事：他们是谁，他们看起来怎样、如何生活、穿什么、住在哪里、喜欢做什么，对他们的主要艺术风格和行为进行讨论。

幼儿艺术入门书籍包括以下内容：

J. 梅休（Mayhew，J），*Katie and the Mona Lisa*（《凯蒂和蒙娜丽莎》）

J. 梅休（Mayhew，J），*Katie Meets the Impressionists*（《凯蒂遇见印象派》）

L. 麦克列威特（Micklethwait，L），*A Child's Book of Art*（《讲给孩子的艺术》）

B. 索特兰(Sortland, B) 和 L. 艾琳（Elling, L），*Anna's Art Adventure*(《安娜的艺术冒险》)

G. 沃克（Walker，G）和 D. B. 明内利（Minnerly，D.B.），*Molly Meets Mona and Friends: A Magical Day in the Museum*（《莫莉与蒙纳和朋友：博物馆神奇的一天》）

J.P. 威兹曼（Weitzman, J. P.）和 R.P 拉瑟（Glasser, R. P.），*You Can't Take a Balloon Into The Metropolitan Museum.*（《你不能带一个气球进入大都会博物馆》）

M. 威灵顿(Wellington,M.)，*Squeaking of Art:*

图 9-3　小艺术家

图 9-4　艺术创作中

家们是谁？他们为什么要创造艺术？艺术是人类的基本需求。人们通过创作艺术来反映和象征他们的存在。儿童对研究社区助手的兴趣可以扩展到艺术家身上。孩子会了解到一些艺术家进行艺术创作是出于爱好，而另一些艺术家则是把艺术

教师反思

新学期很快就要开始了。为了孩子有更好的学习环境，你一定用了整个夏天来设计美好的教室环境，便于孩子学习和掌握丰富的感官材料。新学期有两个重要的学习活动：一是艺术创作，二是欣赏别人的艺术。当你开始规划第一周的课程时，你意识到要帮助学生构建一个艺术区域来使他们了解艺术在生活中的意义。你会将如何做到这一点？你通过什么来帮助孩子们理解"艺术是个人的思想、情感和经历的交流方式"这一观点？

The Mice Go to the Museum（《吱吱叫的艺术：老鼠进入博物馆》）

E. 扎德尼斯卡（Zadrzynska,E）*The Girl with a Watering Can*（《提着水罐的女孩》）

艺术风格

史前或原始艺术

时代：从距今 2.5 万年的旧石器时代，到距今 1 万—1.5 万年的新石器时代

艺术家：

不明身份的洞穴岩画家

多年以来人们一直在从事艺术创作。回到人类起源的时代，就像我们今天会在房间的墙壁上挂上艺术家所创作的作品一样，那时的人们也会用图画来装饰他们洞穴的墙壁。洞穴岩画家把植物、浆果或其他食物以及沙土、淤泥、黏土和动物的血液混合作为颜料，然后用削尖的棍子来绘制和蚀刻图画。洞穴艺术家喜欢画简笔人物和动物，包括跳跃的野牛和鹿，只用几根线条和大胆的轮廓，再加上几何图案装饰和设计就完成了，并且比例正确。这一阶段的人们画他们所熟悉的物体：他们自己、其他人还有动物。这就是他们生活的全部：生存、狩猎、食物和安全。原始人认为艺术是神奇的，它象征着一种捕获和控制的神秘力量。

阅读凯瑟琳·拉斯(Kathryn Lasky)所著的《第一个画家》（*First Painter*），向孩子们介绍这种风格的艺术，请和孩子们一起阅读和讨论这本书，然后让他们选择一个大而光滑的石头画一个人或动物。

自然主义或现实主义艺术

时代：18 世纪—19 世纪（自然主义）

艺术家：

奥诺雷·杜米埃（Honore Daumier）

弗朗西斯科·戈雅（Francisco Goya）

伦勃朗（Rembrandt）

时代：19 世纪（在美国）（现实主义）

艺术家：

约翰·詹姆斯·奥杜邦（John James Audubon）

温斯洛·荷马 (Winslow Homer)

爱德华·霍珀 (Edward Hopper)

乔治亚·奥基夫 (Georgia O'Keeffe)

诺曼·洛克威尔 (Norman Rockwell)

查尔斯·罗素 (Charles Russell)

詹姆斯·惠斯勒 (James Whistler)

格兰特·伍德 (Grant Wood)

安德鲁·怀斯（Andrew Wyeth）

虽然自然主义与现实主义是两个不同的术语，但我们可以将它们交替使用。这两种艺术风格都强调艺术家试图让艺术创作能客观反映实际的对象，就像在 17 世纪和 18 世纪的画家试图描绘生活一样。这是新古典主义和浪漫主义观点下的理想生活。自然主义画派选择描绘生活，包括生活中的肮脏、罪恶、肥胖的人、疾病缠身的人，甚至丑陋的人。这就告诉我们，生活中不仅有鲜花和水果，还会有臭虫和腐烂的食物。

自然主义和现实主义 19 世纪开始在美国流行。鸟、农场、旷野、人民代表的斗争和早期美国自由简单的生活都是描绘的对象。儿童可以查阅自然主义或现实主义艺术的成就、技能和画家肖像等资料。

可以为学龄儿童的活动做简单的安排，例如提供动物毛绒玩具和洋娃娃，然后鼓励孩子们尝试独立描绘这些玩具。他们需要反复地检查颜色、细节和形状，这可能会使他们感到乏味和沮丧，所以这个活动可以作为一个备选项。向儿童介绍自然主义和现实主义艺术的书，例如由珍妮特·温特(Jeanette Winter) 所著的《牛仔查利》（*Cowboy Charlie*），雷切尔·罗德里格斯 (Rachel Rodriguez) 所著的《乔治亚的眼睛》（*Through Georgia's Eyes*）。

印象主义

时代：19 世纪后期到 20 世纪初

艺术家：

玛丽·卡萨特 (Mary Cassatt)

保罗·塞尚（Paul Cézanne）

埃德加·德加（Edgar Degas）

尤金·德拉克洛瓦（Eugène Delacroix）

劳尔·杜飞（Raoul Dufy）

爱德华·保罗·高更（Paul Gauguin）

马奈（Édouard Manet）

克劳德·莫奈（Claude Monet）

贝尔特·莫里索（Berthe Morisot）

卡米耶·毕沙罗（Camille Pissarro）

皮埃尔·奥古斯特·雷诺阿（Pierre Auguste Renoir）

亨利·德·图卢兹·罗特列克（Henri de Toulouse-Lautrec）

文森特·威廉·凡·高（Vincent Willem van Gogh）

印象派风格的艺术家主要是画他们感官的世界所感知的事物，而不是他们所熟知的真正存在那里的事物。早期的印象派画家着迷于色彩、光线、对比、光的反射和阴影。他们粗略地捕捉所画对象的特点后，就迅速填充粗犷轮廓和强烈的颜色块。他们用颜色和光线表现他们对所画物体的印象。印象派画家更喜欢在画室外的自然光线下进行创作，风景无疑是最受欢迎的题材。当观者近距离欣赏时，印象派绘画描绘的是绚烂多彩的颜色，给人纯净、纯粹的感觉。然而，当从远处欣赏时，眼睛的特殊构造和感知运动会使这些相邻的颜色块融合。

可以安排让孩子在户外用手指涂抹油漆的活动。鼓励孩子使用单色进行涂抹，而不混合颜色。或者孩子们涂色时可以使用明亮的荧光蜡笔。你可以指导孩子阅读琼·斯威尼（Joan Sweeney）的《苏泽特和小狗》(*Suzette and the Puppy*)，艾米·莉泰舒戈（Amy Littlesugar）的《居第四位的玛丽》(*Marie in Fourth Position*)，以及彼周·李泰得（Bijou LeTord）的《蓝色的蝴蝶》(*A Blue Butterfly*)，帮助他们了解印象派和印象派艺术家。

点彩派

时代：19世纪后期到20世纪初

艺术家：

乔治·修拉（Georges Seurat）

点彩派是印象主义的一个分支，它涉及对颜色的关注和创新的技术表现。点彩派画家一般致力于大型油画，他们在一幅画布上所花费的时间有时长达一年。他们以小网点或纯色的小点作为笔触，注重互补颜色之间的关系。因为他们不进行调色，但欣赏者能够将相邻的纯色融合起来。例如，点彩派画家想表现水，就会用相邻的绿色和黄色的纯色点来表现。在近距离观看时，观察者只看到绿色和黄色圆点。然而从远处看，眼睛会把黄色和绿色点混合在一起，看起来感觉就像是蓝色的水。

这个主题的活动就是使用蜡笔或马克笔把一张图片用完全不同颜色的"点"表现出来。鼓励孩子们使用点而不是线。或者孩子们可以利用铅笔顶端的橡皮擦蘸取红色、蓝色和黄色的颜料，通过点来描绘一张图片。建议这项活动后让孩子有机会去练习混合色彩。例如，如果他们想画一辆紫色的车，他们可以利用点彩画派的表现技法，把红色和蓝色的点交替使用，以此来表现紫色。点被画在一起，但中间要有空隙。教师要鼓励还没有掌握色彩调和知识的幼儿尝试运用彩色的点，哪怕只是画一张图片或进行一个设计。阅读迈克·威尼斯（Mike Venezia）所著的《了解世界上最伟大的艺术家：乔治·修拉》(*Getting to Know the World's Greatest Artists: Georges Seurat*)，帮助他们理解点彩派。

表现主义

时代：19世纪末到20世纪

艺术家：

保罗·高更（Paul Gauguin）

亨利·马蒂斯（Henri Matisse）

瓦西里·康定斯基（Wassily Kandinsky）

彼埃·蒙德里安（Piet Mondrian）

迭戈·里维拉（Diego Rivera）

爱德华·蒙克（Edvard Munch）

埃米尔·诺尔德（Emil Nolde）

表现主义是一种表达艺术家情感的艺术风格流派。表现主义反对印象主义，它主张用艺术语言来表达真正的情感。错位的空间、形态、线条和色彩为主要的表现内容，以此来区分古典主义、自然主义或印象派。画面主题往往是描绘斑斓的色彩、线条、形状和运动状态。表现主义通过扭曲现实来表达自己的观点和情绪。因为这个艺术主张是在第一次世界大战的时候开始流行的，所以很容易看出艺术反映当代文化这一现象，这也导致大部分作品是暴力、沮丧和高度情绪化的。

该主题的活动是让孩子用手指和颜料根据不同气氛的音乐，比如悲伤、快乐或愤怒的音乐进行绘画创作。鼓励孩子们画出他们听到音乐后的感觉。阅读有关表现主义的著作，包括比周·李泰得（Bijou Le Tord）所著的《一只还是两只鸟：亨利·马蒂斯的故事》（*A Bird or Two: A Story about Henri Matisse*）和苏珊·戈德曼·罗宾（Susan Goldman Rubin）所著的《黄色的房子》（*The Yellow House*）。

抽象主义

时代：20世纪40年代末
艺术家：
依琳·德·库宁（Elaine de Kooning）
威廉·德·库宁（Willem de Kooning）
汉斯·霍夫曼（Hans Hofmann）
杰克逊·波洛克（Jackson Pollock）
马克·罗斯科（Mark Rothko）

抽象艺术家会对颜料的色彩和物理特性感到好奇："我能在画布上做什么？"抽象主义是在第二次世界大战后开始产生的。杰克逊·波洛克是抽象主义画派的典型代表人物，他通过对颜料进行滴洒、喷涂、浇注、投掷、泼洒等动作来完成绘画。其创作不做事先规划，作画没有固定位置，通过偶然性制造一些意想不到的设计来寻找美感。这些画家所创作的大型油画的内容并不是捕捉现实、形状或者一个故事。

这个主题的活动可以把一大滴颜料放在纸上，让孩子们用吸管进行吹画。吸管要接近颜料但不接触它。提醒孩子呼气或吹气时不要吸入颜料。孩子们通常也喜欢去户外创作壁画。教师可以让孩子们轮流使用喷壶或者纸杯子来滴颜料。对抽象艺术的理解，即使是成年人也会感到非常有挑战性，但对于孩子来说，他们却比成年人更容易理解抽象艺术的性质。大声朗读由格雷厄姆·珀西（Graham Percy）所著的《艺术馆》（*Art House*）和由安妮·赖娜（Anne Reiner）所著的《艺术星系之旅》（*A Visit to the Art Galaxy*），尽可能鼓励儿童探索更多相关内容。

野兽派

年代：20世纪初
艺术家：
安德烈·德朗（André Derain）
劳尔·杜飞（Raoul Dufy）
保罗·高更（Paul Gauguin）
亨利·马蒂斯（Henri Matisse）
阿美迪欧·莫蒂里安尼（Amedeo Modigliani）
乔治·鲁奥（Georges Rouault）

野兽派是表现主义的一个分支。野兽派尝试用纯净、明亮的颜色大胆和创新地表现一些积极的情绪，如快乐、愉悦、舒适、爱和幸福。他们不像自然主义或古典主义那样，他们并不关心所使用的颜色是否合乎实际。野兽派画人物时经常不在意调和的颜色是否接近于人类的肤色。他们所画的人类皮肤可以绘成粉色、绿色甚至其他颜色，这通常取决于艺术家的情绪。通过这种方式野兽派认为他们可以用颜色作为情感的符号。绘画时用大胆和抽象的线条去勾勒物体的轮廓，然后根据情感填充颜色。

该主题的活动可以设计为利用图画描绘一种积极的情绪或感觉，如欢乐、爱、希望、愉悦、关怀。鼓励孩子选择和使用蜡笔来捕获他们的感觉，忽略或尽可能地减少自然主义或古典主义色彩主张的影响。"快乐对你来说意味着什么？让我们找一根能代表快乐颜色的蜡笔去描绘快乐。""不，莎拉，你的快乐并不用看起来像某个具体的物体。"

立体主义

时代：20世纪
艺术家：
乔治·布拉克（Georges Braque）
费尔南德·莱热（Fernand Léger）
保罗·塞尚（Paul Cézanne）
彼埃·蒙德里安（Piet Mondrian）
马塞尔·杜尚（Marcel Duchamp）
巴勃罗·毕加索（Pablo Picasso）
胡安·格里斯（Juan Gris）
乔治·鲁奥（Georges Rouault）

立体画派是所有20世纪抽象艺术的源头，它力求构造出一种几何化倾向的画面。艺术家尝试通过对空间和物象的分解与重构，组建一种具有绘画性的空间及形体结构。那么，怎样在二维的画布上呈现三维空间形式？怎样在一个画面中同时出现物体的背面、侧面和底部？为了做到这一点，立体画派艺术家放弃了传统处理空间形式的方法，而是聚焦于用圆柱体、球体和立方体来处理真实存在观念的事物。例如，立体画派可能会同时从一棵树的顶部、侧面、背部和底部选取一部分去画，然后再把各部分拼贴到一幅作品中。事实上，我们可以从以上画面上看出他们并不关注从色彩、空间或者其他更合适的角度去表现整棵树，而是使整个画面呈现一种平面效果，背景与画面的主题交互穿插，不区分前景、中景和远景，物体的各个角度交错迭放，来暗示运动的方向。这就是立体派画家们新创造出的一种以实物拼贴画面图形的艺术手法和语言。

儿童在阅读劳伦斯·安霍尔特（Laurence Anholt）所著的《毕加索和扎马尾辫的女孩》（*Picasso and the Girl with a Ponytail*）一书后，要进行的活动是利用几何形状的纸片，通过剪切或手撕进行拼贴。拼贴画中经常有字母嵌入其中，所以孩子们可以通过收集彩页杂志，把字母添加到自己的拼贴画中。

动态艺术

时代：20 世纪 20 年代
艺术家：
亚历山大·考尔德（Alexander Calder）
马塞尔·杜尚（Marcel Duchamp）

艺术作品一定是平整、静止的吗？动态艺术家试图通过给雕塑安装杠杆、齿轮或其他可使艺术品活动的部件，使欣赏者能参与"移动和改变雕塑"的互动。对于悬挂的艺术品，风也是移动因素，以此形成一些特别的艺术效果。

这一主题的活动是培养孩子的动态思维。学龄儿童可以尝试对一些废弃物进行雕塑和组合。例如，可以使用大件物体、纱、字符串、线、坚果和螺栓、橡皮筋等零件组装一个会活动的机器人。

超现实主义 / 达达主义

时代：20 世纪
艺术家：
马克·夏加尔（Marc Chagall）
勒内·马格里特（René Magritte）
萨尔瓦多·达利（Salvador Dali）
胡安·米罗（Joan Miró）
让·杜布菲（Jean Dubuffet）
梅拉·奥本海姆（Meret Oppenheim）
马克斯·恩斯特（Max Ernst）
曼·雷（Man Ray）
拉乌尔·豪斯曼（Raoul Hausmann）
亨利·卢梭（Henri Rousseau）
弗里达·卡罗（Frida Kahlo）
本·沙恩（Ben Shahn）
保罗·克利（Paul Klee）

超现实主义意即超越现实。该流派的画家试图创建一个神奇、梦幻般"无意识"的世界，最真实地表现客观事实的面目。在梦境、图像、幻象和潜意识的引导下，把对象、空间、符号、大小、角度和时间等要素进行扭曲、重叠、交错，以此作为抽象的语言来描绘现实的即兴感。例如，有一幅画画的是一条长有人头的鱼飞过布满岩石的天空。观看的人都会十分震惊地问："那画的是什么？""这幅画想表现什么？""这幅画有什么意义？"一旦出现这种情况，就代表这个艺术家已经成功地吸引观众停下来观察，并对他所创作的作品产生情感反应。

阅读一些类似于迈克尔·加兰（Michael Garland）所著的《马格里特的晚餐》（*Dinner at Magritte's*）和约拿·温特（Jonah Winter）所著的《弗里达》（*Frida*）等书来帮助孩子们理解超现实主义艺术的幻想与想象力。然后鼓励孩子们尽可能多地表现他们梦想的画面、美好的愿望、幻想的画面、噩梦的场景，以及内心的真实想法和感情。

波普艺术（流行艺术）

时代：20 世纪 50 年代
艺术家：
贾斯佩·琼斯（Jasper Johns）
白南准（Nam June Paik）
罗伊·里奇特斯坦（Roy Lichtenstein）
安迪·沃霍尔（Andy Warhol）

波普艺术（流行艺术）所表达的思想是批判当代的美国文化。波普艺术家选择日常生活中所熟悉的对象，例如汤罐头、饮料罐、电影明星、卡通形象，以及其他广告艺术。通常，这些产品的包装都可以被称为艺术品。这些艺术品不仅主题鲜明，而且都经过了反复描绘和反复的细节刻画，是对写实主义的再一次尝试和实现，流露出人们对当代高度发达的商业文明社会的讽刺之情。

由詹姆斯·沃霍尔（James Warhol）所写

的《安迪叔叔》（Uncle Andy's）就是从安迪·沃霍尔（Andy Warhol）的侄子的角度来看他叔叔的艺术作品的一本书。为该主题设计的活动是让学龄儿童自己设计书包、糖块、谷类食品、饮料的包装。他们还可以画自己的肖像，或用中性笔画一组只有四五格的连环漫画。

欧普艺术（视觉艺术）

时代：20世纪60年代
艺术家：
弗兰克·斯特拉（Frank Stella）
维克托·瓦萨雷里（Victor Vasarely）

欧普艺术（视觉艺术）是20世纪60年代兴起的一种类似于迷幻的艺术风格。欧普艺术家对黑白或者彩色几何形体及其之间的关系有浓厚的兴趣，他们利用眼睛对光的感知力和对元素进行复杂的排列、对比、交错和重叠等手法，造成各种形状和色彩的骚动，给观赏者造成视觉上的错觉。按一定规律排列而成的波纹或几何形画面，给观者造成视知觉的运动感和闪烁感。要创作欧普艺术风格的作品，要求艺术家要具备熟练的技术，所以这项艺术并不容易转化为幼儿艺术活动。可阅读由玛乔丽·普赖斯曼（Marjorie Priceman）所写的《是我，马尔瓦：视错觉》（It's Me, Marva: Optical Illusions）一书，给孩子额外的视觉艺术的体验。

民间艺术

时代：18世纪年到19世纪末期至今
艺术家：
摩西奶奶（安娜·玛丽·罗伯特森·摩西，Grandma Moses）
克莱门泰·亨特（Clementine Hunter）
费思·灵戈尔德（Faith Ringold）
查尔斯·威索基（Charles Wysocki）

民俗或民间传说是人类社会生活的一个组成部分，因为它描述的是信仰、习俗、价值观、行为等，是一种特殊的文化形式。民间艺术是一个文化团体的艺术形式的名称。这类艺术作品是由民间的一些个人的小团体制作的手工艺品，而不是大规模的机器生产的产品。这种民俗艺术是一种普遍的社会文化元素，人们在社区中分享经验是非常常见的方式。他们用实际的样本让孩子们理解多样文化艺术品之间的差异性和共同点，其中包括工艺品、舞蹈、音乐、歌曲、乐器、木雕、皮革、金属、陶瓷、服装和配件、首饰、编织、棉被、玩具和炊具等。在选择与孩子分享样本时，应记住每件物品都应该是真实的。家庭和社区中的成员都可能是优秀的民间艺术的来源。许多家庭不仅收集民间艺术作品，甚至一些家庭成员还是优秀的工艺品制造商，他们可能会很愿意来到你的课堂并分享他们的经验。

更具体地说，美国原民间艺术可以追溯到18世纪末到19世纪中期，是居住在新英格兰、纽约和宾夕法尼亚的美国民间艺术家发起的一场运动。美国民间艺术家至今依然延续他们的艺术形式或工艺手法。以美国民间艺术为例子，一幅画可以运用大胆、简洁的设计，鲜艳的色彩，简单地处理比例和角度的手法来表现。一般来说，美国民间艺术是表现社会、政治或宗教的艺术，常见的描绘对象和事件是鲜花、人们去市场或结婚的场景。正是这种浓烈的生活气息得到了大部分人的喜爱。阅读妮·W库拉–莉萨（W. Nikola-Lisa）所著的《与摩西奶奶一年的生活》（A Year With Grandma Moses）和由艾米·莉泰舒戈（Amy Littlesugar）写的《约西亚·特鲁和艺术标志》（Josiah True and Art Maker），向孩子介绍民间艺术的知识。

不同的艺术家有不同的艺术风格，相同的艺术家在不同的时期也可能运用不同的艺术风格。孩子也应该有自己的艺术风格，但培养他们自己的艺术风格并没有正确的或最佳的方式。不同的风格适用类型取决于艺术家和他/她想通过艺术表达些什么。让孩子了解主要艺术风格或运动有两个目的。首先，它能为孩子提供许多运用艺术的方法。其次，它展示了艺术家们过去和今天一直使用的艺术风格和样式之间的相通之处。例如，儿童艺术就类似于史前艺术和现代抽象艺术。

以下是对主要的艺术运动进行的区分：
- 自然主义或现实主义艺术
- 抽象派艺术
- 抽象表现主义

现实主义或自然主义艺术主要描绘的内容一般为人物、地点和真实存在过的对象，他们强调客观性、细节和写实的观念。但孩子若以写实的艺术风格进行创作，他们常会有挫败感，这是因为他们的感知能力、生理能力和认知能力还没有发育完全。现实主义或自然主义仅仅是许多艺术风格之一。尽管许多成年艺术家并没有创作出十分经典的现实主义或自然主义艺术作品，但这些作品还是会给他们带来成就感和满足感。

抽象派艺术风格的作品画面与被描绘的对象只有部分相似性，其中的主体对象一般会被描绘成流线型或扭曲的样子。举个例子，若一个孩子画了一个方盒上面有两个轮子，那么这就代表一辆赛车。

要培养孩子的抽象表现主义能力就要涉及教孩子们学会具有创意地运用颜色、形状、线条和设计的方法。它是把抽象艺术推至极限而产生出的艺术风格，它所描绘的画面没有任何的实际对象。例如，一个孩子用油画颜料描绘汽车尾气漩涡，以此来表示一辆高速行驶的赛车，而不只是抽象地捕捉赛车的整体形状。

艺术批评　要培养幼儿的艺术批判思维首先，教师要提供一些特定的背景信息，例如：一幅作品的作者简介；作者当时所处的背景。但是这也可能会遇到一些困难，例如，幼儿多以自我为中心，他们对自己的艺术作品要比对别人的作品更感兴趣，并且现阶段的认知水平也使得他们无法深刻理解各历史时期著名的艺术家的生平和创作意图。不过，介绍优秀的艺术和艺术遗产作为艺术学习的基础仍是十分必要的。

郎格（Langer, 1957)* 写道，一个有效的艺术批评必须具备三个部分：沟通者和艺术家；媒体和作品；一个使供艺术家交流和观众接受的观点。科尔和奇科夫（1990)* 添加了第四个部分：一个调解人或中间人。教师在引导孩子接触艺术品和进行艺术批评时就应充当调解人，要扮演主持人或推动者的角色。这点将在第十五章中详细讨论。

艺术批评可以聚焦于以下五点：

1. 它是什么？

它是绘画、图片、编织，或印刷品吗？

它有哪些物理方面的特性？是大、小、方形、圆形、固体、还是移动的，或是有框架的？

它是用什么材料做的？你认为画家使用的是纸、油漆、金属、黏土还是纱？

2. 你看这件艺术品时想到的是什么？鼓励孩子把观察的重点放在艺术家使用的线条、色彩、形状或形式、质量或体积、设计意图、艺术模式、空间感、平衡感和纹理等要素上。与他们讨论这些艺术的元素是如何使用的：你在画面中都看见了什么形状？艺术家使用了什么颜色？所有人都能找到其中的线条吗？

3. 艺术家想通过这幅作品表达什么？

试着用语言来描述该艺术家的画面。这幅作品传达了怎样的意义？假设这幅画是一本图画书，哪些词语可以描述这个艺术家要表现的故事？讨论你从这幅画中看到的人、动物、建筑物或事件。

4. 它让你感觉如何？

你感到开心、伤心、生气、害怕或有趣吗？

艺术家是用什么方式让你产生了这样的感觉？

5. 你喜欢它吗？

为什么喜欢或不喜欢？这个艺术作品中的什么元素让你喜欢或不喜欢它？如果让你修改，你会怎样做？

问题4和问题5可能会引起儿童不同的反应。我们的目标是帮助孩子进行艺术欣赏，并在符合他们认知能力水平的基础上做出对艺术品的判断，包括艺术元素。

拼贴画

拼贴画是指由不同的元素组成的一张图片。拼贴画可以是二维平面的，也可以是三维的，或是用聚苯乙烯泡沫塑料制作的多层次图片。我们可以通过手撕、剪切、粘贴和捆扎纸的方式来制作一幅拼贴画。这项活动被单独列出，而且并没有说哪一种材料不能运用到拼贴画的活动中，因此，以下的材料都可以运用到拼贴画中：

- 废旧的信纸
- 各种宣传册
- 邮票
- 杂志
- 明信片
- 报纸
- 贺卡
- 优惠券
- 礼物包装
- 锡纸
- 壁纸样品

制作一幅拼贴画的材料并不仅限于纸，还可以使用多种多样的材料（见图 9-5、图 9-6）。选取材料的关键在于其组织形式和材质。并不是所有的废旧物都有成为艺术品的潜力，那些很脏且损坏严重的物品看起来就毫无美感。一堆杂乱的废旧物也许并不会带来创作性的改变，因此，在

图 9-5 一幅情人节主题的拼贴画

图 9-6 废旧物回收利用后制作的拼贴画

创作拼贴画的过程中，组织材料是非常重要的。例如：在本子上合理地安排彩纸、缎带、蕾丝和纱的摆放，或把杂志整齐地堆在架上等，这都是有组织地摆放拼贴材料的方式。教师需要帮助孩子们了解一些关于拼贴画的基本规则，以使他们更容易看到艺术创作的各种可能性。

几何形状的拼贴

幼儿在设计和制作图片的过程中，不能使用剪刀等危险工具，可以让他们尝试通过粘贴不同颜色、大小、形状的物品来切分几何图形。学龄儿童可以使用剪刀等工具对自己的几何形状进行裁剪。鼓励孩子们先对几何图形的形状和分布做一些安排，最好设计一个草图后再进行几何形状的裁剪和粘贴。

瓦楞纸板拼贴

瓦楞纸板的材质结构和线性纹理看起来非常有趣，学龄儿童可以运用它的特性裁剪出不同形状或碎片进行拼贴。鼓励他们注意纹路方向的多样性，这也是瓦楞纸板拼贴画所特有的视觉吸引力。在拼贴创作中，瓦楞纸板的纹理、中性的颜色与平面的彩色报纸或织物会形成鲜明的对比。

彩色纸拼贴

在用剪刀裁剪彩色纸的过程中，由于纸非常薄，可能会导致幼儿不能很好地控制剪刀。教师可以提供小碗的彩色液体，让他们用海绵或小刷子刷满整张彩纸。提醒孩子们在粉刷时注意不要弄破彩纸，并利用多种颜色叠加的方法尽可能多地创造新的颜色。

还可以把完成了的彩纸拼贴画固定在一张蜡纸上，然后把另一张蜡纸盖在上面，让一个成年人对其进行加热，热量会使蜡纸上的蜡熔化，这样就能很好地密封孩子们创作的彩色纸拼贴画。

或者使用少量白乳胶将彩色纸粘在咖啡罐的塑料盖子上。这就形成了一个现成的框架。然后小心地在上面打个洞，缠上花边和挂线来装饰拼贴画。

杂志彩页拼贴

杂志能够提供丰富的字母、单词、图片等元素，它们可以直接用于裁剪、粘贴或压印。

蒙太奇

蒙太奇是指在拼贴创作过程中所创作的作品要围绕一个主题来进行，例如爱情、友谊、家庭、宠物等，要包括相关文字和图片。比如要创作一幅以车辆为主题的蒙太奇拼贴画，那么画面中就可能会出现各种跟汽车有关的图片，如卡车、自行车、飞机、船、摩托车或者停车标志和交通灯的图片。

壁画拼贴画

可以用儿童正在学习的一些知识作为元素来创作一幅拼贴作品。例如：

- 颜色
- 形状
- 大小
- 字母
- 人物
- 社区工作者
- 其他概念、分类、范畴等因素

孩子们可以通过搜索杂志寻找这些概念元素的例子。壁画拼贴活动可以作为一个拓展活动，它不需要在很短的时间内完成。开展这个活动时，可以在教室中设置一个单独的艺术角，让孩子们在一段时间内每天不时地增加并丰富它的元素。

杂志混合拼贴画

孩子们常常会产生一些可爱的幽默感,他们可能喜欢让一些不相关的部分同时出现在一个物体上,例如一个长有人头的动物或者是一辆有飞机尾部的汽车。开展这类活动时要给每个孩子提供一些图片的局部作为材料,告知他们这些材料是从杂志上裁剪下来的,而且每个人的都不一样。例如材料中包括一只猫的头、一个人的身体、树干、跳水板等,并且没有拼贴步骤。鼓励孩子浏览杂志寻找图片资料,例如添加不同的顶部、底部、头、身体或侧面来完成一张属于他们自己的混合拼贴画。

拼贴画并不一定是在纸上完成,还可以粘贴在下面的创意材料上:

- 硬卡纸
- 塑料板
- 硬纸板
- 泡沫板
- 硬纸壳
- 装鸡蛋的盒子
- 木板
- 容器

拼贴也不意味着只可以用纸制作。你可以通过艺术的眼光去搜寻各种各样的废旧材料进行粘贴、钉或捆扎,诸如以下材料:

- 碎布
- 纱布
- 毛毡
- 锯末
- 羽毛
- 羊毛
- 聚苯乙烯泡沫塑料碎片和颗粒
- 游戏作品
- 钢砂板
- 干草
- (装饰衣物的)小金属片
- 树叶和树枝
- 斜纹带
- 瓶盖
- 破碎的鸡蛋壳
- 金属箔纸
- 橡皮筋
- 棉花球
- 电子元件
- 压舌板
- 纸屑
- 垫圈
- 蕾丝
- 咖啡过滤器
- 电脑垃圾,包括电阻、晶片等
- 砾石
- 平木汤匙
- 螺栓
- 荷叶边
- 羊毛纱
- 骨头
- 卷曲的丝带
- 嫩草
- 明星贴纸
- 水果篮子
- 玉米皮
- 纸杯
- 纸烤杯
- 西洋跳棋
- 罐子的盖子
- 软木塞
- 坏掉的玩具
- 图画的碎片
- 咖啡渣
- 按钮
- 卷发棒
- 贝壳
- 拉链
- 花
- 粗麻布
- 种子
- 细刨花
- 棉签
- 鞋带
- 纸卷
- 牙签
- 橡子
- 珠子
- 皮毛
- 线
- 宝石
- 丝带
- 链条
- 绳子
- 钥匙
- 烟斗清洁器
- 泡沫橡胶
- 松果
- 五金
- 木头碎片
- 弹簧
- 吸管
- 叶子
- 金属薄片
- 蕨类植物
- 花瓣
- 杂草

自然标本拼贴画

自然标本可以小心地粘到纸上或类似于纸板的材料上(见图9-7)。以下是一些可用于粘贴的物品:

图9-7 自然标本拼贴画

孩子们可以在完成后的自然标本拼贴画上盖一层报纸,然后用重物压一星期直至平整,也可以盖上两层蜡纸后加热进行密封。

织物、毛毡等材料拼贴画

孩子们除了喜欢用纸制作拼贴画以外，还喜欢使用各种材料，可为他们提供碎布、毛毡、胶水或其他儿童粘贴材料。学龄儿童已经具备良好的裁剪能力，所以他们可以使用足够锋利的剪刀剪裁自己的材料（见图9-8）。

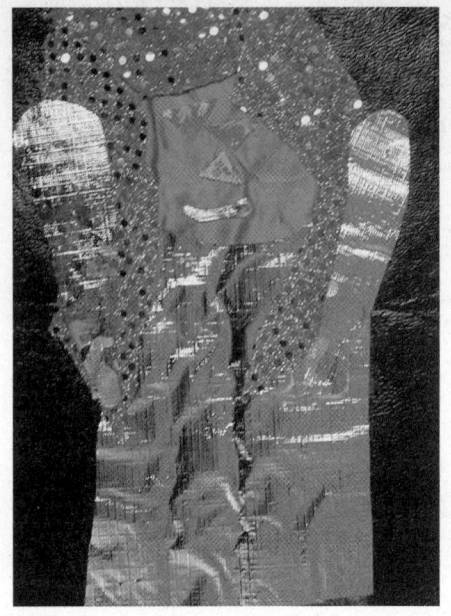

图9-8　织物拼贴画

绳子或纱线拼贴画

拼贴画可以由绳子和纱线组成。在孩子们制作的过程中，每种材料都可以被创造性地安排于艺术作品中。但是要提醒孩子们，在粘贴绳子时要多涂一些胶水。

纹理拼贴画

提到纹理拼贴画活动，我们可以看出该拼贴画活动特别关注纸张的纹理，有纹理的纸材包括：

- 砂纸
- 报纸
- 植绒壁纸
- 杂志页面
- 面巾纸

各种有质感的面料和材料还包括：

- 羊毛
- 麻袋
- 棉花
- 网
- 天鹅绒
- 泡沫橡胶

三明治袋拼贴画

孩子们能利用塑料袋创造艺术作品。其优点

图9-9　纹理拼贴

是无须粘贴，但是，利用塑料袋拼贴会有一个缺点，就是需要一个成年人利用加热的方法来密封塑料袋，这样做是为了更便于保存孩子们的拼贴作品。孩子需要准备一个夹层塑料袋、一个托盘和制作小型拼贴时一般会使用的一系列材料（上文已提及）。制作完成后，孩子们需要把各种剩余的纸张和杂志等材料分类，然后把完成的拼贴作品放入托盘内，其余物品放入书包。当孩子完成拼贴后，就可以把作品交给成年人密封，成年人完成密封后再把作品还给他们。

总结

本章侧重于构建幼儿综合艺术项目，其组成项目包括感官经验的积累，美妙和富有创造性的体验、艺术创作，学习关于艺术、艺术家及其艺术风格等四个方面的内容。虽然幼儿不需要成为艺术历史学家，但还是应该给他们介绍重要的艺术运动。那些被认定为古典或自然主义、抽象派的艺术风格，不同流派艺术家的个人代表性风格，都能为艺术批评提供相关知识。

关键词

抽象派	艺术批评	民间艺术	印象主义
拼贴画	立体主义	动态艺术	国家艺术教育标准
基于学科的美术教育（DBAE）		自然主义	抽象艺术
表现主义	野兽派	非西方艺术	欧普艺术（视觉艺术）
		点彩派	波普艺术（流行艺术）
		零点计划	自然主义或现实主义
		工作室制	超现实主义/达达主义

活动建议

1. 安排学生参观一间艺术画廊、展览馆或博物馆。在参观的过程中试着让学生指出所欣赏的艺术品属于哪个艺术时期或艺术风格。如果可能，让学生参观一次展览，最好是非西方艺术作品或女性艺术家作品展。

2. 运用艺术批评的方法分析并讨论一件艺术品，研究艺术家和他所处的时代。

3. 让学生光顾旧货商店、书店、图书馆，收集一组艺术明信片、美术印刷品、照片、海报、书籍，试着寻找非西方艺术复制品和女性艺术家的作品。

4. 安排孩子到当地的艺术博物馆、画廊或者艺术家工作室进行一次非正式的实地考察。访问前要查阅相关资料。

5. 安排一位艺术家到课堂中和孩子们一起，为孩子们示范艺术创作过程。

6. 建立一个拼贴艺术中心，帮助孩子进行艺术创作。

回顾

1. 列出幼儿艺术项目的组成部分。
2. 区分并简要描述三种主要的艺术运动。
3. 列出进行艺术批评的五个关键点或者问题。
4. 美国国家艺术教育标准所阐释的艺术教育重要性的六个理由是什么？
5. 对于美国国家艺术教育标准所提出的一系列能力，你觉得怎样把它们与幼儿艺术教育联系起来？
6. 讨论艺术在零点计划中所扮演的角色。
7. 讨论以学科为基础的美术教育（DBAE）理论。

第四部分　提供艺术教学经验

现在请你来谈一下你对艺术、艺术创作过程以及开发儿童课程的了解。什么是课程？一个简单的定义，课程就是在教室里发生的一切——包括预期的和未预料到的。我们的关注点将放在规划艺术活动上，同时把课堂上发生的意料之外的事情和计划之外的活动转化成有意义的学习活动。第十章"以儿童为中心的艺术课程和以教师指导为中心的课程"将会为怎样选择具有艺术价值的活动提供选择标准或者指导方针，并将其与那些过于模式化和填鸭的活动对比。第十一章"艺术课程的规划、实施、评价"把注意力主要放在教师如何成为课程的开发者上，这一章也会提供多种开发课程的方法与途径。第十二章"幼儿课程中的综合艺术"把艺术与其他课程领域联系起来。文章所提供的活动都是要展示艺术与数学、科学、文学、社会学以及表现性艺术相联系的部分经验,以此提供理论性的学习。第十三章"艺术中心"提供了在教室里设置艺术区域的标准。

  在这张照片中你看到了什么?它呈现出教师策划的一个艺术活动,在这个活动中,孩子们需要制作一个青蛙木偶。首先,教师先讲一个青蛙的故事,接着让孩子们在课桌上制作他们的木偶。在这个活动中,有多少步骤是学生做的,多少是教师做的?儿童制作木偶都有哪些方法?这些方法是正确的还是错误的?孩子做得"好"吗?在创造性活动中,你怎样评价这个活动?当妈妈来接孩子的时候,她说:"孩子,这是不对的,你做的木偶不像青蛙。"如果你是一位教师,这时你将会怎么说或者怎么做?

第十章 以儿童为中心的艺术课程和以教师指导为中心的课程

　　在这张照片中你看到了什么？ 雅各布（Jacob）的表情告诉了你什么？他有没有浮现出一丝对绘画的不自信？

　　雅各布几乎没有使用颜料、蜡笔、马克笔作画的经验，他会观察其他小朋友怎样使用这些材料。有时艺术活动可能很脏乱，这会使雅各布感到困惑，因为他的家人要求他在学校必须保持干净和整洁，同时还希望他能创作出漂亮的以及可辨识的作品。他的家庭非常重视艺术。作为雅各布的老师，你意识到他还不会创作写实性的绘画，你希望能够让他学会观察和创造性地探索。同时，你也从他的父母那里感受到压力，因为要让雅各布画出一幅他们能识别的画。你应该怎么做？还有哪些学生的情况也类似于雅各布？

目标

读完这章后，你应该能够：

- 运用系统的方法辨别三种不同的教授美术的方式。
- 讨论教师在幼儿美术阶段作为一位促进者的角色。
- 说明幼儿美术活动的标准或者指导方针。
- 在幼儿美术活动中把这些标准或者指导方针应用到幼儿的作品评价、工艺品制作、涂色书本和假期礼物制作中来。
- 识别形式主义的艺术创作活动。
- 把以教师指导为中心的课程和以儿童为中心的艺术活动区分开来。
- 运用纸张来进行美术活动。

naeyc 引言

探究教授美术的方法有很多，本章将明确区分并批判以教师指导为中心和以儿童为中心的方法。教师在儿童美术创作中扮演什么角色？成人可以通过作为一个榜样和参与者来激励儿童去创作。成人可以在日常生活中积极参与美术活动，起到榜样作用，激发其创造力。深刻地了解美术是很重要的，但老师完全没必要像纯艺术家那样向儿童提供艺术创作的经验。

不同的儿童，学习美术的方法都存在于一个系统之内。以教师指导为中心的方法和以儿童为中心的方法在这个系统之内是两个相对的点（见图10-1）。两种方式只有在特定的时间、特定的地点，以及针对特定的学生才是有效的。推进者或者指导者的角色在这两个相对立的点上是一个折中。

教师指导为中心	指导	以儿童为中心
· 直接下指令 · 教师干预 · 自由的，开放的 · 有组织的	· 促进作用	· 完全自由 · 不干涉，放任

图10-1　系统性的方法

由促进者或者指导者间接地控制活动，和直接控制的性质是一样的。一位促进者或者指导者是关键的观察者，他能够知道什么时候巧妙地进行课堂干预，或者提出问题。儿童需要知道他们的老师是一位多才多艺的人，教师得能够准确地讲述、教授知识、能力和技能，适当分配时间和注意力。

儿童艺术往往特别惹人喜爱。尽管不能理解，父母仍然为他们孩子的作品感到骄傲。早教教师也很重视儿童的作品，他会为儿童艺术创作留出宽裕的时间。尽管大部分儿童不喜欢学习，比如阅读，但是几乎所有的儿童都喜欢美术。

大部分人都意识到美术在幼儿阶段的重要性，但并不是每一个人都知道这一阶段需要的是什么。什么是涂鸦艺术？颜料涂在着色书里才被认为是美术？这一章对判定一项活动的创造性提供了标准或者指导，或者说是提供了绘画的方法。传统的以教师指导为中心的美术活动都将受到批判。艺术创作的形式将发生变化。

什么叫艺术？伟大的哲学家苏珊·朗格（Susanne Langer）认为，人类从出生的时候就带有艺术创造的潜质。艺术帮助我们把生活的经验组织成象征性的符号形式。这样我们才能够客观、清楚地进行自我反省，才能够分享我们的经验。但是这是怎么做到的？表述一个人的经验有很多种艺术的方式，下面列举的是其中一部分：

- 文学
- 戏剧
- 音乐
- 视觉艺术：造型和图像

我们的目的是了解幼儿怎样运用视觉艺术表现他们的生活经验。

造型艺术（三维艺术）包括雕塑、陶艺、建筑。图像艺术（二维艺术）包括油画、版画、素描。

教授美术的方法

教授主修科目的方法同时适用于美术，这三种方法为：

- 以教师指导为中心
- 以儿童为中心
- 教师指导

一些美术课程是有组织的，而且也是由教师指导的。教师对某事物有一定的想法，儿童就会针对这个想法去创作，同时教师会指导怎么去创作。具体的方向指导是为了创作出能够识别的作品。这些作品经常只有一小部分是儿童自己创作的。比如，教师发一张有树的外轮廓的纸，儿童就会被指导着用重色，比如用黑色或者棕色涂树干，用绿色涂顶部。他们还会从红色的纸上剪下来或者撕下来一个圆圈，这些圆圈要贴在绿色的树叶上面，当作苹果。这些完成的苹果树看起来几乎是一样的。一般来说，只有小组协作时，这样的方法才比较适合。大部分工具材料都是教师提供，并在教师的干预下完成的。

西斐德（Seefeldt, 1995）*批判以教师指导为中心的美术课。要求儿童去完成一幅有图案的艺术作品，或者去模仿成人的美术设计图样，这是在暗中破坏他们心理上的安全感，同时也是公开对儿童的想法、能力和创造力的不尊重。如果一个儿童能熟练地剪出给定的图案或者能够在规定的轮廓线以内涂上颜色，这就说明了一个事实——这些儿童的绘画能力和他们的作品是不相匹配的（见图10-2）。西斐德给出了一个例子，把鸡蛋形状的卡通图片给儿童去画，并给它添上眼睛变成毛毛虫。在雷焦市（Reggio），当他把儿童的这些作品做对比时，他认为这个活动是可笑的。

图10-2 以教师指导为中心的活动的结果

另外一种方法是没有限制的、完全以儿童为中心的方法。老师发给儿童纸张，并鼓励儿童去画他们想要画的，或者鼓励他们去参观架上绘画和艺术中心。通过这种方法，学生会学到很多，也会有很多选择权。许多学生在这种方法中会做得很好，他们的很多想法都会通过艺术体现。他们也会在架上绘画或者艺术中心看到无尽的艺术可能性。无论怎样，也可能会有很多儿童对这种方法不适应，他们希望老师能给他们一些限制、指导或者可能性建议。

根据赖特（Wright）*的研究，在以学生为中心的美术课堂上，有时可能会导致学生有放任自由或者"毫不关己"的行为发生（laissez-faire or anything goes type of practice）。这种不干涉方法的基本理念就是，在艺术领域，不论儿童做什么，都是值得重视的。教师的干涉可能会扼杀儿童的创造力。这种方法把教师的角色进行了限定，教师仅仅是学习环境的组织者。没有了外界想法的输入，儿童可能会变得厌倦，甚至会因为独立尝试而受到挫折，以至于无法创造出任何东西。他们需要老师给他们一些想法和建议。以教师指导为中心和以儿童为中心的方法都是极端的。教师可以选择折中的方法来代替推进者的角色去支持和指导学生学习。

儿童作品：自由表述还是教授技能？

围绕着怎样教儿童画画这个问题进行辩论，辩论的焦点在于：应该教授幼儿绘画吗？有些人认为可以。

安柏利（Emberley, 1991）*认为绘画是一种技能，是可以教授的。他的一些绘画书是为从幼儿园到3年级的孩子开发的，包括简单地、分步骤地指导儿童怎样运用形状的集合去画科幻的东西、脸部结构和建筑。布鲁克斯（Brookes, 1986）是《儿童绘画》的作者，她认为三岁的儿童可以在指导下画出人物的外轮廓线条，也可以画出更具代表性的绘画和写实绘画。她的方法是教授儿童五种基本的形状元素：点、圆、直线、曲线和角形线。这五组形状组成基本的视觉建构是其他形状的核心。她鼓励儿童在日常生活中模仿注意这些元素，并用它们去创作自己的艺术作品。学生一开始是模仿简单的插图，之后逐渐变成更为复杂的图画，最后开始画现实生活。

约翰逊（Johnson, 1990）*的书《教你的孩子画画》面向的群体是家长。她的教学方式的特色是学习真正的艺术家，每一课的核心就是举例说明怎样向大画家学习绘画。约翰逊相信，随着时间的推移，读者会以艺术家的眼光来看周围的环境，并把客观的事物和风景分解成线、形状、纹理、浅色和深色、阴影、形状、面积、观点、运动和距离。

根据图10-1，这三位作者都主张以教师指导为中心的方法。艺术元素是每种方法的核心。笔者认为，尽管这些艺术元素是构建艺术模块的要素，但也没有必要去直接教授幼儿怎样去做，只让他们去画得真实一些就行。这些艺术元素可以用来分析艺术作品（第六章），也可以用来告知儿童他们创造了什么（第十五章）。

罗恩菲德（Lowenfeld）、布里添（Brittain, 1987）*和许多当代幼儿教育家，包括本书作者，都认为绘画是自由的表达。以儿童为中心的立场在表10-1中是另一端。如果儿童必须被教去画一些东西，那就说明他们还没有成长，教他们怎样去画不会提高他们的绘画能力。教幼儿绘画要强调绘画的过程。

爱德华兹（Edwards, 1991）*的《用右脑绘画》（The New Drawing on the Right Side of the Brain）假设了一个折中的位置。尽管他认为年龄大一点的儿童需要被教怎样去画，但她认为他们不需要视觉符号系统或形状方面的干预。她不主张教得过多，但她认为10岁是进行正式指导的黄金时期。在10岁这个年龄阶段，很多前青春期的儿童都从他们简单的尝试中受到过挫折，有学写实性绘画的想法。她的视觉训练包括临摹颠倒的图片，画一个平常的物体，比如目不转睛地看动物标本，注意一些空旷的和有阴影的空间。笔者注意到爱德华兹的方式在小学和中学的艺术课程里已经普及。事实上，作者吉尔·福克斯（Jill Fox）根据爱德华兹的模式完成了绘画课程，发现用这种方法培养艺术观念十分有效。

教师作为学生学习的促进者

教师指导的方法相对前两种研究模式而言是效率相对较高的，它融合了以儿童为中心与教师教授两种元素。例如：

naeyc · 教师提供主题："孩子们，马上就到夏天了。今天咱们就画一幅有关于夏天的作品。"即使已经给了这样的主题，但教师没有指定画成什么样的作品。儿童依然可以自由使用颜料、蜡笔、马克笔或者黏土来创作他们眼中的夏天。

naeyc · 教师在艺术中心介绍一种新材料："今天，我在画架和绘画课桌旁边放了线轴和纽扣。我希望你们观察一下它们，并想一想怎样把它们运用到绘画里面。"只要遵守该艺术中心的规则，儿童就能够自由使用画材，如画笔，做一个印章，或者把印章贴到一个拼贴画里。

naeyc · 教师拓展一个现有的活动，或在现有的活动基础上设置一个新的活动："我发现我们都非常喜欢拿着长柄画笔进行架上绘画，现在外面的小树枝将要脱离枝干，让我们想一想能否运用它们来绘画。"或者："让我来演示一下水彩颜料接触画纸的另一种方法。""我看到你很喜欢你的纸袋木偶。如果你喜欢，我可以向你演示缝纫衣服的方法。""你喜欢编织纸的游戏吗？你想学习一下怎样用纱布在织布机上编织吗？"

naeyc · 教师提出一个问题："让我们想一想，从一张纸上能剪出多少不同的形状来粘贴？"或者："我们可以怎样运用空箱子和缎带？"或者："如果我们在报纸和彩色杂志的页面上画画，会发生什么？"

naeyc · 教师把美术延伸到其他科目领域："这张图片中，有很多看起来令人兴奋的事物，你能够以讲故事的方法与我们分享吗？"或者："你画的小狗看起来特别高兴，让我们一起合作，为它写首诗吧。"或者："也许你会喜欢给凶猛的恐龙设计一个游戏。"

不同的方法可能对特定的活动、特定的儿童群体有效。幼儿不会主动发现水彩工具的用法，他们可能在使用方法和注意事项方面需要指导和建议。无论如何，教师要告诉他们应该做什么，或者作品应该看起来像什么。比如，艾米莉（Emily）在选择使用什么样的颜色来画夏天时遇到了困难。她的老师意识到她遇到了挫折，就让她说出一些夏天事物的名字来提醒她。艾米莉回答道："太阳和游泳。"教师要求艾米莉选择其中一个来进一步分析。在教师不易察觉的引导下，艾米莉选择了太阳，现在她必须决定是否应该使用水彩、蜡笔、马克笔，或者黏土来表现它。仔细看图10-4、图10-5、图10-6和图10-7，运用系统性的方法来教美术（见图10-1）：首先，哪张是最符合这种方法的图片？第二，对每一个答案进

图10-3 教师在孩子需要帮助的时候给予帮助

图 10-4

图 10-5

行原理阐述。你的指导可能会在小组活动或讨论时发挥作用。

怎样选择艺术活动

在幼儿艺术项目中应该有哪些课程？米尔斯（Mills）先生已经烤好了面包，他让孩子们在面包上涂上一层霜糖，这就算是一次艺术活动。在大厅里，幼儿园的孩子们在拓印的蝴蝶的照片上涂颜色，作为"春天"这一单元的内容，他们的老师会提醒他们作画完成的时间。对这些活动你能做些什么评价？哪个更有艺术价值？它们能够代替幼儿美术的本质吗？笔者将对这些问题做一一回复。尽管撒霜糖既能锻炼触觉，又能吃，但它并不是艺术活动。简单地在拓印的蝴蝶画纸上涂颜色也许会增强手眼协调能力，理解形象与背景的关系，但是它并没有提供一点创作的机会。更具创造性的方法是让儿童画他们自己的蝴蝶，不考虑现实中蝴蝶的样子。

以儿童为中心的艺术或者以教师指导为中心的课程

我们一般认为"艺术"和"工艺品"是两个相对的艺术门类。赫西（Hirsch，2004）*对此

图 10-6

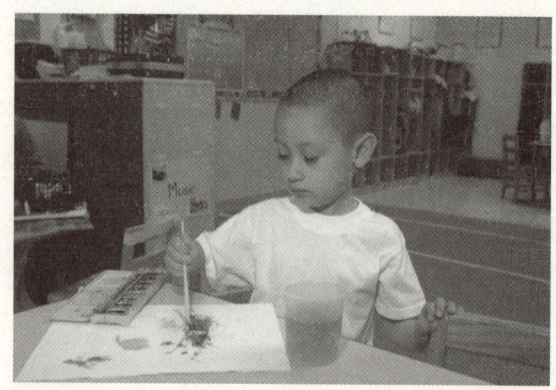

图 10-7

做了一个区分。艺术创作动机来自儿童的内心，此时幼儿会学着积极主动。他们通常不喜欢响应教师的要求，或者不喜欢有教师指导的体验，这种想法在艺术方面也是一样的。如果艺术是被强制的，或者具有外在动机的驱动，艺术就可能会失去意义，失去自我表达作用或者一些细节方面的描绘。艺术能够反映内心的希望，主动的儿童能够有目的地去创作任何事物，但不会去创作被要求画的事物。这种方式只在儿童模仿教师的作品里起作用。相反的，如果对艺术的主动性和目的性都来自儿童内心，艺术作品就会反映出个人的想法和目的。如果儿童在艺术中心能够自由使用材料，他们就有机会去表达自己的想法和创作的目的。这种方式是生产，而非再生产。说到方法，艺术活动被认为是适合儿童发展的，而工艺品经常被认为是以教师指导为中心的，以产品为导向的，同时也没有艺术性方面的优点。项目（project）这个词现在经常被用来替代手工艺品（crafts），尽管有一些可能涉及以教师指导为中心的活动，但这两个词是不能互换的。工艺品有艺术性的优点，工匠长时间努力工作去生产产品，很多工艺品都反映了他们的文化观念。工艺品也可能会像蜡烛、珠宝、衣服或者风铃声一样具有功能性，但是制作工艺品的方法不适用于以教师指导为中心的授课方式。以教师指导为中心的课程不是制作工艺品，而是与以儿童为中心的艺术教学方法相对。用以教师指导为中心的课程来代替艺术的自由性，对儿童来说是一种伤害，因为这样剥夺了他们自我表达和自己创作艺术作品的机会。请参照表10-1了解二者的区别。

有无需要教师指导的地方？

尽管以教师指导为中心的课程不应该成为艺术课程的主导，但是仍有地方需要教师指导，比如用香料烹饪。有一些人拒绝使用香料，但是有些人使用很多也不会使食物变味。什么场合才适用由教师指导的方法？在以下场合中可以使用：

- 在教授具有扎实基础的大龄儿童学习怎样创作艺术作品时。
- 当儿童厌倦了艺术中心，对创作没有想法时。他们表现出迟钝或者没有了想法，意味着艺术中心一直都没利用好。
- 向儿童介绍能够代替新文化的工艺品。这个过程必须包括制作工艺品的步骤，当然也要和儿童的发展水平相适应。
- 当选择颜色或者装饰风格，进行个人表

表10-1 以儿童为中心的艺术活动或者以教师指导为中心的课程

以儿童为中心的课程	以教师指导为中心的课程
创造性、独特性、原生态	没有创造性，作品相似，出现批量生产，不加以区分就不会有区别
就像儿童一样具有多样性和个体性	统一，很像教师的范本、标准化，每个人的作品都很像
开放式的，没有限制	封闭式的，有限制
以儿童为中心	以教师为中心
来源于儿童内心	教师强加
涉及儿童自己的很多东西	涉及教师的很多想法
儿童有权说："看这些都是我自己做的！"	教师有权这样想："看，这都是我让孩子们做的，家长能不满意？"
包括自我表达	包括复制和模仿
培养自主性	培养常规化和听从指导
注重过程	注重作品
可能不具有辨识性	具有辨识性
因为作品不具有辨识性，可能不吸引成年人	因为作品具有辨识性，很吸引成年人
可能没有实用和现实价值	具有使用和现实价值
容易成功，没有失败的恐惧	如果儿童的作品与教师的范画不相似，可能就被认为不成功
儿童有权决定内容	由教师决定，涉及假期、季节、主题等学习单元
愉悦儿童自己	愉悦成年人
需要不设限制的时间	给每个人创作的时间是有限的，儿童最后可能会仓促完成
涉及合理的美术媒材	可能涉及消费性的、昂贵的材料，比如闪闪发光的羽毛、晃动的眼睛和皮毛

达的时候。比如，可以教给孩子怎样制作皮纳塔（pinata），但是并没有规定作品一定要做成什么样子。

幼儿艺术课程应该是什么样子

我们一般都能辨认出那些缺乏创造性的艺术活动。在幼儿艺术课程计划里，应该寻求什么目标？早期幼儿艺术应该：

1. 允许儿童自我表达。
2. 在艺术创作过程和作品间找到平衡。
3. 开放式，允许儿童去创作。
4. 允许探索与实践。
5. 允许儿童积极和持续参与活动。
6. 内在激励。
7. 容易成功。
8. 适用于所有儿童。
9. 涉及合理的艺术媒材。
10. 适宜儿童发展。

1. 允许儿童自我表达

幼儿需要使用很多艺术媒介去表达自己。这种表达需要是个人的，因为儿童自己会探索独特的表达方式。参观完动物园，孩子们就会特别想用艺术把刚才的经历表现出来。在画板上，吉恩（Jean）画了一只被关起来的黑色大熊。三个孩子挤在黏土课桌边，吉姆（Jim）用泥土团了一个球，把它命名为海豹。泰姆（Tam）用一点泥制作太阳射线。凯丽（Kaley）用手工贴在黏土板上剪下了一个大象的外轮廓。他们自己决定选择使用颜料或是黏土，这三位儿童在黏土课桌旁发现了三种不同的方式，以此来表现对他们有意义的事物。

2. 在艺术创作过程和作品间找到平衡

提供给幼儿的美术活动应该在创作过程和美术作品间找到一个平衡点。一个好的艺术活动应该理解和接受这样的现实：每一个儿童个体，他们有的会倾向于过程，有的倾向于作品，或者二者都重视。艺术活动中包含着对作品的处理能力，比如，纸艺术包括撕、剪、折叠、粘贴、装订和编织，这些过程带来的结果可能包括纸拼贴、纸编织或者纸雕塑。幼儿只重视过程（见图10-8）。他们喜欢艺术是因为能够动手做，对于结果怎样并不在乎。也许这就是一些儿童无法为他们的艺术作品命名的原因。作品完成后，他们就把作品置之脑后，甚至直接扔进垃圾箱了。一位母亲抱怨她的车子的后座上全是孩子的艺术作品。对这些儿童来说，在这个过程中，快乐是最重要的，而不是最终作品。另外一些儿童，他们非常重视尺寸、形状、颜色、构图、细节和真实性，完成作品后，他们很快把名字写上，当作品被撕掉、被卷起来或者涂上污点时，他们就会很沮丧。对于这些儿童来说，每天带着一张或者几张作品回家是很重要的。

本书作者罗伯特·施尔玛赫（Robert Schirrmacher）发现，一个在过渡幼儿园（transitional kingdergarten）里的男孩在努力用黏土制作恐龙。当老师宣布"打扫卫生的时间到了，每个人都要打扫干净"，这个小男孩就很失落。他希望把它带回家，或者能够最终展示出来。当他被要求重新把它揉成球并放回黏土盒子时，他几乎要哭了。很明显，他是属于作品倾向型的。艺术是依赖于过程和结果，艺术性的处理是产生作品所必需的，作品精细程度涉及过程中的处理方法。

3. 开放式，允许儿童去创作

幼儿艺术课程应该鼓励儿童去创作。这些课

图10-8　处理艺术材料的过程和完成一幅作品一样重要

程可以通过让儿童自己选择创作方式，让他们变得更具有创造性。让儿童自己选择：

- 他们想要做什么（内容）
- 怎样去做（过程）
- 结果怎么样（作品）

通常，计划好的活动为创造性的表达奠定了基础。比如，有了颜料、刷子、画板上的纸，对有些儿童来说就足够了。他们需要的是对时间的分配和对想法的追求。其他儿童可能需要教师稍微指点下："试着去想一下周末发生的事情，可能会有一些地方或人是特殊的。这可能就会是你要画的题材。"当我们规定完成的作品是什么样子、怎样去做时，就是在剥夺儿童创造性的艺术表述机会。比如，涂颜色、剪形状，以及正确地把材料粘贴成一辆火车并没有多少创造性。

尽管如此，创造性的表述也应该遵守一般的准则、指导原则和限制范围。使用剪刀是很危险的，同时也不具创造性。儿童应该在老师指导下使用剪刀，其他媒材和设备等的正确使用方式、规则需要被讨论和制定出来："克里斯（Chris），把你的剪刀递给我，大家要知道，剪刀只是用来剪纸的。"

naeyc 4. 允许探索与实践

儿童通过探索与实践完成艺术作品。类似于教授海绵绘画和拓印的活动可能在这个环节就不需要了。

提供颜料和海绵、饼干、刀具、泡沫塑料等，鼓励孩子去观察、探索怎样使用这些"画具"（见图10-9），他们会体验用海绵来泼洒颜料或者用海绵做按压。另外，他们通过自己的探索活动会发现新的艺术手法。假设每一项艺术活动都有预设的作品模样，便会一步步地剥夺儿童以自己的方式去探索、发现、发明和创作体验的机会。

5. 允许儿童积极和持续参与活动

应该让儿童积极参与艺术活动。他们是活跃的个体，他们的艺术性表达也应该体现这一点。当他们站着的时候，他们需要把画架摆正，以便能够挥动整个胳膊。黏土需要撕裂、穿孔、拉、揉、摁平、捏塑和敲打。建议幼儿课程依据幼儿的运动需求来设置，并鼓励他们对感官进行探索。艺术活动需要大量的时间，不是所有的儿童都能在

图10-9 不同的笔刷帮助儿童发现和探索

预先设定好的时间内完成艺术活动。一些儿童想要推迟，甚至是接下来的每一天都要继续参加活动。有些儿童是冲动型的，不一会儿就会完成活动："老师，看，我已经做好了，我现在需要做些什么呢？"教师可能会鼓励这类儿童继续参与这项活动。很明显，很少有幼儿能够长时间参与同一项活动。但是，可以鼓励他们去观察，深入刻画自己的艺术作品。"塔拉（Tara），我看你已经完成了作品，还有其他东西是你想要添加的吗？""好的，我知道了，这是一只乌龟，你有没有想过它生活在哪里，又吃些什么食物？你还有很多时间和画纸，继续创作你的乌龟吧。"这位老师没有告诉塔拉她画的乌龟是错的或是不好的。她鼓励塔拉去完善作品，继续参与这个活动。在这种情况下，塔拉不理睬教师的建议，坚持认为她的乌龟作品已经完成了。随着时间的推移，塔拉开始利用多余的时间和精力去创作更多精细的作品。

6. 内在激励

艺术就像音乐、运动、游戏，是具有内在激励的活动。儿童参与绘画活动是为了在绘画中得到快乐和成就感，像涂色、玩黏土或者拼图一样。笔者认为，作为一位幼儿教育者，最大的快乐就是和儿童一起去了解和发现他们的世界。他们以自己的思维来操作和探索，还不停地问着问

题。尽管荣誉和奖励是有效的，但在艺术领域不是常常需要的。作者罗伯特·施尔玛赫（Robert Schirrmacher）观察到一位教师在夸奖一位儿童的艺术作品时说："看，玛拉（Marla）的房子画得多棒啊！"稍后，很多儿童开始模仿玛拉的想法和风格，为的是赢得教师的夸赞。他们的动机开始由内在转化为外在。如果教师表扬的是玛拉的精力和参与性，如："玛拉，你画了好长时间，而且也非常努力。"或者："在黏土课上，我看到很多同学在努力。山姆（Sam）会一直创作黏土作品，直到得到他想要的结果。"莱佩尔和格林（Lepper and Greene, 1975)* 的调查显示，外在的激励会减弱儿童的内在动机，表扬儿童使用马克笔，就会减弱他们对使用马克笔的兴趣。安德森、马努吉安、雷茨尼克先生（Anderson, Manoogian, Reznick, 1976）研究了对4到5岁儿童进行不同的表扬所造成的影响。物质和象征性的奖励——比如钱和贴纸——都会减弱儿童对绘画的兴趣。教师口头上的表扬则不管怎样都会提高兴趣。但是仍然要记住，夸奖是针对绘画的过程，而不是结果。

7. 容易成功

幼儿美术活动课程应该设置得相对容易成功些。所选择的艺术活动应与儿童的发展水平相适应，难度适当，尽量保证儿童能够成功。也可以说，感受成功，能够培养儿童的自信心。幼儿教育的核心目标是培养有能力、自信的儿童，活动太难或者太复杂就会使儿童受到挫折，导致失败，一项活动的失败有可能导致幼儿今后整个人生的失败。比如，4岁儿童组成的夏令营活动是把昆虫剪贴在纸板上。昆虫很小，有很多细微部分，包括细腿和触角。纸板很薄，剪刀很钝；纸皱了，昆虫的头和尾巴已经不见了。如果有很少一部分儿童达到了要求，教师就会极力地表扬他们。在这种情况下，儿童反而变得不安，备感受挫。教师本来是好意，但是活动的安排并不适用于4岁儿童。

8. 适用于所有儿童

艺术应该适用于所有儿童。可以指导大一些的儿童使用无毒的马克笔和油画棒在画纸上画些小标志。当他们坐的椅子有些高时，他们就会在纸上乱画，或者直接趴在画纸上。初学走路的儿童喜欢颜料，喜欢使用马克笔、油画棒和黏土。学龄前儿童可以接触多种艺术媒材。艺术不分性别，男孩或者女孩都可以参加艺术活动。如果发生艺术中心被单一性别垄断的情况，就需要教师做一些社会调查，了解其背后的原因。比如，一个幼儿园里的女生都是画的关于食物的作品，然后又到家政中心学习；男孩子们都不喜欢绘画和家政中心，而喜欢堆积木。这种情况发生两天后，教师通过思考，采取了措施：她建议男女生合作建立一个餐厅。一位男生在废旧的建筑纸上设计"纸币"，其他的人画商店标志。

所有的儿童都应该接触艺术。因为艺术可以加强儿童的自尊心和成就感，这对于有特殊需求，或者多元文化背景的儿童来说是很重要的。儿童可以在艺术表达中证明自己："我很独特，我可以用艺术来证明这一点。"一些教师的报告中说他们把艺术作为奖励，奖励那些完成任务的儿童。大部分学生都喜欢聚拢在艺术中心附近，或小心地观望，或积极地动手。当然，也有一些儿童拒绝参与艺术活动。在艺术中心里，不当行为和未完成的作品既不应该包容，也不应该去惩罚。有问题的儿童反而有可能是最需要艺术的。学习能力不足或者行为不正常让这些儿童在学校里很少体会成功，而艺术上的成功则可能会迁移到其他科目的学习上。比如，8岁的达斯蒂(Dusty)在阅读方面很差，但能画出很细致的改装后的高速汽车。也许他所画的改装后的高速汽车可以帮助他更好地讲话、阅读和写出自己的兴趣。

9. 涉及合理的艺术媒材

很多艺术媒材像画架、沙画、黏土都可以用于创造性表达。初学走路的儿童能够去探索和使用艺术媒材，但不要期待他们做出完整的作品。尽管在涂鸦时，学龄儿童比学步儿童更有控制能力。尽管3岁的儿童已经能够创作，并且在画垂直和水平线时说出这条线的名字，但这不代表他们能够画出完整的作品。

美国幼儿教育协会（NAEYC）的指导原则将会提出适用于儿童的美术媒材，这些内容将会在下面的章节进行讨论。这就意味着，初学走路的儿童应该用大的油画棒、水彩马克笔和大张纸这样的媒材；同时也意味着四五岁的儿童应该每天都有机会进行审美表达,有机会欣赏美术和音乐。在小学低年级,美术与其他富于表现力的活动相结合,为儿童提供进行审美表达的机会。儿童可以运用美术去表达想法和感受。有时,邀请专家、教师和儿童一起在教室里合作也是很不错的。

美术课程需要合理的美术媒材。儿童使用颜料、水彩、拼图、纸、黏土、拓印图片、防染剂和雕塑——这些也都是成年艺术家所使用的材料。提供合理的媒材告知儿童:"你是一位极具创造性的艺术家,你可以任意使用工具和媒材。"媒材、设备和其他提供的材料都要和创作相关,而且这些媒材必须是基础的、价格合适的。笔刷、画板和水彩,诸如此类的画具,只要使用合理,是能够长期使用的。通常,提前购买和批量购买材料是一年当中主要的花销。材料昂贵不等于有创造性。比如,教师向 3-5 岁的儿童小组分发包装好的洋娃娃,儿童被指导去粘贴按钮状的眼睛和包装好的头发,撒上亮晶晶的东西,这只是在制作一个工艺品。这种活动代价高、短暂,几乎没有艺术处理方法。每一个洋娃娃都不同,儿童创造性的输入是缺失的。很多父母和当地的商人愿意捐献多余的面料、剪刀、杂志和纸来丰富基本媒材,同时价格也低,可以将它们利用起来。

10. 适宜儿童发展

什么活动可以替代前面所描述的活动?一项好的艺术活动能够把儿童的发展能力划入思考范围,通过此方式培养成就感。比如,营队辅导员读了一本关于昆虫的书以后,在散步的时候采集标本,这样就能激励儿童去画自己喜欢的小虫或者创造一个新的形状。"蚊-蛛"和"蜘蛛-蝌蚪"看起来像什么,这个问题没有一个正确的答案,而是有很多可能性。美术活动需要很多裁剪下来的碎材料,这些纯粹的细节、细小部分的粘贴或者精致的折叠,对精细程度和协调性有要求和限制,这类活动都不适合幼儿的发展。作者罗伯特·施尔玛赫(Robert Schirrmacher)回想起第一次折纸的尝试——一项精致的日本折纸活动。尽管教师已经折出了一只复杂的、精致的天鹅,施尔玛赫的作品却看起来像一只野兽。每个人都遭受到了挫败,没有成就感,这种方式更不能让幼儿在艺术活动中体会到成就感。

发展适应性。 美国幼儿教育协会(NAEYC)出版和修订了关于发展适应性的课程,适用于零到八岁的儿童,且广泛适用,其观点(柏德坎普,Bredekamp,1987;柏德坎普和科普尔Copple,1997)是:决定课程质量的主要因素是深入扩展适用于儿童发展的知识训练。

发展适应性是基于下面三个因素来指导儿童课程开发、评估,指导行为决策和师生的互动:

(1)年龄/发展水平

根据儿童发展的知识和研究,儿童成长和发展是具有普遍性的。一个活动必须适应儿童的能力发展水平。儿童的每个年龄段所具备的知识能力都有一个框架,老师可以根据这个框架来构建学习环境和策划适宜的学习活动。然而,有时真实年龄可能会误导人。例如,一个 4 岁的儿童可能会表现出大多数 3 岁儿童发育的特征。孩子的年龄是一个有效的构建教学活动的因素。

(2)儿童个体

每个儿童都有其独特的发展模式、优势、兴趣、经历、性格和个性。因为每个儿童都是独一无二的,因此使用的材料和策划的活动也必须考虑到个体差异性。一项活动可能是适合一个特定的年龄群组,而对于其他年龄阶段的儿童来说,这项活动可能就是无意义的、乏味的。比如,使用剪刀可能适合 4 岁的儿童,但不适合缺乏精细运动技能和热衷于撕纸的安德森。剪刀适用于 4 岁的儿童,但对于你所了解的安德森来说,这不会是一个好的教学计划。

(3)家庭/文化

儿童在他们的家庭环境之中成长、学习和发展,在其中他们能够学习价值观、信仰和行为举止。教师必须认识到要尊重每个儿童的社会和文化背景,每一个家庭文化都有其所青睐和反对的艺术活动。例如,指画可能适合徐(Xu),但它会令那些爱干净的并要求他们的孩子在学校保持干净的父母感到不安,你可以想象一下当他们来接女儿时,看到她的手和衣服都沾满颜料时惊愕的表情。

形式上的创造性艺术活动

仅仅给一个活动贴上"艺术"的标签并不能保证活动具有艺术价值。同样,缺乏创造性的活动常常是具有误导性的"创造性"活动。有太多的活动都仅具有形式上的创造性,例如:

美国幼儿教育协会（NAEYC）艺术活动发展适应性的指导方法

课程计划强调学习的交互过程。教师为儿童提供与家长、其他儿童和媒材互动的学习环境。练习册、学习单、彩色书籍、成人制作的艺术样品都不适用于幼儿，尤其是6岁以下的儿童。具有适应性的课程所需的基础学习媒材包括：画纸、水性颜料、马克笔和其他利于创造性表达的材料。

成人要给予儿童选择活动、材料和设备的机会，同时给予他们足够的时间进行艺术探索。成人促使儿童积极参与活动，在活动中通过提问或者提出建议，促进儿童深入学习和思考。

所有年龄段的儿童都需要连续的时间段去参与、调查、选择和坚持一项活动。教师在儿童进行活动选择时扮演的角色仅仅是提供具有激励性的学习环境，挑战他们的活动选择，然后提高儿童的参与性。

当我们了解到幼儿是通过与成人一起进行实际操作来学习时，那么，类似于着色书籍、使用黏土和其他材料制作样品模型的活动，都只是模仿，是不具有适应性的。

我们对初学走路的儿童了解多少？ 我们都知道初学走路的儿童非常好动，他们喜欢乱动和不停地讲话，不喜欢安静地坐着和倾听，他们的注意力集中时间很短。他们的大块肌肉的运动比小块肌肉的精细运动和手眼协调能力容易发展培养。他们以自我为中心，而且仅仅被教授社会生存技能，说话口语化，喜欢把东西塞进嘴里。我们怎样利用这些信息来策划艺术体验活动呢？下面的指导原则是用于判断艺术活动是否具有适应性的标准。

适用于初学走路的儿童艺术学习的情形：
- 给予初学走路儿童适宜的艺术媒介，比如大的油画棒、水性马克笔和大张绘画纸。
- 成人要期望他们去探究和操控绘画材料，而不要期望他们能完成一幅完整的作品。
- 在艺术活动中，不要拿食物当绘画媒材，因为要培养儿童的自控能力，让他们学会区分哪些食物能食用，哪些不能。初学走路的儿童需要非常严格的监督。

不适用于初学走路的儿童艺术学习的情形
- 初学走路的儿童在教师的"帮助"下在着色书籍上涂色或者以临摹的方式完成作品。
- 对于触觉敏感的儿童来说，给予他们可食用的颜料进行指画，或者将面团当作媒材，他们可能会将这些材料放进嘴里。

我们对3岁的儿童了解多少？ 他们比初学走路的儿童少一些口头语，并伴随着基本的社会技能的发展。他们具有一定的自控能力，不易冲动，且能趴在桌子上工作很长时间。通过对精细动作的掌控训练，他们已经具有了一些控制能力。我们怎样利用这些信息来设置艺术体验呢？

下面的指导原则是用来决定艺术活动是否具有适应性的标准。

适用于3岁儿童的情形：
- 成人向三岁儿童提供机会，运用一些绘画材料去培养精细活动的能力，比如蜡笔、刷子、颜料、马克笔、面团、钝的剪刀。

- 临摹活动
- 描图活动
- 连线图
- 假期礼物
- 剪贴活动
- 涂色书籍
- 工艺品
- 课堂作业

尽管这些活动在发展技能或概念方面具有价值，但它们缺乏艺术创新价值。形式上的创造性艺术活动的判定标准如下：

1. 强调教师/成人的灌输和指导
2. 一个高水平的结构模式
3. 一个指定的作品样式

- 尽管3岁的儿童对于涂鸦已具有良好的控制能力，能够画出水平线和垂直线，有时还能为自己的作品命名，但成人不要期望他们能够创作出具有代表性的作品。
- 艺术被认为是进行创造性表达和探索的工具。

不适用于三岁儿童的情形：
- 成人通过让儿童剪出数字和具体形状来锻炼其精细动作的能力，在着色书上进行着色，或者按照教师的指导、范作来创作具有个人风格的作品。
- 当儿童在绘画时，教师质问"画的这是什么？"，从而让儿童认为只有具有代表性的作品才是好的。

我们对4岁的儿童有多少了解？ 他们有较好的自控能力和基本的社会技能，并且喜欢小组合作，通过提高其手眼协调能力及精细动作的能力来提高其熟练使用艺术工具的能力。他们在进行表述时，偶尔也会自创拼写方式。我们怎样利用这些信息来设置艺术体验？下面的指导原则是用来决定艺术活动是否具有适应性的标准。

适用于4岁儿童的情形：
- 每天都要给儿童机会去欣赏美术和音乐，进行艺术性的表达。
- 让儿童体验多种美术和音乐风格。
- 提供多种适用于儿童的艺术材料，比如画板、指画和黏土。

不适用于4岁儿童的情形：
- 只有当时间允许时才提供音乐和美术欣赏的机会。
- 给预先画好的形状着色，临摹教师范画，或者在成人指导下创作等美术活动。

我们对学龄儿童有多少了解？ 大一点的儿童有较长的注意力集中时间，能够独自完成创作。他们爱交朋友，也很容易与朋友发生争执，之后再重新交朋友。他们对于需要合作和集中注意力的任务很容易就能完成。随着年龄的增长，他们能够处理更多复杂的艺术材料。我们怎样利用这些信息来设置艺术体验？下面的指导原则是用来决定艺术活动是否具有适应性的标准。

适用于学龄儿童的情形：
- 美术、音乐、体育运动、版画、戏剧、舞蹈（和其他体能活动），这些课程相互有内在联系，对于儿童来说是提高审美、表述想法与感受所必需的活动。
- 专家、教师和同学一起开展活动。
- 探索与体验多样性的美术题材和音乐风格。

不适用于学龄儿童的情形：
- 美术、音乐、生理知识课分开来上。
- 专家与教师联系较少。
- 强调具有代表性的作品，强调接近写实。
- 给予儿童具体创作方法的指导，让他们去完成具有个人风格的作品。
- 用所谓的"工艺品"取代艺术性表达。

手册、工作表、着色书籍和教师的作品样品不适于儿童的艺术学习，尤其是6岁以下的儿童（布雷德坎普，Bredekamp，1987）*。查里和尼尔森（Cherry and Nielsen，1999）*曾建议避免使用模具和创作模式。他们坚信，如果艺术是一种培养创造性表达能力和发展审美能力的活动，儿童就应以他们自己的方式使用艺术材料，不应以教师的作品当样品。通常有一个错误的定义是：儿童每天都需要新的艺术风格的课程或者新的艺术材料。查里和尼尔森不认同此观点，他们认为，幼儿喜欢重复，因为幼儿总是要求听讲过很多遍的故事，音乐和手指游戏、表演游戏和场景游戏也同样如此。儿童喜欢重复使用基础的绘画材料，当教师提供新的、不同的材料时也是如此。比如，儿童喜欢每天在画架上作画。他们也会希望有新的、不同的绘画工具的介入。重复在画架上作画，会真正掌握好此类媒材，但是如果没有多样的绘画工具，这种重复就会变得无聊和可怕，因此关键在于重复和多样。与具有特殊需求的儿童一起工作的教师会发现，这些儿童不仅喜欢重复，而且也希望有新奇的和多样的元素加入。

罗恩菲尔德和布里添（Lowenfeld and Brittain, 1987）* 提醒教师不要使用着色书籍。引用罗素（Russell）和安达曼（Waugaman）的研究模式，他们发现，儿童最初是喜欢自发地去画小鸟，当他们使用绘画工具书时就丧失了创造性。这些书本会把初始的创意图像变为一种刻板的图示。临摹图片、剪贴活动（见图10-10）有很大成分都是教师的指导和干涉，从儿童到教师都是为了艺术而艺术。比如，莎莉（Sally）女士画了一只泰迪熊，让儿童去临摹并涂上颜色，她要求他们不要乱动，控制好绘画时间，并保持颜色的干净。教师把自己认为的泰迪熊的样子硬性灌输给了儿童，这与临摹图片和剪贴活动性质是一样的。莎莉女士要求儿童剪下他们自己的作品，并同时剪下预先画好的帽子和手杖，粘贴在图画纸上，或者先提供画好的形状，然后让儿童去涂色。这种活动是缺乏创造性的，它主要是教师个人对于泰迪熊概念的理解，而不是儿童个人的理解。相反的，莎莉女士应该鼓励儿童去描绘他们自己所认为的泰迪熊，不考虑现实的色彩、形状、大小、身体部分、位置或者细节。以教师指导为中心的艺术课程有很强的限制性，反映特定的指向性和按部就班的过程。这只泰迪熊是从莎莉女士角度来认识的，而且是"批量生产"的。

其他具有限制性的活动还包括着色书和连线图。着色书反映的是艺术家的概念，代表的是一个客体。一本死板的着色书会挫败年幼的艺术家，导致他们怀疑自己的创造力。另外，这些书不会让儿童体会到绘画的意义，取而代之的是仅仅完成个人的作品。这就是当大一点的儿童被要求涂自己喜欢的颜色时会感到迷茫的原因。他们它依赖于着色书，从不自己去创作。

对于着色书的质疑，有一种回答是这样的：儿童喜欢这些书。对于什么书对自己而言是好的，什么是坏的，儿童并不能自己做决策。比如，儿童都喜欢糖果，有的儿童因为糖果而不吃蔬菜，这时成人就会出面阻止这类事情发生。这和着色书与创造性的关系是一样的，一直使用着色书就会抑制儿童的创造性表达。

看点连线为着色书增加了数学元素，它要求把点按正确的数字顺序连起来完成一幅画。

强调限制性和以教师指导为中心的美术课程关注的是完成的作品，就像莎莉女士的泰迪熊一样。有时，教师的作品作为标准或者样品来展示。尽管这种课程是用心策划的，但是这种尝试会挫败年幼的艺术家，他们将不会描绘、涂色和剪贴。当教师说"尽力做好"时，儿童就会明白自己的作品与教师的范画不像。

所谓的工艺品和节日礼物的成品都是形式上的造型艺术。两个小石头粘在一个更大的石头上可以被涂成一只青蛙。它看起来像一个物体，可以用作镇纸。然而，从创造性方面来讲，它什么都不是，也不能带来自我表达的愉悦。

迈耶（Moyer, 1990）* 已经证实了练习不会对儿童在艺术方面的成长形成挑战。向儿童提供事先准备好的绘图纸，让儿童去涂指定的颜色，并向他们提供一个图样，让他们按照图样去创作一个可识别的作品，同时希望他们能一步步去描摹教

图10-10　这是伪装成艺术的艺术活动

师的作品。儿童开始依赖图样，因为他们知道自己的想法和艺术性的表达是没有价值的，也不会被接受。当强调的是最后的作品而不是过程时，这就是不良竞争。仅仅展示"好"的作品，或者接近教师范画的作品，就会打击儿童个人表达方面的信心。另外，如果每一位儿童都创作出一幅可识别的作品，就很难去讨论个人的艺术水平。

"工艺品"通常被认为是节日礼物。大多数家长都很高兴能收到一个由他们自己的孩子制作的镇纸或铅笔。让父母开心虽然重要，但同样重要的是要满足孩子的创造需求。我们应当为儿童提供信息、规划、决策和创造性的处理过程，保证每位儿童的作品都是独特的和个性的。礼物不需要涉及时间或费用。已完成的指画可以对其进行包装，并把它作为礼物呈现给父母（见图10-11）。与父母谈论儿童艺术的本质将有助于他们去欣赏指画，并把它看成是独一无二的礼物，如图10-12是曼迪（Mandy）为她的家人做的圣诞贺卡。

因为有限的时间和课程的计划而选择某项形式上的创造性艺术活动，如在午饭或下课前开展艺术活动，但艺术不应该仅仅是打发时间的工具。在图像上涂色，通常图像小且模糊，并且是由几个儿童完成，或在现成工作簿上涂画，以上这些活动中都不是艺术。这是课堂作业或者是无用功，而不是艺术。艺术是要把你想要画的画出来。

在图10-13中，萨曼莎（Samantha）完全投入，以自己的方式创作作品。

图10-13　我能用画刷做些什么？

思考一下怎样探索此类艺术活动，下文将有专题讨论。

Art 纸的艺术

儿童早在进入学校前就已有很长时间的纸艺术的体验。一些废旧文件、没有书写的纸张都可以拿来裁剪和手撕。儿童看到父母开的支票、贺卡和邮件都是纸制的，就会意识到纸的多种用途。下文将对纸的艺术做出说明。

处理纸张

艺术家能用纸做什么？纸能用来做很多事情。当儿童在探索和体验纸张时，他们就会发现，纸的处理方式有以下许多种：

- 撕裂
- 裁剪
- 粘贴
- 捆扎
- 装订
- 折叠
- 撕裂
- 卷曲
- 打褶
- 扭曲
- 编织
- 做成流苏状
- 做成环形
- 链接（做成环或循环

图10-11　儿童送的最好的礼物

图10-12　小作者已经进行了自我表达

- 做成锥形或圆柱形　制成连续链条)

锥体或圆柱体

儿童很容易发现纸可以折成三维立体形状,包括立方体、锥体和圆柱体。锥体和圆柱体很容易做成,把纸卷成一个管状就成为一个圆柱体。圆柱体可以创造性地和人、动物、城堡、烟囱、隧道、小望远镜、交通工具联系起来。在纸中间剪出一个圆形,慢慢地卷成一个圆锥体。圆锥体可以作为头部、身体、动物背部、帽子、甜筒、喇叭、圆锥形帐篷和山丘。

对折艺术

把一张纸对折,把有折痕的边缘放在顶部。此时儿童可以在纸上面画一个物体,然后仔细沿着画的边缘剪下来,但注意有折痕的边缘不要剪。当对折的纸被打开时,所画的交通工具、动物或者其他物体都会是对称的。

星星和雪花

这项活动需要圆形的或正方形的纸、纸巾。绘图纸太厚,不易折叠和裁剪。咖啡过滤纸的尺寸、形状和厚度是最理想的。让儿童把纸对折成四分之一大小(对折再对折)。大一点的儿童能熟练使用剪刀,可以再继续对折。对折得越多,纸就越厚,剪出的形状就越复杂。一开始可以鼓励儿童在折叠好的纸上剪下一个点,或者一个角。慢慢打开,如果对剪出的星星和雪花不满意,可以重新折叠,继续剪。剪好的作品可以贴在窗户上,或者把它放在两张蜡纸中间,用熨斗熨烫封存。

纸条编织

教师需要提供大量纸张,把 9cm×12cm 的纸对折。在对折线上先从一端剪开,差 1 厘米到头时停止。这样一张纸就变成两张纸,然后可以把两张纸的边缘剪成直线、曲线和锯齿状。重复这个动作。之后儿童可以把纸条进行编织,从下往上或从上往下进行编织。编完之后,在末端可以进行 黏合以固定。

儿童可以通过裁剪和编织使纸张具有整洁、统一的棋盘效果。把纸条与纸条之间的边缘线剪成不同的宽度和角度可以产生一种视觉上的幻觉般的设计。教师可尝试提供多样的纸。编织纸条就像指画,是幼儿艺术课程的一部分,还可以尝试增加丝带、蕾丝、纱布和吸管等材料。

杂志图片编织

儿童在杂志里可以发现很多有趣的图片。美国《国家地理杂志》有非常吸引人的生动的动物图片。把这些图片剪下来放在大的正方形或者长方形纸上,然后将其剪成条状。运用纸条编织,做成一个条形结构。把杂志图片编织成条状,其结果将会是一个稍微扭曲,但非常赏心悦目的图案。或者可尝试把不同的图片剪成条状,然后进行互换——比如,动物的脑袋和儿童的身体组成一个整体。

儿童艺术教学:不同的观点

笔者认为艺术的发展是以儿童为中心的,开放式的、创造性的、自我表现的活动都是让儿童自己去发现与探究。教师无为而治的方式,比教师作为推动者更有效。反过来,笔者主张在幼儿至小学 3 年级阶段,不要直接教艺术,但重要的是必须教授学生如何使用剪刀,如何使用胶水。教师的目标是教儿童如何控制绘画媒材并创造性地使用它们,这与教儿童如何画一棵树的分枝是完全不同的。爱德华兹(Edwards)和内博斯(Nabors,1993)* 强调的是儿童早期创作的过程。他们相信最好的结果是儿童创作出他们自己的作品,作品本身不是终极目标。他们还提到,大点的儿童需要特定的程序来完成一个项目,但应避开讲授绘画技能,只有当儿童发问时才能讲授。根据西菲德(Seefeldt,1995)* 的理论,如果教授儿童比他们年龄阶段更成熟和更复杂的绘画方式,那么当他们这样绘画时,只能说是为了取悦老师,他们的作品也就和着色书或剪一个模型一样没有自我表现。

大一点的儿童需要教师指导以促进其艺术发展。加德纳(Gardner,1980)* 对儿童成长中期进行调查,这时期是发展儿童特殊技能的时期,也是儿童极易受别人影响的时期,他们不会通过试错去发现应该要有的知识。赖特(Wright,1997)指出,在艺术教育里,不能让儿童脱离学习媒材。她坚信儿童的知识、技能、对艺术的态度可以通过艺术的指导来增强。教师要鼓励儿童通

你怎样进行这项艺术活动？

春天里，花朵绽放笑容，到处都是粉红色、红色和白色的樱花。对许多儿童来说，樱花是他们文化的一部分。樱花节期间，在很多家庭里都能找到。两位教师正在策划着他们即将到来的每周一次的艺术活动，他们决定让儿童自己制作樱花。其中一位教师提供白色的纸用来画树干（见图 10-14），提供小的纸张并向儿童展示怎样将其团成樱花的形状。之后，要求把这些樱花粘贴到枝干上。每个作品被粘到一个黑色的纸板上进行展示。每一幅作品都是不一样的，都是有变化的。

第二位教师采取了不同的方法。这位教师带来插着樱花的花瓶，鼓励儿童利用感官来轻轻触摸樱花，嗅其花香。他们把花瓶放在桌子中间，鼓励儿童创作自己的樱花图片。颜料和画纸与其他画具包括胶水都由艺术中心提供。图 10-15 和图 10-16 捕捉了儿童努力创作的瞬间。完成后，进行作品展示（见图 10-17）。

比较这两种方法，对于其中任意一种你有什么看法？比较图 10-14 和图 10-17 展示的方法，它们是怎样与本章所讨论的以教师为中心或以儿童为艺术中心相联系的？

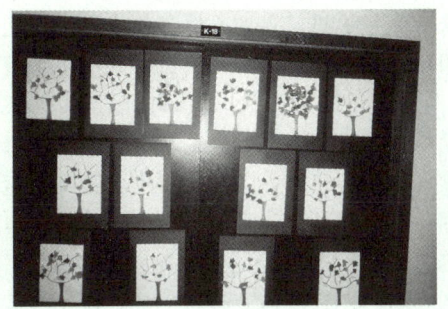

图 10-14

图 10-16

图 10-15

图 10-17

过实践与对话对审美以及美术作品产生互动。

对于教授艺术和幼儿艺术教育工作者的角色，还存在着不同的观点，例如，教师瑞吉欧·艾米莉亚（Reggio Emilia）传统学校向儿童提供描绘生活的机会（见第七章描述的瑞吉欧·艾米莉亚学校）。根据西菲德（Seefeldt）的研究，在瑞吉欧，教师认为幼儿艺术是一项严肃的工作，在儿童艺术创作中扮演着积极的角色，与美国的艺术教育相比可能更直接。瑞吉欧的教学策略包括建模、赞扬和展示绘画方法。基于访问瑞吉欧，亨德里克（Hendrick, 1997）发现儿童经常被要求先画出自己的想法，例如樱花，然后采取在花园里观察真正樱花的方法，鼓励他们仔细观察花朵，将观察结果与他们的第一个作品对比。这个过程可以大大提高儿童的观察力，其目的不是复制。爱德华兹（Edwards, 1993）认为，瑞吉欧的儿童通过观察获得丰富的经验，似乎并不抑制他们描绘想象的欲望。瑞吉欧·艾米莉亚的儿童在进行具象和抽象的视觉表达时具有很强的能力。视觉艺术融入创作，就如同儿童在没有能力写作和阅读时使用的另外一种语言。幼儿教师的关键任务是从儿童那里获取线索。例如，如果一位儿童请求教师的帮助，教他如何画一朵樱花，教师不会忽略请求，也不会为儿童简单地做示范。他或她将使用利维·维果茨基（Vygotskian, 1986、1987）脚手架的策略，观察儿童自己能做什么，然后采取与之相符的教学策略。例如，如果儿童会画线条，那就帮助儿童了解怎样用不同类型的线条来代替分支。仔细观察儿童成长中能力的萌芽状态，将整体分解成小的模块进行教学。

塞满纸的枕头

每一位儿童在这项活动里都需要一个大的纸袋。剪开三条黏合的边缘，最后只剩下正面和反面。鼓励儿童在每一张画纸上画满物体，如动物、交通工具或者小的却有很多细节的事物。区分开底部和顶部，儿童可以用颜料、马克笔、油画颜料对正面与反面进行装饰。之后可以用订书机把边缘订起来，再往里面塞入报纸。

我被塞满了

这项活动需要壁纸或者厚而不透水的纸。对折四次，让儿童躺在上面，另一位儿童可以拿着铅笔、油画棒或者马克笔描出其外轮廓，然后剪下来，进行装饰。给他们一面镜子，使他们注意到衣服的位置和面部特征。用订书机小心地把边缘订起来，缝合边缘的时候往里面塞入废旧报纸。

用纸条做动物

1/2 英寸宽的纸条可以用来做成三维的动物或其他形象，例如雪人，把纸条编织起来可以做成一条蛇。此外还有其他各种可能性。尝试教给儿童多种可能性，而不是告诉他们要做什么，鼓励他们摆弄纸张并观察结果。

纸编马赛克

马赛克是由瓷砖、石材、玻璃或其他材料进行摆放设计而成的。儿童可以使用纸来制作马赛克。首先在一张图纸上画一幅简单的画。剪下一小块有颜色的纸，这时，保存的废旧画纸就派上了用场。根据儿童的年龄，纸张大小范围可以从 1/2 英寸到 1 英寸不等。教师可以使用切纸机为年幼的儿童将纸切方块。为了方便查看，可以放置在一个鸡蛋箱内，按颜色排序。鼓励儿童将纸块粘贴在自己画上，马赛克部分应该接近但不能遮挡。马赛克的作品制作需要很长时间，还需要计划和耐心，它不需要一次完成。建议给年龄稍大的儿童上这一课。

纸浮雕

浮雕是指三维的效果。得到这个效果的方法是将不同颜色的纸建立多个层次。以硬纸板为底部，剪下画好的一幅画。继续添加层次，画一幅小于之前的图画。继续剪裁和粘贴，直到这些图片具有不同层次的效果。这个活动需要大量的时间和耐心，可推荐给大一点的儿童进行。

食品杂货袋礼帽

儿童喜欢戴着装饰过的杂货袋礼帽。每一位儿童都需要一个大的杂货袋。剪开袋子的一边，帮助儿童从另一边卷起，这就形成了帽子的边缘。之后按照儿童脑袋的尺寸粘成礼帽的形状并让儿童装饰它。

纸的制作

这项活动需要装饰回收来的纸。过程简单，变化多样，且不需要先进的设备和一对一的指导。在与儿童合作之前教师可先自己尝试这个过程。

准备

1. 准备下面所提到的素材：
- 任何非塑性和非金属画纸，这些纸浸泡在水里时容易分解，如：卫生纸、面巾纸、购物袋、纸巾、铜版纸、报纸、邮件垃圾、蛋箱、礼品包装、时尚杂志、电话簿。
- 一个或多个厨房搅拌机
- 量杯
- 海绵
- 平整的工具，如钝的塑料刀（在成人监督下使用）
- 旧布毛巾
- 装饰性的篮子（可共享）
- 纱窗网（细），每位儿童一块
- 浴缸或菜锅（至少两个）
- 纸张之外的工具：棉絮，玫瑰花瓣，五彩金属纸屑，百花香、干花、肉桂等香料，香水，复活节草，闪闪发光的东西，咖啡渣，茶叶，线，种子

2. 浴缸，约6英寸，全注满水，用报纸覆盖表层，放在报纸上。

3. 使用纱窗网、螺丝制作筛网框架。篮子可以共享，但是每位儿童需要有自己的筛网。需事先量好物品尺寸。

过程：

1. 选择纸张，撕成大约1—2英寸见方。往厨房搅拌器里添加4杯水，把盖子盖上，研磨速度设置最低，研磨几秒或直到纸变成纸浆。添加更多的水再高速重复一次。造纸者称之为"纸浆"。

2. 把纸浆倒入装有一半水的浴缸，手工搅拌。谨慎添加任何所需添加材料，例如一勺香料。

3. 垂直地把筛网放进浴缸。在浴缸的底部滑动屏幕框架直到其沉没。

4. 如果想让纸浆和其他附加物均匀地铺在筛网的顶部，需用一只手轻轻地搅拌筛网上的纸浆和其他附着物。用双手拿起筛网，让多余的水分流失。之后用海绵轻轻地吸干，就会有一层薄薄的，几乎没有漏洞的纸浆。如果不是，把筛网颠倒过来，在水中轻轻拍去纸浆。重复以上步骤。

5. 对纸浆层满意时，拿着筛网，不能打乱纸浆。将其放在一个平面上，用抹布轻轻吸干水分，在阳光下彻底晒干。

6. 风干后，用手指从底部边缘轻轻举起。如果有必要的话，使用一个平面工具从筛网上将其仔细剥下。

塑造纸浆

小提示

- 自制纸浆的颜色依赖于所选择的纸张的初始颜色。
- 报纸上的油墨会对纸浆颜色产生影响，添加色彩时要使用与其相近的颜色。
- 把纸浆放入搅拌机时，如果需要的话加入一些食用色素，或者水彩。
- 粗纸购物袋等可能需要浸泡一夜才能被分解。
- 简单地添加一些材料，如花瓣和种子，可以添加到纸浆混合器里混合几秒。如果你想要让它们充分混合，则必须在烘干机里进行混合，否则会产生大量的结块。
- 如果没有搅拌机，儿童可以利用打蛋器，或者摇晃装有纸浆的带盖子的罐子。
- 关于筛网，学龄儿童可以用果篮来收集纸浆，也可以使用咖啡罐。使用开罐器移除罐子顶部和底部。使过滤纸保持在上面。
- 往搅拌机里添加奶油和玉米淀粉。让水和纸充分混合，并放上一夜。用球形搅拌器来搅拌倒入浴缸的纸浆。在一杯水里加入三勺玉米淀粉。然后把溶解了的玉米淀粉倒入浴缸里与纸浆进行混合。当筛网吸收奶油混合物后，按照上述步骤，整理上面的纸浆。
- 小提示
- 轻轻地把食和油涂在纸浆上，这样更容易将纸浆从筛网上揭下来。

按照前面的步骤，将纸浆塑造成托盘或糖果模具，而不是干燥平坦地放在那。确保多余的水分完全排干。塑造的纸浆托盘可以被轻轻敲打，基于它们的厚度，需要有足够的时间使其彻底干燥。可以将其塑造成项链上的珠子或者节日装饰，也可以用于拼贴画或粘贴到折叠贺卡上。

总结

有时有的活动缺乏艺术性和创造性，却能伪装成艺术。也许教师忘记了认真审视自己的教学。这一章提供了一些幼儿课程的标准和指导方针。艺术课程允许所有的儿童积极参与、自由表达，强调创造性。艺术活动应该是容易成功的、具有内在激励的活动。应重视过程与结果，具有发展适应性，允许探索与实践，涉及合理有效的艺术媒材。不是所有的标准都适用于每一项活动，但它们能够作为指导方针来规划艺术活动。

关键词

以儿童为中心　　发展适应性
内在激励　　　　以教师指导为中心
教师引导

活动建议

1. 观察参与艺术活动的教师，根据系统性的方法决定是否采用以教师为引导，以儿童为中心，或者以教师指导为中心的方法。

2. 依据系统性的教学方法区分一个艺术活动的三种不同方式：
   - 限制性和以教师指导为中心
   - 无限制性和以儿童为中心
   - 教师引导

3. 回想之前的艺术体验。你做了什么？你喜欢艺术吗？为什么？你的父母和教师对你的作品有何反应？对于你的艺术能力发展，你此时有何感想？在你幼年时发生过影响你的艺术感受和能力的事情吗？简短地写下你的印象和想法。

4. 观察有经验的教师和一群儿童进行的艺术活动。该项活动需要儿童的创造性吗？列出具体建议，让活动更有创造性。

5. 访问一个幼儿艺术中心。使用本章提到的十项标准或指南，批判地看待所进行的艺术活动。这些活动能成为艺术活动吗？

6. 威尔顿女士（Wilton）是一个幼儿园的教师，她用坚固的纸板做成聚宝盆和收割的食物，进行着色活动，以此作为整个教学单元的活动。请对这项活动进行评论，提出替代这项活动的建议。

7. 在儿童中间大力发展纸艺术。

回 顾

1. 系统性教学方法的三种分法分别是什么？
_____ _____ _____

2. 与下面的活动相匹配的教学方法是？
   a. 儿童在美术课上自由探索。
   b. 老师鼓励孩子们为他们自己的父母设计情人节卡片，老师提供涂料和纸张。
   c. 儿童跟着老师剪下心形纸片，并在上面写上"我爱爸爸妈妈"。

3. 判断正误：
   a. 艺术必须允许儿童具有创造性。
   b. 艺术作品总是可以被带回家。
   c. 儿童应由外在鼓励而喜欢艺术。
   d. 艺术活动的设置必须考虑儿童的发展水平。
   e. 艺术活动中的探索与发现是浪费时间的。
   f. 对幼儿来说，艺术活动不应该超过八至十分钟。
   g. 艺术活动应该增强儿童的成就感。
   h. 完整的艺术品比创作过程更重要。
   i. 对孩子而言，艺术是对他们最好的奖励。
   j. 在活动中，孩子的作品接近老师的要求是很重要的。

4. 老师复印了一张兔子的图案用于单元教学，孩子们可以涂色、裁剪以及将兔子图案粘在蛋形的紫色绘图纸上。评论这个活动的创造性价值。这是一个以儿童为中心还是以教师指导为中心的例子？做出你的选择，提供具体的建议使这个活动更具创造性。在没有图案的情况下，你如何组织一次艺术活动？

5. 下列活动哪些是形式上的创意艺术？
   a. 用线条在着色书上整洁地涂色。
   b. 剪切并粘贴由老师仔细画出的印章画。
   c. 让孩子用水彩笔画出最近旅行中自己最喜欢的经历。
   d. 对有飞船的图涂色，红色区域是1，黄色是2，蓝色是3。

6. 为每句话勾选出正确的词语。儿童艺术活动应当：
   a. 强调（教师/儿童）的灌输和指导
   b. 是一个（高/低）级的结构
   c. 创作一件（指定的/未指定的）作品

第十一章 艺术课程的规划、实施、评价

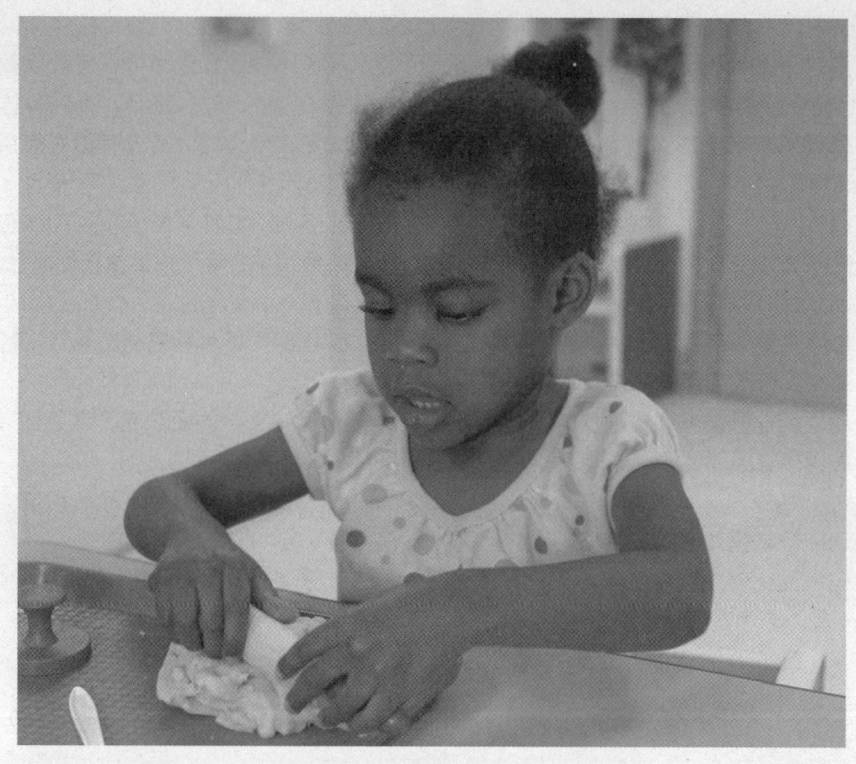

　　有经验的幼儿教师都明白课程规划的重要性。优秀的教师布置教室的环境，目的在于让父母参与其中并引导孩子的行为。有经验的教师懂得，如果没有提供一个好的总体规划，那么接下来所有的计划都是失败的，这在幼儿教育的课程研发中很普遍。尽管提前规划并不能够确保成功，但是它确实能增加成功的可能性。即使精心安排的活动或许也会因为一些原因未取得好的结果，比如，一位老师安排了一次活动，这次活动吸引的是她而非她小组里那些需求、兴趣、能力相一致的学生。

　　仔细观察图片，你看到了什么？你觉得老师是如何安排这次活动的？她提供了什么？老师提供了大量的工具来促进孩子们运用自己的双手。一些孩子让雕塑像雪人一样垂直地站立，另一些孩子则让雕塑的身体和其他肢干比如腿接触地面。对于这样的雕塑，你有什么看法？

目标

读完本章后，你应当能够：
- 描述课程研发中的PIE（规划、实施、评价）循环课程。
- 确定幼儿教育中的主要发展目标。
- 比较将艺术整合到幼儿课程里的策略。
- 比较以下课程方法：规划、自发、项目研究。
- 为可教学时间下一个定义并提供理论基础。
- 与孩子玩泥巴以及揉橡皮泥。

引言

幼儿怎样学习？卡茨（Katz，1987）*指出了四种学习类型：知识、技能、意向和情感。知识是幼儿通过亲自实践，运用多种感官获取经验以及探索所获取的信息。技能是运用知识的能力或方法，是通过重复和实践发展起来的。意向是思想的倾向或习惯，比如好奇心和灵活性。意向是一种面对世界的倾向，来自与热情的人的合作。情感是与学习体验有关联的情绪。

如何将学习的四种类型运用到艺术学习之中？贾隆戈（Jalongo）和斯坦普（Stamp，1997）*解释了这一问题。当给予幼儿很多机会去玩泥巴，那么他们就会拥有关于黏土及它们特性的知识（见图11-1）。他们发现黏土是固体的而且很软，能够用手和工具弄成各种形状。同时他们也能够了解一些雕塑家及黏土艺术的类型。接着，幼儿会学会一些技能，包括揉捏、翻转以及粉刷和画画。

图11-1 这个儿童能够学到什么？

意向是审美教育和艺术体验的主要目标。幼儿与同龄人和优秀的艺术教师互动，他们学习到大胆尝试并相信自己，珍惜自己和别人的劳动成果，坚持完成一项任务，这些事情都是有意义的。成功的感受应当与一个孩子的艺术努力共存。艺术应当让孩子感到舒服，自己具有独特性，而不是空虚或痛苦。

随着这几种学习类型的深入人心，是时候运用幼儿艺术课程了，事实上它就是"PIE课程"——规划、实施、评价。

目标的制定将给我们的长期规划一个方向，目标在我们与孩子的日常相处中是很有用的。我们的价值追求和信念将会影响我们的目标和经验。我们把关于儿童发展的整体模式作为一个组织，来确保我们的项目是以儿童为中心和基于发展的精神。行为引导、教室布置以及有效的程序设计会帮助我们实施活动，因此也把它们考虑进来。评估将检验教师与提供者行为的有效性。不同的老师采用不同的教学策略，课程规划和提供艺术体验的四种策略将在下文阐述。

教师作为课程规划者和开发者

所有的老师都是规划者和课程开发者，有些老师建立了自己的课程体系，有些老师按照指定的课程进行教学。课程开发涉及教什么和如何教。关于恐龙这一单元的课程，或许得将新老师送到图书馆进行一些研究和学习。目标必须制定，学习活动也必须组织。艺术中心必须备有与课程主题相关的材料、工具和设备。没有课程规划或设计的教学如同没有地图的漫无目的的旅行。这确实对孩子是一个伤害并且阻碍了他们的专业发展。没有课程规划，老师将随意上课，盲目组织。有质量的教学需要课程规划和开发。规划和开发课程的一种方法就是询问一系列的问题，这些问题包括：

- 谁来教？

作为一位老师，我是谁？我所掌握和做得好的事情是什么？我拥有什么特殊的兴趣和技能？我对于幼儿教育的价值理念和信仰是什么？谁是我要教授的孩子——他们的年龄、需求、兴趣、能力、喜欢的东西、讨厌的东西、家庭及文化背景都是什么样的？

- 学什么?

我想要孩子了解什么、知道什么或者能够做什么?

- 为什么?

为什么我要设计这次活动?为什么孩子应当了解、知道或者能够做这些?为什么说这些知识技能很重要?

- 怎么做?

我将如何实施这次活动?我将如何介绍此次活动?我将如何鼓励孩子或者引起他们的兴趣?我将如何知道自己是否已经成功?我将如何知道孩子是否已经学到了一些东西?多少孩子能够一次性完成这个活动?活动如何完成——个人完成还是在小组中轮流替换?

- 在哪里?

这次活动将在哪儿举行?

- 什么时间?

这次活动在什么时间举行?将进行多久?

我们需要按照在课程开发和设计活动中对孩子的认识以及他们的发展情况来实施。我们需要将理论转换为实践。我们如何开始?事实上,设计活动与 PIE 一样简单,幼儿课程开发的三个关键部分是:

- 规划
- 实施
- 评价

开发幼儿课程更像一次旅行。规划帮助我们决定想要去哪儿,我们想要短途旅行还是长途旅行?我们需要随身携带什么?所有这些都应该在我们的规划中考虑。实施其实类似于旅行的过程。我们认为自己已经很好地完成了规划并且现在准备出发。实施我们的旅行方案包括看地图、按原计划休息以及允许意料之外的事情发生。旅行是否值得进行?它是否花费太多或耗时太长?收入与支出是否相当?你想再进行一次吗?你能够怎样改进这次旅行?所有这些问题都是评价旅行的一部分。

在开发课程中,教师将遵循相同的步骤。规划包括决定我们想要孩子学到什么以及能够做什么。规划是一个不断进行并且持续发生的过程。我们需要按照合适的目标和目标中孩子的认知与发展特点来进行设计。所有的规划都受到儿童与教育的价值理念和信仰的影响。实施包括两大主要过程。第一,必须要考虑管理。第二,要建立

有效的程序。当需要评价艺术时,我们可以通过回答以下问题来测试完成的有效性:我怎样知道儿童是否完成了设置目标中的某件事情?

PIE 的三个组成部分以下面的例子来进行解释。一位老师设计了一个艺术活动,这个活动将帮助孩子发现不同类型的刷子能够用来绘画(规划)。对不同类型的刷子进行安放、辨认、介绍、贴上标签以及陈列在艺术中心(实施)。评价能够观察孩子使用刷子的不同方式以及他们使用不同刷子来画画的能力(评价)。规划和开发课程的 PIE 模式在图 11-2 中有具体描述。

目标

目标是对于所需结果长期的、更宏观的描述。大多数幼儿项目已设置好目标,认为孩子将在学校完成课程。这些目标给出了教师对于孩子每月一次或每年一次评价的方向或关注点,将目标转换成更易操作的目的来帮助我们对每周、每天、每小时做出规划。然而,无论怎样尝试,一个人永远不可能全部达到这些目标。有时,由于意想不到或预见不了的事故,规划将会改变。长期规

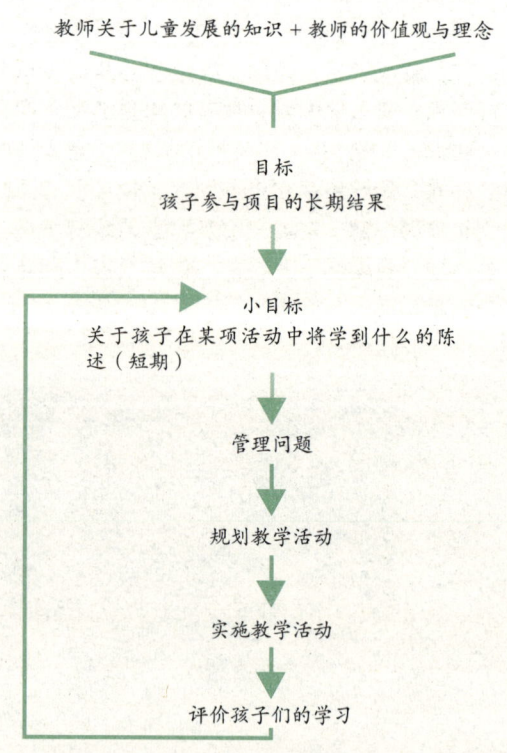

图 11-2 PIE 课程规划模式

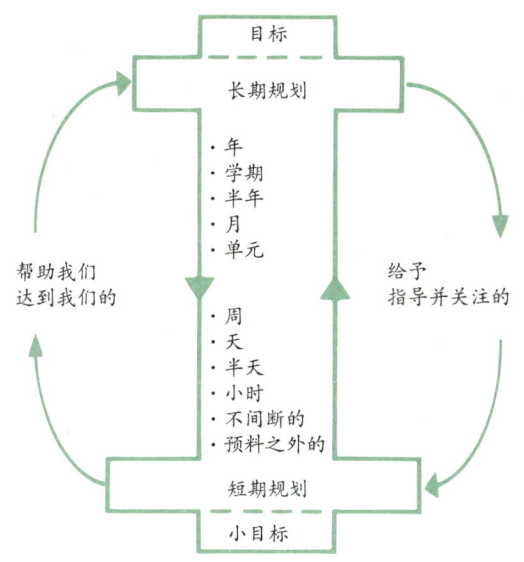

图 11-3 课程规划循环

划与短期规划的关系以及目标与目的的关系将在图 11-3 中进行描述。

幼儿教育的目标

早教的目标是什么？我们的儿童整体发展模式能帮助我们设置更长远的目标，这些目标包括：

1. 身体
   - 大肌肉群或粗大运动的协调
   - 小肌肉群或精细运动的协调
   - 知觉运动或手眼协调
   - 感官意识
   - 自理能力
2. 社交
   - 自我理解与接受能力
   - 和谐的人际关系
   - 清晰的自我认识
3. 情感
   - 良好的自我认知
   - 恰当合理的情绪释放
   - 自控能力
4. 认知
   - 一系列思考能力，包括解决与发现问题的能力
   - 概念、技能以及课程领域的学习
   - 语言
5. 创造力
   - 原创思维
   - 想象力
   - 语言与非语言表达

如果以上这些方面是重要的发展因素并且我们的计划是以儿童为中心的，那么目标就能达到。这些目标能够影响我们对孩子的评价。比如，创造性的表达包括语言与非语言，它们都是创造性发展的重要方面。艺术是一个人用非语言表达创造力的方式。艺术活动能帮助我们达到创造性发展的目标。

价值理念与信仰

目标也会反映出我们关于孩子的价值理念与信仰——他们是如何成长和学习的，他们应当懂得什么以及上学和生命的意义。重视早期学业成绩和比赛的教师或许会将幼儿时期作为一个通过用大量知识丰富他们的头脑、促进其进步的机会。他们重视比赛和学业成绩的目标，并且选择一些读、写和计算的活动来达到那些目标。将幼儿时期作为一次探索世界和与社会互动的老师，会设置一些发展好奇心的目标，在活动中通过提供社会经验来达到这些目标。不同的价值理念和信仰会使我们设置不同的目标和活动。这里不存在正确或者错误、好和坏的理念。然而，一些价值追求和理念可能认为教育实践与我们所了解的儿童不一致。其关键在于要以一种恰当的课程，对我们的价值理念和孩子的学习不断进行比较，也就是坚持以孩子发展为中心点。尽管有些人还是重视和相信早年阅读教学的重要性，但是儿童的知识发展证明它并不合理。

小目标

小目标是长期目标与活动之间的桥梁。它们是具体的，同时也是短期之内能够达到的。通过一次活动，我们期待孩子能够说出自己的想法，做一些事情，以及证明他们已经学到了什么。小目标可以是随口说出的话或者是准确的行为。无论哪种说法，教师需要设置目标和组织活动去达到目标。比如卡伦·托马斯（Karen Thomas）想要她 4 岁的孩子通过与别人交流互动变得更有创造力、更优秀，从而发展精细运动的自我控制。

这些只是她长期目标中的一些小目标。她的短期目标是让孩子以不同的画画方式来创造性地表达自己的想法。因此她打算在艺术活动中带来一只旧牙刷和修面刷。

参见图11-2，托马斯女士必须坚持她实施和评价这次活动的方法。她必须考虑一些关于教室布置的事情。

- 这次活动应当在什么地方举行——室内，户外，画室，楼梯还是桌子上？这些都是可以考虑的空间。
- 活动在何时举行——饭前还是饭后？早上还是下午？将其设置为一个新活动，还是把它添加到正在进行的艺术中心的活动中？有多少时间可用于分配？这些是要考虑的时间因素。
- 需要什么？托马斯女士已经找到了两种刷子。她也需要考虑颜料、画纸和工作服的事情。
- 每次会有多少孩子参与这个活动？每个人一次机会，还是会持续整个星期？孩子们可以自由选择，还是按照顺序依次进行？这些都是关于组织活动要考虑的。
- 这次活动怎样监督？它需要成年人不断地监督吗？也许不需要。

托马斯女士也需要考虑她的活动过程。她将怎样介绍这次活动？故事、书本还是图片更合适？她怎样吸引孩子的注意以及激励他们？她选择在一个早上，以问问题的方式来介绍她的活动："孩子们，今天我要向你们展示两件东西。"（举起牙刷和修面刷）"对，它们都是刷子。每一种刷子都有其特殊的名字和用途。""这是牙刷，你们当中有多少人在使用？好。那么另一种是什么呢？"杰米（Jamie）说他爷爷有一个，但是他不知道它的名字是什么。"杰米，爷爷用它来做什么？""对，用来剃胡子。它叫修面刷。你可以用它来搭配剃须肥皂和水，把它放在你的胡子上来刮胡子。"孩子们顿时笑了起来。"好了，我有一个不同的想法，我想知道这种刷子能否在我们的艺术中心使用呢？"孩子们开始感到不安，并嘀咕起来。"让我们想一下我们怎样用这些刷子来画画。"斯蒂芬妮（Stephanie）说："可以像牙刷上下刷牙一样来画画。"莱西（Lacey）说："可以把颜料涂在纸上。""这是非常好的想法。我相信还有很多很多不同的方式来使用刷子，记住当轮到你的时候尝试用不同的方式来使用它。"

实际上这里并没有教师指导的过程，因为这是一堂创意发现课。托马斯女士也提醒孩子们去探索如何创造性地遵守规则。

评价也在同时进行。托马斯女士检查孩子们是否以不同的方式使用刷子。孩子们确实做到了，孩子用拉、推、转、扫、点、戳或者画圆圈的方式来作画。完成的作品也反映了这些不同。从这一点上，她总结自己的活动是成功的，她完成了她的目标。这次活动帮助孩子在画画中变得更加有创造性和多变。在接下来的活动中她打算从家里带来两种其他类型的刷子来增加使用刷子的可能性。作为一个建议，她说她要带两个刷子，因为儿童很难等待轮到自己。同时，孩子对刷子特别专注以至于超出原计划的时间。即使活动如计划的一样成功，但是她知道仍有需要改进的地方。凯瑞·托马斯（Karen Thomas）是一位有经验的学前教师，她的活动是基于她对于课程开发的理念追求。

事实并非总是顺利。起初她以撰写详细的教学计划进行教学，总是担心遗漏什么。她相信自己在早前撰写课程计划的经验，虽然耗费时间，但确实帮助她成了今天专业的幼儿教育专家。

课时计划表严格按照课程规划和开发的模式来实施，它将在下一页出现。

含有艺术的幼儿课程策略

虽然我们有了目标、价值理念和信仰，但是还没有系统地处理日常计划和课程开发的方法和工具。我们来继续研究将艺术包含在幼儿教育课程中的一般方法。下面的例子将论证以下五种策略：

1. 艺术作为一个独立的活动。
2. 艺术应用于拓展或加强一个课程领域的学习。
3. 艺术作为几个课程领域的一种综合。
4. 艺术作为学习的外延部分。
5. 艺术作为面向儿童的追求。

1. 艺术作为一个独立的活动

教师发现、听到或者读到的东西，或许听起来像孩子的一种艺术活动。例如，肯特（Kent）先生是在办公室翻阅杂志时想到了用不同几何海绵形状来进行拓印的。孩子之前没有做过这个活动。他觉得这会鼓励孩子的创造性，提高4岁、

课时计划表

活动：

规划
　目标：
　小目标：

实施
　管理关注：
　程序：

评价 / 反思

拓展 / 延伸

5岁孩子的精细运动能力。活动很适合孩子而且听起来也很有意思。他计划在接下来的早晨来进行这个活动，因为他还没有规划艺术课程，而且他还只是想到某个单独的活动，而没有把所有活动整合起来。他每天的课程计划如下：

课程
老师：肯特先生
班级：4—5岁孩子
日期：星期一
区域 / 活动：

艺术——将海绵切割成不同的几何图形，进行绘画和拓印。

音乐——唱一首"傻傻的歌"："我知道有一个老人有一只黑色的狗……"

运动——在一个圆圈里进行字母游戏。

概念——科学（星期一）。为植物标本排序，并讨论其特点。

带来松果、树叶、草、树枝、石头、橡子等。

小组——讨论周末活动，鼓励艾利（Ariel）讨论她住院的情况。

小吃——蔬菜片和奶酪。事先调查孩子对牛奶产品是否过敏。

玩耍——继续在"机场"工作（角落），整理"杂货店"的货架（家政）。

上周在研究几何图形时，肯特先生就希望自己发现这个艺术活动。他没想到发现一首歌或者与几何形状有关的活动。肯特先生的方法并非坏的或者错误的，而只是零散的、不成体系的学习经验。

2. 艺术应用于拓展或加强一个课程领域的学习

戈麦斯（Gomez）太太的学前教育小组也一直在研究数学概念中的几何图形。

她试图找到一种与艺术活动有联系的活动。她把海绵切分为几何形状并鼓励孩子们用它们去拓印。在小组时间里，孩子们有一个展示和讲述的板块，在这一板块中，他们讨论自己发明的不同形状，并给它们命名。艺术能够拓展和增强这些孩子对于数学的学习。课程计划介绍如下，箭头表示不同活动之间的整合。在讨论数学概念时，小组讨论与艺术活动增强了孩子们关于几何形状的概念。

课程
戈麦斯太太
四岁的孩子
星期一

欢迎：
- 做日历
- 唱早晨曲
- 阅读《小红鸡》（*Little Red Hen*）

积木活动：
- 如果天气好，把大型空心积木带出去（与雷恩斯夫人，Mrs. Raines）

戏剧：
- 介绍医生和护士、工具、职业
- 鼓励做医院游戏

桌面玩具：
- 把积木、新的拼图、法兰绒板拿出来

↕

概念：
- 数学（星期一）——讨论几何图形

↕

创意艺术：
- 用海绵画几何图形

↕

小组时间：
- 演示并描述几何形状的图片

3. 艺术作为几个课程领域的一种综合

兰斯基（Lansky）女士的幼儿园老师正在复

习几何形状。她打算在星期一重新复习。她列出了下列活动，注意括号中的课程，它代表艺术课程里融合的其他学科。

- 孩子基于不同色彩、形状和尺寸对海绵进行计算和分类（数学）。
- 孩子观察干海绵淹没在水中的情形，让他们指出干、湿海绵之间的差异。他们把湿海绵放在阳光下并预测和观察会发生什么（科学）。
- 孩子在野外旅行时识别自然界中的几何图形（科学）。
- 孩子玩宾果游戏（视觉上分辨形状，提前阅读）。
- 孩子讨论硬和软的东西以及海绵的多种用途（表达能力，创造性思维）。
- 孩子倾听关于形状的故事（听力）。
- 孩子把他们的名字或缩写拓印在长方形纸上并蘸上颜料（提前写作）。
- 孩子创建了自己的几何形状图片（艺术）。
- 孩子参加游行，并加入一个关于形状的舞蹈。（音乐和动作）。
- 孩子模拟干海绵、泡沫浴中的海绵、海绵被挤干、湿海绵躺在沙滩上晒太阳的情形来运动（运动）。
- 孩子讨论潜水以及为了生存而潜水的人（社会学习）。

兰斯基女士的方法在于帮助孩子规划整合并协调与几何图形相关的所有经历，以及学习海绵有关知识（见图11-4）。兰斯基女士唯一的理由是她觉得研究形状和海绵会使孩子们的兴趣和热情比在她预想中的参与度要高。第十二章将继续探讨综合艺术在幼儿教育课程中的重要性。

4. 艺术作为学习的外延部分

苏珊（Susan）喜欢用单元教学法来教4岁的孩子。单元教学围绕一个主题来进行，比如几何形状。她的单元教学每次进行几天甚至几周，这主要取决于参与者的兴趣和参与度。她认为单元教学是她所有的课程安排的基础，每一个活动都与设定的主题相关。因此，孩子在单元学习中所有的体验多少都与主题学习相联系。

苏珊首先画一个学习单元流程图（见图11-5）。她写下学习主题以及与之相关的事情。在这一点上，她比实际活动中更要注意用词、概念和

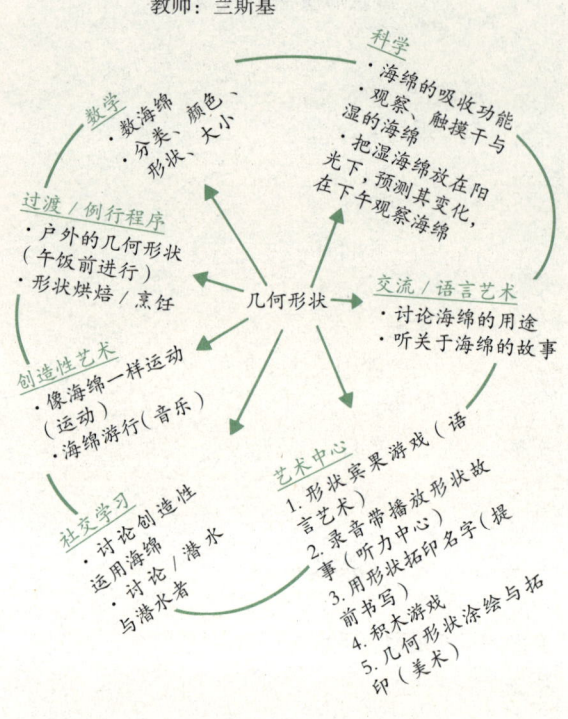

图11-4　几何图形活动

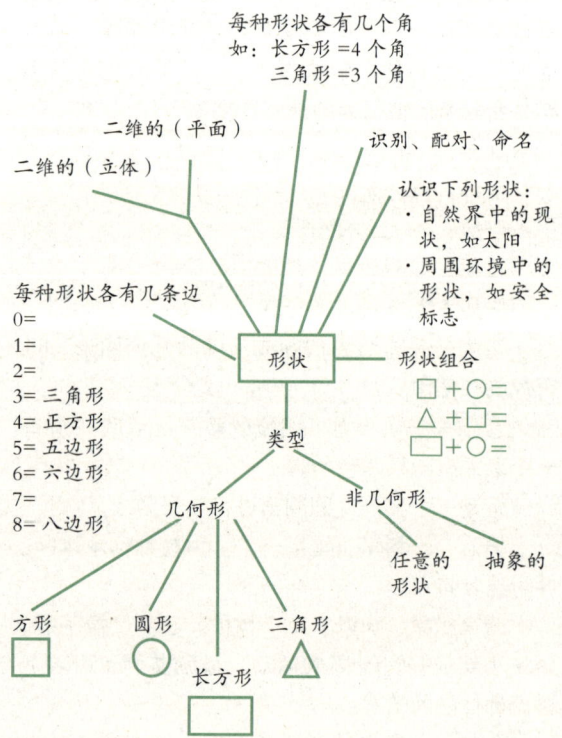

图11-5　流程图或图形网

理解。项目流程图表示对活动的安排。苏珊有时会和她的同事利用黑板对流程图展开头脑风暴。她或许会有更多的想法出现，但有些概念太困难或者可能不会转化为具体的幼儿活动。

第二步是从流程图到总体的规划活动。苏珊决定用一个星期来研究形状。她做出这个决定是基于小组的学习兴趣和她之前的教学经验。虽然她并非每年都按完全相同的方式教授形状，但是她确实使用这个流程图和计划作为教学大纲。慢慢地，她积累了大量的流程图和专题计划。她的课程表请参见表 11-1。

让我们来比较一下这四个策略。肯特先生把艺术和所有其他领域的学习作为单独的活动，没有进行组合或搭配。戈麦斯女士通过艺术和小组活动来扩展和加强孩子们对数学概念的学习。兰斯基组织了一个活动，这个活动是基于对几何形状和海绵的研究。苏珊计划进行一个星期左右的形状主题研究。她一整天的活动都是研究形状。

naeyc 这四种策略起效的主要因素在于研发课程的老师。其问题在于课程变得过于以教师为主导。老师计划的活动可能不是孩子们想要的，在计划的活动和孩子的兴趣之间可能存在不匹配的问题。一个精心策划的关于鲸鱼的学习单元可能不适合一群对鲸鱼不感兴趣或者不需要了解鲸鱼的孩子。一个好的课程，其目标应该在教师策划和孩子主动性之间达到一个平衡。这不等同于教师放弃作为规划者和课程开发者的角色，因为孩子不能规划课程，不能用无规划来替代所有的组织活动。不过孩子所做的事情能为老师提供关于孩子们的兴趣的线索。一个优秀的观察者通过观察和倾听，来获取一系列线索。观察者并不否定孩子们提供的线索的重要性，而且抓住孩子提供的线索，利用它们作为高效率的学习途径。这样，课程自然会有机地结合起来。基于克里斯特勒（Kristeller,1994）*的研究，计划与突发的或紧急课程之间的比较在表 11-2 中有具体阐述。

艺术教学要有特定的时间和地点

艺术教学必须有特定时间和地点。教师不宜提出过多要求，其标准是孩子是否能在艺术学习过程中发现更好的自己。例如，拼贴不需要教。简单地列出一系列拼贴物品以及纸和胶水是大多数孩子所需要的，他们懂得如何拼贴。然而，其他活动可能不会有此特点，因此应该以不明显的方式进行介绍并允许有个人创造的空间。例如，一些孩子可能永远不会发现艺术的过程，这被称为"抵制行为"，我们对这种行为在第八章中进行了讨论。向孩子们介绍艺术过程完全不同于指定他们应该做什么或者他们的作品应该是什么样子。有时当孩子出现焦躁情绪时，可以将他们非正式地引入艺术活动中。以下方法能帮助你决定

			主题：图形		
	周一	周二	周三	周四	周五
表现艺术	制作黏土图形	使用图形	唱图形歌曲："我是一个小圆圈……"	海绵 用海绵拓印和绘画 切海绵	制作、烘烤以及冷冻图形饼干
语言艺术	阅读及讨论图形故事	在字母表中找图形	单词与形状配对	关于形状的宾果游戏和多米诺骨牌	讲述故事："如果我是一个○、□、△，我将……"
数学	计算法兰绒板上方形的数量	把图形一一对应：○、□、△、▭	按形状分类	按顺序排列成圆形	守恒游戏：多、少、一样多的○、□、△
科学	在大自然中搜寻形状	在室内寻找："我发现……"	下沉和漂浮：物体的形状有何影响？	检测：所有形状都能够转动、坠落和滑动吗？	吹气球：讨论放气和吹气后气球的形状
社交学习	以形状讨论面部特征	画出几何形状	展示建筑的幻灯片，讨论圆形建筑、金字塔和圆锥形帐篷的形状	讨论食物的形状：圆比萨、方形三明治、三角形的半份三明治	辨认安全标志中的形状

表 11-1 一周课程表

表 11-2　计划课程 VS 突发或紧急课程

计划课程	突发或紧急课程
教师为中心	学生为中心
基于教师的范画	基于学生的创作过程
强调教学目标	重视学生的兴趣和选择
给予安全感和熟悉感	提供挑战和冒险
满足集体需求	满足个人需求
可预测和遵照常规	灵活和开放
或许不能满足学生的需求和兴趣	满足学生的需求和兴趣
教师单独冒险	学生和教师之间的联合冒险
教师主导	学生主导

何时以及如何教授艺术。

1. 自己组织活动。确保你已掌握了活动的开展方法，要考虑到孩子的兴趣和能力。你怎么才能满足有特殊需求的儿童或者一个不会说英语的孩子的要求？

2. 提前计划和准备。准备好所有材料，对孩子而言，等待是有压力的，正如几个孩子之间共享一个工具一样也有压力。

3. 限制孩子的数量。组织越小，越容易监督和给予个人援助。根据孩子的年龄、活动的复杂性、美术材料的数量来调整孩子的数量。

4. 用报纸覆盖桌子，把褶皱的衬衫盖在椅子上。像展览一样晾干艺术活动中完成的作品。

5. 成立一个组织系统（小组或个人）。如果分组，把材料（包括胶带或胶水）放进篮子或托盘、容器内以便孩子们共同使用。如果是以个人为单位，把每个孩子需要的材料放入一个盘子里，这就避免了共享、等待、轮流的问题。它可以让孩子们按照自己的节奏工作。当一个孩子完成后，把他（她）的托盘递给下一个孩子。要求孩子自己清理用过的材料。

6. 提供绘图纸、纸板、胶带、胶水、蜡笔、马克笔，让孩子们自己选择材料。

7. 缓解孩子等待时的焦虑。拓印出他们的名字并依次传递，使他们明白自己的顺序。这有助于消除孩子担心会被忽视的焦虑。当孩子们读自己名字时，这同时也是一个文字活动。

8. 简要介绍一下你的活动。不必展示制作一个产品的过程。你的目标是帮助孩子学习一种新的方式来创作艺术，而不是制作与你的作品类似的作品。

9. 允许孩子按照自己的方式组织活动，只要健康和有安全监督即可。如果他们选择无视你的邀请，并且想用简单的颜色，没关系，这并不意味着你失败了，让他们追求自己的创意，甚至他们离开或没有完成都可以。因为教师作为一种资源提供者，只需在孩子们需要的时候提供最低限度的帮助即可。

10. 与孩子交谈。关注他们在做什么。尽量描述他们所用的颜色和付出的努力，避免对他们的作品做出评论或判断。

可教时刻

"可教时刻"是未经安排但又可以瞬间激发学生学习兴趣的时刻。抓住可教时刻能激发学生的学习潜力。以下两个例子解释了可教时刻的概念。一组 3—5 岁的孩子在操场上发现了蜘蛛，他们非正式地组织了一次捕捉蜘蛛的活动。他们要求在破旧的房子里捕捉蜘蛛，老师提供了用透明塑料袋盖住盖子的塑料杯。为了更好地捕捉，她拿出了放大镜。一个孩子想要杀死蜘蛛时，引发了一场关于生命价值的讨论。"不要伤害它，它可能是蜘蛛妈妈。"孩子专注于蜘蛛的大小、形状、颜色、腿的数量，和标本来进行比较。一个孩子失望地说："可怜的蜘蛛被困住了"。小组投票决定把蜘蛛释放到自然环境中。老师决定继续讨论蜘蛛，她决定整个下午都来写关于蜘蛛的故事。她灵活的方法使她有效利用了可教时刻。

一个星期后，明迪（Mindy）的母亲带着她的小妹妹来上学。老师在征求了母亲的同意后，请班上的孩子和明迪的妹妹交流。老师告诉学生们，可以观察她的眼睛，可以轻轻抚摸宝宝的胳膊和腿。他们讨论了身高和年龄差异。一个孩子问婴儿能否站起来并一起玩耍，这就提出了一个养育婴儿和帮助孩子们看到他们自己如何在短短几年内成长和发展起来的讨论。明迪想让孩子们看到婴儿的肚脐，这便引发了一个非正式的关于繁殖和母子关系问题的讨论。婴儿离开后，孩子对婴儿的兴趣依然持续了很久。老师画了一张图来展示班上哪些学生有兄弟姐妹，哪些没有。经过这个活动，老师很惊讶地发现：孩子们从这些计划外的活动中所产生的"可教时刻"是如此之多。她希望有更多的计划活动能达到这种程度的兴奋，利用"可教时刻"进而激发学生的学习潜力。

紧急课程和项目研究

紧急课程并不是一个新的方法，它一直是幼儿项目与每天每周的课程都要安排的。它并非提前几个月进行规划，而是从孩子们的兴趣和活动中体现教师宽松的课程计划。早在20世纪70年代琼斯（Jones，1999）*就开始引入紧急课程。诚然，一些老师的方法可能是保守的，也就是说，他们尚未学会如何计划课程。对于那些有一些观察实践和反思孩子行为的老师来说，认真对待孩子的兴趣点以及成为他们的合作伙伴将是一次挑战。

开发紧急课程的资源有很多，琼斯认为有以下几种，包括录音、课堂记录、意外情况以及紧急情况。录音课程来自地区、州、教科书、作业本、测试，据说它包含了孩子们应该知道的一切。另一个好处它是"验证教师课程"。所有教师，即使是新手，都会获得成功。录音课程总是"适合"部分孩子而不是所有的孩子，它并不会发生改变以满足个别孩子或教师的需要。

课堂记录课程是从事多年教学工作的老师的一个成果。成果是主题、单元和活动的堆积。例如，每年的一月份，儿童学习海洋生物和进行一系列的海洋生物活动。老师认为这种方法已经成功，因为她的反馈来自家长对孩子带回家的东西的夸赞。

意外事件的课程和紧急课程的起点一样，但是因为没有教师做后续指导而错过了可教时刻。例如在小组里，一个孩子说"我有一只小狗"，而另一个孩子说"我妈妈会有一个婴儿"。老师回答说："这很好。"教师虽然对学生的行为做出了反馈，却没能将其转换为学生的经验。也许老师认为这样做工作量太大，与预设的课程的差别也太大。在评价前三个课程方法中，琼斯认为预先计划的课程的缺点是太过普通，而意外课程的缺点是有太多的变量。

运用主题和单元教学呢？紧急课程不同于典型主题的方法，后者通常是老师提前几个月就预先确定了的。例如，孩子们在二月份将学习红色、友谊、心、爱情。老师为自己安排的活动而自豪，同时与情人节的活动也相配合。相比之下，紧急课程没有时间限制。项目研究对课时时间表有所发展。在主题或单元学习中，孩子们很少提出问题或主动参与研究主题。

不要把紧急课程作为一个应付所有事情的方法。相反，这种方法是孩子的兴趣和老师对于他们乐意去学的知识、技能、方向的整体理解力之间的平衡。紧急课程是基于课程规划，需要孩子的日常生活和教师的共同协作来完成的理念。紧急课程来自哪里？琼斯确定了9个紧急课程来源：

1. 孩子的兴趣：孩子个人的兴趣不需要去刺激，他们的兴奋点会促使其主动参与学习活动。比如，孩子本来就对小狗和婴儿感兴趣。

2. 老师的兴趣：老师有意与孩子分享的兴趣。

3. 成长任务：孩子在每个发展阶段都有任务和技能需要掌握，如行走、跳跃、用剪刀裁剪以及交朋友。

4. 自然环境中的事物：孩子需要体验人工制造的事物和自然环境中的植物、动物。

5. 在社会环境中的人：孩子们感兴趣的是各种各样的人以及他们所做的事情。孩子可以体验家庭成员和社区助手的角色，并与大家分享。

6. 课程资源材料：图书馆和教师资源中心都有课程理念。修改和调整它们来适应教学配置、教学风格和孩子兴趣的需要。

7. 意外（突发事件）：在现场决策中变得熟练。想一想，当孩子看到一辆起火的卡车在操场上横冲直撞会有多关注？如果遭遇一场突如其来的冰雹呢？

8. 集体生活：冲突解决、护理和例行任务：合作、表达感情、解决问题和解决冲突都是日常的任务，这些是课程的来源。

9. 学校、社区、家庭和文化的价值：如果和平是有价值的，那么当孩子参与战争游戏时，学习的机会就出现了。如果反歧视是有价值的，当孩子取笑一些残疾孩子或者有肤色歧视时，也就有了学习的机会。

所有主题都同样有价值吗？琼斯（1999）*的回答是否定的，这些主题需要成人参与判断。一个好的主题是成人以及儿童都感兴趣的。成人必须充分了解主题或是愿意学习。

老师通过引入更多的想法和直面孩子的误解使学习变得容易。一个好的主题不是在于促进偏见、暴力或商业开发。

虽然主题和单元在幼儿课程和小学课程中有一席之地，但卡茨（Katz, 1994）*认为它们并没有替代课时计划。在课时计划中，孩子们提出一个问题，这个问题引导他们做调查，然后做出决策。课时计划的主题能够吸引孩子们的注意力并提出问题：事情如何来做？人们要做什么？根据卡茨和查德（Chard, 1989）*的研究，课时计划是最适合孩子的教学策略之一。他们认为课时计划的恰当方法源于它所提供的机会是让儿童意识到学习是个人的和有意义的。对孩子的想法和问题持开放态度，课时计划致力于构建一个基于孩子对真实世界进行体验的灵活课程。课时计划反映了所有孩子的兴趣，可以使大组、小组或每个孩子都参与活动。查德（1997）*认为课时计划没有时间限制，可以从几天到几个星期不等。课时计划在瑞吉欧·艾米莉亚（Reggio Emilia）的中心位置，第七章中已经讨论过。

卡茨和查德（1989）*认为课时计划的发展有三个阶段。计划和开始组成了最初的阶段。教师做初步的规划和设置合理的未来课时计划。一些教师在这一阶段建立课程网络，以网络结构记录孩子的想法、兴趣和主题问题；创立和记录孩子们在头脑风暴阶段中的想法网络结构图；还可以将孩子们在参与活动中的想法转化为视觉性的图表，这些想法来自孩子们的知识和兴趣以及教师的指导和讲授。课时计划发展到第二个阶段，在这个阶段，将孩子们引入话题，参与讨论。反思和结论是最后阶段的特点，目标是结束课时计划。据卡茨和查德的研究，5岁以上孩子的高峰体验包括构建课程和角色扮演。例如，孩子可能通过构建自己的动物医院来扮演兽医或其他角色（见图11-6和图11-7）。

总之，有很多课程开发的方法，录音课程、课程记录、意外/未识别的课程都是以老师指导为主，它们同样适用于单元和主题学习，但孩子们没有将主题或学习的内容输入到自己的大脑中；而紧急课程和课时计划的方法则让孩子参与到课程开发的整个过程。

naeyc 5. 以儿童为中心的艺术课程

第五种课程开发的策略是以儿童为中心的艺术课程，就是让孩子自己发现、发明、构造并创建属于自己的课程。它赋予孩子们自主权和控制权。它可能不像其他的方法那样，但孩子以个人的成就感到自豪。以儿童为中心的艺术课程看似简单，却极少见。当老师对课程阶段进行规划和设置的时候，以儿童为中心的艺术课程便会产生。在以教师为中心的艺术课程和以儿童为中心的艺术课程之间存在一种微妙的平衡。让我们尝试一次食物间的类比。你也许想自己添加沙拉，因为只有你知道自己的喜好。你会感谢那些包装好的沙拉酱，因为它提供了许多选择。所以以儿童为中心的艺术课程也是提供各种各样的艺术品，让

图 11-6

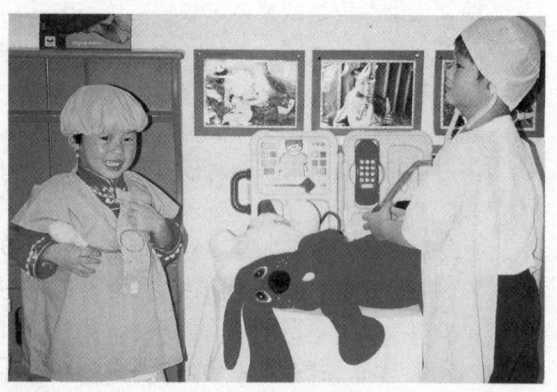

图 11-7

孩子们自己创造。孩子的动机是无限地追求这种类型的艺术。当他们暂时失去兴趣或想法时，补充的教学活动会在本书中列出，通常其中没有指定产品的制作示范过程。本书第十三章将继续讨论通过提供指导方针来建立和维护一个艺术中心，以此保证艺术课程的中心是儿童。

Art 黏土和橡皮泥

许多孩子都有在家里玩培乐多牌彩泥或自制橡皮泥的经验，他们观察其外形、闻它的气味，进而会有愉悦的感觉。这些感觉使孩子们想起曲奇饼干。他们以积极的方式来处理黏土："我能用黏土做些什么？"通过操控和处理黏土，他们发现黏土可以拉、撕、削、滚等。大一点的孩子黏在靠近黏土桌子的时候可能会想到要做成的黏土的形状："我能够把黏土做成什么东西？"黏土做成的三个球互相堆叠可堆成雪人。通常情况下，在黏土桌前有很多赞美和社交技巧。"我的黏土太硬了。""多揉一揉，它就会软一些。""当你完成后，我可以把它当作滚筒吗？"口头交流和社交技巧呈现在了黏土桌上。孩子们直接用身体接触黏土。在孩子和黏土之间没有刷子、剪刀或马克笔等媒介。

使用黏土能促进大肌肉群运动和精细动作的控制。黏土相当耐揉，必须努力揉捏使它柔软。孩子们可以站着或坐着使用黏土。站姿有利于利用全身肌肉揉黏土（见图11-8）。

硬黏土提供给孩子一种必须克服的阻力。如果孩子是坐着的，就要使用肩膀、手臂、手和手指的肌肉。慢慢地，孩子便获得控制工具的能力，把黏土做成他或她想要的东西。

孩子们喜欢使用黏土的原因很多。其中之一是它是一种天然材料，对孩子而言具有与水、沙子、木材相同的吸引力。

作为首选的艺术形式，黏土允许孩子改变或

图11-8　站着玩黏土的时候需要全身肌肉的运动

教师反思

韩老师在中西部的社区给一个幼儿园和一年级的混合班上课。一天早上，孩子们聚集在地毯上进行一天当中的开始活动，他们都有着关于大风暴和龙卷风的故事。"真是太黑暗了，风也很大，我们听到警报响了！"达尼（Dani）分享了他的故事。"哦，是的，我们也听到了警报，当电视说龙卷风来了的时候，我妈妈让我们躲在壁橱里拿着手电筒，"亚历杭德罗（Alejandro）回应道。"我们必须去我奶奶那里，因为她有一个地下室。我们必须像这样坐着"。达尼模仿坐的姿势。韩老师耐心地听着孩子们分享他们昨晚的故事。她知道孩子们需要谈论恶劣的天气，这对他们来说是一种既兴奋又害怕的体验，并意识到：学习的机会出现了。假如你是韩老师，对于意想不到的恶劣天气，你将如何构建教学活动？这其中的科学关系是显而易见的，但是你该如何合语言艺术体验？开展什么艺术活动比较好？

撤销他们已经刚开始时做的状态。例如,一个雪人可以拆开、压平,然后做成比萨。这对于蜡笔、马克笔或油画等绘画工具来讲是不可能完成的。黏土也使孩子们学会控制工具。如果两块黏土是黏在一起的,那么雪人的头将粘在身体的顶部,而线条勾勒出的雪人可能会走形或混合了其他颜色。

如果黏土做的头掉下来,它是可以再放回去的。修改一幅画,特别是它已经变干的时候,那么修改起来就非常有难度。

使用黏土会有多重体验。黏土具有明显的结构、温度、颜色和气味。在自制橡皮泥的时候,它会给孩子提供一个阅读、寻找方法、使用添加剂的学习机会。孩子喜欢黏土的感觉,因为它允许孩子变得又脏又乱,它也能让孩子感受到最初的快乐。正因为如此,一些孩子认为黏土具有吸引力,而有些孩子则认为它并不好玩。玩黏土应该是一个艺术活动中的选项。随着时间的推移和及时的鼓励,一个不情愿玩黏土的孩子会成为一个活跃的参与者。看到沾满黏土的手和指甲可以用水洗干净也可能会增加安心的感觉。

使用真正的泥巴为孩子提供了一次泥土体验,在泥土体验中,孩子们与大自然亲密接触。必须要检查当地的土壤条件,看有没有细菌。

黏土活动提供了可接受的宣泄情感的机会。一个孩子可能不会表现出攻击自己的同龄人的行为,但是他可能会砸一个泥人。黏土有治疗效果,它允许通过创建模型的方式来解决情感问题。一个孩子因为父母最近离婚而伤心,他可能无法通过说话来表达内心的感觉。然而,黏土可以为这个孩子提供机会,他能够通过制作出黏土人并与之交谈来释放自己的情感。

孩子们需要大量的黏土。建议每个小雕塑家把黏土做成葡萄大小的泥球。特别是橡皮泥和黏土,需要较长时间地揉捏才会变得柔软。黏土必须保存在一个密封的容器内,如带有可盖盖子的塑料浴缸。要注意的是,随着时间的推移,孩子在冲洗沾满泥巴的双手时,泥巴会堵住水槽。一些老师则喜欢让孩子在水桶中洗手,然后将水桶内的浑水倒进马桶内。

黏土的类型

不同类型的黏土以不同的方式让孩子进行体验。下面介绍三种主要类型。

真正的黏土。不同地区有不同的黏土。在教室里可以使用许多类型的黏土。浸泡一桶黏土然后倒在筛子上,筛除里面的小棍棒和石头。这种方法会使黏土更柔软。真正的黏土可以从地里挖出,也可以在艺术品供应商店购买。水性或陶土产品可以被烧制和保存,这是雕塑家经常使用的黏土类型。当然要确保该品牌的黏土是无毒的。它可以以一种现成的混合粉或更昂贵的预混合粉形式购买。如果使用的是现成的混合粉的话,定型会需要更长的时间。真正的黏土不贵,没有橡皮泥的黏性高,但比它更柔软。它沉闷的灰色或棕色可能在视觉上不能吸引人,但它给人凉爽的感觉,纹理引人入胜,这将吸引孩子们的参与。因为它是放在水中的,所以当暴露在空气中会变得干燥。

提供一小盆水,鼓励儿童弄湿他们的手指然后去接触黏土并保持其柔软度。黏土可以自然风干,或者把它做成4英尺大小的泥球用湿毛巾包裹好放到储存器中以便重新使用。在每个黏土球上戳一个洞,将它注满水来进一步保持其柔软度。定期检查黏土,如果它太湿,会有发霉的气味。如果它太干燥了,就会变硬。根据需要添加或减少水分。真正的黏土是很脏的而且最适合户外使用,当完成活动时要简单冲洗一下。黏土制作的产品能够在窑中烧制和上釉,完成后你将看到和陶瓷片一样闪亮的釉片。艺术中心和学校的孩子没有烧制陶瓷的机会,但是这不成问题。成品也可以自行晾干,不过这会需要几天时间。当然,大多数小雕塑家们会为能够重新制作产品的过程而感到高兴。

科斯特(Koster, 1999)*讨论了使用黏土在文化意识方面的潜力。她建议引进陶器餐具,科斯特认为,多年来,人们已经习惯使用黏土制成的餐具,有时人们可以在手工制作的陶器内盛放孩子们的零食。参观当地的旧货店、戏剧表演区,购买真正的碟子。收集和展示来自不同的地方和文化的陶瓷和黏土雕塑,包括墨西哥陶器、中国瓷器、日本茶杯和秘鲁黏土雕像。

关于孩子可以分享的关于黏土的书或黏土与人的关系的书包括下列内容:

Aarrestad, T., *The Potter Giselle*(T. 阿瑞斯泰德:《陶瓷做的吉赛尔》)

Baylor, B. and Bahti, T., *When Clay Sings*（B. 贝勒，T. 拜合提：《当黏土唱歌时》）

Cohen, C. L. and Begay, S., *The Mud Pony*（C.L. 科恩，S. 比盖：《泥做的小马》）

Dixon, A. and Barber, E., *Clay*（A. 迪克森，E. 巴尔伯：《黏土》）

Engel, D., *The Little Lump of Clay*（D. 恩格尔：《一小块黏土》）

Gibbons, G., *The Pottery Place*（G. 吉本斯：《充满陶瓷的地方》）

Ginsburg, M. and Smith, A., *Clay Boy*（M. 金斯伯格，J.A. 史密斯《黏土男孩》）

James, B. and Morin, P., *The Mud Family*（B. 詹姆斯，P. 莫林：《泥土家族》）

Podwal, M., *Golem: A Giant Made of Mud*（M. 伯德沃：《泥人：泥土做成的巨人》）

Ray, M. L. and Stringer, L., *Mud*（M.L. 雷，L. 斯特林格：《泥土》）

Winter, J. *Josefina*（J. 温特：《约瑟菲娜》）

老师和孩子们也可以使用自己制作的关于黏土的书，书中以孩子的黏土照片配以他们的口述文字工作来解释。

橡皮泥。橡皮泥是油基泥的一种。它相当便宜，不容易粘连，当你不使用的时候将它保存好就不会变干。橡皮泥也是相当牢固的，需要用手用力地揉捏使其变得柔软。它是可以重复使用的，但不能被烧制或涂上油漆。它可能会让缺乏精细运动的幼儿或学龄前儿童受挫，而且也并不是所有的孩子都喜欢橡皮泥的味道。

培乐多彩泥。培乐多彩泥是商业用泥。它有鲜艳的颜色而且相当便宜，味道闻起来非常香，可能会吸引小雕塑家们品尝它。它的主要缺点是容易碎，变成片状，细小的碎片会洒满桌子和地板。即使在上面覆盖东西，随着时间推移，它也会变干、变硬或者发霉。试着把橡皮泥放进容器之前让它持续时间更长一些，然后把橡皮泥放在装三明治的袋子里密封储存。

面团也可以自制。孩子们喜欢制作和使用自制面团，因为它是柔软和有弹性的。它还可以将烹饪与艺术相结合。因为最主要的原料是面粉，所以这种类型的黏土是相当便宜的。自制面团可以烘烤和保存。为了重用自制面团，可把它放在密闭容器中并将它储存在冰箱里。本章后面将会提供制作食谱。不同的配方由不同的原料构成，记住要改变其颜色和气味。

非常小的孩子会发现面团比橡皮泥更吸引人，更容易使用。孩子们相对于真正的黏土可能更喜欢玩面团或橡皮泥。不过，年龄小的孩子应该探索各种各样的黏土和橡皮泥。

处理黏土

孩子会发现有许多不同的方式来使用黏土。有效的黏土处理方法可能会完成黏土产品，但这不是必要的。一些处理黏土的方法包括：

- 捻弄和挤压黏土
- 把黏土搓成圆球状、鸡蛋、眼球、大理石、豌豆或肉丸状
- 卷、拉伸和延长黏土，使其变成长蛇、蠕虫、绳索、热狗、面条或香肠；小线圈经常可变成一个戒指，手镯或项链
- 拍、压扁、敲打、挤压或做成一个煎饼、蛋糕、汉堡包、饼干、比萨或者脸部
- 用黏土捏出面部特征、飞虫或一些糖果
- 用钝剪刀将黏土剪成薯条
- 在黏土中戳一个洞或开口，做成甜甜圈，有脸或头的面具
- 撕裂或拉，以及添加黏土
- 用饼干切刀、瓶盖、按钮、松果、贝壳等在黏土上进行拓印
- 扭曲或编织长黏土条
- 将黏土塑造成巢穴、碗或者生日蛋糕
- 挤压或雕塑，把黏土做成立体的、三维的、独立的形式，如雪人、动物或人
- 用塑料刀、叉、工艺棒、牙签、指甲等对黏土进行切割或裁剪
- 用各种黏土工具和配件处理黏土（见图 11-9）
- 把黏土折叠或弯曲成玉米卷、花朵或者船

处理黏土的各个阶段

有关儿童绘画阶段的著作多于儿童使用黏土的著作。笔者研究了孩子在使用黏土中的发展过程，它包括以下阶段（布里顿，Brittain, 1979; 哥伦布，Golomb, 1974; 哈特利 Hartley、弗兰克 Frank & 戈登森 Goldenson, 1952）*

阶段 1：黏土是什么？ 在这一阶段，孩子们

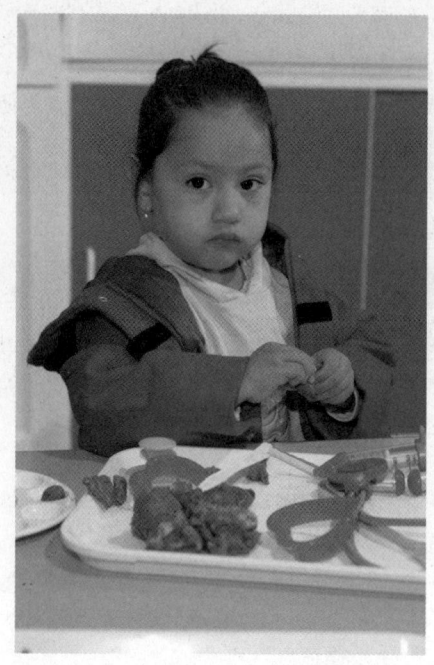

图 11-9 用生面团、工具和配件进行制作

花了两年时间进行试验来探索黏土的属性。他们用自己的感官来进行视觉探索、触摸、闻（经常用鼻子闻）、舔和品味，以及听黏土被双手拍打的声音。他们也会踩黏土，把它扔出去或试着让它反弹，把黏土贴在他们的皮肤上。他们对黏土能够做出什么东西不感兴趣。他们对于与黏土有关的感官体验的谈论是有限的，例如，"真恶心""太硬了""成糨糊了"，或者"呣"。

阶段 2：我用黏土能做些什么？ 第一阶段快速构建为第二阶段。3 岁的孩子尝试更系统化地处理黏土。像科学家一样，他们通过将黏土变圆、挤压、撕裂、拉开和戳洞的方式进行一系列测试。通过亲自测试，他们发现了黏土的特性。黏土可以变圆但是不能反弹。在这个阶段孩子不会有意去做一些东西，但孩子们通过主动接触黏土，会做出简单的形式如小球、蛋糕及蛇。这些行为会重复进行，在这一过程中孩子会做出几个作品。

阶段 3：看看我做的！ 4 岁儿童创造性地把黏土形式和自己的动作形式结合在一起。一个黏土球放在另一个上面，压扁和滚动从而产生一个新的黏土形状。开口推进黏土里，那么形状会被拉出来。关于他们在做什么有更多的标签和讨论。例如，在第二阶段的孩子可能只是在一层很薄的黏土上戳一个洞，而第三阶段的小雕塑家可能会在黏土球上戳三个洞，把它称作脸。完成的作品相对粗糙和简单。黏土球可以添加成蛇的形状，孩子会说："我的蛇可以看到你。"孩子们在这个阶段常常与黏土作品进行戏剧表演。黏土蛇向后仰躺在桌上，发出嘶嘶声，去咬孩子。在这个阶段，黏土产品变得越来越复杂。尽管如此，许多黏土被创造出出人意料的结果，而且比之前设想的要更好。黏土作品的特质和个性化或许是其他人不能够认识到的。

阶段 4：我知道我要把黏土做成什么！ 5 岁的孩子在接近黏土桌子的时候就知道他们想要做什么，并且会提前宣布。他们心中有想法、名字和完成的作品。他们需要找到合适的方法或技巧，在处理黏土作品时会有更多的讨论。作品相当写实，可以被别人识别。这个阶段的孩子知道他们的黏土食品或蛇只是一个符号，而不是实际的对象本身。他们不会像第三阶段的孩子一样试图去吃食物。5 岁的孩子喜欢使用黏土工具和配件去添加细节，以及创造性地进行连接，比如用按钮和牙签连接。

使用黏土的发展阶段似乎与儿童在绘画或面具制作方面的艺术发展阶段平行。命名涂鸦就像孩子们给自己的黏土作品取名字一样。不过，黏土是一种三维的艺术形式，而绘画和面具制作都是二维的。因为孩子们生活在一个三维的世界，所以可能使用黏土会更容易表现他们的世界。将三维世界的东西包括抽象的事物在二维的纸上用油漆、蜡笔或马克笔来表现可能更加困难，这是否意味着儿童在拥有其他艺术工具之前应该先玩黏土呢？布里顿（Brittain，1979）* 进行了一项研究，证明黏土比绘画更具有艺术表现力。在仔细检查了 17 位学龄前儿童的作品后，他发现在进行精确表达时，黏土没有绘画具有优越性。难以画出人的孩子也很难用黏土塑造出人。儿童需要各种艺术媒介的体验，不需要根据研究来限制他们使用工具的顺序。然而，儿童的创作经验和他们的发展也告诉我们，蜡染不合适两到三岁的孩子，但是橡皮泥可以。

使用黏土的技巧

关于处理黏土的技巧，以下会介绍一些稍大点孩子喜欢制作的黏土作品的技巧。通常情况下，孩子们会在制作黏土作品的过程中发现以下技巧。这些技巧包括：

捏。使用捏的方法会将黏土制成碗或锅，首先做成一个泥球，把两个拇指放在中间往里捏，剩下的手指在外面支撑，用拇指往里压同时其他手指保持旋转，然后继续捏，直到制成一个碗或锅。

卷。使用卷的方法建立在孩子制作高塑性黏土蛇的基础上。一个盆或碗也可以用这种方法做成。印第安人做陶器时也使用这种方法。用卷的方法把黏土做成最基础的手捏陶壶或任何想做的形状。

板坯。首先是把一块黏土压平，用擀面杖压到大约 1/2 英寸厚。使用塑料刀或其他工具做出对象的轮廓，保持光滑的边缘。

添加黏土。先在黏土球上慢慢添加细节。例如，一个孩子将固体黏土做成了一匹马，头、腿和尾巴则小心翼翼地加以补充。黏土碎片会因这种方式变得脆弱，因为增加的部分并不总是保持连接。孩子们可能会非常失望，因为马的腿很难支撑它沉重身体的重压。

削减黏土。这种方法可以避免添加过多黏土导致的问题。准备一大块黏土，先整体后局部，慢慢削减，得到需要的部分。例如，通过削减塑造出腿、手臂和一个头，孩子做成了一个泥人。它是坚固和稳定的，因为它是一个完整的整体，没有添加的零件和部件。

消除黏土。准备一块相当大的黏土。使用手指或黏土工具拿走多余或不必要的黏土。例如，一个孩子用塑料刀雕刻形状不规则的黏土球，切割出面部特征使其变成一个南瓜灯。

用黏土制成轮廓。一些孩子使用条状黏土或扁平的黏土制作东西，好像他们在用涂料或用铅笔、蜡笔或马克笔进行绘画。他们将黏土看成是二维的媒介而忽略了其三维立体的可能性。对于大多数孩子来说，它是一个过渡的阶段。物体可以用黏土来做出轮廓，而不是用一块固体黏土进行削减来制作。因为物体是平面的和静止的，不需要担心它会移动、摔倒，或者分开。这种技术允许孩子添加小细节。

黏土和配件

字母黏土刀具————制作微型 ABC 字母的形状
苹果分割器————用来切黏土
奶酪切片机————用来切黏土
黏土板————表面不黏
黏土切割工具————塑料刀和勺子
黏土锤————用来压平和捣
泥饼刀————把黏土制成各种形状
面团机————用黏土制作装饰品
木钉————滚动、戳和设计黏土
鸡蛋切片机————切黏土球
福米卡————黏土板
漏斗————制作圆形的黏土
油毡————黏土板
肉球机————制作黏土球
榔头————压扁
搓球机————挖，制作黏土球
黏土成型
自然或真正的黏土
糕点搅拌器————揉捏黏土
糕点管————在黏土上制作装饰品
派卷缩机————切割黏土
比萨刀————切断黏土
橡皮泥
培乐多彩泥
生面团（自制）
马铃薯捣碎器————混合黏土
擀面杖————擀黏土
勺————制作黏土球
自硬黏土
存储容器的盖子————防止黏土变干燥
玉米粉圆饼机

黏土活动

黏土创意

孩子们可以用回收材料来装饰黏土作品。一些与黏土相关的物品包括：

- 牙签
- 管道清洁器
- 螺母和螺栓
- 螺丝和钉子
- 键盘
- 按钮
- 吸管
- 工艺棒
- 回形针
- 橡子
- 贝壳
- 小木棍和树枝
- 高尔夫球座
- 短铅笔

烘烤的装饰品

查阅本章中自制橡皮泥的食谱，允许粉刷、烘烤、保存已完成的作品。如果你希望把它挂起来，记得在烘烤前戳一个洞。

橡皮泥拓印

孩子们可以使用黏土工具如塑料刀来雕刻设计薄的橡皮泥。把精心雕刻的橡皮泥蘸上油漆或按在拓印台上。将它按在一张纸上，反复拓印，做成图案。

黏土数字和字母

对字母和数字感兴趣的幼儿可能喜欢使用磁性字母和数字来制作黏土印章。首先去除每个字母中的小磁铁块。孩子们还可以使用塑料刀、工艺棒或牙签把他们的名字、名字的首字母、字母表、地址或电话号码在黏土上刻出来。这些东西也可以利用黏土条制成。

黏土活动

孩子可能会喜欢把黏土块添加到一块更大的黏土上。例如，线圈和黏土球可以装饰小的果汁罐或盒子。

黏土和橡皮泥食谱

面包面团黏土（不能吃）

4片面包；3大汤匙白胶；2滴柠檬汁；塑料袋。

去掉面包皮，把面包切成小块。将面包、胶水和柠檬汁混合，进行揉捏。不要吃，进行塑形。在装饰之前可以风干几天。将未使用的面包面团黏土装进塑料袋，储存在冰箱里。

食用糖果黏土

1/3杯黄油；1/3杯玉米糖浆；1/4匙盐；1茶匙香草或薄荷；1盒糖粉；食用色素。

将黄油、玉米糖浆、盐、香草或薄荷、食用色素混合，再加入糖粉，揉到光滑为止。必要时添加更多的糖粉使其不粘锅，变成柔软的黏土，可以进行塑形和食用。

可食用的面团黏土

1包酵母粉；1 1/2温水；1个鸡蛋；1/4杯蜂蜜；1/4杯酥油；1匙盐；5杯面粉。

把酵母和水混合，接着加入鸡蛋、蜂蜜、酥油和盐，然后慢慢加入面粉，直到成面团球的形状。如果太黏了就添加更多的面粉。接着揉面团，进行造型。你只能把它做成扁平的形状，因为面团会膨胀。把毛巾覆盖在做成的面团上，将其放在一个暖和的地方大约半个小时使其发酵。如果你想让它变得更大，就延长时间。在350°F的温度下烤20分钟直到金黄即可。面团可以吃或涂上虫胶进行保存。

装饰面团

4杯发酵好的面粉；1杯盐；1杯半水；食用色素或蛋彩画粉（可选）。

在大碗中将面粉和盐混合，慢慢加水直到彻底融合。然后添加食用色素，揉捏5—10分钟。如果面团太硬，添加更多的水；如果太黏了，就添加更多的面粉。可以选择添加食用色素。用饼干刀进

> **小提示**
>
> ·记住黏土工具仅仅是配件，不是为了取代手指和手。不要一开始就用工具，要慢慢地用它们添加黏土。（见图11-10）
>
> ·用地砖、胶木、油毡制作个人黏土板。有些有丰富的色彩、线条和设计。将其切成1英尺见方的正方形。
>
> ·添加几滴香水、沐浴液或薄荷油来自制橡皮泥，保持香甜的味道，防止变质。
>
> ·在橡皮泥中添加几勺植物油，让它更容易塑形。
>
> ·当自制橡皮泥成型时，添加一汤匙的明矾粉防止其发霉。

图11-10　先用手指和手，再使用工具

行雕刻或切割，在面板洒上面粉以防太黏。在房间风干几天，或者在 300°F 的温度下烤一个半小时，然后冷藏 5 天。

黏性物质

2 杯盐水；1 杯玉米淀粉。

把盐和 2/3 杯水混合，接着在锅内加热 3 到 4 分钟。熄火，并迅速添加以下混合物：

1 杯玉米淀粉；1/2 杯冷水。

快速搅拌，如果太"黏稠"，重新加热。

自制面团（煮熟）

2 杯面粉；1 杯盐；2 杯水；2 汤匙食用油；4 茶匙酒石酸氢钾（他他粉）；食用色素（可选）。

把面粉、盐和酒石酸氢钾混合，添加水、油和食用色素（如果需要的话）。把混合物用低到中火加热 3—5 分钟。继续搅拌，直到混合物形成一个立体的球。冷却。面团可以在小火上烤 20 到 25 分钟，这取决于它们的厚度。

自制面团（未煮熟）

2 1/2 面粉；半杯盐；1 汤匙明矾；3 大汤匙食用油；1 杯半热水；食用色素。

将油、水、食用色素混合，加入干的配料。把液体倒入干燥的配料中，彻底混合，然后揉捏。

肥皂和木屑黏土

1 杯半肥皂片；1 杯半木屑；水。

慢慢将水加入肥皂片中，做成一个厚厚的奶油混合物，直到肥皂变僵硬和蓬松，然后慢慢加入木屑，进行造型。放置几天使其风干。

苏打水和玉米淀粉黏土

1 杯玉米淀粉；2 杯苏打粉；1 1/4 杯水；食用色素。

将玉米淀粉、苏打粉和水放在锅里，用中火煮，不断搅拌。当混合物变稠像面团时停止搅拌。冷却后加入食用色素并揉捏。

泥浆面团

2 杯泥；2 杯沙；1/2 杯盐水。

慢慢加水直到面团变柔软。孩子们喜欢面团的这种质地。

花生酱黏土（可食用）

4 汤匙花生酱；1 汤匙蜂蜜；1 汤匙小麦胚芽；2 汤匙半奶粉。

将所有的成分混合，然后造型，接着吃掉！

花生酱面团（可食用）

1 杯花生酱；1 杯蜂蜜；1 杯奶粉；1 杯燕麦片；食用色素（可选）。

将其彻底混合。加入食用色素，像塑造黏土一样塑形，然后吃掉！

椒盐卷饼黏土 I（可食用）

1 包干酵母，在冷水中溶解；3 杯面粉；1 汤匙糖；1 汤匙盐水。

混合酵母和面粉，接着慢慢地增加约 1 杯面粉，直到混合物可以揉捏为止。让孩子们轮流进行揉捏，像黏土一样进行造型，然后撒上粗盐。在 350°F 的温度下烘烤约 20 分钟。制作大约 20 个小脆饼。

椒盐卷饼黏土 II（可食用）

1 杯温水；1 包酵母；1 汤匙盐；2 杯半全麦面粉。

混合水和酵母。先等几分钟，再加入盐和面粉，混合、揉捏并卷成饼状。从盆中取出放在烤板上，放进预热的烤箱，在 425°F 的温度下烘烤 12 分钟直到变成棕色。如果想要光滑的外表，就打一个鸡蛋，把它刷在你的作品上。

自制橡皮泥

白色液体胶；液体淀粉；食用色素。

将等量的白色液体胶和液体淀粉混合，立即搅拌。添加几滴食用色素，揉到橡皮泥柔软光滑为止。存储在容器中并盖上盖子。

磨砂面（可食用）

1 罐糖霜混合物；1 1/2 糖粉；1 杯花生酱。

将所有的原料放在碗里用大勺子搅拌，揉成成型的混合物。为每个孩子提供一个小球，可以任意造型，也可以吃掉。

Kool-Aid 牌橡皮泥

2 1/2 面粉；1/2 杯盐；2 包的 Kool-Aid；3 匙植物油；2 杯开水。

将面粉、盐和 Kool-Aid 混合。在一个大碗里加入植物油和沸水。接着揉捏，直到柔软度合适。将其储存在密闭容器或塑料袋里。橡皮泥的味道闻起来不错，但不能食用。

软得像云朵般的橡皮泥

6 杯面粉；1 杯半植物油；1 杯水。

如果需要颜色，就在大碗里添加食用色素或蛋彩。把油和水添加到面粉中并揉捏好。如果需要的话，添加少量的水，直到面团变得柔软、蓬松。如果面团太黏，添加更多的面粉。将面团存储在容器中并冷藏。

醋面团

3 杯面粉；1 杯盐；1 杯水；1/4 杯植物油；2 汤匙醋。

将所有原料混合放在一个大碗里。把水揉进面团中以保持新鲜。如果太干，添加更多的水，进行揉捏。这种软面团存储在一个塑料袋中冷藏会保存得很好。

欧颐谷颐（Ooey-Gooey）：玉米淀粉和水

1 磅玉米淀粉；1 1/2 水。食用色素或液体水彩（可选）。

将所有的原料混合在一个大型容器内，如浅洗碟盆，这样孩子们可以一起做实验。或者将欧颐谷颐的一部分放在小型食物收集器中。添加更多的水或玉米淀粉使其质地变柔软。当孩子们通过抓、挤压、浇注来制作欧颐谷颐时，鼓励他们观察会发生什么变化（见图 11-11）。

图 11-11 欧颐谷颐

硼砂腻子

1 杯水；1 杯白乳胶；食用色素或液体水彩（可选）；把水和胶水混合在一起，可添加食用色素，留着备用；1 茶匙硼砂粉、洗衣粉；2 汤匙热水。

加入 2 汤匙热水使硼砂溶解。把硼砂添加到搅拌成胶的混合物中。去除黏性混合物，进行揉捏。重复上一步骤。根据腻子的均匀度，可能需要添加更多的胶水或硼砂。将成品存储在塑料袋中并冷藏。

"彩虹"炖汤

1 杯玉米淀粉；3/4 杯糖；4 杯水；2 种不同的原色（食品色素或液体水彩）；冰箱拉链袋；坚固的胶带或导管。

将前三种原料混合后放入锅内，以中火加热，搅拌，直到变稠。熄火，冷却。分别放入两个碗内以及在每个碗里添加一种颜色。把每种颜色的混合物倒入孩子的拉链袋里。安全起见，可使用结实的胶带绑住。鼓励孩子们将颜色混搭在一起，讨论他们看到发生了什么。在另外一天重复该步骤，用另外两个不同原色产生组合。把袋子挂在有光的地方或用胶带固定放在窗口。

假雪面团

3 块艾佛瑞牌肥皂；1—2 卷卫生纸；热水。

把 3 块艾佛瑞肥皂磨碎。将卫生纸撕碎。在一个大碗内混合肥皂和卫生纸。慢慢加入几勺热水，直到它到达甜品酱的柔软度。如果需要，添加更多的热水。

总结

本章依据课程结构的规划、实施和评价，侧重于课程开发。一个主题可以组织成许多艺术活动。目标：基于我们对孩子及其发展的了解，以及我们的价值观，使我们的规划有一个方向。把目标分解成日常规划中的短期目标。实施：带来管理和开展活动程序的担忧。评价：将我们即将做的事情以及已经做好的事情进行比较。本章还比较了将艺术融入幼儿课程的不同策略。

关键词

信仰	黏土
课程开发	性格
评估	目标
实施	知识
小目标	PIE
规划	橡皮泥
项目研究	技能
价值观	

活动建议

1. 在一个群体中对幼儿儿童教育的目标展开头脑风暴。大家实现基本的目标了吗？你同意吗？大家如何反映不同的价值观和信仰？你们能达成共识吗？这表明幼儿教育处于什么阶段？

2. 观察教师在他们的课堂上如何使用不同的规划、实施和评估方法。

3. 用课时计划表的格式来编写和实施一种艺术活动。

4. 将全班分成四组，每个小组负责日常教学中教授原色概念这一活动，运用本章中讨论的五个策略之一来进行。

5. 在你的课堂观察中捕捉可教时刻。记录起因以及事件发生经过。你看到孩子们发生学习行为了吗？孩子们参与了吗？这能启发你什么吗？

6. 在教室中观察辅导员如何对以下课程进行安排：紧急课程、瑞吉欧课程、项目研究。写下你所观察到的以及你的反应。将这种观察结果与其他方法相比较，比如主题法、学术法或完全以教师为主导。

7. 促成一个与橡皮泥或黏土相关的活动。

回顾

1. 将 PIE 课程规划模式填写下方。

a. _____ + b. _____
    ↓
    c. _____
    ↓
    d. _____
    ↓
    e. _____

f. _____   g. _____
h. _____   i. _____

2. 填写 PIE 课程的组成部分。

P = _____
I = _____
E = _____

3. 列出包括艺术在内的幼儿课程的策略。

4. 辨别并简要阐述学习的四种类型。

5. 比较完全以教师为主导的幼儿课程与以下方法的不同：可教的时刻、紧急课程和项目研究。

第十二章　幼儿课程中的综合艺术

　　从这张图片中你看到了什么？ 注意这个小男孩脸上露出的神情。他正在专注地制作一个三维雕塑或者说是建筑。这项室外活动人人都可以参与，孩子们可以在他们的户外活动时间在此雕塑上随意进行添加和创作。图片中的小男孩虽然只会说简单的几句英语，但是这并没有影响他的创造行为。用创意来表达思想是艺术家们交流的通用语言。除此之外，这项活动很容易实施，只需要大量的报纸、胶水、回收的木制品以及充裕的时间和空间就可以。老师仅仅在附近暗暗观察但不干预孩子们的创作。每种材料都有其特性，孩子们很容易就能掌握粘贴物体的方法。如果孩子错误地使用了材料，老师会走过来耐心地纠正错误并提供正确的指导。本章将给读者介绍一系列三维立体艺术品的活动，常提到的有雕塑或合成艺术品。与拼贴画这种二维平面的艺术相比较，合成艺术品可以让孩子学习到一个新维度——纵深。记住，要提供一系列艺术活动促使孩子同时创造二维和三维空间。

> **目标**
>
> 学完了这章，你应该能做到：
> - 对比幼儿课程的两种方式。
> - 指出幼儿课程的主要领域。
> - 给出将艺术贯穿于整体幼儿课程中的理由。
> - 讨论艺术是如何促进幼儿在以下课程领域的学习的：数学、科学、语言/沟通/读写能力，社会交往和表现性艺术。
> - 谈谈在幼儿课堂中实施反偏见课程的效果。
> - 提供一些三维空间的艺术活动。

引言

不同的人对于课程有不同的理解。对课程的理解主要有两种方式：一是将其看成一个整体；二是将其看成不同学科领域。这一章节将对这两种认识方式进行讨论。艺术仅仅是许多学科领域中的一个，艺术怎样才能促进和加强孩子在其他学科领域的学习呢？此章节主要围绕将艺术贯穿于整体幼儿课程这一主题进行论述。

幼儿课程中的综合艺术

为什么要将艺术贯穿于整体幼儿课程中？创造性艺术教学不仅对幼儿创造力的启发有极大帮助，而且对幼儿的艺术表现学习也有两大益处（丹佛和贾里德，1996，Dever & Jared），其一为当幼儿在学习新知识时，艺术给他们提供机会思考自己学习到了什么。例如当幼儿用黏土创造动物时，即能认识此动物。其二为当幼儿在运用艺术材料时，可了解艺术材料的特性以及如何运用材料。例如，当孩子们塑造一个有头、有身体、有腿的动物时，他们同时也了解了黏土的特性以及如何运用黏土创造出这个动物的代表性特征。对于那些还未尝试的孩子来说，用黏土制作的动物能通过四条腿站立起来简直是一项有成就感的技术。

让我们来看另一个例子。一群年龄稍大的孩子一直都在学习口腔健康知识。这个单元是关于营养健康的后续学习，它是基于老师对孩子的饮食习惯和口腔卫生的观察而开展的。这个主题的选定是在与家长的非正式谈话中产生的，教师通过谈话了解到有很多孩子的哥哥姐姐都有缺牙的情况，这就决定了给孩子们开设一单元的口腔健康课程的重要性。如果你是一位教师，你如何设计这个单元的口腔健康课程呢？你能提供什么样的经验和活动呢？这个老师给出的答案提供了一系列的活动建议，包括书籍、歌曲、法兰绒板、多媒体、食物活动以及对一位牙科保健员家长进行课堂采访、到牙医的诊所进行实地参观和其他艺术活动，所有这些活动都能加强孩子对健康饮食和牙齿健康的了解。在一项融入艺术的活动中，教师鼓励孩子一边思考良好的健康/牙齿状况，一边画出"健康"图片（见图12-1）。图片中孩子画了自己在微笑的脸庞，希望他们将所学到的运用到生活中。

图12-1 营养和口腔卫生单元的"健康图片"展示

艺术与幼儿课程

"课程"这个词常常被认为是教育规划、教育活动、一组活动以及由学区、国家、公司以及专业机构制定的方针。从广义上来说，学校或者研究中心发生的一切都属于课程的范畴。对幼儿课程的理解主要有两种认识方式：

一是将其看成是一个整体纲要（计划）。

二是将课程看成是对主题、内容和各个学科领域的学习。

课程即计划

有些人认为，课程指的是教学计划的总和，包括婴幼儿、学步儿童、学前儿童、蒙特梭利学校、启智计划、幼儿园各阶段教学计划。这个观点认为，课程指的是在教学计划中孩子学到的所有知识与技能，这是广义的课程观。它包括孩子们围成一圈学习轮流等待、分享玩具和学习各种形状和颜色。这个观点认为，孩子可能是在有意安排的学习计划中获得知识和技能，也可能是在偶然发生的情况中获得。例如，梅尔（Mel）非常喜欢托儿所的学习并且交了很多朋友，他的父母对此很高兴。但是，梅尔的父母觉得他说话变得咄咄逼人，与同学交往时带有攻击性，这些行为在他进入托儿所之前没出现过。这是因为，当孩子在群体中生活很长一段时间后，他们会学会用这些行为来保护自己和处理他们遇到的困难。孩子们通常会比我们预想和计划的学到得更多。（见图12-2）

课程即主题、内容和各个学科领域

第二种认识课程的方式是把课程看成是对主题、内容和各个学科领域的学习。本书主要关注艺术学科在幼儿课程中的运用。学校传统的课程主要由以下几个学科组成：

1. 数学
2. 科学
3. 语言艺术／交流艺术／读写能力
   - 说
   - 听
   - 读
   - 写
4. 社交学习
5. 表现性艺术
   - 美术
   - 音乐
   - 体育

具体内容请参见图 12-3 的模式图。

图 12-2　这个孩子能学到什么呢？

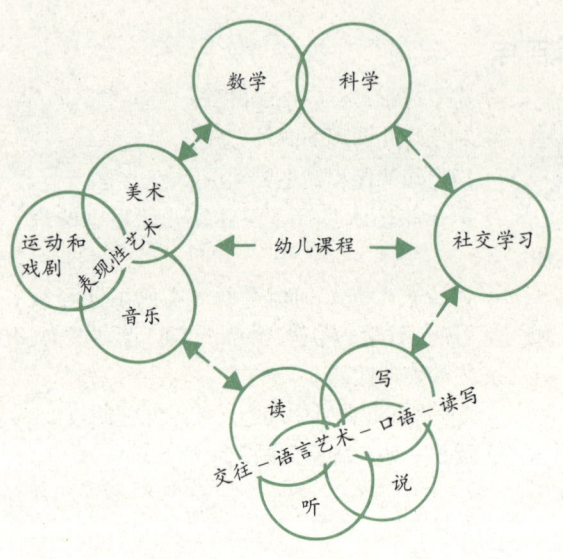

图 12-3　综合幼儿课程模式图

naeyc　正如儿童发展不能分解成数个有清晰界限的部分一样，课程也不能完全分离成几个独立的学科。这个模式图体现出各个学科都是相互影响、相互作用的。孩子们在学习过程中，不是简单的"换台""换挡"就能从数学思维直接转换到科学思维。知识和技能并不是依据不同学科而有精确的划分，这就是为什么数学和科学，交流艺术和语文、表现艺术之间都有重合的部分。烹饪和游戏活动一直受到强烈推荐，就是因为它们几乎涉及各个学科的学习。就现状而言，分科是必然的，但是孩子都是一个整体，并且以整体的方式认识和学习外界事物。例如，当孩子们专注于创意思考和解决问题时，他们会打破数学、科学、艺术和社交各学科之间的界限。

艺术与数学

孩子们会很自然地将材料、器材和用品量化。"有四罐颜料，却只有三把刷子。颜料比刷子要多。"老师问道，"我们还需要几把刷子才正好与颜料的数量一样呢？"一些笔刷的笔杆比其他的长，一些笔刷的笔毛比其他的宽。"我的红色蜡笔比你的蓝色蜡笔长。""对啊，但是我的比你的粗和宽。"埃薇（Evie）说："这个颜料杯比其他的少。"老师问她："你怎样做才能使它们一样多呢？"于是埃薇拿起颜料罐往杯中倒入适量颜料，使其一样多。

孩子们在创作时也会自然地用数量表示：

"看，我做的小昆虫正好有6条腿。"当泰（Ty）用黏土做好最后一条腿时高兴地说道。马尔西（Marcy）在她的自画像上加上第二只眼睛，在绘制的过程中，她仔细地一个一个地数着手指和脚趾的数量。还有一些孩子用几何形状组合成他们的图片。"在一个高高的棕色长方形顶上有一个绿色的圆形。现在我要为我的小树上颜色了"，泰丝（Tess）边画边说着。

以下一些活动都涉及了艺术和数学学科。

几何形状的图片

年龄稍大的孩子可以剪出大小不同的圆形、正方形、三角形和长方形。他们可以将这些形状组合拼贴成一幅图片。老师可能打算预先为学步儿童将这些形状准备好，但是，这种行为应该禁止。因为孩子们能从自己的组合和拼贴过程中发现这些几何图形是怎样变成我们常见的那些物体，例如人物、交通工具和动物的。

这里提供两种拓展活动的建议。老师可以用法兰绒布剪成不同颜色和大小的圆形、正方形、三角形和长方形。孩子也可以发挥创意，将这些形状组合在一块更大的法兰绒布上。一些老师会将这块法兰绒布别到或粘到布告栏或者黑板上。另一些老师会将这块法兰绒布覆盖在硬纸板上。

第二项建议就是使用磁带。大磁带的宽绞带可以剪成几何形状，小块磁带可以直接粘贴在广告板或者硬纸板上。同样，在烘烤板上也可以排列出各种几何形状。

立体艺术

年龄稍大的孩子喜欢用坐标纸作图和设计。推荐使用大方格的坐标纸。这项活动需要耐心和时间，所以不适合年龄太小的孩子。如果孩子们觉得整张纸方形太多阻碍了活动的进行，老师可以将纸剪成1/2或者1/4大小。

直线、弧线和圆圈

幼儿尤其喜欢使用数学工具，比如量尺、圆规和量角器。教师应该指导孩子如何使用这些工具，并进行正确的示范。给孩子们展示用量尺、圆规、量角器和铅笔如何画出各种有趣的设计图形和图案。孩子们看到这些图案会特别感兴趣地拿起细马克笔填充图案之间重叠的部分。

各式各样的小纸片

在圆形、方形、三角形、对角线、长方形等各种形状的纸张上都能进行艺术创作。每一种形状的纸张对于孩子来说都是一种挑战。宽笔触、侧锋用笔适合在大的长方形纸张上运用；小的、细致的图形适合在小的六角板上完成。

老师要和孩子们讨论并让孩子们认识不同的形状。例如，老师举起一张圆形纸片问孩子们："我今天带来很多形状的纸片，你们知道我手里拿的这张纸片是什么形状吗？"因为这张纸片的中心被掏了一个小洞，有的孩子说像是圆圈、轮子，有的说像甜甜圈。

老师也可以和孩子们讨论怎样将一张大的正方形纸裁切成多个小正方形。四个小正方形能拼成一个大正方形。将一个大的菱形板或者纸张对半剪开能变成两个三角形。这样，孩子们在这种综合艺术活动中能慢慢直观地了解"分数"的概念。

几何板

孩子们可以用橡皮筋在几何板上做出几何形状（见图12-4的几何板样式）。找一块木板，仔细在每行上等分地钉上钉子。

使用大头钉或者家用图钉，在横竖各相差1英寸的距离钉上钉子最合适。横排竖排各钉多少个钉子取决于木板的大小，横竖各8排最合适。

让孩子们回答以下问题：

- 一根橡皮筋最多适用于多少个钉子？
- 做出一个圆形（正方形、三角形、菱形、三角形等）需要绕多少个钉子？
- 再少用或者多用几个钉子也能做出一个正方形、三角形、圆形和长方形吗？
- 只用10个钉子，你能做出多少种不同的形状？

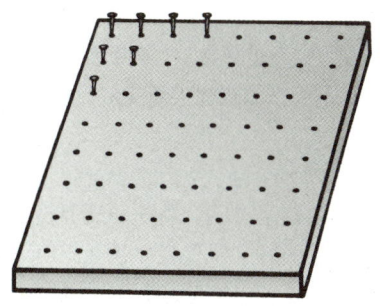

图12-4　几何板

线性设计

孩子们可以用线条在木框上做出各种抽象的线条设计。找一个旧画框,将画框放平,用锤子在四边都钉上一排钉子。让孩子们用线、绳子和纱线环绕这些钉子,最终形成的图案将成为一个有创意的线性设计。孩子们能观察到他们创造出来的设计、图案、形状和角度。

制作七巧板

七巧板是中国一种古老的智力游戏,顾名思义,是由七块板组成的。这七块板又正好组成一个正方形(见图12-5 七巧板的样式)。同时,这七这块板可拼成许多图形。你可能需要复制、剪裁、安装在广告板上,并对单个部件进行层压来确保耐用性。耐心制作所投入的时间从长远来看是值得的。切片前要记住首先将每块都剪裁好,然后再切成片,避免产生毛边。推荐用干净的接触印相纸来覆盖。

图12-5 七巧板

蜡笔图案

将多盒蜡笔倒空在桌子上。让孩子们创造各种图案,比如红-蓝-红-蓝等。他们喜欢让其他朋友来模仿他们的图案。例如一个图案以1笔红色-2笔蓝色-3笔黄色-1笔红色-2笔蓝色……开始,让孩子们按照规律接着完成这幅图案。

数字拓印

提供一盒数字拼图。将一张薄的透明纸(薄纸比厚的绘图纸好)覆盖在拼图上。拆开一些蜡笔和粉笔。让孩子用蜡笔和粉笔的侧面在薄纸上摩擦。拼图上的数字就会显现出来,再让孩子一起将显现出来的数字读出来。孩子们喜欢尝试摩擦出其他的数字或与数字相关的物品。老师也可以给他们提供一些旧车牌和数字积木等。

多米诺牌拓印

将一张薄纸覆盖在多米诺牌上。让孩子用蜡笔和粉笔的侧面在薄纸上摩擦,数字将会显示出来。让孩子数一数多米诺牌上显现出来的点数,看看与哪个数字匹配,也可以相加或相减。

数字海绵

用数字海绵来创作海绵作品。在小盘内装上液体颜料。给孩子们提供笔刷以便他们能在数字海绵上面涂画,然后轻轻压到纸上。孩子们能印出他们的年龄、地址、电话号码、一串数字,也可以将这些数字形状相连接、重叠来完成一幅拼图。另外,数字海绵也可以在水桌上使用。

系列图形

提供不同大小的软木塞。孩子们可以将他们从大到小依次排列起来。给他们提供印台和纸,让他们将自己用不同大小的圆形设计出来的作品印出来。引导孩子在讨论他们的图片时使用比较级词语,例如,"让我们找到最大的形状"。在此项活动中还可以提供大小不同的圆形盖子,孩子们可以用这些瓶盖创作出各式圆形设计。

趣味拓印

孩子们可以运用起他们的手和脚来拓印。一只手,五根手指;两只手,十根手指等。手、脚、手指和脚趾都能使用。用手来拓印在室内进行,而用脚拓印则最好选择暖和的天气在室外进行。孩子们能通过比较他们的拓印作品意识到每个人手、脚、手指、脚趾大小的不同。

数学卡片

孩子们可以使用马克笔、蜡笔、彩铅来画出一套数字或者数字词语的图片。将这些单独的页面或者数字卡片装订成册。

艺术与科学

艺术活动能帮助孩子们发现科学原理。比如,在水彩颜料中加入水可以变为液体颜料。一段时间过后，湿画干了。将湿画放在太阳下可以加速干燥的过程。如果将黏土包裹着它可以使它保持潮湿。星期一早上，卡尔森（Carlson）老师对孩子们说："有些同学将他们的黏土放在桌子上度过了周末，黏土发生了什么变化呢？""它们变硬了。"胡安回答。"对，当我们把它们暴露在空气中数天之后，它们会变硬、变脆。"老师解释道。"同样，有的同学把蜡笔放在暖气片上，又会发生什么呢？""对，它会熔化。为什么呢？""没错，暖气片加热使蜡笔熔化了。如果我们将蜡笔放在太阳下或者在很热的地方，它又会怎么样呢？"科学的思维、假设、预测、观察、质疑不停地在运用。加入太多的水会使画面晕开和不好控制，而水少了或者没水又会使画面出现厚重的笔触。重压和轻压会产生完全不同的效果，孩子们由此可以体会到"力量"的作用。当他们发现剪刀能轻而易举地剪纸却剪不动硬纸板的时候，他们就了解了什么是阻力。

以下一些活动都涉及了艺术和科学。

食物分类拼贴画

在学习了主要的食物类别后，让孩子们在杂志中找到这些食物的图片。将这些食物图片剪下来并贴在广告板上，按食物类别分组粘贴。

自然艺术

孩子生来就喜欢大自然。他们喜欢来一次小小的自然之旅，喜欢搜集大自然中的标本。孩子们可以发挥创意，将这些标本排列、粘贴在纸盘、硬纸板或绘图纸上。

孩子们同样喜欢制作大自然的拓本。他们将一张白色的薄纸盖在树叶、鲜花、树皮、石头等搜集到的标本上，再用蜡笔在薄纸上轻轻地擦画。这些标本的纹理和轮廓就会在纸上显现出来。孩子们可以带着他们的蜡笔和白纸走到户外制作这些自然之物的拓本。不同物体的重叠和搭配使画面千变万化、不拘一格。

孩子们也可以制作大自然的拓印品。在树叶上刷上颜料或者将橡树果轻轻地蘸点颜料，再将这些物体印在白纸上。重复拓印可以组合成一个新图案，不同的拓印图形组合在一起就可以变成一个新的设计图形。

调色

孩子们能发现色彩混合的规律和乐趣。根据三原色（红、黄、蓝）分别提供一支颜料、一个调色盘、一支笔刷，让孩子们将两种颜色等量调和，看看发生了什么。看看他们调出了什么颜色？三种颜色混合在一块又会变成什么颜色呢？这项活动也可以使用食用色素、塑料蛋盒和滴管完成。

当上述活动顺利完成后，给孩子们提供白色颜料。"白色与红、黄、蓝色混合又会发生什么呢？如果分别在红色与黄色、红色和蓝色、蓝色和黄色的混合色中加入白色又会发生什么变化呢？ 让我们动动手一起探索吧！"

悬挂饰物

悬挂饰物能让孩子们了解到平衡、移动的概念和风吹过的效果。树枝是我们认识悬挂物的基础和模型（见图 12-6）。大自然中可以运用的物体有贝壳、松果、羽毛、树叶和其他能用线、绳和渔线挂住的所有物体。这些物体可以悬挂在衣架、树干、木杆和扫把柄上。

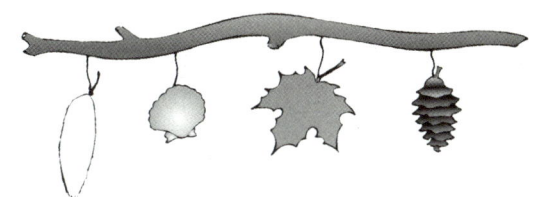

图 12-6　悬挂饰物

复杂的悬挂饰物可以选择以不同的高度和平面来布置，这可以让孩子们体验到重量、位置、空间和平衡的概念。如图 12-7 中就是一个用衣架做成的悬挂饰物作品。

创意环保设计

鼓励孩子们在室内和室外协助清理垃圾，也可以从自己家里带来回收利用的物品。让他们讨论节约水资源、禁止乱扔垃圾和资源回收利用的重要性。告诉他们废纸、纸盒、瓶子和塑料袋都可以回收利用，进行艺术创作。例如，用多个盒子和瓶盖可以引导学龄前的孩子做成一个机器人。

神奇的色彩

给每个孩子提供三个干净的杯子或者其他容

图 12-7　衣架吊饰

器、三支笔刷和三个塑料勺子。将红色、黄色、蓝色衬纸撕成 1 英寸大小的方形。让孩子将这些彩纸浸泡在容器中并用笔刷或勺子混合。观察一下发生了什么变化。三原色混合产生了橙色、紫色和绿色。怎样使颜色变亮或变暗呢？一个容器中水的用量和彩纸的数量会有严格要求吗？自己动手试一下，找出结果。教师提供滴管、咖啡滤纸或者纸巾做进一步的色彩混合实验。

颜色重叠

孩子们用玻璃纸或塑胶片也能进行颜色混合的活动。给每个孩子提供小张的红色、黄色、蓝色的玻璃纸。选择一种颜色的玻璃纸，比如红色，让孩子们透过玻璃纸观察物体。拿着玻璃纸放在自然光下，放在皮肤和衣服上，或者将一大张纸贴在窗户上，观察并讨论。讨论一下为什么透过它看到的物体都是红色的呢？再选择黄色的玻璃纸，重复上述步骤。让孩子们将红色和黄色的玻璃纸重叠在一起，让他们谈谈观察到的现象。把红色和黄色叠放在一块会发生什么呢？重复这种行为，将红色和蓝色、黄色和蓝色组合，又会发生什么呢？最后，孩子们可以将剩下的纸片装进书包带回家，选择用它们创作一幅图片或者拼贴画。

彩色口袋

这个活动能帮助孩子们发现两种颜色如何产生出第三种颜色并且能保持室内清洁。给每个孩子提供一个可以封口的塑胶袋，写上每个孩子的名字并贴在塑胶袋上。提供红、黄、蓝三色的液体涂料。让孩子选择两种颜色，每种颜色取一勺装进自己的袋子中，并仔细封口。让孩子们轻轻按压使两种颜色混合，并讨论他们观察到的过程和结果。第二天，可以重新给孩子们提供一个塑胶袋，让他们另选两种颜色继续上述活动过程。最后，将这些塑胶袋都贴在教室的窗户上。

创意石头

带着孩子外出郊游，让孩子们捡一些自己喜欢的石头。这些石头不能太小，要能在上面画画和装饰；但是又不能太大，否则孩子的小手拿不住。老师应该多捡一些备用。回到教室后，首先让孩子谈谈自己捡到的石头。老师用开放性的提示语引导孩子使用描述性的词语形容他们的特殊石头。最后，提供颜料、笔刷和拼贴装饰物，让孩子们在他们自己的石头上创作。

口腔艺术

将艺术融入健康课程。比如，使用牙刷画画，在绳索艺术中使用牙线创作。这些艺术活动可以在口腔健康周配合开展。

颜色喷发

将牛奶倒入蛋糕烤盘中直到遮住底部，撒入几大滴食用色素。再在有颜色的圆圈中滴入一些洗洁精。观察一下发生了什么。颜色会喷出来，等其喷完后，再加入食用色素和洗洁精。如果没有反应，使用新的原料重新开始。

艺术和语言、沟通艺术、读写能力

艺术给孩子提供了展现其非语言能力、图解能力的机会。如果给予引导，他们也乐于谈论他们的作品（见图 12-8）。孩子们解读他们的艺术作品正如成年人读一本书一样，孩子们普遍喜欢将作品题目和故事情节都画在他们的作品中。鼓励孩子和老师一同欣赏他们的作品。年纪稍大的

图 12-8　柯蒂斯（Curtis）在游乐园一天的故事

孩子会尝试用他们自己的词语来叙述故事情节，比如他们会发明新的字母和故意拼写错误。这是他们成为作者和读者的重要阶段，是教师们所期望的。涂鸦、图解和笔触都是孩子书写、绘画能力发展的重要阶段。

因为艺术是一种非语言的表现形式，所以语言不是它的必要前提，儿童也不需要遵照口头指示。孩子能自我探索，也可以互相观察。艺术创作的时间对孩子来说是一个非正式地练习听说的好机会，艺术时间通常都比较轻松，孩子们可以自由说话。同时，艺术时间也是孩子们听、说标准英语及练习其他语言的好时机。

艺术给孩子提供了在与同龄人和成年人的谈论中学习艺术词语的机会。老师在与孩子讨论他们的作品时就应多使用艺术词语，让孩子从自己和其他人的作品中辨认出颜色、形状、材质、线条和位置这些元素。线条有多种表现形式，比如粗的、相交的、波浪的、横的、竖的、斜的、弧形的和间断的。颜料也会产生不同的效果，比如干的、湿的、稀的、稠的、光滑的、干裂的。

安妮·哈斯·戴森（Anne Haas Dyson，1982,1985,1986,1988,1989,1990）* 研究了幼儿的游戏、图画和拓印之间的联系。她强调在儿童成长中艺术和游戏对于创造符号的重要作用，特别是创造文字符号。绘画被看作一项读写行为，因为绘画和语言都能让孩子回想、组织和分享他们的经验。孩子画画的过程不仅仅是经验交流的过程，同时也是解决视觉问题的过程。这些问题的解决方式决定着他们所创作的物体的性质。既需要给孩子们听写并要求记下他们写的字，也要让他们进行独立写作。他们需要手持马克笔或铅笔，探索印刷物和词语意义之间的联系。

以下的一些活动都涉及了艺术和语言／沟通艺术／读写能力。

美术漫话

鼓励孩子谈论他们的作品，但不要求用冗长的言语来解释："说说你的画吧。"或者："你的颜色和形状构成了一个有趣的设计，你用什么词语来形容一下它呢？"标签、标题和故事情节都可以记录下来。例如，玛丽（Marie）对一个家长志愿者说："我可以跟你说说我的兔子画吗？"玛丽的话被精心拓印在索引卡片上，卡片放置在作品旁，一同在布告栏上展出。家长边读边指着每个单词并要求玛丽一起读出来。玛丽说她现在会跟着读了，但明天会用铅笔再写出这些单词。内德（Ned）更愿意对着录音机讲述他的故事。他的老师会听，再阅读转录给他。

木偶

制作木偶是一项艺术活动，但也可以演变成一个口语活动。例如，塔米（Tami），一个害羞的4岁小女孩，用折叠的纸盘做了一个动物木偶。她躲在一个书架后面，让她的动物玩偶同其他两个孩子说话并回答问题。塔米的木偶道具使她在群体中说话产生了心理推动力。塔米觉得是木偶而不是她在说话，所以不害怕。

辅音拼贴图

一个幼儿园班的孩子将开始学习字母的发音，他们通过概念层面来练习这些发音。他们在杂志里搜寻以这些字母发音开头的实物的图片。比如，将自行车、鸟、小男孩、大鸟这些以"b"发音开头的物体的图片贴在"b"页上；将狗、鸭、娃娃、炸圈饼（doughnut）、菜（dishes）和舞者这些以"d"发音开头的物体的图片贴在"d"页上。到年底，孩子应该可以完成所学字母发音的拼贴页。

艺术字母

在泥土制作时，孩子们会想做一些新物体。老师可以建议他们制作出自己名字中的字母。有的孩子还用泥土捏出他们姓名的首字母、其他字母和简单的单词。除此之外，孩子们可以用手指在泥上画出他们的名字或字母表中的字母。亲自捏出字母"b"和"d"的真实体验，可以帮助正在学习这两个字母的孩子记住这两个字母的区别。

孩子们也喜欢用喷瓶喷出自己的名字、字母或单词。找一个顶端是尖口并且开口较小的瓶子，以免颜料一挤就全倒出来了。胶水瓶子的大小和形状对于幼儿最为合适。

边听边画

班克斯（Banks）太太喜欢给孩子读故事书。她希望孩子专注地倾听，欣赏文学作品，了解其中的主要思想。她知道这些能力对于他们学习阅读是多么重要。她经常让孩子将她刚才读的故事画出来。有时她会不读完故事，特意停下来问孩子们认为这个故事将如何结束。孩子们画的图中会清楚地显示出他们听到了什么，哪些孩子可能需要进一步的训练。

有创意的教师会设计出更多的有变化的活动。例如，可以鼓励孩子们先听，然后根据老师的要求画出来。例如："请画出三只有长长的尾巴、坐在树旁的猫。"孩子们需要倾听、记住并且画出来。细节要尽量少，并且在幼儿记忆和绘画的能力范围内。"在……里面""在……后面""方格""星形"，这些细节的要求对幼儿来说就难以表现出来。

字母拼贴

使用模板剪裁出字母表中的小写字母。让孩子们找到和说出他们认识的字母的名字。一些孩子通过字母组合和重叠，会拼出他们的名字、简单的词语和其他有创意的设计。

字母刮刮乐

找一个字母拼图。将一块薄的透明纸（薄纸比厚的绘图纸好）覆盖在拼图上。让孩子用蜡笔和粉笔的侧面在薄纸上摩擦，拼图上的字母就会显现出来，再让孩子们一起将字母读出来。形成习惯后，孩子们会试着制作其他有字母的物品。

字母拓印

提供一些字母海绵、字母积木和字母磁铁，它们涂了颜料就可以印在纸上。孩子们能印出他们的名字和熟悉的单词。字母磁铁这类小的物品可以蘸上印泥直接印在纸上。字母橡胶印章在市场上也有售。

制作自己的名字

提供手指画颜料，鼓励孩子在光滑的纸上画出他们的名字和其他熟悉的单词。老师可以留下这些小纸片作为记住他们名字的参考。提供工艺棒，让孩子在涂料或剃须膏中刮出他们的名字。孩子们也可以用橡皮泥捏出自己的名字。

个性餐桌垫

为每个孩子提供一大张白纸。问孩子们，他们希望你把他们的名字放在什么位置。将他们的名字以大号字体整齐地拓印出来，并且将第一个字母大写。提供蜡笔和马克笔，鼓励孩子们在他们名字的周围空间进行装饰。将两片接触性相纸剪成比垫布大2.5厘米～5厘米的尺寸，剥去背胶，完全包在垫子各边上，修剪边缘并将角剪成圆形。餐桌垫可在零食或小组活动时间使用。

艺术与社会交往课程

艺术可以帮助孩子与自己和他人沟通。通过画自画像和人物画，孩子可以加强对自我、身体部位等的认识。通过艺术活动，孩子可以感受和认识艺术家的角色。研究艺术家的活动可以在社区的协助下开展，也可以组织孩子们参观博物馆或者美术馆。艺术家也可以走进课堂，示范艺术创作的过程，同孩子合作完成作品。这也是让孩子认识历史和文化的机会，因为艺术家和不同的艺术风格自史前时代就已经存在，不同的文化群体有自己独特的艺术风格。

艺术是文化的组成部分。麦克菲（McFee，1993）*认为，艺术作为一种文化交流的形式，是孩子们身处多元文化背景下必需的基本语言技能的一种。所有的文化都有各自的艺术形式。艺术创作和艺术欣赏能帮助孩子了解不同文化之间的异同。

 多元文化的艺术与工艺

一种观点认为，文化的多样性包括让儿童学

习各类文化的艺术和工艺品。从历史上看，世界各地的人都参与了带有他们文化特征的艺术与工艺品的制作。如果有人在孩提时期就在村子里学到过工艺品的制作方法，那么，任何年龄段的孩子就都能学会它。有的老师可能不同意这个观点。让孩子们接触艺术品和工艺品是一回事，但教孩子如何制作就会出现很多问题。首先，大多数的工艺品是由成年人制作的，以老师为主导的方式教授给孩子，注重结果而不是过程，这就会出现发展适应性和创造性的问题。老师的意图是正确的，他们是想教孩子们如何制作出一个工艺品。但如果让孩子运用超出了他们能力范围的技能，容易导致孩子遭到失败，进而沮丧，他们会有什么收获呢？其次，有些工艺如扎染、蜡染对于儿童而言，不仅困难而且相当危险。再次，工艺品是有风险的，工艺品可能不能反映文化群体的全貌，这将导致孩子对文化的刻板印象并对塑造文化真实性有反作用。又次，对一群人及他们的代表工艺的研究必须是整体的、综合的，而不是随机选取。老师的目的应该是帮助孩子构建文化相似性的观念（包括艺术品和手工艺品的制作），同时也承认和尊重差异。

以下的一些活动涉及了艺术和社会交往学科。

插画书："我"

孩子们画出一本"关于我"的书。类似的活动包括画出自己的脸、身体、感觉、喜欢的、不喜欢的、房子、家庭、朋友。

我的双胞胎兄弟（姐妹）

学习了画出"我"后，让孩子躺在一张长的牛皮纸上。鼓励孩子们伸展开自己的胳膊和腿。老师仔细地在纸上描出每个孩子的轮廓。孩子们剪下他们自己的轮廓并上色，注意头发、眼睛和衣服的颜色。需要提供一个全身镜以便孩子们观察，但是不要求和镜子里或现实中的自己完全一样，可以自由发挥。

我的立体双胞胎兄弟（姐妹）

使用两张长的牛皮纸，按照上个活动的步骤做准备工作。孩子将两张纸都涂上颜色，慢慢将两张纸各边粘起来并且在里面填充上皱报纸。正如上一个活动一样，要求孩子们自由发挥创造力。

因为这个活动的完成需要很长时间，老师可以将整体活动分成多个阶段。例如，可以分成描轮廓、剪形、上色、填充、粘贴几个阶段。艺术课程不需要在一节课上快速全部完成。

家旗

让孩子们简要讨论国旗是如何象征国家的。在美国，国旗由五角星、条纹、红色、白色和蓝色组成。让孩子仔细观察国旗，鼓励他们为各自家庭做出象征家庭的旗子。"你将怎样设计这面旗子来向大家介绍你和你的家庭呢？"家庭成员和家庭中发生的事情都可以包括在内。

壁画

制作壁画是对一些事物进行总结和综合的好活动。这项活动会将研究过的领域或概念进行重复练习。例如，在去了面包店实地考察后，孩子们将他们观察到的所有人和物用一幅壁画表现出来，比如烘焙的人、对烘焙食物进行加工的人、揉面团的人、销售烘焙食品的人、整理货架的人等。在农场考察完后，孩子们可以创作一幅壁画展现他们在农场所学到的东西。如果这幅壁画里没有动物，没有与农场主题相关的车辆和建筑，老师就能推断出这个孩子没有学到很多与农场相关的知识。老师需要通过讨论壁画来帮助孩子温习农场中出现的关键概念。

情绪木偶

组织孩子们在"小组时间"中讨论不同类型的情绪。列举多种情绪并讨论让我们产生这种情绪的事件。做鬼脸并传递镜子，这样孩子们可以看到不同情绪下他们的表现如何。讨论一下，面对不可接受的行为时，如何能使保持好情绪。例如，生气是很正常的，每个人都会；但是，你因为很生气而打人，就很不好。可以做一个双面的木偶，用它来介绍和比较快乐与悲伤的区别，并进行关于情绪的讨论。孩子可以给木偶画两张脸：一侧做成快乐的脸，另一侧做成悲伤的脸，讨论是什么使自己感到快乐或悲伤。教师再给孩子一根小木棍让他操控木偶，让孩子根据话题把木偶转到快乐或悲伤的脸，比如讨论在没有朋友一起玩的情形下应该是什么样的情绪。

教师反思

福克斯（Fox）太太和她的二年级的孩子们一直在研究葛饰北斋。葛饰北斋是18世纪的日本艺术家，他最有名代表作是《富岳三十六景》。全班首先阅读由普雷斯塔出版社出版的《和北斋在日本的一天》，这是一个虚构的故事。然后，福克斯太太让孩子们在互联网和参考书中查阅资料，确定哪些故事在北斋的实际生活中发生过。在世界地图上，孩子们找到了富士山和北斋的故乡日本江户的位置。他们仔细观察《富岳三十六景》复制品，回想作品中的关于不同视角、一天内不同时段、不同天气的描述性语句。这天下午，福克斯夫人和孩子们将成为艺术家来创作"玛丽芒福德小学三十六景"。她发给每个孩子一张绘图纸、铅笔和一个速写板，并将课堂搬到了学校的操坪里。每个孩子安排一个地方，给他们提供一个独特的视角绘制他们的学校。当孩子们开始画时，福克斯夫人来回走动，听取孩子们的评论并回答问题。虽然大多数的孩子从幼儿园起就进入了这所学校，但是福克斯女士承认，绘制建筑要求孩子比以往任何时候都更加专注地观察学校。"从屋顶伸出的是什么管道？"一个孩子问。"整个建筑的这一边有多少扇窗户呢？"另一个孩子问。"今天没有风，所以国旗是垂下来的。"第三个孩子发现并说道。孩子画完之后，进屋内，让家长志愿者协助自己将素描稿涂上水彩颜料。第二天画干后，孩子们用细的黑色马克笔描出自己画稿的轮廓，类似于北斋的作品中的墨线。福克斯太太这堂研究北斋的课程融入了多少个课程领域呢？你能想到开展其他活动来进一步拓展课程的综合性吗？

组合悬挂饰物

这项活动建议在年初进行，因为它能增强孩子们的班级归属感。有些老师会使用相片，有些老师会用孩子画的图片。可以加上图片名称。提供一个分叉的树枝或者木杆，让孩子将自己的图片挂上去。悬挂饰物可以是多种多样的，孩子们可以自由发挥创意。也可以从杂志中剪下孩子会出现的各类情绪、兴趣等诸如此类的图片，还可以将图片挂在小物体上，比如挂在铅笔和树枝上。

身体拓印

孩子们用他们的手指、手或脚留下印记，表示他们是谁。将手指压在水性油墨上，然后拓印到纸上。把手或脚拓印到纸上，这些形状提示了进行进一步设计的可能，孩子们打算将这些形状组合起来定制出自己的身体图片。

节日美术

在感恩节前，利用小组时间让孩子谈论他们要感谢的事情和感谢的方式。铺开一张长的牛皮纸或者壁纸，提供蜡笔和马克笔，让孩子们在上面表现他们想感谢的人、事、物。在春季，让孩子用鸡蛋壳做拼贴画。可以将剥了壳的鸡蛋当零食，把壳留下来完成拼贴画。将大块的鸡蛋壳放在袋子里，小心地碾成小碎片。给孩子们提供彩色绘图纸，让孩子们用胶水将蛋壳有创意地拼贴在纸上。在剥壳前，给鸡蛋上色和装饰也是一种不错的选择。

节日心情

孩子自主完成的艺术品是他们能给予的最美好的礼物。这些艺术品虽然不涉及语言，但是能传递孩子特有的意义和爱意。在学习了主要的节日后，可以引导孩子用艺术形式来表现快乐、希望、爱以及友谊等节日里的特殊的情感。简单的形式包括贺卡、拼贴画等。

 反偏见课程

"偏见"与"反偏见"是什么意思呢？德曼－斯帕克斯（Derman-Sparks, 1989）*认为：偏见是不公平地对待某人身份，并加以证明使其变为合理的一切态度、信仰或感觉。以任何形式支持"不公正"的都叫偏见。反偏见是指一种积极地挑战偏见、刻板的成见和各种"主义"的态度，比如种族歧视、性别歧视、体能歧视。每个人都应该干预、挑战和反对那些固有的成见和压

迫。积极的方法就是赋予权利，知道什么是道德权利并依照自己的信念行事。对偏见不作为就是在助长偏见的滋生［德曼·斯帕克斯（Derman-Sparks），古提瑞兹（Gutierrez），菲利浦（Phillips），日期不详］*。

因为偏见会逐渐破坏孩子发展成最佳的独特个体，所以在早期就应该培养他们反偏见的态度。德曼－斯帕克斯（Derman-Sparks，1989）*认为前偏见（pre-prejudice）会存在于年纪特别小的幼儿的观念和情绪中，而且会慢慢变成真正的偏见。前偏见有很多存在形式，由于幼儿有限的经验和发展水平，它可能是某种误解或者是受媒体报道和家中成年人的影响。更严重的形式就是对差异表现出不安、恐惧或者排斥。

德曼－斯帕克斯（Derman-Sparks，1989）*在对赋予权利的理解中主张实施一门反偏见课程，课程要包含最好的多元文化教育，而且范围更广。反偏见课程提供了更具包容性的教育，它表现在：1. 课程不仅包含文化差异性，也包括了性别和身体机能的差异性。2. 它是基于儿童发展的任务，为他们构建身份和态度。3. 它可以直接处理幼儿成长和交往中出现的成见、偏见和歧视的行为。

德曼－斯帕克斯（Derman-Sparks，1989）和ABC专项小组为反偏见课程提出了四项目标。通过课堂活动以及与同龄人和成年人的交往，每个孩子应该：

1. 构建一个有见识的和自信的自我认同。
2. 形成舒适、善解人意和公平地与他人交往的方式。
3. 形成关于偏见和成见的批判性思维。
4. 面对不公正的情况时，要学会为自己和他人站出来反对。

幼教老师要多跟孩子描述不同文化背景、不同种族、不同性别的个体从事各种积极活动的故事，用积极的方式教孩子识别和处理周围存在的偏见和成见，以此帮助孩子达到以上四项目标。

美术与表现艺术

美术是创造性表现的一种方式，音乐和运动是对幼儿至关重要的另外两种表现艺术。美术和运动都是非言语的表达，儿童在美术中表现的东西也可以通过运动来表达。特雷西（Tracy）特别着迷于独角兽并试图用黏土制作一个。它的长角非常明显。在一个"猜猜我是什么"的运动活动中，特雷西扮成独角兽，四肢着地移动，同时说有一些东西伸出了她的额头。正如音乐通过特定的情绪、语气、节奏、节拍、敲击进行表达一样，美术同样也可以引发自发性地运动。

以下的一些活动涉及了美术和其他表现艺术学科。

音乐绘画

鼓励孩子边听不同类型的音乐边进行手绘和涂色。这些音乐种类包括轻柔的古典乐、流行乐和摇滚乐。讨论什么样的笔触、运动和设计与所听音乐的节奏相符合。

服装和道具

孩子可以给一个游戏或与运动有关的活动进行设计、画画，或者给面具、服装、场景和道具涂颜色。例如，孩子可以为"姜饼男孩"里的不同角色设计不同的纸盘面具，还可以绘制一幅壁画来作为场景。

乐器

孩子们制作并演奏自己的乐器。例如，若要制作一把吉他，孩子们需要有自己的鞋盒子，并用颜料、蜡笔、马克笔和贴纸进行装饰。老师在盒盖上剪一个大的椭圆形孔。盖上盒子，粘紧盖子的边缘。用四根强力橡皮筋纵向环绕鞋盒。这样，孩子们就可以弹奏自己的吉他了。

彩带

孩子们制作彩带以伴随其创造的地移动和舞蹈活动。给孩子提供用于装饰的小纸盘。教师可以通过装订和穿孔或者打结，协助他们将其接在长的皱纹纸上。播放音乐并看孩子用自己的方式挥舞彩带。木棍、彩色塑料管和卫生纸或纸巾也可以用来组合成彩带。

三维立体艺术

装置是指一个三维的拼贴组合，儿童创造性地将一系列物体进行组合。"建筑"和"雕塑"就是三维立体艺术，它可能会也可能不会与别的东西相似。从技术上讲，孩子们也可以用黏土造型，第十一章中进行了这项讨论。我们目前讨论的雕塑是非黏土的形式。孩子都知道物体是由多个零件和部分组成，一张桌子需要由几只桌腿支撑一块桌面，每个人都有躯干支撑着头和四肢，汽车由车轮上的构造支撑着车身。"对我来说重要的事情是如何做出自己的立体模型。"年幼的雕塑家说道。

固定剂和紧固件

大多数三维立体的创作都需要一个固定剂或紧固件。一些常见的类型包括：

- 无头钉
- 胶棒
- 纸夹
- 清洁管
- 订书机——小的，但不是微型的，订书针
- 绑带
- 线
- 晾衣夹——夹紧型
- 金属紧固件
- 纸紧固件
- 橡皮筋
- 细绳
- 胶带——玻璃纸，透明的、彩色的
- 白乳胶
- 纱

以下是一些适合幼儿的三维立体艺术活动。

纸盒创作

可以通过容器的形状来组装成动物、车辆、建筑物、机器和物体的形状。孩子们喜欢用胶带、胶水和订书针把箱子、瓶子、纸盒组合在一起。让孩子思考用容器可以做出什么形状来，比如动物、车辆或一个物体。例如，正方形盒子堆叠在一起可以组合成一个机器人。一个鸡蛋盒像一条毛毛虫、蛇或一节火车。塑料牛奶罐加上用纱线做的头发就像一个人的头。寻找一些形状奇特的盒子、瓶子和纸箱。同样，纸盒创作不必与实物完全一样。以下是一些推荐使用的纸盒类型：

- 盐罐
- 谷类食物盒
- 咖啡罐
- 清洁剂瓶子
- 鸡蛋盒
- 保鲜盒
- 烟盒
- 塑胶容器
- 小礼盒
- 牛奶纸盒、纸箱和塑料盒
- 卷纸筒和硬纸管
- 胶片盒
- 莓果筐
- 圆比萨盒

可以将这些容器粘贴或绑在一起。用瓶盖、盖子、丝带、纸杯、纸屑、吸管和其他小物件进行装饰。也可以用颜料来绘制，在颜料中添加洗衣粉可以减少颜色脱落。

鸡蛋盒艺术

鸡蛋盒中的一个或一组鸡蛋杯可以被创意地组合在一张硬纸板上。孩子们会非常喜欢变换它们的颜色、位置、形状和大小。凸起的图案的立体感让人赏心悦目。

木头联想

孩子们可以用液体胶将小的木块贴在一起，也可以用锤子和钉子。想想：由此组合成的是什么物体，或者仅仅是木块的组合？请与当地五金店、木匠或学校商店的教师联系，搜集小木块，最好有有趣的形状。如果孩子愿意，也可以用修剪好的或大自然中的标本，通过手绘来进行装饰。一位老师建议孩子们先在头脑中构思自己的机器，然后再尝试用木块做出来。孩子们决定做的有糖果、玩偶和其他有趣的机器。带子（风扇皮带）、电线、螺母、螺栓和小型机械零件可以作为装饰物。有些老师则只是让孩子们将木块粘在一起。无论采取哪种教学方法，老师都要接受并重视孩子们做出来的作品（见图12-9）。

锡纸珍宝

孩子可以将一些小物体黏附到一块结实的纸

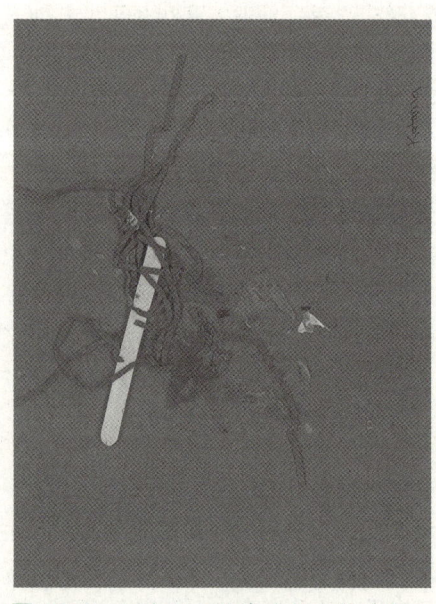

图 12-9　用木制工艺棒进行艺术创作

板上。推荐的三维立体物品包括：

- 高尔夫球座
- 纸夹
- 螺母、螺栓、垫圈和螺丝
- 棉签
- 橡皮筋
- 按钮
- 小型的自然标本
- 珠子
- 纱线、带子或细绳

用旧的笔刷在纸板表面刷上白色液体胶，将物体放在涂了胶水的纸板上。仔细地将一大张锡箔纸放在凸起物体的表面，仔细地按压、弄皱，沿着凸起物体的外形轮廓小心包裹，显现出其形状。但是要注意嵌入的物体不可撑裂锡箔纸。多余的锡箔纸折在纸板下并确保用胶带或胶水粘紧。最后的完成品就是一个有趣的凸起的银质浮雕。注意：在胶水变干之前将笔刷彻底清洗干净以防它变硬。

锡纸雕塑

孩子们喜欢用锡纸作为雕塑的材料。例如，锡纸可以卷起来做成大象的鼻子，揉成一团变成它的头，各个部分也可以粘在一起或用大头针别起来。孩子们还可以用一整块锡纸完成雕塑。例如，大象的腿可以从身体上仔细拉、捏、模压和卷成。记住开始要用一块相当大的锡箔纸——大约12英寸×16英寸。提醒孩子们，虽然他们开始用的是一大张平面的纸，但是最终的完成品因为变成立体物，所以要小得多。

泡沫塑料和牙签雕塑

孩子都喜欢将牙签插在泡沫塑料上。可以选择倒置式泡沫托盘或厚实的物体作为底座。将小块塑料泡沫、碎片、弯弯曲曲的线条或鸡蛋盒用牙签穿起来并插入底座。单独的塑料泡沫，也可以与牙签相连来添加高度和立体感。还可以用纸、织带、花边和其他废旧料来装饰雕塑。这些雕塑非常脆弱，很难完整带回家，所以推荐放在教室艺术画廊中进行展示。

衣架面具

这项活动需要旧长袜或丝袜和晾衣架。衣架伸展开成圆圆的脸的形状。用连裤袜或一只袜子套上并用领带系紧，这就形成了头部。鼓励孩子们通过添加纱、毡、碎布或纸完成脸部。可以将顶上的钩子留下来挂东西，钩子方向朝下做把手，便于做面具。

木卷轴雕塑

一些工艺品商店有木卷轴出售。孩子们特别喜欢将它们堆起来或者粘在一起。木卷轴可以用来当木质雕塑的底座。木卷轴还可以组合成人、动物和交通工具的形状。

纸雕

正如第十章提到的，纸可以卷起来、折叠成立体的圆锥体、正方体和圆柱形。这些形状可以被用来当作腿和身体，成为纸雕的基本组成部分。

纸带雕塑

绘图纸带是制作雕塑的理想材料。用一个塑料泡沫托盘做底，儿童将纸带的一端固定在底座上，剩余部分可以打褶、折叠或与其他纸带相连接。然后继续用纸制作出立体形状。要特别提醒儿童，最后的成品只要"有趣"即可，不要求看起来像任何特定物体。

报纸填充雕塑

这项活动与"我的立体双胞胎兄弟（姐妹）"相似，比自画像难度更大。每个孩子需要四张大报纸。年长的孩子先画出轮廓，然后再裁切出来。例如，勾画一只大的恐龙，不添加脚部和细小部分。穿过四层报纸小心剪出轮廓。两层形成正面，两层形成背面。慢慢把里面塞满小团的皱报纸再装订起来。用颜料、蜡笔或马克笔来装饰。

图腾雕塑

冰激凌屋会剩下很多冰激凌盒子，它的形状和大小是制作面具的理想材料。可以先将单独的盒子进行装饰，再将它们互相堆叠起来，就像图腾柱一样。盒子与盒子之间要粘贴紧。

肥皂雕塑

能安全使用小刀的大一点的孩子在老师的监督下可以进行这项活动。给他们每人一块肥皂和一把用于雕刻的锋利小刀。让他们先在肥皂上画出物体的轮廓，再用小刀雕刻出来。建议他们选择非常简单的形状，不要追求局部和细节。粗糙的边缘和切边可以用湿的手指摩擦光滑。

肥皂水雕塑

孩子们喜欢用这种白色黏土进行雕塑。请在搅拌碗中倒入一杯肥皂粉和一汤匙温水，用电动搅拌器打成类似黏土一样的黏稠度，约为一杯的量。让孩子如同玩面团一样进行塑造，也可以用装饰物品来进行装饰。等待其变硬，黏土干了之后就会一直保持硬度。

冰雕

在热天，制作冰雕是一个值得推荐的户外活动。活动前一天，用一个大的容器（比如塑料碗）预先制作冰块。还可以用气球充满水放在冰箱里冷冻两天。撕裂气球，将大块的冰放在菜盆或大烤盘里。提供塑料喷瓶，一些装入清水，一些装入已添加水彩颜料的水。慢慢添加颜色以防颜色变浑浊。再提供一些盐和亮粉。让水从喷瓶中流出来而不是喷出。鼓励孩子在冰上"喷上"水，并进行观察。当盐撒在冰上，又会发生什么呢？刨冰和冰块也可以加入并比较。做一些什么会使冰融化得更快呢？教师还可以提供滴管和盛温水的容器。水的温度是否让冰融化的时间有差异？

电线雕塑

准备坚固而易弯曲的电线来制作雕塑，推荐使用的各类导线包括铜丝、黄铜丝、钢丝、铁丝、铝丝、捆扎铁丝、绝缘电话线（彩虹颜色）和19号导线。寻找从14号到28号的不同规格的导线。一英尺的长度最合适。孩子们喜欢将线扭曲和弯成不寻常的形状。他们也喜欢尝试将线弯成像某种物体。电线雕塑也可以黏附或钉在一块小小的木头上，使其有一个坚固的支撑底座。

盒子景

这项活动需要孩子们准备好自己的鞋盒子，这也被称为透景画。这项活动适合年龄较大的儿童，因为小物体的摆放需要大量的时间和耐心。鞋盒成为整体的立体框架或舞台，让孩子选择一个主题，例如，他们的家庭或一个喜欢的故事。盒子里面可以布置得如同自己家里一样，将家庭成员都加入进去。记住，内部空间必须有深度，能进行立体布局。对象可以被放置成多行展现其深度。比如可以用绳将鱼挂在内部顶上如同水下场景一样，有一个小女孩就是怎么做的，她的这个盒子场景是根据《小黑鱼》进行布置的。

彩色盐罐

孩子们需要干净的带盖玻璃瓶或罐，还需要几种不同颜色的盐。盐可以用粉笔末来上色。在松饼罐或纸杯中各放置一种颜色，轻轻地将一种颜色的盐倒进瓶子或罐子里，用小勺子或纸杯来倒，或让它从皱巴巴的折叠纸中滑落。一层层地叠加到任意高度，需要注意流量和位置。小心地添加第二个颜色，不需要摇晃或翻倒瓶子或罐子。每一层都将形成自己不规则的形状。用铅笔沿边和层小心地穿过形成一个有趣的效果。加入不同颜色直到罐子填满。将它放置一夜，第二天再添加额外的颜色，将它完全填满再紧紧盖上瓶盖。这将是一个很好的礼物，因为是孩子们亲手制作成的。年幼的孩子则需要为其提供一个小的广口容器。

胶水涂涂乐

每个孩子需要从塑料托盘上切下一块塑料泡沫。让他们用不同颜色的马克笔进行手绘或设计，并留下一点空白地方。等其干了之后，用旧笔刷在整个表面涂上白色液体胶水。等其彻底干燥后，将会表面光滑、颜色鲜亮。这样，一件吸引人的装饰品就做成了，它也可以挂起来作为挂饰。

回收品立体拼贴

可以将多个立体物组合起来粘到一块坚固的纸板上，最终成品是一个立体拼贴。它用回收物或"垃圾"物品制成，比如软木塞、工艺棒、复活草、牛奶、软饮料瓶和其他容器的塑料瓶盖。请观察一下一些艺术家是如何用物体来扩充纸板背景的。这反映了孩子们的创造力，因为他们要自行选择材料并自由组合拼贴。

纸塑

Papier-mâché 在法语中是"纸塑"的意思，指将纸撕成条状、绕成团和定型，形成立体形状。将报纸撕成带状，浸渍在黏合剂混合物中并浸泡一夜，使其更柔韧，再挤出多余的水。以下将介绍更多的适合幼儿制作纸塑的方法。

纸带环绕法。将1/2—1英寸宽的报纸条或纸巾条浸在白乳胶和水中或其他介质混合物中。纸条也可从纸袋上剪下，因为其厚度与纹理也适用于此活动。用手指细致地挤出多余的液体。如果胶水或糨糊涂得太厚，干了之后就会定型。现在开始为作品造型吧。纸带应该平整绕成一团，并从不同的方向进行环绕，保证各个方向受力均匀，再用手磨平褶皱和气泡。一次绕两至三层，让其干燥。也可以添加细节，改变最初的形状。例如，报纸绕成一团变成球体添加到罐子或瓶子的顶部形成头部，再用纸胶带固定。等其彻底干燥之后再继续添加纸的层数。最后一层用纸巾，给最后的绘画和装饰提供的一个干净的表面。将其放在蜡纸上，等待其彻底干燥再绘制。成人可以用喷瓶或便宜的喷发瓶来盛蛋彩画颜料。这项活动需要一段时间才能完成，非常小的孩子如果想要在短时间内完成可能就会失望了。

在幼儿制作纸塑活动中可以用来被包裹的物品有：

- 吹气的气球：将最终的纸塑小心对半切开，可得到两个碗或两个面具
- 瓶子或罐子
- 礼品盒
- 卷纸
- 容器
- 压碎或卷起的报纸
- 塑料牛奶瓶或洗涤剂瓶
- 灯泡：做成一个类似于沙锤的声音震动器。当它装饰好和干燥后，轻轻地撞击地板，打破灯泡内部而不损坏外部的纸塑。如果有必要，再修补一下。

纸塑糨糊（熟）

3杯水；1 1/2杯面粉；薄荷油。

在冷水中搅拌面粉。再用小火煮，直到混合物变稠，类似于奶糊。如果太稠，多加点水。待其冷却，加入几滴薄荷油。最后，给纸条涂上糨糊。

衣架物体

"衣架头"活动也可以运用纸塑制作。将衣架拉伸成所需的形状，蘸了纸塑糨糊的长条报纸缠绕其上，形成稳固的底子。再把它装饰成一张脸或任何想做的东西。添加纱线做成头发，纽扣做成眼睛，一幅自画像就完成了。

填充袋

将装满报纸的纸袋塑造成基本的形状，作为底子。用蘸了纸塑糨糊的纸条包裹底子可以形成特定的形状，如手臂、腿、头、尾巴等。

纸塑浮雕

年纪稍大、有制作纸塑经验的孩子可能会喜欢这种拓展活动。这个活动需要一块纸板做底，再用铅笔画一个简单的图片或设计一个图案。用蘸了纸塑糨糊的纸条将图形或设计图案继续做成立体的浮雕。纸条可以弯曲、折叠、卷曲或塑造成所需形状。例如，圆形的、扁平的纸可以做成太阳，薄的、弯曲的纸条可以做成光线。继续添加纸条，使其更具三维立体或浮雕效果。

皮纳塔（Piñata）糖果箱

用充气的气球当作皮纳塔糖果箱的底，再用蘸了纸塑糨糊的纸条将气球包裹起来（按照纸塑的方法）。包裹完成后，用一根针戳进气球，割开一个小口，然后在皮纳塔糖果箱中放入贴纸、糖果、纪念品和小零食，再用纸带将小口合上。把它挂在头顶上或者户外的树枝上。蒙住眼睛的孩子们对皮纳塔糖果箱愉快地挥舞着小棍。皮纳塔糖果箱被打破，糖果和礼物像雨点般散落，让孩子们兴奋地尖叫起来。

沙塑游戏

阅读制作塑形沙的配方。可以适当添加一些硼砂以增强其塑形能力。在一个盒子或旧洗碟盆里面套一层塑料袋或锡箔纸，并装入沙子至4英尺寸高处。通过舀出部分沙子来刻画图案，也可以用手指搅动，制作出有趣的肌理。但是不要径直舀到容器的底部。然后用自然标本和有艺术感的小块废旧物对其进行装饰，这会让作品形成个人风格。记住，沙塑作品的凹凸与草图里的图案是相反的。比如，当你舀掉一勺沙子时，得到的图像在草图中应当是凸起的。

不断往粉末中加入清水，使混合石膏像奶昔一样黏稠。不断搅拌，并迅速开始制作。仔细将石膏倒入模具，如果需要着色可以添加食用色素或颜料。轻轻摇动或敲击容器，以使该混合物沉淀。如果你想雕塑可以挂起来，在表面（背面）

插入发夹、回形针或弯曲的铁丝。或者简单地按压双手做成手印，顶部现在就是正对着你的那一面。静置石膏，当它完全干燥后，轻轻将沙子刷掉。鉴于这些步骤，这将是一个非常耗时的活动，一次只能有一个孩子制作。在沙地中或沙滩上，这项活动会更理想、更容易完成。

石膏（用于模具）

8 杯修补灰浆；5 杯水。

调匀。此配方够制作 4 块模具。此配方可以代替熟石膏，它干得非常快。修补灰浆很便宜，但是至少需要 30 分钟才能干。

挤压雕塑

这项活动只需将石膏倒入一个结实的小塑料袋里。倒入 3 英寸高的分量，挤出袋子内多余的空气，并加入自然标本、有艺术感的小块废旧物或着色剂，再将袋密封起来。等待几分钟，石膏变厚，再让孩子挤压、揉捏，将填充袋变成有趣的形状。放置几分钟，直到它变热并开始变硬。干燥一整夜，待其彻底干后，撕掉塑料袋并用颜料和马克笔来进行装饰。最终将出现一件造型独特的雕塑。它可以当作镇纸使用，也可以当作礼物送给父母。

创意气球

在旧碗里将熟石膏搅拌混合，直到变成乳脂状。再用有大开口的漏斗倒入空的气球中。这需要团队协作进行至少 2 分钟。把填充了石膏的气球放在桌子上，使其成型，直到它开始变硬。这需要很长一段时间，可能会超出幼儿的耐心。可以先让幼儿去做别的事，因为至少 30 分钟后它才会完全干燥。待其彻底干后，轻轻撕下气球。如果需要，再用颜料进行装饰。一次性厨房手套也可以用来作为模具。切记一开始要迅速，因为一旦混合石膏变硬就不能造型了。另外，不要将多余的石膏倒入下水道，因为它会在管道里变硬，导致管道堵塞。

总结

不同的人对课程有不同的定义，一种观点是把课程看成是整体经验的教学，一种认为课程是某个学科领域的教学。在第二种观点中，艺术仅仅是一个学科领域。本章谈论和推荐的活动强调了艺术与数学、科学、沟通艺术、语言艺术、读写能力、社交学习及其他表现性艺术学科的联系。

关键词

合成艺术品	课程
表现性艺术	纸塑
三维立体	

活动建议

1. 采访两位老师，听听他们的意见及对课程定义的解释。他们同意还是不同意该定义？他们的观点与本章提到的观点相符吗？

2. 选择一个艺术家，研究他或她的生活和工作。设计一个活动，将对艺术家作品的欣赏与艺术创作活动结合起来，与一个或多个幼儿课程领域结合起来。

3. 在一个或一组孩子中实施艺术综合活动。

4. 你的助教可以给你推荐一个网站，网站里会有一个有经验的老师巧妙地将艺术与其他活动融合起来。观察这堂课的课程设计并思考综合课程应该如何设计和实施。

5. 仔细考虑本章列出的关于幼儿教育课程中多元文化艺术和手工艺品的多个观点。谈谈你对这个问题的看法，与你的朋友讨论这个看法。

6. 推进三维立体艺术活动在幼儿中的开展。

回　顾

1. 分辨对幼儿教育课程的两种解释。
2. 列出幼儿教育中主要的课程领域。
3. 将以下与艺术相关的活动和列出的课程领域相匹配，并尝试将它们综合起来。
    a. 数一数艺术中心中儿童的人数，看看是否人数太多　　　　　_____说
    b. 向一个孩子解释制作手指画拓印品所涉及的步骤　　　　　　_____写
    c. 将我们心存感激的人和事做成感恩节拼贴画　　　　　　　　_____科学
    d. 扎克（Zak）在他的图片上写上 "XZo" 作为他自己的名字　　_____社交学习
    e. 拉里（Larry）发现，加水并迅速搅拌水彩颜料会产生丰富多彩的泡泡　_____数学
4. 讨论幼儿综合课程的好处。
5. 为幼儿课程中的反偏见课程设计一个教案。

第十三章 艺术中心

试想幼儿有了绘画的机会。他们将要做很多决定,孩子会问:"我要做什么?""我要用什么去做?"这张图片中的艺术中心传达给儿童什么信息?你想在你的教室中有一个这样的艺术中心吗?为什么?教室里有很多画架供儿童使用,并且有很多儿童易于使用的绘画材料。在绘画中心的另一个桌子上,有一些(但不是很多)供儿童创作用的其他材料。为了保持孩子的兴趣,循环使用这些材料,每周都要把材料归还到艺术中心。

目标

读完这章，你应当做到：
- 列举并讨论建立幼儿艺术中心的五个标准
- 对比二维艺术与三维艺术媒介
- 描述使教室中的艺术中心适用于所有儿童的方法
- 制定一些规则，保证幼儿在艺术中心顺利进行活动
- 评价一个艺术中心/项目的作用
- 制作玩偶和面具

引言

你参加过自助晚餐吗？把沙拉分类放在一起，碗碟、银器和餐巾纸放在桌子的末端，甜品放在靠近桌子末端的地方，有特殊的设备使食物保温。这种逻辑安排也适用于艺术中心的布置。

在很多教室里，相同的材料摆放在一起，不透明容器要在容器外面贴上样品标签。每个容器的内容物图样要贴在放该容器的架子上。艺术中心的分类布置取决于它的可用空间、资源和教师的个人风格。

艺术中心大部分时间都要自己经营。一些儿童要自己做选择，并且观察媒材之间的联系；另一些儿童要继续制作他们的作品直到他们累了或者完成一件成品才算合格；还有一些儿童有了想法，想要制作更多作品。循环利用的材料要让孩子归还，否则一些安排将要推迟。

制定艺术项目的基本原理要围绕一个中心，即允许儿童发现、做选择、负责任、独立制作。艺术中心应当是一个类似艺术家的工作室，有便利的交通、丰富的储藏，有纪律、有组织、有原则、有规定。这些标准和指南将在本章进行阐释。

艺术中心

教室中的艺术中心是一个儿童能够进行艺术创作的区域。大部分幼儿项目已经准备了教具、桌面玩具、积木、书籍和供戏剧表演的道具等。还有一些其他的教育中心，例如科学、数学和水上教育中心。尽管教室的空间很宝贵，但是幼儿艺术中心是必不可少的。究竟什么是艺术中心？如何开始并将其维持下去？艺术中心的标准如下：

1. 艺术家的工作室　　2. 方便的地理位置
3. 储藏有适当的材料　　4. 有组织、有纪律
5. 有原则、有规定

naeyc　1. 艺术家的工作室

艺术家的工作室应当看起来很有吸引力，通过它的外表传递艺术创作的气息。孩子需要一个经过深思熟虑布置的空间，在那里他们可以进行探索，而不仅仅只有一张桌子。艺术家的工作室是一个利用一系列材料同艺术接轨，有利于创造二维和三维艺术的地方。艺术家的工作室是一个有诱惑力的地方，能够反映创作的热闹气氛而不是过分强调安静和整洁，可以随意走动，可以去发现、制作、实验和探索的地方。艺术中心类似于一个工作室，参与者们可以尽努力去创作。艺术家喜欢视觉上的刺激，并且喜欢欣赏其他艺术家制作海报、拓印品、日历以及进行他们自己的创作。墙面和柜台用于展示作品。同时一定要有一些关于艺术或者艺术家的书籍，以培养儿童的艺术和读写能力。

孩子应该参与各种各样刺激的活动并体验适合他们使用的艺术媒材。这些媒材将会补充、扩大和平衡自我表达的主题，它们在某种程度上决定儿童的发展水平、协调能力和兴趣水平。这种创作过程将在艺术中心得到体验。创造性的绘画和探索视觉图像的过程与最终的完成品（也许只是一张绘画图片）都同样重要。滚动、打磨、拉伸黏土的过程与最终完成的黏土作品一样重要。

艺术活动是建议，不是处方　仅仅列举清单或规定一系列艺术活动是不明智的。以下包括一些建议，但不能作为每天活动的教案。直接教给孩子们明确的活动将会否定之前我们已经讨论过的一切关于艺术的事情，例如创造发现的过程。反之，要鼓励儿童发现更多的知识和自身创新的可能。这些活动在艺术中心可以基于一些简单的和廉价的媒材完成。

naeyc　综合媒介

综合媒介有可能造就新的艺术可能性。例如，让我们设想儿童用蜡笔分别在桌子上和画架上画画，并问他们："如果我们同时使用它们会发生什么？用两种颜色会有什么效果？马克笔和彩色铅笔能一起使用吗？你尝试过在干了

的画上进行拼贴吗？"创造性地混合并使用材料具有无穷无尽的可能性。教师不需要明确规定用哪几种颜色进行组合，要做的仅仅是让儿童实际体验操作并且使用不同的艺术媒介（见图13-1）。

图13-1 综合材料：扎染、纸艺和粉笔

naeyc 变化多样的工具、思维和媒介 多样的工具可以帮助儿童创造新的艺术可能。例如，让他们使用不同种类的笔刷，扁的或圆的，并问他们："我们能用牙刷画画吗？在你的房间里或者储物室里能找到用来画画的刷子吗？让我们想想能用来画画的刷子还有哪些。"

转换思维将产生新的可能性。绘画能够通过刷子刷出的长笔触传达思想，也可以用其他方式，例如轻拍、旋转、喷射、滴洒、连续击打等。

变换媒介也可以有别出心裁的效果。儿童能用清水、彩色的水、颜色多变的水彩笔、薄蛋彩，或者用沙子、盐、糖等画画。

把二维和三维艺术媒介综合 同样，在二维和三维艺术媒介之间有一种平衡。二维艺术活动包括用高度和宽度描绘一个相对平面的艺术空间。三维艺术活动还包括了对深度的描绘。很多艺术活动，包括纸上绘画，既可以表现二维又可以表现三维空间。

2. 方便的地理位置

艺术中心应该在教室中有一个方便、合适的位置，而不是一个令人心烦的拥挤的角落。在教室中选出最好的位置作为艺术中心，即最好选一个方便观察与管理，既可以近距离观察儿童又可以保持相对距离的位置。艺术中心不要在教室的正中间，因为儿童会四处走动。如果可能的话，

艺术中心要设在瓷砖地板上，因为在绘画的时候可能会四处喷溅颜料或者有碎蜡笔掉落，设在瓷砖地板上会方便清理。另外，为了方便清理，把艺术中心设在水池旁边也是有必要的。如果教室中没有水池，就要考虑把艺术中心设在靠门的地方，方便打水，这样就不用穿过整个教室去打水。此外还要提供一些纸巾。

艺术中心的灯光也至关重要。从窗户透进来的自然光或者天光是再好不过的，但是如果不具备条件，也要确保有明亮的人造光。要有配套的桌椅，桌子的表面要便于清洗。无论是坐着还是站着，桌椅的高度要确保儿童使用舒适。儿童在画架上绘画时也许会有一些很大的动作，安排好每两个小艺术家之间的距离。一些教师喜欢把捏黏土的桌子和进行塑造的桌子分开，这就防止小雕塑家滚、捏黏土时打扰其他的小艺术家。架子和橱柜方便储藏材料，在艺术中心也是不可缺少的。架子可以放置当天儿童需要的材料，而橱柜用来收好将来要使用的材料。

由于不同的艺术中心和艺术活动有各自的噪音等级，所以把艺术中心设置在靠近比较嘈杂的活动区是明智的。例如，艺术中心应设置在戏剧表演中心附近，因为两个中心都鼓励儿童多动、多说、多交流并且活跃起来。戏剧中心也鼓励儿童制作自己的戏剧表演道具，制作"纸币"去购物或做一个比萨。笔者不建议把艺术中心设在离读书角或科技中心较近的地方，因为这些地方很安静，社交活动较少。

艺术中心没必要非设在室内，艺术活动也可以在户外进行，可以在画架或者画车上安上车轮方便搬运。

3. 储藏有适当的材料

艺术中心要储藏具有发展性的最基本的艺术材料、工具、设备、备用品和可再利用的废品（见图13-2）。艺术中心不需要巨额消费，在适度预算的范围内有计划地购买经济型物品。与其他教师计划好，制作购物清单。

购买高质量、低消耗的物品，例如刷子，它可以长时间使用。艺术类预算的大部分都会花在易消耗的物品上，例如油漆、纸张，这些都会定时用光并且需要重新购买。装饰物品例如亮片、皮毛、羽毛、小金片和会转的眼睛都不是必需品，

第十三章 艺术中心　259

- 根据不同的形状、尺寸和质地把纸进行分类（以下有明确的案例可供参照）。
- 模型和模型制作材料，例如黏土、面团和工具。
- 剪切、黏合和连接物，例如剪刀、胶水、糨糊、胶带、打孔机、订书机、订书钉、线、清洗烟斗的烟斗通条。
- 用于画画和拓印的工具，例如颜料、刷子、相关艺术媒介。
- 拼贴工具，例如自然物标本、化纤物品、旧珠宝、墙纸、纱线、缎带、包装纸。

记得在教室中要给孩子提供有意义的体验材料的机会，其中包括那些有特殊需要的孩子，例如视力低下或者有听觉障碍的儿童，他们都要享受到以下体验：

- 用手摸有油漆味的绘画、玩面团，进行多种感官体验。
- 用明亮的或带荧光的材料，使画面与背景纸张和桌面形成强烈对比效果。
- 安全的黏贴胶带。
- 用有图画的猜字谜卡片给予提示。

纸张

儿童在绘画时几乎要无限量地使用不同样式的纸张，例如他们可以使用如下纸张：

胶带器（adding machine tape）——用于纸塑和纸链条

背涂黏合剂的纸（adhesive-backed）——用于纸张碎片粘贴活动

吸墨纸（blotter）——用于吸收水彩画多余的水分

盒子（boxes）——用于绘画和在上面做记号

棕色包装纸（brown wrapping paper）——用于壁画、木偶、纸塑、纸雕和其他要求定型纸的艺术活动

厚纸（butcher paper）——长长的圆筒形纸，用来做壁饰或用于手指绘画

日历张

复写纸（carbon paper）——用于复制图案

纸板（cardboard）——平整的、有楞的，可用于多种艺术活动

目录册（catalogues）——用于撕纸、剪纸、粘贴纸和拼贴

玻璃纸（cellophane）——用于颜色浆（color

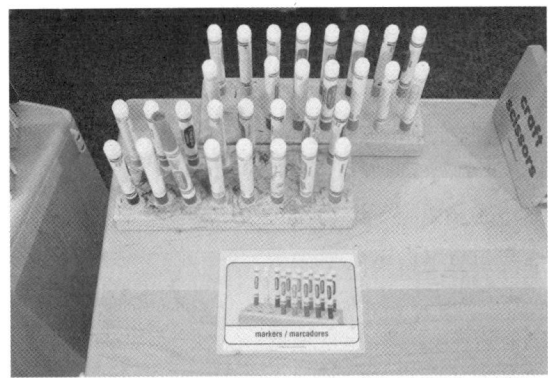
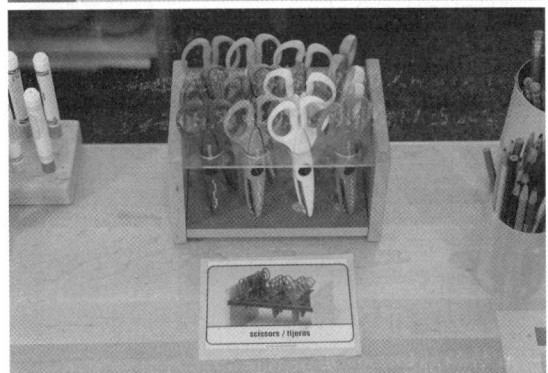

图13-2　艺术中心的材料应当清晰地贴上标签便于寻找，并且由儿童清洗干净

这些都很贵并且很快就会用光。附加开支的物品是可以循环利用的，二手货商店、车库、庭院旧货店和清仓大拍卖的物品都是可以回收利用到艺术活动中的不贵又好的资源。家庭会提供相当大的贡献。向家里寄一张你特别需要的物品清单，妈妈也许就会从单位带回来拓印纸或没用的办公表格，祖母也许会从她的旧针织盒里拿出棉花或者化纤物品满足你捐赠物品的要求。捐赠有益于每个人，让家庭参与其中，艺术中心会变得储存丰富。

什么物品将出现在艺术中心的架子上？以下至少有六类基本艺术材料，包括：

- 标记工具，例如蜡笔、铅笔、马克笔、粉笔。

paddles)、拼贴、纸艺术

牛皮纸（craft paper）——3英寸宽，用于制作壁画，装饰儿童自身和布告牌

彩色塑料包装（colored plastic wrap）

咖啡过滤器（coffee filters）——在上面做标记，用于融化的蜡笔、浸泡和食物染色

电脑用纸残余部分（computer paper scraps）——用干净的一面画画

绘图纸（construction paper）——有益于用蜡笔、粉笔、颜料在上面画，但不适用水彩；很难向不同方向折叠；过时就会褪色；可以买大张的混色薄板并裁剪

感光相纸（contact paper）

绉纸（crepe paper）——自选；首先购买其他的基本用纸

小型装饰桌巾（doilies）——用于拼贴和其他纸类活动

蛋品包装纸盒（egg cartons）——纸板和塑料

信封（envelopes）——有助于做记号

不褪色的绘画纸（fadeless art paper）——比图画用纸易于折叠和造型，但是更贵，只有一面有颜色并且不易褪色

手指绘画纸（finger paint paper）——有光滑的表面，买最大的尺寸

礼物包装纸或者包装纸（gift wrap or wrapping paper）——用于拼贴和其他纸类活动

图表纸（graph paper）——面积大，儿童能自己制作

贺卡（greeting card）——回收利用，可用于裁剪、粘贴、拼贴等

食品杂货袋（grocery bags）——适用于绘画并符合其他纸类活动所需的所有尺寸、颜色、轻重

有黏性的星星、粘贴物和标签（gummed stars, stickers, and labels）——可以舔一舔然后粘在纸上

杂志（magazines）——用于拼贴和制作蒙太奇绘画作品

马尼拉纸（manila paper）——比新闻纸要更高级的纸；表面粗糙，奶油色，很重；比新闻纸要贵但是比白色绘图纸要便宜；马尼拉纸能够很好地用于拼贴、粘贴、上色、绘画和粘贴活动；购买大张纸，用于裁剪

马尼拉文件折叠印刷品（manila file folders）——旧的、用过的，结实的

无光泽纸板（mat board）——用于制作相框的衬边；很贵

金箔（metallic paper）——日常使用的话会很贵

报纸（newspaper）——用于绘画、充当填塞物和清扫工作

新闻用纸（newsprint）——用于做记号、涂鸦、绘画、上色；是最便宜的。较厚的纸吸水性好，适合用来画色彩，且易于折叠，但是不容易撕。有不同的尺寸，买大尺寸的纸然后裁剪

标签纸（tagboard）——在用途与价格方面与马尼拉纸类似

麦片纸（oatmeal paper）——可以用蜡笔、粉笔涂画和拓印的有纹理的纸

小提示

· 纸张越大越贵。当然，也可以节俭地把大的薄纸有创意地剪成小尺寸和形状。这能避免不必要的浪费并能长期使用，具有经济实用性。

· 尝试利用肉店、地毯商店、印刷商店的纸卷筒、棕色包装纸，这些纸可以很好地用于壁画制作。

· 使用不同类型的纸，确保要有报纸、杂货袋、硬纸板。征集广告要做成漂亮的背景或拼贴画，彩色漫画部分的背景是黑色线性设计图案。对于画家来说，不同的纸的表面会带来新的问题，新的挑战。

碎纸拼贴可用于彩色广告。杂货袋很厚重并且经得起年轻画者的重复尝试。

· 不同形状的纸会带来不同挑战。例如，把纸裁成旗形、菱形或者不规则形状；把纸的内部剪成圆形、方形、长方形和三角形，这将会强制艺术家修改形状来适应这张纸。例如，一个人不能用蜡笔、马克笔在一张"8"字形纸上画画。但通过胳膊的运动和尝试，曲线将会形成不一样的螺旋或者圆形。

· 孩子有特别的需求，尝试用感光相纸的有黏性的一面进行拼贴活动，能免去对胶水的需要。

透明薄纸（onionskin paper）——用于水彩画的细纹纸

手工折纸（origami paper）——日本折纸艺术中的特殊用纸

纸袋（paper bags）——所有的尺寸均可用于制作玩偶、面具等

纸盘（paper plates）——洁白，用于制作面具

纸筋（paper reinforcements）——用于系带和制作眼睛、西洋旧历和纽扣

碎纸节约装置（paper scrap saver）——用作空盒子和容器

纸巾（paper towels）——用于绘画、染色、纸塑和清洁

绘本（picture story）——用于图画和描述故事

餐具垫（place mats）——作为背景，用于其他艺术活动

广告纸板（poster board）——用于制作衬边和边框，比无光泽纸板便宜

米纸（rice paper）——相当贵；表面适用于墨水和水彩画的创作

砂纸（sandpaper）——具有抗蚀性，适用于拼贴、融化的蜡笔的蜡作画

搁板纸（shelf paper）——用于制作壁画；如果表面光滑的话，适用于手绘

购物袋（shopping bags）——剪开并放平可以用来画画

锡箔纸（tinfoil）——用于雕塑和特殊纸张活动

绵纸（tissue paper）——有很多颜色，买大张纸并裁剪

描图纸（tracing paper）

复写纸（typing paper）——适用于墨水画和水彩画

毛毡纸（velour paper）——有柔软的质地但是很贵；要节约使用

碎墙纸、样品、书籍（wallpaper scraps, samples, and books）——用于制作衬边、边框、拼贴。同时大部分墙纸可以用于绘画

水彩纸（watercolor paper）——一张张购买会较贵，也有的是写字板形式

蜡纸（wax paper）——用于高级包装，有防水防潮功能

白色绘图纸（white drawing paper）——高级纸，很重并且相当贵。适用于所有项目，包括绘画。很干净并且经得住擦拭。推荐买60磅重的纸，买大张然后裁剪

包装纸（wrappers）——来自口香糖或糖纸，用于粘贴和拼贴

工具／配件／其他物品

儿童在从事艺术活动时使用的配件是受限制的，因为想象力是无限的。一些物品，笔者曾经成功尝试过，其中包括：

滚筒（brayer）——用于绘画和拓印

案板（cookie sheets）——用于制作艺术品表面

菜板（cutting board）——用于制作印章和粘土

打蛋器、旋转机（eggbeater, rotary）——用于艺术食谱和水上游乐

胶木（Formica）——用于制作艺术品表面

挂钩（hangers）——用于制作移动物体、编织、木偶等

电热板（hot plate）——用于融化蜡笔

厨房工具（kitchen tools）——用于混合各种成分、绘画和拓印

油布（linoleum）——用于制作艺术品表面

混合用的碗（mixing bowls）——用于混合材料

纸张钻孔机（paper punch）——用于做记号

圆规（pencil compass）——用于做记号

分度器（protractor）——用于做记号

圆钉（rolling pin）——用于黏土、绘画、拓印

橡胶印章（rubber stamps）——用于拓印

尺子（ruler）——用于做记号

筛子（screen）——用于丝网印刷

抹刀（spatula）——用于混合颜料和成分、黏土制作和拓印

海绵（sponges）——用于绘画和拓印

喷壶（spray bottle）——用于手绘，给画喷水，制作湿的水彩画

拓印台（stamp pad）——用于拓印

托盘（trays）——用于艺术品表面（for art surfaces）

蜡（wax）——防水防腐等

电线（wire）——用于绘图装配、编织、雕塑、移动物体和固定雕刻物

为了能够让身体条件不同的儿童全部参与到艺术中心，以下方面需要注意：

• 适当的艺术工具例如大的宾果标记（fat bingo markers），短粗的蜡笔，大的马克笔和用于粘贴、拓印的大物品（马克笔要比蜡笔更容易做记号）

• 双刃灵活的剪刀或弹簧剪刀，用于剪裁

• 用胶条而不用胶水

• 易洒的油漆杯子用维可牢（商标名）粘到桌子上

• 有用于画画的旧的圆头刷子、海绵、泡沫刷子或者短把刷子

• 把泡沫滚筒变成刷子，马克笔和蜡笔可以插到更安全的容器中

• 小的墙刷滚筒，在贴在墙上的纸上或画架上作画

> **小提示**
>
> 胶木（Formica）和油毡可以在绘画、手绘、雕刻黏土时起到光滑底面的作用，明确了艺术家的创作空间，易清洁。旧的文件盒和案板也是推荐使用的物品。

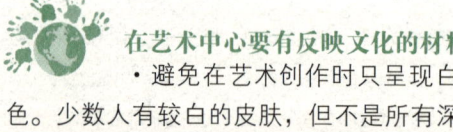

在艺术中心要有反映文化的材料

• 避免在艺术创作时只呈现白色和黑色。少数人有较白的皮肤，但不是所有深色皮肤的人都是黑色

• 从不同的供应商处获得多种艺术加工材料（颜料、蜡笔、马克笔、化纤物、毛毡和纸张）。

• 帮助儿童混合与他们肤色相同的颜料。要有一面镜子，对美丽的颜色做出评判。

• 让橡皮泥形成浅色、中间色和暗棕色阴影，还有米黄色、棕褐色、粉色和黑色。增加可可粉使颜色变暗。

• 将有代表性的不同文化的化纤物碎片添到你的拼贴箱中。

• 提供多种杂志，例如《黑檀》（*Ebony*）和《国家地理》（*National Geographic*），让孩子们在拼贴或者制作关于人的壁画时使用。

• 将包括文化手工艺品在内的例如大蒜或玉米饼用黏土和橡皮泥工具挤压出来。

• 提供厚薄、长度不一的纱线，制作成黄色、橘红、棕色、黑色和灰色的头发。

• 展出艺术海报的要求是描述来自全世界的儿童和成人。确保所描述人物的真实性。要包括人们参与艺术活动的照片。

• 避免陈旧的或者错误的商业图案，否则将会给儿童带来类似夏威夷人穿草裙衬衫或者非洲人穿花哨短袖套衫的错误印象。

• 寻找相似点。亨特（Hunt，1995）* 在计划十二月的假日时想到了圣诞节、光明节和宽扎节，这些节日都受到重视，都有庆祝盛典。每一个节日都用烛光去庆祝。基督徒点燃蜡烛，犹太人也点燃烛台，非洲裔美国人点燃宽扎蜡烛。艺术活动也要跟上光这一主题潮流，例如做大卫之星（六角形星星），做伯利恒之星（五角形星星），用在光明节、宽扎节和圣诞节的节日贺卡上。

4. 有组织、有纪律

艺术中心是有组织、有纪律地重视效率的场所。废旧物品的优点在于其具有创造的潜质。如果有组织、有规律地利用就会变为有用。儿童不知道纺织品，如绷带、纱线和礼物包装等所有的物品都放在一起会有什么用，太多的物品、太多的改造可能性会使幼儿不知所措。类似的材料可以分类一起放在较矮的、开放的架子上，基本工具例如蜡笔、马克笔和铅笔可以挨着摆放。第二层架子可以根据不同尺寸和形状放置。理想化的状态是容器应当干净整洁，里面的物体能够清晰可见。如果不是这样的话就加上标签，方便寻找。用胶棒把物品小样贴在容器正面，例如，粘贴一个松枝在自然物品的盒子前。这个树干的标签对于视力较弱的儿童尤为重要。你也可以在标签上整齐地写上"自然物品"。在儿童的周围贴上有功能性的标签能够加强他们读写能力。一些老师喜欢在货架上分别存放不同活动的工具托盘。例如，这个托盘用来装画水彩画需要的所有工具，包括水彩设备、刷子、海绵、盛水容器。教会儿童找到—使用—放回的循环动作。每一个物品都有特定的摆放处，安全使用完要记得放回。这将教会儿童什么是责任感，同时使老师从维护艺术中心的责任中彻底解放出来。

naeyc 架子是用来储存材料、工具和可供选择东西的地方，但要限制可选择的数量。如果你

每样东西都想拿，儿童也会觉得这些材料可以全部使用。记得三点：重新装满、循环使用和更新。一些物品例如马克笔和蜡笔总是会被拿出来用，而其他物品如拼贴材料则会物质循环使用，因此在物品不用时，要放回原处，例如可用碎布把自然标本重新放回原处。一开始，要带着孩子们参观并讲解艺术中心的物品，它们都叫什么、怎么使用，放回到哪里去。当儿童有能力去选择更多东西时，要持续增添新材料，丰富你的艺术中心。在小组活动期间要介绍材料，例如，当在画架上摆放了海绵和嫩枝叶时要说："今天我不用刷子而是在两个画架上摆了两个树枝，想一想你要如何使用嫩枝叶画画，并思考将会发生什么。"这样做的目的在于处理好新与旧的关系。当儿童对于旧材料感到厌倦时，补充新材料唤起儿童的兴趣，但不要每天都换。正如埃文、卡路米里、瓦·祖特份（Dighe, Calormiri, Van Zutpen, 1998）*所说，不断引进和变换材料，事实上会阻碍儿童充分控制材料从而不能充分表达儿童的思想和感情。

同时要鼓励儿童保持他们工作环境的整齐有序，这点对于有特殊需要的儿童十分重要。划定一个具体的区域——一个看不到别人工作的地方，让那些没有学会与同伴共享空间的儿童划一个界限。通过细微的结构、有规律性和可预测性，艺术中心环境的有秩序性会给那些在他们的生活和环境中经常遇到障碍的儿童起到一个学习典范的作用。在艺术中心，每一个物品都有正确的位置，儿童艺术家有责任做好日常维护工作。

考虑为艺术中心购买一个干燥器，放置儿童画好后还没干的和用胶水涂抹的还没干的作品（见图13-3）。许多老师串起一根衣绳，用衣夹晾晒他们的作品。但是当艺术作品垂直悬挂，颜料会滴落，胶水也会流动，一幅作品容易被毁掉，成为一件废品！还有的教师预留一块地板或柜子空间可以平放未干的艺术品，但这可能会占用其他活动区域的大量空间，因为作品没干，要特殊保护。尽管艺术干燥器可能是昂贵的，但它的优势是保持艺术品平整，防止艺术品颜料滴洒或卷起四角。工作台和独立滚动干燥架可以在供应商那里买到。

储存容器

艺术旅行袋（art carryall）——有手柄的塑料袋易于储藏艺术品。可在家具折扣店买到，推荐在家里使用

艺术用的小车（art cart）——一辆有两个或三个车轮的小车。可以使艺术活动在室外进行

篮子（baskets）——存放丝带、饰带、蜡笔

饮品车（beverage carriers）——有分割区域纸板，可盛装罐装颜料

箱子（boxes）——用于整理艺术设备

办公桌（bureau）——旧的桌子，用于存放艺术设备

橱柜（cabinet）——要有门以保证安全；储存一些暂时不用的材料

蛋糕烘模（cake pans）

纸板箱（cardboard cartons）

雪茄盒子（cigar boxes）——用于装蜡笔、马克笔、饰品、丝带等

课堂材料存放处（classroom materials organizer）——小房间或者有组织地存放不同类型的纸的地方

咖啡罐（coffee cans）——有盖子，存放黏土

商业冰激凌容器（commercial ice-cream

图13-3 艺术干燥器提供了在颜料或胶水未干情况下存放儿童的艺术品的方式，既整齐又安全

containers）——容易清洗；密封紧实并且类似金字塔式的储藏形式；用于储藏

瓦楞纸盒（corrugated cardboard cartons）——结实，用于储存

板条箱（crates）——结实，可用于储藏

装餐具的容器（cutlery tray）——塑料材质，隔开摆放美术用品，如刷子

书桌整理器（desk organizer）——分别摆放较小的艺术用品

洗碟盆（dishpans）——放粘贴剂、胶水、颜料和刷子

画架和艺术品储存器（easel and art storage）——很贵但是很理想！一个很大的画架允许两个人分别坐在画架两边。画架下面的架子有充足的存储空间；在商店可以买到它

装鸡蛋的盒子（egg cartons）——纸板或泡沫的，用于储存小的艺术品，例如按钮和珠子

文件陈列柜（file cabinet）——金属或纸板材质，能够存放艺术设备，但问题是存放物品不可见

食物保鲜盒（food keepers）——透明，有助于储存

冷冻餐盘（frozen dinner tray）——内部分成各个小空间，可存放小的物品

水果篮子（fruit basket）——塑料的，用于存放丝带、饰带、勺子等

硬件储存器（hardware organizer）——小的塑料抽屉，用于存放钉子；有助于存放类似于刷子和珠片等小的艺术品

冰激凌桶（ice-cream tubs）——清洗方便；可买到，用于存放纸张和纺织品

果汁罐（juice cans）——很大，用于存放颜料、铅笔、尺子、刷子和其他高的物品

圆转盘（lazy Susan）——存放小的物品；旋转着把你需要的物品呈现在面前

吐司烤盘（loaf pans）

人造黄油桶（margarine tubs）——清洗干净后用于存放颜料、黏土和小的艺术物品

小箱子（mini bins）——可折叠堆放；易于存放艺术用品

盛松饼的托盘（muffin tins）——盛放融化的蜡笔并存放小的艺术用品例如纽扣和拼贴用的珠子

派盘（pie tins）——拓印时用于固定颜料不乱洒

比萨盘（pizza pans）

塑料（plastic）制品——桶、浴缸、容器、挤压瓶、泵压喷雾器、食物储存器、杯子

塑料泡沫盘（plastic foam trays）

架子（shelving）——坚固，在煤渣砖上放置厚木板

鞋盒（shoe boxes）——很多同样尺寸的鞋盒子可以用于统一存放物品，并且根据物品在外表贴上图片或者文字标签

鞋子归类工具（shoe file）——用纸板分出各个区域，有助于储藏；在折扣店常见

鞋子整理工具（shoe organizers）——有口袋，挂在墙上，能够装卷纸和其他艺术用品

储存箱（storage bins）——可存放不同尺寸和颜色的物品

储存盒（storage boxes）——大的有盖的塑料盒子，能清晰看见里面的东西

储存箱（storage crates or cubes）——塑料箱；能很好地储存工具；常见于打折店；有些能够绑在一起，更加稳固

储存篮子（storage pails or buckets）——有盖，有把手，适合存放黏土

> **小提示**
>
> ·架子要使用坚固的木料，厚的、薄的都放在水泥砖上。木条应无打磨的碎片或覆盖有带黏合剂的纸。在一个安全的地方放置木条，这样幼儿就不会撞到或绊倒。
>
> ·挂板与挂钩对艺术中心来说是非常有用的。工作服可以挂在挂钩上，要向人们标明可以在同一时间使用艺术中心材料的数量，例如，四个调色板，每人一个挂钩，放在最上排。一些艺术配件也可以挂在钩子上，例如干净的塑料袋或者化纤物。裁刀（trims）也可以挂起来。
>
> ·不管储存设备是什么，确保所有的容器都要有清晰的标识并且附上图片。例如，一个纸盒子装满了马克笔，可以写上"马克笔"，并且画一个马克笔的略图。
>
> ·把纸放在平整的架子上，把颜料和刷子放在塑料架子上。这样就能防止未干的颜料滴落。

存储器（storage unit）——有架子用于存放

毛衣盒（sweater boxes）——塑料的，有盖方便储存

罐头盒（tin boxes）——用于存放蜡笔、粉笔和马克笔

托盘（trays）——用于划定个人空间，盛放纸张等

小推车（utility cart）——有塑料拉伸抽屉，抽屉带有轮子，很结实，可在折扣店的家具区域买到

公用盘子（utility pans）

5. 有原则、有规定

为什么要有原则和有规定呢？这些规定会不会限制创造力的发挥？根据查理（Cherry）和尼尔森（Nielsen, 1999）*认真制定的规则，教师能够很轻松地帮助儿童根据他们的需要和兴趣充分利用艺术材料。创造力是要在安全限定范围内发挥的。相比那些没有指导或者限定，或者限定过多的地方，合理的和适当的限定会使儿童有更大的创造自由。

规则和限定应当对班级里的每一个儿童是公平和平等的。特殊需要的儿童就要有特殊的帮助或者需要教师额外的关注，要对他们重复说明或者分成小步骤进行讲解，这样他们就可以理解。但是，孩子就是孩子，所有需要的前提是遵守教室里的规则，尽管他们的动机和方法不同，但孩子需要去服从。

如果在艺术中心培养了责任感，孩子就可以无拘无束。儿童要遵守合理的规则和限制，这些规则和限制应当提前讨论，有必要把每条规则都清晰阐述。儿童需要知道规则，也要知道为什么制定规则。例如，讨论适当地使用材料，说明画笔是用来画画的，在空中挥动笔刷，颜料可能会溅出，或者伤害到他人。发生了什么事情就要有相应的规则来处理，这会帮助幼儿理解规则和制定规则的原因。

规则也可以写出来或者画在艺术中心方便参照。规则和限制需要讨论制定，张贴出来并且巩固实施，若儿童打破了规则将被请出艺术中心。当他们反省过后并且教师认为他们可以遵守规则了，他们才可以回来。

根据教师与教师、中心与中心、教室与教室、程序与程序以及年龄段与年龄段之间的不同，规则和限制都会有所不同。儿童的健康和安全放在第一位。鼓励儿童从室外艺术活动归来或者碰完工艺材料后都要洗手。儿童在艺术工作室不能吃喝。在粘贴、绘画，用胶棒、粉笔或者其他材料时，教师要认真监督并且提醒幼儿不能吃、不能尝、不能喝那些艺术材料。提供相应年龄段适用的材料。以下是一个综合的指导清单，你可以选择你认为最好的、最适合你的指导项目。

每一次都要限制儿童在艺术中心的数量。幼儿数量将由桌子的大小、占地面积、画架数量决定。例如，图尔（Tull）女士放了四个带有"艺术"的标志放在衣夹上，当所有的衣夹都被移走，儿童便知道艺术中心人数已经满了。瓦德兹（Valdez）女士允许八个儿童同时在她大的艺术中心里活动，四个儿童在桌子上，两个在画架旁，两个在地上。当儿童问她能不能做艺术工作时，她就会让他们数一数在艺术中心的人数，看看是否还有空位置。

从事艺术活动时要穿工作服。儿童的父母提醒他们要保持衣服整洁，并且不许在做艺术活动时弄乱弄脏。教师可以极力建议家长提供一件"工作服""玩耍服"，而不是聚会时的盛装。在学校，幼儿需要合适的衣服参加活动，因为艺术活动容易弄脏衣服。放一些液体清洁剂在颜料里，如果颜料蹭到衣服上，会容易洗掉。应当提醒儿童在颜料没有完全干透时不能随便移动或带回家，避免颜料弄脏衣服。

稍微大点的儿童可用衬衫做成工作服，剪掉两个袖子，用扣子扣上。爸爸穿旧的衬衫有时过长、过大，不太适合，这样的衬衫的需要卷起袖子并且在画画时会摇摇晃晃地悬在半空中。工作服在画画时非常重要，能够在使用胶水和马克笔时保持儿童的衣服整洁。进行任何艺术活动时最好都穿上工作服（见图13-4）。衬衫的袖子应当卷起来或者撸到肘部以上，脱掉毛衣，因为毛衣会在移动时带来麻烦，应避免弄脏衣服。艺术活动工作服也可以是用油布或者乙烯基材质制成，在顶部裁出一大块开口，或者当作雨衣穿。用维可牢（Velcro）或者松紧带收紧边缘。

绘画工作服也可以使用大的浴巾制作，把它折成两半，在头部剪出一个大的开口；把两边缝上，给胳膊留有足够的空间。幼儿不喜欢穿紧贴着头部的衣服，因此要确保所使用的浴巾大并且有足够的空间穿进去。

图 13-4 在从事艺术活动时，艺术工作服可以保护儿童衣服不被弄脏

笔者看过一个教师有效地利用一个塑料垃圾袋做成了一件临时工作服。它在头部开了洞，末端可露出胳膊。儿童很愿意穿上他们的艺术工作服。

使用合适的艺术工具。 不建议只使用一种方式去画画，刷子可以用来画画，剪刀可以用来剪纸。教师应当在使用所有材料之前讨论并示范。

按照需要使用。 讨论如何经济地使用纸张、胶水等，避免不必要的浪费。多种尺寸的纸都可以使用。但不是所有的儿童都需要大纸，一些儿童需要小纸，另外，不允许一次性拿很多纸。应告诉儿童有义务把用完的纸堆成一堆，并教导他们这些纸是可以再利用的。

完成你的艺术活动。 偶尔，儿童会无目的地用完一堆纸，会很快在每一个页面都画上记号。求质而不求量应当是教学的目标。教师应当鼓励儿童完成一张完整的图画。"蒂泽奥（Tizo），你已经开始了你的绘画，并且都做了很多，但是在你的纸上仍有很多空间。也许你可以继续完善它。"蒂泽奥可能会接受，也可能会拒绝他的教师的建议。

共享材料。 艺术中心的材料需要共享，因为可能没有充足的胶水或者碎纸片。儿童应学会在艺术中心的东西是属于学校或者艺术中心的，应当让所有儿童都使用。一些儿童很难遵守这个规则，他们会占有并且握紧最新的剪刀或者最好的一卷绸带。

尊重他人。 儿童应学会尊重和重视他人的思想、风格并和他人一起工作，就像重视他们自己一样。儿童不能嘲笑或者否定别人的思想："这是一幅没意义的画。"或者："那样不好，它看起来不像辆火车。"儿童的表达可能不是故意的，但可能会伤害到他人。教师不应当讨论如何让儿童画画、上色，或者以何种方式画画，这些是他们自己的决定、他们自己的想法，不是别人来决定的。"我确定詹姆斯（James）知道长颈鹿的颜色，但是他选择了紫色，这就是他的颜色，他可以按照他自己的想法去画。"也许儿童能够接受批评或者指正，但同样也会过分批评他人。

儿童也可能会对可用空间产生占有欲，他们会占据桌面的大部分空间。在家中习惯拥有自己的东西和行为方式的幼儿需要给予指导，而在家中缺少空间、没有玩具的孩子也可能会浪费材料，需要教师介入，给予帮助。"艺术中心是为所有人服务的，但一次只允许四个人使用，这意味着

教师反思

杰克逊（Jackson）先生在起步课程（Head Start program）中教三到四岁的儿童。学校生活刚刚开始，杰克逊先生知道大部分三岁儿童刚来到他的班级，以前从来没有参加过早教活动，并且他们的艺术经验和使用艺术材料的经验都有限。他也知道四岁儿童已经在去年的这个项目中积累了很多艺术经验，并且记得在艺术中心如何使用材料。杰克逊先生在艺术中心储藏了丰富。他调查了可用的材料，发现了绘图纸、蜡笔、马克笔、手指画颜料、手指绘画纸、画架、剪刀、胶水以及精美的磁带盒等可回收的立体材料。杰克逊先生打算第一周上什么活动课呢？他将给儿童提供什么材料呢？杰克逊先生如何向三岁的儿童介绍艺术经验，同时又能给四岁儿童教授艺术专业知识呢？

我们都享有这个空间，我们必须共享我们的物品。不能共享物品的人，我们将会让他离开。"

用完材料要放回原处。小碎纸要扔到纸篮里。大张碎纸可以保存在碎纸箱里留做拼贴材料。工作服要挂在挂钩上。

用完后要打扫干净。刷子需要冲洗干净，洒落的胶水要用湿海绵擦干净。记得提醒儿童离开座椅时保持环境整洁以便下次使用。儿童知道他们需要洗手并且清扫刚刚使用过的地方。他们应该在离开时检查一下身边的地面。简而言之，孩子们要学会保持艺术中心的整洁是他们的责任。教师仅仅是扮演一个引导、维护和监督的角色。想在你的艺术中心使艺术与读写体验相结合，要张贴指示卡。例如，画架指示卡（见图 13–5），描绘了一系列绘画的顺序。文字或者图画都可以运用，帮助儿童学会一些动作指示，如：穿上工作服，画画，晾干图画，洗手，把工作服挂起来。

一些重要的清洁工具有：

扫帚——儿童尺码，用于掸灰；有橡胶边缘的簸箕和小扫帚；液体清洗皂；拖把；纸巾；塑料桶、篮子、洗脸盆、实用性的隔板、清洗工具的手柄；板刷；浴帘——保护地板或毛毯；工作服；肥皂；海绵；桌面覆盖物，例如报纸、油布、乙烯基材质、塑料；小张地毯——旧的，易清洗的，放在画架下的废纸篓里；废纸篓；毛巾——（小尺寸的）用于清洁。

评价一个艺术中心 / 课程

通过向自己提问并且诚实地回答以下问题，你可以有效地评价你的艺术中心或艺术课程：

1. 你的艺术中心是否更多的是以学生为中心而不是以教师指导为中心？你是否让学生发现、发明并且重视过程而不是教授艺术？

2. 你是否通过提供标签和画谜的方式，在艺术中心将语言/识字与艺术结合？

3. 儿童是否有丰富的实践活动并且能平等地日常使用艺术中心？班里的所有儿童是否都选择经常去艺术中心？

4. 你遵守了三项 R——重装（relenishing），循环（rotating）和更新（renewing）了吗？

5. 在日常生活中，你在户外组织活动，并从户外获取材料了吗？

1. 穿上工作服　　2. 画画

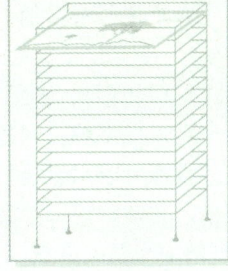 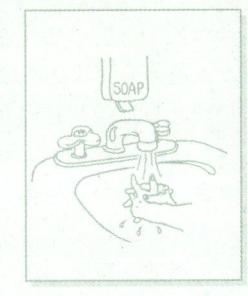

3. 把画放在干燥架上　　4. 洗手

5. 把工作服挂起来

图 13–5　画架上的绘画字谜卡片

6. 你在艺术中心提供鼓励儿童进行所有种族和文化的创作的材料了吗？

7. 通过监督和提供自身的资源，你的艺术中心是否有助于儿童的艺术发展？你是否强行灌输你的思想或方法？

8. 你是否重视艺术中的发展适应性，并且开展了多感官体验活动了吗？这些活动是否更重视过程而非制作出最终成品？你是否偶尔补充教学内容，教会儿童运用新的艺术技能？

最理想状态应该是对所有问题有肯定回答。这也许不太可能也不太实际，因为要考虑到个体的处境和约束。回答这些问题的目的是评估你的艺术中心的有效性和合理性，并且在下一步运作中给出建议，使你的艺术中心成为更加全面的、发展合理的、综合的、以学生为中心的组织。这是需要花费时间且要坚信儿童有独立创作能力的一种过程。

玩偶和面具

玩偶和面具具有发展性的意义。玩偶是孩子们心中的道具。儿童能够举起他们，也可以藏在它们后面说话，毕竟儿童犯了错或说话不正确，那是玩偶或者面具犯的错而不是儿童。玩偶和面具允许儿童隐藏他们的身份，在一段时间内成为另一个人。儿童也可以通过他们制作的玩偶和面具告诉我们他们的感情故事，通常这些事情他们在没有道具的时候是不会说的。

幼儿喜欢尽可能多地制作玩偶和面具，他们可以和玩偶一起聊天，玩偶也可以提供解决问题的机会，帮助儿童化解分歧。教师可以用玩偶扮演一个不愿分享的幼儿的角色，儿童则可以用其他的玩偶进行表演，并且找到解决问题的方法。

制作玩偶和面具的方法很多，以下推荐几种方法。

纸偶

纸塑玩偶

玩偶的头。 玩偶的头可以用胶漆纸裹在报纸或绵纸慢慢滚成的圆球上，第十二章中有相关论述。绕着圈缠出一个脖子，并在此之上用碎报纸绕成一个球做脑袋。当头和脖子完全干透，用蛋彩颜料涂画，并粘上一片布料做身体。

纸塑也能以黏土为基部。儿童可以使用黏土做玩偶的头。让它完全干透才可以，否则风会把纸塑吹变形。用一把锋利的小刀把脑袋分成两半并且移除黏土。用另一个纸塑把两半合起来。用线加固脖子。仔细用砂纸打磨，用颜料装饰。如果用蛋彩绘画，可用便宜的发胶密封。按照上面步骤给玩偶加上身体。

玩偶的身体。 一个简单的玩偶的身体或衣服可以用一个边长约30厘米的碎方巾做成。把方巾折成两半，沿着中心折叠，剪出三个小口。中间的开口是留给食指的，也是用来支撑玩偶的头的。两边的开口是留给拇指和中指的。裁剪之前，量好儿童手的大小，确保几个开口隔得既不太近也不太远。

纸袋玩偶

给每个儿童一个午餐袋大小的纸袋，对于他们的手来说，既不要太大也不要太小，方便抓取即可。推荐使用纸袋是因为它们有一个固定的可以动的开口。儿童可以使用颜料、蜡笔、马克笔装饰他们的玩偶。干净、没装饰花纹的夹层袋可做成一个小的透视玩偶。

塞满的纸袋玩偶

把一个大的纸袋用皱报纸塞满。插入一个木条、尺子或者木钉，确保把手的末端是伸出来的。继续填充，把袋子聚在一起，并且用线把它绑在把手上，做成脖子。用颜料、蜡笔或马克笔装饰塞满的纸袋头。用一些碎纸、纱线、裁剪物装饰。

纸盘玩偶

通过装饰纸盘并且把它粘贴到把手上就可以做成玩偶，例如用木条、尺子等作为把手就可以制作一个简单的玩偶。或把纸盘折叠，做一个会说话的玩偶。每个儿童都需要两个纸盘，把一个对折，把另一个对半剪开。把一半钉在顶端，另一半定在折叠纸盘的底边。这就允许四个指头都插在顶部的狭缝口，拇指放在最底部的狭缝口，能帮助儿童移动他的手指，同时使玩偶说话。即使青蛙形象已经浮现在脑海，也同样可以折叠制作多种多样的动物以及人、和其他物体。用蜡笔、马克笔、碎纸片和剪刀进行装饰。衣服袖子可以套在儿童的胳膊上，增加额外的效果。例如，儿童戴上绿色印花的袖套，就可以和他用纸盘做成的龙形玩偶一起玩了。

纸板管状玩偶

儿童能够使用颜料、蜡笔或者马克笔进行图样装饰。对于孩子的小手来说，圆圈或者管子是最理想的。不需要其他的材料。一小部分管子就可以做成头，用纺织物做成身体。把手指插入玩偶，其中食指和中指插入头部。

"我"的玩偶

儿童可以完全享受制作和使用与他们同样尺寸大小的玩偶，另外还可以把它装饰得像自己。每个孩子需要两张坚实的符合他们身高的厚纸，以及一个半纸盘。买一个特别厚重的纸板。每个儿童需要一个纸盘做脸，半个做后背。他们可以把手伸进去走路、跳舞，并且和"自己"一起移动。这个活动最好在一段时间内轮流制作。只要大人能够进行监督并且提供帮助，就可以在不同的地方组织活动。一个成人可以跟在孩子的旁边，儿童可以使用蜡笔、马克笔或颜料添加一些衣服和细节。其他成人可以提供一个镜子，让儿童观察他们的脸并且把脸画在纸盘上。还可以提供细线做头发，还有纽扣，并做一些裁剪，想法可以多样化。提供颜料、马克笔、蜡笔涂成不同肤色。你需要帮助儿童把他的两个身体轮廓钉在一起。钉的时候确保皱报纸填满了整个身体，做出三维的效果。一个大人把纸盘的一半钉在身体后面背部。儿童可以把手放在一半的纸盘里。最后一步是把头和身体粘上，大人使用强力胶或热胶枪把头和身体粘牢。

木头制作的玩偶

木棍玩偶

压舌板、工艺棒可用来制成一个木偶。它们也可以当作诸如纸盘、杂志图片、纸板、海报板或者其他类型的玩偶的底座和把手。插销和吸管也可以做成玩偶的把手。

木块玩偶

一块长方形小碎木也可以让儿童做成玩偶。玩偶的特征可以用颜料、蜡笔、马克笔或者通过裁剪进行装饰，确保边缘要光滑，没有裂痕。

木匙玩偶

旧的、大一点的木质勺子可以变成玩偶。用精细马克笔装饰。可以绑一片碎料在勺子的把儿上充当衣服，并且可以遮住勺把。粘上一些细线做头发。在制作玩偶的时候，儿童可以抓住木把。

纺织物做的玩偶

袜子玩偶

找到一个旧袜子，剪掉脚趾部，剪掉脚跟的一半做玩偶的嘴。剪一块毛毡，适合内口的大小。对折，定好位置，缝上（见图13-6）。四个手指伸入上端的夹缝处。用胶把纸板粘在夹缝的下端，便于拇指活动。再进行裁剪，用纽扣和珠子做眼睛，细线做头发，等等。

手套玩偶

旧的园艺手套、工作手套、生活手套、驾驶手套、礼服手套或塑料手套都可以做成玩偶。鼓励儿童戴手套并尽可能地进行装饰。

进行小小的裁剪，用纽扣、细线做修饰。剪掉手套上的手指部分，使其粗细适合一到两个儿童的手指。

容器做的玩偶

泡沫塑料杯玩偶

把泡沫塑料杯剪一个洞。让孩子将一根手指穿过洞口。让他们自己想一想，看他们想到了什么。玩偶可能像一头大象的一个长鼻子，或者是一个脑袋、尾巴、腿或者舌头。试着在另外一边剪出两个洞，让儿童把手指伸入每一个洞中，看看又想到了什么。这是胳膊还是腿？剪出四个洞代表胳膊和腿还是交通工具的车轮？还可以用马克笔直接去装饰，不用剪洞。

易拉罐玩偶

果汁易拉罐很高很长，适合做成玩偶。剪掉钢圈和尖锐的边缘。易拉罐外面可以盖上一层纸

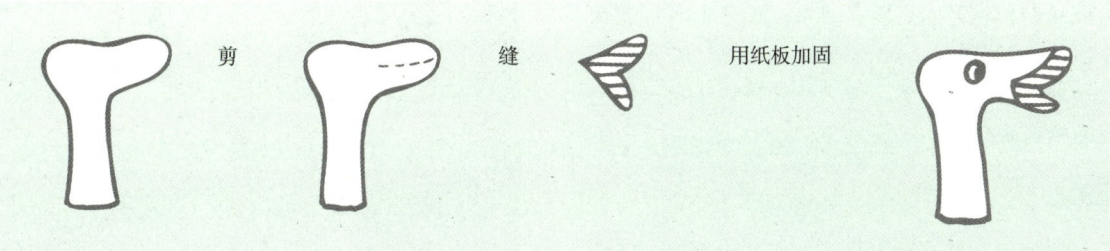

图13-6　袜子玩偶

进行装饰。也可以加细线、清理烟斗的木条、纽扣和其他的装饰。

容器玩偶

装牛奶、清洁剂、洗发水、牙膏、漂白剂的塑料容器或纸板容器都有各自的形状，可以做成交通工具、人、动物玩偶。瓶颈小的容器可以做出把手方便抓取。其他容器都做成内置的把手。用纸或其他裁剪工具进行装饰。

纸盒玩偶

纸盒有各种不同的形状，包括牙膏盒、快餐盒，可以做成各种玩偶。用纸和其他裁剪工具进行装饰。如果表面是光滑的，用蛋彩画颜料加洗洁精，便于粘贴。小的牛奶盒有着做拳头玩偶最合适的尺寸。

衣架玩偶

把一个金属衣架弯成几何形或抽象形状，做成玩偶。让挂钩在底部作为把手。将一只尼龙长袜或者连裤袜包在衣架上，用线或者橡皮筋绑紧。用化纤碎布、线、缎带、裁剪物和纸进行装饰。

玩偶戏台

不需要花很多的钱也可以制作一个经济实用的玩偶戏台。儿童很喜欢做、画，装饰自己的玩偶。找到一个很大的容器，例如冰箱包装盒，仔细地把背部去掉，在前面剪出一个窗户。窗户的高度应当在孩子们坐或跪在戏台时高于其头部，但在手臂的长度以内。儿童会喜欢这个玩偶戏台，通过折叠、开合控制纸板背部。戏台上也可以悬挂布帘。做一个背景，通过拉杆、布帘竿和扫帚柄悬挂出来，做成场景。确保这个竿能够穿过顶部。在每个纸箱的侧板做一个小切口，可以安全地悬挂竿子。要有充足的空间让玩偶在场景前自由移动。距离戏台最前面有一英寸最合适。玩偶戏台可以绘制，也可以用物品装饰。孩子们可以邀请小伙伴一起参加和讨论。最终的成品也许不像商业玩偶戏台那样完美，但会让儿童对于自己的完成品感到骄傲。

面具

制作面具是一种古代就有的艺术形式。通常面具在宗教和文化庆祝中有实用价值。目前面具用于庆祝万圣节。很多儿童害怕做面具，一些儿童则拒绝在脸上或头上戴东西。他们也许害怕窒息或者缺失身份。他们希望得到尊敬。另一些孩子喜欢没有身份，至少在一段时间里没有，戴上面具就成了另一个人。

制作面具有很多种方式。基本来说有两种方式佩戴面具——把它全部戴在头上或者系在脸上。图 13-7 展示了儿童们用绘图纸制作的面具，它们将展示在学校用餐的地方。此设计来源于一起商业化的来自不同文化的设计面具的展示。以下有很多面具的实例都很适合幼儿使用。

遮在头上的面具

杂货袋面具

找到一个杂货袋，它可以轻松从儿童的脑袋上滑下来。把它放在儿童的头上，用铅笔描绘五官。把袋子取下来，剪出眼睛。剪出其他的开口，例如鼻子和嘴巴，方便儿童呼吸。把四周撕开一些，袋子很容易滑到孩子的肩膀上并保持其位置不动。鼓励儿童使用颜料、蜡笔、马克笔和其他剪裁工具进行装饰。

纸箱面具

找一个纸箱，它能够轻松套进儿童的头。把它盖在头上，用铅笔描出眼睛的位置，然后把箱子取下来，剪出眼洞、鼻子和嘴巴。鼓励儿童用颜料、蜡笔或马克笔和其他裁剪工具装饰面具。

雪糕桶面具

向冰激凌店要一个冰激凌桶。冰激凌桶非常适用于制作图腾柱和面具。把桶洗干净后，把它

图 13-7　由一年级学生做的面具

放在儿童的头上，用铅笔描出眼睛的位置，把桶拿下来，剪出眼洞。鼓励儿童使用颜料、蜡笔、马克笔和其他裁剪工具装饰面具。

系在脸上的面具

纸盘面具

把纸盘放在儿童的脸上，描出眼睛的位置，剪出眼洞，鼓励儿童用颜料、蜡笔或者马克笔以及其他裁剪工具装饰面具。当面具完成时，在面具的两边穿上一根线，系在脑后（如图13-8）。

饼盘面具

把一个饼盘放在儿童的脸上并描出眼睛的位置。剪出眼洞，确保没有锋锐的边缘。面具可以用加入清洁剂的颜料进行描绘。裁剪物也可以粘在上面。面具完成后，用细线在两边穿过，系在脑后。儿童喜欢光滑的、有光泽的金属表面，这象征着超级英雄或者机器人。

图13-8 纸盘面具

总结

这一章主要关注的是围绕一个中心形式创建一个艺术课程。艺术中心是一个艺术家的工作室，有方便的地理位置，有丰富的储藏，有秩序、有组织、有规则、有限制。艺术中心要提供二维和三维艺术媒介，鼓励儿童创造性地综合媒介并且创造发明自己的艺术活动。

关键词

艺术中心　　　综合媒介
面具　　　　　玩偶

活动建议

1. 观察一个成功的艺术中心，注意教师扮演的角色。

2. 在图表纸上设计一个你的艺术中心。列出你想购买的材料。

3. 参加幼儿艺术中心，扮演一个引导和服务者的角色。整理出你的发现并记录下来。

4. 评价幼儿艺术中心项目，如果需要的话，提出一些建议。

5. 开展一次制作玩偶或面具的活动，与其他文化领域相结合。例如，玩偶或者面具制作活动可以从一本书或者讲故事专题中延伸出来。参考第十二章中对幼儿艺术课程的讨论。

回顾

1. 列举幼儿艺术中心的标准或指导方针。

2. 列举成功运营一个幼儿艺术中心的5条重要的准则。

3. 列举能够提高幼儿艺术中心/项目效率的5个问题。

4. "本章提出的建议意在平衡新和旧的关系。"用非文字的形式解释这个引述。

第五部分　角色与策略

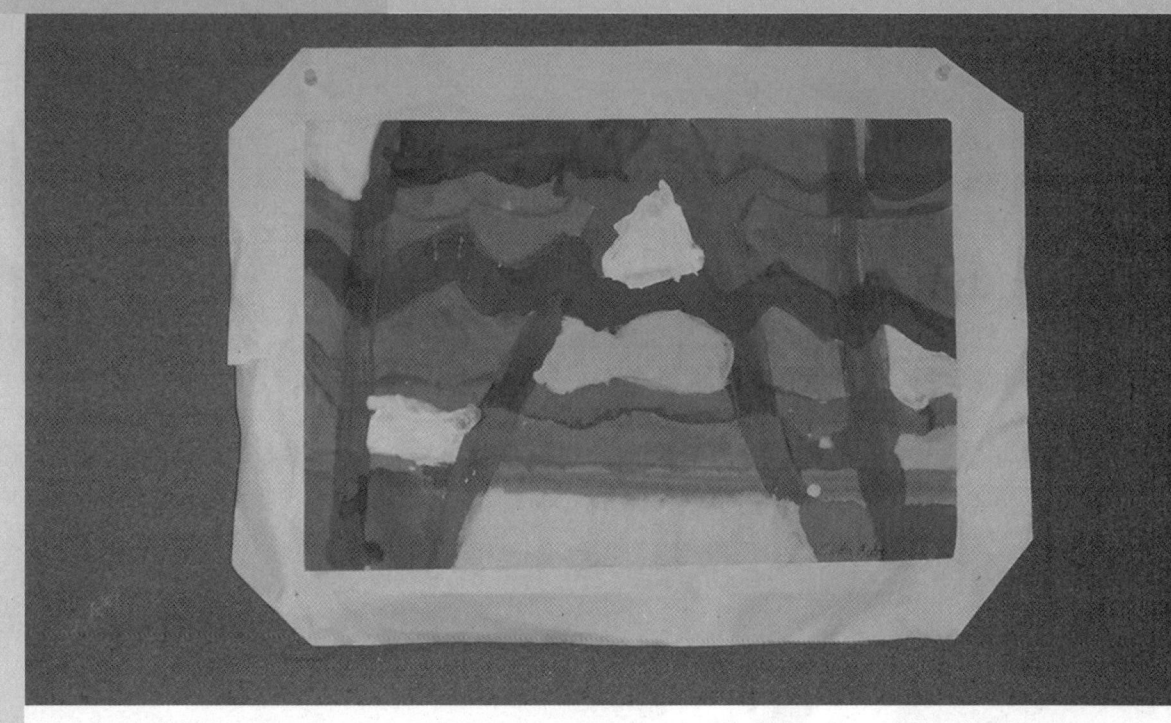

你在这幅图片里看到了什么？ 凯特琳（Caitlin）在一个二、三年级混合的班级里学习。她有幸遇到一位努力工作，能够设计有个性的活动，并且参与其中的老师。你认为这对孩子意味着什么？凯特琳觉得她的老师很平易近人，并且愿意陪着她。例如，在凯特琳完成绘画之后，老师希望她分享自己的作品，让凯特琳告诉她这幅作品的内容。她让凯特琳在小组互动时与他人一起分享作品，并且问她是否愿意在墙上找一个喜欢的地方将作品挂起来。凯特琳考虑过老师让她展示艺术作品的邀请，可是最后她拒绝了，因为祖母要来看她，她真心希望祖母看见自己的作品。

老师在准备艺术体验活动时，策划是一个重要的环节。第十四章"通过科技进行艺术体验"，讨论科技对学生的学习以及老师在选择软件和硬件时起到的作用，同时给幼儿提供有益的、恰当的艺术体验。

紧接着，第十五章"支持孩子的艺术的角色、反馈和策略"，主要论述在艺术体验过程中，如何关注教师与孩子的互动。本章也提供了一些激发儿童创作艺术作品的想法以及举办活动的方法。

儿童在艺术中如何创造？他们是否正在进步？第十六章"艺术评定"主要是关注孩子的艺术发展，强调观察与艺术作品相结合是收集有价值信息的一种重要途径。艺术评定的手段是建立在孩子的整体发展基础之上的，教师要不定期地评估孩子的艺术发展情况。

第十四章　通过科技进行艺术体验

　　上面的照片描绘的是幼儿园课堂里的电脑中心。孩子轮流参观中心，以小组形式玩数字和字母游戏，写故事，探索互联网，以此加入艺术欣赏和艺术生产活动。在幼儿课堂上，电脑可以为艺术中心提供令人兴奋的拓展活动。在电脑上创作艺术作品时，要求学生运用许多与传统艺术活动相同的技能和思考过程，也会用到很多独特的以电脑作为艺术媒介的能力。老师在艺术欣赏和创作活动中应合理安排电脑的使用，并为幼儿提供资源和机会，让他们来电脑中心参加艺术活动。

目标

读过这章以后，你应该能够：

- 探讨电脑应用于幼儿学习和发展的影响的相关研究成果。
- 探讨幼儿使用电脑的情况，包括益处和坏处。
- 探讨电脑美术的概念，包括其运用于幼儿时的益处和坏处。
- 确定电脑与幼儿课程成功融合的四个关键要素。
- 理解科技作为幼儿与家庭间交流的方式。
- 帮助学龄儿童制作活动的和/或固定的作品。

引言

无论是在家、公司还是课堂，电脑的使用已经相当普及。我们期望科技的使用能有利于我们的日常活动，并带来效率和便利，正如我们考虑电脑在幼儿课堂的使用一样。然而，老师需要考虑的不仅仅是效率和便利的问题。例如，电脑活动适合幼儿的发展吗？电脑和科技的哪些方面能够运用于幼儿艺术课程？老师如何更好地支持孩子与科技的互动？这一章将概述电脑和其他科技在幼儿艺术课程中的作用，讨论电脑对儿童发展的影响，提出一些课堂中有效使用电脑的建议和策略。

幼儿教育中的电脑

随着家庭电脑的普及，孩子在年幼时期就接触电脑。德贝尔（DeBell）和查普曼（Chapman, 2006）*讲到，三分之二的学龄前儿童和百分之八十的幼儿园的孩子正在使用电脑，孩子完全沉浸在学习电脑的快乐中（见图14-1）。电脑科技有助于开发孩子的潜能，他们使用适当的软件探索、试验、解决问题，进而展开创造性思考。电脑的使用已经成为一种社会活动，与孩子的生活息息相关，孩子在交流、工作以及共同学习方面都使用电脑。电脑提供给孩子发展多种智能的渠道，允许孩子在电脑上修正问题。

佩伯特（Papert, 1980）*是儿童电脑领域的倡导者。他是皮亚杰（Piaget）的学生，他将皮亚杰的发展理论和构成主义观点运用到儿童使用电脑的理论中。他创造了一种名叫"标志（LOGO）"的图像程序，这个程序不是直接操控的软件，而是可以进行编程并由孩子掌控的。通过"标志"，幼儿可以学习编写简单的程序，来探索数学的基本原则。如何运行这种程序呢？使用"标志"，学生通过探索和编写计算机程序培养自己的学习能力。"标志"又名"乌龟几何学"，孩子作为编程者，他们将需求输入到屏幕上的一个小乌龟图标上，然后按特定数字或步骤移动，画出一条按它指示走的线条。"乌龟"其实是一个前卫的图标，孩子在键盘上打出指令时，商标会发出哔哔声，走动并且旋转，孩子适合体验这种操作。例如，孩子编辑乌龟图标画一个方形，转90度，然后重复三次以上步骤来完成图形，这样能够感受自己画直线的过程。佩伯特认为，电脑可以作为未来教育改革的一种方式，他非常认同孩子与电脑互动的以探索为中心的方法，

图14-1 电脑能促使孩子自我学习

NAEYC声明：科技和幼儿——三至八岁

美国幼儿教育协会（NAEYC，1996）*提出的，评估合理使用科技标准包括：

1. 一个老师要具有专业的判断力，要考虑到所有的情况，特殊科技的使用是否符合儿童的年龄，是否从合理的文化角度出发。
2. 若使用得当，科技能够增强孩子的认知和社交能力（见图14-2）。
3. 适当的科技与自然的学习环境融为一体，能够促进儿童学习。
4. 幼儿教育者应该考虑所有孩子以及他们的家庭情况，增加公平接触科技的机会。如果起作用的话，有特殊需要的孩子应该更有权使用。教育者运用科技时要注意公平。对于身体有特殊需要的儿童，教育者应该为确保其有权使用适当的科技而做出努力，就成功的电脑配置来说，相关的辅助科技是必要的。
5. 科技的力量影响孩子的学习和发展，尤其是作为解决问题的策略时，要注意消除对任何群体的刻板印象以及暴力表现的内容。科技肯定孩子的差异性，老师应该积极选择能够提升社会价值的软件。
6. 老师与父母进行沟通，应该倡导为所有孩子申请使用更多适当的科技。
7. 恰当使用科技对于幼儿的专业发展有很多方面的意义。由于幼儿教育者积极加入科技的世界，他们需要深入训练和持续支持以充分准备选择相关科技以及孩子的学习环境。幼儿教育者应该将科技作为一种与专业人士交流、合作同时也是教育孩子的工具。

图14-2　一起使用电脑创作

通过鼓励孩子在探索艺术、音乐或者科技和数学的工程学中促进学习发展。水龟标志和微观界MiroWorlds Jr.®是适合幼儿使用的两个最新版本的标志。

水龟标志是一种采集工具的方式，主要的设计目的是鼓励孩子用自己的观点、疑问和策略解决问题。将编程技能与更早期版本的图标结合起来，孩子可以进行科学模仿、数学和艺术探索以及创造多媒体故事。水龟标志能为低年级的孩子、大一点的孩子、成年人提供创造性体验。

微观界将艺术编程的创造性和基础编程技能相结合。孩子用乌龟标志编辑线条、形状和颜色，他们可以在创作中加入音效和主题。这两种新版本的"标志"给孩子提供的早期电脑体验，能够培养孩子学习能力，提供发展适应性实践。

电脑仅仅是一种编辑程序的工具，既不应该成为课堂学习的替代品，也不能替代老师（见图14-3）。因此，幼儿教育的问题不再是应不应该将电脑用到课堂中，而是如何有效地使用它们来支持孩子的整个学习和发展。让幼儿使用电脑，并将电脑运用到课程中，带给儿童的好处是显而易见的。然而，如果电脑体验不能恰当地发展，那么孩子没有它们的时候反而更舒适。孩子应该什么时候了解电脑？幼儿在进行科技体验之前，应该对真实世界的关系有一个理解。斯蒂尔

图14-3　老师扮演促进者的角色

（Skeele）和斯特凡诺威克斯（Stefankiewicz, 2002）*提出，成年人应该在允许孩子使用电脑之前对电脑进行评估。霍兰德（Haughland, 1999）*建议儿童在三岁左右接触电脑。

你是否还是不太确信？让我们看看专家是怎么谈论电脑的好处。电脑对幼儿产生的积极影响依赖于孩子体验的电脑类型。西摩·佩伯特（Seymour Papert, 1998）*，"标志"的创造者，他强调孩子应该自由地接触电脑并进行体验。当孩子在电脑前进行操作的时候，他们应该把握自己的学习体验过程，确定操作的目的以及要使用的软件，以及如何选择使用特殊的软件。佩伯特建议在电脑课中以平等的态度进行辅导，而不是使用成人解决问题的方式，老师要利用电脑的功能传达有力的观点。

研究表明，在一些基本指导方针下使用电脑，对幼儿在很多领域的学习和发展产生的积极影响是很重要的。幼儿的社会情绪发展在幼儿课程和课堂中已经成为一个重要的关注点，合理使用电脑已经成为社会情绪发展中一个积极的因素。安德森（Anderson, 2000）*发现儿童将大量时间花在电脑中心和积木中心，并且参加合作式游戏。这项研究表明，电脑中心和积木中心都能给幼儿提供与社会互动的环境。

克莱门特（Clements, 1994）*认为电脑能够作为社交互动的催化剂。他的关于儿童在电脑上的社交互动性的研究体现了儿童倾向于与朋友合作，而不是独自工作，当他们一起工作的时候，能够在活动中表现出更多积极情绪和兴趣。克莱门特在其理论中提到，孩子在电脑旁工作的时候，他们自发地帮助和指导同龄人，并且在讨论中会尊重其他人的观点。

关于特殊幼儿的研究也支持电脑对儿童的社会情绪的发展有积极影响这种观点。当有特殊需要的幼儿在电脑室工作的时候，他们与同龄人会有更多的互动（麦吉尔 Spiegel-McGill, et al, 1989）*，并且在整个社会情绪发展中取得更大的收获。然而，孩子体验电脑的经历将影响他们之间自然地互动。

开放式软件，例如步步绘画（draw-and-paint）程序，这种软件鼓励孩子合作，而操作程序（drill-and-practice）可以培养孩子之间的话题转换能力和竞争力。

关于认知发展，操作（drill-and-practice）软件已经用特定的记忆功能帮助孩子，就像计数和排序［克莱门特(Clements)和纳斯塔西(Nastasi), 1995］*。开放式软件鼓励孩子解决问题，这样能够增强孩子的创造性、逻辑数学思考以及批判性思考能力。例如，赖特（Wright, 1994）*发现软件中带有几何形状的图片能帮助孩子理解对称性的图案结构以及空间顺序等概念。电脑让孩子用软件改变物体和形状，这样有利于他们的认知发展。孩子可以退回上一步修改自己的错误操作。孩子可以调整物体的形状和大小，或者进行剪裁，当他们旋转、翻转、重新排列物体的时候，他们的数学运算意识会提高［克莱门特（Clements）和萨拉马（Sarama）, 1998］*。

尽管电脑对孩子的学习和发展产生了积极的影响，但是老师必须仔细思考如何把电脑融进课堂中。莱米瑞斯（Lemerise, 1993）*认为孩子对软件的自由探索是必要的，但是必须注意：太自由会导致散漫。软件的开放式程序鼓励学生有目的地参与以及用电脑解决问题。课堂里的电脑活动需要伴随"脱机"活动。霍兰德（Haugland, 1992）*发现孩子接触适当的软件时，他们的智力表现、非言语技能、长期记忆力以及动作敏捷性得以发展。然而，当孩子也加入相关的脱机活动时，在所有这些领域的分数与在解决言语问题和概念技能中获得的较高分数保持一致。该研究认为幼儿使用电脑是强大、成功的，但是，这取决于老师如何将电脑运用到课堂中以及提供怎样的软件。

斯蒂尔（Skeele）和斯特凡诺威克斯（Stefankiewicz, 2002）*提出以下建议来帮助老师和家长为幼儿提供恰当的电脑体验。

• 控制儿童在电脑上所花的时间。
• 通过脱机体验以及与孩子在电脑上所学相符合的内容来刺激孩子的感官。
• 为孩子提供大量时间操作实物，权衡他们在电脑上所用的时间。

还有其他批判意见吗？电脑作业只是一个活动练习簿？一些幼儿教育者怀疑进行二维电脑作业会形成久坐习惯，限制孩子在移动性方面的精细运动发展，而我们认为幼儿通过手动操作实物的活动能更好地学习。这两个观点产生了对比。也许屏幕上的图形图像，例如动物，对于孩子来说是真实的，就像书里的动物图片或者是毛绒玩具一样真实。

埃尔金德（Elkind，1996）*认为幼儿精通电脑会让我们忽略已知的认知能力发展，这是很危险的。皮亚杰提到，尽管孩子们有电脑技能，但是很多幼儿园的孩子还是不能获得实际操作技能。例如，孩子在实际操作中能够学会遵循规则。埃尔金德提醒，如果我们忘记了如何消耗时间，忘了获得成就所要努力的途径，如果我们通过孩子在电脑上的表现责骂他们的智力，我们就会失去努力很久想要达到的效果，所以要用欣赏的眼光看待孩子的练习。摩根（Morgan）和谢德（Shade，1994）*在这种批判主义中提出一种不同的观点，他们认为尽管皮亚杰坚信幼儿能通过积极操控环境建构知识体系，但是他的理论中的这种解释在两个主要的方法中显得太过狭隘。第一，积极建构和实际操作的意思可能采取字面表达的方式。对于孩子来说，"实际"可能表示什么是有意义的，是可操作的。积极的思维和反思能力可能同等重要。孩子能成为积极的符号学习者，不论是面对例如毛绒玩具熊或者电脑上熊的图像。第二，皮亚杰理论象征了一个里程碑，他考虑孩子的发展道路而不是严格的年龄基准。可能在近数十年里，孩子变得比我们曾经预想的更有才华，并且对科技活动有了一定了解。

身体有特殊需要的儿童

对于大部分儿童来说，电脑作业是幼儿课堂里可以选择开展的活动。然而，对于其他儿童，电脑作业是让学习与社交互动相联系的关键性活动。身体有特殊需要的儿童（包括盲人和聋人）可以使用电脑或交流仪器来辅助他们的学习［斯沃奈尔（Thouvenelle）和比威克（Bewick），2003］*。语音转换文本软件允许孩子接受并进行拼写交流，他们既可以用语言也可以用文字表达，但是以文字为媒介的交流离开了电脑就无法进行。智力或学习上有特殊需求的孩子能够在电脑上通过重复使用材料和反复活动来掌握相关概念。重复相同的动作能帮助孩子提高关注力和参与性［帕瑞缇（Parette），et al,2000］*。身体上和学习上需要帮助的孩子在手写方面充满挑战，电脑提供动觉感官刺激来帮助他们的学习［斯沃奈尔（Thouvenelle）和比威克（Bewick），2003］*。插入转换辅助设备，通常是特殊的转换器或者硬件配置，当儿童不能使用鼠标或键盘的时候，可以作为替代物。触屏是特别有用的，孩子可以用他们的手指点击和触摸显示器屏幕。触屏科技能够帮助三四岁的儿童以及使用鼠标或键盘有困难的任何年龄段的孩子，因为他们在电脑上使用鼠标做一些改变可能比较困难。

高科技合成？

有关电脑对发展中的儿童和有特殊需求儿童有利的研究业已存在，电脑在学校的使用已经产生很大的反响。克莱门特和萨拉马（Clements and Sarama 2003）*认为使用电脑会对儿童产生消极影响，这是没有根据的。在这项研究中，他们赞扬电脑给儿童带来的好处，这些好处体现在社交和精神发展、认知发展学习、创造性、语言和阅读方面。如何在早教课堂中有效地使用电脑，这是个问题。笔者相信，如果使用得当，电脑能对青少年教育做出独一无二的实质性贡献。教育者、博士以及儿童运动倡导者群体花了数十亿元费用在设备和在线课堂上，但是家长的担心和推销技巧为电脑帮助孩子学习带来了负面影响（Alliance for Childhood 儿童联盟，2000）。儿童联盟中，有一组儿童发展专家认为电脑会对幼儿造成危险，例如电脑会导致儿童视力疲劳，成为"电脑迷"，并且变得肥胖，夺走他们的创造性、人际关系，以及他们实际的学习能力。报告显示，已有研究表明电脑对学术成就及幼儿发展的作用很小。这个报告呼吁基础教育中停止使用电脑，并且建议关注实际性学习，尤其是真实世界的学习。对于高年级学生的建议是，他们不仅仅是学习如何使用电脑，更应了解电脑如何运作以及它在科技中体现的道德和社会含义。

使用电脑的恰当年龄以及老师的作用

制定幼儿课堂中的一般指导方针可以参考现有的文献资料。这些指导方针能帮助老师在课堂中制定使用电脑的规则以及能支持幼儿学习和发展的电脑活动。指导方针概括了老师在不同年纪的孩子与电脑互动之间所起的作用。

大部分专家赞同超过三岁的幼儿使用电脑。在这个时期，动作技能得以发展，但是更重要的是，网络支持的情绪发展、社交能力和认知能力正在建立。首先，通过情感和语言与看护人进行互动［希利（Healy），1998］*，在三到五岁之间，孩子应该在课堂中进行电脑体验。理想状态是这样的：孩子应该在电脑上有短期的操作时间，他们应该花费较长时间解决谜题或者参与搭建积木活动，并且是在由老师引导的小组里与搭档合作完成。开放式软件，例如绘图和音乐制作程序，大多数适合这个年龄的孩子并且能培养探索能力和发展对电脑能力的意识。老师的作用是在小组中给三到五岁的孩子介绍新的软件。当孩子开始独立探索软件的时候，老师应该坐在旁边，当孩子需要帮助的时候可以进行提示或者搭把手。

在幼儿园和基础年级（五到八岁），孩子能够和小伙伴在电脑上继续操作，但是这时他们应该开始完成独立操作。他们要将简单的文字处理软件提前、有效地加到绘图和音乐制作程序中。鼓励幼儿使用文字处理软件并拓展他们在课程活动中学到的书写技能。当他们用传统的纸笔进行表达而受到发展精细技能的限制时，老师需要提供带有能补充课程和年级教学目标的软件的电脑环境，这也为他们用书面语言表达自己提供了渠道。老师观察孩子的活动，并且当孩子提出问题和需要支持的时候提供帮助。

电脑和艺术

你如何看待使用电脑创作艺术作品？你认为这是毫无创造性的，并且会对创造性艺术的本质造成威胁吗？你觉得孩子的时间应该用于处理杂乱的真实的艺术材料吗？试着将课堂里的电脑艺术看作是你艺术项目中的组成部分而不是所有手工艺术体验的替代品。电脑成为另一种艺术媒介，而不是被其他媒介抛弃的东西。电脑能装载简单的图像，而绘图程序是另一种创造线条和形状的方式（见图14-4）。把屏幕看作是帆布的或者纸质的，鼠标是制作线条、形状和颜色的工具。尽管孩子不是通过真实的媒介控制色光，但是艺术方面的决策和选择是一致的。

优势有哪些？大多数的公立、私立学校对艺术课程资金的投入是最不重视的，甚至有些学校给艺术创造提供的时间以及为艺术活动提供的设备都是令人担忧的。鼓励学生参与活动以提高电脑训练和读写能力，正如创造性思考和表达一样，但是学校一般不支持这观点（萨贝斯，Sabbeth,1998）*。由于很多幼儿在家里能够进行电脑体验，所以他们在学习幼儿软件时已经对电脑很熟悉，而且对这种课程感到兴奋。在课堂中，电脑艺术活动可能更能吸引那些对传统艺术活动不感兴趣的孩子［马修斯（Matthews），1997］*。电脑中心的建立是为了培养同龄人之间的互动和交流能力。一个电脑艺术家可以很容易地在他需要的时候修改操作步骤并且恢复或者修改颜色。好的绘画软件提供没有数量限制的色彩和返回修饰功能。电脑能建立一种艺术和语言之间的联系。对于一个孩子来说，在他（她）所画的图画上打字是一件很容易的事情。

劣势又有哪些？对于一些孩子来说，使用鼠标可能比使用笔刷、马克笔或者蜡笔要困难。关于媒介的感官性能正在消失，包括触觉和嗅觉。在电脑屏幕上画有颜色的线条与在现实中画出来是截然不同的，在现实中画画能闻到颜料的气味，能触摸到颜料的温度。幼儿是好动的，可能缺乏耐心去打印电脑艺术作品。图14-5是呆板的线条、设计还是艺术作品呢？哲学家已经讨论过各个世纪的艺术本质，你是怎么看待的呢？

涂抹和绘制（draw-and-paint）软件

孩子可以通过两种方法在电脑上创造图像涂抹软件和绘制软件。尽管我们经常讨论这两种类型的软件，但老师在课堂上给孩子介绍的时候，还是需要注意一些区别。

涂抹软件是使用位图法在电脑上创造展示的

图14-4 简单的电脑图像艺术

图 14-5　孩子眼中的电脑艺术的视角

孩子如何使用它。尽管对于孩子来说一个带有位图图像的涂抹软件使用起来有可能更简单，但是如果想让孩子加入文字处理功能，你可能要买一个绘制软件。

艺术鉴赏

幼儿课堂中的电脑也可以给孩子提供艺术欣赏中的独特体验。仿真软件可以给孩子带来一次虚拟的博物馆之旅。尽管大多数软件是为成年人和大龄儿童设计的，但是，如果附近没有艺术博物馆，老师可以为学生在某个地方准备开展一次虚拟博物馆之旅。套装软件列出以下清单，提供这样的体验，给老师提供背景信息：

- 工作台（Counter Top）软件/娱乐系统（Topics Entertainmeut）出版的《世界大博物馆》（Great Museum of the world）
- 工作台软件/娱乐系统出版的《艺术年龄》（Art for the Ages）
- Fogware 出版的《虚拟博物馆》（Virtual Art Museum）

图像（见图14-6）。孩子用位图法在程序中操作时，能够在屏幕上画出形状和线条，然后使用橡皮工具擦去他们画的任何部分，如擦去顶端的形状和线条，在绘画中留出一些空白的地方。在文字处理过程中，在涂抹软件中绘图时加入一个文本是很困难的，光标不能插入进行编辑或者修改。如果打错了，所有文本需要擦掉并重新开始（萨贝斯，Sabbeth, 1998）*。

文本在绘制软件中比较容易使用，插入光标可以随时进行编辑。然而，对于幼儿来说，在绘制软件中修改图画更具有挑战性。绘制软件是面向所有对象的，没有可以改变线条或者形状的橡皮工具。反之，点击整个对象（形状或者线条），选择并删除的话，小艺术家就必须重新再创作（萨贝斯，Sabbeth, 1998）*。

购买涂抹软件或者绘制软件之前，应该考虑

大多数国内外的专业艺术博物馆都有可以提供艺术欣赏体验的网站。巴黎卢浮宫可以提供虚拟之旅，而芝加哥艺术研究所和波士顿美术博物馆允许参观者去他们的网站观看在线藏品。波士顿美术博物馆还有一个"我的画廊"功能，让参观者从在线藏品中选择一些作品保存到自己的小画廊中，方便以后回顾。大部分博物馆为老师和家长提供在线资源，还有为孩子提供与他们藏品相关的特别活动。例如，纽约现代博物馆提供给孩子网站条目，让他们可以看到画家凡·高（Van Gogh）、卡罗（Kahlo）和雕刻家博乔尼（Boccioni）的艺术作品。艺术家鼓励孩子检查细节，寻找作品的意义以及描述他们所看到的内容。同样的，华盛顿国家艺术画廊，包括 NGAKids Web 等网站活动类似于大都会博物馆，如可活动的音乐故事"在雕塑公园的利齐和戈登"（Lizzy and Gordon in the Sculpture Garden）。

将电脑成功融入幼儿课程，以及最大化影响孩子学习的关键是什么？根据霍兰德（Haugland, 1992）*所说，以下是四个决定性步骤：

1. 选择合适的软件。软件是一套编码指令，它能告诉电脑该做什么。软件可以通过多种多样的方式安装和使用：磁盘或者 DVD 驱动，硬盘驱

图 14-6　一个用涂抹软件创作的电脑艺术作品

动，或者从网上下载。大部分软件都是混合的，可以在苹果电脑系统中或者微软 windows 系统中使用，然而有一些只能在特定类型的电脑上运行。

如果你自己选择软件，谢德（Shade，1996）*建议参考三个标准。第一，孩子应该具备积极学习、自主交流互动的能力、探索实验的潜能以及独立使用软件的能力。第二，老师应该有独立贯穿课程的能力，并且强调儿童的探索性而不是钻牛角尖和死记硬背式学习。第三，软件技术特征包括与使用者的亲密程度，声音和图像的清晰度，简单/复杂层次以及审美质量。详见霍兰德（Haugland）和谢德（Shade，1994）*为评估软件列的清单。

挑选艺术软件的时候，尤其要注意以下功能：
- 带鼠标驱动，而不是键盘驱动的软件
- 一个大的，带有黑白区域，可以用来绘画的开放式工作空间
- 菜单栏很大并且包含少量选择
- 不同类型的线条、形状和颜色符号以方便孩子"阅读"
- 清楚可见的颜色、形状和线条选择按钮以方便孩子"阅读"
- 一种开放式并且有益于创造力的程序与仅仅在颜色书上填充颜色或者在已经画好的背景上移动形状和图像相反；艺术软件可以称作"绘制""涂抹"或者"上色"，但是仍然会扼杀创造性
- 保存和打印艺术作品的功能

2. **挑选适应幼儿发展的网站**。网上有很多丰富的教育资源。有一些网站有很大的教育价值，其他的可能并没有。儿童网站有四种类型，包括信息、交流、互动和出版。

3. **在课程中结合软件和网站**。电脑对孩子的学习产生影响，老师通过使用电脑挖掘他们的学习潜能，电脑活动需要与孩子的教育目标一致。霍兰德（Haugland，1992）*提出，只有当电脑融入课程，孩子才能获得概念性理解，发展抽象思维，提高口语技能水平，更好地解决问题。

4. **明智地挑选一台电脑**。幼儿课堂中应该购买什么类型的电脑？以下三个方面需要考虑：软件兼容性，售后服务保障，宣传的力度。

电脑学习中心

有些人认为幼儿可以使用别人之前用过的电脑，或者过时的、功能差的电脑，这是不对的。孩子需要强大的科技支持，他们对图像、声音、动画和视觉性的质量要求是很高的。过时的硬件不能支持最新的、先进的以及好玩的软件程序。新的、高质量软件不能在老旧的机器上运行。选电脑的时候，试着预计一下电脑的使用年限。通常，一台装配打印机的电脑能够使用大约三年的时间。电脑要有强大的操作系统和配置软件，这些功能将会延长老旧电脑的寿命。请记住选择带有升级功能的电脑。事实上，联网电脑应该使用速度快的中央处理器，因为其更新的速度很快，而且越来越好。术语兆赫（MHz）表示速度，数值越大则电脑的数据处理能力越强。

大多数公立学校有技术员负责维修教室的电脑。当电脑发生故障或者出现一般使用问题，例如关于软件兼容性、网络连接性等状况，老师应该请教这些技术员。购买一台新的电脑要有售后服务保障，在保修期内，应该包修包换，无条件退货。如果要更好的服务，就需要额外费用。如果学校资金不足，那么只能从声誉好、能够提供维修的销售商那里购买电脑，并且能配备与教室环境相一致的操作系统和套装软件。

配备电脑学习中心需要哪些设备？一台电脑的基本配置需要中央处理器（CPU）、显示器、鼠标、扬声器、键盘、配套的软件、光盘驱动器、输入装置以及一个合适的办公桌或者工作台。

中央处理器是系统的"心脏"，中央处理器的内在部分包括调制解调器、主板、风扇、电器元件、插件以及 DVD 和 CD 光盘驱动。DVD 百科全书结合了视觉与听觉功能展现文本信息。它具有提供多种学习风格的特性。尽管你可能想要一个很大的，就像微软的轨迹球鼠标，但还是需要一个标准大小的鼠标。大多数适合儿童使用的软件不需要使用键盘，但是年长的孩子可能需要使用键盘。幼儿使用鼠标画图是最好的方式。尽管对于年长的孩子来说使用标准键盘是有意义的，但是要准备专门为孩子制作的字母键盘。当幼儿使用电脑的时候，把键盘收起来。彩色打印机和触屏显示器不是必需的，但是可以在儿童电脑体验中使用，特别是创作艺术作品的时候。孩子能使用打印机打印出他们的故事和艺术创作成果。孩子可以在触屏上简单触摸操作软件，而不使用鼠标和键盘。建议成人将软件装进电脑硬盘中，

因为孩子尝试装载和卸载 CD 或者 DVD 的时候，很容易意外损坏磁盘驱动器。

科技工具

科技工具即用来学习的硬件或者软件。布兰科恩斯（Blanckensee，1999）*提出，若使用得当，开放式工具能促进学习发展。如今，可供幼儿使用的科技工具有很多，包括以下这些：

相机——即显胶片、录像、数码。老师使用即显胶片照相机记录艺术活动并存档，可以帮助孩子回忆艺术创造的过程。可以把照片扫描放大并且转换成数码图片。数码相机可以快速打印照片，不用进行化学处理，而且可以将照片上传到电脑，分享给其他人。许多公司出版的相机套装软件可以让三岁以上的孩子运用编辑工具和多样的游戏，与数码照片一起"玩耍"。

打印机和扫描仪——定制图像大小和字体类型。因为孩子喜欢把他们的数码作业带回家，所以扫描他们的艺术作业可以保存在文件夹中。

复印机——有利于保存文件。孩子参加艺术活动的照片放大后可以挂在艺术中心，并写上任何想说的话。

绘图平板电脑——互动的平板让孩子在自然、平整的表面上绘画，而且可以将作品转换到电脑屏幕上（见图14-7）。

多媒体或者超媒体编写工具——结合文本、声音、动画以及图像来创造教具、教学报告或教学计划。年幼的儿童可以写一个故事，并用电脑绘图工具画出来。学习者学习使用多媒体工具，他们可以用数码照片、录像带和录音音效创造个性化的、有意义的作品。

图14-7 创造性的电脑艺术

扫描仪——用于数码艺术作品和照片。用扫描仪扫描一幅画像，例如孩子画的电子图像，可以将其保存为电脑文件。扫描仪的外表和功能看起来像一个小的复印机，但是可以直接与电脑连接，图像可以直接保存。

电子邮件——用于书信交流，获得来自学生的家庭甚至来自世界各地的专家的资源或信息。

网络和可用网站——为了搜寻信息、出版物和参观社区网站的虚拟之旅，你需要网络服务供应商和网络连接。孩子可以在网上发表自己的作业，也可以看到其他孩子的作品，但是必须要有预防措施。因为互联网是无人管理的，任何人都能在网上上传东西。使用互联网过滤软件或者桌面管理程序例如 Kid Desk、互联网安全（Internet Safe）*、网络保姆（Net Nanny）*，或者网络巡逻（Cyber Patrol）*保障网络安全。尽管在幼儿课堂上过滤设备是很有必要的，但是它们不能够在网上保证孩子的安全。尽管网上的信息与孩子的年龄符合，但是信息可能是错误、带有偏见、性别歧视或者是种族歧视的，因此课堂上老师的规范监督是有必要的。

录像录音——有效记录每个孩子处理材料的过程。

Kids Works Deluxe®——浪潮（Great wave）软件出品的文字处理程序

应该怎么建立和管理电脑中心？

桌子或工作台要足够大，可以摆放所有电脑设备并且同时容纳四个孩子。两个孩子坐在电脑前，另外一到两个孩子坐在老师常用的电脑边上。其实，每个电脑中心应该有两台电脑和一台打印机。学生和电脑按10:1的比例（或者更小）分配，鼓励并给予学生充足的上网时间，为所有孩子提供社交和语言互动，以及公平接触的机会。鼓励一起使用电脑的小伙伴分担并解决问题而不是相互竞争。中心应包括课程融入活动的合作式学习策略。

幼儿园到三年级的孩子能更好地使用文字处理程序，就像用 DVD 百科全书探索一样，能够从三四台电脑上获取知识。强烈建议使用可调节工作台，放在不高不低的位置，这样方便摆放显示器和键盘或鼠标。桌子的高度要合适，让孩子坐在椅子上时感到舒服，键盘放在腰部的高度，显示器与眼睛的高度一致。给老师准备一个成人尺寸的椅子，他们可以参与孩子的活动，监督、指导、帮助他们解决问题。电脑应该放置在墙边，方便使用电源，电源损坏的时候可以及时采取保护措施。电脑应该远离阳光直接照射，不要放在人多的地方，也不能放在水池以及其他有水、有磁铁和粉笔灰的地方，不要放在反光的窗户附近。磁盘和中央处理器要注意避免高温。为了促进孩子在课程区域的学习，一些老师把电脑中心设置在离其他中心近的地方，例如靠近数学仪器区、书籍区、写字区，吃饭时间轮流安排孩子使用登记册和剪贴板。

电脑中心的规则和限制

1. 电脑要保持待机状态。
2. 不得带食品进入电脑室。
3. 只能使用键盘或鼠标。
4. 如果需要帮助，求助朋友或老师。
5. 使用电脑和操作软件前要洗手。
6. 轻拿轻用鼠标或键盘。
7. 电脑操作者使用鼠标或键盘时，如果有问题可以寻求帮助。

如何在课堂上有效地使用电脑

这不是应不应该让幼儿使用电脑的问题，真正的问题是他们如何使用。软件就像是电脑的食物，这就好比吃有营养的食物有利于健康一样，不同类型的软件也会对电脑产生不同的影响，劣质的软件不能帮助幼儿进行合理的电脑体验。开放式软件培养合作性和创新能力，训练实践软件则支持竞争。如何选择适用的软件？斯沃奈尔（Thouvenelle）和比威克（Bewick, 1999）*给出了建议：确定教育目标，你想要孩子学到什么，尤其是这种特殊的软件能带给你什么。阅读你正在考虑使用的软件说明书，并且自己事先查看一下，注意夸夸其谈的广告，注意与性别、种族、能力、暴力以及家庭构成相关的歧视信息和有害的信息。希利（Healy, 1998）*建议寻找带有不同难度层级的软件，带有清晰、容易看懂的图像，让孩子通过软件特征进行操纵，图像应该具有审美价值。软件应该是体现多感官体验和互动性的，让孩子表现他们的创造性。选择开放式软件，鼓励孩子探索、试验、解决问题，开发创新思维以及构建儿童个人的知识。

老师应该考虑如何把电脑与自己的课程联系起来。在课程和软件目标的基础上使用电脑，可以有多种方式。在一些课堂中，电脑大多数是用来作为教育性的游戏或者完成作业的奖励，主要是为了娱乐和"打发时间"，电脑被当作了打游戏的工具。在其他课堂，电脑活动主要是作为电子手册教学和进行以技能为中心的训练实践教学，例如匹配形状、字母和数字活动。软件为孩子提供学习方法，给学生一些问题，对他们的回答正确与否做出反馈，并且奖励回答正确的学生。希利（Healy, 1998）*认为这种类型的软件是以"寓教于乐"为特点的。一些软件程序通过设置能力等级，提升孩子独立处理问题的能力，其他软件则帮助学生解决问题或提高概念理解能力。可以在孩子学习概念以后使用这种方法—如手动操作——为了做得更好，还需要额外的练习。这两种方法都让老师感觉很自由，学生可以与其他孩子一起做作业，但是师生互动的特性就会消失。因为老师忙于做其他的事情，所以不能调节课堂气氛、帮助学生。然而，成人对孩子的支持和指导对于他们进行电脑体验会带来关键性的帮助。有人对这两种方法的发展适应性表示怀疑，并提出了有关创造性的问题。软件既可以是封闭式的，可以是开放式的，比如一些书写和绘图软件。如果孩子使用这种封闭式的软件，他们往往很难得到正确答案，时间久了，会扼杀他们的创造性。

互动性书籍，一般是DVD，这也是辅导软件的另一种流行的形式，孩子在屏幕上任意选择条目，电脑输出对应的动画、音效和声音。DVD故事书让孩子按自己的速度阅读，如果需要，可以重复文本中某一行，让电脑读出他们不明白的内容，在故事里操纵角色来培养互动式读写能力。一本优质的互动式书籍会以一个好的故事开头，吸引孩子一遍一遍地读。孩子通过点击选择故事，开始播放动画，听不同语言的故事，关掉"阅读器"，选择不同事件或结局。

还有其他的方法，老师将已经讲授的内容成功地融入孩子的电脑使用课程。选择能够支持、连接、提高、延伸以及丰富课程的软件。在低年级，老师让孩子为他们的作业寻找网络资源。一些资源能帮助孩子使用技术创造多媒体艺术。据布兰科恩斯（Blanckensee, 1999）*所述，当老师设计项目，鼓励孩子打破他们现有知识的局限性，科技工具就有价值了。当学生构建思想和发展技能以及在完成真实世界有趣的任务时，老师扮演的是推动者的角色。

老师的作用是什么？电脑作为一种辅助工具，不能替代老师，所以老师扮演了很多角色。一旦需要购买在课堂上要用的电脑和软件，老师就需要学习专业技术，因为操作系统有各种各样的功能，提供了多种解决问题的途径。在解决问题的过程中，孩子需要等待，而这会让他们沮丧，因此在课堂中使用一台新电脑时，老师应该自己先全面熟悉一下。

同样的，老师应该自己熟悉一下电脑中心提供给孩子使用的软件。这不仅仅帮助老师决定如何将软件用到课堂中，而且还能训练老师在电脑活动中培养孩子解决问题的能力。老师需要了解孩子对电脑的熟悉程度：他们已经知道什么，能在电脑上做什么。介绍电脑和软件的时候应该以相同的方式，也应该介绍其他新的材料或者活动：可以采用个人或小组方式，每次集合几个同学在中心周围，两个孩子坐在椅子上。老师要指出孩子需要了解的电脑部件并给出名称，包括键盘、显示器、鼠标和打印机。给坐着的孩子展示如何打开电脑。

从简单的程序开始介绍，鼓励孩子思考电脑是如何运转的。一些老师每次都只使用一种软件，一直到组里的每一个人都理解如何使用为止。每次介绍电脑就让第一小组使用，孩子需要立刻运用所学知识。这种方法能确保所有孩子使用电脑，包括那些犹豫不决或者不愿意接触新事物的孩子。否则，很可能只是那些自信、有经验或者在家用过的孩子使用电脑。一旦介绍电脑，老师需要监督和帮助孩子使用电脑。

老师如何将电脑和课程结合起来呢？斯沃奈尔（Thouvenelle）和比威克（Bewick, 2003）*建议查阅国家、州级、县区级的课程标准，根据自己的年级确定小组的教育目标。检查评估和报告要求。然后使用课程策略，例如网站、主题或者计划创造有意义的框架来连接电脑体验和其他手动课堂活动。确保电脑在评估过程中能起到积极作用。

电脑评估能帮助老师吗？斯沃奈尔（Thouvenelle）和比威克（Bewick, 2003）*提出，科技的好处是能支持在课程目标中用文件袋记录孩子的进步。老师可以仔细观察孩子使用电脑以及与他人合作的过程、思考过程和电脑生成的产品，例如故事。为了成功地将电脑作为一种评估工具，老师不仅要关注孩子的作品，更要关注孩子本身，考虑用电脑生成的艺术作品。在图14-8中提供的关于艺术家知识技能的信息很少，老师观察孩子创造图画的过程，这个过程体现了艺术作品显示的丰富图层、孩子对故事结构的知识细节化，以及他们乐于探索绘制软件和涂抹软件性能的意愿。

图14-8　孩子合作创造电脑艺术作品

科技交流

教师在课堂中可以使用通信工具与家长沟通。老师以前通过打电话、写便签以及写信等方式通知家长，告诉他们课堂活动的情况、孩子的学习成果以及遇到的困难。现在，大约有百分之五十的美国家庭能使用电子邮件和课堂网站更新他们近期的状况（见图14-9）。

尽管教师与家长进行交流的首选方式可能是电话，因为双方可以直接联系，但是对老师来说，这运用起来有一定的困难。首先，很多老师的教室并没有电话，所以很难拨打家庭电话，而且也有很多家长一整天都忙于工作，可能接不到个人电话。老师可以晚上与家长交流，但这样会耽误教师的个人时间。所以，教师可以在方便的时候给家长发送电子邮件，家长有时间时可以回复。

老师给家长发送电子邮件时，应该遵从传统的便签和写信格式。尽管用电子邮件进行交流非常方便，但是使用者可能会习惯缩写以及断章取义。对于老师来说，要意识到电子邮件是与家长进行沟通的重要方式，还是应该遵循专业格式。例如，可以用以下方法来联系家长：

图 14-9　老师能使用电脑促进和家庭的交流

布班级每天的安排计划，家人可以通过这种方式了解学校情况，方便自己计划参观或做志愿者。特殊活动的日期和时间，例如野外考察、嘉宾演讲、家长会、家长见面会、学校画展以及健康审查的安排，这些也能帮助家长为他们的孩子做好每一天的安排和准备。低年级的老师可以公布家庭作业信息，将布置的活动以及孩子本周要学的拼写和单词发布在网上。

很多老师使用网站给家人展示学生在学校的活动和互动信息。学习中心描述课程主题，在幼儿课堂中展示孩子参加活动的数码相片，这能帮助家长理解孩子在幼儿课堂学习的本质。一个课堂网站也能作为网上博物馆展示孩子的艺术作品。电子照片可以把孩子绘制、涂鸦、雕刻和设计的过程和作品，孩子创作自己作品中体现的创造性，放在网上进行展示。这种网上博物馆是有意义的，孩子能看到别人和自己的作品，家长可以通过网上展示看到孩子在不断进步。

不管课堂网站包含哪些内容，老师都有义务定期地更新网站。只要网上信息是最新并且准确的，那么对于家人来说就是有用的。老师也应该记住，尽管百分之五十的家庭能在家使用电脑，但是还有一半的家庭不能。老师在刚开学的时候要对家庭情况进行细心的调查，这样就能知道使用传统的交流方式是不是更合适。

- 从积极的事情开始谈起。
- 机智地陈述问题/状况，但是不可忽略其重要性。
- 概述已经发生的情况而不是讲解这个问题。
- 邀请家长讨论这种情况。
- 要注意协商讨论。
- 尊重家长，让家长先说。

课堂网站是老师与家长进行沟通的一种简单方式，它可以使家庭与课堂日常信息和活动保持同步。尽管老师能够请教专业的网站设计师，但是需要花一大笔费用。因此，老师可以使用软件，例如微软开发商设计的主页，将其放在学校网页上，或者可以找一个网络公司，为老师设计简单的网页，老师只需要填写与他们课堂有关的信息。这种公司一般都会给老师的网页进行简单的布置和维护，并按月收费。学校也可以花钱专门做一个网站，放入老师的个人页面。

课堂网站包括多种多样的信息。网站首页应该包含老师的名字，与家长交流的电子邮件链接，学生的年级、年龄层以及教室班号，就像学校地址和电话号码一样。那些想通过邮件或电话联系老师的家长可能会需要这些信息。网站上可以公

 活动作品和固定作品

活动作品和固定作品是三维艺术作品。通常用细的连接物（电线、细绳）将分散的部分组合到一起。

活动作品

活动作品是可以移动的物品。一般来说它是悬浮的，是能自由移动的。有风的时候，作品会摆动起来。比如，婴儿床上悬挂着的风铃和幼儿悬浮玩具就是活动物品。活动作品至少有一层装饰物。我们可以将活动作品用线和钉子挂在在天花板上或门口。

活动作品有很多层，会面临平衡问题（见图14-10）。一开始，应该选一个坚固的天花板作为悬挂的基础，使用绳、纱线、轴线或鱼线来悬挂。很多人建议用以下物体支撑悬浮重物：

教师反思

到九月底,马丁内斯(Martinez)夫人与幼儿园的孩子们就相识差不多一个月了。在开学的第一个星期,马丁内斯夫人开始接近孩子,她惊讶地发现,有一个叫帕克(Parker)的孩子正在阅读三年级的书。很快,她以锻炼帕克精通文学技能为目的,开始单独指导他。她发现帕克乐于读小说和散文,他有很强的读写能力和音律知识,并且善于创作自己的故事。她的评估结果表明,帕克有超强的阅读能力,他的肢体表现达到五岁孩子的身体状况,他的词汇量很大并且敢于在他的故事里使用新的语句,然而他的写作却无法跟上自己的感受。当帕克感觉很累,不得不停止写作的时候,他会非常沮丧。尽管帕克已经在脑海里构建了故事大纲,但是他的很多写作都没有完成。马丁内斯夫人应该把帕克培养成读者还是作者?科技能给出答案吗?她该给帕克提供什么类型的硬件和软件?应该利用什么脱离计算机的活动来解决这个问题?

- 浮木
- 定位杆
- 扫帚把
- 浓密的树枝
- 铅笔
- 棍子
- 码尺
- 衣架
- 三个带挂钩的衣架线
- 木尺

能支撑悬挂较轻物体的包括:

- 吸管
- 雪糕棒
- 压舌器

以上小支撑物可以创造性地组合在一起。以下是一些推荐活动。

自然组合移动作品

你需要一根相当结实、形状有趣,可以悬挂好几层物品的树枝。树枝的分枝用来悬挂物体,但是要接近学生的高度。他们需要碰到分枝,抓住材料。可以在散步时收集大自然中的物体,或者从家里带来。鼓励孩子捡起掉到地上的自然样本,贝壳、羽毛、橡子、蘑菇、细枝、树叶以及松果是很合适的材料。把它们用线系起来并悬挂在树枝上,但并不是所有物品都能系起来。自然标本不要挂得太整齐,应该带有层次感。一根线可以悬挂好几个物品。当活动作品完成后,把它放在靠近窗户或者门口处,等起风的时候让它摆动起来。这是一个多样化的活动。移动作品上的物品可以不断添加或更换。

组合作品活动不要局限于自然物品,还可以使用任何再生废品,如:

- 碎纸(切碎或者撕开)
- 盖住蜡纸的纸巾
- 杂志图片
- 塑料盖
- 任何能悬挂的有意思的东西。让我们尽情想象和创造吧!

注意装饰物品的前面和后面,因为从两边都能看到。可移动作品(活动作品)可以采用上面提到的自然材料或者以下这些主题:

- 喜爱的故事书、歌曲里的主要角色
- 天气和季节
- 动物
- 交通标志和安全标志
- 运输工具
- 假期
- 社区援助者
- 食物组合

图14-10　一个幼儿园孩子做的多层可移动作品

纱线塑造活动作品

从纸塑开始（见第十二章"纸塑"部分）。孩子需要自己使用蜡纸操作。取一定长度的毛毯纱线，浸在纸塑混合物中。用手指上把多出来的水分挤掉。把纱线做成任何形状，使纱线交叉和重叠，彻底风干以后小心地剥去蜡纸。悬挂有纱线形状的活动作品。

多层活动作品

可以将活动作品做成很多层。例如，在定位杆上悬挂铅笔。不要担心活动作品是否能保持平衡。粘上绳或者纱线并开始悬挂物品，慢慢地保持平衡。在短线上悬挂重的物体可能比在长线上悬挂物体更容易保持平衡。在线上可以放很多帮助保持平衡的物品。大点的孩子可以通过这次活动享受挑战的过程。

黏土的活动作品

查看第十一章关于黏土的内容以及最后的完成品。作品在风中发出沙沙声，还可以发出叮叮声。孩子在创造作品的时候，可以使用面包切割机或者黏土工具。记住要在作品上打一个洞用于悬挂。

带图画的活动作品

教师要与孩子讨论物体分解的知识。例如，一个人能被分为头、身体和腿等不同的部分。用一条线把每个分离的部分穿起来，中间留出空间，当风吹来时，分开的部分会产生非常有趣的效果。同样的方法可以用于动物、车辆或其他任何物体。杂志图片是很好的资源，孩子可能也有自己想画的图案——小丑、有火炮的军舰以及圣诞树，当然这些只是笔者想到的一部分。

固定作品

固定作品就是独立、稳定的，而活动作品是悬挂的。一个固定作品，需要一个或多个支架，还要依靠固定的底座。尽管这和活动作品很相似，但是固定作品更难操作。你需要将很长而且结实的电线附在木制基底上。这个基底要足够大，并且要有一定的重量，这样作品就不容易翻到。最重要的是，做任何作品都建议将活动作品运用到固定作品中。悬挂物太大或者太重会弄断电线。另外，在一根线上悬挂多层物品很有难度，所以要挂得低一点，不能高于头顶。

简单的固定作品

给每个孩子提供一个水杯盖子、吸管、彩泥或橡皮泥。找一系列相似的贺卡、明信片或者杂志图片。孩子们可以把他们剪下来的图片放在吸管的末端。彩泥可以放在杯子盖里面或者顶端来塑形。孩子们要轻轻地把吸管插到彩泥中，可以把吸管弯曲，这样比较有创意并且可以做成不同高度及形状。可以从假日为主题，此外，孩子们也许还会热衷于做以自己或家庭为主题的固定作品。

总结

本章讲的是孩子在艺术制作和欣赏活动中对科技的使用。尽管幼儿使用电脑会遭到一些成人的质疑，但是现在有研究支持孩子使用电脑，因为这有利于孩子的认知以及社会情绪发展。老师在建立电脑中心以及给孩子选择合适软件的时候需要谨慎考虑。大多数软件允许孩子与电脑互动，绘制软件和涂抹软件能够培养孩子在艺术创作活动中的互动性。

关键词

位图
绘制软件
活动作品
涂抹软件
固定作品

中央处理器
标志（LOGO®）
开放式软件
仿真软件

活动建议

1. 将电脑应用到课程中并进行观察：轮到哪个孩子使用电脑？每个孩子需要多长时间轮换？孩子正在使用什么软件？他是如何选择的？记录你所观察到的情况。

2. 老师在电脑中心观察孩子。他们正在学习什么？他们是如何互动的？将所观察到的现象进行记录。

3. 回顾本章推荐的一些软件，考虑它是如何将幼儿课堂与课堂相联系的。思考你在自己的教室中使用软件的方法。

4. 访问这一章列出的博物馆网站，完成软件中为孩子提供的一些活动。考虑你班级中的哪个年龄阶段的孩子适合这些活动。你如何将这些活动融入课程？

5. 帮助学龄儿童制作活动作品和固定作品。

回 顾

1. 讨论电脑的使用对幼儿认知发展的影响。
2. 绘制软件和涂抹软件之间有什么区别？
3. 列出教师评价教室所使用软件的三个标准。
4. 列出儿童参与教室电脑活动时的规则。
5. 阐述与家长进行沟通的三个科技上的方法。

第十五章　支撑孩子的艺术的角色、反馈和策略

  大部分人进入幼儿教育领域,是因为和孩子们在一起会很快乐。图片中的教师显然很喜欢她正在做的事情。她刚刚加入一组正在画壁画的孩子当中。她先在远处观察了一段时间,然后坐下来与学生交流。孩子们对自己所提出的方案都感到非常自豪:他们要画一幅壁画,表现的是他们正在学习的农场动物。教师很愿意倾听他们的想法,并一直和他们交流。她会说什么呢?如果是你,你会说些什么来认可孩子们的成就,又如何分享他们在绘画中所体会到的快乐呢?

目标

读完这章之后，你应该做到以下几点：

1. 讨论教师在幼儿艺术中所扮演的示范者和参与者角色。
2. 了解教师在艺术中心和教室中如何成为一个有创造性的人或艺术专家。
3. 总结出几个提高孩子艺术表现的策略。
4. 比较艺术活动小组与传统的展示，讲述这两种形式。
5. 帮助学龄儿童制作活动作品和/或固定作品。
6. 评价与孩子们谈论他们的艺术作品的不同方法。
7. 回答恩格尔（Engle，1995）*提出的6个问题来帮助大家学会真正欣赏孩子们的艺术。
8. 讨论评语的价值。
9. 运用艺术元素来分析并讨论孩子的艺术作品。
10. 讨论家庭文化对孩子艺术表现的影响。

引言

教美术的方法有很多。教师在孩子的艺术教育中充当什么样的角色呢？成人可以通过扮演示范者和参与者来激发孩子创作艺术。他们可以在日常生活中展现出创造性并积极地参加艺术活动。尽管成为一名艺术专家并了解关于艺术的知识非常重要，但成人并不需要成为一个天才艺术家来为孩子提供有创造性的艺术经验。

教师作为示范者

孩子可以通过不同的方法学习。一些孩子听老师讲授收获最大，还有一些孩子则是通过观察教师的做法来学习。比如，教师直接示范如何缝制或编织会比口头告诉孩子步骤更有效；与其跟他们说"轻声走路"，不如直接示范，这样效果会更好。在这些例子中，教师是一个示范者。简单地示范一个新的活动会吸引许多好奇的观察者，他们能更轻松地加入活动。比如，教师用黏土和工具示范不同的创作方法，桌子旁边很快就会围满想成为雕塑家的孩子们。成为一个优秀教师的方法之一就是观察别人优秀的示范。

教师作为参与者

孩子们喜欢玩耍，无论是和别人一起还是自己单独玩。他们也希望在活动中有成人的参与。在艺术中心，有时候教师会成为最受欢迎的参与者。但是，参与孩子的艺术创作时不要替他们创作作品，这会让他们感到沮丧。他们会不可避免地模仿你，然后以失落告终。告诉他们不要照搬教师的示范。和他们分享，当你遇到这种情况时就像画画时出现笔误，或者看到颜料四处乱溅一样难受。孩子们会欢迎你的加入，尤其是他们遇到困难的时候。与孩子在一起时，要将注意力放在制作过程中，而不是用你的作品打击他们。比如，玩生面团的桌子是笔者最喜欢的地点之一，那就和孩子们一起坐下来，观察一下接下来会发生什么。如果孩子们遇到困难，可以加入他们，给他们示范各种选择，跟他们说："现在我来挤压这个面团，看一下会发生什么？"孩子们可能就会一起来挤压自己的生面团，这使他们有了新的选择，也打开了讨论的大门。孩子们可能会讨论他们的"煎饼"的形状，当然，他们也可以不采取教师的建议。

作为一个示范者，永远不要让孩子听到你说"我不会画"或者是"我唱得不好"这种话。如果孩子们看到教师对自己的成果不满意，他们也更有可能对自己的作品不满意。相反，要注重你在参加美术和音乐活动中所获得的愉悦感以及你对尝试新活动的意愿。

在图15-1中，一位家长在和老师交谈，她

图15-1 让儿童能够参与到艺术创作中

在和孩子一起参与艺术活动。通常情况下，孩子们会欢迎家长的加入。但有时候，孩子们不并希望有成人的参与，甚至会让他们离开。组成一个积木搭建小组时，"只对儿童开放，成人莫入"。我们应该尊重他们的意愿。有时候，教师加入孩子们的活动是非常重要的。一对一的辅导也很有必要，只有这样，才能满足孩子的要求。但这在以教师为主导的课堂中是不可能发生的，在这种课堂中，学生只是简单地生搬硬套。

尽管笔者建议教师尝试扮演参与者的角色，但是也有一些幼儿工作者认为这很让人苦恼，因为这可能夺走了孩子们独立发现技巧的机会，比如挤压生面团这个例子就说明了这一点。那么在孩子的艺术活动中，应该怎样来定位成人的角色呢？

教师作为一个有创造性的个体

教师应该是一个有创造性的独特个体。有创造性的老师可以激发孩子的创造力。他们会展现出创造性："如果没有裁纸机，那怎样把纸裁成条状以便进行编织呢？""我们没有能带到户外的画架，那我们怎样在户外进行艺术创作呢？"孩子们在日常生活中来观察解决这些问题的创造性方法是非常有必要的。

创造性教师的发展：

从	到
依据孩子的性别，年龄或者是能力来看待他们	把孩子看成有独立个性的个体
把有创造性的孩子看成是威胁或麻烦	把创造性当成一种优势
强调思想和行为的一致性	鼓励创造性思维和处理事情
希望孩子给出最佳答案	希望孩子给出尽可能多的方案和想法
认为自己是没有创造性的	观察人们是如何发挥自己的创作潜能的
提供以教师为中心的课程活动	提供以学生为中心的课程活动，这样有利于学生思考并做出决定
提供结构严密的课程活动	提供灵活的课程计划，有利于学生多向思维
将美术、音乐和活动等同于创造力	把创造力当作顺利完成课程的技巧
在任何地方都安排创造性活动	将创造性贯穿在整个课程活动当中
将创造性限制在特定的时间内	创造性不受时间的限制

创造性是我们都想得到的。可能我们在人际关系、实习以及正式进行教学的第一年都不是非常具有创造性。然而，创造力对幼儿教师来说是十分重要的，希望我们能逐步实现这个崇高的目标。

教师作为艺术专家

对于幼儿工作者来说，成为一名艺术专家也是非常重要的，我们需要知道关于艺术家、艺术、艺术元素以及有关的具有发展适应性的艺术活动的情况。我们不需要成为一个天才艺术家去给孩子提供艺术经验，就像观看曲棍球比赛的人不需要是一个曲棍球运动员，听音乐会的人不一定是音乐家一样。教师向学生传达艺术知识、情感、意识和探索，比列出一张包含大量艺术活动的清单更重要。鼓励学生用他们的感官去体验、探索并表达他们所了解的世界，就可以成就一名艺术专家。

Atelierista是对在瑞吉欧·艾米莉亚（Reggio Emilia）教室中工作的艺术专家的称呼，学生和艺术专家的关系就像是学徒和师傅的关系，孩子们对高学历和经验丰富的人进行观察、交流，并与他们一同工作，从而得到收获。孩子跟着艺术老师"实习"，他们能快速掌握不同艺术媒材的使用技巧和过程。尽管这不是非常重要，但是作为Atelierista，要关注到艺术活动中的每个人，用艺术的方式思考是非常重要的。

教师作为观察者

恩格尔（Engel, 1995）*认为理解、评价和欣赏每一位孩子的艺术作品是非常重要的。为什么呢？因为通过对儿童艺术作品的近距离观察，能更加了解孩子，知道他们把什么看得更重要，他们怎样看待周围的世界并与之互动。这要怎样做才能实现呢？答案就是学习如何观察。恩格尔

（Engel，1996）*强调近距离观察儿童的视觉艺术非常重要，看得越多，问题就会越多，想谈论的内容也会更多。教师的问题对于思考孩子的艺术作品以及与孩子讨论他的作品非常有用。观察者可以仔细考虑以下几个问题：

1. 作品是用什么制作的？

这是指材料，包括尺寸、工具和艺术媒材。

2. 观察者看到了什么？

这是指艺术元素，包括线条、角度、形状、颜色等。请参考第六章的内容，其中对艺术元素做出了更详细的讨论。

3. 作品表现的是什么？

这是指作品的设计、故事、场景、插画的含义。

4. 作品是如何组织的？

这包括透视、构图、动作、观点及完成。

5. 作品是关于什么内容？涉及的本质是什么？

这是指作品的功能或意图，包括提供的信息、解释、表达的情感，探索的方法等。

6. 作品的灵感来源是什么？

来源可能是孩子的联想、观察，文学作品、模仿、媒体、对话，也可以是孩子的随意摆弄。

看图15-2中孩子的作品时问一下自己以上6个问题，答案可能是这样的：

1. 女孩用蛋彩颜料和一个刷子在画架上的大幅白纸上作画。

2. 她用一个短的大圆刷子刷出了橙色和黑色。

3. 设计是新颖的，观察者不断地去尝试猜测它表达的意思，和女孩交谈可能会得到一些提示。

4. 现在她画到了纸的边缘上，但是纸上有的部分还是空白的。

5. 观察这个女孩时可以看出，她对于这幅画的实验和探索非常感兴趣，她认真地将颜色分开，她喜欢用蘸有黑色颜料的短刷在纸的边缘作画。

6. 观察者可能会觉得这个女孩在用这些材料"瞎摆弄"，她想看一下用这些颜色能在纸上画出什么。

以这种方式来分析她的艺术作品，可以帮助教师与孩子进行有意义的对话。

教师作为回应者

成人可以对孩子的艺术作品做出语言的或非语言的回应。我们应该对儿童艺术家说什么呢？教师应该称赞、评判、提问还是纠正？这一章会对不同的回应策略进行概述和分析。艺术对话是应用艺术元素的一个策略，它将会作为一个首选方法。尽管在大部分时候艺术课程能够顺利进行，但有时孩子们也会遇到困难，需要教师的指导。教师需要扮演问题分析者的角色。

教师可以对孩子的艺术作品做出语言的或非语言的回应。我们经常意识不到我们的非语言交流：一个微笑表示赞同，皱眉或困惑的眼神则表示反对。一个教师可能会说她喜欢孩子抽象的艺术作品，但是她皱起的额头和斜视的眼神完全是相反的意思。动作和所有的肢体语言都能交流信息。对制造混乱的孩子冷眼相看，会影响他保持整洁有序的程度。当在打量一个孩子或他的作品时，放在臀部的双手和交叉的胳膊传达出一种冷漠的信息，弯下腰来与孩子的眼神齐平或坐得离孩子更近一些传达出的则是温暖、尊重和接纳。孩子们会用他们的肢体来表达他们的感受。相应的，他们对成人非言语性的信息也会特别敏感。幼儿工作者的目标之一就是学习积极的非言语交流，并且确立传达给孩子的言语和非言语信息的一致性。调查显示，在两岁至五岁之间的孩子已经开始有了性别、人种、种族和残疾的意识。因为大部分的种族特点在三岁以前已经建立，小孩应在尊重多元文化的环境中健康成长。孩子的监

图15-2 在这个孩子的艺术作品中你看到了什么？

护人和教师必须认识并保护好孩子的独特性，家长和教师必须认识并保护好孩子由于文化不同而带来的独特性。

根据恩格尔（Engel，1996）的观点，当家长与孩子讨论他们的艺术作品时，处理较好的家长通常会采取积极的评论，包括以下这些：

1."好漂亮的画啊！我们把它贴在容易看到的地方。"

2."好有趣！你花了多长时间画的？"

3."我真的很喜欢你的画，你明天可以在画架上再画一幅吗？"

4."你现在画得好多了。我看到你把画笔洗干净了，所以颜料没有流下来。"

5."都画完了吗？你想不想告诉我关于这幅画的一些内容？"

6."让我们把它贴在冰箱上，妈妈回家的时候可以看到它。"

像这样的话语是积极的，并且具有鼓励性，有时候对于一些孩子来说也是非常适合的。从积极的一方面来说，我们能学会不批评或者是纠正孩子的创造性作品。我们也可以学会如何以一种更加认真和有建设性的方式来与孩子讨论他们的艺术作品。

艺术评语

孩子在与教师讨论他们的作品时，可能会给一些作品配上标题、标签或语句（见图15-3）。教师会在画面上写上整洁的字体。然而，笔者推荐孩子们单独使用一张纸进行书写，有两个理由：第一，成人艺术家很少在他们的画面上写字；第二，通常画面上只有一小块空白，必须把字写得又小又挤。单独用一页纸会有很多优点，这样可以把它单独钉在画的底部，也能够书写适当大小的文字，便于孩子看和阅读，并且可以让孩子给你复述在整个过程中哪一步是最重要的。最后，这也留给了孩子临摹文字和词语的空间。文字的行距要大一些，这样可以让孩子模仿文字、词语和句子。

为什么要有艺术评语？根据格林伯格（Greenburg，1999）*的观点，至少有五个理由：第一，可以加深你对每一个儿童的了解；第二，可以拉近你和孩子的关系；第三，每一个孩子都能得到你的关注；第四，可以让孩子知道你尊重他们的作品和想法；第五，可以提高孩子的读写能力。

艺术对话

教师用语言评价孩子的作品时通常采用以下六种传统的方式：

- 赞扬
- 评判
- 评价
- 提问
- 探讨
- 纠正

下面我们会分析每一种方法对孩子的影响，并提出可替代这六种传统方法的方案。

关于"赞扬"这种方法，教师会跟孩子说他们的作品是美好的、漂亮的、可爱的或美丽的，详细的评价就是："那是一幅很美的作品！""哇，好可爱啊！""漂亮！这是一幅非常漂亮的画！"或者是"非常好"。相应的，孩子一般会对你笑笑，说声"谢谢"，然后走开，这样你就没有机会与孩子进行深入的交谈。第二点限制就是这些语言过于模糊和滥用。比如说，"美好"这个词用起来就特别随意，像"美好的一天"这种说法，所以这种表达缺少真诚，也没什么意义。一幅画"美好"的标准是什么呢？难道抽象的画就不美好吗？像"漂亮"这种表达也是这样，并不是所有孩子的作品都是漂亮的，如一大团黑漆可能是暗淡的、厚实的、有层次的，也可能就是一个长方形，但是它并不漂亮。像"美好"、"漂亮"这些表达非常空洞，应该给孩子更详细的反馈。

关于"评判"这种方法，老师会和孩子说他们的作品不错或很好，更具体的评价就是"非常好"或"做得很好"，因为大部分老师并不想对孩子的作品给出好、很好、非常好这种有级别的评判，

图15-3 孩子们有时候喜欢发明他们自己的拼写方式来为他们的作品配上标题

他们只是想让所有的孩子感觉自己的作品还不错。相应的，他们的评判也就变得过度滥用并失去了意义，老师也会因为这种评判方法而失去可信度。有些孩子潦草地乱画，而有的孩子细致地描绘，他们的作品怎么会一样好呢？是教师没说实话，还是教师根本没有认真看，只是例行公事地给了他们同样空洞的评价？

关于"评价"这种方法，教师告诉孩子他喜欢或非常喜欢他们的作品，具体的评价包括"我很喜欢它"或者是"我就是喜欢它"。显然，让孩子知道你赞赏他在处理材料过程中所花费的时间和努力是很重要的。你可以感叹孩子让泥塑恐龙站起来是非常困难的，这有利于鼓励孩子的加工制作，然而，这和在最终的作品上盖上老师表扬的印章是不同的。孩子创作作品是为了表达自己的想法，而不是取悦老师。不幸的是，许多孩子的有个性的作品会遭到成人的批评，而平淡无奇的艺术作品却会受到成人的表扬。一个典型的例子就是正方形的房子上有一个三角形的屋顶和一个烟囱，房子的两边都是树；一般情况下会有两个拉着部分窗帘的窗户，空中会有一个有笑脸的太阳。成人们理解甚至鼓励孩子创作这种模式化的艺术作品。这种形式的艺术作品会得到表扬并被贴在冰箱的门上进行展示。这种模式化的符号或图示传达是大众的观念，尽管它们可能是现实主义发展的一个标志，但是它们并不比孩子的抽象艺术更优秀。

关于"提问"的方法，教师会直接问孩子"这是什么？"或者是"它代表什么？"。学龄儿童或者是善于言辞的孩子可能会回答，但是有些孩子以他个人的水平并不能用语言表达他所描绘的是什么。让一个孩子做出"我只是画出了我烦躁的时候的感受"这种回答可能不太容易。幼儿可能根本就不知道他们画的是什么以及这样画的原因。所以，他们可能就会耸耸肩，耷拉下眼皮说"我不知道"或直接走开。一些老师会继续他们的提问："它是一个……还是一个……？"孩子可能会配合回答，但他们只是想结束提问。许多幼儿的作品都是表现他们个人的，以自我为中心的，而并不一定像什么东西。根据史密斯（Smith,1983）*的观点，问创作抽象艺术的孩子"画的是什么"这种问题是草率的甚至是有害的。根据卡米（Kamii）和德弗里斯（Devries, 1993）*的观点，对于创作抽象艺术的孩子来说，艺术的首要价值是学生可以从中学到生理知识，通过手和胳膊的肌肉运动进行刷、涂抹、摆动。作品的最终结果并不重要。如果教师没有立即认出孩子的大片蓝色颜料代表的是海洋，他们可能会伤心，或感觉受到了侮辱。

naeyc 关于"探索"这种方法，教师可能会从孩子那得到一些关于他们作品的提示、标题或语言阐述。典型的评论包括"请告诉我所有关于这幅作品的内容"或者是"关于这幅作品，你想说什么？"。相对来说，第一种问法更唐突，而第二种更温和一些。采取哪种问题，视课程需要而定。这种探索的方法是有价值的，但是应该适当应用。孩子们没有能力也不需要一直进行言语表达，如口述一个故事，或者是写下关于他们的艺术作品的内容。而且这种方法由于频繁使用也变得没有新意。一个小男孩就曾经跟他的伙伴说："不要把作品拿给老师看，她会让你讲一个关于你作品的很长的故事，而且你必须得等她将整个故事写到你的图画上。"教师应该鼓励而不是命令孩子谈论他们的作品，这样才是更加合理的实践（见图15-4）。

"纠正"这种方法能够给孩子提供更加详细的反馈，可以使学生改进他们的作品，或者是通过更加写实的方式使作品变得"更好"。比如，一个孩子给老师看了她画的绿色蜘蛛，教师回复："很好，但是记得画上蜘蛛的腿，蜘蛛有很多条腿。而且你在涂色的时候要记住大部分蜘蛛是灰色的。"教师的意图是好的，但是她误导了学生。艺术以及儿童艺术都是特殊的，它们并不是对现实世界的模仿。摄影不是艺术，因为它是复制现实世界的。相反，儿童艺术家们可以即兴创作。

图15-4　孩子口述时教师可以进行标注

比如，孩子们都知道自己长什么样子，但是他们在画自画像的时候可能少画了眼睛或眉毛。40 年以前，罗恩菲德（Lowenfeld, 1968）*就提醒过，教师对学生的纠正和批评只会打击孩子，而不会有利于孩子的艺术成长。

那么老师应该说什么、做什么呢？什么都不做？微笑或点头赞成？艾斯纳（Eisner, 1976, 1982）*提出教师应该关注孩子艺术作品中抽象的元素，如设计能力和形状、形式等美术语言，而不是探索孩子的作品代表什么。孩子的艺术作品与成人艺术家的作品中用到的美术的基本原理是相通的。讨论视觉艺术的基本要素对于培养孩子的审美意识和审美能力是非常重要的。甚至年龄很小的孩子就能理解一些艺术术语，比如形状、图案、线条、设计和颜色。

然而，教师仅仅知道艺术元素是不够的，他们应该用艺术的审美元素作为用语言回应学生艺术作品的结构体系。教师理解和使用这种方法并不代表一定要成为一名艺术专家，他们可以采用不同的方法联系和组织艺术元素。哈德曼（Hardiman）和泽尼克（Zernich, 1981）*确定了以下 10 种艺术元素：

- 颜色
- 质地
- 形状
- 图案
- 线条
- 平衡
- 空间
- 总体设计和构图
- 体积
- 时间和努力

平衡、总体设计和构图、时间和努力被添加到了上面的列表当中。

拓展之后的列表不仅便于操作，而且适合与孩子交流他们的艺术作品。这是在本节中提出的可替换的方法的框架体系。

与孩子交流他们的艺术作品时要坚持 3 条原则。第一，考虑孩子的发展水平。对于学步儿童和学龄前儿童，教师的评论一定要简短并一语中的。谈论身体动作时，可以说："看！你胳膊移动彩笔的速度多快啊！"或者说："我看到你用力涂的地方有很厚的点。"第二，将教师的评论与学生在作品中用到的艺术元素相联系，可以说："看一下你用到的颜色，我们来给它们命名——红色、蓝色和紫色。"第三，用鼓励性的语言，而不是直接赞扬。可以说："我知道你对于自己拿剪刀独立进行裁剪感到很自豪。"这与"好孩子""做得好"这种语言传达的是完全不同的信息。"天空中微笑的太阳和你的笑脸很相配"，可以表达出你对他的艺术作品感兴趣，并且很欣赏。鼓励性的语言可以使孩子对他们自己的艺术作品感觉良好。孩子们对赞扬很容易上瘾，他们在完成作品后会取悦成人并得到语言鼓励。

当与参加艺术活动的孩子进行交流时，道奇（Dodge）和库尔克（Colker, 1996）*提出了以下策略：

描述你所看到的——
"我看到你今天用了画架上所有的颜色。"
"我看到你画了三个紧挨在一起的圆球。"
谈论孩子的行为——
"你喜欢按压橡皮泥。"
"你用胶带固定了纽扣。"
问孩子与制作过程有关的内容——
"你是怎样调出那个新颜色的？"
"你愿意告诉小组的孩子你是怎样让木片儿一直黏在一起的吗？"
问一些开放性的问题，鼓励孩子思考并回答——
"如果你把不同的颜色调在一起会发生什么？"
"你今天会画什么新的不同的画呢？"
用语言去鼓励并支持孩子的努力——
"你今天画了两幅画，你来决定我们粘贴哪一幅。"
"你一直在做橡皮泥的桌子旁忙碌，我看到你已经做了三件不同的作品。"

在艺术元素的基础上发展艺术词汇

我们来为之前列出的 10 个艺术元素写出具体的评论。

颜色——
"我看到了明亮的颜色。这儿（指出）是三种主要的颜色——红色、蓝色和黄色。"
"你在你的纸上画了紫色。你知道这是怎样调出来的吗？是的，你将红色和蓝色混合在了一起。"
形状——
"看一下你画的不同的形状。请帮我给它们命名。是的，这是一个圆形和一个长方形。这儿呢？是的，正方形的房子上，有一个三角形的屋顶。"

线条——

"你的纸上有很多线条,有的是直线,有的是曲线,这有两条线交叉形成了一个 x 的形状。"

空间——

"你画满了整张纸,没有空白的区域了。"

体积——

"你做的黏土动物重而结实。"

"让我们来看一下你在泡沫塑料上都放了什么?你将牙签、纱线和枝条插在了背面,这是一件非常有体积感的艺术作品。"

质地——

"感谢你给我看你的拼贴艺术作品。这种有亮光的金属纸感觉非常光滑,但是上面干了的胶和沙子混在一起,给人一种粗糙的感觉,你做出了两种不同的质感。"

平衡——

"你认为你的作品平衡吗?你是怎样理解它的?你在画面的左边画了你自己,在右边画了你的兔子。"

总体设计和构图——

"你用了许多不同的线条和形状来完成作品。这儿,它们相互穿插,就像一个迷宫。你把它们画满了整张纸,形成了一个非常有趣的设计。"

时间和努力——

"我能看出你在这件作品上花费了很多的时间和精力。你应该为自己感到自豪。"(鼓励性的语言)

"我相信你非常高兴,你不会放弃。最后你在你的作品中用到了橡皮泥,所以你的动物能够立起来。"

教师也可以说:我喜欢你——

- 非常努力。
- 非常有创造力。
- 尝试想出你自己的想法。
- 不放弃。
- 尝试新的方法。
- 能储存好东西。
- 在艺术中心能够与大家分享物品。

教师也可以用语言表达一件艺术作品让他们有什么感受。比如说:"罗比(Robbie),你画的颜色很明亮,让我感到非常开心。"或者说:"这个明亮的黄色太阳,使我全身都感觉很温暖。"或:"环绕在纸上的线,让我感觉仿佛在跟着它移动。"

当教师认真检查学生的艺术作品,并对指出的艺术元素进行讨论时,学生们是会产生共鸣的。没有一个孩子的艺术作品会包含所有的艺术元素。在描述拼贴艺术和绘画作品中,质地是非常有用的,如作品的表面是光滑的、粗糙的、块状的还是有层次的。当描述一个孩子的泥塑、雕塑、建筑或者是装置等三维艺术作品时,体积感是非常重要的。

老师可能要评价一些其他的没有被正式考虑的艺术元素,对于材料和媒材处理的评价也是非常重要的,我们应该探讨一下孩子在媒材方面不成功的尝试或挫折。比如说孩子尝试用水彩画一道彩虹,但是颜色混到一起了。老师会说:"我知道你已经很努力想让颜色分开。但是水彩太湿了,所以有时候颜色就会混到一起。那你下一次应该怎样做呢?"或者说:"下一次水要放得少一点。"有的老师可能会将艺术和生活联系起来:"你画了这么多五颜六色的花,让我想起了我的后花园。"还可以说:"我在你的画中看到了很多正方形和长方形,记得我们去市中心进行实地考察的时候,那些建筑物看起来就是正方形和长方形的。"或:"你是怎样让你的机器人看起来和你在电视上看到的一样的呢?"

有的时候什么也不说或许是最好的。这有两个目的。第一,这让老师有时间来研究学生的艺术作品,使老师在说之前能认真考虑比较明显的艺术元素。这样可以避免做出"非常好"这种冲动草率的回复。第二,这也给了孩子机会来谈论自己的作品,也使老师的评论有了切入点。当孩子把他们的艺术作品展示给教师的时候,可能很难避免立即做出"好""很好""很美好""很精彩""很美丽"等回复的习惯。在艺术中心的时候,可以将这 10 项元素放在你的视线范围之内来提醒自己,像学习第二语言一样来练习,不要觉得必须立即给出回应。可以说"这很有趣"或"让我看一会儿",这样可以给你时间思考并组织一个有意义的评语。

提醒家长尊重并鼓励孩子的艺术作品的创作过程和结果也是非常重要的。下页左栏的信也许可以提供一些帮助。

教师作为问题分析者

并不是所有的孩子都对他们创造性想法有信

> 亲爱的家长：
>
> 这是你们的孩子今年将会带回家的众多艺术作品中的一幅，请把它当作孩子给你的礼物，并感谢他/她。用磁铁将它高调地展示在冰箱的门上，让所有人都看到它。
>
> 如果你不理解孩子的作品，不要担心，它的美可能蕴含在你的孩子所使用的颜色、线条和形状中。不要问"这是什么"，要把它当作一个设计。如果你的孩子愿意的话，鼓励他/她去谈论他/她的作品。
>
> 你的孩子可能喜欢在家创作艺术作品。艺术用品是很好的礼物。在小盒子里面装上以下物品：剪刀、胶水、面团、胶带、蜡笔、马克笔、尺子、订书机、水彩颜料、黏土或橡皮泥，以及各种不同尺寸、形状、颜色和质地的纸张。
>
> 你的孩子也会非常愿意与你一起进行艺术创作，享受与孩子共同创作艺术的乐趣吧！
>
> 您的孩子的老师

当孩子需要鼓励的时候：

尝试说："你觉得你可以用这些刷子做什么呢？"

当孩子不愿意加入的时候——

可以说："如果你担心涂到衣服上，可以穿一件工作服。"

当一个孩子突然结束活动——

可以说："你还想在你的拼贴作品中加入一些其他的元素吗？"

当孩子对下一步的做法不确定时——

可以说："这儿有一些彩色的粉笔，想一下，如果你在画画前把它们都浸在水中，会发生什么？"

当一个孩子想让你给她画画——

可以说："让我们想一下你想画什么。你要画的动物最大的部分是什么？那就尝试先画这部分。"

教师可以扮演一个问题分析者，确认孩子是有艺术天分的还是创造能力不强的，并且能采取合适的解决策略。以下是一些辨认创造性不强的孩子的方法及解决策略的例子。

批评别人作品的孩子

一个正在画画的孩子跟旁边的孩子说："你的作品糟糕透了，它不像任何东西。"另一个孩子就会伤心，甚至开始哭。孩子们应该知道，他们不可以批评别人的艺术作品和想法。这时候教师可以说："泰隆（Tyrone）已经非常努力地画他这幅色彩丰富的画了，要记住，图画可以不像任何东西，仅仅是由明亮的色彩构成。"或者说："这是泰隆的作品，他可以画任何他想画的东西，

心。一些孩子可能会怀疑他们自己的能力和个人价值。还有一些孩子可能会因为别人给出的现实标准而对自己的无能感到灰心。有时候，所有的孩子在创作艺术的过程中都需要教师巧妙地指导，他们需要语言的和非语言的鼓励来让自己接受、相信并实施他们的创造性想法。道奇（Dodge）和库尔克（Colker, 1996）* 提出了以下几条具体的建议：

教师反思

四岁的塔莉娅（Talia）是大家庭中最小的孩子，她和两个姐姐一起学习。塔莉娅的学前班老师阿敏（Ms. Amin）知道塔莉娅的家庭是一个非常活跃、热情和复杂的家庭，塔莉娅已经习惯了她的姐姐和父母对她在任何方面所做的努力给予的正面强化。塔莉娅今天在艺术中心创作作品，她用橡皮泥做了一个人像。在完成之后，她拿给老师看，阿敏认真地看了她的人像并微笑着说："我看到你做了一个底部非常重而上面非常小的人像。"塔莉娅皱着眉头问老师："难道它不漂亮吗？"阿敏回答："艺术作品不一定要漂亮，艺术作品是对艺术家有特殊意义的东西，并且我认为你的人像对你非常重要。"塔莉娅忧心忡忡地看着老师："可是你不喜欢它吗？"阿敏应该如何回答塔莉娅？

如果他不想让他的作品像任何东西,也是可以的。"

模仿别人的孩子

尽管模仿可能是恭维成人的一种形式,但是孩子并不这样想。教师可以说:"特迪(Teddy)花了大量的时间来创作他的作品,我们也都来想想我们自己的创意。""要记住,这是你自己的想法,自己的方式,是属于你自己的作品。"

在艺术上不进步的孩子

艺术家们,无论年长年幼,有时候可能会墨守成规。他们用同样的方法做类似的东西。教师可以建议他们参与一个新的活动。"莱丝(Les),今天试一下水彩画,你这几天一直在画画,是时候做一些改变了。"或者:"莱丝,我看到你非常喜欢在画架上画房子,你还能画哪种建筑物?今天尝试着画一些不一样的东西吧。"

拒绝尝试的孩子

一些孩子可能不喜欢参与艺术活动。他们站得很近,但是拒绝尝试。他们可能需要一个老师微妙的暗示、指导以及成功的保证。"来这儿,苏珊(Susan),我和你一起开始画,我来把刷子蘸上颜料,现在你来继续,我相信你自己能够完成。"

不喜欢脏乱的孩子

有一些孩子,他们安静地待着,并保持干净与整洁,这反映出一种文化价值观念。相应的,他们就会避免一些比较脏乱的艺术活动,这是一个文化差异,因为学校和老师非常重视这种会带来脏乱的艺术活动。问题不是谁对谁错,而是如何圆满地解决这个问题。一些孩子在家中被禁止弄脏和弄乱东西,他们可能因为玩食物弄脏衣服,或者是在泥里走路而受到惩罚。还有一些家长给孩子穿上昂贵的衣服去学校,并反复提醒:"不要弄脏了。"他们穿的衣服是不合适的。小孩肯定会弄脏衣服,这是不可避免的。然而,工作服可以保护衣服不被弄脏,如果手弄脏也可以清洗。孩子们需要确保他们不会因为弄脏或者弄乱而带来麻烦。教师可以说:"你的家长知道我们在学校画画并且很希望你能喜欢。你可以穿一件工作服,然后在结束之后清洗一下。"让家长知道艺术活动的重要性也是非常重要的,脏乱也是过程的一部分。鼓励家长给学生穿适合进行脏乱的艺术活动的衣服。

孩子可能会拒绝脏乱的艺术活动,给他时间去看其他的孩子在活动中享受到的乐趣,让他知道颜料是可以洗掉的。组织一些用刷子画而不是用手画的活动。孩子们有可能会接受塑料手套。要有条理地进行活动,第一步可能是先把一只手指蘸上颜料。把纸巾放在身边,如果孩子感觉到不舒服就马上擦干净。

逃避艺术的孩子

一些孩子对艺术领域可能采取完全逃避的态度。如果让他们选择,他们会选择其他的学习中心。这就像让小孩在肉和蔬菜之间选择,小孩会选择肉而拒绝蔬菜,有时这也是可以接受的。但是笔者认为经过一段时间之后,孩子们需要参与所有的学习中心。其中的一个解决方法就是让小孩在中心溜达。"乔伊(Joey),我知道你每天都喜欢堆积木,但是在学校还有很多其他的事情可以做。今天我希望你能在艺术中心花一些时间,并尝试至少一种活动。完成之后请你告诉我,我们可以进行讨论。"

不知道画什么的孩子

"老师,我应该画什么呢?""我不知道该画什么。"这样说的孩子都希望别人可以给他们一些意见。通常情况下,这类孩子都是被宠坏了的,或者是以过度放纵的方式教养的孩子。老师要试着把问题转移给孩子。"费伊(Fay),这是一个很好的问题,因为你是艺术家,所以你需要自己去思考,并有一个想法,尝试着在你脑海中想一幅画,环顾教室、户外,或者是我们的书,有很多东西你都可以把它创作在你的艺术作品中。"

不喜欢自己作品的孩子

一些孩子会过分批评他们自己的艺术作品,因为这些作品没有达到最好的标准。有时候他们会因为他们童真的作品而感到沮丧,还有一些孩子缺乏自我观念并怀疑他们自己的能力。像这样的孩子就需要更多的赞扬、支持和鼓励。教师可以说:"托德(Todd),把那张作品送给我吧,不要丢掉它。我想把它放在我的儿童作品集中。"或者说:"我不认为它像一个画得很糟糕的长颈鹿,我看到的是一个高大的黄色动物。你画得很好，也很努力。"

期望过高的孩子

一些孩子可能会感到沮丧，因为他们希望他们的作品有摄影般的真实感，但是以他们的发展水平，这是不可能达到的。他们希望他们的作品是完美的，没有污迹，没有涂抹，也没有撕坏的地方。可能是他们的家长对他们有过高的期望，并且只能接受最好的作品。这也就让孩子们会给自己很差的评价。但他们需要知道自己只是孩子。"凯米(Cammy)，我喜欢你画的明亮的颜色，颜色混到一起也没关系，它形成了新的颜色。"或者说："记住你是在画一道彩虹，而不是在拿着相机拍照。我认为你画的彩虹和我在天空中看到的一样多彩。"

想要让成人帮他们创作艺术的孩子

"老师，帮我画一个，我不会画。"或者是："老师，我不会画猪，帮我画一个吧！"成人是不应该帮助孩子创作艺术作品的，无论他们请求多少次，都不要答应。这会让他们依赖别人，并使他们对自己的能力感到沮丧。"西恩(Sean)，我也不太会画动物，你自己尽力尝试一下。"或者说："西恩，每个人都要画自己的作品，我画我自己的，你也要自己来画。我可以在很多方面帮助你，但是我不能帮你画画。我知道你是一名艺术家，艺术家是需要尝试和练习的。"对于一些孩子来说，教师和孩子一起看照片，并讨论照片中物体的形状，这对他们是有帮助的。"我们来看一下照片中猪圈里的猪，它的身体是什么形状的？是的，我也看到了椭圆形，那你为什么不先画一个椭圆形，然后再加上头和腿呢？"

缝制和编织

缝制、针法、拼贴和编织既可以体现孩子的创造性，也可以锻炼孩子的协调眼手和运动控制能力，男生和女生都很喜欢。但是，在组织艺术活动的时候比较小的孩子经常会被忽略。下面提供了几种组织这些活动的简单的方法。

缝制

缝制和用针线画画差不多（见图15-5）。孩子们可以自己发明一些简单的缝针方法，不用学习向法国蝴蝶结那样的复杂的针法。下面是一些简单的缝制活动。

线画

这是一个缝纫前进行的活动，还无法使用针线的孩子非常喜欢。你需要准备一块木板，用砂纸把锋利的边缘和刺磨光，随意钉上一些钉子，一英寸的黄铜曲头钉是最好的。大致钉入一半的位置，鼓励孩子用一段线围绕钉子缠绕来创作一

艺术、儿童和文化

要意识到儿童的文化背景会影响他们的艺术创作。重视艺术的家庭能促进儿童艺术的发展，而排斥艺术的家庭则反之。在重视独立的家庭长大的孩子会感到可以很自由地相信自己的创作灵感，他们会自己创作艺术，在教师指导为中心的项目中就会感到为难。他们很满意自己的作品，如果别人不欣赏，他们也不会沮丧。他们很可能重视创作过程，而且也不以把完成品带回家为目的。他们的作品无需取悦他人，他们更喜欢独自创作而不是参与一个集体项目。

相反，在强调依赖的家庭长大的孩子会有许多原因回避艺术。他们害怕自己的衣服和手被弄脏，这会使他们的家长不高兴。他们会请求大人帮他们创作艺术作品，或直接说他们不知道该怎么画。与其发挥个人创造力，他们宁愿制作形式化的老套的作品，因为大人能识别这些作品并给予他们奖励。"哦，是的，我看到了非常好看的花和太阳，乖孩子！"如果家庭文化是重视写实的话，这种情况确实会发生。他们也许会对他人的评价/批评很敏感，需要得到老师的口头表扬和鼓励。他们喜欢参与集体活动，如画壁画，因为这是集体的成果，而不是某一个人的成就。

图 15-5 学 Betsy Ross 的幼儿园孩子的缝制作品

幅画，或者是进行一个设计。织地毯用的那种线是很好用的，因为它很结实，用力拉的时候不容易断。也可以利用钉子和线创作特殊物体的外形，如马的形状，但这会在很大程度上限制艺术创作的可能性。

砂纸设计

每一个孩子需要有一张砂纸、成段的毛线或刺绣丝线。把它们放在篮子里或干净的箱子里。鼓励孩子把他们的线在砂纸上进行安排。毛线会粘到砂纸上，类似于尼龙搭扣。这个设计的效果是不固定的，孩子们可以重复这个过程。

简单的缝制

教师可以提供一些已经打好圆孔的缝制表面，这样可以减少缝制过程中的步骤与阻碍。这种材料类似于市场上卖的缝制卡片，教师不需要提供一个要完成的具体的形状。孩子们需要做的是将线在圆孔中来回缝制。选择一个硬度适当的表面。下面是一些比较适合缝制的表面：

- 泡沫塑料盘
- 浆果篮子
- 有网格的硬布（四分之一英寸大小），用剪刀剪成正方形
- 边缘打孔的硬纸板
- 招贴布告板
- 塑料网
- 纸盘

对于一些不结实的缝制表面，如粗麻布和一些其他的薄织物，或者是装洋葱和西柚的网状袋子，应该先用绣花绷子进行固定。初学者总想看线绷子的另一面，这是没有问题的，因为这些线最后可以剪成流苏的效果。提供一个大号、不锋利的塑料针和线，或者直接用发卡代替，用纱包裹起来并将末尾处用胶带固定。甚至可以不用针，将缝纫线的一头浸在胶中，并使其变尖，干了之后就可以了。完成的时候也可以用干净的胶带固定，并在反面打一个结。大一点的儿童可以尝试用小针和绣花线。

纸刺绣

大一点的儿童可能会喜欢在厚的纸上进行缝制，这可以为在织物上缝制打好基础。纸很容易找到，又比较牢固。大的塑料针和毛线可能会撕坏纸，所以要用大的金属针和缝纫线。可以先提前画好一幅画。这个活动也可以在塑料盘上完成。

综合材料。 教师应该鼓励孩子将一些通常不一起使用的艺术材料进行创意组合。比如，他们可以给自己的作品缝制一个画框，或者是用针和线在他们的画上缝出漂亮的线条。他们也有可能喜欢在拼贴画中缝上些装饰。还有其他哪些组合艺术材料的方法呢？

织物缝制

任何质地稀疏的织物都可以作为缝制的背景。大一点的儿童则更喜欢用布料。在缝制前可以将一块旧织物用绣花绷子固定好，为接下来的缝制做好准备。

金属织物缝制

金属或硬织物可以是有 1/4 英寸大小的圆孔的板子。它经常用来当作小动物笼子的顶部，在五金店也可以找到。也可以用 soffet 网来代替，这是用来装名册的板子，它的柔韧性更好。将它剪成 6 英寸大小的正方形，并用封口胶将边缘粘好。孩子们要有一块自己的板子和一根塑料针。如果线的一端用封口胶像针的形状那样固定，就不需要针了。把纱线、细绳或绒线穿起来，约半米长即可。鼓励孩子将穿了线的针从圆孔中来回出入进行缝制。纽扣和珠子这样的小物件也可以缝制到设计中，也可以加上丝带和蕾丝。孩子完成作品之后可以帮助他

们打结，或将毛线粘在硬织物的背面。你还可以帮助孩子改变线的颜色或者是重新穿针。

贴花

贴花是指将小片的材料缝到另外的织物上，最后会呈现出一个织物拼贴艺术作品。粗麻布很适合做背景，因为它的质地很疏松。试着去找一些带有趣味的颜色、花样、尺寸、形状和质地的边角料。下面这些就比较合适：

- 金色薄板
- 毛毡
- 银色绸缎
- 毛皮
- 丝绒

除了织物的边角料，还可以用于缝制的一些小物件有：

- 蕾丝
- 珠子
- 纽扣
- 贝壳
- 丝带
- 小段的吸管
- 花边
- 铃铛

鼓励学生先将边角料固定，这样在缝的时候边角料就不会移动。

填充枕头

孩子们需要在一块对折的织物上，如旧的白床单上面勾勒出物体的轮廓，可以是动物的轮廓。然后仔细剪裁这两片材料，接着将其缝到一起并用一些揉碎的报纸、棉线或者是其他填充物进行填充。在完成之后用马克笔进行装饰。孩子们喜欢填充人物形状的枕头，他们用毛线做人的头发，用纽扣做眼睛。

编织

编织也是一种艺术活动，但是它在幼儿活动中经常会被忽略。这可能是因为编织是一项细致的活动，需要有很大的耐心，要手眼合作以及具有良好的运动控制能力。第十章对纸的编织活动进行了详细的介绍。一旦孩子们熟悉了纸的编织之后，他们就会想要继续尝试毛线或者是其他的材料。编织者有他们自己的专业术语。

- 在其上面进行编织的结构框架叫作织布机。
- 装在织布机上的纵向的线叫作经线。
- 与经线上下穿插的线叫纬线。

以下是一些适合于儿童的简单的编织活动。

在树枝上进行编织

给每个孩子找一个Y形的，或者是有分叉的树枝作为织布机。尽量找已经掉到地上的，或者是从枯树上小心地折下一段。在两个树枝之间缠绕上平行的线作为经线。不要缠得太紧，否则树枝会断掉。然后用纬线上下交替移动，从分叉处一直编织到"Y"的顶端。鼓励孩子要保持适当的间距并进行颜色的交替。因为没有两个树枝是完全一样的，所以最后完成的作品是特别的。大一点的儿童可能会喜欢在有三个或者是更多个树杈的大树枝上进行编织。

"上帝之眼"编织

"Ojo de Dios"在西班牙语中是"上帝之眼"的意思。它们不仅在视觉上很吸引人，而且具有很深的文化含义。这需要有两根交叉的条状物作为基础。比较适合的材料包括以下这些：

- 笔
- 纸条
- 插销
- 塑料搅拌棒
- 塑料吸管
- 筷子
- 工艺棒
- 拾物棒
- 棉签
- 玩具

将两个条状物交叉，用线在交叉的地方打一个结，并涂上胶进行固定。然后让孩子进行线的上下穿插，用纬线穿过一根枝条的上面，并从下面穿过另一根。接着翻转过来在开始的地方再重复一遍。继续这种形式，但不要与前面织的线交叉。相邻的两层就会形成一个菱形的图案，也就是"上帝之眼"。如果你想要色彩斑斓的效果，那就要不断改变线的颜色，同时也可以改变线的密度。还可以在包裹之前先缠上纬线，来呈现出不同的视觉效果。

粗麻布编织

粗麻布很适合进行缝制和编织，因为它的质地非常疏松。把它剪成方形的小片，每几英寸要留出10到20根线头，以便将其他的物品编织到粗麻布上，如：

- 羽毛
- 树叶、花茎、细枝和一些其他的自然材料
- 线
- 蕾丝
- 条状织物
- 丝带
- 塑料吸管

- 旧首饰
- 纸条
- 锡纸
- 花边
- 缝合带
- 斜纹带

当自然材料编织到有颜色的粗麻布这种天然的织物上时，就会格外地吸引人。

在袋子上进行编织

当你下次去杂货店购物时，寻找一下网状的袋子。看一下装土豆、洋葱和其他蔬菜的网状袋子，这些袋子很适合进行编织。袋子上的网状有足够大的空间让孩子上下穿插。袋子的每一边都要留出一段距离，约一英尺即可。让孩子将条状的锡纸、毛线、纺织品，或者是细线编织到网状部分。教师要鼓励孩子既要在水平方向编织也要在垂直方向编织。

混合材料

缝制和编织可以很好地融合在一起。有经验的编织者可能会喜欢在他们的编织作品上再进行缝制。可以将线、丝带和蕾丝系在粗麻布上来打破单调的表面。

织布机编织

专家们运用大型的商业织布机进行编织，适合儿童用的织布机在市场上也可以买到，但价格比较贵。然而，提供可替代的适合儿童用的织布机的物品是比较容易的。可以当作简易织布机的物品包括以下这些：

1. 木质画框

将画框放平，穿过其顶部和底部，钉上一排等间距的钉子。将线连续从顶部的钉子绕到底部与其相对的钉子上，直到所有经线都绕完。孩子们可以在左右方向循环上下穿插。可以用毛线编织，也可以自由加入蕾丝、丝带、自然材料、布料、纸条和其他一些可回收利用的旧物。

2. 浆果篮子

小的塑料浆果篮子是用经线完成的。孩子们喜欢将线穿插于圆孔进行编织。这对于年幼的、缺乏经验的编织者来说是一个好的开始。

3. 塑料泡沫盘子、平的硬纸板或者是硬纸箱

仔细的在顶部和底部切一条1/4英寸的细缝，并用线从顶部到底部进行缠绕，经线就会覆盖前面和背面。孩子们就可以用毛线循环上下编织。当在底部进行编织的时候，盘子和硬纸箱凸起的边缘可以给孩子的手留出活动空间。

4. 金属衣架

仔细地将衣架伸展成一个圆形、正方形或者是菱形的织布机。将一边用线缠绕并拉到另一边，一直如此循环，直到空白的部分全都缠上平行线，经线的部分也就完成了。鼓励孩子用毛线在织布机上进行编织。

5. 两根悬挂的木棒

这个织布机需要两根木棒。把它们摆在桌子上，差不多隔一英尺的距离。一根作为顶部，另一根作为底部。用毛线环绕顶部和底部的木棒，作为经线，并继续这个过程，直到绕好所有的经线。将毛线系在顶部的木棒上并把它挂到墙上。孩子们可以用毛线和其他的天然材料进行编织。这个织布机非常薄，并且受到很多有经验的编织者的欢迎。

6. 纸盘，圆形的硬纸板或广告板

在外边缘剪几条细缝，细缝的数量必须是奇数，比如七条。每一条细缝的深度是1/4英寸。在中心剪出一个一英寸大小的圆。开始准备制作你的织布机，先准备经线，将线从中心绕，经过细缝，绕过背面，通过中心的圆孔，到达下一个细缝。一直继续，直到所有的辐条和细缝都填充完。从中心开始用线通过辐条的内外或者是上下进行编织。在结尾处系一个不同颜色的线并继续编织，同时背面也可以编织。完成之后，沿着覆盖细缝的线进行裁剪，或者是沿着外边缘向内剪奇数数量的细缝。在离中心一英寸处结束。用线绕着楔形物进行上下编织，从中心开始。要经常变换线的颜色。

7. 汽水吸管

做这个织布机需要有四到五根塑料吸管。吸管作为经线，并且需要用手拿着合适的位置。将末端粘到一起，你可能会想要替孩子完成开始这部分的编织。将吸管保持成一个展开的扇子的状态。从末端，也就是在你手里粘在一起的一端开始，慢慢地用毛线上下编织。当它们完全牢固的时候，让孩子接手，继续向吸管的顶部编织。

栅栏编织

把户外的铁丝网栅栏当作一个织布机，它们正等着孩子们在上面进行编织呢。这不仅是一个

> **小提示**
>
> 筒子纱线可以买来放在特定的容器里，这样可以防止它乱作一团或松散开。你可以将每个筒子纱线轻轻地立在比它稍大一点的盒子里，比如燕麦片的盒子。在盖子上剪一个小圆孔，将线穿过圆孔，把盒子当作一个纱线分发器。

很好地进行社会实践和协同工作的活动，也是一个创造性的技能。提供布条、旧丝巾、绉纸，或者是绳子、丝带、蕾丝、纱线等线性材料。孩子们可以很好地操作长度不超过两到三英寸的丝带。鼓励孩子通过将材料在栅栏上的洞口来回穿插进行编织。

六包环

孩子们需要有他们自己的六包环来作为织布机。提供短一点的纸条、毛线、丝带以及蕾丝。这些条状物的长度至少需要12英寸，这样在编织的时候才不会松开。还要提供烟斗通条、吸管和羽毛。然后期待有创造性的编织作品吧！幼儿很可能编织出随机的图案，大一点的儿童则会对学习上下交叉编织的图案更感兴趣。编织作品可以挂到天花板上，加入丝带或者是小的扎带，就可以形成一个大型的编织作品。

缝制和编织的配饰

常见的缝制和编织的配饰，包括以下这些：

简易纺织器——市场上容易买到并且很适合年幼的编织者。

塑料网——用来缝制、编织普通重量的线——两倍重的地毯线是非常牢固的。

丝带——适用于各种艺术活动。

薄的勾编纱线——用于缝制、刺绣、编织以及贴花。

线——需要多种颜色的，用来缝制、刺绣、编织以及贴花。

针——要用大一点的塑料针，不能太锋利，穿线的针眼要大。

总结

这一章的重点是在尊重孩子的艺术作品方面教师所要扮演的多重角色。教师可以示范并参与到艺术活动中。了解更多关于艺术的知识可以帮助教师成为艺术专家并给孩子提供有创造性的活动。教师对孩子艺术作品的反馈对于孩子的创作过程有非常大的影响，赞扬、评判、评价、提问、纠正等反馈方式遭到了批判。本章提出了包含艺术元素的策略——用艺术对话来代替"很可爱""很漂亮""很好"或"这是什么"这类说法。对于想把艺术对话变成书面形式的孩子来说，艺术评语很适合他们。这一章提出，当孩子有困难或遇到艺术上的难题时，教师要成为问题分析者和解决者。

关键词

艺术对话	艺术评语
艺术专家	独立
依赖	示范
参与	缝制
问题分析者	编织

活动建议

1. 当与正在创作艺术的孩子交流时，要成为一名示范者或参与者，记录下交流的时候发生的事情。

2. 当老师与孩子谈论他的艺术作品时，观察一下老师都应用了哪种方法？如果有必要的话，考虑一些可能更有效的方式。

3. 鼓励孩子向你展示他的作品。用艺术元素作为艺术对话的纲要。如果可能的话，将你的评论录下来。你是否用了传统的方法和评论？如果是的话，建议用其他回复来替代。

4. 鼓励但不要命令孩子讨论他们的艺术作品。运用艺术评语。

5. 要分辨有困难的孩子或在艺术上遇到难题的孩子，扮演问题的分析者和解决者。

6. 与孩子共同做一本艺术创意簿。

7. 征求老师的同意来指导学期末的艺术小组活动。鼓励孩子用艺术语言谈论他们的艺术作品，并为他们示范过程。

8. 征求孩子的同意来装底衬、装裱并展示他们的艺术作品。帮助安排一个儿童艺术作品的班级（中心、学校）展览。征求餐厅或者图书馆的同意，在其墙面上进行展览。

回　　顾

1. 列举培养孩子艺术表现的五种不同策略。

2. 为以下与孩子谈论他们的艺术作品时的各种评论选择对应方法。

　　——"我很喜欢它！"　　　　　　　　　　　　a. 纠正
　　——"我认为你忽略了一些东西。"　　　　　　b. 探讨
　　——"太棒了！"　　　　　　　　　　　　　　c. 提问
　　——"它应该是什么呢？"　　　　　　　　　　d. 评价
　　——"请跟我解释一下它。"　　　　　　　　　e. 评判
　　——"是的，非常非常棒。"　　　　　　　　　f. 赞扬

3. 与每一条评论相应的艺术元素是什么？

　　——"我在你的纸上看到了红色、蓝色、
　　　　黄色和绿色。"　　　　　　　　　　　　a. 质地
　　——"你这儿的颜料感觉很光滑，但是在这边，
　　　　它们融到了一起，感觉很粗糙。"　　　　b. 颜色
　　——"好多线——直的、穿插的以及螺旋形的。"　c. 空间
　　——"你的画布满了整张纸。"　　　　　　　　d. 体积 / 容积
　　——"你的泥塑大象非常的厚重，它可以自己站立。"　e. 平衡
　　——"我看到了紧挨着的圆形、正方形和三角形。"　f. 形状
　　——"你在纸的底部重复画了这些树，
　　　　多有趣的效果啊！"　　　　　　　　　　g. 线条
　　——"看一下所有的动物是如何适合你的大圈的，是的，
　　　　我看到它们都在马戏场上表演。　　　　h. 图案
　　——"你上午大部分时间都在画架旁画
　　　　画，我知道你非常想用你自己的方式来表现你的画。"　i. 时间和努力
　　——"你在纸的中间画了一座房子和两
　　　　棵树，一边一棵。"　　　　　　　　　　j. 总体设计和构图

4. 关于孩子的自尊以及语言 / 读写能力的发展，请试讨论一下其重要性。

5. 孩子的文化环境是如何影响他 / 她的艺术作品的？

6. 为艺术小组合作的时间列出几条准则。

7. 区分并给出教师在幼儿艺术中扮演的四种角色的例子。

第十六章 艺术评定

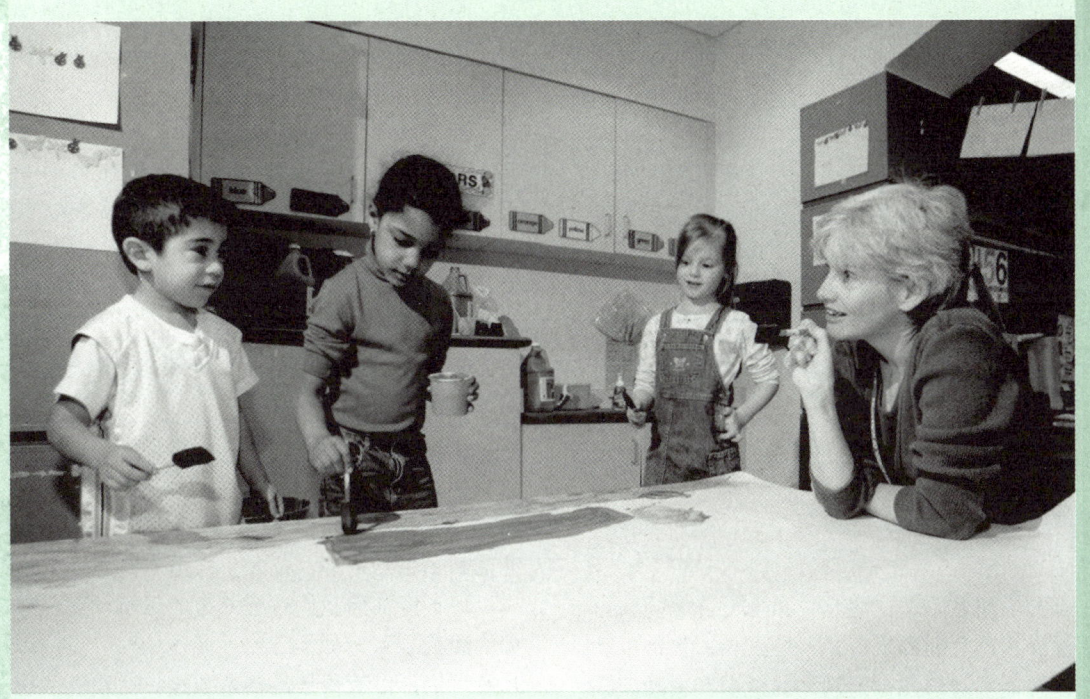

　　图片中的两个小孩在做什么? 其中一个正在以极高的热情绘画,而另一个小孩则是正准备去画,为此,他正在检查自己使用的颜色和颜料的稠度是否合适。这些"小画家"是怎么握笔的?你能发现这两个"艺术家"有合作或者互相交谈的迹象吗?

　　注意观察他们在进行艺术活动时的行为,收集并记录下关于他们或者关于他们艺术发展的有用信息:哪一个孩子喜欢艺术活动?谁不愿意弄脏自己?谁愿意尝试有创造性的冒险活动?谁又更喜欢观察和模仿别人?随着时间的流逝,借助这些观察记录,再加上孩子的作品作为补充,你就可以为孩子制作出一份专属孩子的成长记录。

目标

在完成本章的阅读之后，你应当做到以下几点：

· 讨论一下教师作为观察者、记录者、评估者的角色身份；讨论一下观察数据是如何在艺术评定中起作用的。

· 讨论一下艺术中"评价"的作用。

· 定出一些收集和保存儿童艺术作品的方法。

· 区分和辨别出"标准测试"（standardized testing）和"真实性评估"（authentic assessment）的不同之处。

· 讨论一下档案袋中评价的搜集、保存和评定的标准。

引言

诸如"测试""评估""评价"这类的词语似乎总会引起负面的反应。一些家长、教师以及负责人可能会对幼儿进行测试的意图产生疑问，更不用说是在艺术创造领域里进行测试了。本章为教师增添了观察者、记录者和评估者的身份。欲成为一名热衷于观察和客观记录学生行为的教师，可以为学生建立个人档案袋。观测数据对于正确评定儿童艺术发展是十分重要的。儿童艺术作品的真实样本和他们在活动中的表现都可以放进档案袋中，使记录的内容更具有综合性。反过来，这个档案袋可以辅证他们的成长、指明其缺点、使课程个性化，以及作为教师与其父母交流的基础。本章概述了收集和保存儿童艺术作品的方法，以作为评价学生的艺术成长提供工具。

naeyc 教师是观察者、记录者和评定者

幼儿教师除了是教师以外，还应该有三种身份：儿童学习的观察者、记录者和评定者。观察使我们见证了儿童成长。记录用书写的方式保存下我们在观察中捕捉到的瞬间。记录下来的数据可以用于以后的分析和对儿童进行非正式的评价。这些评定可以让我们了解到孩子是如何进步的，而且可以有效地帮助我们与家长交流、研发课程。

系统观察和记录儿童行为的重要性

为何研究儿童？因为研究儿童及其行为可以为我们提供不同年龄、不同水平的儿童的相关知识，通过研究儿童个体可以让你应用到你所学过的关于儿童成长、学习和成长方式的知识。关于研究儿童个体的原因还包括以下几点：

1. 更加深入地了解儿童。
2. 证明一个问题或体现出人文关怀。
3. 提高对每个儿童的整体认识，包括其强项、弱项和提出建议。
4. 可以策划具有发展性和个体适应性的项目。
5. 可以让更多的家长与教师交流自己孩子的学习和发展情况。

1. 更加深入地了解儿童。

观看儿童做游戏是一种享受，通常观察者也会觉得很有趣。我们会发现，儿童对于生命和能量充满了强烈兴趣。毫无目的地观看也许会很有趣，却不能加强我们对于儿童的理解，而一份翔实的研究则可以做到这点（见图16—1）。观察儿童可以提供有价值的基本数据，让我们了解儿童知道什么以及他们可以做什么。持续的观察可以归档，放入个人档案袋中，档案袋应当包含学生发展过程中的强项、弱项和对其提出的建议。

图16-1 观察儿童的行为

正如儿童的照片可以告知我们儿童的外在一样，他们的艺术作品反映出他们的内在。儿童用艺术向我们倾诉了很多关于他们自己的事情。通过观察参与艺术活动的儿童，同时收集他们艺术作品的样本，可以为我们提供大量的信息。

他们是谁? 儿童将自己融入了艺术作品,他们像画模型一样开始把自己画成类似于 O 或者土豆的样子,从耳朵那里长出了细若木棍的腿和突出的手臂来平衡身体。

这是艺术发展中的正常阶段,儿童开始学习研究自己和自己的身体。尽管他们可以在镜子里看到身体的各个部位,但是无论是生理上还是心理上,他们还不能写实地表现出来。不要企图去纠正孩子的艺术作品,这样只会让他们的自信受到打击,也会摧毁他们的创造精神。

他们重视什么? 孩子是生活在家庭环境中的,他们也会通过艺术的方式向你介绍他的家庭。祖父可能会出现在儿童艺术作品里,表明他必须要和家待在一起。爸爸可能会在离开或者离婚之后就突然在画中消失了。宠物则会作为重要的家庭成员包含在家人的观念中。儿童总是选择他们认为重要的事情作为描绘的主体。如果他们刚刚学会滑直排轮,那么让他们在艺术作品中描绘就是一个很好的机会:他们会玩轮滑了。

他们经历了什么? 对世界了解多少? 儿童会用艺术的方式去表达他们是如何感知自己、他人和这个世界的。如果他觉得很高兴,就会把自己画得很大而且咧着嘴大笑。如果觉得自卑,就会在家庭画中把自己画得很小甚至可能会从画面上抹掉。孩子在描绘自己和他人时所用的颜色、形状、大小以及位置安排都是表达其情感的重要线索。可以寻找规律,但是不要轻易做出结论。孩子有可能是故意画出一个没有面部特征的自己而不一定是因为没有自信。只有当儿童不断地重复描绘沮丧的图像时,才应根据画布上的各种线索关注孩子是不是出了什么问题。孩子们会在画中展示出他们的悲伤与喜悦。艺术帮助他们抒发喜悦,也帮助他们缓解痛苦。儿童艺术作品中的内容可以反映出他们对于事物的强烈情绪。比如,如果他们喜欢宠物,那么这些动物就会出现在画面上。如果他们害怕怪物,他们也许会用艺术的方式去表达,并最终征服恐惧。他们的艺术作品还可能反映出愤怒、厌恶、狂躁、抗拒和绝望。用颜色疯狂地乱涂乱画也许就是儿童艺术家所能做的事情了。虽然表面的结果难以辨认,但是内容和潜在的情感是绝对真实的。儿童绘画作品的内容反映了他们的认知。如果他们看了电视,那么这就是他们将所见融入艺术中的绝好机会,一个没有

> # 思考一下
>
> 帕蒂小姐(Mrs.Pati)决定在孩子长大之后重新回去教书,她已经被分配到了进步学区(progressive school district)的幼儿园——一年级(K-1)的混合教室。她满怀激情,但是也不免有些焦虑。暑假的时候,她已经花了数周的时间和同事一起装饰教室、设计课程了。然而,在准备当天的真实性评估时,她开始意识到有些事情不太对劲,并问了自己很多问题:测试和评估 K-1 教室究竟有什么用处?儿童具备发展适应性吗?如何管理学生?应当如何安排学生,需要把他们的日程安排得很满吗?到了中午,尽管她列出的问题都已经处理过了,但是依然觉得有些不知所措。下午的会议中强调了真实性评价是一个持续的过程,应当融入课程内部,而不需要额外的时间、进行额外的考试。真实性评价是授权给孩子的一个重要步骤,是孩子可以真正参与到艺术活动中的方法。帕蒂小姐同样也提供了建立、维持、使用学生个人档案的策略。一回到家里,她就开始为她的学生制作文件夹和储物盒。她深信自己所学的东西会让她更好地了解她的学生,也可以增强和家长一起做好教学工作的能力。

见过马戏表演的孩子是绝对不会画出这样的内容的。儿童的艺术作品反映了他们真正认为重要的事物,有些孩子画马、公主、城堡和蝴蝶;另外一些孩子则画超级英雄、车辆和反面角色。

2. 证明一个问题或体现出人文关怀

当你对想要关心孩子或者对孩子的行为产生疑问时,最好的做法是收集观测数据来证实你的教育猜想。比如,当有报告怀疑孩子被虐待和被忽视时,你应当基于你听到的和看到的做出书面的证据去支持你的观点。这就可以形成作为参照或者要求相应服务的基础。同样地,你也许会关心孩子是否会排斥包括艺术在内的其他所有活动,或者也会关心孩子是否从未真正进入到艺术中心。这时,你的观察数据就可以帮助你制定一个计划或者方案,来帮助这些处于问题之中的孩子。

3. 提高对于每个儿童的整体认识，包括其强项、弱项和提出建议

随着孩子快速地学习、长大、发展，很有必要去为他们的成就庆祝一番。本章末尾呈现的艺术评定表可以作为非正式评定孩子艺术发展的工具。在九月份，还只会涂鸦的孩子，到了来年春天可能就可以画出一些可以识别的图形了。收集孩子的艺术作品的样本是用来记录孩子成长的好办法。这些样本最好在标注日期之后再放入到档案袋中，当以时间顺序摆放好并仔细检查后，就会明显看出孩子的进步。你不仅可以记录孩子的艺术行为和创造成就，同时也可以把它和家长一起分享。孩子对于身体的概念认知，反映在对于身体各个部分的感知。通过观察和收集这些样本还可以发现孩子的一些弱项。比如，孩子在泥塑桌上参与活动的时候，可以隔一段时间拍一次照，并将这些照片按照时间顺序存放。随着时间的推移，可能就会发现孩子从一开始的什么也不会到后来可以制作出扁平的圆饼形了。不断细化人的三维图像，意味着孩子的感知觉和空间感都有了发展和进步，孩子已经逐渐摆脱了二维平面的限制。

naeyc 4. 可以策划具有发展性和个体适应性的项目。

观察孩子对什么感兴趣以及什么样的活动可以维持他们发展，这有助于为课程的研发提供支持和帮助。比如，观察恐龙主题活动时可以促使你为孩子提供一些塑料的小恐龙，让他们去制造一些脚印，或者为孩子提供制作恐龙面具的机会。如果孩子无法使用剪刀，可以用撕纸来代替。或者你也可以设计一些能够锻炼孩子精细动作技能和手眼控制的活动，为帮助孩子学会使用剪刀做准备。在学习如何使用剪刀时，孩子可能需要个别指导。

5. 可以让更多的家长与教师交流自己孩子的学习和发展情况

通过研究孩子的个体行为而获得的观察数据，可以用来帮助家长更好地了解他们的孩子。从不同孩子学习技能的观察中所获得的信息是教师和家长进行持续交流的基础。众所周知，孩子在家里和在学校时所表现出的行为可能是截然不同的。尽管家长都想要了解到真实的情况，但若当与他们经历或者坚信的事情与事实背道而驰时，他们会否认听到的信息，这也是人之常情。他们可能会说"我不敢相信你刚才说了什么"或者"那听起来一点也不像我家的孩子"。这时，你需要提供一些证据和记录文件。这些不是用来证明家长的错误而是用来支持你的观点和评估的。例如，关于孩子频繁使用艺术工具做出攻击性行为的观察笔记可以让家长明白，他们也许需要进行家庭咨询或者参与家长课程培训等。要记住这样的交流是一个持续和双向的过程，当你将孩子的问题找出来并报告给家长的时候，他们可能会怀疑你这么做的意图。只有持续的、经常性地进行交流才能和家长之间建立可靠的联系。同时，在交流时不仅仅要指出孩子的错误，还应提及他们的优势和强项，让家长可以自在地谈论自己对于孩子的爱，并对他们给予一些回应；而家长也可以为教师提供大量的信息，包括孩子的游戏兴趣和创造追求。一个在家里没有机会接触到艺术材料，在学校又被要求保持干净的孩子是很难从事真正的艺术活动的。也可以问家长一些开放性的问题或者类似于这样的提示："请告诉我，你的孩子在家是什么样的吧。"认真注意听家长说了什么，但是不要做出任何评论。要让家长明白孩子的某些行为是这个年龄阶段所特有的典型行为。比如，有些孩子喜欢在手上画画而不喜欢画在纸上；有的孩子则喜欢把很多种颜色混在一起，直到最后变成黑乎乎的一团糟。特别是第一次当父母的家长也许并不清楚在孩子适当的年纪应该对其期盼些什么。邀请家长与教师并肩解决孩子的问题。用头脑风暴找出多种方法，一起帮助孩子相信自己，并表现出他们创造的冲动，而不能仅仅要求他们去完成作品。让家长们投入进去并给出一些具体的建议。回顾那些已经达成一致的计划，记录下孩子在那之后的表现，并确定下次讨论的时间，以回顾整个过程。有必要的话，还要重新制定计划。

naeyc 观察和记录

认识和了解孩子包括两种策略：观察和记录。就算你视力很好，却可能缺乏观察能力。观察力是需要练习才能获得提高的能力，而且需要时间、专注、客观的态度以及耐心。想要获得这种能力必须要对一个或者多个孩子投入时间进行深入的研究。同时，观察还需要一个关注点，比如孩子的艺术作品。教师的观察和机械的录影机不同，

并非完全客观且难以保证点滴不漏。因此,仅仅观察是不够的,必须将记录与之相结合才能保持完整性。通过记录可以保证你所观察到的事情不会被忘记。观察还必须保持刻客观公正,不能掺杂主观印象或者个人分析。尽量运用具体而包含描述性的词语来保证真实性,像录像机或者录音机一样记录你看到的、听到的。最后,才需要加入你的分析、解释、推理,并成为一个评论者。

观察和记录的指导意见

这里有一些针对观察和记录的有效建议,主要分为以下六条。

1. 为观察和记录做好充足的准备

为自己的工作设置一套系统。有的教师喜欢在脖子上挂一支钢笔或者铅笔,并随身携带空白的笔记板和带线的纸。其他观察者则更喜欢用索引卡片,在一小叠索引卡片上打穿一个洞并用一个较大的钥匙环或者浴帘环穿起来,这样就可以套在手指上带到任何地方去。将这些索引卡片放到文件盒中,并根据不同的孩子隔开存放。还有一些人喜欢穿一个有口袋的围裙,并将便签薄放进去,也许是想将大一点的便利贴或者可以拆卸的标签贴到孩子的文件夹上,稍后再转为永久性的记录。当你和孩子进行谈话的时候,录音机是非常有效的工具,特别是当孩子说得比较快而你写得比较慢的时候,可以帮助你捕捉到大量丰富而又容易丢失的描述信息;而录影机可以同时捕捉到一个孩子或者一群孩子的语言和动作,这为以后进行回放重审提供便利的条件。同时要为观察制定一个切实可行的计划表,监督是必不可少的,但是作为人类,我们是难以在某个特定环境中对所有孩子的行为都进行观察和记录的。因此,建议你每天只观察四个孩子,这样的话至少可以保证一个星期能够对所有的孩子都能进行观察。另外,最主要的一点是:要时刻准备好观察和记录。

2. 保持低调

尽量和你正在观察的孩子保持一定的距离,不要进入他们的活动范围。避免和你的观察对象进行交谈或接触。如果他们靠近你,让他们尽快回归到他们原来正在做的事情上去。告诉他们你只是在写一下孩子在学校言行不同的笔记而已。虽然你想要孩子们当你不存在一样,在说话和举止上尽量保持自然,但是,当孩子意识到有人在观察并记录他们的语言和行为时,他们的行为就会发生改变,而你的数据就会受到影响。孩子可能会停止表现出任何行为,而你对于他们自然言行的观察和记录将不具备参考价值。

3. 集中注意力并对你所要观察的进行选择

当事件发生的时候,你要明白你想要什么,以及要观察和记录什么。如果你对孩子的艺术发展感兴趣,那么就要选择在艺术中心里的艺术课时间进行观察。如果你对孩子的创造性表现感兴趣,就应该慎重地选择艺术时间。在计划之外的观察中保持弹性和自发性,又可以让你掌握大量生成性(developmental)的信息数据。

4. 在记录的时候保持客观、公正并避免带有偏见

记录下孩子所说的和所做的,包括一些非语言的线索,例如面部表情、身体姿势、手势等。就像在艺术中心一样,尽量将每一个孩子的名字、日期、时间等以上所有的信息加进去。给自己设置一套系统的速记缩写词汇,例如"J"代表"茱莉亚","rgu"代表"争论(argue)"等。要不断地进行观察,观察同一儿童在不同的时间和环境中的表现。避免诸如"好""坏""良好""淘气"等词语的出现,这主要是因为:第一,这些是无法直接被观察到的。第二,这些是推论而不是描述性的词语。因为同样一个行为,在一个观察者看来是坏的,但是在另一个观察者的眼中却不是这样。在性别、民族、文化、种族、社会阶级以及特殊需求方面要保持敏感度,不要对儿童使用刻板和带有偏见的词语。

5. 观察的时候不要带有个人的分析和见解

观察是具有描述性的而且是基于现实的;而分析和见解则是基于推理。例如,敲打的行为可以直接观测到,然而"具有攻击性"却是一个推断,无法直接观测到。"具有攻击性"是什么意思?是咒骂、顶嘴、打人或叫喊吗?很明显,这个词语的含义并不清晰。有些观察者喜欢在他们的观察之后选择添加一个见解,但是这需要时间进行仔细的重读和内在分析,而不是直接跳出来一个突然的结论。有些人则会将观察到的记录在纸的左半边而空出右半边,以便为以后的分析预留空白。如果没有明显的数据,仅凭一次的观察很难做出一个结论。这时,样本可以为你的分析和见解提供有力支持。

事实还是推论？ 好的观察是基于真实的见闻而不是推断。判断以下的句子是基于描述性的观察还是推论。

1. 今天孩子的心情不佳。
2. 孩子用拳头砸扁了橡皮泥。
3. 显而易见，这个孩子醒来的时候发现睡到了床的另一边，因此正心情不好。
4. 孩子快速地吃掉了两个半截的面包并且要求再来一个。
5. 这个孩子最后还是把自己的药给吃了。
6. 孩子在小心翼翼地翻着书本，同时用自己的话在复述这个故事。
7. 今天孩子表现出一副心不在焉的样子。
8. 孩子在没有求助的情况下成功够到了三轮车的踏板并且骑行了三分钟。
9. 又来了，孩子正按照自己的方式在小题大做。
10. 孩子邀请朋友和她一起在画架上画画，但是她的朋友说"不要"，所以她在一个人画画的时候眉头紧锁。

以上哪些是事实，哪些又是推论？奇数的句子是推论出来的，而偶数的句子是基于事实的。

6. 根据观察目的选择适当的策略

关于孩子的研究技巧有很多方法可供选择，有些可以很快被掌握，而有些则需要花费时间。有些需要构思，有些则只需要纸笔。独特的方法可以用于全面了解孩子的各个方面的必需信息。投入越多的时间，运用越多的策略，越可以深入彻底地了解一个孩子。这些策略包括叙述、时间、事件取样、核对表和等级量表。

叙述。 叙述是观察者记录下看见孩子说了什么以及做了什么，主要是在观察者尽量保持低调的同时，在自然状态下进行的。记日记和逸事都算是叙述的形式。

日记，就像名字所显示的那样，是每天对事情的持续记录。观察者花费大量的时间对孩子的言行进行记录，这些语录是在相当长的一段时期内由一系列事情组成的，可以看作是每天要写下的日常生活。在周末的时候，你亦可以重新翻看正在进行的事件，分析并评估一下一周过得怎样，并为接下来的一周做计划。日记可以提供大量有用的数据，但是这需要大量的时间投入。随着时间的推移，日记会逐渐呈现出一种模式或者趋势，这样可以帮助观察者做出自己的理解。研究儿童发展的学生经常会做一些儿童研究，这些研究会大量反映在他们的日记中。

逸事可以说是日记的精简版，更加简短而且主题突出。不过日记注重记录生活中每一件事的发生，而逸事则更倾向针对某一件具体的事情或行为进行记录，甚至包括了如何发生、发展以及结束的。逸事可以是记录儿童对于语言的运用或者是儿童如何对挫折如何处理与表达。宏观来看，日记就像是一个大屋子或者一个由众多逸事组成的大框架，因此可以为我们观察儿童提供一个更广阔的视角。观察者在进行研究时候，会记录下某个具体的行为产生的时间，同时也会在研究时期内的儿童不再做出此类行为时停止记录。例如，玛蒂卡（Martika）的老师已经决定运用记录逸事的方法去更好地理解这个孩子对于艺术的态度。她打算认真观察一下玛蒂卡在艺术中心的所有活动。周二下午的时候，四岁的玛蒂卡来到了艺

教师反思

只有四岁的里欧（Leo）是帕克(Park)先生第一节课的学生。里欧在他短短的生命之中已经经历遭受了多重创伤。他三岁的时候母亲就被杀了，而他的父亲现在就在监狱里。里欧现在由他的曾祖母抚养，而他的曾祖母已经是一个行动不便且健康有问题的老太太了。基于此，帕克先生不难理解里欧在教室里反复无常的行为了。里欧经常攻击其他的孩子而且还总是毁坏教室里的物品。然而，帕克先生发现，教室里的画架是可以让里欧保持注意力以及平静的地方。帕克先生已经在艺术中心里又增加了一个画架，这样可以让里欧随时通过绘画抒发自己情绪。帕克先生还和照顾里欧和他曾祖母的社工分享了这一经验。这个社工也对里欧的艺术作品样本很感兴趣。在过去的几个星期里，帕克先生已经收集了相当多的绘画作品。在给社工之前，帕克先生是如何辨识这些画并给它们贴上标签的呢？里欧又会如何参与到向社工赠送他的艺术作品的活动中去呢？

中心,她的老师记录如下:

现在是 2:15,玛蒂卡就站在艺术中心。一个小女孩在画架前画画,而另一个小男孩在桌子上玩橡皮泥。玛蒂卡安静地看着他们,同时不停地用手指卷自己的头发。那个小女孩过来问她要不要一起画画,玛蒂卡却默不出声。那个小女孩递给玛蒂卡一件工作服,但是她没有穿。玛蒂卡挨着那个玩橡皮泥的小男孩坐了下来。桌子上有各种各样可供选择的橡皮泥,但是玛蒂卡一直把手放在自己的口袋里。她说了一些类似这样的话:"好恶心。"然后就离开艺术中心了,结束时间为 2:22。

对这个事件的描述让你从玛蒂卡在艺术中心的行为中看到了什么?只根据现有的这些数据就下结论太早了,很显然,我们需要更进一步的观察。

时间取样和事件取样。取样型的观察者主要关注于行为的分类和时间的间隔。时间取样可以让我们测量到在特定的时间内某个行为出现的频率。针对同样一份时间样本,观察者可以细化所观察到的行为并且可以计算出在规定的一段时间内这些行为出现的次数。比如,玛蒂卡的妈妈抱怨她的女儿从来不往家里带自己的艺术作品,而且这位妈妈很怀疑自己女儿的参与程度。她表示玛蒂卡一直都是一个观察者而不是一个参与者。最终,她担心玛蒂卡还没有做好上幼儿园的准备。在学校的时候,玛蒂卡大多数时间都只是在旁边看着别人。因此,她的老师决定抽取一段时间针对玛蒂卡在学校活动中参与度不高的问题做一个研究。老师会根据连续五天的观察,记录下玛蒂卡在学习中心的参与次数。采样主要选取玛蒂卡每个小时的前十分钟,因为这十分钟是比较具有代表性的。同时记录下玛蒂卡参与游戏的时间。这位教师的调查表见表 16-1。

这些数据告诉了你什么?每个星期的哪一天以及一天中的哪个时间段是玛蒂卡经常参与的?你是否发现了某种趋势?这表明了什么?仅仅依靠这些数据就进行总结概括是很难同时也是很危险的。然而,根据这些有限的信息,我们可以发现玛蒂卡的参与行为是如何增加或减少的,尽管每天都是同样的模式,但是周一却显得不同。如何解释玛蒂卡在周一的时候参与度这么低呢?她的老师发现玛蒂卡需要花费很多时间来保持清醒和度过这一天。表 16-1 是不是也证实了这个假说呢?为何在午餐前以及回家之前,她的参与度如此之低呢?你可以设计几个问题问问玛蒂卡的妈妈,以便你更好地理解在这个时间样表中所观察到的这种情况吗?

下一步就是根据事情和时间的样本所提供的信息采取行动。老师准备问她妈妈关于玛蒂卡睡觉和吃东西的习惯。也许她来学校的时候就很累了以及没有吃早餐。老师也会跟她妈妈讨论一下她是如何过周末的,这样也许可以让老师明白玛蒂卡周一参与度低的原因。

在做事件取样的时候,观察者细化研究中出现的行为,并记录下行为发生的时间。每个行为的出现都会记录在册。玛蒂卡的老师选择了她四岁的时候开始观察她的积极性。老师最关心的是,尽管玛蒂卡花了很多时间在艺术中心,但是玛蒂卡每天的大部分时间都是像一个瓷娃娃一样待着,不参与任何活动。根据这份事件取样,她想要知道哪些艺术活动可以吸引玛蒂卡。在特定的时间,孩子在艺术活动中会表现出学习动机,当没有动机的时候也就表明了不会参与(见表 16-2)。

事件取样表明了什么?它表明了玛蒂卡参与艺术活动是由于受到画画和涂色的吸引。是不是和艺术中的其他活动相比,画画和涂色风险更小,

表 16-1 时间取样:玛蒂卡在游戏中的参与记录

时间	星期一	星期二	星期三	星期四	星期五
8:00–8:10					
9:00–9:10	/	//	//	//	//
10:00–10:10		//	//		///
11:00–11:10					
12:00–12:10					
13:00–13:10					
14:00–14:10	///		///	////	//
15:00–15:10		/		/	
16:00–16:10			//		
17:00–17:10					

表 16—2　事件取样：玛蒂卡的艺术选择

时间	事件	架上绘画	拼贴画	玩橡皮泥	绘画和涂色
8:30—8:40	艺术中心关闭				
9:30—9:40					M（玛蒂卡）
10:30—10:40	户外活动				
11:30—11:40	午饭				
12:30—12:40	休息				
13:30—13:40	休息				
14:30—14:40					M
15:30—15:40	户外活动				
16:30—16:40					M
17:30—17:40					

也不容易乱呢？结合以上三种测量工具，是不是更加有效地增进了对于玛蒂卡的了解呢？她的老师想知道玛蒂卡会不会带自己的艺术作品回家和妈妈分享，并且想慢慢鼓励玛蒂卡参与其他的艺术活动。

核对表和等级量表。尽管现在有很多供出售的表格，但是很多教师还是喜欢自己创造核对表和等级量表。相比于叙述，制作量表可能需要多花一些时间，但是完成以后则可以节省很多时间。在核对表中，各个条目都是确定好的，观察者只需要标注这些条目中的行为是否出现即可。比如，用于艺术的核对表可以包括以下几条指标：

——涂鸦并画一些无法辨识的符号
——画几何图形
——画曼陀罗
——把自己画成一张大脸
——画人的形体
——喜欢用手指绘画
——通过玩橡皮泥创造出二维和三维的作品
——艺术作品中有很多丰富的细节
——孩子更依赖于自己的创造性而不是模仿

观察者可以在提供的条目前做出用于检查的标记，写上"是"或"不是"。核对表可能会不止一次地进行修改并且会给观察者呈现出许多的形式，随着时间推移改变和完善。

等级量表是第二种节约时间的观察工具。在等级量表中，条目是已经明确好的，观察者只需根据一般孩子的观察水平进行判断即可。比如，在首页的艺术核对表中，将条目分为"高—中—低""经常—有时—几乎不""总是—有时—从不"。等级量表在精确度上优于核对表，尽管二者都比较简便，但是在做判断的时候就能辨别高低了。根据以下的观察叙事，你将如何运用核对表和等级量表进行评定？

基亚（Kea，3岁）在艺术中心时和同伴共享玩具和点心，但是不分享材料。她很愿意和成人或者比她小的孩子分享东西，却不愿意和同龄人或者比她稍大的孩子分享。

你必须做出判定，你会对她的"分享"一栏打上"是"还是"否"？其实用等级量表更容易一些，可以将基亚的行为归为"有时"或者打上中级的标志，标明她的分享程度属于中等。在进行观察的时候，基亚并没有受邀参与其他人的游戏。这代表了什么？她缺少社交技能吗？她不知道如何参与其中吗？或者，这种情况只在这个月发生过一次吗？为了避免这些问题，许多等级量表还包含有"未被观察到"这一栏。

孩子的艺术档案袋

收集孩子的艺术作品是用来收集平均数据的好办法。要求孩子在作品的背面写上名字和日期，至少一星期收集一次样本。告诉孩子们你在为他们的艺术资料袋保存资料，鼓励他们积极参与并制作自己想要被保存的艺术作品。尊重孩子想要将作品拿回去的请求。鼓励他们做出两份作品，一份用于"带回家"，一份用于"存档案"。用一个彩色的文件夹或者可折叠的海报板来保存。定期将这些作品按照时间的顺序摆放排列。着重关注发展、进步，对于媒材和媒介的掌握以及想法、观念和感觉的表达。标记出所提到的部分儿童的艺术特点和发展水平。这些数据可以用于向孩子的父母报告，也可以用于为将来的活动做计划（见图16-2）。

标准化测试

难道没有更简单的方法测试孩子吗？不能找

图 16-2 随着时间的推移，女孩对于自己本身的认知和描绘在逐渐发展

到一个可以便捷管理和计分的测试方式吗？根据莱森·弗尔斯通（Lessen Firestone, 1995）*所言，使用幼儿的标准化测试总是不太恰当，而且可能会对学校的发展造成伤害。由于测试会受到孩子谈话技巧、文化背景和压力程度的影响而不是单单检测孩子所知道的，因此结果总是显得苍白而不可信。同样地，由于教师总是存有测试的想法进行教学，所以就会过多强调可测试的理念和技能，课程就会变得狭隘、孤立、低水准。再者，因为测试并非是孩子的常规活动行为，因此测试的结果可能会有人造、人为、压力过重以及受干扰的成分。标准化测试为我们评定幼儿知道什么和可以做什么提供了一个正式却不可信的方法。幼儿不善于做测试，但是他们很善于在游戏和日常活动中反映出他们的所知和能力。也许应该多用一些不太正式但更真实的方法来测验孩子。

naeyc 用非正式的方法保证幼儿评定的真实性

对于幼儿的评定不应当采取测试的形式，应当将评定视为对儿童发展的持续关注和记录。根据美国幼儿教育协会（NAEYC, 2003）*关于适当评价的纲要，评定应符合以下目的：为教学制定适当的计划；为每个儿童的发展需求做调查；为课程提供教育性和发展性的干预措施。评定应当是非正式而具有真实性的，应当在孩子自然玩耍的状态时进行，而不要扰乱日常教学。其中，观察和记录孩子的行为是真实性评价的关键要素。任何具备真实性的评价都一定要让被评价的人存于整个过程之中。专业的艺术导师和模特经纪人一样，不一定会整理档案袋，正是混乱促使了责任感和归属权的产生。孩子可以对他们的发展过程进行分析和评价，并且随时可以从中学习。相比于其他的标准化测试，真实性评价针对发展更具有自然性、敏感性、真实性的特点。真实性评价主要依据对儿童的观察和记录，以及档案袋中所收集的孩子的作品等。

naeyc 档案袋接近于真实性评价

你可以把档案袋的观念和专业的艺术家或模特联系起来。艺术家需要将自己的作品资料收集并存放在档案中，这代表了他们可以利用不同的艺术媒介做什么作品。艺术家可能会用真实作品样本的照片、幻灯片、大件作品的录像带作为补充资料，其中可能包含不同时期的作品，以展示他们的多才多艺、风格或专业发展。模特也是一样的，他们会倒出一大堆的照片，并从中挑选出最能抓住其神态、特点的一些，放进活页夹，展示给有潜质的经纪人看。对幼儿也可以采用同样的方法，可以根据他们在学校所学的东西做成档案袋，档案袋是综合性很强的，并且包含多种资源的信息，例如：

- 儿童的艺术作品、故事作品等写作样本
- 写作草稿和练习本
- 对于心理、社交、情感、认知和创作轶事的观察数据
- 积木作业或三维立体作品的照片
- 说话、讲故事、阅读和戏剧片段表演的录音资料
- 儿童从事绘画、音乐、舞蹈、社会交往和主题戏剧表演的录像资料
- 儿童活动的系统性资料
- 健康记录
- 家长的反馈，例如完整的问卷、会谈笔记等
- 前任教师的记录

- 孩子自己挑选的作品

档案袋不仅仅只是信息的收集，根据马丁（Martin，1994）*的说法，这更像是一种态度和过程。作为态度，这反映出教师对每个孩子持续了解的开放心态和承诺。作为过程，其中包含了多元的资源，包括教师、儿童和家庭所提供的发展数据。

关于评定、维持和复查档案袋的指导建议

以下是针对档案评价提出的五条基本指导建议。

1．设置一套体系

尽量使用彩色的档案袋或者盒子，标记好档案存放的地点，确定好如何组织内容，为孩子进行装饰留下空间，然后确定档案的归属。档案的内容应当被尊重，并且要注意保持其机密性。

2．定期增加最新条目

对收录的样本编上日期，增加一些背景信息，将所有项目按照年份进行排列。最早的样本资料应当出现在最前面，而后面就是更加详细的细节。对档案袋增加内容是一个持续性的活动，如果你只是一年整理一次，就会被堆积如山的资料压垮的。最好还是制作一个时间安排表，这样就可以每天或者每个星期的频率增加样本。

3．着眼于孩子的整体发展

档案袋应当具备综合性，关注孩子的所有发展领域，包括增加和观察一下儿童的心理、社交、认知和创造等方面。

4．将档案袋视为集体合作的成果

没有人应当承担档案袋的责任。所有和孩子正在相处或者曾经相处过的成人都可以提供添加的内容，资源丰富的人或专家也可以将他们的笔记放进去。孩子也是一样的，放权给孩子，让孩子在完善档案袋的过程中成为一个主动参与的角色，让孩子自己决定哪些样本可以放进档案袋，哪些可以拿回家或者展出。这样可以激发他们的责任感，并且可以让他们感到是自己在主宰自己的教育。同时家长会上的字条或者问卷也可以加进去。一般情况下，档案袋会伴随孩子走过整个教育生涯。一个记载着孩子进步的年终总结成绩单会继续传到下一年教师的手中。其他的样本则会以纪念册的形式送到家里。

格尼诗（Genishi，1993）建议在帮儿童建立艺术档案袋的过程中，可以问以下问题：

- 你喜欢这件艺术作品吗？你喜欢这件作品的什么？
- 你最喜欢的一件作品是什么？为什么你最喜欢这件？
- 你最喜欢什么样的艺术媒介？为什么？
- 为什么你选择加入这张特别的作品？
- 解释一下你是如何做出这种效果的？（特指肌理部分）

或者让孩子完成以下的句子：

- 这是我最喜欢的一件作品，因为……
- 我想要把这件作品放到我的档案袋中，因为……
- 我记忆最深刻的就是做……

将孩子的评论贴到索引卡片上，并粘贴到相应的作品上。

5．定期复查

这样做不是为了对不同的孩子或者档案进行比较，而是要看一看并记录下随着时间的推移每个人的成长、发展和学习情况。为此可以制定一个时间表，定期对儿童的档案进行周期性的复查。比如，每天晚上检查两个孩子的档案袋。这在准备开家长会或者做进步报告之前就显得尤为重要了！

艺术档案袋

什么是艺术档案袋？根据奥尔特豪斯（Althouse）、约翰逊（Johnson）、米切尔（Mitchell，2003）*的说法，艺术档案袋是用于收集儿童艺术作品的，可以是完成的作品或者是过程中的草稿。也可以整理出与孩子讨论他们的艺术作品时由儿童口述的话语，并放进档案袋中。

格尼诗（Genishi，1993）认为儿童的艺术进步可以被证明并保存在档案袋中。同时，档案袋中不一定必须是孩子最出色的作品，而应该是最能代表孩子在某一特定时期内的能力或具体特点的作品。正是这些签了名并标注了日期的作品组成了属于儿童个人的艺术博物馆。

艺术评定

对于很多幼儿教育家来说，评定是一个难以被接受的概念。据赖特（Wright，1994）*所说，艺术中所包含的象征、审美和个人情感的表达都是尤为真实的。广义的评定在艺术教育中应当是具有发展性的，包括以儿童为中心、进步主义的哲学理论。重点在于强调通过艺术中的符号表达观念和情感。对于幼儿来说，这个过程和幼儿对于艺术的兴趣和能力是类似的，可以应用于艺术的所有领域：音乐、舞蹈、戏剧以及视觉艺术。基于加德纳（Gardner, 1990）*和其他人的理论，赖特指明了一般艺术过程的典型特征：

过程	特征
发现——	观察，通过一堆材料探索可用的选择，比较，提问，寻找可能性，找到可选项
追求——	参与艺术活动，专注于具体的想法，进行深层探索，努力工作，实现某个人的计划，目标明确，一般以任务的形式出现
感知——	有知觉意识、视觉，对细节十分关注，对于不同的流派、文化、历史时期比较敏感
交流——	表达想法和情感，运用符号去表达，创造词语、标签、标语，根据某人的艺术作品讲故事
自我和社会意识——	独立地工作，注重自我感受，喜欢做准备和清洁，分享自己的发现，忍受挫折，参与小组活动，合作，强调、感激其他人的工作付出
技能运用——	操作材料，表现出手眼协调能力和精细肌肉控制能力，操作基本技能，表现出审美敏感性
创造性——	反应灵活，喜欢新鲜事物，中等程度地冒险，运用想象力，表现出创造力，用各种方法探索想法，参与艺术各个领域，组合运用各种媒介
分析——	向其他人描述看到的、听到的、感觉到的、想到的和想象的；准确表达艺术目标，仔细考虑方法和成果；对运用艺术术语表示出兴趣
评论——	喜欢艺术作品，喜欢跟别人谈论自己或其他人的艺术作品以及出版的艺术刊物，通过引用别人的想法和灵感进行描述、解释和判断

这些过程和特征可以作为评定的基本准则。赖特说这样可以帮助教师更好地理解艺术过程，明白儿童是如何运用艺术的，并将注意力引向那些可以帮助儿童学习艺术的方法。同时，还可以向家长或他人解释儿童的艺术发展。通过这种方法，对于儿童每一个步骤的观察就变得有理有据，这也使得教师能对儿童艺术课程的有效性进行判断。

对每一个环节的观察必须仔细注意的是：
- 通过逸事类的信息对儿童的学习经验进行描述。
- 在过程中儿童可以使用的艺术元素。
- 视觉艺术的法则可以由儿童完善。

反过来，这些数据收集起来又可以用于指导以后的计划。

艺术评定的方法

对于儿童全面发展的模式，本书已经提供了许多目标：理解儿童的发展，设置适当的体验，向父母说明情况，评定课程。我们也可以将其作为评定儿童艺术发展的框架和工具。

心理

通过运用艺术工具，儿童可以表现出：

1. _____ 大肌肉或者粗大动作技能 (gross motor control)
2. _____ 小肌肉或者精细动作技能 (fine motor control)
3. 恰当使用以下艺术工具：

_____ 剪刀　　_____ 马克笔
_____ 胶水　　_____ 黏土工具
_____ 笔刷　　_____ 一套水彩
_____ 蜡笔

4. 专注并持续参与艺术活动
5. 艺术活动的完成

社交

1. 在艺术活动中能独立创作
2. 表现出自我责任感：

_____ 在获取和归还艺术材料时
_____ 在清理时
_____ 在艺术中心时遵守规则

3. 以自我为主而不是模仿他人的想法（见图16-3）
4. 可以和其他人在艺术中心、艺术桌、画

图16—3 幼儿在做面具实验

架前合作

5．能够包容他人的想法、风格和作品

情感

1．可以接受自己在艺术中的错误和失败
2．自我认同和自信，而不是害羞、恐惧或者过度警惕
3．通过艺术作品表达感觉、情绪、情感和个性
4．在自己的艺术活动中很享受也很自豪
5．明显情绪化地增加、忽略、扭曲或夸大事物

认知

1．理解艺术活动，并明白过去的人为什么要创作艺术并且持续从事艺术创作
2．热衷于聊自己的艺术，并口述标语、标题、句子和故事
3．了解并使用艺术词语
4．证据：
　_____ 非常个人化的呈现
　_____ 公开发表受到别人承认的主题
5．表现出对于颜色的认识以及混合
6．表现出对于形状的认识，包括：
　_____ 圆形
　_____ 方形
　_____ 三角形
　_____ 长方形
　_____ 线条
　_____ 以上的综合
　_____ 其他几何图形
7．表现出对于人、地点、物体、经验和环境中个人重要性的事件的认识
8．画人的形体

创造性

1．表现出对于探索、实验的意愿，并且愿意使用多种媒介进行探索
2．通过结合多种媒介、材料和回收媒材展示出具有创造性的方法
3．使用细节、装饰，精细策划
4．表现出原创、想象力和创造力
5．提出具有个人特色的艺术声明

审美

1．喜欢：
　_____ 借助媒介进行操作
　_____ 制作有艺术性的作品
2．大量使用：
　_____ 二维艺术媒介
　_____ 三维艺术媒介
3．表达意识和敏感性是通过：
　_____ 观看
　_____ 触摸
　_____ 倾听
　_____ 闻
　_____ 品尝
4．表达意识和敏感性是直接感知于：
　_____ 周围
　_____ 自然
　_____ 环境
5．从艺术风格角度去观察相似或不同
6．欣赏多种不同风格艺术家的作品
7．了解以下的艺术元素：
　_____ 颜色
　_____ 形状
　_____ 线条
　_____ 空间
　_____ 体积
　_____ 质地

_____ 图案

8．运用艺术元素讨论和赞美：
_____ 自然
_____ 周遭
_____ 环境
_____ 自己的作品
_____ 他人的作品

个性

给孩子最喜欢的事物标出 1、2、3

二维的　　　　　　　三维的
_____ 做标记　　　_____ 雕塑
_____ 绘画　　　　_____ 黏土
_____ 拓印　　　　_____ 纸塑
_____ 水彩　　　　_____ 组装
_____ 抗铁剂、防染剂等物质　_____ 做面具
_____ 漏字板　　　_____ 固定作品
　　　　　　　　　　_____ 活动作品
_____ 文字工作　　_____ 编织
_____ 拼贴画　　　_____ 刺绣

总结

本章为教师的角度又添加了观察者、记录者和评价者的角色，提供了很多关于观察的工具，也讨论了客观观察和记录的指导纲要，同时对测试幼儿发展的危险性做了检验。相对于标准评价，本章提供了一些更加具有真实性的、基于表现的，也更为自然的方法。在真实性评价中，档案袋被认为是最关键的特色。最后本章也讨论了档案袋的装配和使用方式。

关键词

逸事　　　　　艺术档案袋
评定　　　　　评定者
核对表　　　　日记
评估　　　　　事件取样
叙述　　　　　观察者
文件夹　　　　等级量表
记录者　　　　标准化测验
时间取样

活动建议

1. 以小组的形式对教师关于幼儿评价的问题进行访问，询问他们是如何评价幼儿的，又是根据什么对儿童的艺术过程进行评价的。

2. 收集儿童在一定时间内的艺术作品的样本，并将其以时间的顺序进行摆放。运用本章中的艺术评价工具针对儿童的艺术发展做一份评论。你能提供其他的建议吗？

3. 在得到教师的允许之后，对儿童的艺术档案进行复查，学习如何设置一套档案的管理系统。

4. 给自己做一个记录档案袋，将你作为教师在教育中学会的东西记录在内。

5. 你的助教可能有一些成功的幼儿标准测试的样本。如果是这样，可以分成小组对测试的形式和内容进行细致检验。你对于让幼儿进行标准测试怎么看？

回顾

1. 简单讨论一下本章为教师确定的三个角色。

2. 为观察和记录幼儿行为的重要性提出五个理由。

3. 为收集和保存儿童艺术作品确定主要的策略。

4. 对幼儿标准测试的适应性做出批评。

5. 将档案袋评价作为真实的、非正式评估幼儿的方法进行讨论。

6. 确定运用档案袋评价的五个步骤。

后记

翻译、出版的工作终于完成了。

想起举行第一次翻译会议时，在首都师范大学——亚洲美术教育研究与发展中心的资料室里，午后的阳光透过窗子钻进屋来，阳光下，有桌边的花草、手中的书本和身边的众师弟、师妹们。这一幕，为生命中的美好又添加了一笔。

与原著的本子初见的时候，随意翻阅，大家就深深地喜欢上它。但是，直至工作开始，从翻译的角度通读全书，才感受其难度——由于文化、习惯上的差异，原文中所用的很多词极为生僻。少不得花费巨大的精力，在保留原意的前提下，将其与我们生活中常见的物品一一对应起来。

从另一个角度来说，译者对本书的感情很复杂——这不像是完成一项工作，而像一次"留学"的过程。此书将理论、实践、儿童研究与活动建议结合得如此完美，以至于译者往往忘记自己的工作，随着查阅资料、思考的进行，不由自主地把思想放飞，以致断了线。待到发现走神之时，看看时间，往往又是一节课过去了。回味记忆再三，才更好地理解尹少淳老师为大家联系此次翻译工作的深意。

翻译工作如此不易，多亏多位师弟、师妹的鼎力相助。在翻译、修改、审校等诸多工作上，给予本人和房斐博士诸多帮助，才得以顺利完成。本书翻译工作分工如下：第一至三章由郭家麟翻译，第四章由佟蒙翻译，第五章由佟蒙、房斐共同翻译，第六章由姜畔畔翻译，第七章由王涵茜翻译，第八章由孟勐翻译，第九章由马丽阳翻译，第十章由王君翻译，第十一章由赵婵翻译，第十二章由粟鸥翻译，第十三章由朱慧琳翻译，第十四章由王祝福翻译，第十五章由兰卫洁翻译，第十六章由周长州翻译。后期统稿、修改与审校由佟蒙、房斐共同完成。

最后，向促成此书出版的尹少淳老师、段鹏博士、湖南美术出版社的曾瑜主任，共同完成本书翻译的"战友"们，以及所有助力本书出版的幕后工作者致敬！

佟 蒙
2018年8月6日于尖峰山下